Der neunte Band der »Propyläen Geschichte Deutschlands« behandelt die Jahre 1933 bis 1945, die Zeit des nationalsozialistischen Dritten Reiches. Wohl kaum eine andere Periode der deutschen Geschichte ist so gründlich erforscht worden. Heute geht es darum, diese Fülle der Forschungsergebnisse und Deutungsversuche zu einem plausiblen Gesamtbild zusammenzufügen und in das Kontinuum der deutschen Geschichte einzugliedern.

Eine solche bilanzierende, komprimierte Darstellung legt nun der junge Göttinger Historiker Karlheinz Weißmann vor. Er entwickelt die Geschichte des Dritten Reiches aus der Entstehung der nationalsozialistischen Ideologie und Bewegung. Dabei wird der Nationalsozialismus als Weltanschauung gedeutet, die unter den Bedingungen des Massenzeitalters als Alternative zur liberalen Demokratie wie zum Marxismus erscheinen konnte. Der nach der »Machtergreifung« 1933 errichtete »Führerstaat« beruhte gleichermaßen auf Terror gegenüber Andersdenkenden und »Fremdrassigen« wie auf der Zustimmungs- und Einordnungsbereitschaft vieler Deutscher. Das Charisma des »Führers« und die geschickte Propaganda des Regimes haben ebenso zu seiner Stabilisierung beigetragen wie das »Wirtschaftswunder« und die diplomatischen Erfolge. Als mit der Radikalisierung von Hitlers Außenpolitik der Krieg bedrohlich näher rückte und schließlich entfesselt wurde, sahen sich die Deutschen in widerstrebender Loyalität an die Seite des Regimes gedrängt. Unter den Bedingungen des Ausnahmezustands erhöhte sich der Druck im Innern, wirkliche oder vermeintliche Gegner wurden der Vernichtung preisgegeben. Die zunehmende Brutalität und Hybris des Regimes führte schließlich in die militärische Katastrophe. Im Mai 1945 brach mit der NS-Diktatur auch der 1871 gegründete erste moderne Nationalstaat auf deutschem Boden zusammen.

Weißmann hat sich in langjähriger Forschungsarbeit intensiv mit der nationalsozialistischen Epoche befaßt. Er versteht es überzeugend, die Kontinuitäten und Brüche, die das Verhältnis des Nationalsozialismus zur deutschen Geschichte kennzeichnen, anhand charakteristischer Entwicklungen und Ereignisse verständlich zu machen. Eine gelungene Bilanz und damit eine würdige Fortsetzung dieses großen Reihenwerkes.

Der Autor

Karlheinz Weißmann wurde 1959 im niedersächsischen Northeim geboren. Studium der Geschichte, Evangelischen Theologie und Erziehungswissenschaft in Göttingen. 1989 Promotion zum Dr. phil. mit einer Arbeit über die Bedeutung von politischer Symbolik und kollektiver Mentalität in der Geschichte der deutschen Rechten. Tätigkeit im höheren Schuldienst, außerdem als Historiker und Publizist. Lebt in Göttingen.

Propyläen
Geschichte Deutschlands

Neunter Band

Propyläen
Geschichte Deutschlands

Herausgegeben von Dieter Groh

unter Mitwirkung von
Johannes Fried
Hagen Keller
Heinrich Lutz †
Hans Mommsen
Wolfgang J. Mommsen
Peter Moraw
Rudolf Vierhaus

Neunter Band

PROPYLÄEN VERLAG
BERLIN

Karlheinz Weißmann

Der Weg
in den Abgrund

Deutschland unter Hitler
1933 bis 1945

PROPYLÄEN VERLAG
BERLIN

Bilddokumentation: Wolfram Mitte
Karten: Erika Baßler
Register: Gregor Strick

Gesamtgestaltung: Andreas Brylka
Herstellung: Karin Greinert

Satz: Utesch Satztechnik GmbH, Hamburg
Offsetreproduktionen: Haußmann Reprotechnik, Darmstadt
Druck und Verarbeitung: Spiegel, Ulm

© 1995 by Verlag Ullstein GmbH,
Frankfurt am Main · Berlin,
Propyläen Verlag

Printed in Germany 1995
ISBN 3 549 05819 5

Inhalt

Hitlers Staat

Wirtschaftswunder und Sozialstaat

Die Volksgemeinschaft und ihre Feinde

Die große Krise
und der Aufstieg des neuen Reiches

Der Weg in den Krieg

Der europäische Krieg

Weltkrieg und Zusammenbruch

Vorwort

Es gibt nur wenig in der Geschichte, was gleichzeitig so unbestritten und so kontrovers ist wie die Ära des nationalsozialistischen Deutschland. In der Verurteilung des Regimes, seines Krieges und seiner Verbrechen stimmen Historiker und historisch interessierte Öffentlichkeit überein. Grundsätzliche Konflikte über die Interpretation des »Dritten Reiches« resultieren weder aus der Unterschiedlichkeit moralischer Maßstäbe noch aus der Infragestellung der Fakten, sondern aus differierenden Perspektiven und vor allem aus Motiven, die jenseits der Grenzen wissenschaftlicher Geschichtsschreibung liegen.

Diese Motive sind als politisch-pädagogische zu bezeichnen. Sie haben ihren Ursprung in der besonderen Situation der Nachfolgestaaten des Deutschen Reiches. Die Bundesrepublik und die DDR definierten ihre Identitäten in der Nachkriegszeit ausdrücklich durch die Ablehnung des NS-Regimes. In ihrem Selbstverständnis nahmen sie – mit je verschiedenem Akzent – das Erbe des »anderen Deutschland« in Anspruch. Das »Dritte Reich« blieb für sie immer »Vorgeschichte« im Sinn eines mahnenden Exempels. Hier war die Mittelbarkeit, in der man sonst zur Vergangenheit steht, aufgehoben. Jede Aussage über den Nationalsozialismus betraf *unmittelbar* die Gegenwart und mußte deshalb besonderen Kriterien genügen.

Selbstverständlich blieb die Historiographie davon nicht unbeeinflußt. Zwar gab es in der Bundesrepublik anders als in der DDR weder offiziell verordnete Sprachregelungen noch eine Summe orthodoxer Interpretationen, aber doch eine Art volkserzieherischen Konsens, der sich auf die Wissenschaft auswirken mußte. Wenn dem Historiker gewöhnlich Sachlichkeit und Empathie geboten sind, so sollte das bei der Behandlung des »Dritten Reiches« bloß in begrenztem Maß gelten. Eine nur nüchterne Analyse des Gewesenen erschien ebenso problematisch wie der Versuch, die Handelnden der Vergangenheit und die Bedingungen ihres Handelns zu »verstehen«, weil das von der Sache her nicht nur Begreifen, sondern auch Einfühlung bedeuten mußte.

Auf diesem Weg war zwar der gewünschte pädagogische Effekt zu erreichen, nämlich das Menetekel zu erhalten, aber den Nachgeborenen wurde allmählich immer unbegreiflicher, wie es überhaupt dahin hatte kommen können, daß Menschen einen Weg beschritten, der mit Auschwitz und der »deutschen Katastrophe« (Friedrich Meinecke) endete. Seit Mitte der achtziger Jahre gab es deshalb zunehmend Kritik an der »Pauschaldistanzierung von der NS-Vergangenheit«, verbunden mit der Forderung nach »›Normalisierung‹ unseres Geschichtsbewußtseins« und nach »Historisierung des Nationalsozialismus«. Martin Broszat, von dem der Begriff »Historisierung« stammt, glaubte, daß wegen der wachsenden zeitlichen Distanz zwischen dem Regime und der Gegenwart dessen Einordnung in den Gesamtverlauf der neuzeitlichen Geschichte Deutschlands geboten sei. Er fürchtete ein ritualisiertes Erinnern, das die Erinnerung selbst entleeren werde, und sah besorgt, daß dieser Prozeß mit einer zunehmenden Tabuierung bestimmter Fragestellungen in der Erforschung des Nationalsozialismus verbunden sein könnte.

Bedauerlicherweise wurde der von Broszat vorgeschlagene Ansatz nicht weiterverfolgt, da der 1986 beginnende »Historikerstreit« die eingeleitete Entwicklung abbrach. Dabei hätte die von Ernst Nolte aufgeworfene Frage, ob das »faktische Prius« des bolschewistischen »Klassenmordes« gegenüber dem nationalsozialistischen »Rassenmord« eine Erklärungshilfe für Hitlers Entschluß zur Judenvernichtung biete, ganz im Sinn einer »Historisierung« des NS-Regimes diskutiert werden können, aber die von dem Philosophen Jürgen Habermas ausgelöste Kontroverse um die Thesen Noltes lenkte zu rasch von der eigentlichen Problematik ab und führte dazu, daß der »Historikerstreit« nur noch polemisch ausgetragen wurde. Sein wissenschaftlicher Ertrag war dementsprechend gering, während das gesellschaftliche Klima der späten Bundesrepublik nachhaltig beeinflußt wurde und in Geschichtsschreibung und Publizistik jene »Herrschaft des Verdachts« (Thomas Nipperdey) etabliert werden konnte, deren Vertreter jede Diskussion über die »Historisierung« des Nationalsozialismus als Ausweis der Sympathie mit Ideologie und System betrachteten und betrachten.

Indes hat der geschichtliche Prozeß der letzten Jahre selbst dazu beigetragen, daß die Isolierung der NS-Zeit immer weniger möglich und ihre Einbettung in den größeren historischen Zusammenhang des 20. Jahrhunderts immer notwendiger wurde. Das Ende der Nachkriegszeit verändert seit 1989 den Blick auf die Vergangenheit. Der Untergang der kommunistischen Ideologie – des »Zwillings« (François Furet) der nationalsozialistischen – und die Vereinigung der Bundesrepublik und der DDR – deren getrennte Existenz das Ergebnis der militärischen Niederlage des »Dritten Reiches« war –, führen zwangsläufig dazu, daß die Entwicklung zwischen 1933 und 1945 unter neuen Gesichtspunkten bedacht wird. Das heißt nicht, daß sie nur noch von antiquarischem Interesse wäre oder ihre grundsätzliche moralische Beurteilung revidiert werden müßte, aber die Frage nach Bruch und Kontinuität in der deutschen Geschichte ist neu zu stellen, und die NS-Zeit wird für die Legitimation der Berliner Republik anderes bedeuten, als sie für die Legitimation der Bonner Republik bedeutet hat.

Horst Möller, der Leiter des Münchener Instituts für Zeitgeschichte, sprach schon davon, daß aus »dem Jahr 1989 … ein weiterer Historisierungsschub« resultieren und aus der neuen »geschichtlichen Perspektive … auch die Debatte über Kontinuität und Diskontinuität der Jahre 1933 und 1945 wieder aufleben« werde. Der vorliegende Band will einen Beitrag zu dieser Debatte leisten. Hier wird das nationalsozialistische Regime als Verwirklichung einer Weltanschauung begriffen, die seit der Zeit vor dem Ersten Weltkrieg in den entwickelten europäischen Staaten Anhänger gefunden hatte. Die älteren »National-Sozialismen« erschienen teilweise als Versuche, aus den enttäuschten revolutionären Erwartungen der Arbeiterbewegung Konsequenzen zu ziehen, stärker war aber noch die Vorstellung, daß »Sozialismus« das angemessene Organisationsmodell für die moderne Massengesellschaft sei, ein Formierungsprinzip, das die Geschlossenheit im Inneren durch sozialen Ausgleich verbürgte und damit den Staat auch tüchtig machte für den Überlebenskampf nach außen. Das führte die »National-Sozialisten« einerseits in die Nähe darwinistischer Politikvorstellungen, andererseits zur Parteinahme für die »totalitäre Demokratie« (Jakob Talmon). Der Antisemitismus gehörte nicht zwangsläufig zu ihrer ideologischen Ausstattung, »der Jude« eignete sich allerdings besonders als Feindbild, weil er gleichermaßen als Verkörperung des »internationalen Kapitals« wie des »internationalen Sozialismus« interpretiert werden konnte.

Keine der national-sozialistischen Gruppen und Parteien gewann vor dem Ende des Ersten Weltkriegs größeren Anhang. Erst durch den Untergang der alten europäischen Welt, den Erfolg der bolschewistischen Revolution in Rußland und den Triumph des Liberalismus im Westen konnte der Nationalsozialismus als Alternative zum Marxismus wie zur parlamentarischen Demokratie aufsteigen, als dritte Position für die, die als »have-nots« weder dem einen noch dem anderen siegreichen Lager beitreten wollten. Der italienische Faschismus erscheint in dieser Perspektive als erster »national-sozialistischer« Realisierungsversuch. Mussolini, der seine politische Laufbahn auf seiten der revolutionären Linken begonnen hatte und auch noch als Faschist eine radikale soziale Umgestaltung plante, mußte allerdings unter den Bedingungen der konkreten Machtverteilung in der italienischen Gesellschaft sehr weitgehende Kompromisse mit den traditionellen Eliten akzeptieren. Das gab dem »stato totalitario« der Faschisten in vieler Hinsicht ein konventionell-autoritäres Gesicht.

Die deutsche Situation war der italienischen in manchem ähnlich, aber in wichtigen Fragen gab es grundlegende Unterschiede. Hitler gelang es anders als Mussolini nicht, mit einem »Marsch« auf die Hauptstadt – halb Putsch, halb Demonstration – die Macht an sich zu reißen. Aber nach der Niederlage Deutschlands im Ersten Weltkrieg und angesichts der Instabilität der Weimarer Republik fand der Nationalsozialismus im Reich Bedingungen vor, die ihm die Durchsetzung langfristig erleichterten, als das parlamentarische System in eine akute Krise geriet. Die von Hitler zur modernen Massenpartei aufgebaute NSDAP konnte zwar nur durch das Bündnis mit konservativen Kräften in den Besitz der Regierungsgewalt kommen, aber es gelang Hitler in weniger als einenhalb Jahren, zwischen dem Januar 1933 und dem Juli 1934, die »nationale Erhebung« in eine vollständige »Machtergreifung« der Nationalsozialisten zu verwandeln. Der dann errichtete »Führerstaat« beruhte nicht in erster Linie auf der Grundlage des Terrors gegenüber Andersdenkenden oder »Fremdrassigen«, er gründete vor allem auf der Zustimmungs- und Einordnungsbereitschaft vieler Deutscher. Das Charisma Hitlers und die geschickte Propaganda des Regimes haben ebenso zu seiner Stabilisierung beigetragen wie das »Wirtschaftswunder« der dreißiger Jahre und die Gewährung von »Nischen« im totalitären Staat, die dem einzelnen oft ein Leben in erstaunlicher Normalität ermöglichten. Ausgrenzung und Verfolgung von politischen, religiösen oder ethnischen Minderheiten konnten deshalb aus der Wahrnehmung verdrängt werden, gegenüber der dauernden Stigmatisierung dieser Gruppen stumpften die meisten Deutschen ab.

Zu den Gründen für die gelungene Integration des Volkes durch das nationalsozialistische System gehörten auch seine diplomatischen und dann seine militärischen Erfolge. Die »Revision« des Versailler Vertrages und eine Politik, die sich den Anschein gab, das Selbstbestimmungsrecht für alle Deutschen durchzusetzen, konnten auf eine breite Zustimmung rechnen. Als mit der Radikalisierung von Hitlers Außenpolitik der Krieg zuerst bedrohlich näherrückte und schließlich entfesselt wurde, war von Kriegsbegeisterung allerdings wenig zu spüren. Die Deutschen sahen sich in widerstrebender Loyalität an die Seite des Regimes gedrängt. Unter den Bedingungen des militärischen Ausnahmezustands erhöhte sich der Druck im Inneren, wirkliche oder vermeintliche Gegner wurden jetzt der Vernichtung preisgegeben. Die Siege der ersten Jahre konnten nur noch kurze Zeit darüber hinwegtäuschen, daß es dem Abgrund zuging. Seit 1941 kämpfte das Reich gegen eine erdrückende Übermacht, und im Mai 1945 brach mit dem NS-Regime auch der erste moderne deutsche Nationalstaat zusammen.

In Abwandlung einer Formulierung, die Angelo Tasca für den italienischen Faschismus verwendete, könnte man sagen: »Den Nationalsozialismus definieren, heißt vor allem seine Geschichte schreiben.« Die Geschichte des Nationalsozialismus zu schreiben ist allerdings ein Unternehmen, das angesichts der Flut von Einzelveröffentlichungen zu diesem Thema kaum noch zu bewältigen ist. Trotzdem wurde hier der Versuch gemacht, eine Gesamtdarstellung vorzulegen, die die neueren Forschungsergebnisse erfaßt und in eine lesbare Form bringt, die dem Historiker ebenso wie dem aufgeschlossenen Laien zur Orientierung dienen kann. Bedauerlicherweise erlaubt es die Gestaltung der Reihe »Propyläen Geschichte Deutschlands« nicht, Anmerkungen einzufügen, die angesichts der Kontroversen über zeitgeschichtliche Themen im Grunde unverzichtbar sind. Für eine weitergehende Beschäftigung mit speziellen Fragen kann deshalb nur auf die Literatur im Anhang des Bandes hingewiesen werden.

Die Niederschrift dieses Buches wäre nicht möglich gewesen ohne die Hilfe und Unterstützung anderer. Zu danken hat der Verfasser Herrn Dr. Enrico Syring (Allendorf) für dessen kompetentes Urteil zu den außen- und militärpolitischen Fragen. Dank und Anerkennung gebührt auch den zuständigen Mitarbeitern des Propyläen Verlages, vor allem Herrn Christian Seeger, der mit Akribie und Verständnis die Arbeit betreute, und Herrn Wolfram Mitte für dessen Bilddokumentation. Schließlich habe ich meinem Freund Dr. Rainer Zitelmann zu danken, der die Anregung zu diesem Werk gegeben hat und es in seiner mehrjährigen Entstehungszeit dauernd begleitete.

Göttingen, im Juli 1995

Nationalsozialismus als Epochenphänomen

Die Analyse des Nationalsozialismus als epochaler Erscheinung kann sich nicht auf die Geschichte des Dritten Reichs, die Entwicklung der NSDAP oder die Biographie Adolf Hitlers beschränken. Der Nationalsozialismus war zunächst eine »Weltanschauung«, die im 19. Jahrhundert entstand und jene »polymorphe Faszination« (François Furet) besaß, die ihr wie dem Marxismus wachsende Anhängerschaft sicherte. Die Unterschiede zwischen beiden Bewegungen waren gravierend, aber sie richteten sich gegen dieselben Feinde: das Bürgertum, den Liberalismus, den freien Markt und den Grundsatz parlamentarischer Repräsentation. Beider Attraktivität hing mit dem Zerfall und der Zerstörung des alten Europa in Krieg und Nachkrieg zusammen, beide bedurften eines »neuen Tons« (Carl E. Schorske) in der Politik, einer gewandelten Mentalität und einer Lage, in der revolutionäre Umbrüche wahrscheinlich waren. Marxismus und Nationalsozialismus standen sich im 20. Jahrhundert als erbitterte Feinde gegenüber, aber sie weckten ähnliche Leidenschaften und gewannen ihren Anhang mit denselben Methoden, und sie schufen Staaten, deren Möglichkeit kein Klassiker der politischen Theorie vorausgesehen hatte: die »Tyrannis« (Elie Halévy) des Massenzeitalters.

Die Partei der Zukunft

Im Frühjahr oder Frühsommer 1914, also vor dem Ausbruch des Ersten Weltkriegs, erschien in Deutschland ein Buch mit dem Titel »Die Partei der Zukunft«. Der Verfasser blieb anonym. Wie viele »Neuidealisten« forderte er eine grundlegende Reform von Staat und Gesellschaft. Er analysierte ausführlich die politische Lage des Reiches und kam zu dem Schluß: »Es gibt heute überhaupt nur noch zwei politische Grundanschauungen in der Welt, die parteibildend zu wirken berufen sind. Das [sic] der kosmopolitisch-sozialistischen Demokratie und das [sic] des Nationalismus.« Während die Sozialisten mit der SPD bereits eine wirklich moderne Partei besäßen, die ihnen helfe, ihre Ziele durchzusetzen, fehle dem Nationalismus eine solche Organisation. Die zerstrittenen konservativen und liberalen Gruppen des Bürgertums seien unfähig, ihre Kräfte zu sammeln. Sie blieben befangen in Klassenvorurteilen und Standesinteressen, weit davon entfernt, die Zeichen der Zeit begriffen zu haben. Deshalb forderte der Autor den Aufbau einer »Partei der Zukunft«. Sie sollte als moderne Massenbewegung von einer militanten Elite geführt werden, um Nationalisten und »reichstreue« Sozialisten zu vereinigen. Ihre Hauptaufgabe müsse darin bestehen, den »größeren

Bismarck«, der die Geschicke des Staates lenken werde, nach innen abzusichern, wenn er das »soziale Weltreich« schaffe, das die finanziellen Mittel erwirtschaften könne, um die Arbeiterschaft in die Nation zu integrieren und allen Gliedern des Volkes Wohlstand und Sicherheit zu geben. Erst dann werde Deutschland erfolgreich seinen Platz unter den ersten Mächten behaupten, notfalls durch den »Griff ans Schwert«.

Der Anonymus stand mit seiner Vorstellung von der notwendigen Synthese aus Nationalismus und Sozialismus, charismatischem Führertum und »sozialem Imperialismus« keineswegs isoliert da. In allen entwickelten europäischen Staaten der letzten Vorkriegszeit gab es vergleichbare Ideen. Bereits in den neunziger Jahren hatten die einflußreichsten Köpfe des französischen Nationalismus, Maurice Barrès und Charles Maurras, geäußert, daß die nationalistische Rechte nur siegen werde, wenn sie ihre Sache mit einem populären Begriff verbinde, »dem des Sozialismus zum Beispiel«. Es blieb allerdings bei einem Gedankenspiel. Der Nationalismus, den Barrès und Maurras vertraten, war zu akademisch und ganz auf Kontinentaleuropa ausgerichtet; imperiale Forderungen traten bei ihnen in den Hintergrund, während die meisten »National-Sozialisten« glaubten, daß gerade der Erwerb von Kolonien geeignet sei, die Arbeiterschaft für die Sache des Vaterlandes zu gewinnen. Ein typischer Vertreter dieser Vorstellung war der Deutsche Friedrich Naumann, der 1896 den »National Sozialen Verein« gründete. Die National-Sozialen betrachteten sich »in der Gesamtbewegung des Sozialismus als deren rechtsstehender Flügel«. Naumann wollte die Arbeiter für seinen »deutschnationalen« Sozialismus gewinnen, indem er ihre wirtschaftlichen Interessen ernst nahm und ihre Einbeziehung in den politischen Entscheidungsprozeß verlangte. Aber seine Vorstellungen von Parlamentarisierung und neuem »Volkskaisertum« trafen auf ebensowenig Resonanz wie das Verlangen nach einer aktiveren Expansionspolitik zur Finanzierung gesellschaftlicher Reformen.

Der National-Soziale Verein scheiterte bei allen Wahlen und löste sich 1903 wieder auf. Weder war es Naumann gelungen, den Einfluß der Sozialdemokratie auf das Proletariat zu verringern, noch konnte er die National-Sozialen zur Sammlungsbewegung der unzufriedenen Sozialdemokraten, Liberalen und Konservativen machen. In dieser Hinsicht hatten die britischen »Sozialimperialisten«, die ein ganz ähnliches Konzept wie Naumann verfochten, erstaunlichen Erfolg. Die Vorstellung, daß das »Empire ... eine Magenfrage« (Cecil Rhodes) sei und gesellschaftlicher Wandel nur durch die Schaffung eines autarken Großwirtschaftsraums ökonomisch abgesichert werden könnte, führte Konservative, Liberale und Sozialisten aus der 1884 gegründeten »Fabian Society« zusammen. 1902 bildeten die Sozialimperialisten unter der Führung von Lord Alfred Milner, dem Hochkommissar in Südafrika, den »Coefficients Club«, der die Beendigung des Klassenkampfes im Heimatland durch die rücksichtslose Beherrschung und Ausbeutung der abhängigen Gebiete verlangte. Viele seiner Mitglieder lehnten

das parlamentarisch-demokratische System Großbritanniens als veraltet und in-
effektiv ab. Milner selbst sympathisierte mit dem Verfassungsmodell des wilhelminischen Deutschland, andere – vor allem aus dem Kreis der Fabier – wollten
eine »staatssozialistische« Diktatur errichten, die die Lage der Arbeiterschaft
verbessern würde, so daß sie als Reserve für den britischen Imperialismus zu
mobilisieren war.

Während sich das Empire zu dem Zeitpunkt, als diese Pläne entstanden, auf
dem Höhepunkt seiner Macht befand und die Sozialimperialisten in erster Linie
nach zusätzlichen Kräften suchten, um die gewonnene Position Großbritanniens
zu halten, war es in Italien – einem Nachzügler im imperialen Wettlauf – der
Gedanke, daß das Proletariat sein revolutionäres Potential in den Dienst der
Nation stellen sollte, der einigen die Parole des »socialismo nazionale« attraktiv
erscheinen ließ. 1910, während des italienischen Kolonialkrieges in Libyen, erklärte Enrico Corradini, der Führer der »Associazione Nazionalista Italiana«,
sein Land zur »proletarischen Nation«, die sich endlich am internationalen
»Klassenkampf« um den Erwerb von Kolonien beteiligen müsse. Dazu bedürfe
der Staat auch der Unterstützung der Arbeiter, die durch einen neuen »nationalen
Sozialismus« an den Staat gebunden werden sollten.

Was von Barrès, Maurras, Naumann, den Fabiern oder Corradini unter »Sozialismus« verstanden wurde, hatte nur noch wenig mit dem zu tun, was die
politische Linke bisher darunter verstand. »Sozialismus« benutzten sie als Syn-
onym für eine stärkere organisatorische Erfassung der Nation. Es ging ihnen
nicht darum, die Ausbeutung des Menschen durch den Menschen zu beseitigen,
sondern die Desintegration der Gesellschaft zu verhindern und den Staat in die
Lage zu versetzen, außenpolitisch mitzuhalten. Für diese »National-Sozialisten«
hatte der »Sozialismus« in jedem Fall dem »Nationalismus« zu dienen, und
durchgreifende Veränderungen der Wirtschaftsstruktur blieben im allgemeinen
außer Betracht. Den Antagonismus der Klassen wollten sie dadurch aufheben,
mindestens aber entschärfen, daß sie ihn nach außen verlagerten: Die Nation
wurde als eine homogene und »integrale« Einheit betrachtet, und an die Stelle
des Gegensatzes von Bürger und Proletarier sollte der Gegensatz von »Volksgenossen« und »Fremden« oder Reichsvolk und Heloten treten.

Ein Gedanke, der sich bei allen »National-Sozialisten« findet und der auf den
Zusammenhang ihrer Ideologie mit den Vorstellungen der breiten nationalistischen Bewegung der letzten Vorkriegszeit verweist. Der neue Nationalismus
hatte seit der Jahrhundertwende England, Frankreich, Italien und Deutschland
infolge einer politischen »Selbstmobilisierung« (Geoff Eley) jene gesellschaftlichen Schichten erfaßt, die in der Überzeugung lebten, daß ihr Schicksal mit dem
ihres Landes identisch sei. Seine Anhänger traten immer mit dem Anspruch auf,
die »wahren« Interessen des Landes zu vertreten, und bemühten sich vor allem
darum, den Imperialismus populär zu machen. Sie bekämpften zwar die »kos-

mopolitische« Linke, mißtrauten aber auch dem Honoratiorentum der traditionellen Rechten und deren Etatismus. Seit den achtziger Jahren gegründete Organisationen wie die italienische »Associazione«, der »Alldeutsche Verband« oder der »Deutsche Flottenverein«, die »Imperial League« oder die »Navy Association« fungierten nicht nur als »pressure groups«, sie waren auch in der Lage, effektvolle Großveranstaltungen durchzuführen und wirksame Propaganda zu betreiben. Ihre Führer und ideologischen Köpfe kritisierten wohl die soziale Atomisierung in der Industriegesellschaft und den Verlust an traditioneller Substanz, aber »Kulturpessimismus« (Fritz Stern) war nicht der eigentliche Antrieb ihres Handelns. Die kommende Zeit erschien den Nationalisten durchaus beherrschbar, denn sie hatten gelernt, an das »Volk« und den »gemeinen Mann« zu appellieren. Die Regierungen wurden unterstützt, wenn es um den Erwerb von Kolonien, Aufrüstung und die Militarisierung der Jugenderziehung ging, oder man bildete eine »nationale Opposition« (Heinrich Claß), falls die Führung dem Drängen nicht nachkam.

Hitler hat nach dem Ersten Weltkrieg die Vorläuferfunktion des wilhelminischen Nationalismus für seine eigene Bewegung hervorgehoben, allerdings einschränkend hinzugefügt, die Organisation habe zu ihrem Nachteil in den Händen »höchst ehrenwerter, aber phantastisch naiver Gelehrter, Professoren, Land-, Studien- und Justizräte, kurz einer bürgerlich ideal-vornehmen Klasse [gelegen]. Der warme Hauch jugendlicher Volkskraft fehlte in ihr. Die stürmische Kraft hinreißender Feuerköpfe wurde abgelehnt als Demagogie! Die neue Bewegung war damit zwar eine völkische, aber keine Volksbewegung ... Fremd aber mußte sie vor allem den Millionen unserer handarbeitenden Volksgenossen bleiben. Fehlte ihr also schon die Kraft, sich dem breiten Volkstume mitzuteilen, so fehlte ihr erst recht die zweite, höhere noch, nämlich die Entschlossenheit, sich, wenn notwendig, mit brutalster Rücksichtslosigkeit durchzusetzen.«

Die darwinistische Linke

Diese Kritik an der fehlenden »Entschlossenheit« der bürgerlichen Nationalisten war nicht neu. Schon die National-Sozialisten der Vorkriegszeit beklagten bei den nationalistischen Gruppierungen die mangelnde Radikalität. Aber ihr Einfluß auf die Gesamtbewegung blieb begrenzt, und nur wenige National-Sozialisten entwickelten eine selbständige Doktrin, die als Alternative zu den dominierenden Weltanschauungen hätte dienen können.

Die Vordenker eines national-sozialistischen Staates blieben Einzelgänger, obwohl sie das neue wissenschaftliche »Paradigma« (Thomas S. Kuhn) – die Evolutionstheorie Charles Darwins – konsequenter als andere politische Gruppen auf die Gesellschaft anzuwenden versuchten. Alle national-sozialistischen Ideologien der Vorkriegszeit entstanden im Umfeld des »Sozialdarwinismus«, der seit dem Ende des 19. Jahrhunderts außerordentlichen Einfluß auf die europäische Intelligenz wie auf breitere Schichten der Bevölkerung gewonnen hatte. Francis Galton, der eigentliche Begründer des Sozialdarwinismus, hat von einer »neuen Religion« gesprochen, um zu kennzeichnen, welche Sprengkraft darin lag, einen Gedanken weiterzuführen, der bei Darwin nur angedeutet war: Nicht nur die Tierwelt, sondern auch der Mensch – so Galton – ist ein Ergebnis des »Überlebenskampfes« der »Arten« und der »Auslese« der »Tüchtigsten«. Nach dem Sieg des Menschen über seine natürlichen Feinde habe sich dieser »struggle for life« aus der Natur in die Geschichte verlagert, äußere sich in der Konkurrenz von Schichten und Klassen innerhalb der Gesellschaft und im Antagonismus der Rassen und Völker. Eine Emanzipation von den Gesetzen der Evolution schien Galton weder sinnvoll noch wünschenswert, auch wenn die Vernunft den Menschen nicht länger einem blinden Geschehen ausliefere: Der Sozialdarwinismus sollte einerseits ein theoretisches Konzept bieten, um das »Walten der Natur« in der menschlichen Gesellschaft zu verstehen, andererseits eine Möglichkeit schaffen, um mit Hilfe der »Eugenik« – der »Erbpflege« – aktiv einzugreifen, damit »die Menschheit durch die fittesten Rassen präsentiert werde«.

Der Sozialdarwinismus hat nicht nur dem christlichen Schöpfungsglauben, sondern auch der seit der Aufklärung vorherrschenden Annahme, daß sich die Geschichte in der umfassenden Humanisierung des Menschen vollenden werde, einen entscheidenden Schlag versetzt. Darwin, der selbst noch von der Erkennbarkeit der Welt und der Idee des menschlichen Fortschritts überzeugt war, schuf die Voraussetzung für jene »Revolte gegen den Positivismus« (H. Stuart Hughes), die die geistige Atmosphäre in den Jahren zwischen seinem Tod, 1882, und dem Ausbruch des Ersten Weltkrieges bestimmen sollte. Was der französische Anthropologe und Soziologe Georges Vacher de Lapouge in einer Vorlesung vom Wintersemester 1889/90 über die Grundlagen der menschlichen Existenz sagte, war in vieler Hinsicht nur die brutale Konsequenz aus damals sehr weit verbreiteten Anschauungen: »Man entschließt sich weder zu einer Familie noch zu einer Nation. Das Blut, das man bei der Geburt in seinen Adern hat, behält man sein ganzes Leben. Der einzelne wird von seiner Rasse erdrückt und ist nichts. Die Rasse, die Nation ist alles. Jeder Mensch ist verwandt mit allen Menschen und mit allen lebenden Wesen. Es gibt also keine Menschenrechte, so wenig wie es Rechte des Gürteltieres oder des Gibbons gibt, des Pferdes, das man anschirrt oder des Ochsen, den man ißt. Sobald der Mensch das Vorrecht verliert, ein besonderes Wesen nach Gottes Ebenbild zu sein, hat er keine anderen Rechte als jedes Säugetier. Der Gedanke der Gerechtigkeit selbst ist ein Trug. Es gibt nichts als Gewalt. Rechte sind reine Übereinkommen, Verträge zwischen gleichen oder ungleichen Mächten.«

Was den Fall Vacher de Lapouges bemerkenswert macht, war die Tatsache, daß er – anders als Galton und die meisten übrigen Sozialdarwinisten – mit der Linken sympathisierte und sich lange Zeit als Sozialist betrachtete. In den 1880er und 1890er Jahren schrieb er für verschiedene Zeitschriften der französischen Sozialisten und kandidierte mehrfach für den »Parti socialiste ouvrier«. Er hatte zwar zentrale Vorstellungen von Arthur de Gobineau übernommen, der mit seinem »Versuch über die Ungleichheit der Rassen« von 1853/55 einen Klassiker der Rassentheorie geschrieben hatte, lehnte aber dessen aristokratischen Pessimismus ab. Umgekehrt schätzte er die »fatalistische« Betrachtungsweise der Marxisten, verachtete sie allerdings für ihre Utopie einer konfliktfreien universalen Gesellschaft.

Vacher de Lapouge wollte die sozialistische Ordnung, weil sie allein die Sicherheit bot, die rassisch begründeten Fähigkeiten des einzelnen, unabhängig von seiner Klassenzugehörigkeit, festzustellen. Wenn der »nichtdoktrinäre Sozialist« in einem 1896 veröffentlichten Aufsatz erklärte, der »Sozialismus wird selektionistisch sein, oder er wird nicht sein«, so hieß das vor allem, daß die Linke sich die Forderung nach einer radikalen Eugenik zu eigen machen sollte: Die Züchtung des »arischen« Zukunftsmenschen konnte nur erreicht werden, wenn alle »rassisch Minderwertigen« ohne Rücksicht auf Herkommen oder sozialen Rang an der Fortpflanzung gehindert würden, während die »Hochwertigen« neben dem »service militaire« einen »service sexuelle« zu leisten hätten, der auf die tradierten Normen des Geschlechtslebens keine Rücksicht nehmen dürfe. Nur wenn sich dieses politische Modell einer »sozialistischen« Erbpflege verwirklichen lasse, bestand nach Auffassung Vacher de Lapouges Aussicht darauf, daß Frankreich die großen Konflikte überstehen werde, von denen er in einer düsteren Prophezeiung schrieb: »Im kommenden Jahrhundert werden sich die Völker wegen des Unterschiedes von ein oder zwei Grad im Schädelindex abschlachten … Allein, es wird nicht wie heutzutage darum gehen, einige Kilometer des Grenzverlaufs zu ändern; die überlegenen Rassen werden sich mit Gewalt die weniger entwickelten menschlichen Gemeinschaften unterwerfen, und die letzten Sentimentalen werden die Zeugen zahlreicher Völkermorde sein.«

Obwohl Vacher de Lapouge mit seiner »Anthroposoziologie« auf heftige Ablehnung im akademischen Bereich stieß, stand er mit seiner Rezeption des Sozialdarwinismus im Lager der französischen Linken nicht ganz allein. 1898 veröffentlichte Georges Renard sein Buch »Régime socialiste«, in dem er einen sozialistischen Staat entwarf, der von der »wahren Aristokratie« der rassisch Besten geführt werden sollte und deutliche Ähnlichkeit mit den Vorstellungen Vacher de Lapouges aufwies. Renard gehörte zum Kreis um die Zeitschrift »Revue Socialiste«, die bereits zwischen 1887 und 1889 eine Artikelreihe unter dem Titel »Aryens et Sémites« veröffentlicht hatte und in der immer wieder die Notwendigkeit des Rassenkampfes beschworen wurde. Bald darauf forderte Adolphe Alhaiza, der seit 1894 das Organ »La Rénovation« leitete, die Sozialisten müßten sich an einem Rassenkampf beteiligen, der zur Errichtung der »absoluten Vorherrschaft unserer arischen Rasse über die ganze Welt« führe, »einer Herrschaft, die weder von der mongolischen noch der semitischen oder hamitischen Rasse verdrängt werden wird«. Dies waren Vorstellungen, die sich ganz ähnlich bei dem führenden Theoretiker der belgischen Arbeiterbewegung, Edmond Picard, sowie bei dem Italiener Enrico Ferri fanden, der 1896 mit seinem Buch »Socialismo e scienza positiva« eine intensive Diskussion über den Zusammenhang von Sozialismus und Darwinismus auslöste.

Obwohl Karl Marx und Friedrich Engels frühzeitig davor warnten, die Entwicklung der menschlichen Gemeinschaft naturalistisch zu interpretieren, drangen darwinistische Vorstellungen auch in die deutsche Sozialdemokratie ein. Vor allem in den Arbeiterbildungsvereinen war der »Monismus« des Darwin-Adepten Ernst Haeckel populär, und eugenische Vorstellungen wurden von großen Teilen der sozialdemokratischen Parteiführung grundsätzlich als Wohlfahrtsinstrument einer modernen Gesellschaft akzeptiert. Die darwinistische Linke im eigentlichen Sinn beschränkte sich allerdings wie in Frankreich auf eine kleine Gruppe von Intellektuellen. Als erster – eigentlich vorzeitiger – Vertreter der Richtung kann der Philosoph Eugen Dühring betrachtet werden. Er hatte in den 1870er Jahren ein »socialitäres System« entwickelt, das in der jungen Sozialdemokratie, die ideologisch noch nicht völlig festgelegt war, auf positive Resonanz stieß. August Bebel und Eduard Bernstein äußerten sich begeistert über den »ethischen Socialismus« und hielten Dührings Antisemitismus für eine persönliche Marotte, obwohl Dühring selbst der »Racenfrage« große Bedeutung beimaß. Die Stellung Dührings im Kreis sozialdemokratischer Ideologen blieb ungeklärt, bis Engels 1877/78 in der Parteizeitung »Vorwärts« eine scharfe Polemik gegen ihn veröffentlichen konnte, die bald darauf auch als Buch unter dem Titel »Herrn Eugen Dührings Umwälzung der Wissenschaft« (»Anti-Dühring«) erschien. Engels kritisierte scharf den von Dühring vertretenen »spezifisch preußischen Socialismus«, der keinen Raum für die internationale Solidarität des Proletariats lasse. Der weltweite Sturz des kapitalistischen Systems werde unmöglich gemacht, wenn die Sozialisten zukünftig davon auszugehen hätten, daß die Rassen konstante erbliche Merkmale besäßen, die ihren unterschiedlichen Wert für den Fortschritt der Menschheit festlegten. Obwohl sich die marxistische Linie in der SPD durchsetzte und Dühring immer weiter isoliert wurde, hielt er an seiner Vorstellung vom besonderen »Socialismus« der »arischen« Völker bei gleichzeitiger »Einschränkung, Einpferchung und Abschließung« der Juden unnachgiebig fest.

Schulbildend konnten die Vorstellungen Dührings schon wegen ihrer Eigentümlichkeiten und der streng rationalistischen Methode nicht wirken. Aber in einigen Punkten wiesen seine Gedanken doch Berührungspunkte mit den Ideen auf, die in der folgenden Generation von Männern wie Ludwig Woltmann vertreten wurden. Auch Woltmann, ein Arzt und Privatgelehrter, nahm seinen Ausgangspunkt beim traditionellen Sozialismus und wandte sich gegen die Selektionsvorstellungen der »Bourgeois-Darwinisten«, vertrat allerdings wie die Eugeniker aus den Reihen der Sozialdemokratie (Alfred Grotjahn, Alfred Ploetz) die Auffassung, daß die menschlichen Rassen verschiedenartig und verschiedenwertig seien. Trotz der sich daraus ergebenden Konflikte mit der in dieser Frage durchgesetzten Parteilinie – eine Art »Soziallamarckismus« (Rolf Sieferle), der von der Vererbbarkeit erworbener Eigenschaften ausging – brach Woltmann nicht mit der SPD. Er verließ die sozialdemokratische Partei erst unter dem Eindruck des Parteitages von 1899, bei dem die Anti-Revisionisten um Karl Kautsky den Sieg davongetragen hatten; bis zu seinem frühen Tod im Jahr 1904 blieb er Eduard Bernstein persönlich und politisch verbunden.

Neben Arbeiten über den Einfluß der »germanischen Rasse« auf die Geschichte Italiens und Frankreichs gehörte zu den Hauptwerken Woltmanns ein 1903 veröffentlichtes Buch, das den Titel »Politische Anthropologie« trug. Er legte hier seine Vorstellungen von der »eugenischen Leistungsgesellschaft« (Manfred Schwartz) systematisch dar und endete mit einem bemerkenswerten Ausblick auf die künftige Entwicklung: »In der Zuspitzung ihrer Entwicklung wird die kapitalistische Produktionsweise ein Hemmnis für die soziale Auslese der natürlichen Begabungen, sie wird antiselektionistisch. Wir sind daher überzeugt, daß die Zukunft große ökonomische Umwälzungen bringt, die einen konstitutionell-kollektivistischen Charakter haben werden.« Diese Umwälzungen würden die »germanischen Schichten« in der Führung der Sozialdemokratie nutzen, um einen Teil der Macht zu erobern. »Nur die praktische Verantwortung kann die Arbeiterklasse von dem widernatürlichen Wahn des Internationalismus heilen, welcher den vervollkommnenden Wettkampf der Nationen um die ökonomische, politische und geistige Vorherrschaft ersticken will.«

Woltmann hatte direkten Kontakt zu Vacher de Lapouge, dessen Arbeiten er teilweise übersetzen und in der von ihm herausgegebenen »Politisch-Anthropologischen Revue« erscheinen ließ. Seine Vorstellung vom notwendigen »vervollkommnenden Wettkampf der Nationen«, der die Mobilisierung der ganzen Gesellschaft durch »sozialistische« Erfassung notwendig mache, weist allerdings neben den Übereinstimmungen mit Vacher de Lapouge noch stärkere Ähnlichkeit mit den Ideen des linken Flügels der britischen »Sozialimperialisten« auf. Als deren führender Kopf galt um die Jahrhundertwende der Soziologe Benjamin Kidd, der mit seinem 1894 erschienenen Buch »Social Evolution« schlagartig berühmt geworden war. Kidd lehnte die liberale Entwicklungsdoktrin, die das Individuum in den Mittelpunkt stellte, ebenso ab wie den Marxismus mit seiner materialistischen Lehre vom Fortschritt durch Klassenkampf. Er glaubte, daß die Geschichte der Menschheit vom Antagonismus der Völker und Rassen vorangetrieben werde. Die Angelsachsen und die Deutschen als Glieder der »teutonischen Rasse« stünden an der Spitze der Rassenhierarchie, und es werde sich die Nation durchsetzen, der es gelinge, die »Qualität der sozialen Effizienz« durch vollständigen Zugriff auf alle ihre Glieder zu steigern.

Diese Vorstellung von der Effizienz-Steigerung der Gesellschaft im Dienst des imperialen »struggle for life« wurde von einem anderen Sozialisten, Carl Pearson, noch wesentlich weiter geführt. Pearson gehörte wie Kidd zu den Fabiern und war über diesen Kreis zu den Sozialimperialisten gestoßen. Unter »Sozialismus« verstand er die »Tendenz zu sozialer Organisation, die ein fortschreitendes Gemeinwesen auszeichnet und die dazu dienen müsse, den Staat auf die kommenden Auseinandersetzungen vorzubereiten, denn der «Tag, an dem wir aufhören, unsere Stellung unter den Nationen zu halten, wird ein Tag der Katastrophe sein für unsere Arbeiter zu Hause».

Pearson arbeitete ursprünglich als Mathematiker, erhielt aber 1911 den ersten Lehrstuhl für Eugenik an der Universität London. Er war über seine statistischen Untersuchungen auf das Problem der Erbpflege gestoßen, und Galton konnte ihn bald zu seiner »neuen Religion« bekehren. Pearson widersprach allerdings Galtons optimistischer Annahme über die Funktionstüchtigkeit der englischen Gesellschaft. Seine Untersuchungen bestärkten ihn in der Überzeugung, daß der Fortschritt von Medizin und Hygiene die Vermehrung »Minderwertiger« zur Folge habe, daß außerdem Fremdrassige, vor allem Iren und Juden, den Bestand der »englischen Rasse« bedrohten. Für Pearsons »Sozialismus der Zukunft« war deshalb eine umfassende und durchgreifende eugenische Politik von zentraler Bedeutung. Dem Staat sollten Machtmittel in die Hand gegeben werden, um die Fortpflanzung nach seinen Wünschen zu regulieren. Eine Gesellschaft, die auf tradierten Wert- und Moralvorstellungen beruhte, alle Entscheidungen einem diskutierenden Parlament anvertraute und extreme Vermögensunterschiede billigte, war dazu nicht in der Lage. »Gleichheit« war deshalb notwendig, um überhaupt prüfen zu können, wer fortpflanzungswürdig war und wer nicht. »Gleichheit« leitete sich für Pearson nicht aus dem natürlichen Recht des Menschen ab, sondern aus dem Nachweis gesunden Erbguts; allein die genetisch Tüchtigen würden in seiner Gesellschaft »gleiche« Rechte genießen, unabhängig von Herkunft oder Vermögen der Vorfahren. Erst wenn England »sozialistisch« geworden war, schien gewährleistet, daß die Begabtesten und Fähigsten an die Spitze des Staates traten und die Nation »fit« machten, um die unabwendbaren Kriege »mit minderwertigen Rassen oder mit gleichwertigen Rassen, den Kampf um Handelswege, Rohstoffquellen und Nahrungsmittel« zu bestehen und so die Mittel zu erobern, um den »Sozialismus« zu erhalten.

Frankreich als politisches Laboratorium

Die Vorstellungen Kidds und Pearsons wurden von vielen Mitgliedern der Fabian Society geteilt. Auch George Bernard Shaw, Herbert George Wells, Sidney und Beatrice Webb vertraten ein ähnliches ideologisches Gemisch aus Nationalismus, eugenischer Elite-Utopie und »sozialem Imperialismus«. Aber trotz des Einflusses, den die Fabier auf die entstehende »Labour Party« ausübten, ist in Großbritannien keine national-sozialistische Massenbewegung geschaffen worden. Bessere Voraussetzungen dafür gab es – trotz oder wegen der ganz anderen Umstände – in Frankreich, das infolge der militärischen Niederlage von 1870/71 gegen Preußen-Deutschland und des Sturzes Napoleons III. seinen Bürgerkrieg erlebt hatte. Nach der Niederlage der radikalen Linken schlossen gemäßigte Royalisten und bürgerliche Republikaner einen historischen Kompromiß, der das Fundament der »Dritten Republik« bilden sollte, eine Koalition der Mitte, die sich gleichermaßen gegen die legitimistische Rechte wie gegen die äußerste Linke wandte.

Eine Schlüsselfigur des Geschehens blieb allerdings der Radikale Léon Gambetta, der erst spät von seinem Versuch abgelassen hatte, den revolutionären Volkskrieg gegen die deutschen Eroberer zu organisieren. Trotz der Ablehnung durch die politische Klasse sicherte ihm sein Charisma die Gefolgschaft des Kleinbürgertums, und im geschickten Umgang mit den Massen spielte seine Propaganda für den Revanchekrieg gegen Deutschland eine große Rolle. Gambetta versuchte auch die Änderung des Wahlrechts durchzusetzen, um das plebiszitäre Element gegen den Parlamentarismus ins Spiel zu bringen, und 1881 wurde ihm endlich die Regierung übertragen. Doch er scheiterte rasch, nachdem es ihm nicht gelungen war, die außenpolitische Isolierung seines Landes zu durchbrechen. Sein Plan für eine Verfassungsreform schürte die Furcht vor einem bevorstehenden Staatsstreich und führte fast alle politischen Gruppen gegen ihn zusammen. Er resignierte, trat als Ministerpräsident zurück und starb kurz darauf, am 31. Dezember 1882.

Gambetta verkörperte einen für Frankreich ganz spezifischen Strang des politischen Denkens: den Jakobinismus. Seit der Revolution stand diese Ideologie zugleich für das Verlangen nach größerer gesellschaftlicher Gleichheit wie für die Feindschaft der nationalen Linken gegenüber dem bürgerlichen Parlamentarismus. Nach dem Tode Gambettas blieb die jakobinische Position verwaist, bis zu Beginn des Jahres 1886 der General Georges Boulanger das Amt des Kriegsministers in einem neugebildeten Kabinett übernahm. Er war eigentlich nur als politischer Platzhalter gedacht, stieg aber zu einer Person von nationaler Berühmtheit auf, als er verbot, auf streikende Arbeiter zu schießen, und so zum Heros der jakobinischen Gruppen wurde, die ihm erst recht begeistert folgten, als er seinen Willen bekundete, bei nächster Gelegenheit die an Deutschland verlorenen Provinzen Elsaß und Lothringen zurückzuerobern.

Tatsächlich hielt die Entwicklung des folgenden Jahres 1887 die Hoffnung der französischen Nationalisten wach, daß es bald zum Kampf gegen Deutschland kommen werde. Wegen einer Spionage-Affäre verschlechterten sich die diplomatischen Beziehungen zwischen den Nachbarn, und allgemein wurde mit dem baldigen Ausbruch des Konfliktes gerechnet. Aber als Boulanger tatsächlich die Mobilmachung forderte, traf er auf den entschiedenen Widerstand von Präsident und Außenministerium. Das amtierende Kabinett konnte sich nicht halten und mußte im Mai zurücktreten, Boulanger wurde seines Postens enthoben und als Kommandeur eines Armeekorps nach Clermont-Ferrand versetzt. Seine Popularität war aber noch ungebrochen, und als er die Hauptstadt verlassen wollte, kam es zu einem Aufruhr. Eine Menge, die sich rasch zusammengerottet hatte, forderte mit dem Ruf »Zum Elysée!« den Sturm auf den Regierungssitz.

Obwohl der General dem Appell der Massen auswich und befehlsgemäß abreiste, entstand in diesen Stunden die politische Bewegung des »Boulangismus«. Boulangers Anhänger waren die Unzufriedenen aus allen Lagern: die Radikalen der Linken, die an die Stelle der parlamentarischen die plebiszitäre Demokratie setzen wollten, durchaus bereit, den »Willen des Volkes« auf *einen* starken Mann zu übertragen, wenn dieser soziale Gerechtigkeit im Inneren und die Ehre Frankreichs nach außen herstellte, die Antisemiten, die gegen die »jüdische« Hochfinanz agitierten, die hinter den Mächtigen der Republik stand und für immer neue Korruptionsskandale verantwortlich gemacht wurde, und schließlich die Royalisten verschiedenster Färbung, die einen putschbereiten Offizier suchten, der nach der Machtübernahme der Armee rasch bereit sein würde, den Platz für einen legitimen Herrscher zu räumen.

Aus Angst vor einem Staatsstreich wurde Boulanger im März 1888 seines Kommandos enthoben. War er damit seiner militärischen Stellung beraubt, so nutzte er den neuen Status als Zivilist, um sich an den Parlamentswahlen zu beteiligen und sie in Akklamationen für sich und seine Bewegung zu verwandeln. Doch die Erfolge konnten nicht darüber hinwegtäuschen, daß der Boulangismus seinen Höhepunkt bereits überschritten hatte, weil er über kein klares politisches Ziel verfügte; die Propaganda für den »sozialen General« und die Revanche reichten nicht aus, um die heterogenen Teile zusammenzuhalten. Als Boulanger im Februar 1889 aus Furcht vor einer Verhaftung nach Belgien floh und sich ein Jahr später im Exil das Leben nahm, brach seine Anhängerschaft endgültig auseinander.

Das politische Erbe des Boulangismus trat jener Teil der jakobinischen Gruppen an, der – gegen die pazifistischen und kosmopolitischen Strömungen in der französischen Linken – am republikanischen Militarismus und Nationalismus festhielt. In den folgenden Jahren, als das politische System Frankreichs von zahlreichen Affären erschüttert wurde, bildeten sie den Kern einer ersten national-sozialistischen Bewegung. Die Vorstellung von einem »nationalistischen Sozialismus« spielte vor allem in der politischen Agitation von Barrès eine wichtige

Rolle. Barrès, ein Literat der »décadence« und Dandy, zog Ende 1898 als Abgeordneter der Boulangisten ins Parlament ein. Was diesen empfindsamen Intellektuellen dazu trieb, sich der nationalistischen Linken anzuschließen, war seine Überzeugung, daß Frankreich ein neues »Ideal« brauchte, und »wäre das eine niemals realisierbare Täuschung, würde ich es noch rühmen als ein Ziel, das man den Anstrengungen der Masse setzen muß, als eine Stärkung für die Herzen, die der Enthusiasmus bewegt«. Für kurze Zeit hatte Barrès geglaubt, daß der Sozialismus dieses Ideal sein könnte, aber dann war er enttäuscht über dessen »Opportunismus« im parlamentarischen System und wandte sich dem Entwurf seiner nationalistischen »Doktrin« zu.

Für Barrès drückte der Nationalismus die schicksalhafte Bindung des Individuums an »Boden und Blut« aus. Die Nation war für ihn ein zwangsweises »Kollektiv«, das sich des »Sozialismus« bedienen konnte, wenn diesem sein »liberales Gift« entzogen und dem Arbeiter deutlich gemacht wurde, daß er nicht gegen den Unternehmer aus seinem eigenen Volk, sondern gegen die Fremden und das fremde – sprich: jüdische – Kapital kämpfen müsse. »Nationaler Sozialismus« bedeutete für Barrès Sicherung der »rassischen« Einheit, Integration der Unterschicht und Organisation der Wehrhaftigkeit zur Vorbereitung des künftigen Krieges gegen Deutschland. Aus den für die Wahlkampagnen von Barrès gebildeten »Comités républicain socialiste national« entstand zwar keine dauerhafte Organisation, aber ein Teil der französischen Linken bezeichnete sich künftig selbst als »socialiste-nationaliste«. Diese Gruppen traten während der Dreyfus-Affäre von 1904/05 auf die Seite der Gegner des aus dem jüdischen Großbürgertum stammenden Hauptmanns Alfred Dreyfus, in dem sie den geborenen Klassen- und Volksfeind und Kopf einer deutsch-jüdischen Verschwörung sahen. Obwohl die Mehrheit der französischen Sozialisten für die Dreyfusards eintrat, betrachteten sich die National-Sozialisten weiterhin als Teil der Arbeiterbewegung und solidarisierten sich bei Abstimmungen im Parlament normalerweise mit den übrigen Abgeordneten der Linken.

Ein erster Versuch, diese Bewegung zusammenzufassen, war der 1903 gegründete »Parti National Socialist« (PNS). Sein Führer, Pierre Biétry, kam ursprünglich aus dem Lager der radikalen Linken. Als er sah, daß der PNS keinen Erfolg haben würde, ging er mit seinen Anhängern in die seit 1902 bestehende »Fédération Nationale des Jaunes de France« (FNJF). Die »gelbe« Arbeiterföderation wurde zur ersten proletarischen, anti-marxistischen Massenbewegung überhaupt, in der sich vor dem Ersten Weltkrieg bis zu dreihunderttausend Mitglieder sammelten, und als deren unbestrittene Führerfigur Biétry auftrat. Unter der Parole »Arbeiter Frankreichs vereinigt euch!« wollte er das Proletariat zum Träger einer »nationalen Renaissance« machen. Die »Gelben« propagierten die nationale Solidarität von Arbeitern und Unternehmern gegen das »internationale« jüdische Finanzkapital und den »internationalen« jüdischen Marxismus, und einer der Anhänger Biétrys erklärte während der Dreyfus-Affäre: »Gestern durch das Gift des Manchester-Liberalismus, heute durch die Pest des Kollektivismus, hat der Jude den französischen Geist auf das dreisteste mit Beschlag belegt. In derselben Zeit, in der seine Börsenmanipulationen ihn zum Herren unserer Finanzen machen, stürzen seine Intrigen unsere Armee in Verwirrung. Die Gelben, die die wahre soziale Lehre verbreiten und den Fortschritt auf die Tradition gründen, sind Antisemiten, die die Spekulation bekämpfen, sie sind Nationalisten, deren Herzen die Größe des Vaterlandes erfüllt, trotz der Arbeit, die zu verrichten ist, da sie doch den gleichen Feind in allen seinen Gestalten bekämpfen.«

Anders als der embryonale National-Sozialismus der Boulangisten und anders als der literarische National-Sozialismus von Barrès konnte die Ideologie der FNJF auf breite Gefolgschaft rechnen. Auch wenn es die »Gelben« niemals zu einer geschlossenen Weltanschauung nach dem Muster des Marxismus brachten, genügten die Ablehnung der bestehenden Ordnung und der Vorrat an ideologischen Gemeinsamkeiten, um eine politische Identität zu stiften und handlungsfähig zu werden. Die Verbindung des integralen Nationalismus mit dem »Sozialismus«, verstanden als »idée organisatrice« (Maurice Barrès), bildete dabei den Kern der neuen Weltanschauung. Obwohl der Kampf gegen die kapitalistische Gesellschaft von den National-Sozialisten deutlich zurückgenommen wurde, hielten sie die Kritik an den Lebensbedingungen des Proletariats aufrecht und forderten die Verbesserung seiner wirtschaftlichen Situation. Ihr Mißtrauen gegen die bürgerliche Klasse beruhte aber vor allem darauf, daß die Bourgeoisie zu oft das Vaterland verraten hatte, um ihre materiellen Vorteile zu sichern. Der »Jude« galt deshalb nicht nur als Feind, weil er das nationale Prinzip in Frage stellte und dem – deutschen – Marxismus in der Arbeiterbewegung den Boden bereitet hatte, sondern auch, weil er als Über-Bourgeois für alle Widrigkeiten des Kapitalismus besonders verantwortlich gemacht wurde.

Von Sorel zu Mussolini

»Wenn Deutschland das Vaterland des orthodoxen Marxismus war, war Frankreich das Laboratorium, in dem die Synthesen des 20. Jahrhunderts geschaffen wurden« (Zeev Sternhell). Zu den wichtigsten Schöpfern dieser »Synthesen« und den etwas entfernteren Ahnherren der national-sozialistischen Ideologien wird man Georges Sorel zu zählen haben. Der 1847 in der Normandie geborene Ingenieur und Beamte wandte sich erst in seinem zweiten Lebensabschnitt der Politik zu. Er war kein systematischer Denker, aber er verstand es, beunruhigende Fragen aufzuwerfen. Ideologisch wandelte er sich vom Konservativen zum Marxisten, Dreyfusard und Revisionisten und änderte unter dem Eindruck der gewaltsamen Streiks, die Frankreich 1905 und 1906 erschütterten, noch einmal seine Position. Er bekehrte sich zum »Syndikalismus«, einer damals einflußreichen Unterströmung in den Arbeiterbewegungen der lateinischen Länder. Sorels Hauptwerk »Réflexions sur la violence« (1906/08) wurde zu einer Art Programmschrift dieser Richtung.

Die Syndikalisten glaubten, daß nur durch den »Generalstreik« der gesellschaftliche Umsturz herbeigeführt werden könne, und anders als die orthodoxen Marxisten, die immer in Gefahr standen, allzusehr dem Gesetz der Geschichte zu vertrauen, waren sie davon überzeugt, daß es auf den *Willen* zur entscheidenden Tat ankomme. Das führte bei Sorel zu einem für die Linke sonst eher untypischen Elitismus, der sich den Sieg nur noch vom Einsatz entschlossener Minderheiten versprach. Revolutionäre Kader sollten mit ihrem überlegenen Bewußtsein die desorientierte Arbeiterschaft in den »sozialen Krieg« führen und die Kompromißbereitschaft der parlamentarischen Linken demaskieren: dem »lärmenden, geschwätzigen und lügnerischen Sozialismus gegenüber, der durch die Streber jeder Größenordnung ausgebeutet wird, richtet sich der revolutionäre Syndikalismus auf, der sich im Gegensatz hierzu bemüht, nichts in der Unentschiedenheit zu lassen«.

Aber die Hoffnungen Sorels und der Syndikalisten erfüllten sich nicht. Die Gewerkschaften, die »syndicats«, wurden zu Interessenvertretungen des Proletariats und waren sowenig für den Aufstand geeignet wie die sozialistischen Parteien. Sorel gab schließlich alle Erwartungen in die Arbeiterbewegung auf. Dabei mag eine Rolle gespielt haben, daß er Schlüsselvorstellungen der Linken niemals akzeptiert hatte. Er verachtete die »Illusionen des Fortschritts«, weil die Geschichte für ihn ein dauernder Abstieg war, unterbrochen von seltenen Epochen des Aufschwungs, der großen Ordnung und des »Erhabenen«. Selbst sein Marxismus blieb antiutopisch, eine kommunistische Zukunftsgesellschaft interessierte ihn nicht, nur die moralische Erneuerung der dekadenten Kultur durch das unverbrauchte Proletariat. Dessen Aufklärung hielt er für bedeutungslos, ja für schädlich, denn entscheidend für den politischen Kampf war nicht Erkenntnis, sondern Begeisterung: »... die Menschen, die an den großen sozialen Bewegungen teilnehmen, stellen sich ihre bevorstehenden Handlungen in Gestalt von Schlachtbildern vor, die den Triumph ihrer Sache sichern«. Nicht die Rationalität befähige die Menschen zu großen Taten, sondern der Glaube an einen »Mythos«.

Das Versagen des Proletariats vor der revolutionären Aufgabe sollte schließlich zu einer letzten Konversion Sorels führen, der seine Sympathie den Radikalen des gegnerischen Lagers zuwandte. Seit 1910 beobachtete er die Nationalisten aus dem Umkreis der von Maurras geführten »Action Française« (AF) mit wachsendem Interesse, gab seine Distanz allerdings nie ganz auf, denn der von der AF propagierte Royalismus erfüllte wohl die Bedingungen, die Sorel an eine antiliberale Ideologie stellte, aber das ganze Konzept war zu konservativ, als daß es massenwirksam werden konnte. Zwar trafen sich im »Cercle Proudhon« Mitglieder der »Action« und Anhänger Sorels, aber die Idee einer »doppelten Revolte« (Édmond Berth), in der Nationalismus und Syndikalismus die bürgerliche Republik zerstören würden, drang kaum über diesen Diskussionskreis hinaus.

Anders war die Situation in Italien, wo sich die Syndikalisten im Frühjahr 1907 von der größten Gruppe der Arbeiterbewegung, dem »Partito Socialista Italiano« (PSI), getrennt hatten. Nachdem ihre Versuche, mit Hilfe der Gewerkschaften eine neue revolutionäre Massenbasis aufzubauen, gescheitert waren, suchten die Anhänger Sorels auch hier das Bündnis mit der Gegenseite, um gemeinsam gegen die bürgerliche Mitte vorzugehen. Einer ihrer führenden Köpfe, Angelo Olivetti, schrieb 1910: »Syndikalismus und Nationalismus sind also antidemokratisch und antibürgerlich. Und, so sagen wir, sie sind zwei aristokratische Tendenzen in einer gemeinen materialistischen Gesellschaft. Die eine tut alles, um eine Elite der Arbeiter zu schaffen, die andere prophezeit die Herrschaft einer rassischen Elite.«

Corradinis Antwort für die nationalistische Seite – das Angebot des »socialismo nazionale« – führte während des Libyenkrieges tatsächlich zur Aktionseinheit der extremen Rechten und der extremen Linken. Während die Syndikalisten einen »revolutionären Krieg« erwarteten, der sich als Wegbereiter für die große gesellschaftliche Umwälzung erweisen würde, in jedem Fall die proletarischen Massen zu Tapferkeit und Disziplin erziehen sollte, hofften Corradini und seine Gefolgschaft auf die integrierende Wirkung eines sozialen Imperialismus, der dem Land nicht nur Geltung unter den anderen Staaten verschaffen, sondern auch die innere Spaltung Italiens aufheben sollte. Doch der Krieg endete rasch mit der Eroberung von Tripolis, und das liberale politische System blieb unerschüttert.

Erst bei Ausbruch des Weltkrieges sollte die Vorstellung von einer Verbindung aus Nationalismus und Sozialismus wieder an Attraktivität gewinnen, als Benito Mussolini, einer der begabtesten und einflußreichsten Männer der italienischen Arbeiterbewegung, die Idee des nationalen Sozialismus aufnahm. Mussolini gehörte im weiteren Sinn zu den »Schülern« Sorels, und einige Zeit betrachtete er die Syndikalisten als hoffnungsvolle Verbündete, um den Immobilismus des italienischen Proletariats zu überwinden. Aber nach dem Scheitern der großen Streiks in Frankreich wandte er sich von Sorel und seinen Anhängern ab, deren Annäherung an die politische Rechte der revolutionäre Marxist als Irrweg betrachtete.

In diesen letzten Jahren vor dem Krieg schien der Aufstieg Mussolinis im PSI unaufhaltsam. Auf dem Parteitag von 1912 gelang es ihm, seine schärfsten innerparteilichen Gegner, die Revisionisten, die auf konsequente Parlamentarisierung der Arbeiterbewegung drängten, ausschließen zu lassen und als Direktor der auflagenstarken Parteizeitung »Avanti« die Hoffnungen der äußersten Linken auf sich zu ziehen. Die Antirevisionisten sahen in ihm den »duce« des italienischen Sozialismus, und bei Kriegsbeginn 1914 war Mussolinis Stellung so stark, daß er als einziger unter den europäischen Arbeiterführern seiner Regierung mit dem Aufstand drohen konnte, falls das Land in den Konflikt der »imperialistischen« Staaten eintrete. Um so überraschender kam die vollständige Wendung, die er in kurzer Zeit vollzog. Bereits im Oktober 1914 bekannte er sich zum »Interventionismus« und zu allen »Irrtümern«, die er Sorel und seinen Anhängern vorgeworfen hatte.

Die Partei folgte ihm nicht und stieß den Verräter aus. Mussolini konnte nur eine persönliche Gefolgschaft retten und nach dem Verlust des »Avanti« eine eigene Zeitung gründen, um seine neuen Vorstellungen zu verbreiten. Das Blatt mit dem Titel »Il Popolo d'Italia« diente in erster Linie der Propaganda für die Kriegsteilnahme Italiens an der Seite der Alliierten, und Mussolinis Argumentation erinnerte jetzt in vielem an die der Syndikalisten während des Libyen-Konfliktes. Als Italien 1915 den Mittelmächten den Krieg erklärte, glaubte Mussolini, daß im militärischen Kampf die versäumte italienische Revolution nachgeholt werde. Nach dem Sieg werde man nicht nur das »Risorgimento« – die nationale Erhebung Italiens im 19. Jahrhundert – vollenden und die »Irredenta« – die »unerlösten« Gebiete – mit dem Vaterland vereinigen, sondern auch die alte Ordnung beseitigen. Es sollte eine »neue Elite« an die Spitze treten, bestehend aus den »ritornati«, den heimgekehrten Soldaten. Die Frontkämpfer seien berufen, einen neuen, antimarxistischen »nationalen Sozialismus« zu schaffen, der nicht in theoretischen Erwägungen, sondern im Kriegserlebnis gründe: »Die Millionen von Arbeitern, die aus den Schützengräben zurückkehren, die in den Gräben die sozialen Unterschiede besiegt haben, werden die Synthese aus der Antithese schaffen: Klasse und Nation.«

Die hochgesteckten Erwartungen Mussolinis erfüllten sich aber nicht. Italiens Hoffnungen auf große Gebietsgewinne zerschlugen sich bei der Neuordnung Europas durch die Pariser Vorort-Verträge, und die russische Oktoberrevolution ließ im Kommunismus einen unerwarteten Gegner erstehen, der seinerseits das Erbe des Weltkrieges antreten wollte. Als Mussolini im März 1919 aus ehemaligen Soldaten, Nationalisten und Syndikalisten die »Fasci di Combattimento« bildete, sollten die »Kampfbünde« nicht nur der »Verteidigung des Sieges« dienen, sondern auch die »Weltrevolution« auf italienischem Boden verhindern. Der Faschismus wandte sich gegen den Kommunismus, der Italien mit dem Umsturz bedrohte, aber er stand nicht auf der Seite der »Reaktion«. Auch die Faschisten verlangten die Errichtung eines Rätestaates, die Enteignung von Industriebetrieben und Großgrundbesitz, die Beseitigung des klerikalen Einflusses und der Monarchie. In dieser Frühzeit der Bewegung konkurrierten sie als National-Sozialisten mit dem revolutionären Marxismus, ihm ähnlich in der Gewalttätigkeit, der Primitivität und Stärke der Emotionen, dem Kollektivismus und dem Glauben an ein nachbürgerliches Zeitalter, in dem der »neue Mensch« auftreten werde.

Sorel hatte die Zukunft Mussolinis schon 1912 vorweggenommen, als er schrieb: »Unser Mussolini ist kein gewöhnlicher Sozialist, glauben Sie mir: Sie werden ihn eines Tages an der Spitze eines heiligen Bataillons mit dem Degen die Fahne Italiens grüßen sehen.« Während des Krieges beobachtete Sorel mit Aufmerksamkeit die revolutionären Umwälzungen, die sich vorzubereiten begannen. Den Roten Oktober sah er mit ebenso großem Wohlwollen wie die neuen Entwicklungen in Italien. Zwar starb er kurz vor Mussolinis »Machtergreifung« am 28. Oktober 1922, aber ein Jahr zuvor hatte er über den »Duce« des Faschismus geäußert: »Das ist kein Sozialist in bürgerlicher Sauce ... Er hat etwas gefunden, was es in meinen Büchern nicht gibt: die Verbindung des Nationalen und des Sozialen.«

Der politische Antisemitismus und die »deutsch-soziale Reform«

Hitler hat sich erst nach dem faschistischen Erfolg in Italien mit Mussolini identifiziert, dagegen immer respektvoll die Intransigenz des französischen Nationalismus beobachtet. Die Analogie der französischen Situation nach 1871 und der deutschen nach 1919 war für ihn wie für viele Zeitgenossen evident. Hier wie dort scheiterten europäische Großmächte bei dem Versuch, eine Hegemonialstellung auf dem Kontinent zu gewinnen, hier wie dort endete der Anlauf mit einem militärischen und politischen Desaster, ohne das Potential der Nation völlig zu zerstören. Dazu kamen der Verlust wichtiger Territorien, der Zusammenbruch des Ancien Régime und ein Umsturz, der nur von einer Minderheit des Volkes aus Überzeugung getragen wurde. Hier wie dort war der Wunsch nach Revision, wenn nicht Revanche allgemein, war Ursprung nationalistischer Bewegungen, die ihre Anhänger auf der Linken *und* der Rechten fanden und das traditionelle Schema der weltanschaulichen Zuordnung sprengten.

Nach dem Scheitern des nationalsozialistischen Putsches vom 9. November 1923 äußerte der Historiker Hermann Oncken, daß der Führer der Nationalsozialisten wohl ein ähnliches Schicksal wie General Boulanger erleiden werde, eine Vorstellung, die am Ende der Weimarer Republik wiederkehrte, als man in Frankreich selbst, aber auch bei einigen Gegnern der NSDAP in Deutschland den kometenhaften Aufstieg dieser Partei mit den Augenblickserfolgen des Boulangismus verglich. Die Nationalsozialisten selbst standen solchen Vergleichen zwiespältig gegenüber: Einerseits betonten sie gerne Ähnlichkeiten zwischen den Krisen der bürgerlichen »Systeme«, die als volksfeindliche Oligarchien vom »jüdischen Kapital« beherrscht würden und durch und durch korrupt seien, so daß man nur »Panama« und »Dreyfus« mit »Barmat« oder »Sklarek« vertauschen müsse, andererseits mied man wegen der Erfolglosigkeit des französischen Nationalismus direkte Bezüge zwischen den Bewegungen und ihren Führern. Erst als nach dem Sieg Hitlers keine taktischen Rücksichten mehr nötig waren, legte der Historiker Walter Frank 1933 eine Arbeit über »Nationalismus und Demokratie im Frankreich der dritten Republik 1871–1918« vor, die ausdrücklich dem Nachweis jener Traditionslinie diente, die vom französischen plebiszitären Nationalismus über den italienischen Faschismus zum Nationalsozialismus führte. Bei Frank bildete der Nationalsozialismus den notwendigen Abschluß dieser Entwicklung, da er endlich aus dem Scheitern des antiquierten liberalen Staates Konsequenzen zog und nach den »großen cäsaristischen Krisen der Demokratie« eine dem 20. Jahrhundert angemessene politische Ordnung verwirklichen würde. An anderer Stelle schrieb er über Barrès, daß man in ihm den eigentlichen »Lehrer« und »Schöpfer einer neuen nationalistischen Doktrin« zu sehen habe.

Das Deutschland der zweiten Hälfte des 19. Jahrhunderts bot Bewegungen wie dem Boulangismus oder Vorstellungen wie denen von Barrès noch keine Möglichkeiten. Das lag nicht nur an der stabilen monarchischen Spitze des Staates und der insgesamt konservativen Gesellschaftsstruktur, die trotz der rasanten Industrialisierung weitgehend erhalten blieb, sondern auch an der marxistischen Erziehung der Arbeiterschaft. Die SPD, die zwar großdeutsche und radikaldemokratische Strömungen der Revolution von 1848 aufgenommen hatte und ihr lassalleanisches Erbe nicht verleugnen konnte, hielt doch Distanz zu dem von Bismarck gegründeten Nationalstaat. Eine jakobinische Tradition existierte in Deutschland nicht, und nach außen gaben sich die Sozialdemokraten streng internationalistisch.

Elemente einer national-sozialistischen Ideologie entstanden in einem anderen Zusammenhang. Seit der »Großen Depression«, die 1873 den ersten Wirtschaftsaufschwung der Gründerzeit beendete, wurde der politische Antisemitismus zu einem Faktor in Deutschland. Am Anfang waren es Einzelgänger wie Otto Glagau oder Wilhelm Marr, die in Artikeln und Broschüren eine Ideologie verbreiteten, in der ältere, noch religiös motivierte Vorurteile gegen das Judentum mit ersten Andeutungen eines neuen, rassisch argumentierenden Antisemitismus verschmolzen. Die Antisemiten waren sich bewußt, daß sie ihren Aufstieg der ökonomischen Krisensituation verdankten, und umwarben das von Zukunftsängsten und der Sorge vor gesellschaftlichem Abstieg geplagte (Klein-)Bürgertum, aber ihr Erfolg hielt sich in engen Grenzen. Zwar hatte schon 1876 einer der führenden antisemitischen Agitatoren, Carl Wilmanns, eine Schrift mit dem Titel »Die ›goldene‹ Internationale und die Notwendigkeit einer sozialen Reformpartei« veröffentlicht, aber für eine eigenständige Organisation fehlten zu dem Zeitpunkt die Voraussetzungen.

Diese Lücke hätte die 1878 durch den Hofprediger Adolf Stoecker gegründete

»Christlich-Soziale Arbeiterpartei« schließen können. Stoecker wollte ursprünglich vor allem den »vierten Stand« in den Staat eingliedern und damit der Propaganda der Sozialdemokraten den Boden entziehen. Den Antisemitismus betrachtete er als das notwendige »instinktive Element«, das den Konservativen bis dahin gefehlt habe und ihnen zukünftig eine Massenbasis in Kleinbürgertum und Teilen des Proletariats schaffen könne. Obwohl Stoecker den »Rassenantisemitismus« als »unchristlich« betrachtete, waren die Schärfe und Grundsätzlichkeit, mit denen er gegen die Juden als Träger einer gottlosen Moderne polemisierte, kaum zu überbieten. Er fand in einflußreichen evangelischen Kreisen und anfangs auch bei Hof einen gewissen Rückhalt für sein Programm, scheiterte aber an der Ablehnung der Arbeiterschaft und mußte sich zuletzt mit dem Rest der »Christlich-Sozialen« der »Deutsch-Konservativen Partei« anschließen. Stoecker trug wesentlich dazu bei, daß 1892 in das »Tivoli-Programm« der Deutsch-Konservativen einige gegen die Juden gerichtete Punkte aufgenommen wurden. Aber für die Partei blieben dabei taktische Gesichtspunkte maßgeblich; man wollte »nicht den demagogischen Antisemiten den vollen Wind der Bewegung überlassen«.

Die Vorstellung, daß man deren Anhängerschaft auf die Seite der traditionellen Rechten herüberziehen könnte, erwies sich rasch als illusorisch und beschleunigte nur die Trennung von Konservativen und Antisemiten. Die hatten schon seit längerer Zeit unabhängige Kandidaten aufgestellt, und 1887 war Otto Boeckel als erster Antisemit in den Reichstag eingezogen. Die Attraktivität der neuen, von den Konservativen ganz unabhängigen Bewegung hing wesentlich damit zusammen, daß Männer wie Boeckel oder der in Brandenburg auftretende Hermann Ahlwardt an die Stelle des hölzernen Royalismus und der staatstragenden Gesinnung populäre Werbemethoden und scharfe Polemik setzten. Ihre Erfolge gaben auch der seit 1881 bestehenden »Deutschen Reformpartei« und der 1889 gegründeten »Deutsch-sozialen Partei« Auftrieb.

Abgesehen vom Kampf gegen die Juden gab es in diesen antisemitischen Parteien kaum eine gemeinsame Weltanschauung, aber eine Reihe von politischen Affekten, die sich nicht nur gegen die »Judenschutztruppe« – gemeint waren der linke Liberalismus und die Sozialdemokratie –, sondern auch gegen die »Cohnservativen« – eine Anspielung unter Verwendung des häufigen jüdischen Nachnamens Cohn – richteten. Einige Antisemiten forderten die gewaltsame Beseitigung der Herrschaft von »Junkern und Juden« und eine »deutsch-soziale« Neuordnung der Wirtschaft. So verlangte Ahlwardt in seinen Reden die Begrenzung des Grundbesitzes auf den Umfang von »landesüblichen Bauernhöfen« und die Reduzierung aller Industrieunternehmen auf die »Grenzen des üblichen Handwerksbetriebes«, außerdem die Enteignung aller Konzerne und ihre Umwandlung in »Gemeineigentum«. Diese »sozialistische« Agitation wurde durchaus ernst genommen und führte dazu, daß besorgte Konservative die Gefahr beschworen, »daß die Strömung sich gegen den Besitz als solchen richte und zu einer Spielart der Sozialdemokratie herabsinke« (Julius Graf von Mirbach-Sorquitten).

Die Orientierung des Partei-Antisemitismus an den wirtschaftlichen Bedürfnissen des (alten) Mittelstandes machte ihn allerdings für die Arbeiterschaft unattraktiv, und der Impuls der Bewegung erlosch fast vollständig, nachdem die ökonomische Lage sich wieder stabilisiert hatte. Die Berliner »Antisemitenpetition« vom April 1881, mit der die Aufhebung der jüdischen Emanzipation gefordert worden war, hatte zwar noch die Unterstützung von 250.000 Bürgern gefunden, aber schon in den neunziger Jahren konnte von einer Massenbasis für den Kampf gegen »All-Juda« keine Rede mehr sein. Der »Häuptlingswahn« (Willi Buch) der antisemitischen Führer verhinderte jede Konzentration der Kräfte, und die schließlich als Nachfolgeorganisation der »Deutschen Reformpartei« und der »Deutsch-sozialen Partei« gegründete »Deutschvölkische Partei« verfügte 1914 gerade noch über fünf Reichstagsmandate und fünfzehntausend Mitglieder.

Die Bezeichnung »Deutschvölkische Partei« deutet schon auf eine gewisse Akzentverschiebung in der antisemitischen Bewegung hin, seitdem die »völkischen« Gruppen um die Jahrhundertwende ihr Erbe angetreten hatten. Obwohl die Völkischen alles »Jüdische« ablehnten und ihre Weltanschauung mit Rassentheorien begründeten, wollten sie keine »Nur-Antisemiten« sein, sondern verstanden sich als Teil der neuromantischen und neuidealistischen Strömung, die die letzte Phase der wilhelminischen Zeit sehr stark bestimmte. Das Ziel der Völkischen war eine Art »germanischer« Kulturreform, ihr Selbstverständnis elitär, und an einer Massenbasis bestand kaum Interesse. Sie glaubten an die Wirksamkeit des »Hefeteig«-Prinzips und der »Volkserziehung« (Wilhelm Schwaner), sie gründeten zahlreiche Zeitungen und Zeitschriften, organisierten sich in Bünden und Zirkeln und bildeten bevorzugt Lebensformen aus, die als Modelle für eine altneue »germanische« Zukunftsgesellschaft dienen sollten. In dieser breiten Gegenkultur entstanden auch utopische Entwürfe für Rassenzuchtkolonien auf der Grundlage eines »germanischen Genossenschaftswesens«, das man als »deutsch« und »sozialistisch« (Willibald Hentschel) verstand – eine Vorstellung, die unterirdisch bis in die Nachkriegszeit weiterwirkte, aber vorerst keinen meßbaren politischen Einfluß besaß.

Die politischen Mißerfolge und die organisatorische Schwäche des Antisemitismus im Kaiserreich dürfen nicht darüber hinwegtäuschen, welche wichtige Rolle er für die Gesellschaft aufgrund seines intellektuellen Einflusses spielte. Bereits 1880 hatte der Historiker Heinrich von Treitschke in den »Preußischen Jahrbüchern« einen Aufsatz mit dem Titel »Unsere Aussichten« veröffentlicht, der sich mit der »Judenfrage« beschäftigte. Ganz ähnlich wie Stoecker, der in dieser Zeit seine größten Erfolge hatte, erklärte Treitschke, daß er die Juden nicht aufgrund ihrer Abstammung, sondern aufgrund ihres schädlichen Einflusses ablehne. Aber der von ihm geäußerten Erwartung, daß die Juden »schlechtweg Deutsche« werden sollten, stand das apodiktische »Die Juden sind unser Unglück« gegenüber. Treitschke gehörte in eine lange Reihe von einflußreichen Autoren, die den Antisemitismus immer neu variierten; sie reichte von dem Orientalisten Paul de Lagarde über die Schriftsteller Gustav Freytag und Felix Dahn und den Publizisten Constantin Frantz bis zu Houston Stewart Chamberlain. Dessen 1898 veröffentlichtes Buch »Die Grundlagen des 19. Jahrhunderts« erschien bis zum Ausbruch des Weltkrieges in einhunderttausend Exemplaren und übte auf das deutsche Bildungsbürgertum den denkbar stärksten Einfluß aus. Chamberlain war ein hochgebildeter Mann, Engländer von Geburt und Wahldeutscher, der sich als Schwiegersohn Richard Wagners – eines anderen radikalen Antisemiten – berufen sah, die Weltanschauung des Bayreuther Kreises in der Öffentlichkeit zu verbreiten. Was es im europäischen Kulturkreis an hergebrachten Vorurteilen gegen die Juden gab, wurde bei ihm vom Affekt zum ideologischen Topos, der besonders in akademischen Kreisen Verbreitung fand und über diese in verschiedene einflußreiche Organisationen vordrang: angefangen bei studentischen Korporationen über den »Bund der Landwirte«, den »Deutschnationalen Handlungsgehilfenverband« bis zu den Alldeutschen.

Während viele deutsche Juden, vor allem soweit sie dem Bürgertum angehörten, in der Vorkriegszeit glaubten, daß sich die Synthese von »Deutschtum« und »Judentum« vollenden werde, erklärte der Nationalökonom Werner Sombart 1911 in seiner Arbeit über das »Judentum in der Gegenwart«, daß die »Judenfrage« das »größte Problem der Menschheit« bleibe. Sombart meinte, daß die Emanzipation der Juden kaum noch fortschreiten und der »soziale Antisemitismus«, die Verbindung von Judenhaß und Wirtschaftsneid, »allerorten an Stärke und Verbreitung eher zu- als abnehmen« werde.

Die national-sozialistische Bewegung
in der Habsburger Monarchie

Sombarts Prognose über die Anziehungskraft des »sozialen Antisemitismus« hatte sich in der Habsburger Monarchie längst bewahrheitet. Eine als »deutschnational« oder später als »alldeutsch« bezeichnete Bewegung verknüpfte hier außerordentlich wirksam die Forderung nach Vereinigung aller Deutschen in einem Staat mit der Parole vom Kampf gegen die »Judenherrschaft«. Der Ursprung dieser Bewegung lag in der Enttäuschung vieler Österreicher begründet, die sich 1871 von der »völkischen« Einigung der Deutschen ausgeschlossen sahen. Zu ihrem Führer stieg Georg Ritter von Schönerer auf, ein ehemaliger Liberaler, der seine militantesten Anhänger in den studentischen Korporationen, den Turnerschaften und unter den Deutschen in Böhmen und Mähren fand.

Mit dem »Linzer Programm« von 1882 machte er den Versuch, eine umfassende Sammlung aller Deutschen in der Habsburger Monarchie zustande zu bringen, scheiterte aber an der Notwendigkeit, einige klare Abgrenzungen vorzunehmen. Zuerst kam es zu Konflikten mit den Deutschen jüdischer Herkunft. Ihr Wortführer, der spätere Sozialdemokrat Victor Adler, hatte noch an der Ausarbeitung des »Linzer Programms« mitgewirkt, aber die Wege trennten sich, als Schönerer in Konkurrenz zu dem populären katholischen Antisemitismus der österreichischen Christlich-Sozialen seinerseits einen völkischen Antisemitismus als Integrationsideologie nutzen wollte und die Deutschnationalen begannen, die Bürger jüdischer Abstammung durch »Arierparagraphen« aus ihren Vereinigungen auszuschließen. Ein zweites Problem stellte die soziale Unterschiedlichkeit in der Schönerer-Bewegung dar. Das großdeutsche Bürgertum stieß sich an den Konzessionen, die Schönerer seiner kleinbürgerlich-proletarischen Gefolgschaft machte, etwa mit der Forderung nach einem allgemeinen Wahlrecht. Dessen Versuch, die auseinanderdriftenden Teile der Bewegung neu zusammenzufassen, hatte zwar keinen Erfolg, war aber ideologisch aufschlußreich: »Der Nationalismus muß als das höhere Prinzip zwar die Oberhand über den Sozialismus gewinnen, darf sich aber nicht in feindlichen Gegensatz zu diesem setzen, sondern muß vielmehr mit dem Aufgeben aller Standes- und Klasseninteressen die gerechten Forderungen des Sozialismus zu den seinigen machen. Hat der Nationalismus auf diese Weise den Sozialismus ein- und untergeordnet, so bedeuten ihm gegenüber Klerikalismus und Liberalismus nur schwächliche Abschattungen gegen das neue Licht, das aus ihm in die Welt fällt.«

Schönerers eher tastender Versuch, Nationalismus und Sozialismus zu verbinden, hing auch mit der Entstehung der deutschnationalen Arbeiterbewegung zusammen, die infolge des Konfliktes zwischen deutschen und tschechischen Arbeitern in Böhmen entstanden war. Bereits 1885 hatte sich in Reaktion auf die Zuwanderung tschechischer »Lohndrücker« der »Deutsche Gesellenverein« zu Budweis gebildet, aber erst 1898 kam es zur Gründung einer zentralen Organisation, des »Verbandes Deutscher Gehilfen- und Arbeitervereinigungen«, kurz »Mährisch-Trübauer Verband« genannt. Der Verband sollte vor allem als gewerkschaftliche Interessenvertretung dienen; eine im engeren Sinne politische Gruppe, der »Deutschnationale Arbeiterbund« von 1893 (später »Bund deutscher Arbeiter Germania«), blieb demgegenüber relativ bedeutungslos. Den Bund hatte auf Initiative Schönerers der Mechanikergehilfe Franz (oder Franko) Stein gegründet. Auf Stein ging auch ein 25-Punkte-Programm zurück, das Forderungen wie das »Recht auf Arbeit« und Absicherung der Berufstätigen durch den Staat enthielt.

Da der Arbeiterbund immer eng mit der Schönerer-Bewegung verbunden war, geriet er 1902 in eine Krise, als sich Schönerer mit seinem wichtigsten Gefolgsmann, Karl Wolf, überwarf und seine »Alldeutsche Partei« zerfiel. Schönerer gab den Versuch auf, eine Massenbewegung zu schaffen, und behielt nur noch seinen bürgerlichen Anhang. Die völkischen Arbeiter sahen sich auf sich selbst gestellt, und ein bereits seit längerer Zeit bestehender Plan – die Gründung einer deutschnationalen Arbeiterpartei – fand infolgedessen zahlreiche Anhänger. Auf der Reichskonferenz des Mährisch-Trübauer Verbandes in Aussig vom April 1902 verlangte der Delegierte Ferdinand Burschofsky unter allgemeinem Beifall die Organisation einer neuen, von der »internationalen« Sozialdemokratie unabhängigen Arbeiterpartei, die für »Volkstum, Freiheit und soziale Gerechtigkeit« eintreten sollte. Dabei spielte das Vorbild der 1896 gegründeten »Tschechischen National-Sozialistischen Partei« eine wichtige Rolle, und als 1904, wieder in Aussig, der Gründungsparteitag der »Deutschen Arbeiterpartei« (DAP) stattfand, wurde in einer Ansprache erklärt: »Das Slawentum hat seine Organisation von unten nach oben vollzogen und steht heute geeint da, von Erfolg zu Erfolg schreitend. Nicht zu verkennen ist, daß die tschechisch-nationale Arbeiterpartei im Vordertreffen dieses Kampfes steht, ja die tschechisch-bürgerlichen Parteien führend beeinflußt. Auch wir wollen in dem Kampfe gegen die Feinde unseres Volkes eine mächtige und starke Organisation schaffen ...«

Die tschechischen National-Sozialisten waren vor allem antiklerikal, antifeudal und antikapitalistisch ausgerichtet; die Idee einer schrittweisen Kollektivierung verbanden sie mit der Ablehnung des Klassenkampfes, der die Beseitigung der Habsburger Monarchie erschweren und die Gründung eines national-sozialistischen tschechischen Volksstaats nur behindern würde. Da bereits ein Jahr nach Gründung der tschechischen national-sozialistischen Partei die Sozialdemokratie des Gesamtstaates in nationale Sektionen zerfiel, schien die Zeit reif für ein entsprechendes Projekt auf deutscher Seite, und schon bei der Gründung der DAP kam die Idee auf, sie als »nationalsozialistisch«, »national-sozial« oder »deutsch-sozial« zu bezeichnen. Aber es fand sich für diesen Plan keine Mehrheit, was Hans Knirsch, der Geschäftsführer des Mährisch-Trübauer Verbandes, der wesentlich an der Formulierung des Parteiprogramms mitgewirkt hatte, später so erklärte: »Im Deutschen Reich hatte Liebermann von Sonnenberg eine ›Deutschsoziale Partei‹ gegründet, die gescheitert war, und Friedrich Naumann machte Propaganda für eine ›nationalsoziale‹ Politik. Bei der Wahl des Parteinamens wollte man auch einer Verquickung mit diesen politischen Strömungen vorbeugen.«

Trotzdem war deutlich zu erkennen, daß die DAP mit ihrem am 15. August 1904 in Trautenau beschlossenen Programm zur kleinen Zahl der national-sozialistischen Parteien der Vorkriegszeit gehörte. Darin fanden sich neben Forderungen, die man von einer alldeutschen Vereinigung in Österreich erwartete – Ablehnung des Internationalismus, Schutz der Deutschen und ihrer Kultur, Privilegierung der deutschen Sprache als Staatssprache in Cisleithanien –, vor allem ein radikaldemokratischer und sozialer Maßnahmenkatalog. Die Vertreter der

DAP verlangten die Beseitigung des Herrenhauses, vollständige Trennung von Staat und Kirche (auch im Schulwesen), Demokratisierung des Heeres, Einführung des allgemeinen Wahlrechts, Gleichstellung der Frauen, Arbeitszeitbegrenzung und Arbeitsschutzbestimmungen, Verbot der Kinderarbeit und der gesundheitsschädigenden Frauenarbeit. Unter Punkt III. 2 wurde die Überführung von Großbetrieben in Gemeineigentum verlangt, aber im traditionellen Sinne sozialistisch argumentierte die DAP nicht. Man wünschte vielmehr eine umfassende Staats- und Wirtschaftsreform. Das bedeutete keine Aufgabe des »Klassenstandpunktes« – die Sozialdemokratie wurde vor allem angefeindet, weil sie den »Fortschritt der *deutschen* Arbeiterklasse« behinderte –, aber man betonte ausdrücklich, die DAP bilde »keine engherzige Klassenpartei. Die Deutsche Arbeiterpartei vertritt die Interessen aller ehrlichen produktiven Arbeit überhaupt ...«

Die DAP war »in das Schema von ›rechts‹ und ›links‹ nicht einzuordnen« (Andrew G. Whiteside). Anders als der Schönerer-Bewegung fehlten ihr anfangs der radikale Antisemitismus und die erklärte Absicht, den Vielvölkerstaat zu zerstören. In den Augen mancher Alldeutscher galt die DAP als zu gemäßigt und habsburgtreu. Aber ihre Anhänger marschierten auch unter der schwarz-rot-goldenen Fahne der Großdeutschen, nur daß sie sich gleichzeitig als Vorkämpfer eines neuen, egalitären »Volksstaates« verstanden. Darin nahm die österreichische Sozialdemokratie die DAP als Gegner durchaus ernst. Karl Renner und Victor Adler wurden nicht müde, das Proletariat vor der nationalistischen Versuchung zu warnen, obwohl es der DAP nicht gelang, in die traditionelle Arbeiterbewegung einzudringen. Der ehemalige Sozialdemokrat Walter Riehl, der 1907 zur Partei stieß, besaß gerade genügend Organisationstalent, um die auseinanderstrebenden Gruppierungen der Partei und die persönlich zerstrittenen Führer zusammenzuhalten.

Bei den Reichsratswahlen im Juni 1911 gelang es der DAP zum ersten Mal, mit drei Sitzen in das Zentralparlament einzuziehen. Die DAP-Abgeordneten schlossen sich im Reichsrat dem »Deutschen Nationalverband« an, einem lokkeren Zusammenschluß von Unabhängigen und Alldeutschen, blieben aber in diesem bürgerlichen Umfeld ein Fremdkörper. Schon die Abstimmung über die Wehrvorlage von 1912 führte zum Bruch. Die Partei wollte die Erhöhung des Militäretats angesichts der wachsenden sozialen Probleme nicht mittragen. Auf dem Parteitag in Iglau im September 1913 beschloß sie eine Ergänzung des Programms, mit der die Orientierung an den Arbeitnehmerinteressen noch stärker als bisher betont wurde. Dieser »Linksruck« hielt Riehl aber nicht davon ab, scharf gegen die Sozialdemokratie und die Macht des Judentums zu polemisieren: Nur die DAP habe »die Verderblichkeit der internationalen Lehren für das eigene Volk und die Unaufrichtigkeit der von Juden geleiteten und dem mobilen Großkapital verschwisterten Sozialdemokratie« erkannt.

Der Ausbruch des Ersten Weltkrieges hat die weitere Entwicklung abgeschnitten und dann die politische Gesamtsituation für die österreichischen National-Sozialisten völlig verändert. Die meisten Parlamentarier der DAP wurden zum Militärdienst eingezogen, und die Fraktionsarbeit ruhte bis zum Mai 1917. Als der Reichsrat wieder zusammentrat, war die DAP im wesentlichen mit internen Diskussionen beschäftigt. Seit dem Sommer 1916 hatte es heftige Auseinandersetzungen über einen neuen Namen für die Partei gegeben, die im Mai 1918 dazu führten, daß die Delegierten des Wiener Reichsparteitages die Umbenennung in »Deutsche Nationalsozialistische Arbeiterpartei« (DNSAP) beschlossen. Die DNSAP übernahm im wesentlichen das alte Programm der DAP, forderte aber darüber hinaus »die Zusammenfassung des gesamten deutschen Siedlungsgebietes in Europa zum demokratischen, sozialen Deutschen Reiche«.

Die Vorstellung der österreichischen Nationalsozialisten von einem neuen großdeutschen Staat stand zu diesem Zeitpunkt noch im Zusammenhang mit der Hoffnung auf einen Siegfrieden, der es den Mittelmächten ermöglichen werde, die Grenzen des zentraleuropäischen Raumes nach ihren Wünschen umzugestalten. Wenige Monate später hatte sich diese Perspektive vollständig verändert, als sich die Partei Ende Oktober 1918 angesichts des zerfallenden Habsburger Staates und der absehbaren militärischen Niederlage zum »freien, sozialen Alldeutschland« bekannte und den Anschluß Deutsch-Österreichs an das Deutsche Reich verlangte. Die Auflösung der Donaumonarchie hatte zur Folge, daß die gerade gegründete DNSAP in einen deutsch-österreichischen, einen deutsch-tschechischen und einen deutsch-polnischen Zweig zerfiel. Während die Nationalsozialisten im polnischen Schlesien eine vorübergehende Erscheinung blieben, war die DNSAP in den Sudetenländern zusammen mit der »Deutschen Nationalpartei« eine ernst zu nehmende Kraft. Dort hatte sie ihre eigentlichen Wurzeln, während die Nationalsozialisten in der neugegründeten Republik Österreich erst Fuß fassen mußten. Das wurde dadurch erschwert, daß sie auf eine rasche Vereinigung mit dem Deutschen Reich gehofft hatten und sich schwer auf die veränderten Bedingungen einstellen konnten. Hinzu kam, daß die Führer der deutsch-österreichischen und der deutsch-tschechischen Partei in einen ideologischen Konflikt gerieten.

Die Auseinandersetzung wurde über die für das Parteiprogramm zentralen Begriffe »Demokratie« und »Sozialismus« geführt. Während die Österreicher um den Obmann Riehl am Parlamentarismus festhielten und einen »Staatssozialismus« verfochten, der in deutlicher Nähe zu traditionellen, »revisionistischen« Vorstellungen der Arbeiterbewegung stand, vertrat der einflußreiche sudetendeutsche Nationalsozialist Rudolf Jung die Ansicht, daß die Demokratie eine überwundene Gesellschaftsform sei, die man besser durch ständische Gliederung und elitäre Führung ersetze. Jung gehörte wie viele andere deutsche Nationalsozialisten aus Böhmen zu den Anhängern Dührings, und in seinem 1919 veröffentlichten Buch »Der nationale Sozialismus« propagierte er dementsprechend einen autoritären »Führerstaat« auf der Basis rassischer Homogenität, der den Kampf gegen das Judentum auch in seiner neuen Gestalt – dem Bolschewismus – aufnehmen würde; Kolonialpolitik lehnte Jung ab, für seinen »Sozialimperialismus« setzte er auf die Eroberung von neuem Land »im Osten«.

Kriegssozialismus

Die National-Sozialismen der Vorkriegszeit bildeten keine Einheit. Die Parteien und Bewegungen hatten kaum Kontakt zueinander, eine wechselseitige Beeinflussung von Theoretikern und politischen Führern fand nur selten statt. Trotzdem kann man nicht von einer ephemeren Erscheinung sprechen. Daß die Idee eines »nationalen Sozialismus« in verschiedenen Ländern unabhängig voneinander entstand, deutet schon darauf hin, daß der National-Sozialismus eine politische Möglichkeit in der Phase der Durchsetzung der modernen Massengesellschaft war: »Ebenso wie es einen Nationalliberalismus und einen Nationalkonservatismus gab, mußte es auch einen National-Sozialismus geben« (Ernst Nolte).

Das ideologische Schema der National-Sozialisten war, bei aller Variationsbreite, immer vom Vorrang des nationalen vor dem sozialen Prinzip bestimmt. Die Bewegung trat zwar auch für die Verbesserung der Lebensbedingungen aller »Volksgenossen« ein, aber Sozialismus war für sie erst in zweiter Linie eine wirtschaftliche Ordnung zur Gewährleistung gesellschaftlicher Gleichheit, eher ein Formierungsprinzip, das die immer bedrohte Nation vollständig erfaßte und für den »Kampf ums Dasein« tüchtig machte. Das darwinistische Konzept konnte, mußte aber nicht zwangsläufig mit dem Antisemitismus verbunden werden. Für die National-Sozialisten bot sich »*der* Jude« aber insofern als Idealfeind an, weil er geeignet war, die »internationale Sozialdemokratie« ebenso zu verkörpern wie das »internationale Finanzkapital«, die Nation zusammenzuschließen und dem »nationalen« Kapitalismus einen Pakt anzubieten, um den gefährlicheren Gegner gemeinsam zu bekämpfen. Die Einstellung der National-Sozialisten zur Demokratie war uneinheitlich, anfangs eher wohlwollend, später zunehmend feindlich. Ihre Weltanschauungen mußten nicht unbedingt im Widerspruch zum Prinzip der Demokratie stehen, solange man die Begabung zur Demokratie auf ein bestimmtes Volk beziehungsweise eine Rasse beschränkte. Aber die vom Darwinismus diktierte Suche nach Hochformen politischer Effizienz führte fast zwangsläufig zur Parteinahme für die »totalitäre Demokratie« (Jakob Talmon), die den »Willen des Volkes« auf einen »Führer« übertrug.

Keine der national-sozialistischen Bewegungen hatte in der Vorkriegszeit größere Erfolge. Diese Ideologie, die weder »links« noch »rechts« eindeutig zuzuordnen war, blieb ohne Aussicht auf Durchsetzung, solange das politische

Koordinatensystem der Französischen Revolution weitgehend intakt war und die Klassengesellschaft fortbestand. Erst der Krieg hat beides vernichtet, die bürgerliche Ordnung ebenso wie die mehr oder weniger deutliche Unterscheidung einer konservativen Rechten, einer liberalen Mitte und einer radikaldemokratisch-sozialistischen Linken. Der Erste Weltkrieg erlangte für das 20. Jahrhundert die Bedeutung, die die Französische Revolution für das 19. Jahrhundert gehabt hatte. Die Ereignisse zwischen 1914 und 1918 zerstörten das alte Europa im Inneren wie nach außen, verhalfen der Massengesellschaft zum Durchbruch und veränderten das internationale Staatensystem durch den Kriegseintritt der USA und die Entstehung der Sowjetunion. Neue Weltanschauungen, die liberale Demokratie des Westens und der russische Bolschewismus, strebten die universale Durchsetzung ihrer politischen Programme an und schienen für eine kurze Frist Aussicht auf Erfolg zu haben. Aber schon Anfang der zwanziger Jahre wurde die Alternative »Wilson oder Lenin« um eine dritte, die national-sozialistische Position ergänzt.

Der Erste Weltkrieg hatte zwar die kontinuierliche Entwicklung der nationalsozialistischen Bewegungen behindert, aber sein Verlauf schien ihre Propaganda doch in erstaunlichem Maß zu bestätigen. Schon im August 1914 war der Traum von der internationalen Solidarität des Proletariats zerbrochen, und die Mobilmachung der europäischen Armeen hatte die Arbeiterschaften endgültig nationalisiert. Zugleich entwickelte der Staat in allen am Konflikt beteiligten Ländern einen bis dahin unbekannten Zugriff auf den einzelnen Bürger, um ihn für die Kriegsanstrengungen heranzuziehen. In Deutschland sprach man vom »Kriegssozialismus«, den die diktatorisch verfahrende »Oberste Heeresleitung« seit 1916 mit Unterstützung von Gewerkschaften und Mehrheits-Sozialdemokratie durchsetzte. Die Politik des »Burgfriedens« war in der Arbeiterbewegung aber nicht unumstritten und wurde vom linken wie vom rechten Flügel der SPD kritisiert. Während die Linke die Zusammenarbeit mit dem Klassenfeind nur widerwillig hinnahm, gab es auf der Gegenseite eine Gruppe von Aktivisten, der die Kooperation nicht weit genug ging. Im Umkreis der Zeitschrift »Die Glokke« vertraten einige Sozialdemokraten ähnlich wie Mussolini die Anschauung, daß sich durch den Weltkrieg die »Weltrevolution« vollziehe, in der Deutschland auf der Seite des fortschrittlichen Prinzips stehe, verkörpert im »organisatorischen Sozialismus spezifisch deutscher Prägung«, der den reaktionären »westlichen« Sozialismus der englischen und französischen Arbeiterklasse überwinden müsse.

Dieser »deutsche Sozialismus«, der aus der Solidarität der Schützengräben erwachsen sollte, stand in deutlicher Verbindung zu den »Ideen von 1914«, jener Kriegsideologie, die die spezifisch deutschen Kultur- und Gemeinschaftswerte der westlich-dekadenten »Zivilisation« entgegensetzte. Einer ihrer wichtigsten Vertreter, der Philosoph Max Scheler, gab noch 1917 seiner Hoffnung Ausdruck,

»daß sich der Geist unseres Gesinnungs-Militarismus und das formale deutsche monarchische Staatsethos einerseits und die innerlich neugeformte Arbeiterbewegung ... zu einer einzigen moralischen Macht zusammenschlössen – um nicht nur in unserem Staate, sondern in einem gewissen Maße in ganz Europa das Zeitalter gründlich zu bestatten, das man nicht mit Unrecht das ›bürgerlich-kapitalistische‹ genannt hat«.

Schelers Spekulation über die Absichten des Weltgeistes schienen sich auf eine unerwartete Weise zu erfüllen, als das militärisch geschlagene, von politischen Umwälzungen heimgesuchte, innen und außen gefährdete Deutschland ein Jahr später in eine ausweglose Lage geraten war. Denn die Idee eines nationalen Sozialismus fand zuerst Resonanz in jenem »Traumland der Waffenstillstandsperiode, wo jeder sich ohne die Bedingungen und realen Sachfolgen des bevorstehenden Friedens die Zukunft phantastisch, pessimistisch oder heroisch ausmalen konnte« (Ernst Troeltsch). Zwischen dem November 1918 und dem 28. Juni 1919, dem Tag, an dem der Versailler Vertrag von der deutschen Delegation unterzeichnet wurde, gab es zwar keine Klarheit über die weitere Entwicklung, aber ein verbreitetes Empfinden, daß der radikale Bruch mit dem Gewesenen unumgänglich sei. Religiöses Schwärmertum und revolutionäre Absichten, die These vom »Untergang des Abendlandes« und die Bereitschaft zum heldenhaften Selbstopfer fanden ihre Anhänger. Die Atmosphäre war hysterisch und produktiv, und bis gestern deutlich getrennte Ideen wurden jetzt zusammengebracht: Christentum und Anarchie, ekstatischer Tanz und kommunistischer Umsturz, Konservatismus und Revolution, Nation und Sozialismus.

Nur ein nationaler Sozialismus schien vielen geeignet, die schweren wirtschaftlichen Spannungen, die der Krieg hinterlassen hatte, zu bewältigen und gleichzeitig alle Kräfte des Volkes im Augenblick der Niederlage wirkungsvoll zusammenzufassen. Er konnte darüber hinaus die Fortsetzung des »deutschen Weges« ermöglichen: zwischen dem kapitalistischen »Westen« mit seiner Bindungslosigkeit und seinem Individualismus und dem bolschewistischen »Osten« mit seinem Kollektivismus und seiner »Barbarei«. Das meinte der Philosoph Max Wundt, wenn er schrieb, die deutsche Weltanschauung der Zukunft sei: »National statt international, Männer statt Masse, Sozialismus statt Kapitalismus«; ganz ähnlich äußerte sich Oswald Spengler im Sinne eines »preußischen Sozialismus«, der für die Erneuerung Deutschlands notwendig sei, während man an anderer Stelle einen »organischen« (Arthur Moeller van den Bruck), einen »deutschen« (Paul Tafel) oder eben einen »nationalen Sozialismus« verlangte.

Auch der frühe »Nationalbolschewismus« konnte in diesen Zusammenhang eingeordnet werden. Er unterschied sich von den National-Sozialismen allerdings dadurch, daß Einzelgänger wie Paul Eltzbacher oder die Hamburger Nationalkommunisten um Heinrich Laufenberg und Friedrich Wolffheim nicht nur die außenpolitische Anlehnung an Sowjet-Rußland verlangten, um den Rachekrieg gegen die Westmächte vorzubereiten, sondern auch bereit waren, die Produktiv-kräfte der Gesellschaft zu kollektivieren. Unter den National-Sozialisten gab es nach Bekanntwerden der Bedingungen des Versailler Vertrages zwar viele, die für eine Revanche gegen die Westmächte ein Zusammengehen mit dem Osten erwogen, aber eine »Bolschewisierung« Deutschlands wurde von ihnen abgelehnt.

Die erste national-sozialistische Welle der Nachkriegszeit hat zwar die Attraktivität der Idee deutlich werden lassen, aber anfangs zu keiner organisatorischen Zusammenfassung geführt. Hitler charakterisierte die Entwicklung später ganz zutreffend, wenn er sagte, »der gleiche Gedanke und die gleiche Not hat die gleiche Bewegung in allen Enden des Reiches emporsteigen lassen. Wir waren natürlich unabhängig voneinander. So wußte man nicht einmal in Düsseldorf, daß es auch bei uns so war, und in München wußte man nicht, daß es in Kiel so war, und dieser Weg zur Lösung, den wir gefunden haben, ist der Beweis dafür, daß die Programme, trotzdem sie unabhängig voneinander entstanden waren, letzten Endes das gleiche besagen.«

Hitler bezog sich mit dem Hinweis auf Düsseldorf und Kiel auf die »Deutsch-sozialistische Partei« (DSP) des Ingenieurs Alfred Brunner, die an der Jahreswende 1918/19 als »Partei auf judenreiner und kapitalloser Grundlage« gegründet worden war, Ortsgruppen in Nord- und Westdeutschland aufbaute und enge Verbindung zu den österreichischen Nationalsozialisten hielt. Allerdings stand die DSP noch sehr stark in der Tradition der völkischen Gruppen der Vorkriegs-zeit; sie entwickelte keine massenwirksame Propaganda und kam niemals über wenige tausend Mitglieder hinaus. Darin unterschied sie sich von der im Januar 1919 in München gebildeten »Deutschen Arbeiterpartei«, die unter Hitlers Führung und der neuen Bezeichnung »Nationalsozialistische Deutsche Arbeiterpartei« (NSDAP) bis zum Ende der zwanziger Jahre alle älteren antisemitischen Verbände und konkurrierenden Gruppen – auch die DSP – in sich aufnahm und jeden National-Sozialismus außerhalb ihrer Parteigrenzen marginalisierte. Danach gab es in Deutschland »keinen Nationalsozialismus außer Hitler« (Helmut Heiber) mehr.

Hitlers Beitrag

Hitler hat im Sommer 1921, eineinhalb Jahre nach seinem Beitritt zur Münchener »Deutschen Arbeiterpartei«, die Führung der Partei übernommen. Die Position des »Parteidiktators« fiel dem Berufsredner aufgrund seiner außerordentlichen demagogischen Fähigkeiten zu, seine ideologischen Vorstellungen waren dagegen wenig originell und unterschieden sich kaum von dem, was die radikale Rechte sonst in den Anfangsjahren der Weimarer Republik propagierte. Hitler bekannte sich zur »völkischen« Gemeinschaft aller Deutschen und forderte die Revision des Versailler Vertrages. Das Zentrum seiner Weltanschauung bildete die sozialdarwinistische Interpretation der Geschichte. Für ihn waren die Rassen Träger jedes historischen Geschehens und die Auseinandersetzung zwischen »Ariern« und Juden der Kern des ewigen »Rassenkampfes«. Als »deutschnationaler Sozialist« wollte er Kriegsgewinnler und das jüdische »raffende Kapital« enteignet sehen, damit die Arbeiterschaft endlich in die von den Frontsoldaten geführte »Volksgemeinschaft« integriert werden konnte.

Erst zu Beginn des Jahres 1921 war eine gewisse Veränderung in Hitlers Argumentation festzustellen. Hatte er sich bisher mit seiner Forderung nach Entrechtung der Juden in den Bahnen des traditionellen Antisemitismus bewegt, so begann er jetzt, die Rolle der Juden als Drahtzieher und Hauptnutznießer der russischen Revolution zu betonen. Unter dem Einfluß des völkischen Schriftstellers Dietrich Eckart und des deutsch-baltischen Publizisten Alfred Rosenberg kam er zu dem Schluß, daß die bolschewistische eine »jüdische Blutdiktatur« sei und daß auch Deutschland »noch im Blutsumpf des Bolschewismus versinken werde«, wenn nicht entschiedene Abwehrmaßnahmen durch ein diktatorisches Regime getroffen würden.

Um das Ziel einer »nationalen Diktatur« zu erreichen, ging Hitler ein Bündnis mit anderen Gruppen der revolutionären Rechten ein, aber der nach dem Vorbild von Mussolinis »Marsch auf Rom« geplante »Marsch auf Berlin« scheiterte, der Putsch vom 9. November 1923 brach zusammen, als die konservative bayerische Regierung unter Gustav von Kahr Reichswehr und Landespolizei mobilisierte. Die NSDAP wurde verboten, Hitler zu fünf Jahren Haft verurteilt. Er hat sein Gefängnis, die Festung Landsberg, später als »Hochschule auf Staatskosten« bezeichnet, weil er sich während der Monate seiner Haft (wahrscheinlich zum ersten Mal) mit der systematischen Lektüre von Houston Stewart Chamberlain, Leopold von Ranke, Heinrich von Treitschke, Friedrich Nietzsche, Arthur Schopenhauer sowie der Erinnerungen Bismarcks und anderer Politiker befaßte. Die erzwungene Muße gab ihm außerdem Gelegenheit, seine »Memoiren« zu diktieren, deren erster Band 1925 unter dem Titel »Mein Kampf« erschien. Die Arbeit an dem Manuskript verband Hitler mit dem Versuch, seine Weltanschauung als geschlossenes Ganzes darzustellen. Im wesentlichen konzentrierte er sich dabei auf drei thematische Zusammenhänge: die Rassentheorie, den »Nationalsozialismus« und den »Lebensraum«-Imperialismus.

Hitlers Vorstellung von der notwendigen »Reinheit des Blutes« hatte wenig mit völkisch-esoterischem Mystizismus, eher mit der Furcht aller Sozialdarwinisten vor der »Regression zum Mittelwert« (Francis Galton) zu tun. Er teilte wie die Völkischen die Idee vom besonderen Rang der »Arier«, aber anders als sie zeigte er kein Interesse an den spezifischen Problemen, die im Umfeld der »Indogermanenfrage« seit dem 19. Jahrhundert diskutiert worden waren. Er definierte den »Arier« im Grunde nur über ein einziges Merkmal, den »gewaltigsten Gegensatz« zum »Juden«. Für ihn war die »Judenfrage« der Kern der »Rassenfrage«, war »der Jude« ein ebenso gehaßter wie bewundernd gefürchteter Feind. Denn er sah in den Juden nicht nur »Parasiten« und Zerstörer der Kultur, er verdächtigte sie auch, sich eine besondere »Reinheit des Blutes« zu bewahren, während sie bei ihren »Wirtsvölkern« unter dem Deckmantel humanitärer Phrasen für die »planmäßige Bastardisierung« eintraten, um sich jenen entscheidenden Vorteil im »Rassenkampf« zu verschaffen, der über den »Fortschritt der Menschheit« entschied.

Wie schon für die meisten National-Sozialisten der Vorkriegszeit stand auch für Hitler der »Sozialismus« in einem inneren Zusammenhang mit diesem »Rassenkampf«. Nur die Beseitigung aller Reste der bürgerlichen Klassengesellschaft konnte dazu beitragen, die Kräfte des Volkes für die bevorstehenden Konflikte zu mobilisieren. Sein »Sozialismus« hatte sowenig mit humanitären Erwägungen zu tun wie der von Barrès, von Pearson oder Woltmann. Er war »Sozialist«, weil er im Proletariat eine »primitive Urwüchsigkeit« vermutete, die die Regeneration der dekadenten Oberschicht bewirken und dazu beitragen würde, die Deutschen wieder unter die »Völker des brutalen Willens« einzureihen, die allein in der Lage sein würden, in der »natürlichen Kraftordnung« zu überleben.

Hitler hielt Kriege wie alle Sozialdarwinisten für »natürlich«; und die »Natur«, die »grausame Königin aller Weisheit«, lehrte seiner Auffassung nach die gnadenlose Selektion der Starken durch Vernichtung der Schwachen. Der »Sozialismus«, die Auslese der »Untüchtigen« und die Ausschließung der Juden dienten alle demselben Zweck: der Errichtung einer »natürlichen« Ordnung, die im »natürlichen« Konflikt der Mächte zu überleben versuchen mußte. Welche Staatsform geeignet sein würde, diese Zwecksetzung optimal zu gewährleisten, ließ Hitler offen. Für Fragen einer konkreten Verfassungsordnung interessierte er sich wenig. Die Ausführungen in »Mein Kampf« über die »germanische Demokratie« oder später über das »Führerprinzip« blieben immer grundsätzlich und abstrakt. Fest stand nur, daß der nationalsozialistische Staat autoritär geführt werden mußte und die »westliche Demokratie« die Selbstbehauptung der »arischen« Völker nicht gewährleisten konnte. Sie galt Hitler als politische Verfallsform, weil sie antiselektionistischen Prinzipien verpflichtet war, außerstande, die Elitenauswahl gemäß rassischer Leistungsfähigkeit zu sichern.

Hitler wußte, daß er seine Ziele nicht innerhalb des bestehenden politischen Systems verwirklichen konnte. Er war kein Etatist und weit davon entfernt, irgendeine Ordnung als solche zu verteidigen. Mental gehörte er zu den »Revolutionären« und nicht zu den »Konservativen«. Allerdings hatte er nach dem Scheitern des Putsches von 1923 begriffen, daß in einer modernen Gesellschaft die klassische Revolution nur noch ausnahmsweise Erfolg haben konnte und zudem problematisch war, weil sie irreparable Substanzverluste zur Folge hatte:

»Der Sinn und Zweck von Revolutionen ist … nicht der, das ganze Gebäude einzureißen, sondern schlecht Gefügtes oder Unpassendes zu entfernen und an der dann wieder freigelegten gesunden Stelle weiter- und anzubauen. So allein wird man vom Fortschritt der Menschheit sprechen können …« Der Träger der Revolution müsse eine »historische Minorität« sein, eine politische Elite, am besten bestehend aus enttäuschten Extremisten, Männern der äußersten Rechten und der äußersten Linken, die sich der nationalsozialistischen Partei anschlossen. Die NSDAP solle nicht das »bürgerliche Wahlstimmvieh« mobilisieren, sondern den Kern einer neuartigen Bewegung bilden, die – unter dem Schein der Legalität – mit allen Mitteln an die Macht strebte.

War dieses Ziel einmal erreicht, hatte an die Stelle des »Systems« ein national-sozialistischer Staat zu treten, dessen Hauptaufgabe die Formung des neuen deutschen Menschen wäre. Obwohl Hitler für die Verwirklichung dieses Zieles einen längeren Zeitraum ansetzte, verwandte er in »Mein Kampf« erhebliche Energie darauf, die Grundlinien seiner weitergehenden außenpolitischen Pläne zu erklären. Im Zentrum stand seiner Meinung nach die Notwendigkeit, das Bündnis der Siegermächte zu zerstören und Italien, vor allem aber Großbritannien auf die deutsche Seite zu ziehen. Wichtig war die Rückendeckung des »germanischen Brudervolkes«, um freie Hand für eine aktive Ostpolitik zu bekommen. Hitler glaubte, daß die von ihm geplante soziale Integration aller Glieder der Volksgemeinschaft erhebliche Kosten verursachen würde, von denen er annahm, daß sie durch das Binnenwachstum der Wirtschaft – angesichts schrumpfender Märkte – nicht aufzubringen waren. Die Eroberung von »Lebensraum« im Osten sollte deshalb nicht nur der Schaffung von Ernährungsgrundlagen für eine insgesamt wachsende Volkszahl dienen, sondern auch die ökonomische Basis für einen extremen Sozialimperialismus bilden. Das Problem der Ernährung wie der Ausbeutung wäre theoretisch auch durch den Erwerb überseeischer Gebiete zu lösen gewesen, aber Hitler sah im Besitz eines »Großraums« im unmittelbaren Anschluß an das Reichsgebiet die entscheidende geopolitische Voraussetzung für eine Verbesserung der militärischen und rüstungswirtschaftlichen Position Deutschlands in künftigen Kriegen.

Daß jeder deutsche Versuch, in diesen Bereich auszugreifen, zu einem Konflikt mit der Sowjetunion führen mußte, nahm Hitler nicht nur in Kauf, er begrüßte zugleich die Möglichkeit, die Entscheidungsschlacht gegen das Judentum zu führen, weil er den Bolschewismus nicht nur für den Träger einer feindlichen Ideologie hielt, sondern im politischen System der Sowjetunion die »offene« Diktatur des Judentums verwirklicht glaubte. Zum ersten Mal seit Jahrtausenden zeige hier der »jüdische Staat«, der sonst nur als verborgene, aterritoriale Gemeinschaft der jüdischen Rasse existiere und das Geschehen vom Hintergrund aus lenke, sein wahres Gesicht. Hatte Hitler bis dahin vor allem Ausweisung und Auswanderung sowie Entrechtung befürwortet, um die jüdische »Pestilenz« zu bekämpfen, so radikalisierten sich seine Positionen in dieser Frage seit der Haftzeit zunehmend. Auf die Anfrage eines sudetendeutschen Nationalsozialisten antwortete er: »Ja, ja, es ist ganz richtig, daß ich meine Ansicht über die Kampfweise gegen das Judentum geändert habe. Ich habe erkannt, daß ich bisher viel zu milde war! Ich bin bei der Ausarbeitung meines Buches zur Erkenntnis gekommen, daß in Hinkunft die schärfsten Kampfmittel angewendet werden müssen, um uns erfolgreich durchzusetzen. Ich bin überzeugt, daß nicht nur für unser Volk, sondern für alle Völker dies eine Lebensfrage ist. Denn Juda ist die Weltpest.«

Das faschistische Zwischenspiel und die zweite national-sozialistische Welle

Hitlers Mißerfolg bei dem Versuch, Mussolini zu kopieren, bestimmte für mehr als zehn Jahre das Verhältnis zwischen dem deutschen Nationalsozialismus und dem italienischen Faschismus. Beide Bewegungen standen sich nahe, waren aber keineswegs identisch. Die jeweiligen gesellschaftlichen Voraussetzungen zeigten eine Reihe von gravierenden Unterschieden, und die ideologischen Schwerpunkte wichen deutlich voneinander ab. Im Rückblick meinte Hitler zur Bedeutung des Faschismus für seine eigene Bewegung: »Gewiß: mein Programm ist entstanden 1919; damals wußte ich nichts von ihm. In den geistigen Fundamenten ruht unsere Lehre in sich; aber jeder Mensch ist das Produkt von eigenen und fremden Gedanken. Und man sage nicht, daß die Vorgänge in Italien ohne Einfluß auf uns waren. Das Braunhemd wäre vielleicht nicht entstanden ohne das Schwarzhemd. Der Marsch auf Rom 1922 war einer der Wendepunkte der Geschichte. Die Tatsache allein, daß man das machen kann, hat uns einen Auftrieb gegeben.«

Hitler hat an anderer Stelle auch den »nationalsozialistischen« Gehalt des Faschismus hervorgehoben, aber gleichzeitig dessen Mangel an Konsequenz beklagt, der nicht zuletzt darauf zurückzuführen war, daß Mussolini trotz seiner radikalen Sprache in seinen Entscheidungen häufig Unsicherheit zeigte. Unmittelbar nach der Gründung der *fasci* hatte er noch erwogen, das Bündnis mit den katholischen »Popolari« und der alten Arbeiterbewegung zu suchen, und erst mit der Gründung des »Partito Nazionale Fascista« (PNF) 1921 und unter dem Druck der Extremisten in der Bewegung faßte er den Entschluß, eine neue »Volkspartei« zu bilden, die im Bündnis mit der traditionellen Rechten die Macht erringen sollte. Der »Marsch auf Rom«, eine Mischung aus Propagandaaktion und Revolutionsdrohung, hatte denn auch nur Erfolg, weil sich die Faschisten der Deckung durch die alten Eliten und der Sympathie in großen Teilen von Armee und Polizei gewiß sein durften.

Das Regime, das Mussolini in den folgenden Jahren errichtete, hatte mit seinen älteren national-sozialistischen Idealen wenig gemein. Die Monarchie wurde nicht angetastet, das Verhältnis zum Vatikan geordnet, die Wirtschaftsstruktur blieb trotz der Errichtung des faschistischen »Ständestaates« und einiger Reformen erhalten. Zwischen seinen konservativen Bündnispartnern und den radikalen Kräften in der eigenen Partei, den »Squadristen«, bezog Mussolini eine vermittelnde Position. »Totalitäre« Züge bei vollständigem Oppositionsverbot und latentem Terror durch die Geheimpolizei gab es erst seit Mitte der zwanziger Jahre, aber weder kam es zur Errichtung eines Konzentrationslagersystems, noch wurde von den Faschisten an die kollektive Vernichtung eines Bevölkerungsteils gedacht.

Was den Faschismus von traditionellen autoritären Regimen unterschied, war das Festhalten am Prinzip der Massenmobilisierung. Der PNF, die Miliz und die Jugendorganisation dienten vor allem der weltanschaulichen Erziehung und der Vorbereitung jener großen Inszenierungen, für die Mussolini ein besonderes Geschick besaß. Zusammen mit Ansätzen für einen faschistischen Wohlfahrtsstaat trugen diese Formen unmittelbarer Integration erheblich zum Rückhalt des Regimes in der Bevölkerung bei. Mitte der dreißiger Jahre gab es praktisch keine Opposition mehr, die auf breitere Unterstützung hoffen durfte; aber der Faschismus zeigte seinerseits eine gewisse Erstarrung, und seine Ideologie wurde »in bestimmter Hinsicht konstitutionalisiert und damit unwirksam gemacht« (Renzo de Felice).

Obwohl es niemals zur Entstehung einer »faschistischen Internationale« gekommen ist und Mussolini in der Frage schwankte, ob der Faschismus ein Exportartikel sein könne, hat es seit dem »Marsch auf Rom« eine Reihe von kleineren Bewegungen gegeben, die sich selbst als faschistisch bezeichneten oder so bezeichnet wurden. Aber weder der in den zwanziger Jahren entstandenen rumänischen »Legion Erzengel Michael« des charismatischen Corneliu Codreanu noch der finnischen »Lappo-Bewegung« unter dem ehemaligen Generalstabschefs Kurt Martti Walenius oder den österreichischen »Heimwehren« gelang eine »Machtergreifung« nach Mussolinis Modell, ganz zu schweigen von so peripheren Gruppierungen wie den »British Fascisti« oder dem »Faisceau« des Franzosen Georges Valois, der aus dem »Cercle Proudhon« hervorgegangen war. Soweit es sich bei diesen Gruppierungen nicht einfach um Kopien des italienischen Faschismus handelte, differierten sie ideologisch sehr stark und ließen Übereinstimmung im Grunde nur in bezug auf ihren politischen Stil, den »Willen zum Hemd« (Ernst Nolte), die Militanz und die gemeinsamen Feinde – Marxismus und Liberalismus – erkennen.

Wenn Hitler im Oktober 1930 davon sprach, daß sich die kommunistische Gefahr bloß durch die Beseitigung der parlamentarischen Demokratie und die »Faschistisierung der europäischen Staaten« erreichen lasse, so war das in erster

Linie eine Propaganda-Formel. Die Wirtschaftskrise hatte zwar allen möglichen, im weitesten Sinn faschistischen Bewegungen Auftrieb gegeben, aber zu wirklich ausschlaggebenden Faktoren wurden sie in keinem europäischen Staat. Erst der Erfolg der »nationalen Revolution« in Deutschland führte zu einer zweiten national-sozialistischen Welle. Seinen Bewunderern erschien das nach 1933 errichtete NS-Regime vor allem moderner als der Faschismus in Italien, weniger belastet durch die Überreste der bürgerlichen Ordnung, effizienter, auch sozialer, tatsächlich gleich weit von Kapitalismus wie Kommunismus entfernt. Die von Oswald Mosley 1932 gegründete »British Union of Fascists« orientierte sich trotz ihres Namens rasch auf Deutschland um, und nationalsozialistische Parteien entstanden in Holland unter der Führung von Anton Adriaan Mussert, in Flandern unter Staff de Clercq, in Norwegen unter Vidkun Quisling, in Rumänien unter Horia Sima und in Ungarn unter Ferenc Szálasi. In Frankreich kam es noch einmal zu einem Zustrom von linken Renegaten, die wie der ehemalige »Kronprinz« der Kommunistischen Partei, Jacques Doriot, oder der frühere Sekretär der sozialistischen Parlamentsfraktion, Marcel Déat, den Weg Mussolinis gingen. Auch Hendrik de Man, einer der führenden Köpfe der belgischen Arbeiterbewegung, wandte sich während der dreißiger Jahre vom klassischen Sozialismus ab und einem technokratischen »Planismus« zu; er vollzog den letzten Schritt allerdings erst nach der Niederlage seines Landes im Krieg gegen Deutschland, als es für einen historischen Augenblick vorstellbar schien, daß der Nationalsozialismus »eine neue, universale Entwicklung« (John Lukacs) zum Ausdruck brachte.

Antisemitische Ausschreitungen in Paris im Oktober 1898: marodierende Dreyfus-Anhänger
und -Gegner auf der Avenue de Wagram. Holzstich nach einer Zeichnung von Damblans.
Paris, Collection Viollet

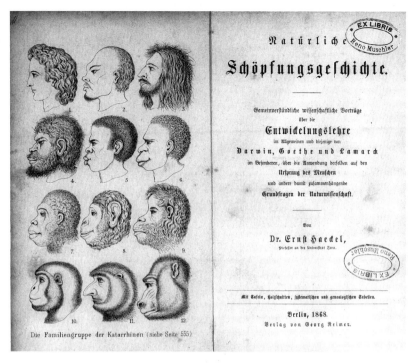

Eins der Hauptwerke des Verfechters der Abstammungslehre Darwins und der These von der
Übertragbarkeit des Fortschrittsprinzips in die kulturellen und sozialen Bereiche. Frontispiz
und Titelseite der 1868 in Berlin edierten Erstausgabe. Privatsammlung. – Das publizistische
Organ der 1884 gegründeten Fabian Society zur Durchsetzung sozialistischer Ideen. Titelblatt
der ab 1889 in London erschienenen Essays von George Bernard Shaw bis Herbert George
Wells. London, British Library. – Marke der österreichischen DAP. Koblenz, Bundesarchiv

Die »Nationale Erhebung«

Nach den ersten großen Wahlerfolgen der NSDAP hatte eine merkwürdige Gattung von politischen Utopien Konjunktur, darunter ein 1930 anonym erschienenes Buch mit dem prophetischen Titel »Revolution 1933« und zwei Jahre später der Band »Bomben auf Hamburg« von Johannes von Leers. Während »Revolution 1933« eine gescheiterte Erhebung der Nationalsozialisten schilderte, die in der Wirtschaftskrise versuchten, Deutschland gewaltsam von den Reparationen zu befreien, erzählte »Bomben auf Hamburg« von einer französischen Intervention nach dem Muster der Ruhrbesetzung, bei der die Beschießung Hamburgs zum Fanal für die Rebellion wird, die die Deutschen unter der Führung der Nationalsozialisten beginnen.

Diese politischen Phantasien nahmen nicht vorweg, was geschehen würde. Es waren eher Wunschbilder von einem neuen »1813« oder »1914«. Hitlers Regierungsantritt hatte nichts damit zu tun. Der 30. Januar 1933 war das durchaus nachvollziehbare Ergebnis politischer Entscheidungen, bei denen Kalkulationen und Fehlkalkulationen eine Rolle gespielt hatten, auch persönliche Unzulänglichkeit, aber kaum etwas, das einer »nationalen Revolution« ähnelte. Die Ernennung Hitlers zum Kanzler verlor den Charakter des politischen Alltagsereignisses nur, weil sich mit seiner Person unbestimmte Hoffnungen verbanden, die damals viele Menschen in Deutschland teilten. 1932 hatte der Romanist Ernst Robert Curtius, weit davon entfernt, ein Parteigänger Hitlers oder auch nur des deutschen Nationalismus zu sein, geschrieben: »Die dreizehn Nachkriegsjahre, die hinter uns liegen, gewinnen in der Rückschau den Charakter eines bloßen Provisoriums. Wir sind im Begriff, alles zu liquidieren, was zwischen 1920 und 1930 mit dem Anspruch auf neue Geltung auftrat. Die geistigen und künstlerischen Moden dieses Jahrzehnts: Expressionismus und Jazz, Schwarmgeisterei und neue Sachlichkeit sind schon längst verwelkt und verscharrt ... Deutschland bebt in Krämpfen, und wir haben nur *eine* Hoffnung: es muß besser werden, weil es nicht mehr schlechter werden kann.«

Der Weg zur Macht

Hitlers Sieg war bei seiner Haftentlassung im Dezember 1924 alles andere als wahrscheinlich. Sein Bekenntnis zur »Legalität« und der Verzicht auf den »normal-faschistischen« Weg des Umsturzes wurden eher als Zeichen der Schwäche gedeutet. Aber er konnte die spezifischen Bedingungen ausnutzen, die sich in Deutschland boten, als die »längst potentiell vorhandene, strukturbedingte Dauerkrise« (Werner Conze) der Republik durch die Wirtschaftskrise zum Ausbruch kam. Im März 1930 demissionierte das letzte Kabinett mit einer parlamentarischen Mehrheit, am 30. März 1930 bildete Heinrich Brüning im Auftrag des Reichspräsidenten Paul von Hindenburg eine Minderheitsregierung. Nach dem Scheitern des Haushalts wurden der Reichstag aufgelöst und für den 14. September Neuwahlen ausgeschrieben, die einen politischen Erdrutsch auslösten, für den es in der Geschichte des deutschen Parlamentarismus keinen Vergleich gibt. Hitlers Nationalsozialisten stiegen mit 18,3 Prozent der Stimmen und 107 Abgeordneten zur zweitstärksten Fraktion im Reichstag auf.

Der Wahlkampf von 1930 war der erste, in dem die NSDAP über eine zentral organisierte Propaganda verfügte, nachdem der Berliner Gauleiter Joseph Goebbels die Reichspropagandaleitung (RPL) übernommen hatte. Der Antisemitismus oder die »Lebensraum«-Ideologie spielten in der Agitation bezeichnenderweise keine Rolle, der plötzliche massenhafte Zulauf zur Partei Hitlers war nur als Ausdruck des umfassenden Krisengefühls zu deuten, das sich in Deutschland seit dem Ende der zwanziger Jahre aufgebaut hatte und nun zur Entladung kam: »Nicht die NSDAP warb um ihre Wähler, sondern die Wähler suchten sich ihre Partei« (Heidi Fogel/Dieter Rebentisch).

Am 17. Oktober 1930, sechs Wochen nach der Reichstagswahl, erklärte Thomas Mann in einer Ansprache den Zustrom, den die NSDAP erhielt, mit der Demütigung der Deutschen durch den Versailler Vertrag und der mangelnden Funktionsfähigkeit des Reichstages, um dann hinzuzufügen: »... der Nationalsozialismus hätte als Massen-Gefühls-Überzeugung nicht die Macht und den Umfang gewinnen können, die er jetzt erwiesen, wenn ihm nicht, der großen Mehrzahl seiner Träger unbewußt, aus geistigen Quellen ein Sukkurs käme, der, wie alles zeitgeboren Geistige, eine relative Wahrheit, Gesetzlichkeit und logische Notwendigkeit besitzt und davon an die populäre Wirklichkeit der Bewegung abgibt.« Der »Sukkurs« aus »geistigen Quellen«, von dem Thomas Mann hier sprach, bestand vor allem in den Ideen der »Konservativen Revolution«. Mit diesem paradoxen Begriff wurde jene »Suchbewegung« (Stefan Breuer) bezeichnet, die zwar schon am Ende des 19. Jahrhunderts entstand und eine gesamteuropäische Erscheinung war, die aber erst nach dem Krieg und vor allem in Deutschland zur Entfaltung kam.

Die »Konservative Revolution« bildete in erster Linie ein intellektuelles Phänomen, getragen von einzelnen, von Zirkeln und Clubs, von Kreisen, die sich um Zeitschriften sammelten. Sie besaß darüber hinaus eine gewisse Massenbasis in den nationalistischen Wehrorganisationen, der »Bündischen Jugend« und in dem aufrührerischen »Landvolk«, das am Ende der zwanziger Jahre gegen die Agrarpolitik der Regierung rebellierte. Die Antriebe waren disparat, sie reichten vom romantischen Nationalismus über die Visionen der Kulturreformer und die völkischen Ideologeme der wilhelminischen Zeit bis zu Plänen für einen christlichen

Ständestaat in einem »neuen Mittelalter« oder bis zum Konzept einer Techno-
kratie. Was die Protagonisten der »Konservativen Revolution«, Spengler, Moeller van den Bruck, Wilhelm Stapel, Carl Schmitt, Sombart, Hans Freyer, Ernst
und Friedrich Georg Jünger, Edgar J. Jung, Hans Blüher, Ernst Niekisch sowie
eine ganze Reihe von Publizisten, Journalisten und Propagandisten zweiten und
dritten Ranges, verband, war die politisch-weltanschauliche Konfession des
»heroischen Realismus«: Sie wollten eine neue, virile Mentalität, die vom linken
und liberalen Zukunftsoptimismus ebenso weit entfernt war wie von der Rück-
wärtsgewandtheit der älteren Konservativen.

In mancher Hinsicht wurde der revolutionäre Konservatismus zur »faktisch
dominierende[n] Ideologie im Deutschland der Weimarer Zeit« (Louis Dupeux),
aber es gelang niemandem, seine Ideen programmatisch zu verdichten und in
Aktion umzusetzen. Wenn der Soziologe Freyer in einer Kampfschrift aus dem
Jahr 1931 die »Revolution von rechts« proklamierte, so mußte er doch zugeben,
daß ihre »Bewegung« noch ein »bloßer Aufmarsch der Geister, ohne Bewußtsein,
ohne Symbol, ohne Führung« sei. Er erkannte sehr wohl, daß der Nationalsozialismus ein Gewächs aus demselben Boden war wie die Konservative Revolution,
aber er sah in ihm eher eine Häresie, bestenfalls einen Katalysator, der helfen
könnte, die eigenen Ziele zu erreichen; über die Dynamik und Neuartigkeit der
Bewegung täuschte er sich so wie die meisten Zeitgenossen.

Seit dem Ende der zwanziger Jahre begann die NSDAP zu einer modernen
Massenbewegung von außerordentlicher Anziehungskraft zu werden. Sie war die
einzige Partei in der Weimarer Republik, die es sich zum Ziel gesetzt hatte, *alle*
Deutschen anzusprechen, mit der einzigen Ausnahme der halben Million jüdischer Deutscher, und die dieses Ziel in einem erstaunlich hohen Maß erreichte.
Als »Omnibus-« oder »catch-all-Partei« band sie die verschiedensten Gruppierungen und Schichten der Bevölkerung. Hatten ihr am 9. November 1923 etwa
55.000 Menschen angehört, ein Stand, den sie nach Verbot und Neugründung
erst im März 1927 wieder erreichte, so waren es 1929 bereits 121.000, und mit
dem Beginn der Wirtschaftskrise verdoppelte sich die Mitgliederzahl jährlich bis
zur »Machtergreifung«. Den Kern der Bewegung bildeten vor 1930 der alte
(Handwerker, Kaufleute, Freiberufler) und der neue Mittelstand
überproportional stark war auch die Bauernschaft vertrete
präsentiert blieb das gehobene Bürgertum, während der Arb
nen Regionen überraschend hoch lag. Arbeiter stellten unge
aller Neumitglieder der Partei, und in den Sturmabteilungen
satz noch wesentlich höher gelegen haben. Das war, verglich
von siebenundvierzig Prozent, den die Arbeiter an der berufstä
insgesamt hatten, außerordentlich bemerkenswert und zeigte,
nung »Arbeiterpartei« durchaus ernst zu nehmen war.

Charakteristisch für die NSDAP war im übrigen, daß sie alle Z gendbewegung trug: 1930 zählten 36,8 Prozent der Mitglieder und 26,2 Prozent der Parteiführer weniger als dreißig Jahre (bei einem Bevölkerungsanteil dieser Altersgruppe von einem Fünftel), in der Berliner SA lagen siebzig Prozent der »Sturmmänner« unter dieser Altersgrenze, von den Mitgliedern des Reichstages, die die NSDAP damals stellte, waren sechzig Prozent unter vierzig Jahre alt (in der SPD-Fraktion zum Vergleich waren es zehn Prozent). Das trug ebenso zur Dynamik der Bewegung bei wie die breite inhaltliche Deutbarkeit dessen, was »Nationalsozialismus« sei: »Bollwerk gegen eine damals wohl tatsächlich als real empfundene kommunistische Gefahr für die Oberschicht, Sammelpartei des sozialen und wirtschaftlichen Protestes für die Mittelschicht, nationale Alternative zu den beiden sozialistischen Parteien für Teile der Arbeiterschaft, Aufbruchsbewegung in eine bessere Zukunft für die Jugend ... und Speerspitze deutschen Herrenbewußtseins für die völkisch-antisemitischen Gruppen, die zwar die Parteielite stellten, innerhalb der nationalsozialistischen Wählerschaft aber so wie zuvor im Kaiserreich und in der Weimarer Republik nur eine kleine Minderheit ausgemacht haben dürften« (Jürgen W. Falter).

Der Nationalsozialismus war ideologisch heterogen, aber attraktiv als politische »Kampf- und Glaubensbewegung« (Hans-Ulrich Thamer). Schon den Zeitgenossen fiel seine Tendenz zur politischen Religion auf. Für viele Nationalsozialisten verband sich die Parole vom »Dritten Reich« mit einer Erlösungshoffnung, aber die wirkungsvollsten religiösen Erwartungen bezogen sich auf die Person des »Führers«; einer der Anhänger Hitlers schrieb: »Die Wiedergeburt Deutschlands kann nur durch einen Mann erfolgen, der nicht in Palästen, sondern in einer Hütte geboren ist.« Die Anspielung auf Christus war kein Zufall. Hitler und sein begabtester Propagandist, Goebbels, hatten den Aufstieg des Nationalsozialismus mehr als einmal mit dem Siegeszug des Christentums verglichen, und für Hitler selbst bestand kein qualitativer Unterschied zwischen dem religiösen und dem politischen Enthusiasmus, den er in der politischen Liturgie des Nationalsozialismus zu kanalisieren gedachte.

Der Nationalsozialismus war vor allem anziehend, weil er ein »Antwort-Gefühl« (Hermann Heller) vermittelte: Sein »Führer« bündelte die Verzweiflung über den Zerfall der Gesellschaft, der durch die wirtschaftliche Krise und die steigende Zahl der Arbeitslosen immer weiter beschleunigt wurde. Die Werbekommandos der Nationalsozialisten, die unter den Wartenden vor den Stempelstellen der Arbeitsämter agitierten, konnten auf erhebliche Zustimmung rechnen, wenn sie einfach verlangten, daß *alles* anders werden müsse. Obwohl die Arbeitslosigkeit die Betroffenen in erster Linie auf die Seite der extremen Linken trieb, wuchs auch die NSDAP durch den Zustrom Erwerbsloser in einem bis dahin kaum vorstellbaren Umfang: Zwischen 1930 und dem Januar 1933 stieg die Zahl der Mitglieder von 270.000 auf 1,25 Millionen. Die Organisation dieser Massen wurde zu einem großen Problem für die Partei. Gregor Strasser, der

»Reichsorganisationsleiter« der NSDAP, versuchte deshalb ihren Aufbau stärker zu zentralisieren und bildete 1930 zwei »Reichsinspektionen« unter Paul Schulz und Robert Ley sowie zehn Landesinspektionen, die der Überwachung der regionalen Gliederungen – der Gaue – dienen sollten. Eine vollständige Lösung der Schwierigkeiten gelang ihm aber nicht, in gewisser Weise führte das Wachstum der Partei zu einer permanenten Krise ihrer Struktur.

Der labile Zustand wurde noch dadurch gefördert, daß es neben den organisatorischen weiterhin programmatische Auseinandersetzungen gab. Vor allem die Parteiarmee, die SA, blieb ein Unruheherd, obwohl Hitler deren putschistischen Chef Franz von Pfeffer am 5. Januar 1931 durch Ernst Röhm ersetzt hatte, der an die Spitze von mehr als zweihunderttausend »Sturmmännern« trat. Anders als die SA war die »Schutz-Staffel« (SS) ein absolut loyales Werkzeug Hitlers, auch wenn sie bis zur Ernennung Heinrich Himmlers zum »Reichsführer SS« am 6. Januar 1929 ein Schattendasein gefristet hatte und Hitler erst am 1. November 1930 die völlige Trennung von SA und SS befahl. An die Mitglieder der SS, zu diesem Zeitpunkt etwa 2.700 Mann, wurden strengere Maßstäbe angelegt als an die SA-Leute, was die »arische« Abkunft und die körperliche Tüchtigkeit betraf. Am 7. November 1930 übertrug Hitler ihr »die Ausübung des Polizeidienstes innerhalb der Partei«. Der »Polizeidienst« beschränkte sich in der ersten Zeit auf Ordnungsfunktionen, griff aber seit dem Eintritt Reinhard Heydrichs im Jahre 1931 auf den Bereich einer parteiinternen Geheimpolizei aus, der von der SS in Gestalt des »Ic-Dienstes«, später des »Sicherheitsdienstes« (SD) organisiert wurde.

Es war nach der Septemberwahl von 1930 nicht ganz deutlich, wie Hitler den so verheißungsvoll begonnenen Weg zur Macht vollenden wollte. Verhandlungen über eine direkte Beteiligung an der Regierung blieben ohne Erfolg, und Reichspräsident Paul von Hindenburg gewann von Hitler persönlich einen vernichtenden Eindruck, der ihn zu der häufig zitierten Äußerung veranlaßte, der »böhmische Gefreite« sei höchstens als »Postminister« brauchbar. In dieser unbefriedigenden Situation wandte sich Hitler aus taktischen Motiven den bürgerlichen Nationalisten zu. Am 11. Oktober 1931 fand auf Initiative Alfred Hugenbergs, des Vorsitzenden der Deutschnationalen Volkspartei (DNVP), eine gemeinsame Tagung von Deutschnationalen, NSDAP und Stahlhelm in Bad Harzburg statt. Die hier beschworene »nationale Front« existierte allerdings nur in der Einbildung Hugenbergs, denn Hitler war keineswegs daran interessiert, möglichst rasch in ein Präsidialkabinett einzutreten und eine Rechtsregierung zu stützen, die nicht eindeutig von der NSDAP dominiert war; vielmehr hoffte er bei Reichstagsneuwahlen noch einmal einen erheblichen Stimmenzuwachs zu erreichen, der ihm eine ganz andere Ausgangsposition bei Verhandlungen über eine Regierungsbeteiligung eröffnen würde.

Daß es im eigentlichen Sinn keine »Harzburger Front« gegeben hat, wurde auch daran deutlich, daß die bürgerliche Rechte und die Nationalsozialisten sich auf keinen gemeinsamen Kandidaten einigen konnten, nachdem sich herausgestellt hatte, daß Hindenburg bei seiner neuen Kandidatur für das Amt des Reichspräsidenten von einer »schwarz-roten Koalition« unterstützt wurde. Am 22. Januar 1932 gab Goebbels die Kandidatur Hitlers bekannt. Dieser Schritt war Hitler nicht leichtgefallen. Das Risiko einer Niederlage war groß, und Hindenburg mußte wenigstens insoweit geschont werden, als man ihn bei seinem Sieg zur Bildung einer nationalsozialistisch geführten Präsidialregierung weiterhin benötigte. Tatsächlich erhielt Hitler bei der Wahl am 13. März nur 30,1 Prozent der Stimmen, während Hindenburg 49,6 Prozent auf sich vereinigen konnte. Die notwendig gewordene Stichwahl am 10. April endete mit dem definitiven Sieg Hindenburgs, der die absolute Mehrheit von 53 Prozent der Stimmen erhielt, während Hitler 36,8 Prozent errang.

Die Niederlage ließ in der SA, deren Führer schon Posten für die Zeit nach der vermeintlich bevorstehenden Machtübernahme verteilt hatten, neue Zweifel über den Sinn einer »Revolution ohne Barrikaden« (Otto Bangert) wach werden, während umgekehrt die Behörden der Republik skeptischer gegenüber allen Beteuerungen Hitlers wurden, daß er sich ganz verfassungsgemäß in den Besitz der Regierungsgewalt bringen wollte. Im November 1931 waren die »Boxheimer Dokumente« aufgefunden worden, Pläne, die der hessische Nationalsozialist Werner Best für den Fall eines kommunistischen Umsturzversuchs ausgearbeitet hatte. Hitler distanzierte sich zwar vom Inhalt der Texte, unternahm aber sonst keine Schritte gegen den Verfasser. Die zeitgenössischen Beobachter schwankten zwischen der Auffassung, daß Hitler doch ein Putschist sei, und der Interpretation, daß man ihn eher als Gefangenen der Radikalen in der SA zu betrachten habe. Der von der Reichsregierung nach langem Zögern gefällte Entschluß, das »Privatheer« Hitlers – mittlerweile über 470.000 Mann stark – am 13. April 1932 zu verbieten, wurde von Reichswehrminister Wilhelm Groener mit der Absicht motiviert, Hitler die Distanzierung von den braunen Revolutionären zu erleichtern.

Tatsächlich konnte man im Frühjahr 1932 den Eindruck gewinnen, daß Hitler bereit war, von seiner Alles-oder-nichts-Politik abzugehen. Die scheinbar gewachsene Konzessionsbereitschaft hing damit zusammen, daß nach dem Scheitern der Kandidatur für die Reichspräsidentschaft kein gangbarer Weg mehr für die Eroberung der Macht zu erkennen war. Die Ergebnisse bei den letzten Landtagswahlen zeigten, daß die NSDAP nicht in der Lage sein würde, die absolute Mehrheit in den Parlamenten zu erreichen. Diese Einschätzung teilte vor allem der »Generalsekretär« der Partei, Strasser, für den sich die Anzeichen mehrten, daß Hitler überhaupt ungeeignet war, die Reichsregierung zu übernehmen. Er kannte die manisch-depressive Veranlagung des »Führers«, der zuletzt beim Selbstmord seiner Nichte Angela (»Geli«) Raubal, im September 1931, in seelische Verdüsterung gefallen war. Gegenüber einem Vertrauten äußerte Strasser: »Es ist schon schlimm genug, wenn einer ein Bohemien ist, wenn er dazu hysterisch ist, dann gibt es eine Katastrophe.«

Noch grundsätzlicher als in bezug auf Hitler war Strassers Skepsis in bezug auf die Partei. Er wußte um die katastrophale Finanzsituation, denn obwohl die NSDAP als »Mobilisierungspartei« wesentlich weniger Mittel benötigte als die bürgerlichen Gruppierungen, stand sie infolge der zahlreichen Wahlkämpfe allmählich am Rande ihrer Möglichkeiten. Strasser fürchtete einen vollständigen Kollaps, wenn es nicht in absehbarer Zeit gelang, der Basis vorzeigbare Erfolge zu präsentieren. Um dieses Ziel zu erreichen, war er auch zu einer grundsätzlichen politischen Kursänderung bereit. In der Reichstagssitzung vom 10. Mai 1932 ergriff er zum ersten Mal seit eineinhalb Jahren das Wort und entwarf ein detailliertes Programm zur Behebung der Wirtschaftskrise. Er beschwor die »große antikapitalistische Sehnsucht ..., die durch unser Volk geht, die heute vielleicht schon 95 Prozent unseres Volkes bewußt und unbewußt erfaßt hat«. Er forderte Arbeitsbeschaffungsmaßnahmen durch den Staat, eine »produktive Krediterweiterung«, Aufhebung des Goldstandards, Preiskontrollen und wirtschaftliche Autarkie. Auffällig am Tenor von Strassers Aussagen waren nicht nur die vorsichtige Distanzierung vom radikalen Antisemitismus seiner Partei, sondern auch die Signale an die Gewerkschaften, denen er sich offensichtlich annähern wollte. Die Rede hatte eine sensationelle Wirkung, und vielen Beobachtern erschien Strasser nicht nur als personelle, sondern auch als programmatische Alternative zu Hitler.

Währenddessen hatte Hindenburg Brüning fallengelassen und am 1. Juni 1932 Franz von Papen zum Reichskanzler ernannt. Das neue Kabinett, von der Opposition als »Kabinett der Barone« apostrophiert, blieb politisch völlig isoliert, und Papen nahm Zuflucht zu Reichstagsneuwahlen in der Hoffnung, sich so eine Mehrheit verschaffen zu können. Statt dessen wurden nur die politischen Extreme gestärkt; die Nationalsozialisten stiegen bei den Wahlen vom 31. Juli mit 37,3 Prozent der Stimmen und 230 Mandaten zur stärksten Fraktion des Reichstags auf. Eine nicht unwesentliche Rolle hatte bei diesem Erfolg die Rede Strassers vom 10. Mai gespielt, die als »Wirtschaftliches Sofortprogramm« der NSDAP dem Mittelstand und dem Millionenheer der Arbeitslosen ein verständliches Konzept für die Behebung der katastrophalen Lage zu bieten schien.

Neben den Nichtwählern hatte die NSDAP vor allem ehemalige Anhänger der zahlreichen bürgerlichen Splittergruppen angezogen, die fast ein Drittel des Zugewinns ausmachten. Allerdings konnten weder die sozialdemokratische noch die Zentrums-Position nennenswert erschüttert werden. Daß es nicht gelungen war, in diese beiden Bastionen einzubrechen, wurde vor allem im Umkreis Strassers als Bestätigung dafür angesehen, wie aussichtslos Hitlers Konzept war, das »System totzuwählen«. Aus grundsätzlichen wie aus taktischen Erwägungen schien die »Konstitutionalisierung« der NSDAP der aussichtsreichere Weg. Die Verhandlungen zwischen Hitler und Schleicher, dann zwischen Hitler und Papen am 13. August 1932, bei denen der NSDAP-Führer noch einmal auf der Kanzlerschaft bestand, dienten von seiten Schleichers und Papens eigentlich nur noch dem Zweck, Hitler endlich davon zu überzeugen, daß er nie an die Spitze eines Präsidialkabinetts treten würde. Bei dem nachfolgenden Empfang durch Hindenburg erklärte der Reichspräsident unumwunden, daß er Hitlers Ernennung zum Regierungschef vor seinem Gewissen nicht verantworten könne.

Papen blieb im Amt und behalf sich mit dem Notverordnungsrecht des Reichspräsidenten gemäß Artikel 48 der Verfassung. Aber sein Plan, die Republik sukzessive zu einem autoritär geführten »Neuen Staat« umzuformen, blieb trotz des »Preußenschlags« – der Absetzung der sozialdemokratisch geführten preußischen Landesregierung am 20. Juli 1932 – auf dem Papier; er hatte mit der deutschen Realität des Sommer 1932 nichts zu tun. Neben dem Mangel an parlamentarischer Unterstützung waren es vor allem die gewaltsamen Unruhen im Land, die die Lage der Regierung immer problematischer machten. Der latente Bürgerkrieg hatte bis dahin kaum vorstellbare Ausmaße erreicht. Bei politisch motivierten Gewalttaten wurden allein im Jahr 1931 in Berlin 8.248 Personen verletzt oder getötet, davon 4.699 Nationalsozialisten, 1.696 Mitglieder des sozialdemokratischen Reichsbanners, 1.228 Kommunisten und 625 Angehörige des Stahlhelm. Als Täter konnten in 4.184 Fällen Kommunisten festgestellt werden, in 2.589 Fällen identifizierte die Polizei Nationalsozialisten, in 1.849 Fällen gingen die Angriffe von Reichsbannerleuten aus, in 320 Fällen von Stahlhelmern. Die Angriffsbereitschaft der Kommunisten war außergewöhnlich groß und richtete sich nicht nur gegen politische Gegner, sondern ausdrücklich auch gegen die Vertreter der staatlichen Ordnung.

Die in großen Teilen der Bevölkerung verbreitete Furcht vor einem kommunistischen Umsturz ging aber nicht so sehr auf diese Einzelaktionen, sondern grundsätzlich darauf zurück, daß die Führung der KPD aus ihrem Debakel von 1923 – dem gescheiterten »deutschen Oktober« – nicht wie Hitler den Schluß gezogen hatte, daß eine revolutionäre Erhebung in Deutschland ohne Erfolg sein würde. Noch 1930 nahmen Mitglieder der südwestdeutschen Gaue des illegal operierenden »Roten Frontkämpfer Bundes« an Manövern der Roten Armee teil, und im Sommer 1932 berichteten Vertrauensleute der Politischen Polizei, daß militärische Instrukteure aus der Sowjetunion zusammen mit KP-Funktionären Überfälle auf Reichswehr-Kasernen planten, um Waffen zu erbeuten, mit deren Hilfe man eine proletarische Erhebung ausrüsten wollte, die durch Verbände der Roten Flotte unterstützt werden sollte.

Angesichts dieser chaotischen Zeitumstände muß man davon ausgehen, daß der nationalsozialistische Antikommunismus »nur auf besonders intensive Weise dasjenige artikulierte, was zahlreiche deutsche und nichtdeutsche Zeitgenossen empfanden, und daß alle diese Empfindungen und Befürchtungen nicht nur verstehbar, sondern auch großenteils verständlich und bis zu einem bestimmten Punkte sogar gerechtfertigt waren« (Ernst Nolte). Das bedeutet selbstverständlich nicht, daß die Nationalsozialisten nur auf die Aggression der Gegenseite *re*agierten. Ihre Ideologie enthielt von vornherein auch die Bereitschaft zum Angriff auf jeden Gegner. Der »Altonaer Blutsonntag« im Juli 1932, bei dem die SA einen gewaltsamen Zusammenstoß mit Kommunisten provozierte, der zum Tod von achtzehn Menschen führte, der bestialische Potempa-Mord an einem kommunistischen Arbeiter sowie die Ausschreitungen gegen Juden und jüdische Einrichtungen in Ostpreußen im August 1932 sind nur einzelne Beispiele für ein Vorgehen, das weder Vergeltung noch Abwehr diente, sondern auf einen ideologisch motivierten Vernichtungswillen zurückzuführen war.

Die Regierung Papen versuchte zwar durch ihre »Notverordnung zur Abwehr politischer Ausschreitungen« vom 14. Juni 1932, die die Strafandrohung gegenüber politischen Gewalttätern drastisch verschärfte, der Eskalation Herr zu werden, blieb aber ohne Erfolg. Aussichtsreicher konnten Pläne für den militärischen Ausnahmezustand erscheinen, die Oberstleutnant Eugen Ott, Chef der Wehrmachtsabteilung (der politischen Abteilung des Reichswehrministeriums), entwickelt hatte. Am 30. August erhielten Papen, Reichsinnenminister Wilhelm von Gayl sowie Reichswehrminister von Schleicher von Hindenburg die Zusage, daß dieser den Reichstag auflösen und Neuwahlen infolge der inneren Unruhen auf unbestimmte Zeit verschieben werde. Für den Fall, daß NSDAP und KPD den Maßnahmen aktiven Widerstand entgegensetzten, sollten sie verboten werden.

Dieser Notstandsplan, an dem der Staatsrechtler Carl Schmitt maßgeblich beteiligt war, konnte allerdings nicht ausgeführt werden, nachdem der Reichstag am 12. September 1932 die Regierungserklärung Papens abgelehnt und dem Kanzler mit den Stimmen von Nationalsozialisten und Kommunisten das Mißtrauen ausgesprochen hatte. Zwar schlug Schleicher in einer Kabinettssitzung am 14. September noch einmal vor, die Neuwahlen zum Reichstag auf unbestimmte Zeit auszusetzen, um so die Möglichkeit zu einer Konsolidierung der Lage zu gewinnen. Aber bis auf den Innenminister von Gayl fand er keine Unterstützung für den faktischen Verfassungsbruch, und Ende Oktober begann der zweite Wahlkampf für eine Reichstagswahl im Jahr 1932.

Der Wettbewerb um die Stimmen der Bürger überlappte sich zeitlich mit dem Streik der Berliner Verkehrs Aktiengesellschaft (BVG), der am 3. November ausbrach, nachdem die Betriebsleitung eine weitere Lohnkürzung durchzusetzen versucht hatte. Es handelte sich um einen »wilden Streik«, der von der »Revolutionären Gewerkschaftsopposition« (RGO) der KPD und der »Nationalsozialistischen Betriebszellenorganisation« (NSBO) gemeinsam getragen wurde. Die NSBO war 1927/28 aus spontanen Gruppenbildungen hervorgegangen, und erst im Mai 1930 wurde unter Reinhard Muchow eine »Gaubetriebszellenabteilung« geschaffen, die die »SA der Betriebe« weiter ausbauen sollte. Das Bündnis von »Kozis und Nazis« diente Hitler vor allem dazu, Papen die Möglichkeit eines revolutionären Zusammengehens der ideologischen Todfeinde gegen die Regierung vor Augen zu führen. Dabei hat er vorausgesehen, daß der BVG-Streik und die »linke« Wahlkampfpropaganda der Partei – Goebbels gab die Parole von der »Zerschlagung des bürgerlichen Klassenstaates« aus – bürgerliche Stimmen kosten würden, aber sein Bedürfnis, sich an Papen für die Schmach vom 13. August zu rächen, scheint übermächtig gewesen zu sein.

Bei der Wahl am 6. November ging der Stimmenanteil der NSDAP tatsächlich von 37,3 auf 33,1 Prozent zurück, aber zusammen mit der KPD (deren Anteil war von 14,3 auf 16,9 Prozent gewachsen) besaß sie eine Blockademöglichkeit im Reichstag. In der unübersichtlichen Lage nach der Wahl hielten einige Beobachter aber auch ein darüber hinausgehendes Zusammenwirken der erbitterten Feinde für möglich. Sie fürchteten, daß der BVG-Streik nur der Beginn einer neuartigen »nationalbolschewistischen« Bewegung gewesen sein könnte, der sich auch enttäuschte Anhänger Hitlers anschließen würden. Andere dagegen hielten für ausschlaggebend, daß die NSDAP ihre Klimax überschritten hatte und entweder weiter absinken oder aber politisch gebändigt werden würde.

Vor der Entscheidung

Eine parlamentarische Basis für die Regierung Papen gab es auch nach der Reichstagswahl nicht. Infolgedessen trat Papen am 17. November 1932 von seinem Amt zurück. Zwei Tage später erhielt Hindenburg eine Eingabe von Großagrariern und Industriellen, die ihn aufforderten, Hitler mit der Regierungsbildung zu beauftragen. Aber die Gespräche zwischen Hitler und Hindenburg am 19. und am 21. November blieben ohne Ergebnis, da Hitler noch einmal die Kanzlerschaft und die Bildung eines Präsidialkabinetts verlangte. Nach dem Scheitern der Gespräche lehnte Hitler jede weitere Sondierung ab, wies die Vizekanzlerschaft in dem neuen Kabinett Schleicher zurück und verbot Strasser, in dieser Richtung mit Schleicher zu verhandeln, nachdem der neue Regierungschef dem zweiten Mann der NSDAP schon am Tag seines Amtsantritts ein entsprechendes Angebot gemacht hatte. Eine Folge dieser Anweisung Hitlers war der Ausbruch der »Strasser-Krise« am Jahresende 1932, die fast den Zusammenbruch der Partei nach sich gezogen hätte.

Deren unmittelbare Ursache bildete aber der Ausgang der Gemeindewahlen in Thüringen am 4. Dezember. Hier hatten die Nationalsozialisten traditionell starke Bastionen und ihre erste Regierungsbeteiligung erlangt. Jetzt sackte ihr Stimmenanteil dramatisch ab: Die Partei verlor gegenüber der Reichstagswahl vom 31. Juli 40 Prozent, gegenüber der Reichstagswahl vom 6. November 25 Prozent ihrer Anhängerschaft. Am 30. November 1932 hatte Strasser noch einmal mit Schleicher und Hitler über die Regierungsbildung des Generals und eine Unterstützung durch die Nationalsozialisten sprechen wollen. Aber unter dem Einfluß seines Berliner Repräsentanten Hermann Göring war Hitler dem Treffen ferngeblieben. Durch den Ausgang der Wahl in Thüringen sah sich Strasser wieder in seiner Skepsis gegenüber Hitlers Strategie bestätigt, aber er resignierte vor dessen Halsstarrigkeit. Am 8. Dezember legte er das Amt des Reichsorganisationsleiters der NSDAP nieder. Hitler übernahm daraufhin selbst die Leitung der Politischen Organisation und machte Ley zu seinem Stabschef. Die Reichs- und Landesinspektionen wurden abgeschafft, die Position der Gauleiter wieder gestärkt. Während die Anhänger Strassers auf das Zeichen zum Aufstand gegen die »Münchener« warteten, zog sich Strasser zurück und trat einen Urlaub in Südtirol an. Sein »Paladin-Komplex« (Karl O. Paetel) hinderte ihn offensichtlich daran, den letzten Schritt zu wagen und Hitler die Gefolgschaft aufzukündigen.

Der nach dem Rücktritt Papens am 3. Dezember eingesetzte Reichskanzler Schleicher konnte also nicht auf die Unterstützung der NSDAP oder eines Teils von ihr hoffen. Hindenburg hatte sich nur widerstrebend von Papen getrennt, wobei zuletzt ausschlaggebend war, daß Schleicher Ott das Ergebnis eines neuen »Planspiels« referieren ließ, in dem es um die Frage ging, ob die Reichswehr in der Lage sein würde, einen polnischen Angriff auf die deutsche Ostgrenze bei gleichzeitigem Generalstreik in Verbindung mit Aufstandsbewegungen der radikalen Linken und der radikalen Rechten – nach dem Muster des BVG-Ausstands – niederzuhalten. Diese Möglichkeit wurde verneint, da man für den Grenzschutz gegen Polen auf die Unterstützung der Nationalsozialisten angewiesen wäre und die im Streikfall zur Aufrechterhaltung der Grundversorgung eingesetzte »Technische Nothilfe« zu großen Teilen aus Anhängern der NSDAP bestand. Damit war den Vorstellungen Papens von einem De-facto-Staatsstreich endgültig eine Absage erteilt. Hindenburg erklärte, daß er sich außerstande sehe, am Ende seines Lebens noch einen Bürgerkrieg zu verantworten, und stimmte schweren Herzens der Demission Papens zu.

Direkte Unterstützung fand das Kabinett Schleicher nur bei der unbedeutenden »Staatspartei« (der ehemaligen DDP); das Zentrum war höchstens zur Tolerierung bereit, die Sozialdemokratie lehnte jede Duldung ab. Schleichers Konzept einer »Querfront« oder »Dritten Front«, gebildet aus unabhängigen Persönlichkeiten, die er aus allen Teilen des politischen Spektrums – von den Gewerkschaften bis zum Strasser-Flügel der NSDAP – zu gewinnen hoffte, erwies sich angesichts des Ausscheidens von Strasser als undurchführbar. Während sich der Kanzler um Unterstützung für seine Politik an den Parteien vorbei bemühte, blieben seine erbittertsten Feinde, Papen und Hitler, nicht untätig und bahnten trotz aller zwischen ihnen bestehenden Differenzen eine Zusammenarbeit an, um den gemeinsamen Gegner zu stürzen.

Man hat das Treffen von Papen und Schleicher im Haus des Kölner Bankiers Kurt von Schröder am 4. Januar 1933 als die »Geburtsstunde des Dritten Reiches« (Karl Dietrich Bracher) bezeichnet. Die in dieser Formulierung enthaltene Übertreibung fördert aber ein Mißverständnis der folgenden Entwicklung, so als habe von nun an nur noch eine kleine Zahl von Marionettenspielern ihre Puppen an unsichtbaren Fäden über die Bühne der deutschen Politik führen müssen, um Hitler die Kanzlerschaft zu übertragen. Die Realität war wesentlich prosaischer. Bereits in einer Ansprache vor dem hochkonservativen »Herrenklub« in Berlin vom 16. Dezember 1932 hatte Papen eine Regierungsbeteiligung der NSDAP gefordert. Er sah darin die einzige Möglichkeit für sich selbst, an die Macht zurückzukehren, und tatsächlich dürfte Hitler bei den Verhandlungen in Köln eine nominelle Kanzlerschaft Papens nicht völlig abgelehnt und bereitwillig dessen unklare Rede von einem »Duumvirat« aufgenommen haben. Von einer im Hintergrund wirksamen Beeinflussung des Geschehens durch die Großindustrie kann im Ernst keine Rede sein. Die Beziehungen der NSDAP zu diesem Teil der Wirtschaft verschlechterten sich unter dem Eindruck des scharfen Linkskurses der Partei in der zweiten Hälfte des Jahres 1932. Der ohne sein Zutun in die Rolle einer Schlüsselfigur geratene Kurt von Schröder war eine relativ bedeutungslose Gestalt, Teilhaber eines mittelgroßen Bankhauses und Mitglied verschiedener Aufsichtsräte in mehreren Industriebetrieben. Seine Bemühungen um eine Annäherung zwischen Wirtschaft und nationalsozialistischer Partei führten dazu, daß er sein Haus in Köln für Hitler und Papen zur Verfügung stellte, weil beide sich Anfang 1933 im Rheinland aufhielten.

Der im Januar von den Nationalsozialisten mit letzter Anstrengung geführte Wahlkampf in dem kleinen Land Lippe – es ging darum, wenigstens psychologisch die Verluste der letzten Reichstagswahlen durch Stimmengewinne auf diesem sehr begrenzten Territorium auszugleichen – wurde denn auch nicht mit Hilfe irgendwelcher Hintermänner finanziert, sondern mit den klassischen Mitteln der »Mobilisierungspartei« und durch die Erhöhung der sonst üblichen Eintrittsgelder für die Veranstaltungen. Ausschlaggebend für den weiteren Gang der Dinge waren die Verhandlungen zwischen Hitler und Göring auf der einen, Papen, dem Chef der Präsidialkanzlei Otto Meissner und Oskar von Hindenburg – dem »in der Verfassung nicht vorgesehenen Sohn des Reichspräsidenten« – auf der zweiten und Hugenberg und Franz Seldte, dem Bundesführer des Stahlhelm, auf der dritten Seite. Während Hugenberg (aus Sorge vor einer Koalition NSDAP/Zentrum) im Dezember 1932 zum ersten Mal seine Bereitschaft signalisiert hatte, in ein Kabinett Hitler einzutreten, die »Kamarilla« Hindenburgs immer stärker eine »Zähmung« der offensichtlich schwächer werdenden Nationalsozialisten ins Auge faßte und Hitler noch auf der Suche nach jenen »nützlichen Idioten« war, die ihm endlich zur Macht verhelfen sollten, war man sich einig in dem Ziel, Schleicher zu isolieren und dann zu stürzen.

Der General seinerseits hatte in bezug auf die Nationalsozialisten schon 1930 eine »Abnutzungstheorie« entwickelt und glaubte unter dem Eindruck der Entwicklung seit dem Herbst 1932, daß es nur noch darauf ankomme, Zeit und Operationsspielraum zu gewinnen, was durch eine ausreichende parlamentarische Basis oder durch den entsprechenden Rückhalt beim Reichspräsidenten möglich schien. Da sich die in Strasser gesetzten Erwartungen zerschlugen und der Sozialdemokratie eine gesetzmäßig zustande gekommene Regierung Hitler das kleinere Übel schien im Vergleich zur zeitweiligen Diktatur Schleichers, mußte Schleicher ganz auf Hindenburg vertrauen. Der hatte dem Kanzler noch Anfang des Jahres 1933 seine Unterstützung zugesichert, aber nun setzte eine Erosion dieser vor allem persönlichen Bindung ein.

Als das Kabinett am 16. Januar die Möglichkeit diskutierte, die Reichstagsneuwahlen bis zum 22. Oktober oder 12. November aufzuschieben, um doch durch ein Notstandsregime die Krise des Staates zu bewältigen, konnte Schleicher zwar auf eine gewisse Zustimmung unter den Ministern rechnen, aber er setzte sich dem Verdacht aus, jetzt seinerseits von Hindenburg zu verlangen, was Papen nach dem »Planspiel Ott« verweigert worden war. Als Schleicher dem Reichspräsidenten am 23. Januar seine entsprechenden Gedanken vortrug, waren unterdessen weitere Faktoren ins Spiel gekommen, die die Situation des Reichskanzlers erschwerten. So hatte Papen in einem Gespräch mit Hindenburg am 9. Januar erreicht, daß ihn der Reichspräsident hinter dem Rücken des amtierenden Kabinettschefs mit Sondierungen für eine parlamentarisch gestützte Regierung beauftragte. Dann enthüllte am 19. des Monats der Zentrums-Abgeordnete Joseph Ersing im Haushaltsausschuß des Reichstags den »Osthilfeskandal«. Dabei war der Verdacht aufgekommen, daß zahlreiche ostelbische Großagrarier staatliche Unterstützungen zweckentfremdet hätten, und es kursierte das Gerücht, daß auch persönliche Freunde des Reichspräsidenten in die Affäre verwickelt seien. Außerdem besaß ein kleinerer Kreis Kenntnis von den besonderen Umständen, unter denen Hindenburg 1925 das Gut Neudeck zum Geschenk erhalten hatte. Der Reichspräsident hatte damals, angesichts seines schon vorgerückten Alters, den Besitz auf den Namen seines Sohnes eintragen lassen, um diesem die Erbschaftssteuer zu sparen – ein rechtlich nicht anfechtbares Verfahren, das allerdings einen Schatten auf die Geradlinigkeit des Preußen Hindenburg warf.

Möglicherweise hat die Drohung, diesen »Skandal« öffentlich zu machen, bei der Besprechung zwischen Hitler und Oskar von Hindenburg im Hause des Berliner Sekt- und Whisky-Importeurs (und ehrgeizigen NSDAP-Mitgliedes) Joachim von Ribbentrop am 18. Januar 1933 eine Rolle gespielt und mit dazu beigetragen, die Entourage Hindenburgs den Ambitionen des »Führers« gefügiger zu machen. Zwar erklärte Papen weiter, daß die Kanzlerschaft Hitlers wegen der unüberwindlichen Aversion Hindenburgs gegen den »böhmischen Gefreiten« ausgeschlossen sei, aber er verhandelte dann doch im Sinne einer Regierungsbildung Hitlers mit Hindenburg. Die entscheidende Zusammenkunft fand am 24. Januar im Hause Ribbentrops statt. In einem Gespräch zwischen Ribbentrop, Frick, Göring und Papen kam man überein, das zentrale Hemmnis für ein Kabinett Hitler/Papen zu beseitigen, indem man Hitler davon überzeugte, daß er sich Hindenburg als Führer einer »nationalen Front« präsentieren sollte, die durch das Bündnis von NSDAP und Hugenbergs Deutschnationalen sowie die Unterstützung des Stahlhelm eine Majorität im Reichstag erhalten würde.

Der Verzicht auf die Leitung eines Präsidialkabinetts sollte der Preis sein, um den Hindenburg die Kanzlerschaft Hitlers akzeptieren konnte. Nach einigem Schwanken erklärte sich Hitler einverstanden, und am 28. Januar erklärte auch Hindenburg unter diesen Bedingungen seine Bereitschaft, die bisherige Ablehnung zu überdenken. Nachdem der Ältestenrat des Reichstags an der Einberufung des Parlaments zum 31. Januar festhielt und die Fraktionen von SPD und KPD Mißtrauensanträge gegen die Regierung Schleicher vorbereitet hatten, für die die Nationalsozialisten ihre Zustimmung signalisierten, trat Schleicher am 28. Januar von seinem Amt zurück. Das nun in der Hauptstadt auftauchende Gerücht, der General plane zusammen mit dem Chef der Heeresleitung, Kurt von Hammerstein-Equord, einen Putsch, war zwar gegenstandslos, hat aber die Verabredungen zur Machtübertragung an Hitler wesentlich beschleunigt.

Aus diesem Grund auch wurde Werner von Blomberg am Morgen des 30. Januar – verfassungswidrig – vor allen anderen als Reichswehrminister vereidigt. Während sich die Mitglieder der zukünftigen Regierung im Palais des Reichspräsidenten allmählich versammelten, drängte Papen aus Sorge vor einem Scheitern in letzter Minute zur Eile: »Wenn nicht bis 11 Uhr eine neue Regierung gebildet ist, marschiert die Reichswehr. Eine Militärdiktatur unter Schleicher und Hammerstein droht.« Auf die Frage Theodor Duesterbergs, des Zweiten Vorsitzenden des Stahlhelms, woher er das wisse, antwortete Papen: von Oskar von Hindenburg. Papen wollte in dieser prekären Situation offenbar Druck auf Hugenberg ausüben, der nicht über alle Einzelheiten der geplanten Regierungsbildung aufgeklärt worden war. Dem DNVP-Vorsitzenden ging es angesichts der jüngsten Stimmenverluste seiner Partei an die Nationalsozialisten vor allem darum, baldige Neuwahlen zu verhindern, während Hitler sich von einem mit den Machtmitteln des Staates unterstützten Wahlkampf eine erhebliche Zunahme des nationalsozialistischen Stimmenanteils versprach. Hitler gab Hugenberg schließlich sein »feierliches Ehrenwort«, daß sich auch nach den Neuwahlen nichts an der Zusammensetzung des Kabinetts ändern werde, und gegen elf Uhr kam es zur Vereidigung der neuen Regierung. Es standen drei Nationalsozialisten – Hitler als Reichskanzler, Wilhelm Frick als Innenminister und Göring als Reichsminister ohne Geschäftsbereich (außerdem als Reichskommissar für den

Luftverkehr und beauftragt mit den Funktionen eines preußischen Innenministers) – insgesamt acht deutschnationale oder parteilose Kabinettsmitglieder gegenüber: Franz von Papen als Vizekanzler und Reichskommissar für Preußen (parteilos), Werner von Blomberg als Reichswehrminister (parteilos), Konstantin Freiherr von Neurath als Außenminister (parteilos), Johann Ludwig Graf Schwerin von Krosigk als Finanzminister (parteilos), Alfred Hugenberg als Minister für Wirtschaft, Ernährung und Landwirtschaft (DNVP), Paul Freiherr Eltz von Rübenach als Minister für Verkehr und Post (parteilos), Franz Seldte als Arbeitsminister (Stahlhelm); seit dem 1. Februar kam noch Franz Gürtner als Justizminister (DNVP) hinzu.

Im übrigen verlief dieser 30. Januar erstaunlich ruhig. Die Börse, die am Vormittag nervös begann, festigte sich zum Nachmittag, der Getreidemarkt verzeichnete eine Hausse. Der Aufruf der KPD zum Generalstreik verhallte ungehört, und die Führung der sozialdemokratischen Wehrorganisation »Eiserne Front« lehnte außerparlamentarische Maßnahmen generell ab. Otto Braun, der von Papen abgesetzte sozialdemokratische Ministerpräsident Preußens, erklärte, nachdem sich auch in den freien Gewerkschaften Stimmen für einen Generalstreik erhoben hatten, man solle besser abwarten, »als etwa irgendwelchen Unsinn zu machen«. In einem Bericht des englischen Botschafters, Horace Rumbold, hieß es zur Stimmung am 30. Januar: »Überall nahm die Bevölkerung die Nachricht [von der Kanzlerschaft Hitlers] gleichgültig auf. In der Hauptstadt konnte man ein gewisses Maß an öffentlichem Interesse feststellen, da die Nazi-Führer ihr Talent für Propaganda und theatralische Auftritte bei einem improvisierten Fackelzug entfalteten. Einheiten der SA, denen später der ›Stahlhelm‹ folgte, zogen am Sitz des Reichspräsidenten und des Kanzlers vorbei. Obwohl die Nacht sehr kalt war, stand der Präsident, der sich gewöhnlich um 7 Uhr zur Ruhe begibt, bis nach Mitternacht an seinem Fenster und grüßte die jubelnde Menge – keine geringe Leistung für einen 85jährigen.«

Machtergreifung?

Bei den Nationalsozialisten wie bei ihren Gegnern hat sich rasch der Begriff »Machtergreifung« eingebürgert, um die Regierungsübernahme des Kabinetts Hitler/Papen/Hugenberg zu bezeichnen. Man wollte vor allem zum Ausdruck bringen, daß es sich um keine gewöhnliche Regierungsbildung gehandelt habe. Bei den Nationalsozialisten, zuerst bei Joseph Goebbels, erhielt der Begriff die Konnotation von »nationaler Erhebung«, bei den Gegnern den Nebensinn von Herrschaftsanmaßung. Das Wort »Machtergreifung« ist allerdings nicht erst im Zusammenhang mit dem 30. Januar 1933 entstanden. Schon in den Stellungnahmen des Reichsgerichts zur Novemberrevolution von 1918 wurde von einer »Machtergreifung« gesprochen, um die rechtsschöpferische Kraft des Vorgangs trotz seiner Illegalität zu bestimmen. Der erste Nationalsozialist, der sich dieser Bezeichnung bediente, war Werner Best, der in den »Boxheimer Dokumenten« von einer »Machtergreifung« sprach und darunter die vollständige »Ergreifung der Staatsgewalt« im Sinne der »normativen Kraft des Faktischen« verstanden wissen wollte.

So interpretiert, verdunkelt die Bezeichnung »Machtergreifung«, angewendet auf die Regierungsübernahme Hitlers, mehr als sie erhellt. Denn es ging ja bei seiner Ernennung zum Reichskanzler nicht um einen revolutionären Akt, sondern um die »Ausantwortung der Staatsgewalt« (Ernst Rudolf Huber) an den Verfassungsfeind, der aus seinem Ziel, die bestehende Ordnung – »legal« – zu beseitigen, niemals ein Hehl gemacht hatte. Die Kabinettsbildung war nur ein erster Schritt zur »Machtergreifung«, der Beginn eines Prozesses, der sich in den kommenden eineinhalb Jahren als scheinlegaler Umsturz vollzog: die schrittweise Aushöhlung des parlamentarischen Systems bei anhaltendem Bemühen, den Anschein von formaler Rechtlichkeit zu wahren, ohne aber das Endziel aus dem Auge zu verlieren.

Der Kreis der Verantwortlichen für diese Entwicklung ist relativ klar abzugrenzen. Hier müssen in erster Linie Papen und mit ihm die engeren Vertrauten des Reichspräsidenten genannt werden. Die Einflüsterungen des Günstlings und der Kamarilla waren es zuletzt, die Hindenburgs Widerstand gegen die Ernennung Hitlers beseitigten und den greisen Feldmarschall-Präsidenten dazu brachten, sein Amt als »Hüter der Verfassung« aufzugeben. Hindenburg kann immerhin zugebilligt werden, daß er sich zu Beginn des Jahres 1933 in einer ausweglosen Situation wähnte. Die Versuche, durch allein von seinem Vertrauen gestützte Kabinette eine Bereinigung der Systemkrise zu erreichen, hatten sich als ebenso aussichtslos erwiesen wie die Bemühungen um eine gemäßigte Mehrheit im Reichstag. Diese Beurteilung der Lage wurde – trotz der offenkundigen Vorbehalte des Präsidenten gegenüber SPD und Zentrum – von zahlreichen Politikern der Mitte geteilt. Trotzdem hielten Zentrum und Sozialdemokratie an ihrer Opposition gegen die Regierung Schleicher fest, um eine Rückkehr zur parlamentarischen Verantwortlichkeit des Kabinetts zu erreichen, ohne doch sagen zu können, wo eine verfassungstreue Majorität (ohne Einbeziehung der Nationalsozialisten) herkommen sollte. Das Versagen der SPD in dieser Situation, die ihr zumindest die Duldung Schleichers abverlangt hätte, kritisierte der sozialdemokratische Reichstagsabgeordnete Julius Leber schon 1933 scharf, als er den Untergang seiner Partei auf ihren »Mangel an wirklichem und praktischem Willen zum Staat« zurückführte.

Zuletzt ging die Republik an ihrer eigenen Schwäche und der außerordentlichen Stärke ihrer Gegner zugrunde. In der Ausgabe der »Weltbühne« vom

EINGANG

AUGANG

»Mensch, wenn wir jetzt nicht bald wirklich anfangen, läuft uns das ganze Publikum davon!«
Bildsatire »Der ewige Trommler« von Olaf Gulbransson im »Simplicissimus«, Jg 37, 43, 1933.
Berlin, Staatliche Museen Preußischer Kulturbesitz, Kunstbibliothek. – Eingriff in die Pressefreiheit durch die von Hindenburg am 4. Februar 1933 unterzeichnete »Notverordnung zum Schutze des deutschen Volkes«. Kopf der vom Verlag Ullstein herausgegebenen illustrierten Zeitung vom 24. Februar 1933. Ullstein Dokumentation und Bibliothek

In einer Sache wegen

Hochverrats

wurden am 9. März 1933 festgenommen:

1. der bulgarische Staatsangehörige Georgi **Dimitroff,** am 18. 6. 82 zu Radomir geboren,
2. der bulgarische Staatsangehörige Wassil Konstantinoff **Taneff,** am 21. 11. 97 zu Gewgeli geboren,
3. der bulgarische Staatsangehörige Blagoi Siminoff **Popoff,** am 28. 11. 02 zu Drjen geboren.

Georgi Dimitroff **Wassil Konstantinoff Taneff** **Blagoi Siminoff Popoff**

Personalbeschreibung:

Zu 1: Größe: 1,74 m, Gestalt: untersetzt, Haare: dunkelblond, graugemischt, Bart: rasiert, Gesicht: gesund, oval, Augen: graugelb, Augenbrauen: dunkelblond, bogenförmig, Nase: gradlinig, Ohren: oval, Mund: groß, dünne Lippen, Zähne: oben und unten lückenhaft, Sprache: deutsch, bulgarisch, russisch.

Zu 2: Größe: 1,62 m, Gestalt: untersetzt, Haare: dunkelbraun, Bart: rasiert, Gesicht: gesund, oval, Augen: dunkelbraun, Augenbrauen: mittelblond, bogenförmig, zusammengewachsen, Nase: ausgebogen, Ohren: oval, bogenförmig, Zähne: vollständig, Sprache: deutsch, russisch, türkisch. Besondere Kennzeichen: Am rechten Unterarm hinten tätowiert „X R E 1916" in bulgarischer Schrift „Wasili Konstantin 1016".

Zu 3: Größe: 1,80 m, Gestalt: schlank, Haare: dunkelbraun, Bart: rasiert, Gesicht: gesund, länglich, Stirn: hoch, Augen: dunkelbraun, Augenbrauen: mittelbraun, bogenförmig, Nase: etwas wellig, Ohren: oval, Ohrläppchen: bogenförmig, Zähne: vollständig, Kinn: mit Grübchen, Sprache: gebrochen russisch, bulgarisch, deutsch, französisch. Besondere Kennzeichen: Narbe unförmig linker innerer Augenwinkel.

Die vorstehend benannten Personen haben sich seit längerer Zeit in Deutschland, insbesondere in Berlin, unangemeldet aufgehalten und sich in linksradikalem Sinne politisch betätigt, auch mit dem Reichstagsbrandstifter in Verbindung gestanden. Wer kann über ihre Wohnungen, ihren Aufenthalt und ihre Tätigkeit Angaben machen?

Dimitroff führte einen falschen Paß bei sich, der auf den Namen Dr. Rudolf Jan Hediger, 20. 8. 84 Aargau/ Schweiz geboren, lautete; desgleichen nannte er sich Dr. Jan Schaafsma.

Taneff bezeichnete sich auch als Nikola Iwanoff Pieneff, 15. 12. 00 in Plewen/Bulgarien geboren.

Sachdienliche Mitteilungen sind unter A 1 Jäger 0025, Hausanruf 377 und 378, dem Kriminalkommissar Heisig, Abteilung I, anzugeben.

Der Untersuchungsrichter des Reichsgerichts
Vogt. Reichsgerichtsrat.

Berek-Druck, Berlin SW 19, Grünstr. 17/20

Die steckbrieflich gesuchten drei bulgarischen Kommunisten als angebliche Verbündete des Reichstagsbrandstifters Marinus van der Lubbe. Plakat des Untersuchungsrichters im Reichsgericht Paul Vogt vom 1. April 1933. Leipzig, Stadtgeschichtliches Museum

7. Februar 1933 schrieb Carl von Ossietzky: »Die Republik hat diese Bataille verloren, ... weil es ihr an dem notwendigen Lebenswillen fehlte ... Das Volk hat eine gute Witterung dafür, und deshalb ging es zu den Extremen rechts und links.« Es gehört zu den Existenzgesetzen der parlamentarischen Demokratie, daß in ihrem System die Staatsspitze durch Wahlen an die Macht kommt und einer wirksamen Kontrolle unterworfen wird. Der souveräne Demos bestimmt, wer herrscht, und er hatte sich seit dem Sommer 1932 mit einer (wenn auch nur negativen) Mehrheit gegen die bisherige Verfassungsform entschieden. Seitdem ging es nicht mehr um die Alternative Demokratie oder Diktatur, sondern nur noch um die Alternative »kommissarische« oder »absolute Diktatur«. Mit der Ernennung Hitlers zum Reichskanzler war grundsätzlich die Entscheidung für die »absolute Diktatur« gefallen, eine Rückkehr zur alten Verfassungsordnung wurde damit unwahrscheinlich, wenn nicht unmöglich gemacht. Das geschah bei ausdrücklicher Billigung oder schweigender Hinnahme durch den Souverän. Der liberale Nationalökonom Wilhelm Röpke, damals Lehrstuhlinhaber an der Universität Marburg, sagte am 8. Februar 1933 in einem Vortrag: »Der Massenmensch bekämpft die liberale Demokratie, um die illiberale Demokratie an ihre Stelle zu setzen. Sein Vorbild ist nicht Perikles, sondern Kleon, der Vorläufer aller rationalistischen Spießer. Er schmäht die Französische Revolution, ohne zu wissen, daß er ein Nachfahre Robespierres ist. Immer sind die Kleons und Robespierres der Fluch der Menschheit gewesen.«

Der Schritt zur Regierungsübertragung an Hitler war nicht zwangsläufig und hätte noch in der letzten Phase vor dem 30. Januar aufgehalten werden können. Aber schließlich gab es für Hitler keine unüberwindbaren Hindernisse mehr. Seine Unnachgiebigkeit bescherte ihm zuletzt den Erfolg. Trotz der zahlreichen Rückschläge, die er in den vergangenen Monaten hinzunehmen hatte, und trotz der Konzessionen, auf die er sich schließlich einlassen mußte, gelang es ihm, seinen Machtanspruch durchzusetzen. Als er die Regierung übernahm, besaß er keinen fertigen Plan für den Aufbau des »Dritten Reichs«. Die Maßnahmen, die bis zur Reichstagswahl vom 5. März ergriffen wurden, hatten oft etwas Tastendes, und im Grunde rechnete Hitler wie auch andere führende Nationalsozialisten mit einer wesentlich hartnäckigeren Opposition. Das Experimentelle der »Machtergreifung« blieb den meisten Zeitgenossen verborgen. Die eigene Anhängerschaft sah sich endlich von allen Zweifeln befreit – »Legal zur Macht! Jetzt ist es Wahrheit geworden« (Hans Wendt) –, ansonsten überwogen Ablehnung oder Skepsis. Der sozialdemokratische »Vorwärts« kommentierte die Ernennung Hitlers mit den Worten, man müsse das neue Kabinett »kaltblütig beobachten und sich zu entscheidendem Handeln bereithalten, sowie die Stunde es erfordert«, jeder Versuch, die demokratischen Kräfte zu unterdrücken, werde der Regierung »verdammt schlecht bekommen«. Am wohlwollendsten waren noch die Stimmen aus dem nationalkonservativen Lager, aber selbst die »Deutsche

Allgemeine Zeitung« äußerte über die Beteiligung der Nationalsozialisten, sie habe zwar »seit Jahren diesen Versuch, mit allen Bedenken, die er hat, empfohlen ... eine gewagte und kühne Entscheidung ist es in jedem Fall, und kein verantwortungsbewußter Politiker wird zum Jubel geneigt sein ... Einmal aber mußte dieser Sprung ins Dunkle gewagt werden.«

In den bürgerlichen Kreisen beruhigte man sich mit den Mehrheitsverhältnissen im Kabinett. Papen wiederholte auch nach dem 30. Januar seine Einschätzung Hitlers, den man sich »engagiert« habe: »Ich habe das Vertrauen Hindenburgs. In zwei Monaten haben wir Hitler in die Ecke gedrückt, daß er quietscht.« Papen hielt an der Vorstellung von der »Zähmbarkeit« der Nationalsozialisten fest. Er glaubte, daß man ihren Elan ausnutzen könnte, um die politische Linke auszuschalten und einen autoritären Staat traditionellen Typs zu errichten. Der Snobismus der alten Oberschicht machte ihn blind für die taktische Geschicklichkeit eines Mannes, der keine Herkunft und keine Bildung besaß, dessen Manieren in den besseren Kreisen immer noch ungeschliffen wirkten und dessen Macht allein auf dem Anhang der Massen ruhte. Diese Fehleinschätzung wurde noch dadurch verstärkt, daß sich Hitler in den ersten Kabinettssitzungen ausgesprochen zurückhielt und Papen im Amt des »Vizekanzlers« glauben durfte, die Fäden in der Hand zu halten.

Hitler bediente sich außerdem einer Camouflage, die er schon in der Vergangenheit erfolgreich angewendet hatte. Weit davon entfernt, seinem konservativen Bündnispartner zu vertrauen, gedachte er ihn seinerseits zu benutzen, um die Gefahrenzone der schrittweisen Machteroberung zu passieren. Solange es ihm nützlich schien, gab er sich moderat und spielte gekonnt auf der Klaviatur bürgerlicher Erwartungen. In den ersten Wochen der neuen Regierung mußte man fast den Eindruck gewinnen, daß sich im Vergleich zum Kabinett Papen relativ wenig ändern würde. In einem »Aufruf der Reichsregierung an das deutsche Volk«, der schon am Abend des 1. Februar vom Rundfunk übertragen wurde, betonte Hitler vor allem die Notwendigkeit, den Kampf gegen den »Marxismus« bis zum Ende fortzusetzen: »Angefangen bei der Familie, über alle Begriffe von Ehre und Treue, Volk und Vaterland, Kultur und Wirtschaft hinweg bis zum ewigen Fundament unserer Moral und unseres Glaubens, bleibt nichts verschont von dieser nur verneinenden, alles zerstörenden Idee. 14 Jahre Marxismus haben Deutschland ruiniert. Ein Jahr Bolschewismus würde Deutschland vernichten.« Die zweitausendjährige abendländische Kultur müsse vor dem bolschewistischen Ansturm gestützt werden, der sittliche Wiederaufbau der Nation sei auf »das Christentum als Basis unserer gesamten Moral« und auf »die Familie als Keimzelle unseres Volks- und Staatskörpers« zu gründen.

Erste Maßnahmen

Dieser christlich-konservative Akzent vergrößerte die Anhängerschaft Hitlers unter den Skeptikern im Bürgertum und bestärkte die Gegner in ihrer Unterschätzung des neuen Regierungschefs. Der Ton der linken und linksliberalen Kritik war nur unbedeutend schärfer als zu den Zeiten Brünings, Papens oder Schleichers. Viele sahen in Hugenberg den kommenden »Wirtschaftsdiktator« und »starken Mann« des Kabinetts. Die Kommunisten teilten diese Anschauung, weil sie in Hitler weiter nur den »Büttel« des großen Kapitals erkennen wollten. Gerade in der Arbeiterbewegung hielt man die Herrschaft der Nationalsozialisten für vorübergehend, verglich die zu erwartenden Pressionen mit dem »Sozialistengesetz« Bismarcks und betrachtete den eigenen Erfolg nach der Blamage der »Faschisten« als unausweichlich. Während sich auf der Linken die Neigung zum Attentismus durchsetzte, rechnete die Führung der NSDAP gerade mit massivem Widerstand von seiten der organisierten Arbeiterwegung. In der Sitzung des Kabinetts am 1. Februar erklärte Hitler, daß er eine »Einheitsfront von den Gewerkschaften bis zur KPD« für möglich halte und auch deshalb den Wahlkampf unter die Parole »Angriff gegen den Marxismus« stellen wolle. Ein von Hugenberg vorgeschlagenes Verbot der KPD lehnte er allerdings ab, da er aus eigener Erfahrung wußte, daß sich eine ideologische Massenpartei mit solchen Formen der Unterdrückung nicht endgültig ausschalten ließ. Jedoch erhielt Göring freie Hand für Repressionen. Er war mit der Wahrnehmung der Geschäfte des preußischen Innenministers beauftragt worden und erließ jetzt im größten Reichsland Demonstrationsverbote für kommunistische Kundgebungen, in Berlin wurde auch schon eine SPD-Kundgebung verboten. Ähnliche Verbote sprachen die nationalsozialistisch regierten Länder Anhalt, Braunschweig, Mecklenburg-Schwerin und Thüringen aus. Die dann am 4. Februar von Hindenburg unterzeichnete »Notverordnung zum Schutze des deutschen Volkes« stand zwar formell in der Kontinuität zur Notverordnungspraxis Papens und Schleichers, erlaubte aber in einem bisher unbekannten Ausmaß Eingriffe in die Versammlungs- und Pressefreiheit.

Entscheidend blieb in dieser Phase nationalsozialistischer Machteroberung die Situation in Preußen. Nachdem der preußische Landtag am 4. Februar mit den Stimmen von Zentrum, Staatspartei, SPD und KPD die Selbstauflösung abgelehnt hatte, erließ Hindenburg zwei Tage später eine Notverordnung, der gemäß alle der preußischen »Hoheitsregierung« Braun/Severing verbliebenen Rechte auf den Kommissar des Reiches, also Papen, übergingen. Das hatte zur Konsequenz, daß Otto Braun auch seinen Sitz im sogenannten Drei-Männer-Kollegium verlor, das aus dem preußischen Ministerpräsidenten, dem Landtagspräsidenten und dem Präsidenten des »Staatsrats« bestand und das nach dem Landtag allein über dessen Auflösung entscheiden konnte. Zusammen mit dem nationalsozialistischen Landtagspräsidenten Hanns Kerrl setzte Papen nun gegen den Protest des Staatsratspräsidenten Konrad Adenauer die Auflösung des Landtages und die Ausschreibung von Neuwahlen zum 5. März durch.

Der »zweite Preußenschlag« war die einzige bedeutsame Maßnahme, die Papen in seiner Funktion als Kommissar des Reiches vollziehen konnte. Dann begann ihn Göring systematisch zu verdrängen, um sich im größten Reichsland die Machtbasis zu schaffen, die ihm bis dahin fehlte. Er ernannte den SS-Führer Kurt Daluege zum »Kommissar zur besonderen Verwendung« im preußischen Innenministerium und begann mit seiner Hilfe die Beamtenschaft zu »säubern«. Diese »Auskämmaktion« führte dazu, daß an die Stelle zahlreicher Ober- und Regierungspräsidenten, Ministerialbeamte und Landräte, die den Sozialdemokraten, den Liberalen oder dem Zentrum nahegestanden hatten, Konservative und Deutschnationale kamen, während man gleichzeitig daranging, höhere Polizeioffiziere zu entlassen und durch SA- und SS-Führer zu ersetzen; ein Vorgang, der mit der Einrichtung der »Hilfspolizei«, etwa 50.000 Mann, die aus der SA, der SS und dem Stahlhelm rekrutiert wurden, seinen Abschluß fand.

Schon am 17. Februar formulierte Göring einen sogenannten Schießerlaß, durch den für jedermann ersichtlich wurde, wie weit man mittlerweile von rechtsstaatlichen Verhältnissen entfernt war. Nachdem die Beamten zu äußerster Zurückhaltung gegenüber SA, SS und Stahlhelm aufgefordert worden waren, hieß es in dem Erlaß: »Dafür ist dem Treiben staatsfeindlicher Organisationen mit den schärfsten Mitteln entgegenzutreten. Gegen kommunistische Terrorakte und Überfälle ist mit aller Strenge vorzugehen, und, wenn nötig, rücksichtslos von der Schußwaffe Gebrauch zu machen. Polizeibeamte, die in Ausübung dieser Pflichten von der Schußwaffe Gebrauch machen, werden ohne Rücksicht auf die Folgen des Schußwaffengebrauchs von mir gedeckt; wer hingegen in falscher Rücksichtnahme versagt, hat dienststrafrechtliche Folgen zu gewärtigen.« Daß sich der Vorstand des ADGB in Reaktion auf diesen Erlaß an den Reichspräsidenten wandte, um seinen Schutz beziehungsweise die Wiederherstellung verfassungsgemäßer Zustände zu erbitten, machte einiges deutlich über die Hilflosigkeit, mit der die von Hitler als mächtiger Gegner betrachtete Arbeiterbewegung auf die veränderte Situation reagierte.

Allerdings erwartete die nationalsozialistische Führung zu diesem Zeitpunkt immer noch einen entscheidenden Schlag des »Marxismus«, und der Brand des Reichstags am 27. Februar wurde von Hitler und dem Kreis seiner Vertrauten offenbar wirklich als Signal zur allgemeinen Erhebung des revolutionären Proletariats verstanden. Göring und Goebbels, die nach Bekanntwerden sofort zum Brandort gefahren waren, machten ohne Zögern SPD und KPD für den Anschlag verantwortlich. Auch wenn unmittelbar nach dem Brand – sogar von führenden Nationalsozialisten wie Alfred Rosenberg –, der Verdacht geäußert wurde, die Parteiführung oder einzelne Funktionäre hätten die Brandstiftung befohlen, um eine bessere Handhabe gegen die politischen Feinde zu bekommen, so finden sich doch für diese Behauptung keine Beweise. Vielmehr muß das Ergebnis der Untersuchungen des Reichsgerichts in Leipzig, das am 23. Dezember 1933 den Holländer Marinus van der Lubbe als Einzeltäter verurteilte, als begründet angesehen werden. Van der Lubbe gehörte zu einer rätekommunistischen Abspaltung der niederländischen KP, deren Wortführer die »direkte Aktion« propagierten. In diesem Sinne wollte er seine Tat als Signal für das deutsche Proletariat verstanden wissen. Die Arbeiterschaft sollte sich gegen ihre Unterdrücker erheben und mit Hitlers Regime auch das kapitalistische System vernichten. Van der Lubbe hatte schon am 25. Februar versucht, Brände am Wohlfahrtsamt in Berlin-Neukölln, am Berliner Roten Rathaus und am Stadtschloß zu legen, die aber alle frühzeitig entdeckt wurden. Daß sein Anschlag auf das Reichstagsgebäude glückte, war auf eine Reihe von günstigen Umständen zurückzuführen. Nachdem van der Lubbe um 21 Uhr an verschiedenen Stellen des Gebäudes mit Kohleanzündern Brände gelegt und dann das Feuer mit Stoffackeln weitergetragen hatte, führte die »Kamin«-Wirkung der großen Kuppel des Plenarsaals dazu, daß der ganze Bau in kürzester Zeit in Flammen stand, die von der Feuerwehr nicht mehr gelöscht werden konnten. Trotz der eifrigen Bemühungen Görings, der schon am 23. Februar die Durchsuchung und Schließung des Karl-Liebknecht-Hauses, der Zentrale der KPD, befohlen hatte und aus dem beschlagnahmten Material einen unmittelbar bevorstehenden kommunistischen Umsturzversuch zu konstruieren suchte, fand das Reichsgericht keine Hinweise auf die Verwicklung des mitangeklagten KPD-Abgeordneten Ernst Torgler (der als letzter am Abend den Reichstag verlassen hatte) sowie der bulgarischen Exilkommunisten Georgi Dimitrov, Blagoi Popov und Wassili Tanev. Van der Lubbe wurde als Einzeltäter verurteilt und bereits am 10. Januar 1934 hingerichtet.

Die nationalsozialistische Führung hielt in der damaligen Situation einen Aufstand der Linken für möglich, und in der Reichswehrführung war das Szenario des »Planspiels Ott« noch gewärtig. Wahrscheinlich wollten Hitler und der neue Reichsinnenminister Frick auch dem Verlangen der Generalität nach Ausrufung des militärischen Ausnahmezustandes durch die Erklärung des zivilen Ausnahmezustandes zuvorkommen. Mit der Notverordnung »zum Schutz von Volk und Staat« – der sogenannten Reichstagsbrandverordnung – und der Notverordnung »gegen Verrat am deutschen Volk« vom 28. Februar wurden die Freiheit der Person, der Meinungsäußerung, der Presse und der Versammlung »bis auf weiteres« aufgehoben sowie das Post- und Fernmeldegeheimnis beseitigt. Den Begriff des »Verrats« hielt man bewußt unklar, um ihn möglichst weit ausdehnen zu können, und Paragraph 2 der »Reichstagsbrandverordnung« ermöglichte dem Reich Eingriffe in Belange der Länder. Auf der Basis dieser beiden Verordnungen wurden jetzt Massenverhaftungen kommunistischer Funktionäre – in Preußen wurden alle KPD-Abgeordneten in Gewahrsam genommen – und un-

liebsamer Intellektueller, darunter Carl von Ossietzky, Ludwig Renn, Erich Mühsam und Egon Erwin Kisch, inszeniert. Die Schutzhaft unterlag nicht gerichtli-
cher Prüfung und öffnete der Willkür Tür und Tor; bis zu seinem Untergang hat
das Regime die Reichstagsbrandverordnung nicht wieder aufgehoben, sie wurde
in gewissem Sinne zur »Verfassungsurkunde« (Ernst Fraenkel) des Systems, das
sie zuletzt noch zur Aburteilung der Verschwörer des 20. Juli nutzte.

Frick konnte nach dem Reichstagsbrand in allen, auch in den noch nicht nationalsozialistisch regierten Ländern ein Verbot von kommunistischen Versamm-
lungen und Druckschriften erreichen. Die gegen die KPD gerichteten Maßnahmen fanden in großen Teilen der Bevölkerung Beifall und trugen im Vorfeld der
Reichstagswahlen zu einem Meinungsklima bei, das die Nationalsozialisten für
sich nutzen konnten. In einem Bericht an seinen Außenminister schrieb der französische Botschafter in Berlin, André François-Poncet, die Atmosphäre werde
von »Einschüchterung« einerseits, »Hypnotisierung« andererseits bestimmt, vor
allem aber fühlten sich die Menschen vom Alpdruck eines möglichen kommunistischen Umsturzes befreit: »Die schlichten, naiven Massen in der Provinz sahen
darin die volle Bestätigung der Behauptungen, nach denen die Ordnung und
Sicherheit des Landes nicht allein durch das Komplott der Bolschewisten, sondern allgemeiner noch durch die Politik der Linksparteien gefährdet seien, die
wenigstens der Schwäche und der Verblendung schuldig seien. Im Volk breitete
sich ein Gefühl der Angst und des Abscheus aus und gleichzeitig ein Gefühl der
Dankbarkeit und der Begeisterung für jene, die soviel Energie bewiesen und
Deutschland dank der Kühnheit ihrer Entscheidungen und der Härte ihrer Maßnahmen gerettet hätten.«

Noch mußte sich Hitler mit Improvisationen zufriedengeben. Seine Stellung
war keineswegs gesichert, solange er auf die Unterstützung seiner Koalitionspartner angewiesen blieb. Deshalb plante er, die für den 5. März 1933 angesetzten
Wahlen zum Reichstag in eine Akklamation für seine Politik umzuwandeln, während Hugenberg, der um die schwindende Attraktivität der DNVP wußte, mit
Besorgnis sah, wie rücksichtslos die Nationalsozialisten alle ihnen jetzt zur Verfügung stehenden Mittel nutzten, um die letzte Mehrparteienwahl für sich zu
entscheiden. Goebbels sorgte dafür, daß der seit 1932 verstaatlichte Rundfunk
allein den neuen Machthabern zur Verfügung stand, aber auch alle erprobten
Mittel der Propaganda kamen noch einmal zum Einsatz. Dabei wurde neben der
Bekämpfung der politischen Gegner der Appell an das Bedürfnis nach Erneuerung in den Vordergrund gestellt. Die am häufigsten eingesetzten Plakate waren
Fotomontagen: Eine zeigte Hindenburg und Hitler, darunter den Schriftzug »Der
Marschall und der Gefreite kämpfen mit uns für Frieden und Gleichberechtigung«, die andere zeigte die Arme eines Mannes im weißen (!) Hemd mit Haken-
kreuzarmbinde, der Werkzeuge an ihm entgegengestreckte Hände ausgab, dazu
die Parole »Arbeit und Brot«. Auf seinem fünften »Deutschlandflug« erreichte

Hitler zehn Städte, und zum Abschluß, am 4. März 1933, hielt er von Königsberg aus eine im Rundfunk übertragene Rede zum »Tag der erwachenden Nation«; die am Schluß zu hörenden Glocken des Doms ließ Goebbels allerdings von einer Schallplatte einspielen, weil sich die Geistlichkeit geweigert hatte, aus diesem Anlaß zu läuten. Danach unterbrachen die beteiligten Sender (alle bis auf den bayerischen) für fünf Minuten ihr Programm.

Vom Ergebnis der Wahl am 5. März war Hitler keineswegs enttäuscht. Er hatte schon unmittelbar nach der Regierungsübernahme erklärt, daß bei den von ihm gewünschten Wahlen eine Mehrheit von 51 Prozent der Stimmen denkbar wäre, und dieses Ziel wurde von den Nationalsozialisten im Bündnis mit der »Kampffront Schwarz-Weiß-Rot«, zu der sich die DNVP und der Stahlhelm zusammengeschlossen hatten, ziemlich exakt erreicht. Die NSDAP erhielt im Reich 43,9 Prozent gegenüber 33,1 Prozent bei den Novemberwahlen und in Preußen 43,2 Prozent gegenüber 36,3 Prozent. Der Anteil ihrer bürgerlichen Bündnispartner reduzierte sich von zusammen 10,8 auf 9,1 Prozent, während das Zentrum und die SPD ihren Anteil trotz leichter Verluste weitgehend halten konnten (13,9 gegenüber 15 Prozent beziehungsweise 18,3 gegenüber 20,4 Prozent); die KPD erreichte trotz der massiven Unterdrückungsmaßnahmen noch 12,3 Prozent (bei den Novemberwahlen: 16,9 Prozent), ihre 81 Mandate wurden allerdings unmittelbar nach der Wahl kassiert.

Eine Ursache für den relativ großen Erfolg der Nationalsozialisten lag zweifellos in der aggressiven Werbung bei gleichzeitiger Benachteiligung aller Konkurrenten, aber auch der Wiederanstieg der Wahlbeteiligung (von 80,6 auf 88,7 Prozent) spielte eine Rolle. Zum ersten Mal gelang es der NSDAP, in größerem Umfang außerhalb der protestantischen Gebiete Fuß zu fassen; das betraf Westdeutschland ebenso wie Oberschlesien, Oberbayern, das bayerische Schwaben, Niederbayern und Baden. In Bayern hatte die BVP schon seit 1930 immer deutlicher den Anhang in den ärmeren Regionen verloren, und die katholische Landbevölkerung ging jetzt ganz zu den Nationalsozialisten über. Ein vergleichbarer Prozeß fand auch in einigen Hochburgen der Arbeiterbewegung, etwa den Berliner Wahlbezirken Lichtenberg, Kreuzberg und Prenzlauer Berg, statt, wo die NSDAP zur stärksten Partei wurde.

Hitler betrachtete das Ergebnis der Reichstagswahl als Bestätigung seiner Politik durch das Volk. Er wollte, anders als die mit ihm verbündeten Konservativen, die Zustimmung der Massen zu dem geplanten antiparlamentarischen und antimarxistischen Umbau der Gesellschaft. Gerade gegenüber ausländischen Gesprächspartnern äußerte Hitler, daß er sich nicht als »Diktator« verstehe, er sehe sich vielmehr durch das Votum des Volkes zum Ausbau seiner Machtposition legitimiert. Die Partei und ihre Formationen übernahmen dabei häufig die Rolle des Volkes, stellten die notwendige Massenkulisse oder die aktivistischen Gruppen, die über das schon Erreichte hinausdrängten; ein Vorgang, der sich am

Prozeß der »Gleichschaltung« besonders gut beobachten ließ. Hier zeigte sich einmal mehr das die »nationale Revolution« kennzeichnende Zusammenspiel des Drucks der Straße mit den Maßnahmen der bereits in wichtige Machtpositionen eingerückten Führung.

Gewöhnlich wurde die »Gleichschaltung« dadurch eingeleitet, daß die SA auf öffentlichen Gebäuden die Hakenkreuzflagge hißte und die Behörden der Kommunen oder Länder dies rückgängig zu machen versuchten. Unter Hinweis auf den schon erwähnten Paragraphen 2 der »Reichstagsbrandverordnung« (»Werden in einem Lande die zur Wiederherstellung der öffentlichen Sicherheit und Ordnung nötigen Maßnahmen nicht getroffen, so kann die Reichsregierung insoweit die Befugnisse der obersten Landesbehörde vorübergehend wahrnehmen«) wurden dann in den nicht nationalsozialistisch regierten Ländern »Reichskommissare« eingesetzt, die anfangs nur die Polizeiführung übernahmen, aber schließlich die Neubildung der Regierung verlangten. Da die meisten Regierungen nicht über Mehrheiten in den Landtagen verfügten, war ihr Rückhalt nur schwach, und die Nationalsozialisten hatten relativ leichtes Spiel, so daß sie nacheinander in Hamburg, Hessen, Lübeck, Bremen, Württemberg, Baden, Sachsen und in Schaumburg-Lippe ihnen genehme Landesregierungen einsetzen konnten.

Der Versuch des bayerischen Ministerpräsidenten Heinrich Held, mit Hilfe der bayerischen Reichswehr Widerstand zu leisten, hatte ebensowenig Aussicht auf Erfolg wie sein Plan einer Restauration der Wittelsbacher. Der als Reichskommissar eingesetzte Franz Ritter von Epp erfreute sich in München als »Befreier« von der Räteherrschaft einer gewissen Popularität, war allerdings außerstande, seine eigentliche Aufgabe zu erfüllen, während es dem »Reichsführer SS« Heinrich Himmler gelang, sich in der bayerischen Metropole eine erste Basis für seine planmäßige Machtentfaltung zu schaffen. Am 9. März 1933 wurde er zum kommissarischen Polizeipräsidenten Münchens ernannt, und sein Intimus Heydrich übernahm die Leitung der Abteilung VI der Münchener Polizeidirektion, Keimzelle der späteren Bayerischen Politischen Polizei. Drei Wochen später, am 1. April, erhielt Himmler seine Beförderung zum Kommandeur der Politischen Polizei des Landes. Diese Formation wurde aus der Zuständigkeit der Münchener Polizeidirektion ausgegliedert und zu einer Sonderbehörde im bayerischen Innenministerium umgebildet, eine Reihe von wichtigen Führungspositionen ging jetzt an SS-Angehörige. Zwischen November 1933 und Januar 1934 gelang es Himmler, in allen deutschen Ländern, mit Ausnahme von Preußen und Schaumburg-Lippe, seine Ernennung zum Chef der politischen Polizeiabteilungen zu erreichen. Alle Versuche des Reichsinnenministeriums, die Kontrolle über diesen Apparat zu gewinnen, scheiterten.

Bereits am 20. März 1933 hatte Himmler die Errichtung eines Konzentrationslagers in Dachau angekündigt. Einen Tag später berichtete der »Völkische Beobachter«: »Hier werden die gesamten kommunistischen und, soweit dies notwendig ist, Reichsbanner- und sozialdemokratischen Funktionäre zusammengezogen, da es auf die Dauer nicht möglich ist und den Staatsapparat zu sehr belastet, diese Funktionäre in den Gerichtsgefängnissen unterzubringen. Es hat sich gezeigt, daß es nicht angängig ist, diese Leute in die Freiheit zu entlassen, da sie weiter hetzen und Unruhe stiften ...« Die SA unterhielt zu diesem Zeitpunkt schon verschiedene Konzentrationslager, dazu eine gewisse Zahl von »Bunkern« vor allem in Berlin, in denen mißliebige Personen gefangengehalten und gefoltert wurden. Denn anders als die Partei war die SA durchaus auf eine »Machtergreifung« vorbereitet gewesen; sie hatte schon nach dem 30. Januar »losschlagen« wollen und war von Hitler nur mit Mühe bis zu den Reichstagswahlen im März im Zaum zu halten gewesen. Jetzt wollte man das Versäumte nachholen. Dabei durchkämmten die Sturmabteilungen nicht nur die »Kieze« der Arbeitervorstädte nach Kommunisten; in Ostpreußen kam es unter dem radikalen Gauleiter Erich Koch auch zu gezielten Übergriffen auf den Adel als Träger der »Reaktion«. Bei der »Köpenicker Blutwoche« im Juni 1933, einer Racheaktion wegen der Tötung von drei SA-Männern durch einen jungen Sozialdemokraten, gab es 91 Tote und mehr als 500 Verschleppte.

Im Frühjahr 1933 kam es allein in Preußen zu 30.000 Festnahmen, vor allem durch die »Hilfspolizei«, während die SA und SS bis zum Oktober insgesamt 100.000 Verhaftungen – häufig allerdings nur für wenige Tage – durchführten, denen infolge von Mord, Mißhandlung oder durch die drakonischen Haftbedingungen fünf- bis sechshundert Menschen zum Opfer fielen. Einzelne SA-Stürme hatten eigene Folterstätten eingerichtet, und manche Führer schufen sich private Lager, für die sie nach persönlicher Entscheidung verhaften ließen; der schlesische Gruppenführer Edmund Heines gab beispielsweise Befehl, den früheren sozialdemokratischen Reichstagspräsidenten Paul Löbe aus Berlin zu entführen und in das Lager Dürrgoy bei Breslau zu verbringen. Die Versuche der Staatsanwaltschaft, in solchen Fällen gegen die Schuldigen zu ermitteln, scheiterten praktisch ausnahmslos, die wenigen tatsächlich Verurteilten wurden rasch amnestiert.

Trotz seiner Aversion gegen die Justiz und ihr Verlangen nach rechtsstaatlichen Verfahrensweisen schloß sich Hitler aber zuletzt dem von Frick vorgetragenen Argument an, daß keine Gesundung der wirtschaftlichen und sozialen Lage denkbar war ohne ein Mindestmaß an Rechtssicherheit. Mit der Auflösung der SA-Hilfspolizei in Preußen am 2. August und der damit verbundenen Zentralisierung der Verhaftungspraxis in der Hand der Politischen Polizei begannen die Staatsorgane, die »wilden« Konzentrationslager aufzulösen, bis einige wenige »staatliche« übrigblieben. Die aber gingen später in die Verfügung der SS über, die an die Stelle des unsystematischen den systematischen Terror setzte.

Schon Ende Juni 1933 hatte Himmler den SS-Oberführer Theodor Eicke zum Kommandanten des Lagers Dachau ernannt und mit dessen Ausbau zum »Musterlager« beauftragt. Eicke ließ eine Disziplinar- und Strafordnung ausarbeiten, die vom Prinzip äußerster, wenngleich unpersönlicher Härte in der Behandlung der Gefangenen ausging. Neben Arrest und Prügeln drohte den KZ-Häftlingen auch die Hinrichtung »kraft revolutionären Rechtes« für den Fall von Ungehorsam oder Meuterei, auf Flüchtende sollte ohne Vorwarnung geschossen werden. Eicke versuchte den Angehörigen der SS-Wachmannschaften jede Mitleidsregung gegenüber den Gefangenen abzugewöhnen, so wie er umgekehrt die Lager als Teil eines perversen Erziehungskonzepts betrachtete, mit dessen Hilfe Feinde der »Volksgemeinschaft« entweder ausgetilgt oder umerzogen werden sollten. Am 4. Juli 1934 erhielt Eicke seine Ernennung zum »Inspekteur der Konzentrationslager und SS-Wachverbände« und nahm damit eine Schlüsselfunktion in dem von Himmler aufgebauten Machtgefüge ein.

Das Ende des Parlamentarismus

Dem Terror entsprach auf der anderen Seite der »positive Zwang«, der mit Hilfe der Propaganda die Massen für das Regime gewinnen sollte. Am 13. März hatte Goebbels die Ernennung zum Reichsminister für Volksaufklärung und Propaganda erhalten. Damit erfüllten sich zwar nicht alle seine Erwartungen, zumal er keinen Zugriff auf das Bildungswesen hatte, aber seinem Ehrgeiz, »keine politische Lethargie aufkommen« zu lassen, bot sich ein weites Betätigungsfeld. In diesen Zusammenhang gehört auch der »Tag von Potsdam« aus Anlaß der feierlichen Eröffnung des neu gewählten Reichstags am 21. März. Hier wurde die »Versöhnung des alten und des neuen Deutschland« inszeniert, die ihren ersten symbolischen Niederschlag schon im Flaggen-Erlaß des Reichspräsidenten vom 12. März gefunden hatte, der bestimmte, daß »bis zur endgültigen Regelung« die alten Farben Schwarz-Weiß-Rot neben der Hakenkreuzflagge als Nationalflagge aufgezogen werden sollten.

Der nationalsozialistischen Führungsgruppe war durchaus bewußt, daß sie die gefährliche Übergangsphase bis zur Erlangung der vollständigen Macht noch nicht hinter sich hatte. Deshalb war es von entscheidender Bedeutung, daß der mißtrauisch gewordene bürgerliche Partner beruhigt wurde. Goebbels legte großen Wert auf die Präsenz der Reichswehr, die unter den Traditionsfahnen der alten Armee aufmarschierte, während die SA in den Hintergrund trat. Beim Festgottesdienst in der Potsdamer Garnisonkirche, Inbegriff des preußischen Geistes, waren zahlreiche ehemalige Offiziere in den Uniformen der kaiserlichen Zeit anwesend, Hindenburg selbst erschien im Waffenrock des preußischen Generalfeldmarschalls. Daneben wirkte Hitler im zivilen Cut ganz unscheinbar. Seine Ansprache vor den Honoratioren sowie den nationalsozialistischen und bürgerlichen Abgeordneten (die der SPD und KPD waren nicht eingeladen worden und zum Teil schon inhaftiert) war feierlich, floskelhaft und diente der Beschwörung des historischen Augenblicks. Es ging ihm ganz offensichtlich darum, die preußische Tradition für sich und seine Bewegung zu reklamieren. Sichtbar bewegt trat Hindenburg vor die Sarkophage Friedrich Wilhelms I. und Friedrichs des Großen, um dann vor der Garnisonkirche die Ovationen der Menge entgegenzunehmen.

Nach dem Ende der Feierlichkeiten fand in der Kroll-Oper, die man anstelle des ausgebrannten Reichstages benutzen mußte, die erste Sitzung des neu gewählten Parlamentes statt. Den Abgeordneten wurde allerdings nur mitgeteilt, daß der Reichspräsident drei neue Notverordnungen in Kraft gesetzt habe. Die erste diente der Amnestierung von »Straftaten, die im Kampfe für die nationale Erhebung des deutschen Volkes, zu ihrer Vorbereitung oder im Kampfe für die deutsche Scholle« begangen wurden, die zweite der »Abwehr heimtückischer Angriffe gegen die Regierung der nationalen Erhebung«, die dritte betraf die Einrichtung von Sondergerichten. Das sogenannte Heimtückegesetz ermöglichte zukünftig sogar die Ahndung von nur mündlich vorgetragener Kritik; eine gerichtliche Voruntersuchung wurde für verzichtbar erklärt, ein Eröffnungsbeschluß war nicht notwendig, Rechtsmittel gegen die Verurteilung waren ausgeschlossen.

Gegenüber seinem Vizekanzler Papen hatte Hitler mit Blick auf die Reichstagswahlen versichert, daß er keineswegs die Restauration des Parlamentarismus anstrebe, sondern diese die letzten Wahlen gewesen seien. Allerdings legte er auch bei der Entmachtung des Reichstags Wert auf den Anschein von Legalität. Mit einem »Ermächtigungsgesetz« sollte sich das Gremium seiner Befugnisse für vier Jahre begeben. Einen entsprechenden Schritt hatte Hitler schon während der Verhandlungen vom August 1932 im engsten Kreis diskutiert, und seit dem Januar 1933 war das Thema im Kabinett mehrfach zur Sprache gekommen. Die Verfassung sah jedoch kein »Ermächtigungsgesetz« vor; die am 13. Oktober und 8. Dezember 1923 infolge der französischen Ruhrbesetzung und der Inflation verabschiedeten Ausnahmegesetze waren deshalb mit Hilfe einer Zwei-Drittel-Mehrheit als verfassungsändernde Gesetze beschlossen worden. Für einen solchen Beschluß war allerdings eine »doppelte Zweidrittelmehrheit« nötig, das heißt, es mußten zwei Drittel der 647 Parlamentarier anwesend sein, von denen wiederum zwei Drittel ihre Zustimmung geben mußten. Selbst wenn man die 81 Mandate der KPD als kassiert betrachtete, reichten die 340 Sitze der Regierungskoalition für dieses Vorhaben nicht aus. Zudem bestand die Gefahr, daß die SPD nicht nur ein Gegenvotum abgab, sondern der Sitzung fernblieb und auf diese Weise die Beschlußunfähigkeit des Parlaments erreichte. Aus diesem Grund wurde kurz vor der entscheidenden Abstimmung am 23. März von Göring, der als Reichstagspräsident amtierte, und mit der Unterstützung des Zentrums die Geschäftsordnung so geändert, daß fortan »als anwesend auch die unentschuldigt fehlenden Abgeordneten gelten sollten«.

Die Sitzung am 23. März war von einer bedrohlichen Atmosphäre gekennzeichnet. Innerhalb und außerhalb des Reichstagsgebäudes hatte man SA und SS zusammengezogen, die vor allem die SPD-Abgeordneten bedrängten, von denen schon 26 in Haft waren. Das Zentrum sah sich in der prekären Situation, daß von Hitler beziehungsweise von Frick eine schriftliche Bestätigung mündlicher Zusicherungen – Wahrung der Rechte von Reichstag, Reichsrat und Reichspräsident, Schutz der Kirchen – in Aussicht gestellt worden war, die aber bis zur Abstimmung nicht eintraf und auch später niemals übergeben wurde. In dieser Situation entschloß sich der Fraktionsvorsitzende Ludwig Kaas, trotz der massiven Einwendungen Brünings an der Unterstützung der Regierung festzuhalten. Auch die verbliebenen kleinen Gruppierungen der Mitte stimmten schließlich zu. Anders als beim Zentrum stand hier die Hoffnung im Vordergrund, man könne einen Rest parlamentarischer Befugnis retten. Die linksliberale »Deutsche Staatspartei« rechtfertigte ihre Entscheidung außerdem damit, daß ein »Scheitern des Gesetzes ... mit innerer Notwendigkeit die revolutionären Kräfte, nicht nur der Zentrale, sondern im Land draußen, in Bewegung gebracht« hätte.

Allein die Sozialdemokratie blieb bei ihrer Ablehnung. In einer großen Rede erklärte ihr Vorsitzender Otto Wels, daß seine Partei, trotz ihrer Machtlosigkeit, an dem Bekenntnis zum Rechtsstaat und den Prinzipien der Demokratie festhalte, und schloß mit den Worten: »Wir grüßen die Verfolgten und Bedrängten. Wir grüßen unsere Freunde im Reich. Ihre Standhaftigkeit und Treue verdienen Bewunderung. Ihr Bekennermut, ihre ungebrochene Zuversicht verbürgen eine hellere Zukunft.« Hitler wurde durch die Ausführungen von Wels aufs äußerste gereizt und antwortete ihm mit dem Vorwurf, daß die SPD gar nicht das Recht habe, sich über Verfolgungen zu beklagen angesichts der Unterdrückung, die die Nationalsozialisten in der Vergangenheit erfahren hätten, um sich dann noch einmal direkt an die sozialdemokratische Reichstagsfraktion zu wenden: »... und ich kann Ihnen nur sagen: ich will auch gar nicht, daß Sie dafür stimmen! Deutschland soll frei werden, aber nicht durch Sie!«

Das »Gesetz zur Behebung der Not von Volk und Reich« wurde schließlich mit 441 gegen 94 Stimmen angenommen. Es gab der Reichsregierung die Möglichkeit, Gesetze, einschließlich der Haushaltsgesetze, selbst zu beschließen (Art. 1), diese konnten vom Wortlaut der Weimarer Verfassung abweichen (Art. 2) und statt vom Reichspräsidenten vom Reichskanzler ausgefertigt werden (Art. 3); die Verträge des Reiches mit anderen Staaten bedurften nicht mehr der Ratifizierung durch das Parlament (Art. 4). Das Gesetz war auf vier Jahre befristet und wurde am 1. April 1937 sowie am 1. April 1941 durch den – mittlerweile rein nationalsozialistischen – Reichstag verlängert, am 10. Mai 1943 erfolgte eine Verlängerung durch »Führererlaß« auf unbestimmte Zeit. Zusammen mit der Reichstagsbrandverordnung bildete das »Ermächtigungsgesetz« die juristische Basis für die Beseitigung der Grundrechte, der Gewaltenteilung und der parlamentarischen

Regierungsform. Wer noch gehofft hatte, daß in Person und Amt des Reichspräsidenten ein Gegengewicht zur uneingeschränkten Machtfülle Hitlers bestand, wurde mit der Verabschiedung des »Ermächtigungsgesetzes« eines Schlechteren belehrt. Hindenburg war weder fähig noch willens, gegen die völlige Aushöhlung seiner verfassungsmäßigen Position vorzugehen. In einer Mischung aus kindlichgreisenhafter Naivität und fehlgeleiteter Dankbarkeit für den Kanzler, der scheinbar die Ordnung wiederhergestellt hatte, ließ er Heinrich Brüning in einem Brief vom 28. März mitteilen: »Ich kann Ihnen nur bestätigen, daß der Herr Reichskanzler mir seine Bereitwilligkeit erklärt hat, auch ohne formale verfassungsrechtliche Bindung die aufgrund des Ermächtigungsgesetzes zu ergreifenden Maßnahmen nur nach vorherigem Benehmen mit mir zu treffen. Ich werde hierbei stets bestrebt sein, enge Zusammenarbeit zu wahren und getreu meinem Eide ›Gerechtigkeit gegen jedermann üben‹.«

Gleichschaltung

Das Ermächtigungsgesetz beseitigte nicht nur die Machtposition von Reichspräsident und Reichstag, es versetzte auch dem Föderalismus einen entscheidenden Schlag. Bereits am 31. März erging ein »Vorläufiges Gesetz zur Gleichschaltung der Länder mit dem Reich«, das die Neubildung der Landtage und der Kommunalvertretungen gemäß den Wahlergebnissen der Reichstagswahl vorschrieb und die Landesregierungen mit erweiterten Gesetzgebungsbefugnissen ausstattete. Dem folgte eine Woche später, am 7. April, das »Zweite Gesetz zur Gleichschaltung der Länder mit dem Reich«, das die Bestellung von »Reichsstatthaltern« festlegte, die zukünftig die Landesregierungen einsetzen, die Landesgesetze verkünden und das Begnadigungsrecht ausüben sollten. In Preußen übernahm Hitler als Reichskanzler selbst die Statthalterschaft, nachdem Papen als Reichskommissar zurückgetreten war.

»Gleichschaltung« wurde in den Monaten nach der März-Wahl zum Schlüssel der nationalsozialistischen Okkupation weiterer Machtbereiche. Spontan besetzten SA-Leute und andere Aktivisten Rathäuser und Verwaltungsbüros, man sprengte Vorlesungen jüdischer Dozenten und Gerichtsverhandlungen, an denen jüdische Richter oder Anwälte beteiligt waren, organisierte Demonstrationen und Sperren vor Kliniken, die jüdische Ärzte beschäftigten, vor Warenhäusern, Banken und Börsen. »Kommissare« mit fadenscheiniger Legitimation zwangen Institutionen, angefangen bei den Wirtschafts- und den Arbeitnehmerorganisationen, dem »Reichsverband der deutschen Presse« und dem »Verein für das Deutschtum im Ausland« bis zu den Jugendverbänden, der »Deutschen Stenografenschaft«, den Schach- und sogar den Kaninchenzüchtervereinen, sich von

»Demokraten« und Juden zu »säubern«. Sogar in bezug auf den kirchlichen Bereich wurde ein entsprechender Versuch unternommen. Am 22. April hatte der Ministerpräsident von Mecklenburg-Schwerin, Walter Granzow, einen Staatskommissar für die evangelische Landeskirche »zum Zwecke der Gleichschaltung des Kirchenregiments mit dem Regiment in Staat und Reich« eingesetzt; er mußte diese Maßnahme allerdings fünf Tage später zurücknehmen, da sie ohne Zustimmung Hitlers erfolgt war, der aus taktischen Gründen auf diesem Gebiet noch Zurückhaltung üben wollte.

Vor allem die Entmachtung der Arbeitgebervertretungen und der Gewerkschaften verlief überraschend schnell und ohne auf Widerstände zu treffen. Schon am 20. Februar hatten Hitler, Göring und der Finanzexperte Hjalmar Schacht vor Vertretern wichtiger Unternehmen wie der I.G. Farben, der Firma Krupp, der Vereinigten Stahlwerke, der AEG, der Siemens A.G., der Opel A.G. und anderer Grundzüge ihrer Politik erläutert. Dabei wurde den Industriellen nicht nur die Ausschaltung der Gewerkschaften, sondern auch das Ende aller demokratischen Verfahren für die kommenden Jahrzehnte versprochen. Das blieb nicht ohne Eindruck, obwohl es noch gewisser Pressionen bedurfte, um die von Hitler gewünschte Wahlkampfspende von immerhin drei Millionen Reichsmark zu erhalten. Auf einer Sitzung des »Reichsverbands der deutschen Industrie« (RDI) am 23. März 1933 hatte Fritz Thyssen, der langjährige Parteigänger Hitlers, verlangt, daß sich der RDI dem neuen Regime zur Verfügung stellen und in seiner Spitzengliederung den veränderten Verhältnissen Ausdruck geben sollte. Am 1. April kam es zu einer Besetzung der Geschäftsstelle des RDI durch die SA, die damit endete, daß Otto Wagener, der neue Reichswirtschaftskommissar, den Rücktritt des »nichtarischen« Geschäftsführers Ludwig Kastl und dann auch das Ausscheiden von Paul Silverberg – der im Jahr zuvor ausdrücklich für die Einbindung der Nationalsozialisten plädiert hatte – aus dem Präsidium erzwang. Der RDI gab eine Loyalitätserklärung ab, und sein Präsident, Gustav Krupp von Bohlen und Halbach, sah sich sogar gezwungen, der Idee eines berufsständischen Aufbaus der deutschen Wirtschaft zuzustimmen.

Schließlich wurde der RDI am 22. Mai aufgelöst und nach Verschmelzung mit der »Vereinigung deutscher Arbeitgeberverbände« eine Woche später zum »Reichsstand der deutschen Industrie« umgebildet. Dabei konnte Krupp seine Position wahren, mußte allerdings Fritz Thyssen in die Führung aufnehmen, der ähnlich wie Wagener die Vorstellung einer korporativen Neuordnung der Wirtschaft vertrat. Er betrachtete sich als orthodoxen Nationalsozialisten, lehnte jedoch den radikalen Antisemitismus ab, den er auch aus ökonomischen Gründen für schädlich hielt. Allerdings ging er nicht soweit wie Emil Kirdorf, der andere frühe Gönner Hitlers aus Unternehmerkreisen, der offen gegen die Absetzung Silverbergs protestierte.

Die großen Unternehmen waren in die Gefangenschaft des Regimes geraten, rasch gefolgt von den Interessenverbänden der Landwirtschaft und des Mittelstands, wo sich die ältesten Anhängergruppen des Nationalsozialismus fanden. Der »Reichslandbund«, dessen Leitung schon seit längerem pronationalsozialistisch orientiert war, wurde zwangsweise mit den Bauernvereinen, Interessenvertretungen der kleineren und mittleren Landwirtschaft, vereinigt, deren Führung Richard Walther Darré übernahm. Darré war 1930 in die NSDAP eingetreten und hatte deren erstes Agrarprogramm ausgearbeitet; seit 1931 führte er das »Rasse- und Siedlungshauptamt« der SS und als Reichsleiter das Amt für Agrarpolitik. Er war von völkischen Gedanken bestimmt und neigte zu romantisierenden Vorstellungen von der Erneuerung eines »Adelsbauerntums«. Das hinderte ihn aber nicht daran, eine wirkungsvolle Gleichschaltung der bäuerlichen Genossenschaften und dann des Landwirtschaftsrates, der Dachorganisation der Landwirtschaftskammern, zu betreiben. Eine ganz ähnliche Entwicklung wie in der Landwirtschaft ergab sich im Mittelstand. Seine Interessenvertretungen – die Industrie- und Handelskammern – entgingen der »Gleichschaltung« ebensowenig wie die Innungen und der einflußreiche »Deutsche Industrie- und Handelstag«, zu dessen Präsidenten im Mai der Nationalsozialist Adrian von Renteln berufen wurde.

Schon der Verlauf des Treffens zwischen Hitler, Göring und führenden Industriellen im Februar, bei dem die Summen für die Wahlkampfunterstützung erpreßt worden waren, wies auf den zukünftigen Stil der Kooperation zwischen Staat und Wirtschaft hin. Die am 1. Juni 1933 eingeführte »Adolf-Hitler-Spende der deutschen Wirtschaft« (fünf Promille der gesamten Lohn- und Gehaltssumme des Vorjahres, bis 1945 etwa siebenhundert Millionen Reichsmark) war dafür nur ein weiterer Indikator. Andererseits gab es durchaus eine gewisse freiwillige Einordnungsbereitschaft der großen Industrie, da Hitler bei der Zusammenkunft im Februar die Entmachtung der organisierten Arbeiterbewegung versprochen hatte. Der Schlag gegen die Gewerkschaften wurde mit propagandistischen Avancen an die Arbeiter eingeleitet. Schon am 7. April 1933 beschloß das Kabinett, den 1. Mai zum »Tag der nationalen Arbeit« zu erklären. Der 1. Mai war seit dem Ende des 19. Jahrhunderts Demonstrations- und Feiertag des Proletariats, eine traditionsreiche Verbindung von politischer Agitation und Frühlingsfest. In der Zeit der Weimarer Republik hatte die Sozialdemokratie von dem Plan, den 1. Mai zum Feiertag zu erklären, wieder Abstand genommen, weil der Widerstand ihrer bürgerlichen Koalitionspartner nicht zu überwinden war. Am 17. April notierte Goebbels in seinem Tagebuch über eine Absprache mit Hitler: »Den 1. Mai werden wir zu einer grandiosen Demonstration deutschen Volkswillens gestalten. Am 2. Mai werden dann die Gewerkschaftshäuser besetzt. Gleichschaltung auch auf diesem Gebiet. Es wird vielleicht ein paar Tage Krach geben, aber dann gehören sie uns. Man darf hier keine Rücksicht kennen. Wir tun dem Arbeiter nur einen Dienst, wenn wir ihn von der parasitären Führung befreien, die ihm bisher nur das Leben sauer gemacht hat. Sind die Gewerkschaften in unserer Hand, dann werden sich auch die anderen Parteien und Organisationen nicht mehr lange halten können.«

Tatsächlich verlief die Entwicklung exakt nach diesen Vorgaben. Obwohl sich Theodor Leipart als Vorsitzender des Allgemeinen Deutschen Gewerkschaftsbundes (ADGB) ausdrücklich von der SPD distanzierte und hinter den neuen Staat stellte und die Gewerkschaften zur Teilnahme an der Mai-Demonstration der neuen Regierung aufrufen, besetzte ein von »Reichsorganisationsleiter« Robert Ley und dem Führer der Nationalsozialistischen Betriebszellenorganisation, Reinhard Muchow, gebildetes »Aktionskomitee zum Schutze der deutschen Arbeit« am 2. Mai mit Unterstützung von Kommandos der SA und SS die Büros der sozialdemokratischen Gewerkschaften, sorgte für die Verhaftung der führenden Funktionäre und übernahm den Gewerkschaftsbesitz in die neugegründete »Deutsche Arbeitsfront« (DAF), der sich bald auch der »Deutschnationale Handlungsgehilfenverband«, die christlichen und die liberalen Gewerkschaften anschließen mußten.

Obwohl Muchow die Funktion eines Organisationsleiters der DAF übernahm, kann nicht übersehen werden, daß es zwischen ihm und Ley gewisse Diskrepanzen in bezug auf die Arbeitnehmerpolitik der Nationalsozialisten gab. In den ersten Monaten des Jahres 1933 wuchs die Zahl der Mitglieder der NSBO auf mehr als eine Million. Darunter waren viele ehemalige Anhänger der politischen Linken. Schon um diese neue Klientel zu binden, aber auch, um den eigenen Vorstellungen von einem »nationalen Sozialismus« mehr Gewicht zu verschaffen, forcierte Muchow eine Akzentverschiebung in der Programmatik der Betriebszellenorganisation. Trotzdem verliefen die Betriebsratswahlen im März für die NSBO enttäuschend: Sie kam nur auf ein Viertel der Mandate. In dieser Situation verlor die von Muchow favorisierte Zusammenarbeit mit anderen Gewerkschaftsführern immer mehr an Attraktivität. Es kam zu einer Annäherung an Ley, der nach dem Rücktritt Gregor Strassers in die erste Reihe der NS-Führung aufgerückt war, und dessen Gefolgschaft mehr durch Zufall nicht Heß als Chef der Politischen Organisation unterstellt worden war, so daß er sich Chancen ausrechnete, durch die Zusammenarbeit mit Muchow seine Hausmacht noch zu vermehren.

Wirtschaftspolitik

Der Plan Leys und Muchows, die DAF zur Arbeitnehmervertretung im Sinne einer Staatsgewerkschaft zu machen, scheiterte, und Ley war gezwungen, am 27. November 1933 mit dem Arbeitsminister Seldte, Wilhelm Keppler als Hitlers Sonderbeauftragtem für Wirtschaftsfragen und dem neuen Wirtschaftsminister

Eine der Thingstätten: Mahnmal in bodenständiger germanischer Bauweise auf Rügen für den in Bergen im Kampf für den Nationalsozialismus gefallenen Hitler-Jungen Hans Mallon

Hitler bei der Begrüßung der Vertreter des Generalstabs der deutschen Wirtschaft im Herbst 1933 in der Reichskanzlei zu Berlin. Von links: der Hamburger Bürgermeister Krogmann, Staatssekretär Hans Ernst Posse, Generaldirektor Diehn vom Kalisyndikat, Reichsbankvizepräsident Dreyse und Reichsbankpräsident Hjalmar Schacht. – Spatenstich Hitlers für das Reichs-Autobahn-Teilstück Frankfurt am Main – Darmstadt am 23. September 1933

Kurt Schmitt eine Erklärung zu unterzeichnen, durch die die »Deutsche Arbeitsfront« im Sinne des Korporativismus zur Zwangsorganisation für Arbeitnehmer *und* Arbeitgeber gemacht wurde. Der Tod Muchows bei einem Schießunfall im September hatte schon vorher den Einfluß prononciert »sozialistischer« Vorstellungen zurückgedrängt.

Dieser Tendenz entsprach auch das »Gesetz über die Treuhänder der Arbeit« vom 19. Mai, mit dem eine Institution geschaffen worden war, die – unter Dienstaufsicht des Reichsarbeitsministeriums – die »Wahrung des Arbeitsfriedens« durch faktische Aufhebung der Tarifautonomie sichern sollte. Die Besetzung der Position von »Treuhändern der Arbeit« mit unternehmerfreundlichen Männern stieß rasch auf Widerstand in der Partei. Dabei spielte der von den Gauleitern ausgeübte Druck eine wichtige Rolle, die sich die Bestätigung der Ernannten vorbehielten und vielfach erreichten, daß das Amt an bewährte »Alte Kämpfer« übergeben wurde. Außerdem stärkte das Arbeitsordnungsgesetz vom 20. Januar 1934 die Funktion der »Reichstreuhänder«, die zwar den Druck der NSBO bei sozialpolitischen Fragen abfing, aber sonst den Interessen der Wirtschaft kaum entsprach. Die »Treuhänder« erhielten das Recht, Tarifordnungen festzulegen, die Betriebsordnung zu überwachen, bei der Bildung innerbetrieblicher »Vertrauensräte« mitzuwirken, Kündigungen zu kontrollieren, bei Massenentlassungen einzuschreiten und die Anklage bei Verfahren vor den sogenannten Sozialen Ehrengerichten zu vertreten. Sie nahmen damit eine der »wichtigsten wirtschaftlichen Machtpositionen« (Avraham Barkai) ein.

Die am 30. Januar gebildete Reichsregierung war zwar mit dem Versprechen angetreten, die Arbeitslosigkeit zu beseitigen, aber bis zur Reichstagswahl sollten keine entscheidenden wirtschaftspolitischen Maßnahmen ergriffen werden. Hitler verbot sogar ausdrücklich jede Strategiediskussion, da es, wie er nur zu genau wußte, keine Wirtschaftspolitik gab, die seine gesamte potentielle Anhängerschaft zufriedenstellen konnte. Die in dem »Aufruf« vom 2. Februar angekündigten »Vierjahrespläne« waren in erster Linie Spielmaterial für die Phantasie des Wählers, sie blieben allerdings weit entfernt von der Faszinationskraft, die ein konkretes Projekt entfaltete: der Autobahnbau. Fritz Todt, ein Tiefbauingenieur, Parteimitglied seit 1922 und seit 1931 SA-Oberführer im Stab Röhms, hatte schon vor der Regierungsübernahme Strasser und der Wirtschaftspolitischen Abteilung der NSDAP die Unterstützung des Autobahnbaus vorgeschlagen, war aber immer auf Ablehnung gestoßen. Die Partei gehörte seit je zu den Gegnern des »Vereins zur Vorbereitung der Autostraße Hansestädte–Frankfurt–Basel« (HAFRABA), der eine fast neunhundert Kilometer lange Nord-Süd-Strecke plante, aber während der Weimarer Republik staatlicherseits keinen Ansprechpartner fand.

Im Januar 1933, nach dem Sturz Strassers, wandte sich Todt mit einer Denkschrift direkt an Hitler, dem er vortrug, daß die Errichtung von fünf- bis sechstausend Kilometern Autobahn in den nächsten fünf Jahren etwa 600.000 Menschen in Lohn und Arbeit bringen werde. In einer Rede am 11. Februar erklärte Hitler den Bau von »Autostraßen« zu einer staatlich unterstützten Maßnahme, was sofort zu spürbaren Reaktionen im Bereich der Bauwirtschaft führte. Die Arbeitsämter schickten zahlreiche Erwerbslose in den Straßenbau, vor allem zur Bewältigung der Erdarbeiten. Nach der Reichstagswahl machte Hitler den Bau der Autobahnen endgültig zur staatlichen Angelegenheit. Die HAFRABA wurde in die »Gesellschaft zur Vorbereitung der Reichsautobahnen« (GEZUVOR) umgewandelt, und am 5. Juli erhielt Todt die Ernennung zum »Generalinspekteur für das deutsche Straßenwesen« (Oberste Reichsbehörde seit dem 30. November). Am 23. September machte der Kanzler den ersten Spatenstich am RAB-Teilstück Frankfurt/Main–Darmstadt, bis zum 15. Dezember 1938 sollten dreitausend Kilometer »kreuzungsfreie Nurautostraße« fertiggestellt werden.

Die hohen Erwartungen, die vor allem Todt in den Autobahnbau gesetzt hatte, erfüllten sich nur teilweise. Zum einen, weil die Reorganisation des – 1931 von Brüning gegründeten – »Freiwilligen Arbeitsdienstes« unter dem neuen Führer Konstantin Hierl nicht vorankam, dem es an den notwendigen Mitteln und geeignetem Führungspersonal fehlte, zum anderen, weil das Finanzministerium lange Widerstand gegen die geplanten Ausgaben in Höhe von 106 Millionen Reichsmark leistete. Überhaupt gab es im Kabinett eine deutliche Opposition gegen jede Art staatlicher Wirtschaftsförderung. Hitler selbst ging es darum, nicht in den Ruf verantwortungsloser Ausgabenpolitik zu kommen, um seine bürgerlichen Wähler zu halten, und der zuständige Minister Seldte war weit davon entfernt, ihn zu bedrängen. Die Bemühungen des Reichskommissars für die Arbeitsbeschaffung, des noch von Schleicher ernannten Günter Gereke, führten bis zu seiner spektakulären Absetzung und Verhaftung (wegen des Vorwurfs der Unterschlagung) immerhin dazu, daß das vom Kabinett des Vorgängers beschlossene Ausgabenpaket beibehalten wurde.

Im übrigen versuchten Hugenberg und Finanzminister Schwerin-Krosigk die Politik der Ausgabenkürzung und Deflation weiterzuführen, unterstützt von Hjalmar Schacht, der im März als Nachfolger von Hans Luther zum Reichsbankpräsidenten ernannt wurde. Das allmähliche Absinken der Konkurszahlen und vor allem die erhebliche Reduzierung der Arbeitslosenzahl – bis zum Jahresende von 6 auf 3,7 Millionen – war vor allem auf eine allmähliche Erholung der Konjunkturlage und die Maßnahmen zur Stärkung der Kaufkraft, die Papen mit der Ausgabe von Steuergutscheinen bewirkt hatte, zurückzuführen. Im übrigen gelang es Schacht bereits im Mai, durch die Gründung der »Metallurgischen Forschungs-GmbH« (Mefo) ein System fingierter Handelswechsel zu schaffen, durch das eine Steigerung der staatlichen Ausgaben ohne die gefürchteten inflationären Wirkungen möglich wurde. Die »Mefo-Wechsel« waren ein Mittel öffentlicher Kreditschöpfung, mit dessen Hilfe man Staatsaufträge vergeben und allgemein die Wirtschaftstätigkeit in Gang setzen wollte. Der Staat stellte den Unternehmen Wechsel aus, das heißt Zahlungsverpflichtungen, die aber nach dem Reichsbankgesetz eine zweite Unterschrift benötigten, um von der Reichsbank eingelöst, also rediskontiert zu werden. Die Mefo leistete die zweite Unterschrift, und nach fünf Jahren sollten die Wechsel vom Reich zurückgekauft werden. Auch die für den Autobahnbau notwendigen Summen wurden über »Mefo-Wechsel« ermöglicht.

Eine gewisse Ausnahme in der Wirtschaftspolitik bildete der Agrarbereich, weil Hugenberg als Minister für Wirtschaft und Ernährung seiner bäuerlichen Klientel Konzessionen machen mußte, die sie an die Deutschnationalen binden und vom Überlaufen zu den Nationalsozialisten abhalten sollten. Allerdings verlor Hugenberg nach den Märzwahlen immer deutlicher an Einfluß. Als am 12. Juni die Weltwirtschaftskonferenz in London eröffnet wurde, nahm Hugenberg zur Verärgerung des Außenministers von Neurath als Leiter der deutschen Delegation an den Verhandlungen teil. Dort wurde ihm aber seine Profilierungssucht zum Verhängnis. Er löste einen diplomatischen Skandal aus, weil er unvermittelt und ohne Absprache mit Hitler die Rückgabe der deutschen Kolonien sowie die Ausdehnung des deutschen Einflußgebietes bis in die Ukraine forderte. Damit schwächte er seine Position im Kabinett weiter und eröffnete Hitler die Möglichkeit, sich als gemäßigter Außenpolitiker darzustellen. Am 27. Juni mußte Hugenberg zurücktreten; ihm folgten Kurt Schmitt als Wirtschaftsminister und Darré als Minister für Ernährung und Landwirtschaft.

Die Ernennung des Generaldirektors der Allianz-Versicherungen, Schmitt, zum Wirtschaftsminister zeigte schon an, daß es Hitler im Ökonomischen in erster Linie auf Professionalität, weniger auf ideologische Verläßlichkeit ankam. Die ständischen und agrarpolitischen Idealvorstellungen vieler Nationalsozialisten durften nur auf dem begrenzten Feld der Agrarpolitik erprobt werden. Der von Darré schon im März 1933 geschaffene »Reichsnährstand« wurde zur korporativen Organisation der gesamten Landwirtschaft. In seinen drei Hauptabteilungen – »Der Mensch«, »Der Hof«, »Der Markt« – waren alle im bäuerlichen Bereich Tätigen nach der »Gleichschaltung« der verschiedenen Verbände zusammengefaßt. Durch Marktregulierung, die eine Erhöhung der Produktion bei gleichzeitiger Verringerung des Preises anstrebte, wurde allerdings in der Landwirtschaft eine gewisse Opposition hervorgerufen, die auch durch zwiespältige Maßnahmen wie das »Reichserbhofgesetz« (Entschuldung der Höfe zwischen 7,5 und 125 Hektar bei gleichzeitigem Verbot der Erbteilung oder neuen Belastung) vom September 1933 und die ideologische Hochschätzung von »Blut und Boden« nur teilweise beschwichtigt werden konnte.

Das Ende der Parteien

Wie Goebbels angekündigt hatte, folgte auf die Zerschlagung der Gewerkschaften rasch die der Parteien. Während die KPD schon in den Untergrund abgedrängt war und sich eine »Auslandsleitung« unter Franz Dahlem, Wilhelm Florin und Wilhelm Pieck in Paris konstituiert hatte, gaben sich Teile der sozialdemokratischen Führung noch der Illusion hin, man könne die Partei auch unter den veränderten Bedingungen erhalten. Allerdings wurde am 10. Mai das Vermögen der SPD und des Reichsbanners beschlagnahmt. Kurz darauf kam es zu einem heftigen Konflikt zwischen den im Reich verbliebenen Funktionären und emigrierten Parteiführern um die Zustimmung der sozialdemokratischen Reichstagsfraktion zu Hitlers »Friedensrede« vom 17. Mai. Schließlich wurde am 19. Juni eine neue Parteileitung gewählt, während gleichzeitig der mittlerweile in die Tschechoslowakei geflohene Wels, Rudolf Breitscheid und Hans Vogel darangingen, die SOPADE, die sozialdemokratische Exilpartei, zu gründen. Drei Tage später erging ein Betätigungsverbot für die SPD, ihre Mandate wurden aufgehoben, zahlreiche Mitglieder verhaftet, die Presse durch wiederholte Verbote am Erscheinen gehindert. Am 22. Juni erfolgte das endgültige Verbot als »staats- und volksfeindliche Partei«.

Von organisiertem Widerstand gegen das Regime konnte danach kaum die Rede sein. Im November 1933 gelang es der Polizei, den illegalen sozialdemokratischen »Roten Stroßtrupp«, der immerhin fast dreitausend Mitglieder umfaßte, zu zerschlagen. Die SPD hatte zwar illegale Gewerkschaftsleitungen zu installieren versucht und verfügte insgesamt über tausend Funktionäre im Reichsgebiet, aber ein koordiniertes Vorgehen mit den kleineren linken Zusammenschlüssen wie der »Sozialistischen Arbeiterpartei« oder der vor allem aus dem ehemaligen »Internationalen Sozialistischen Kampfbund« rekrutierten Gruppe »Neu Beginnen« kam nicht zustande. Die von der SOPADE ausgegebene Parole »Kampf dem Faschismus« fand nicht einmal in den eigenen Reihen Widerhall; der gerade aus dem KZ entlassene Paul Löbe forderte die Genossen im Ausland dringend auf, jede Propaganda gegen das Regime einzustellen, um die Haftbedingungen für andere festgesetzte Sozialdemokraten nicht weiter zu verschlechtern. Ähnlich illusionär wie die Vorstellungen der SOPADE wirkten die Revolutionshoffnungen der Kommunisten. Die KPD im Untergrund konnte sich zwar in den größeren Städten reorganisieren, hatte aber praktisch keinen Einfluß auf die Arbeiterschaft.

Anders als die Linksparteien fielen die bürgerlichen Parteien nicht direkten Verboten zum Opfer, sondern wurden Pressionen ausgesetzt, die zur allmählichen Erosion ihrer Anhängerschaft und schließlich zur Selbstauflösung führten. Am 27. April hatte Hugenberg noch vergeblich die »Gleichberechtigung« der Deutschnationalen als Träger der nationalen Revolution gefordert, aber sein Verbündeter in der »Kampffront«, der Stahlhelm-Führer Seldte, trat am selben Tag zur NSDAP über, ein Schritt, den viele führende Mitglieder der DNVP nachvollzogen. Der Versuch, dem neuen Geist Tribut zu zollen, indem man die Partei zur »Deutschnationalen Front« (DNF) umorganisierte, schlug völlig fehl, zumal die »Kampfringe«, in denen sich die aktivistischen jungen Deutschnationalen sammelten, unter dem grotesken Verdacht, den »Marxisten« Unterschlupf zu gewähren, dauernden Schikanen durch die staatlichen Stellen ausgesetzt waren. Am 27. Juni resignierte Hugenberg und trat zurück, am selben Tag löste sich die DNF auf. Ihr folgte unmittelbar die Deutsche Staatspartei, während die Deutsche Volkspartei und die Bayerische Volkspartei diesen Schritt erst Anfang Juli taten. Vor allem die Funktionäre und Abgeordneten der BVP waren einem scharfen Verfolgungsdruck ausgesetzt.

Am 5. Juli beschloß auch das Zentrum, sich aufzulösen. Das Ende von BVP und Zentrum hatte insofern eine besondere Bedeutung, da es mit dem Abschluß des Konkordates zwischen dem Reich und dem Vatikan zusammenhing. Der deutsche Episkopat bemühte sich nach der Regierungsübernahme Hitlers um eine Entspannung der Beziehungen zwischen katholischer Kirche und nationalsozialistischem Regime. Verschiedentlich hatte die Kirchenführung ihre Loyalität gegenüber der neuen Regierung erklärt und mit einem gemeinsamen Hirtenbrief der Fuldaer Bischofskonferenz vom 8. Juni 1933 die bis dahin strikt ablehnende Haltung gegenüber der NSDAP aufgegeben, ohne weiterbestehende weltanschauliche Vorbehalte zu verschweigen: Man glaube, »daß eine Volkseinheit sich nicht nur durch die Blutgleichheit, sondern auch durch die Gesinnungsgleichheit verwirklichen läßt, und daß bei der Zugehörigkeit zu einem Staatswesen die ausschließliche Betonung der Rasse und des Blutes zu Ungerechtigkeiten führt, die das christliche Gewissen belasten . . .«

Diese Geste des guten Willens war wohlberechnet, denn es war eindeutig, daß der neue Staat die einflußreiche Position der katholischen Organisationen mit Mißfallen sah. Das Verbot von katholischen Verbänden und die damit verbundene Beschlagnahmung ihrer Vermögen Anfang Juli müssen die Führung der Kirche in ihrer Absicht bestärkt haben, zu einem Modus vivendi mit der Regierung zu kommen. Die Paraphierung des Konkordates, das zwischen Papen und dem Kardinalstaatssekretär Eugenio Pacelli ausgehandelt worden war, erfolgte am 8. Juli. Der Vertrag sah eine wechselseitige Abgrenzung von gesellschaftlichen Einflußsphären vor. Um den Preis des politischen Katholizismus – konkret: der Opferung des Zentrums – erhielt die Kirche die Zusicherung, daß ihre religiösen, kulturellen und karitativen Tätigkeiten vom Staat nicht behindert, sondern geschützt und gefördert würden. Allerdings wurde nie ganz klar definiert, welche Einrichtungen damit vor dem staatlichen Zugriff geschützt waren, und der Fortbestand katholischer Jugendorganisationen und Erziehungseinrichtungen erschien unter dem Eindruck eines sich allmählich verschärfenden Kurses keineswegs gesichert.

Immerhin mochte es der katholischen Führung im Sommer 1933 so scheinen, als ob ihre Kirche im Vergleich zum Protestantismus in eine akzeptable Beziehung zum nationalsozialistischen Staat getreten sei. Die evangelisch geprägten Teile des Reiches hatten schon in der »Kampfzeit« eine besondere Anfälligkeit für den Nationalsozialismus gezeigt. Das äußerte sich nicht nur in den Wahlergebnissen, sondern auch darin, daß zahlreiche evangelische Geistliche ganz offen für die NSDAP Partei nahmen und die »Glaubensbewegung Deutsche Christen« (DC) alle Anstrengung machte, Protestantismus und Nationalsozialismus zu einem neuen politischen Glauben zu verschmelzen. Ohne daran im religiösen Sinne interessiert zu sein, war Hitler durchaus bereit, die Chance zur Machterweiterung, die sich ihm hier bot, wahrzunehmen.

In seiner Regierungserklärung vom 23. März hatte der Kanzler das Christentum als das »unerschütterliche Fundament der Moral und Sittlichkeit des Volkes« bezeichnet und davon gesprochen, daß die »Rechte der Kirchen« nicht geschmälert werden dürften. Die Politik, die die neue Regierung nach dem 30. Januar betrieben hatte, schien auf eine Stärkung des christlichen Elements hinzuweisen, wenn etwa an den preußischen Berufs- und Fortbildungsschulen der Religionsunterricht verpflichtend eingeführt wurde und Göring in Preußen Maßnahmen ergriff, um die »weltlichen Schulen« zurückzudrängen. Der christlich-konservative Duktus, in dem in der Anfangszeit zahlreiche öffentliche Erklärungen gehalten waren, bestärkte viele führende evangelische Theologen in der Hoffnung auf ein »deutsches Ostern« (Paul Althaus), das zur Rechristianisierung des Landes oder doch zur »Vollendung« der Reformation führen werde. Männer wie Paul Althaus, Friedrich Gogarten und Emanuel Hirsch schlossen sich der DC an, und andere begrüßten doch wenigstens die Bereitschaft des evangelischen Volksteils, aktiv am Aufbau der kommenden Gemeinschaft mitzuwirken.

Zentrale Bedeutung erhielt rasch die Frage der Reorganisation des Protestantismus. Der Ausgangspunkt war dabei die Wiederaufnahme von Bemühungen, die unmittelbar nach dem Ende des Ersten Weltkriegs gescheitert waren, als es schon einmal um die Schaffung einer evangelischen Nationalkirche ging. Der 1922 gegründete »Deutsche Evangelische Kirchenbund« hatte lediglich die Funktion eines Dachverbandes der Landeskirchen, was vielen, Theologen ebenso wie Laien, unbefriedigend erschien. Unter dem Eindruck der zentralisierenden Tendenzen, die die »nationale Revolution« freisetzte, wollten verschiedene Gruppen innerhalb des Protestantismus auch eine stärkere Vereinheitlichung der Kirche erreichen. Die Gemeinsamkeit dieses Zieles und die damit verbundene Ablehnung des »Liberalismus«, der durch die Übernahme des »Führerprinzips« auch in der Kirche abgelöst werden sollte, konnten allerdings nicht über erhebliche Differenzen auf anderen Gebieten hinwegtäuschen. Nachdem die DC bereits bei den Kirchenwahlen in der Evangelischen Kirche der Altpreußischen Union (APU) vom November 1932 ein Drittel der Mandate erlangt hatte, meldete sie auf ihrer ersten Reichstagung, die vom 3. bis zum 5. April 1933 in Berlin stattfand, ganz unverhohlen ihren Machtanspruch für die ganze Kirche an.

Wenige Wochen später, am 25. April, ernannte Hitler den Wehrkreispfarrer Ludwig Müller zu seinem »Vertrauensmann« für die evangelische Kirche. Müller nahm in dieser Funktion auch an einem Gespräch über die neue Verfassung der DEK, die eine stärkere Vereinheitlichung und die Einführung eines Reichsbischofsamtes vorsah, in Loccum teil. Allerdings zeichnete sich zu diesem Zeitpunkt bereits ab, daß der offensichtliche Versuch staatlicher Stellen, auf die innere Ordnung der Kirche Einfluß zu nehmen, einen unerwarteten Widerstand heraufbeschwor, der zwar nicht politisch gemeint war, aber politische Folgen haben mußte. Am 9. Mai wurde von einigen Theologen, deren Bekenntnis zum Nationalsozialismus keineswegs taktisch motiviert war, die »Jungreformatorische Bewegung« gegründet. Die »Jungreformatoren« opponierten gegen die Versuche der DC, eine »Gleichschaltung« des Protestantismus unter einem Reichsbischof Müller zu erreichen. Sie unterstützten deshalb die Kandidatur des Leiters der Bethelschen Anstalten, Friedrich von Bodelschwingh, der dann am 27. Mai von den Beauftragten der Landeskirchen zum Reichsbischof gewählt wurde.

Bodelschwinghs Amtszeit währte nur einen Monat, da Müller nichts unversucht ließ, um mit Hilfe staatlicher Macht doch noch sein Ziel zu erreichen. Die Kirche der Altpreußischen Union, die schon aufgrund ihres territorialen Umfangs von großer Bedeutung war, wurde auf sein Verlangen am 24. Juni unter Zwangsverwaltung gestellt, ein Hilfsreferent im preußischen Kultusministerium, der kirchenpolitisch ehrgeizige Landgerichtsrat August Jäger, zum »Kirchenkommissar« bestellt. Daraufhin erklärte Bodelschwingh seinen Rücktritt. Nachdem das Reichskabinett am 14. Juli das Gesetz über die neue Verfassung der »Deutschen Evangelischen Kirche« (DEK) beschlossen hatte, fanden am 23. Juli Neuwahlen zu den kirchlichen Vertretungen statt. Obwohl die Jungreformatoren durch staatliche Schikanen behindert wurden, kann doch die überwältigende Mehrheit von siebzig Prozent der Stimmen für die Liste der »Deutschen Christen« nicht allein mit diesen Pressionen erklärt werden. Vielmehr war es der DC gelungen, zahlreiche Kirchenferne zur Stimmabgabe zu mobilisieren, teilweise stimmten SA-Einheiten in geschlossener Formation ab. Die am 5. September 1933 zusammengetretene Generalsynode der Kirche der Altpreußischen Union führte mit der DC-Majorität einen Arierparagraphen für den kirchlichen Dienst ein. Eine wirksame Opposition gegen diese Politik gab es in dem Gremium nicht mehr.

Die Jungreformatoren waren nicht nur durch die Wahlniederlage demoralisiert. Einer ihrer geistigen Mentoren, der Schweizer Theologe Karl Barth, der in Bonn Systematik lehrte, hatte mit seiner Schrift »Theologische Existenz heute!«

ein Signal gegeben, die eigentliche Auseinandersetzung auf die Fragen der Lehre zu konzentrieren. Der am 11. September 1933 gegründete »Pfarrernotbund«, der von dem Dahlemer Pfarrer Martin Niemöller und zwei Amtsbrüdern ins Leben gerufen worden war, verstand sich denn auch in erster Linie als geistliche Sammlung, die die Theologen erneut auf die Heilige Schrift und die Bekenntnisse der Reformation verpflichten wollte; im Abschnitt fünf der Selbstverpflichtung aller Angehörigen hieß es: »In solcher Verpflichtung bezeuge ich, daß eine Verletzung des Bekenntnisstandes mit der Anwendung des Arierparagraphen im Raum der Kirche Christi geschaffen ist.«

Niemöller selbst wollte dem Staat ausdrücklich nicht das Recht absprechen, in seinem eigenen Raum eine antisemitische Gesetzgebung zu realisieren, aber er bestritt unter Berufung auf das Evangelium, das nur die Gottesebenbildlichkeit aller Menschen kenne, die Anwendbarkeit der Rassenlehre im kirchlichen Bereich. Diese eher defensive Einstellung erklärte sich nicht nur aus der Einsicht in die eigene zahlenmäßige Schwäche, sondern auch aus dem Verständnis der lutherischen »Zwei-Reiche-Lehre«, die keine Einrede in die staatlichen Belange zu erlauben schien. Der Notbund konnte denn auch nichts tun, um die Wahl Müllers zum Reichsbischof auf der »Nationalsynode« in Wittenberg am 27. September zu verhindern.

Kulturkampf

Parallel zu den Eingriffen in das kirchliche Leben vollzogen sich seit dem Frühjahr 1933 auch die Maßnahmen zur Beeinflussung der Kultur. Ein größerer Teil der führenden Linksintellektuellen sowie der Künstler jüdischer Herkunft, etwa zweihundertfünfzig Personen, zum Beispiel die Dirigenten Bruno Walter und Otto Klemperer und der Regisseur Max Reinhardt, hatten das Reich bereits frühzeitig verlassen. Wer im Ausland an Propagandaaktionen gegen das Regime teilnahm, mußte mit dem Verlust der deutschen Staatsangehörigkeit rechnen. Auf einer ersten Liste waren insgesamt einunddreißig namhafte Politiker wie die Sozialdemokraten Wels, Breitscheid und Philipp Scheidemann, Journalisten wie Alfred Kerr und Friedrich Stampfer, außerdem Schriftsteller wie Heinrich Mann, Ernst Toller, Anna Seghers und Lion Feuchtwanger verzeichnet. Im März 1934 wurde eine weitere Liste mit siebzig Namen veröffentlicht, auf der unter anderem Albert Einstein, Oskar Maria Graf und Theodor Plivier standen. Daneben kam es zur Verhaftung von Männern wie von Ossietzky und zur Entlassung jüdischer Hochschullehrer.

Bereits am 11. Februar 1933 hatte Bernhard Rust als preußischer Kultusminister mit der »Gleichschaltung« seines Bereichs begonnen. Er setzte für das Staatstheater in Berlin einen neuen Intendanten und Dramaturgen ein. Kurz darauf verließen Heinrich Mann und die Malerin Käthe Kollwitz aus Protest gegen die Übergriffe die preußische Dichterakademie. Am 14. April 1933 wurden durch Rust sechzehn jüdische Hochschullehrer beurlaubt und anschließend zwangsweise in den Ruhestand versetzt, darunter der Leiter des Kaiser-Wilhelm-Instituts für Physikalische Chemie, der Nobelpreisträger Fritz Haber, der während des Ersten Weltkrieges an der Entwicklung der Gaswaffe und der Gasabwehr entscheidenden Anteil hatte. Einige Kollegen, der Soziologe Alfred Weber, der Philosoph Eduard Spranger und der Mediziner Alfred Hoche, legten nach dieser Maßregelung aus Protest ihre Ämter nieder; dasselbe tat auch James Franck, Nobelpreisträger für Physik, der seinen Lehrstuhl an der Universität Göttingen trotz seiner jüdischen Abstammung zu diesem Zeitpunkt nicht hätte aufgeben müssen, weil er im Ersten Weltkrieg hochdekorierter Frontoffizier gewesen war.

Die Gleichschaltung des kulturellen Lebens entwickelte sich allerdings nur zum Teil aufgrund direkter staatlicher Intervention. Vielfach ging sie auf Initiativen zurück, die einzelne oder nachgeordnete Parteigliederungen ergriffen. Ein Beispiel dafür war die Verbrennung »undeutscher« Bücher am 10. Mai durch den »Kampfausschuß wider den undeutschen Geist« der Berliner »Deutschen Studentenschaft« (DSt), die von Nationalsozialisten geführt wurde, aber in Konkurrenz zum »Nationalsozialistischen Deutschen Studentenbund« (NSDStB) stand. Goebbels hielt zwar die »Feuerrede« bei dieser Inszenierung, die sich als Wiederaufnahme einer Tradition verstand, die von Luthers Verbrennung der Bannbulle über die Verbrennung der Insignien der »Reaktion« beim Wartburg-Fest von 1817 bis zur hier vollzogenen Austreibung des »fremden Geistes« reichen sollte, aber er stand der Maßnahme doch mit gespaltenen Empfindungen gegenüber. Golo Mann erinnerte sich später, der Agitator habe den Eindruck gemacht, als ob er »von der Sache nicht sehr begeistert« gewesen sei. Tatsächlich war die ganze Aktion allein auf die Deutsche Studentenschaft zurückzuführen, ein Teil jener nationalsozialistischen »Revolution von unten«, die mit den Gleichschaltungsmaßnahmen »von oben« korrespondierte, gelegentlich aber auch zu unkontrollierten Vorstößen führte.

Auf dem Berliner Opernplatz hatten sich vierzigtausend Menschen versammelt, die das »Schauspiel« verfolgten, bei dem die Bücher von Marx und von Marxisten wie Ernst Bloch, Werke des Begründers der Psychoanalyse Sigmund Freud, des Sexualwissenschaftlers Magnus Hirschfeld, deren jüdische Herkunft auch eine Rolle spielte, aber nicht die ausschlaggebende wie im Falle Heinrich Heines ein Raub der Flammen wurden; viele Autoren galten als politisch unliebsam, etwa Heinrich Mann, Ernst Glaeser und Erich Kästner, der Kommunist Bertolt Brecht und der Pazifist Erich Maria Remarque, andere als »zersetzend«, so Alfred Kerr und Alfred Schnitzler, aber auch die Ausländer Henri Barbusse, Ernest Hemingway oder Jack London.

Die Bücherverbrennung stand nicht zuletzt in der Tradition des Kampfes gegen »Schmutz und Schund«, den die nationale Rechte schon während der Weimarer Republik forciert hatte, nur daß es jetzt zur systematischen »Säuberung« von Bibliotheken, seltener von Buchhandlungen, durch die HJ und den »Nationalsozialistischen Lehrerbund« kam. Den ganzen Sommer 1933 hindurch spürte der von Rosenberg geführte »Kampfbund für deutsche Kultur« in den Museen »entartete« Kunst auf und forderte deren Entfernung. Die dabei verwendeten »schwarzen Listen« hatten allerdings keinen amtlichen Charakter.

Zeitlich parallel liefen die ersten Maßnahmen von Goebbels an, um den Pressesektor unter seine Kontrolle zu bringen. Dabei hatten die Verbote von »jüdischen Organen« – aufgrund der Notverordnung zum »Schutz des deutschen Volkes« – und der Zeitungen von SPD und KPD – dem »Vorwärts« und der »Roten Fahne« – schon eine einschüchternde Wirkung gehabt und zur freiwilligen »Selbstgleichschaltung« beigetragen. Im Juli 1933 brach der seit längerem wirtschaftlich angeschlagene Mosse-Konzern unter dem Druck der neuen Machthaber zusammen, und im November des Jahres wurde der jüdische Ullstein Verlag unter Kontrolle gebracht. Die dort erscheinende und Goebbels ganz besonders verhaßte »Vossische Zeitung« mußte am 31. März 1934 eingestellt werden.

Das am 4. Oktober 1933 erlassene »Schriftleitergesetz« sah vor, daß der Journalist »in erster Linie Diener der Volksgemeinschaft und erst in zweiter Angestellter eines privaten Verlages« sei. Die »Mitwirkung an der Gestaltung des geistigen Inhalts der im Reichsgebiet herausgegebenen Zeitungen und politischen Zeitschriften durch Wort, Nachrichten und Bild« wurde als durch »Gesetz geregelte öffentliche Aufgabe« definiert, die nur von »Reichsangehörigen« versehen werden durfte, die die Voraussetzungen erfüllten, ein öffentliches Amt zu bekleiden, die »arischer« Abstammung und nicht mit einer »nichtarischen« Person verheiratet waren. Durch das Gesetz wurden die »Schriftleiter« zum »Reichsverband der Deutschen Presse« zusammengefaßt, der etwa zwanzigtausend Mitglieder zählte.

Die Zustimmungsbereitschaft zur »nationalen Erhebung« unter großen Teilen der Intelligenz kann aber nicht mit staatlichem Druck und Gleichschaltungsmaßnahmen allein erklärt werden. Wie in anderen Bereichen der Gesellschaft auch, gab es hier zahlreiche Sympathisanten, die sich vor allem von der Dynamik der »nationalen Revolution« angezogen fühlten und ein »weit verbreitetes Gefühl der Erlösung und Befreiung von der Demokratie« (Sebastian Haffner) teilten. Bereits vor der Märzwahl hatten sich dreihundert Hochschullehrer für die Wahl Hitlers zum Reichskanzler ausgesprochen, am 11. November richteten so renommierte Hochschullehrer wie der Mediziner Ferdinand Sauerbruch, der Kunsthistoriker Rudolf Binder, der Anthropologe Eugen Fischer und der Philosoph Martin Heidegger einen Aufruf an die Gebildeten der Welt, ihre Feindselig-

keit gegenüber dem neuen Reich aufzugeben. Richard Strauss, Wilhelm Furtwängler, Werner Krauss und Gustaf Gründgens stellten sich der nationalen Revolution ebenso zur Verfügung wie Arnolt Bronnen und Hanns Johst, zwei
Schriftsteller, die schon vor 1933 offen für Hitler und die NSDAP eingetreten
waren.

Besonders stark war der Zulauf aus den Reihen der »Konservativen Revolution«. Nur wenige ahnten zu diesem frühen Zeitpunkt, daß die Erwartung, man
könne mit Hilfe der braunen »Plebejer« die eigenen Ziele erreichen, nur in die
Irre führen würde. Immerhin zog sich der Dichter Stefan George in die Schweiz
zurück, Oswald Spengler sollte noch 1933 ein Buch mit dem Titel »Jahre der
Entscheidung« veröffentlichen, in dem er düster von kommenden Herausforde-
rungen sprach, denen sich nicht mit Fahnenaufmärschen und martialischem Gebaren begegnen ließe, und Ernst Jünger begegnete allen Avancen des Propagandaministeriums kühl und verbot der NS-Presse den Abdruck aus seinem Werk.

Stärker als die Ablehnung war aber die Anpassung und die Zahl der Überläufer. Manche, wie der Pädagoge Ernst Krieck und der Philosoph Alfred Baeumler,
der zu einem der wichtigsten Berater Alfred Rosenbergs wurde, erlebten echte
Konversionen. Die meisten stellten aber ihre Vorbehalte zurück, weil sie glaubten, der Bewegung durch Mitarbeit die gewünschte Richtung geben zu können.
Die berühmtesten Fälle waren wohl Martin Heidegger und Gottfried Benn. Am
1. Mai, dem »Tag der nationalen Arbeit«, war Heidegger demonstrativ der
NSDAP beigetreten, am 23. des Monats übernahm er feierlich das Rektorat der
Universität Freiburg im Breisgau und erklärte in einer aufsehenerregenden Ansprache über »Die Selbstbehauptung der deutschen Universität«, daß die Hochschule den Auftrag habe, »die geistige Welt eines Volkes« als »die Macht der
tiefsten Bewahrung seiner erd- und bluthaften Kräfte« zu schützen. Die Universität nehme mit dem »Wissensdienst« eine dem »Arbeitsdienst« und dem
»Wehrdienst« gleichwertige Aufgabe wahr, das hergebrachte Verständnis von
»akademischer Freiheit« sei veraltet. Heidegger endete mit dem Bekenntnis:
»Wir wollen, daß unser Volk seinen geschichtlichen Auftrag erfüllt. Wir wollen
uns selbst. Denn die junge und jüngste Kraft des Volkes, die über uns schon
hinweggreift, *hat* darüber bereits *entschieden*. Die Herrlichkeit aber und die
Größe *dieses* Aufbruchs verstehen wir dann erst ganz, wenn wir in uns jene tiefe
und weite Besonnenheit tragen, aus der die alte griechische Weisheit das Wort
gesprochen ... ›Alles Große steht im Sturm ...‹ (Platon, Politeia 497 d, 9).«

Obwohl sich schon unter den Zuhörern der Eindruck verbreitete, daß Heidegger einen sehr »privaten Nationalsozialismus« kultiviere, hatte der Philosoph
selbst keinen Zweifel daran, daß er die Forderung des Tages erkannt habe. Er
trat betont »jugendbewegt« (Rüdiger Safranski) auf und glaubte, mit der Unterstützung der nationalsozialistischen Bewegung die Universität von der ange-
staubten Ordinarienherrschaft befreien zu können. Er hoffte aber zugleich, daß

endlich die Stunde der Erneuerung für die Philosophie angebrochen sei. Zwischen dem 4. und dem 10. Oktober führte er ein erstes »Wissenschaftslager« bei seiner berühmt gewordenen Hütte von Todtnauberg durch, eine Mischung aus Pfadfinderei und Symposion, und sprach dann am Feuer davon, daß »Weltentwertung, Weltverachtung und Weltverneinung«, die das Christentum dem europäischen Menschen aufgebürdet habe, abgelöst werden müßten durch »das große, noble Wissen um Ungeborgenheit des Daseins«. In einem Vortrag vor Tübinger Studenten erklärte er am 30. November noch einmal, daß man endlich »unter der Befehlskraft einer neuen Wirklichkeit« stehe. Heidegger sollte nach dem Zusammenbruch des Dritten Reiches zu seiner Rechtfertigung erklären, daß er 1933 »an Hitler geglaubt« habe; nur so ist wohl zu erklären, daß er seine Hörer aufforderte: »Nicht Lehrsätze und ›Ideen‹ seien die Regeln Eures Seins. Der Führer selbst und er allein *ist* die heutige und künftige deutsche Wirklichkeit und ihr Gesetz.«

Heidegger resignierte bereits 1934 vor der politischen Realität des NS-Regimes, ohne aber den offenen Bruch zu vollziehen. Sein Verhalten ähnelte in vieler Hinsicht dem des Dichter-Arztes Gottfried Benn, der wie Heidegger von der »Bewegung« mitgerissen worden war und sich schon unmittelbar nach der Machtergreifung in einer Rundfunkansprache zum Thema »Der neue Staat und die Intellektuellen« für Hitler und das Regime erklärte. Benns Absage an die Freiheitsrechte und seine Verachtung für die »großen Phantome der bürgerlichen Ära« gingen einher mit der Emphase für eine »herrschaftliche Rasse«, die »aus furchtbaren und gewaltsamen Anfängen emporwachsen« und dem antiken Menschen gleichwertig sein werde. Allerdings mied Benn das übliche »Blut-und-Boden«-Pathos, seine Vorstellung von der zukünftigen Ordnung war ästhetisch bestimmt, die Entscheidung für den Nationalsozialismus dezisionistisch.

Wie Heidegger glaubte Benn, daß jetzt die Zeit gekommen sei, den europäischen Nihilismus, der den Denkenden durch Nietzsche bewußt gemacht worden war, zu vollenden und ein neues Zeitalter zu beginnen, ohne »Kunst« im bisherigen Sinn, aber eine »ghibellinische Synthese« verwirklichend: »Zusammengeschmolzen die Architektur des Südens und die Lyrik des Nebellandes; Hochwuchs der Atlantiden; ihre Symbolwerke werden große Gesänge sein, Oratorien in Amphistadien, Strandchöre der Meerfischer, Muschelsymphonien in Kalkhallen und mit den Hörnern der Urjäger. Unendliche Fernen, die sich füllen, ein großer Stil bereitet sich vor.«

Dabei muß Benn allerdings von Anfang an gespürt haben, daß seine Visionen mit der Wirklichkeit des »Dritten Reiches« wenige Berührungspunkte hatten. In einem Text, den er im November 1933 unter dem Titel »Verteidigung des Expressionismus« publizierte, suchte er nach Versöhnungsformeln, die dem Regime eine Annäherung an die künstlerische Avantgarde – von Picasso, Gropius und Schmidt-Rottluff bis Strawinsky und Trakl – ermöglichen sollte. Er pries das italienische Vorbild, wo die artistische Bewegung des »Futurismus ... den Faschismus mitgeschaffen« habe. Aber das blieb ohne Erfolg. Benns Bereitschaft, bei der Gleichschaltung der preußischen Dichterakademie mitzuwirken, und die Übernahme des Vorsitzes in der »Union nationaler Schriftsteller«, die als Ersatz für den verbotenen PEN-Club gegründet worden war, konnten ihn selbst schon 1934 nicht mehr darüber hinwegtäuschen, daß er einem fundamentalen Irrtum erlegen war. 1935 zog er sich als Militärarzt in die Wehrmacht zurück, während die offizielle Kritik seine expressionistische Lyrik als »formalistisch« und »undeutsch« verdammte und er im »Völkischen Beobachter« lesen mußte: »Gib es auf, Dichter Benn, die Zeiten für derartige Ferkeleien sind endgültig vorbei«.

Zu den bewegendsten und seltsamsten Zeugnissen des Enthusiasmus für die »nationale Erhebung« gehörten wohl die zustimmenden Äußerungen von jüdischen Gelehrten und Intellektuellen. So soll der Philosoph Eugen Rosenstock-Huessey im März 1933 in einem Vortrag erklärt haben, man erlebe nun, wie die Deutschen versuchten, den Traum Hölderlins zu verwirklichen, und der Kieler Altphilologe Felix Jacoby begann seine Horaz-Vorlesung im Sommersemester 1933 mit den Worten: »Als Jude befinde ich mich in einer schwierigen Lage. Aber als Historiker habe ich gelernt, geschichtliche Ereignisse nicht unter privater Perspektive zu betrachten. Ich habe seit 1927 Adolf Hitler gewählt und preise mich glücklich, im Jahr der nationalen Erhebung über den Dichter des Augustus lesen zu dürfen. Denn Augustus ist die einzige Gestalt der Weltgeschichte, die mit Adolf Hitler verglichen werden kann.«

Der »Kampf gegen das Judentum«

Die »nationale Erhebung« richtete sich gegen die Institutionen des alten Regimes ebenso wie gegen die potentiellen Konkurrenten um die Macht, und sie richtete sich von Anfang an auch gegen eine Gruppe, die aus rein ideologischen Gründen als »Feind« markiert worden war: gegen die Juden. Bereits unmittelbar nach der Regierungsübernahme Hitlers kam es zu Synagogenschändungen, Gewalttätigkeiten gegen Juden und vereinzelten Morden. Die Übergriffe erfolgten in der ersten Zeit eher unsystematisch, die SA nahm siegestrunken »Rache« an denen, die sie für das Elend der Vergangenheit schuldig sprach, aber von seiten der Regierung hatte sich »eine ausgesprochen antisemitische Parole noch nicht vernehmen lassen« (Rudolf Diels). Das änderte sich mit der Reichstagswahl vom 5. März. Bereits einen Tag später kam es zu gezielten Aktionen gegen jüdische Geschäfts- und Warenhäuser, am 17. des Monats befahl der Staatskommissar für Berlin ohne jede gesetzliche Grundlage, die Verträge aller jüdischen Ärzte im Krankenhausdienst zum nächstmöglichen Termin zu kündigen, am 31. erklärte der Kommissar des Reiches für das preußische Justizministerium, daß sich alle jüdischen Richter als beurlaubt zu betrachten hätten, die Zulassung jüdischer Staatsanwälte, Rechtsanwälte und von Beamten im Strafvollzug werde nur noch gemäß dem jüdischen Anteil an der Gesamtbevölkerung gestattet.

1933 waren von etwa 16.000 Anwälten im Reichsgebiet 3.500 jüdischer Herkunft. Hier wie in einer ganzen Reihe anderer Berufe – Bankiers, Kaufleute, Ärzte, aber auch Journalisten – lag der jüdische Anteil besonders hoch. Die trotz der rechtlichen Emanzipation der Juden im 19. Jahrhundert bestehen gebliebene gesellschaftliche Ausgrenzung hatte den Juden den Weg in die höhere Beamtenschaft und das Offizierskorps bis zum Untergang des Kaiserreichs weitgehend verschlossen und für den Aufstieg allein diese Bereiche offengelassen. Die insgesamt wachsende Zahl von Akademikern in der Nachkriegszeit bei gleichzeitig schwindenden Aussichten ließ die relativ große Gruppe jüdischer Herkunft in den geistigen und den freien Berufen besonders auffällig erscheinen und schürte die Ablehnung im Bürgertum. Die Erfolge, die der Nationalsozialistische Studentenbund bereits vor der Regierungsübernahme Hitlers an den Universitäten hatte, erklärt sich nicht zuletzt aus dieser Tatsache.

Die Aversion wurde außerdem verstärkt durch die Zuwanderung von Juden aus Osteuropa, die, häufig orthodox geprägt, eine fremdartig wirkende Lebensweise aus Polen, der Ukraine und Rußland mitbrachten. Während der zwanziger Jahre sind etwa siebzigtausend »Ostjuden« nach Deutschland eingewandert. Diese Migrationsbewegung wurde schon von der Reichs- und den Landesregierungen der Weimarer Republik, aber auch von der in Deutschland heimischen jüdischen Gemeinschaft als problematisch empfunden. Sie umfaßte 1933 nach eigener Schätzung 565.000 Menschen, also weniger als ein Prozent der Gesamtbevölkerung. In ihrer Mehrheit betrachteten sich die deutschen Juden als integralen Bestandteil der deutschen Nation. Nahum Goldmann, der seine Kindheit und Jugend in Deutschland verbrachte, beurteilte die Stellung des deutschen Judentums zum Zeitpunkt der nationalsozialistischen Machtübernahme mit den Worten: »Von der wirtschaftlichen Position her gesehen, konnte sich keine jüdische Minderheit in anderen Ländern, ja nicht einmal die amerikanische, mit den deutschen Juden messen. Sie waren mitführend in den Großbanken, wofür es nirgends eine Parallele gab, und durch die Hochfinanz waren sie auch in die Industrie eingedrungen. ... Die Geschichte der Juden in Deutschland von 1870 bis 1930, das ist wohl der glänzendste Aufstieg, der einem Zweig des jüdischen Volkes geglückt ist. Dabei darf man nicht außer acht lassen, daß auch vor Hitler die Emanzipation der deutschen Juden keine absolute war. Gesellschaftlicher Antisemitismus war in den führenden Schichten beinahe selbstverständlich, wenn auch ohne die vulgären Formen, wie sie in Amerika mit für Juden gesperrten Wohngegenden, Mietshäusern und Hotels einmal gang und gäbe waren.«

Unzweifelhaft war, daß Hitler diesem »Aufstieg« ein Ende setzen wollte. Allerdings hatte er zum Zeitpunkt seines Regierungsantritts kaum eine feste Vorstellung von der »Lösung der Judenfrage«. Was sich mit den unregelmäßigen Übergriffen der Monate Februar und März andeutete, bekam erst mit dem allgemeinen Boykott gegen jüdische Warenhäuser und Einrichtungen am 1. April eine neue Qualität. Die offizielle Begründung für diese von der SA kontrollierte Maßnahme lautete, daß man der »antideutschen Hetze«, die das »Weltjudentum« nach dem Regierungsantritt Hitlers begonnen habe, entgegentreten wolle. Es nutzte nichts, daß das Zentralorgan des bedeutenden »Centralvereins der Juden in Deutschland« (CV) eine »feierliche Verwahrung« gegen die Beschuldigung einlegte, die Juden seien für die »zügellose Greuelpropaganda gegen Deutschland« verantwortlich, da sie doch vielmehr als »Vorkämpfer der deutschen Sache« der neuen Regierung ihre guten Dienste anböten.

Sehr wahrscheinlich hat Hitler den Boykott vor allem auf Drängen des fränkischen Gauleiters Julius Streicher zugestanden, nicht nur, um den radikalen Antisemiten in der Partei Genugtuung zu verschaffen, sondern auch, um der unruhig werdenden SA ein Ventil zu geben. Streicher wollte mit Hilfe von »Aktionskomitees« den Boykott »popularisieren«; in den Mittelpunkt seiner Forderungen stellte er das Verlangen nach einem Numerus clausus für die Juden beim Zugang zu weiterführenden Schulen, zum Beruf der Ärzte und der Rechtsanwälte gemäß Bevölkerungsanteil. Bei den Boykottmaßnahmen vom 1. April kam es zu zahlreichen Mißhandlungen von Juden und von Nicht-Juden, die sich an den Boykott nicht halten wollten. Die Reaktion der Bevölkerung schwankte zwischen Beunruhigung und Ablehnung, jedenfalls ließ sich der »Volkszorn« kaum irgendwo mobilisieren. Der US-Konsul in Leipzig schrieb in einem Bericht für die Regierung in Washington: »Um der Gerechtigkeit gegenüber dem deutschen Volke willen muß gesagt werden, daß der Boykott bei der Arbeiterschaft und dem gebildeten Teil des Mittelstandes unpopulär ist.«

Anders als die staatlich sanktionierten Pogrome fanden die antisemitischen Gesetze und Verordnungen, die auch seit dem April 1933 in Kraft gesetzt wurden, kaum ein negatives Echo. Mit der irreführend als »Gesetz zur Wiederherstellung des Berufsbeamtentums« bezeichneten Regelung wurden nicht nur »politisch unzuverlässige« Beamte entlassen, sondern auch alle jüdischen Staatsdiener, falls diese nicht – was Hindenburg durchgesetzt hatte – schon vor dem 1. August 1914 im Dienstverhältnis gestanden hatten oder selbst Frontkämpfer beziehungsweise Söhne oder Väter von gefallenen Kriegsteilnehmern waren. Ausführungsbestimmungen legten fest, daß außerdem alle jüdischen Arbeiter und Angestellten im öffentlichen Dienst sowie alle jüdischen Honorarprofessoren, Privatdozenten und Notare zu entlassen waren. Die von Hindenburg veranlaßten Sonderregelungen für die jüdischen Veteranen fanden rasch Kritik von seiten der scharf antisemitischen Gruppen in der NSDAP. Das hing nicht zuletzt damit zusammen, daß sich das Wunschbild von der jüdischen »Drückebergerei«

nicht erfüllt hatte: von 4.585 »nichtarischen« Rechtsanwälten behielten 3.167 ihre Zulassung, also fast drei Viertel.

Die Gruppe der »Nichtarier« wurde im »Gesetz zur Wiederherstellung des Berufsbeamtentums« abgegrenzt: »Als nicht arisch gilt, wer von nichtarischen, insbesondere jüdischen Eltern oder Großeltern abstammt. Es genügt, wenn ein Elternteil oder ein Großelternteil nicht arisch ist.« Da es keine objektiven rassischen Kriterien für das Erkennen einer »nichtarischen« Herkunft gab, behalf sich der Staat mit der Zugehörigkeit zur religiösen Gemeinschaft, was – angesichts der Säkularisierung des Judentums – zu einer »erzwungenen Rejudaisierung« (Hermann Graml) von etwa hunderttausend Deutschen führte, die sich nicht mehr zum »mosaischen Bekenntnis« zählten, deren Vorfahren aber zu den jüdischen Gemeinden gehört hatten. Neben den gesetzlichen Repressalien spielte die zunehmende gesellschaftliche Anfeindung eine wichtige Rolle. Studentische Vereinigungen und die Kriegervereine stießen ihre jüdischen Mitglieder ebenso aus wie der »Reichsverband der deutschen Industrie«.

Bereits am 22. April 1933 erfolgte der prinzipielle Ausschluß »nichtarischer« Patentanwälte und Kassenärzte, am 2. Juni erging eine Verordnung, die Juden verbot, als Kassenzahnärzte beziehungsweise -techniker tätig zu sein. Aufgrund eines Beschlusses der Rektorenkonferenz der deutschen Universitäten mußten Studenten vor der Immatrikulation einen »Arier-Nachweis« führen, und das »Gesetz gegen Überfremdung der Schulen und Hochschulen« vom 25. April legte fest, daß die Zulassung von »Nichtariern« zu höheren Schulen und Universitäten auf 1,5 Prozent zu begrenzen sei. Die Verdrängung aus ganzen Berufszweigen, in denen die Juden traditionell eine starke Stellung hatten, wurde fortgesetzt durch die Einführung von »Arierparagraphen«, etwa im »Reichsverband der deutschen Presse« oder im Zusammenschluß der Steuerberater.

Bis zum April 1934 verloren einige hundert jüdische Professoren (darunter Moritz J. Bonn, Hermann Heller, Max Horkheimer, Hans Kelsen), viertausend Rechtsanwälte, dreitausend Ärzte, zweitausend Beamte und ebensoviele Schauspieler und Musiker ihre Arbeit. Dem Druck durch Auswanderung zu entkommen, wurde durch die Tatsache erschwert, daß die potentiellen Aufnahmeländer selbst mit einer großen Arbeitslosigkeit zu kämpfen hatten, während umgekehrt zahlreiche Juden aus dem Baltikum, aus Ungarn, Polen und Rumänien in Richtung Westen aufgebrochen waren. Bis zum Januar 1934 verließen 37.000 Juden Deutschland. Aber die am 17. September 1933 eingerichtete »Reichsvertretung der deutschen Juden« hat ebenso wie die pronociert nationalkonservativen Organisationen, etwa der Centralverein, der »Verband Nationaldeutscher Juden« oder der »Reichsbund Jüdischer Frontsoldaten« immer wieder zum Ausharren gemahnt.

Umgekehrt förderte die Reichsregierung die Emigration jüdischer Bürger, und eine gewisse Erleichterung gab es dabei durch das sogenannte Haavara-Abkommen, das das Reichswirtschaftsministerium im September 1933 mit zionistischen

Plakat des Presse- und Propagandaamtes der Deutschen Arbeitsfront, Berlin 1934. Koblenz, Bundesarchiv. – Titelblatt der 1934 in Brüssel erschienenen Schrift des 1933 emigrierten Schriftstellers und Theaterkritikers. Berlin, Archiv der Akademie der Künste. – Anspielung auf den Vierer-Pakt vom 15. Juli 1933: Hitlers Politik zwischen Beschwichtigung und Drohung. Bildsatire von Georges in dem New Yorker Blatt »The Nation«

Hitlers Rechtfertigung der Niederschlagung der Röhm-Revolte in seiner Rede vor dem Reichstag am 13. Juli 1934. Titelseite des Zentralorgans der nationalsozialistischen Bewegung vom 14. Juli 1934. Berlin, Archiv für Kunst und Geschichte

Organisationen abschloß. Gemäß diesem Vertrag zahlten jüdische Auswanderer ihr Vermögen bei der »Palästina-Treuhandgesellschaft zur Beratung deutscher Juden« (Paltreu) ein, die aus dem so gebildeten Fonds einen Teil der deutschen Exporte nach Palästina beglich. Dort zahlte dann die »Paltreu« den Ausgewanderten ihre Einlage nach dem Verkauf der Exportware wieder aus, wobei es zur Regel wurde, daß die reicheren Migranten für die ärmeren aufkamen.

Die meisten Juden blieben in Deutschland zurück, weil sie von einer allmählichen Milderung der gesetzlichen Beschränkungen ausgingen. Die trügerische Hoffnung wurde dadurch lebendig erhalten, daß das Regime keine kontinuierliche Radikalisierung der antisemitischen Maßnahmen betrieb. Am 7. Juli verbot Rudolf Heß in seiner Funktion als »Stellvertreter des Führers« weitere Aktionen gegen jüdische Warenhäuser wegen der damit verbundenen Gefährdung von Arbeitsplätzen und des negativen Urteils, das sich im Ausland infolge der Ausschreitungen gebildet hatte. Am 14. Juli erreichte Wirtschaftsminister Schmitt außerdem, daß das Verbot, öffentliche Aufträge an jüdische Firmen zu vergeben, aufgehoben wurde, und nach zähen Verhandlungen gelang es ihm, einen umfangreichen staatlichen Kredit für den Hermann-Tietz-Konzern, das zweitgrößte jüdische Warenhaus im Reich, zu erwirken.

Anfänge nationalsozialistischer Außenpolitik

Die erste Phase der nationalsozialistischen Machteroberung fand ihren Abschluß mit dem »Parteitag des Sieges« vom 31. August bis zum 3. September in Nürnberg. Zwischen 1930 und 1933 hatten keine Parteitage stattgefunden, weil Hitler alle Kräfte auf die Wahlkämpfe konzentrieren wollte. Die jetzt durchgeführte Veranstaltung unterschied sich von allen vorangegangenen insofern, als der Partei praktisch unbegrenzte Mittel zur Verfügung standen. Tatsächlich mobilisierte Goebbels mit Unterstützung von Albert Speer, einem jungen Architekten, der 1931 zur Partei gestoßen war, vierhunderttausend Teilnehmer, die mit mehr als zweihundertfünfzig Sonderzügen nach Nürnberg gebracht wurden. Es bedurfte erheblicher logistischer Anstrengungen, um genügend Unterkünfte zu beschaffen und den Ablauf des Programms zu regeln. Neben den zahlreichen Ansprachen, dabei als Höhepunkt eine ausführliche Rede Hitlers, spielte vor allem die Inszenierung der Massenaufmärsche eine wesentliche Rolle. Obwohl das Gelände noch nicht völlig fertiggestellt war, verfehlte die Veranstaltung auch im Ausland nicht ihre Wirkung. Der Korrespondent der »New York Times« schrieb: »Ein unausweichlicher Schluß, der sich nach dem Geschehen der letzten Tage aufdrängt, ist, daß die Flut wieder sehr hoch steht. Einige wenige schwache Dämme, deren stärkster noch wirtschaftlicher Natur zu sein scheint, halten die Fluten zurück; aber wer vermag zu sagen, welcher unerwartete Strudel sie alle eines Tages mit sich fortreißen wird? Hier war dauernd die Rede von Frieden, aber die ganze Atmosphäre zeugte weder von Friedensliebe noch von Friedenspolitik. Deutschland mag wirtschaftlich immer noch schwach sein, doch geistig ist es wieder erstarkt und geeint in dieser Stärke ...«

Die europäischen Großmächte waren ebenso wie die politische Führung der Vereinigten Staaten besorgt über das neue Regime. Aufgrund der scharfen Anti-Versailles-Propaganda der Nationalsozialisten rechnete man vielfach mit gewaltsamen Revisionsversuchen, die nur von der Rüstungsschwäche Deutschlands vorübergehend im Zaum gehalten würden. Dabei zeigte Hitler in der Zeit unmittelbar nach der Regierungsübernahme auffallende außenpolitische Zurückhaltung, was aber nichts damit zu tun hatte, daß er seine außenpolitischen Fernziele aufgegeben hätte. Schon am 3. Februar 1933 erläuterte er bei einer Zusammenkunft von Gruppen- und Wehrkreisbefehlshabern beim Chef der Heeresleitung, General von Hammerstein-Equord, in einer zweieinhalbstündigen Rede sein Programm. Selbstverständlich werde die neue nationale Regierung den Marxismus und den Pazifismus auf das schärfste bekämpfen, die Reichswehr bleibe auch zukünftig die einzige bewaffnete Macht des Staates. Weiter notierte einer der Teilnehmer: »Kampf gegen Versailles. Gleichberechtigung in Genf ... Sorge für Bundesgenossen.« Die Aufrüstung müsse mehr oder minder im Verborgenen geschehen. Schließlich werde die Frage der weiteren machtpolitischen Orientierung zu klären sein, wobei Hitler als denkbare Alternativen den Wirtschaftsimperialismus, die Rückgewinnung von Kolonien oder die Eroberung von »Lebensraum im Osten und dessen rücksichtslose Germanisierung« benannte.

Keiner der anwesenden Offiziere zeigte sich von Hitlers Ausführungen überrascht. Das lag ebensosehr an einer scheinbaren Übereinstimmung in bestimmten Zielsetzungen – wie etwa der Wiedergewinnung der Rüstungsfreiheit – als auch an der Vagheit von Hitlers Formulierungen und weiter an der Einschätzung, daß sich hier ein Dilettant zu Fragen äußere, die letztlich von diplomatischen oder militärischen Fachleuten entschieden würden. Im Auswärtigen Amt stammten die meisten hohen Beamten noch aus der wilhelminischen Ära. Sie hielten an der seit dem Weltkrieg in Varianten diskutierten »Mitteleuropa«-Konzeption fest, wobei begrenzte militärische Operationen zur Durchsetzung machtpolitischer Ziele keineswegs ausgeschlossen wurden. In der Wilhelmstraße wie in der Reichswehrführung hoffte man dabei auf die Rückendeckung der Sowjetunion, mit der es seit den zwanziger Jahren eine kaum kaschierte Zusammenarbeit auf dem Rüstungssektor gab. Allerdings war Stalin schon im Jahr zuvor faktisch als Partner ausgeschieden, nachdem die UdSSR mit Frankreich und seinem Verbündeten Polen Nichtangriffspakte geschlossen hatte.

Die Übereinstimmung zwischen militärischer und diplomatischer Spitze kam auch darin zum Ausdruck, daß eine von dem Staatssekretär im Auswärtigen Amt, Bernhard Wilhelm von Bülow, im März an Hitler gerichtete Denkschrift eine rasche Revision des Versailler Vertrages vorsah, wofür er unbedingt auf die Unterstützung der Generalität rechnen konnte. Bülow vertrat die Anschauung, daß man keine »Gesamtrevision« anstreben solle, da diese Absicht am geschlossenen Widerstand der Völkerbundsstaaten scheitern werde. Besser zu erreichen sei eine »Einzelrevision«. Dabei zielte er vor allem auf die Rückgewinnung des polnischen Korridors ab. Während man mit den Vereinigten Staaten, England und Italien gute Beziehungen pflegen, auch das Mißtrauen Frankreichs zerstreuen solle (an eine Rückgewinnung Elsaß-Lothringens war offensichtlich nicht gedacht), müsse die Kooperation mit der Sowjetunion – »Rußland« – verstärkt werden, hingegen sei eine Verständigung mit Polen »weder möglich noch erwünscht. Ein gewisses Maß deutsch-polnischer Spannung müssen wir erhalten, um die übrige Welt für unsere Revisionsforderungen zu interessieren und um Polen politisch niederzuhalten.«

In bezug auf die mittelfristigen außenpolitischen Ziele gab es also einige Parallelen zwischen Hitler und den Vorstellungen der alten Eliten in der Staatsführung. Hitler teilte allerdings nicht die antipolnischen Affekte seiner militärischen und diplomatischen Berater und neigte zu diesem Zeitpunkt zu einem vorsichtigeren Kurs. In der erwähnten Besprechung mit den Befehlshabern von Heer und Marine am 3. Februar hatte er geäußert: »Gefährlichste Zeit ist die des Aufbaus der Wehrmacht. Da wird sich zeigen, ob Frankreich Staatsmänner hat; wenn ja, wird es uns Zeit nicht lassen, sondern über uns herfallen (vermutlich mit Ost-Trabanten).« Als dann am 17. Februar der französische Außenminister Pierre Cot bei den Genfer Abrüstungsverhandlungen einen Plan vorlegen ließ, der die Abrüstung aller europäischen Armeen und ihre Umorganisation zu Milizen vorsah, telegrafierte Hitler an die deutsche Delegation: »Keine Sabotage. Hinarbeiten auf positiven Abschluß, der vertragsloser Aufrüstung vorzuziehen ist . . .«

Demgegenüber vertraute der deutsche Verhandlungsführer, Außenminister von Neurath, mit Rückendeckung des Reichswehrministers Blomberg auf eine harte Linie bei dem Verlangen nach Gleichberechtigung in Rüstungsfragen. Er widersetzte sich nicht nur der Annahme des Cot-Plans, er torpedierte auch einen Vorstoß des britischen Premierministers Ramsay MacDonald, der am 16. März einen Kompromißvorschlag unterbreiten ließ, dem Hitler durchaus wohlwollend gegenüberstand. Daß Hitler Grund hatte, auf der Hut zu sein, darauf wiesen schon die Sondierungen der polnischen Regierung hin, die unmittelbar nach dem Regierungsantritt des neuen Kabinetts in Frankreich vorstellig geworden war, um über die Möglichkeit eines Präventivschlags gegen Berlin zu verhandeln. Man reagierte hier nicht allein auf den Eindruck, den die Militarisierung der Gesellschaft in Deutschland hinterließ, Paris und Warschau nahmen auch Überlegungen aus dem Jahr 1932 wieder auf, als das drohende Scheitern der Genfer Abrüstungsverhandlungen bei gleichzeitiger Destabilisierung der innenpolitischen Situation Deutschlands einen Angriff auf das Reich möglicherweise sinnvoll erscheinen ließ.

Nachdem Warschaus Sondierungen gescheitert waren, ließ der polnische Staatschef Pilsudski am 6. März, einen Tag nach der Reichstagswahl, vertragswidrig die Besatzung der Westerplatte in unmittelbarer Nähe von Danzig verstärken. Aber die polnische Führung mußte begreifen, daß weder London noch Paris zu einem koordinierten Vorgehen gegen Deutschland bereit waren, bei dem in Ost- und Westdeutschland wieder »Faustpfänder« besetzt werden sollten. Deshalb kam es zu einer überraschenden Annäherung zwischen Polen und dem Reich. Am 2. Mai 1933 bemühte sich Hitler in einem persönlichen Gespräch mit dem polnischen Gesandten in Berlin um eine Entspannung der Lage. Kurz darauf wurde auch der 1926 abgeschlossene Vertrag mit der UdSSR verlängert, ohne daß sich deshalb die deutsch-sowjetischen Beziehungen grundlegend verbessert hätten.

Am 17. Mai gab Hitler mit seiner »Friedensrede« im Reichstag eine außenpolitische Erklärung ab, an deren Formulierung Heinrich Brüning mitgewirkt hatte und die die Zustimmung aller noch existierenden Parteien im Reichstag, auch der SPD, fand. Hitler erklärte hier, daß das Hauptziel seiner Regierung die Verhinderung des »drohenden kommunistischen Umsturzes« sowie die wirtschaftliche Gesundung Deutschlands und die »Wiederherstellung einer stabilen autoritären Staatsführung« sei; man strebe keine Gebietserweiterungen an, allerdings seien die Bestimmungen des Versailler Vertrages zu kritisieren, insoweit sie einseitig den »verständlichen Ansprüchen Polens« gerecht geworden seien, ohne doch von den »natürlichen Rechten Deutschlands« Notiz zu nehmen. Er verwarf ausdrücklich eine gewaltsame Aufhebung des Vertrages und stimmte dem britischen Vorschlag für einen allgemeinen Abrüstungsplan zu, wenn die 1932 in Lausanne zugestandene Gleichberechtigung des Reiches endlich realisiert würde. Hitler schloß mit den Worten: »Deutschland ist nun jederzeit bereit, auf Angriffswaffen zu verzichten, wenn auch die übrige Welt ihrer entsagt. Deutschland ist bereit, jedem feierlichen Nichtangriffspakt beizutreten; denn Deutschland denkt nicht an einen Angriff, sondern an Sicherheit!«

Diese propagandistische Linie in der Außenpolitik fand zwar die Kritik des Außenministeriums, das seine antipolnische Konzeption gestört sah, schien aber insofern Aussicht auf Erfolg zu haben, als Mussolini den Vorschlag machte, einen Viererpakt zwischen Großbritannien, Frankreich, Italien und Deutschland auf der Grundlage des Versailler Vertrages, des Locarno- und des Kelloggpaktes zu bilden. Jedoch verführte das Zurückweichen Hitlers im März und im Mai die Regierungen in Paris und London jetzt zu der Annahme, daß man durch eine härtere Haltung gegenüber Deutschland mehr Erfolg haben würde; bestärkt sah man sich außerdem durch die Empörung in der Öffentlichkeit über die antisemitischen Maßnahmen vom 1. April, die eine gewisse Intransigenz auch moralisch geboten erscheinen ließen.

Das Verlangen Frankreichs, die deutsche Armee auf einen Milizbestand zu reduzieren, mußte vor allem in der militärischen Führung des Reiches auf den schärfsten Widerspruch stoßen. Walther von Reichenau, seit dem 30. Januar 1933 als Nachfolger Kurt von Bredows Chef des Ministeramtes im Reichswehrministerium, hatte gerade einen Plan entwickelt, demzufolge die SA (nach vollständiger Eingliederung des Stahlhelm) nicht den Kern einer Miliz bilden, sondern die allgemeine militärische Erziehung übernehmen sollte. Die zur Errichtung des von ihm projektierten »Wehrstaates« notwendigen Mittel sollten mit Hilfe der Mefo-Wechsel zur Verfügung gestellt werden. Wahrscheinlich am 8. Juni wurde die Einwendung Schwerins gegen die Kosten des Rüstungsprogramms von Schacht beiseite geschoben, der zusagte, in den kommenden acht Jahren insgesamt fünfunddreißig Milliarden Reichsmark aufzubringen, die dann in der ersten Hälfte des Zeitraums der Schaffung eines Verteidigungsheeres, in der zweiten Hälfte dem Aufbau der Offensivfähigkeit dienen würden.

Währenddessen spitzte sich die Lage bei den Abrüstungsverhandlungen in Genf dramatisch zu. Die Paraphierung des Vier-Mächte-Abkommens am 17. Juni führte nicht zu dem gewünschten Erfolg, und der Vertrag trat niemals in Kraft. Gleichzeitig wurde die Neigung in der Reichswehrführung stärker, die Ablehnung der deutschen Rüstungsparität durch die Westmächte zu unterlaufen. Nach einigen geschickten Winkelzügen gelang es Blomberg, Hitler gegen die Opposition Neuraths dazu zu bringen, am 4. Oktober die Genfer Verhandlungen abzubrechen. Am 13. Oktober setzte dieser das Kabinett darüber in Kenntnis, daß Deutschland am folgenden Tag aus dem Völkerbund austreten werde.

Dieser Schritt erfreute sich in Deutschland großer Popularität, und die am 12. November 1933 durchgeführten Reichtagswahlen dienten als plebiszitäre Abstimmung über den Entschluß des »Führers«, die dessen Erwartungen im vollen Umfang erfüllte. Außenpolitisch hatte der Völkerbund-Austritt des Reiches mitsamt der hilflosen Reaktion der Westmächte nicht nur den Rückzug der Vereinigten Staaten von den Abrüstungsverhandlungen zur Folge, auch die nun eigentlich zu erwartende Isolation Deutschlands fand nicht statt. Schon am 21. November sondierte der britische Botschafter in Berlin Möglichkeiten einer bilateralen Verständigung, und vor allem suchte die Führung in Warschau angesichts des französischen Attentismus und aus Sorge vor einer unkontrollierten Weiterentwicklung nach einem Ausgleich mit Deutschland. Am 28. des Monats legte der polnische Botschafter den Plan für einen Nichtangriffspakt zwischen den beiden Ländern vor, der am 26. Januar 1934, auf zehn Jahre befristet, unterzeichnet wurde.

War der Ausgleich mit Polen eine überraschende Wendung in Hitlers Politik, so durfte man seine Bemühungen um den »Anschluß« Österreichs als Teil seines »Programms« betrachten. Schon 1931 hatte Hitler der in sich zerstrittenen Führung der österreichischen NSDAP einen »Landesinspekteur«, den Reichsdeutschen Theo Habicht, vorgesetzt, der dafür sorgen sollte, daß die Parteilinie eingehalten wurde. Dann verbreitete sich unmittelbar nach dem Januar 1933 unter den Nationalsozialisten des Alpenstaates die Vorstellung, daß man die Berliner »Machtergreifung« in Wien wiederholen könne, denn auch in Österreich war die parlamentarische Demokratie offensichtlich gescheitert. Der Bundeskanzler Engelbert Dollfuß, der im Mai 1932 eine Regierung aus Christlich-Sozialen, Heimatblock und Landbund gebildet hatte, besaß zwar anfangs eine schmale Mehrheit im Nationalrat, sah sich aber angesichts der akuten Wirtschaftskrise und der großdeutschen Bestrebungen, die in Teilen der Bevölkerung auf Unterstützung rechnen durften, genötigt, immer häufiger mit Ausnahmegesetzen zu arbeiten. Im März 1933 wurde das Parlament aufgelöst, im August durch den Vertrag von Riccione ein Beistandspakt mit Italien geschlossen. Mussolini garantierte die Selbständigkeit Österreichs vor allem aus geopolitischen Erwägungen, um jede Bedrohung Italiens durch ein um Österreich erweitertes nationalsozialistisches Deutschland zu verhindern.

Die im September des Jahres von Dollfuß gegründete und häufig als »austrofaschistisch« etikettierte »Vaterländische Front« (VF) hatte allerdings kaum mehr als Äußerlichkeiten mit dem italienischen Modell gemeinsam. Die Ideologie der VF war traditionalistisch und autoritär. Die KPÖ wurde im Mai 1933 aufgelöst, und am 19. Juni ließ Dollfuß die »Landesgruppe Österreich« der Nationalsozialisten verbieten; nach der Niederschlagung des »Februarputsches« der Sozialdemokratie zu Beginn des Jahres 1934 wurde Österreich endgültig in einen katholischen Ständestaat umgewandelt.

Allerdings konnte weder die Verschärfung des politischen Strafrechts noch die Einrichtung von KZ-ähnlichen »Anhaltelagern« die Situation völlig beruhigen. Die österreichischen Nationalsozialisten fühlten sich um ihren sicheren Erfolg geprellt und begannen mit Überfällen auf jüdische Geschäfte und Einrichtungen, verübten Sprengstoffanschläge, bei denen es Tote und Verletzte gab. Dollfuß ließ daraufhin Tausende von verdächtigen Nationalsozialisten in den Lagern festsetzen, was eine diplomatische Krise zwischen Deutschland und Österreich heraufbeschwor. Während der österreichische Kanzler endgültig an die Seite Mussolinis rückte, entfesselte Goebbels einen heftigen Propagandakrieg gegen das Dollfuß-Regime, und Hitler ordnete eine Verringerung der deutschen Holzimporte sowie eine Sonderabgabe von tausend Reichsmark bei jedem für Österreich erteilten Urlaubsvisum an, um ökonomischen Druck auf den ungeliebten Nachbarn auszuüben. Er ließ sich in seinem Furor auch kaum durch die Vorhaltungen Neuraths beirren, der zu Recht befürchtete, daß das Reich in die Isolation getrieben würde.

Erst die Einsicht, daß die österreichischen Parteigenossen vom Reich aus kaum noch zu kontrollieren waren, sondern in blindwütigem Aktionismus die Fehler von 1923 zu wiederholen drohten, ließ in ihm Bedenken aufkommen. Aber für irgendwelche Mäßigungsversuche war es zu spät. Am 25. Juli 1934 kam es zu einem Putsch der österreichischen Nationalsozialisten. Beim Versuch, das Bundeskanzleramt zu besetzen, wurde Dollfuß von Angehörigen der aufständischen SS getötet. Die »Juli-Erhebung« brach allerdings rasch in sich zusammen, als die Armee zu entschlossener Gegenwehr überging. Eine Unterstützung durch das Reich kam nicht in Frage, da Mussolini italienische Truppen am Brenner aufmarschieren ließ und mit seinem Eingreifen drohte. Hitler sah sich gezwungen, von der Vorstellung eines baldigen »Anschlusses« Abschied zu nehmen. Wie in der Innenpolitik hatte sich auch in der Außenpolitik der gewaltsame Weg als ungangbar erwiesen.

»Nationale« oder »nationalsozialistische Revolution«?

In der Kabinettssitzung, die zwei Tage nach den Reichstagswahlen stattfand, äußerte Hitler, er betrachte »die Ereignisse des 5. März ... als Revolution«. Während der Terminus »Revolution« bis dahin möglichst vermieden worden war, setzte sich jetzt mit Blick auf die plebiszitäre Bestätigung durch das Ergebnis der Reichstagswahl der Begriff »März-Revolution« oder »nationale Revolution« durch.

Hitlers Selbstdarstellung als Gemäßigter in den ersten Wochen seiner Regierung war wohl berechnet gewesen und hatte dazu gedient, seinen Gegnern die Möglichkeit zu nehmen, mit der Furcht vor einem revolutionären Nationalsozialismus zu operieren. Schon am 17. Februar hatten katholische Organisationen einen Aufruf zugunsten des Zentrums veröffentlicht, in dem es hieß, die NSDAP ahme den »Bolschewismus nach, in Wortprägungen und Losungen. Wir erfahren es: Bolschewismus kann auch werden unter nationalem Vorzeichen. Wir erklären, daß wir den Kampf führen werden gegen alle Formen des Bolschewismus.« Von bürgerlicher Seite wurde der fortgesetzte Straßenterror der SA als »Praxis der permanenten Revolution« verstanden, und der schweizerische Journalist Peter Dürrenmatt kommentierte seine Eindrücke mit den Worten: »Der deutsche Faschismus setzt sich durch. In seinen Zielen streng antimarxistisch, in seinen Mitteln rein bolschewistisch.« Neben der russischen spielte vor allem die Analogie zur Französischen Revolution eine wichtige Rolle. Konservative Kreise neigten dazu, die Weimarer Republik in Parallele zum Ancien Régime zu setzen, die eigene Position mit der der Girondisten zu identifizieren und in den Nationalsozialisten die Jakobiner zu sehen; wobei sich zwangsläufig die Frage ergab, ob Hitler ein neuer Robespierre sein werde.

Daß sich diese Besorgnis als unbegründet erwies, trug zur politischen Stabilisierung bei. Hitler wußte sehr genau um die Ambivalenz des Begriffs »Revolution«. Seine Erfahrungen mit dem mißlungenen Putsch von 1923 hatten ihn darüber belehrt, daß ein Umsturz im ordnungsliebenden Deutschland nur durchzuführen war, wenn er möglichst unblutig und ohne viel Aufsehen vollzogen wurde. Den Schachzug, sich gleichzeitig als Garant der Kontinuität *und* des Umbruchs darzustellen, hatte er schon in der »Kampfzeit« angewendet. Jetzt eröffnete er ihm die Chance, seine Macht – wie in den klassischen Revolutionen – durch den Einsatz von terroristischen »pressure groups« zu festigen und sich den alten Eliten gleichzeitig als Bändiger des Radikalismus zu präsentieren.

Dementsprechend versuchte Hitler im Juli 1933 mit einer napoleonischen Geste die Phase der unkontrollierten Machteroberung abzuschließen. In einer Ansprache vor den Reichsstatthaltern sagte er: »Die Revolution ist kein permanenter Zustand, sie darf sich nicht zu einem Dauerzustand ausbilden. Man muß den freigewordenen Strom der Revolution in das sichere Bett der Evolution hinüberleiten.« Dieser Versuch mißlang, weil es sich als unmöglich erwies, gleichzeitig den Teil der eigenen Anhängerschaft zufriedenzustellen, der für die Entbehrungen der Kampfjahre handfeste Belohnungen in Gestalt von Posten und materiellen Vergünstigungen erwartete, und sich die Gewogenheit der militärischen und politischen Führungsschicht zu erhalten.

Exponent der Unzufriedenen in der NSDAP war der Stabschef der SA. In einem vielbeachteten Aufsatz vom Juni 1933 hatte Röhm erklärt, daß die spätbekehrten »Spießer und Nörgler« kein Anrecht auf Teilhabe am Sieg der Bewegung hätten. Sie bildeten schon wieder den Kern von »reaktionären Widerständen« und stellten den endgültigen Triumph über den Marxismus in Frage. Deshalb dürfe man bei den errungenen Erfolgen nicht stehenbleiben: Die »nationale Erhebung ist uns nicht Sinn unseres Kämpfens, sondern nur eine Teilstrecke der deutschen Revolution, die wir durchschreiten müssen, um zum nationalsozialistischen Staat, unserem letzten Ziel, zu gelangen«. Die Stoßrichtung war unverkennbar, wenn Röhm öffentlich bezweifelte, daß der gegenwärtige bereits ein »nationalsozialistischer« Staat sei. Zwar blieb undeutlich, wie der von ihm erhoffte Staat aussehen sollte, aber es zeichnete sich ab, daß er davon ausging, daß die SA (einschließlich der SS), die Armee und die Polizei gleichberechtigt nebeneinander das Gemeinwesen tragen sollten. Gelegentlich spielte der Stabschef aber auch mit Formulierungen, die auf einen weitergehenden Anspruch hinwiesen. So äußerte Röhm gesprächsweise, er sei »der Scharnhorst der neuen Armee«, und der »Fels der Reichswehr« würde »in der braunen Flut« untergehen, womit er zum Ausdruck brachte, daß er die SA als Kern eines neuen Heeres ansah, das den revolutionären Prinzipien des »politischen Soldatentums« und nicht dem traditionellen Verständnis militärischer Professionalität entsprechen würde.

Für wie bedrohlich man den Unruheherd SA hielt, ließ sich nicht nur gelegentlichen Äußerungen Hitlers entnehmen, sondern auch dem wütenden Protest des Reichsinnenministers Frick gegen die »Sabotage der nationalen Revolution« durch sinnlosen Radikalismus, und Goebbels bezeichnete die »getarnten bolschewistischen Elemente, die von einer zweiten Revolution sprechen«, als inneren Feind, den er mit allen Mitteln bekämpfen werde. Die Kraftsprüche Röhms mußten aber vor allem die Reichswehrführung alarmieren. Andeutungen über eine sozialrevolutionäre Umgestaltung des Landes trugen ebenso wie die Infragestellung des Waffenmonopols der Armee dazu bei, das höhere Offizierskorps gegen Röhm und seine Umgebung aufzubringen, zumal schlechte Erfahrungen mit der SA in der Grenzschutzfrage nicht vergessen waren.

Die innere Distanz der Reichswehr zur Weimarer Republik, das bewußt gezüchtete Selbstverständnis als »Staat im Staate«, hatte zwar dazu beigetragen, daß viele Offiziere die Regierungsübernahme Hitlers begrüßten, aber dabei mußte keine ideologische Affinität zum Nationalsozialismus im Spiel sein, eher die Erwartung, daß Hitler, wie er häufig versprochen hatte, den Streitkräften ihre angestammte Stellung in der Gesellschaft zurückgeben würde. In einer Rede vor Offizieren am 6. September 1933 sprach Blomberg aus, was viele seiner Kameraden dachten, wenn er über Hitler sagte: »Wir verdanken ihm viel, denn er hat im neuen Reich der Wehrmacht den Platz angewiesen, der ihr gebührt; er gab uns die alten ruhmreichen Fahnen und Kokarden wieder.« Diese grundsätzliche Sympathie für das Regime bedeutete nicht, daß die militärische Führung ihre eigene Position zugunsten der politischen Führung aufzugeben bereit war. Die von Hitler schon in seiner Ansprache vor den Befehlshabern am 6. Februar 1933 geäußerte Bereitschaft, die »Wehrhaftmachung« zu unterstützen, wurde ebenso wie seine verschiedentliche Zusicherung, die Reichswehr sei der einzige »Waffenträger der Nation«, als Bestätigung der Erwartung verstanden, daß Armee und Partei gleichberechtigt Träger des Staates sein sollten.

Blombergs grundsätzlich positive Einstellung zum neuen Staat teilten sowohl der am 1. Oktober zum Chef des Truppenamtes ernannte Ludwig Beck wie auch der am 1. Februar 1934 neuernannte Chef der Heeresleitung, Werner von Fritsch. Sie alle lehnten aber die Pläne, die Reichenau im Herbst 1933 für einen Ausgleich mit der SA entwickelt hatte, ab, und auch Hitlers nochmalige Festlegung der Aufgabenteilung zwischen Reichswehr und SA – »Die Wehrmacht ist der Waffenträger der Nation. Der SA obliegt die politische Schulung des Volkes« – konnte ihre Besorgnis nicht verschwinden lassen. Als sich abzuzeichnen schien, daß Hitler das revolutionäre Potential der Sturmabteilungen mit Hilfe von Zugeständnissen an Röhm binden wollte, sah vor allem Beck eine rasche und effiziente Wiederaufrüstung der Reichswehr gefährdet. Nachdem Röhm neben Heß am 1. Dezember 1933 zum Reichsminister ohne Geschäftsbereich ernannt wurde, kursierte in der Heeresleitung sofort das Gerücht, der Stabschef plane die

Errichtung eines »SA-Ministeriums«, das der braunen Armee die staatliche Anerkennung und die Gleichberechtigung mit der Reichswehr bringen werde.

Die SA stellte zu diesem Zeitpunkt tatsächlich einen nicht unerheblichen
Machtfaktor dar. Ihre Mitglieder waren quasimilitärisch organisiert – an der
Spitze stand der Stab, darunter die fünf Obergruppen, die Armeen entsprachen,
dann folgten achtzehn Gruppen (Armeekorps), weiter Brigaden (Divisionen),
Standarten (Regimenter), Sturmbanne (Bataillone) und Stürme (Kompanien) –,
und Röhm plante neben der allgemeinen SA noch die Errichtung von Marine-
und Flieger-SA-Einheiten. Der Mitgliederbestand war von unter fünfhunderttausend im Januar 1933 auf mehr als viereinhalb Millionen zur Mitte des Jahres
angeschwollen. Von diesen gehörten allerdings nur dreißig Prozent der Partei an,
viele kamen aus dem Stahlhelm (der zur Hälfte und zwangsweise in die SA überführt worden war) oder aus den Wehrverbänden der Linken. Röhms »SA-Staat«
unterhielt eine eigene »Feldpolizei« und betrieb über den »Deutschen Akademischen Auslandsdienst«, den der Chef der SA unter seine Kontrolle gebracht hatte,
sogar eine eigene Außenpolitik. Zwar mißlang der Versuch, eine eigene »SA-Ju-
stiz« zu errichten, aber in einzelnen Ländern wie Bayern und Preußen hatte die
Sturmabteilung über die von ihr gestellten »Staatskommissare z. b. V.« (ab Oktober nur noch »SA-Sonderbevollmächtigte« beziehungsweise »Sonderbeauf-
tragte« mit beratender Funktion) eine so starke Position gewonnen, daß sie kaum
noch Strafverfolgungen zu fürchten hatte.

Die Frage der Finanzierung der SA blieb lange ungeklärt. Erst im April 1934
konnte Röhm eine feste Etatisierung über den Staatshaushalt erreichen, wodurch
zumindest die Versorgung der etwa 74.000 Führer und Unterführer gesichert
war. Anders stand es mit den einfachen Mitgliedern. In den großen Städten waren
immer noch bis zu achtzig Prozent der SA-Mitglieder arbeitslos. Abkommen mit
den Arbeitgeberverbänden über deren bevorzugte Einstellung griffen kaum, und
die »Resozialisierung« der Straßenkampfveteranen wurde sogar von der eigenen
Führung als Problem angesehen.

Nach der Ernennung Röhms zum Reichsminister ohne Geschäftsbereich entwickelte die Generalität eine hektische Aktivität. Beck hatte schon unmittelbar
nach Deutschlands Austritt aus dem Völkerbund Blomberg bewogen, nun endlich den lange geplanten Aufbau des neuen Friedensheeres zu beginnen und allen
Miliz-Konzepten, wie sie Röhm favorisierte, entgegenzutreten. Am 18. Dezember 1933 erging eine Verfügung, derzufolge der »Aufbau unseres Heeres zu be-
schleunigen« sei; mindestens dreihunderttausend Mann sollten den Kern der
neuen Wehrmacht bilden. Am 20. Dezember wurde den Befehlshabern der Wehr-
kreise mitgeteilt, daß die Allgemeine Wehrpflicht schon im nächsten Sommer
eingeführt werde, im Jahr darauf sei mit dem Einmarsch in das entmilitarisierte
Rheinland zu rechnen. Die SA, die bis dahin die Truppenübungsplätze mitbenut-
zen durfte, verlor im Frühjahr 1934 alle Sonderrechte. Ausbildungsoffiziere bei

der SA wurden zum 1. März 1934 zurückgerufen, der Grenzschutz – für den die SA eine wichtige Rolle spielte – sollte in absehbarer Zeit abgeschafft werden. Der damit von der Reichswehr auf Hitler ausgeübte Druck zeigte rasch Wirkung. Noch vor dem Jahresende erklärte er Röhm, daß von der Bildung eines SA-Ministeriums keine Rede sein könne.

Regimekrise und Röhm-Affäre

In einem der Berichte, die von der SOPADE aus Mitteilungen von geheimen Zuträgern im Reich erstellt wurden, hieß es im Frühjahr 1934: »Zum ersten Mal seit der Machtergreifung der Nationalsozialisten läßt sich feststellen, daß die Berichte aus Deutschland nahezu einheitlich einen wesentlichen Stimmungsumschwung erkennen lassen.« Und weiter: »Es kann kaum noch ein Zweifel darüber bestehen, daß die Massenbasis der Nationalsozialisten zu schwinden beginnt.« Auch wenn man einen gewissen Zweckoptimismus der exilierten Sozialdemokraten in Rechnung stellt, war diese Beschreibung der Stimmungslage im wesentlichen zutreffend.

Eine wichtige Rolle für die Ernüchterung spielte die unverändert angespannte wirtschaftliche Situation, vor allem die weiterhin hohe Zahl von Arbeitslosen. Der Schaffung von Kaufkraft-Anreizen durch Schacht standen die Maßnahmen zur Aufrüstung sowie die infolge der Weltwirtschaftskrise notorische Schwäche des Exports gegenüber. Außerordentliche Preiserhöhungen für Lebensmittel und Lohnkürzungen in einzelnen Branchen verstärkten noch die Tendenz im Mittelstand und in der Arbeiterschaft zu extremer Ausgabenbeschränkung. Gleichzeitig wuchs der Unmut unter den Bauern, die sich durch die zentrale Produktvermarktung, die über den Reichsnährstand verfügt worden war, übervorteilt sahen und dem Reichserbhofgesetz mit Skepsis gegenüberstanden.

Wenn dem Regime zu diesem Zeitpunkt Gefahr drohte, dann allerdings nicht durch den allgemeinen Unmut, der sich erst langfristig destabilisierend auswirken würde. Gefährlicher war die Opposition in der alten Führungsschicht. Sie fühlte sich übertölpelt und begann allmählich zu begreifen, daß nicht sie Hitler, sondern Hitler sie »gezähmt« hatte. Vor allem war es Papen, der Hitlers taktische Überlegenheit immer wieder schmerzhaft zu spüren bekam. Der Vizekanzler verlor nach und nach seine wichtigsten Positionen, vor allem das preußische Reichskommissariat, und Hindenburg, der als stabiler Faktor eine wesentliche Rolle in Papens Kalkül gespielt hatte, war weder willens noch fähig, den Reichskanzler zu zügeln. Auch die Vorstellung von einer baldigen Restauration, die Hitler anfangs in der Schwebe gehalten hatte, erwies sich rasch als Chimäre. Es bildete sich zwar um Papen ein Kreis von jungkonservativen Intellektuellen, darunter

Edgar J. Jung und Herbert von Bose, aber deren konspiratives Vermögen war begrenzt.

Die guten Gründe, die es im Prinzip schon nach den ersten Maßnahmen Blombergs gab, an der Einsatzbereitschaft der Reichswehr im Sinne einer konservativ-autoritären Lösung zu zweifeln, wurden von Papen und diesem Beraterkreis notorisch übersehen. Man glaubte, die Unruhe in der Bevölkerung ebenso wie die Sorge des Bürgertums vor dem revolutionären Potential der SA ausnutzen zu können, um die Streitkräfte zum Handeln zu bringen. Bis zum Juni 1934 verdichteten sich die Bemühungen Boses und Jungs, den Vizekanzler davon zu überzeugen, daß die Zeit dränge, weil die Hinfälligkeit des Reichspräsidenten immer offenkundiger wurde. Jung verfaßte für Papen ein Manuskript, das dieser am 18. Juni vor dem Marburger Universitätsbund vortrug. Unter geschickter Bezugnahme auf Äußerungen Hitlers polemisierte Papen gegen den ideologischen Absolutheitsanspruch der Nationalsozialisten und erklärte das Christentum zur einzigen ethischen Orientierung der Nation. Vorsichtig fiel die Kritik an der Stellung des »Führers« aus, aber das Monopol der NSDAP wurde in Frage gestellt mit dem Hinweis, daß nach der scheinbaren Überwindung des Parteienstaates dessen übelste Erscheinungen wiederkehrten: »Die Vorherrschaft einer einzigen Partei anstelle des mit Recht verschwundenen Mehrparteiensystems erscheint mir geschichtlich als ein Übergangszustand, der nur so lange Berechtigung hat, als es die Sicherung des Umbruchs verlangt und bis die neue personelle Auslese in Funktion tritt. Denn die Logik der antiliberalen Entwicklung verlangt das Prinzip einer organischen politischen Willensbildung, die auf Freiwilligkeit aller Volksteile beruht. Nur organische Bindungen überwinden die Partei und schaffen jene freiheitliche Volksgemeinschaft, die am Ende dieser Revolution stehen muß ...«

Die Wirkung dieser Rede, vor allem im Bürgertum, war sensationell. Goebbels hatte die Rundfunkübertragung sofort unterbunden und fast alle gedruckten Exemplare beschlagnahmen lassen; einige Ausgaben kursierten aber, und rasch wurden handschriftliche Kopien verbreitet. Als der Vizekanzler sich bei Hitler über diese Maßnahmen beschwerte und drohte, Hindenburg seinen Rücktritt einzureichen, konnte Hitler ihn mit einiger Mühe beruhigen und dazu veranlassen, den Besuch bei dem erkrankten Reichspräsidenten, der sich auf sein Gut Neudeck zurückgezogen hatte, zu verschieben. Hitler nutzte die Zeit, indem er selbst am 21. Juni nach Neudeck fuhr, um Hindenburg in seinem Sinne zu beeinflussen. Dort begegnete er Blomberg, der sich über die Anmaßungen der SA und Röhms beschwerte. Im Tonfall nicht unähnlich den Mahnungen Papens, verlangte er die Ausschaltung der Radikalen beim Aufbau des neuen Deutschlands.

Blomberg gehörte zu einer Gruppe, die in dieser Zeit längst zur Ausschaltung Röhms entschlossen war. Der Konflikt zwischen Reichswehr und SA war eskaliert, nachdem Röhm am 1. Februar 1934 dem Reichswehrminister ein Memorandum vorgelegt hatte, dem Blomberg die Forderung entnommen haben wollte, daß die Armee nur noch Ausbildungsfunktionen übernehmen solle, während die SA das Volksheer in Gestalt einer Miliz organisieren werde. Daraufhin erklärte Blomberg, daß es keinen Ausgleich mit Röhm mehr geben könne. Allerdings ging er nicht unmittelbar gegen ihn vor. Um Hitler auf seine Seite zu ziehen, ließ sich der Wehrminister auf einen »Loyalitätswettlauf« (Manfred Messerschmidt) zwischen Armee und SA ein. So befahl Blomberg Anfang Februar das Anbringen des NS-Hoheitsadlers an den Uniformen und gleichzeitig die Einführung des »Arierparagraphen« für die Reichswehr. Der Ausschluß von etwa siebzig Soldaten, Unteroffizieren und Offizieren aufgrund ihrer jüdischen Herkunft löste zwar Verlegenheit im Offizierskorps aus, aber es kam nicht zu Protesten, sieht man von dem mutigen Auftreten Erich von Mansteins ab.

Das Kalkül Blombergs schien aufzugehen, als Hitler während einer Besprechung mit den Führungsspitzen von Reichswehr, SA und SS am 28. Februar 1934 erklärte: »Die NSDAP habe die Arbeitslosigkeit beseitigt. Diese Blüte wird aber nur etwa acht Jahre dauern, dann müßte ein wirtschaftlicher Durchschlag eintreten. Diesem Übel könne man nur dadurch abhelfen, daß man für den Bevölkerungsüberschuß Lebensraum schaffe. Daher könnten kurze entscheidende Schläge nach Westen und dann nach Osten notwendig werden. Eine Miliz, wie sie Röhm vorschlage, sei aber nicht zur kleinsten Landesverteidigung geeignet. ... Er sei daher entschlossen, ein Volksheer, aufgebaut auf der Reichswehr, gründlich ausgebildet und mit den modernsten Waffen ausgerüstet, aufzustellen. ... Diese neue Armee müsse nach fünf Jahren für jede Verteidigung, nach acht Jahren auch für den Angriff geeignet sein ... Für die Übergangszeit bis zur Aufstellung der geplanten Wehrmacht genehmige er den Vorschlag des Reichskriegsministers, die SA für Aufgaben des Grenzschutzes und der vormilitärischen Ausbildung heranzuziehen. Im übrigen müsse die Wehrmacht der einzige Waffenträger der Nation sein.« Blomberg genügten diese Zusicherungen jedoch nicht, und auch Reichenau war vom Befürworter eines Ausgleichs mit der SA zum entschiedenen Gegner Röhms geworden.

Blomberg suchte und fand schließlich Partner für eine Aktion gegen den Stabschef der SA. Vor allem Göring fühlte sich als preußischer Ministerpräsident durch die SA bedroht, die in Preußen eine außerordentlich einflußreiche Stellung gewonnen hatte: Es gab SA-Sonderbevollmächtigte in allen Ministerien und bei den Oberpräsidenten, SA-Sonderbeauftragte bei Regierungspräsidenten und Landräten, und auch die meisten Polizeipräsidenten gehörten der SA an. Trotz der Herauslösung des »Geheimen Staatspolizeiamtes« (Gestapa) und der Landespolizei aus dem preußischen Innenministerium fürchtete Göring den Zugriff Röhms auch auf diese Institutionen. Bei der Suche nach möglichen Verbündeten stieß er auf die SS. Mitte März schloß er nach wochenlangen Verhandlungen mit Himmler eine Übereinkunft, der zufolge der Reichsführer-SS am 20. April 1934 zum Inspekteur der Gestapo und zum Stellvertreter Görings ernannt wurde. Die

Leitung des »Geheimen Staatspolizeiamtes« übernahm Heydrich, der damit begann, belastende Materialien gegen die SA zu sammeln und falsche Dokumente, die die Aufstandsvorbereitungen Röhms belegen sollten, zu produzieren. Darunter war auch ein Befehl Röhms zur vollen Bewaffnung der Sturmabteilungen, der dem Chef der militärischen Abwehr, Conrad Patzig, am 26. Juni in die Hände gespielt wurde und ganz wesentlich zur Entschlossenheit der Militärs beigetragen hat, zusammen mit Himmler und Göring die Zerschlagung der SA zu betreiben.

Daß Röhm zu diesem Zeitpunkt weit davon entfernt war, einen Putsch zu planen, erhellt schon aus der Tatsache, daß er am 7. Juni auf Weisung Hitlers die SA in einen Urlaub geschickt hatte. Auf viele Beobachter wirkte der sonst so aufbrausende Stabschef der SA eher niedergeschlagen und abgekämpft, jedenfalls kaum in der Lage, einen Umsturz vorzubereiten. Die Schläge seiner Gegner trafen ihn völlig überraschend. Die ganze Entwicklung wurde wesentlich dadurch vorangetrieben, daß die konservative Fronde aus dem Büro Papens den Vizekanzler zum Handeln drängte. Am 28. Juni hatte von Bose den Sohn des Reichspräsidenten um eine Audienz für Papen bei Hindenburg gebeten, die für den 30. auf Gut Neudeck terminiert wurde. Oskar von Hindenburg teilte diese Verabredung gesprächsweise Blomberg mit, der sich wiederum an Heydrich wandte. Beiden gemeinsam war die Sorge, daß mit einem Coup des Vizekanzlers ihre eigenen Pläne hinfällig würden. Hitler, der sich wegen der Hochzeitsfeier des westfälischen Gauleiters Josef Terboven in Essen befand, teilte diese Befürchtung und willigte endgültig in die Pläne zur Ausschaltung Röhms ein. Telefonisch übergab er Göring in Preußen die vollziehende Gewalt, während er selbst in der Nacht zum 30. Juni nach München flog.

Auf dem Oberwiesenfeld angekommen, erhielt er die Mitteilung, daß sich die Münchener SA – durch gefälschte Befehle mobilisiert – in den Straßen der bayerischen Hauptstadt zusammengerottet habe. Frühestens zu diesem Zeitpunkt könnte Hitler begonnen haben, an die Gefahr einer Erhebung zu glauben, die ihm Göring und Himmler sowie die Reichswehrführung die ganze Zeit über zu suggerieren versucht hatten. Vom Flugplatz aus fuhr er mit einer Wagenkolonne nach Bad Wiessee, das um 6.30 Uhr erreicht wurde. Hitler befahl die Festnahme Röhms und aller ihn begleitenden SA-Führer, darunter auch Heines. Gleichzeitig ging eine Verhaftungswelle über München hinweg, und in der Strafanstalt Stadelheim fand sich allmählich die Elite der braunen Parteiarmee versammelt. Die SA-Führer Schneidhuber, Schmid, Hayn, Heydebreck, Heines und Graf Spreti-Weilbach wurden kurz darauf durch die von Sepp Dietrich kommandierten Männer der »Leibstandarte-SS Adolf Hitler« erschossen. In bezug auf Röhm dachte Hitler wohl längere Zeit an Schonung, doch am nächsten Tag, gedrängt von Göring und Himmler, gab er schließlich seine Einwilligung in die Tötung des alten Kampfgefährten. Der KZ-Kommandant von Dachau, Theodor Eicke, und sein Stellvertreter Michael Lippert erschossen Röhm in dessen Zelle, nachdem der sich geweigert hatte, Selbstmord zu begehen.

Die Verhaftungen und Hinrichtungen waren das Signal für die Aktion gegen die SA sowie wirkliche und vermeintliche Regimegegner im ganzen Reich. Mordkommandos machten mit »Schwarzen Listen« regelrecht Jagd auf ihre Opfer. In Bayern fielen ihnen auch Pater Bernhard Stempfle, ein früher Gönner Hitlers, und Gustav von Kahr, dem Hitler das Doppelspiel vom 9. November 1923 niemals verziehen hatte, zum Opfer. Mit der Ermordung von Boses begann die Aktion in Preußen. Bereits Tage zuvor, am 25. Juni, war der inhaftierte Jung in einem Wäldchen bei Oranienburg »auf der Flucht« erschossen worden; neben zahllosen SA-Mitgliedern fielen dieser »Bartholomäusnacht« auch Gregor Strasser und von Schleicher sowie von Bredow zum Opfer.

Die ganze Aktion wurde schon drei Tage später mit einem »Staatsnotwehr«-Gesetz legalisiert, das »die zur Niederschlagung hoch- und landesverräterischer Angriffe am 30. Juni und 1. und 2. Juli 1934 vollzogenen Maßnahmen« und damit die Ermordung von fünfundachtzig Menschen für rechtens erklärte. Am 13. Juli trat Hitler vor den Reichstag und erklärte: »In dieser Stunde war ich verantwortlich für das Schicksal der deutschen Nation, und damit des deutschen Volkes oberster Gerichtsherr!« Nirgends erhob sich gegen den »ersten Serienmord« (Heinz Höhne) des Regimes Widerstand. Obwohl die Maßnahmen gegen die SA-Führung gleichzeitig mit einem »Griff nach rechts« – der Ausschaltung der konservativen Opposition – verbunden gewesen war, zeigte sich das Bürgertum in erster Linie hochzufrieden darüber, daß Hitler mit den Revolutionären samt ihrem »sittlich bedenklichen« – weil häufig homosexuellen – Führerkorps »aufgeräumt« hatte; die Ermordung von Kahr, Bose und Jung wurde dabei mit in Kauf genommen.

Auch in der Reichswehr war die Neigung verbreitet, über die unerfreulichen Begleiterscheinungen des 30. Juni, vor allem die Ermordung zweier hoher Offiziere – Bredow und Schleicher – hinwegzusehen. Blomberg stimmte im Kabinett ohne jeden Vorbehalt zu, als Hitler einen Tag vor dem Tod Hindenburgs, am 1. August 1934, ein Gesetz über dessen Nachfolge vorlegte, das mit dem Ableben des Reichspräsidenten in Kraft trat und Hitler zu dessen Nachfolger bestellte. Damit waren die höchsten Funktionen in der Person des »Führers und Reichskanzlers« vereinigt, und am 2. August wurden die Streitkräfte auf Hitler vereidigt: »Ich schwöre bei Gott diesen heiligen Eid, daß ich dem Führer des Deutschen Reiches und Volkes Adolf Hitler, dem Oberbefehlshaber der Wehrmacht, unbedingten Gehorsam leisten und als tapferer Soldat bereit sein will, jederzeit für diesen Eid mein Leben einzusetzen.«

Wie Blomberg später erklärt hat, wurde der Wortlaut des Eides im Oberkommando ohne Einflußnahme Hitlers entworfen. Er brachte die Selbstentmachtung der Armee sinnfällig zum Ausdruck. Hatte sich Hitler durch die »Niederschlagung des Röhm-Putsches« schon von der Partei emanzipiert, so rückte er nach dem Tod des Feldmarschall-Präsidenten auch unumschränkt an die Spitze des Staates. Keine Institution konnte sich noch mit Aussicht auf Erfolg seinen Befehlen entziehen. Insofern fand seine »Machtergreifung« nicht am 30. Januar 1933, sondern am 2. August 1934 statt.

Es fehlte nicht an Stimmen, im Inland wie im Ausland, die Hitlers Stellung an der Spitze des Dritten Reiches mit Sorge oder Skepsis betrachteten. Aber ein sicheres Urteil über das, was folgen würde, war den Zeitgenossen kaum möglich. Winston Churchill, kein Freund Deutschlands und sicher kein Verehrer Hitlers, rechnete ihn gleichwohl zu den »großen Zeitgenossen«. In einem Buch, das er 1935 unter diesem Titel veröffentlichte, heißt es: »Obwohl politische Vergehen im Prinzip unverzeihlich sind, so ist die Geschichte doch voll von Beispielen, daß Männer durch harte, abstoßende, ja sogar abscheuliche Methoden zur Alleinherrschaft gelangt sind und dennoch – bei Betrachtung ihres Gesamtwirkens – als ›groß‹ gelten müssen; als Bereicherung der Menschheitsgeschichte. Nicht ausgeschlossen, daß es sich mit Hitler ebenso verhalten wird.«

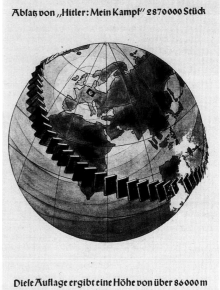

Ablaß von „Hitler: Mein Kampf" 2870000 Stück

Diese Auflage ergibt eine Höhe von über 86000 m

Was gab euch der Führer?

Der Führer gab euch Arbeit

Zahl der beschäftigten Arbeiter und Angestellten: 1932 . . . . 11,5 Millionen
1938 . . über 19 Millionen

Der Führer gab euch Brot

Einkommen der Arbeiter, Angestellten und Beamten:
1932 . . . . . . 26 Milliarden RM.
1937 . . . . . . 39,5 Milliarden RM.

Der Führer gibt euch Wohnungen

Die Wohnungsbautätigkeit ergab: 1932 . . . . . 159000 neue Wohnungen
1937 . . . . . 340000 neue Wohnungen

Der Führer gab euch Ehestandsdarlehen

Von August 1933 bis Ende 1937 wurden 878000 Ehestandsdarlehen im
Gesamtbetrage von weit über einer halben Milliarde RM. ausgezahlt.
Dadurch stieg die Zahl der Eheschließungen von 1932 500000
auf 1937 620000

Der Führer gibt euch Kinderbeihilfen

1938 werden für 2 Millionen Kinder Beihilfen gezahlt.
Die Zahl der Geburten stieg von 1932 970000
auf 1937 1270000

Der Führer gab euch Freizeit und Erholung

Mit „Kraft durch Freude" reisten seit 1934: 22,5 Millionen Schaffende.

Alle Schaffenden Deutschlands bekennen sich zu ihm und stimmen am 10. April mit Ja!

Emailleschild aus dem Eingangsbereich einer Gaststätte, Ende 1933. Berlin, Deutsches Historisches Museum. – Reproduktion einer Händlerschürze in dem 1937 in Leipzig erschienenen Band »Der deutsche Buchhandel in Zahlen«. Berlin, Archiv der Akademie der Künste. – Aufruf zu den Reichstagswahlen 1938. Privatsammlung

Der »Führer« bei der Begrüßung der Hitler-Jugend auf dem Reichsparteitag zu Nürnberg am 8. September 1934

Hitlers Staat

Das »Dritte Reich«, wie es in der Friedensperiode zwischen 1933 und 1939 bestand, wurde von Hitler als ein Übergang betrachtet, ein transitorischer Zustand, nachdem die Machtfrage prinzipiell geklärt war. Noch blieb er auf die Mitarbeit der alten Eliten angewiesen, Kompromisse, um den Staat funktionsfähig zu erhalten, waren unvermeidlich, aus taktischen Gründen, etwa im »Kirchenkampf«, mußten sogar weltanschauliche Positionen zurückgenommen werden. Hitler wußte, daß er für die Verwirklichung seiner Endziele Zeit brauchte. Die neue Konditionierung eines ganzen Volkes war nicht kurzfristig zu erreichen. In einer Rede, die er am 4. Januar 1933, also wenige Wochen vor seiner Regierungsübernahme, gehalten hatte, sagte er über die Hauptaufgabe des Nationalsozialismus, dieser müsse die Deutschen künftig »umerziehen und zu der großen schicksalhaften Aufgabe bewegen ..., als Volk sich zu einigen und damit die Nation zu befreien«.

Die Vorstellung von der notwendigen »Umerziehung« des Volkes spielte in Hitlers Denken von Anfang an eine entscheidende Rolle. Schon in »Mein Kampf« hatte er über Seiten hinweg ausgeführt, daß der »völkische Staat« seine Bürger zuerst körperlich ertüchtigen und dann geistig ausbilden solle. Bei aller Ablehnung des »Intellektualismus« wandte sich Hitler keineswegs prinzipiell gegen die Wissenschaft, er meinte aber, daß sie sich den Erfordernissen der Charakterschulung und den Staatszielen unterzuordnen habe. Die Erziehung des Volkes nach der großen Niederlage im Weltkrieg müsse eine politische Erziehung sein, und der Erziehung der zukünftigen Elite komme eine ganz besondere Bedeutung zu. In welchen zeitlichen Dimensionen Hitler dabei dachte, wurde deutlich, wenn er in einer Rede vom Januar 1939 sagte: »Diese Führung wird im Laufe nicht von 10 oder 20, aber von 100 Jahren natürlich eine neue gesellschaftliche Elite darstellen; sie wird Unzähliges aufnehmen, das nicht taugt; es wird abfallen, es wird auch hier wie überall im menschlichen Leben neben Gold selbstverständlich auch Sand zu finden sein, aber im wesentlichen wird sich hier allmählich ein neuer Gesellschaftskern herausbilden, der nicht aus kapitalistischen Gesichtspunkten entstand, sondern von vornherein aus politischen – ich möchte sagen – aus politischen Führungsinstinkten heraus. Und wenn dieser Aufbau – sagen wir in 100 Jahren – endgültig in sich gefestigt sein wird, dann wird das Volk, das – meiner Überzeugung nach – als erstes diesen Weg beschritt, die Anwartschaft besitzen auf die Herrschaft Europas – das ist meine festeste Überzeugung.«

Das Ziel des nationalsozialistischen »Erziehungsstaates« war »der treue Gefolgsmann Adolf Hitlers« (Karl Friedrich Sturm), und seine »Pädagogik« hatte Erfolg. Denn es waren nicht allein – und nicht einmal zuerst – positiver und negativer Zwang, Propaganda und Terror, denen das »Dritte Reich« sein Überleben verdankte. Die Stabilität des Systems, dessen baldiger Untergang im In- und Ausland noch 1933/34 als wahrscheinlich galt, ist kaum zu erklären, wenn man nicht die Zustimmung der Mehrheit der Bürger zur nationalsozialistischen Politik oder dem, was sie dafür hielten, in Rechnung stellt.

Hannah Arendt wies schon früh darauf hin, daß die »pseudo-demokratische Seite totalitärer Regime« fast immer unterschätzt werde. Aus dem restlosen Zusammenbruch des NS-Staates darf nicht gefolgert werden, daß er während seines Bestehens von den Deutschen als verhaßter Unterdrücker wahrgenommen wurde. Ohne die Unterstützung der Massen hätte er nicht existieren können. Das Regime erhielt diese Loyalität nicht zuletzt durch die Gewährung von ideologischen Freiräumen und alltäglicher Normalität, aber »Massenerregung«, »Massenbewegung« und »Massenführung« dienten seinem ersten Ziel: der »Aufzucht einer gemeinsamen Willensrichtung« (Ernst Krieck).

Charisma und Massenpolitik

Seit dem Ende des 19. Jahrhunderts beschäftigten sich Theoretiker, vor allem in den romanischen Ländern, mit dem Phänomen der »Masse« als einer für gewöhnlich zahlreichen, unstrukturierten und nach irrationalen Grundsätzen handelnden, ad hoc gebildeten sozialen Einheit. Der später vergessene Gründungsvater der Massenpsychologie, der französische Mediziner Henry Fournial, stellte schon in seiner 1892 veröffentlichten Dissertation fest, man habe es bei »der Masse mit einem ganz besonderen Wesen zu tun, ausgestattet mit der Fähigkeit zu empfinden wie auch komplexe Handlungen auszuführen, jedoch ohne Intelligenz. Verstand ist ihm etwas völlig Fremdes, es ist ein Wesen mit Rückenmark und Nervenknoten, ähnlich diesen enthaupteten Tieren, bei denen man eine übertriebene Reflextätigkeit feststellen kann.« Gustave Le Bon hat von der Arbeit Fournials nicht nur den Titel »La Psychologie des Foules« – »Die Psychologie der Massen« für sein eigenes Werk übernommen, seine Untersuchung war in vieler Hinsicht ein Plagiat der älteren Analyse. Ähnlich skrupellos bediente er sich der Ergebnisse der Italiener Gabriel Tarde und Scipio Sighele, aber anders als seinen Vorläufern gelang es ihm, einen kohärenten Entwurf der »Massenpsychologie« zu formulieren und zu popularisieren. In seinem berühmten Buch von 1895 betonte Le Bon neben der Irrationalität auch die Selbstlosigkeit der Masse, die oft gegen ihr wohlerwogenes Eigeninteresse handele. Er diagnostizierte ein »ursprüngliches Bedürfnis aller Massen, einem Führer zu gehorchen«. Dieser »Führer« qualifiziere sich durch die Intensität seiner Überzeugung, sein Beispiel, sein »Prestige« und seinen »Nimbus«, durch »eine Art Zauber, den eine Persönlichkeit, ein Werk oder eine Idee auf uns ausübt«.

Der Begriff des »Nimbus«, mehr noch der des »Charisma«, besitzt in der Soziologie eine Schlüsselfunktion für das Verständnis der modernen Massenbewegungen. Während es Max Weber dabei in erster Linie um die grundsätzliche Klärung der Begriffe von »traditioneller«, »rationaler« und »charismatischer Herrschaft« ging, gewann Robert Michels aus der unmittelbaren Anschauung der sozialistischen Arbeiterbewegung, des russischen Bolschewismus und des italienischen Faschismus eine Vorstellung von der spezifischen Beziehung zwischen Masse und Führer. 1927, fünf Jahre nach Mussolinis erfolgreichem »Marsch auf Rom«, schrieb er in einem Aufsatz: »Wenn der Führer über so hervorragende Eigenschaften verfügt und in seiner Wirksamkeit so erfolgreich ist, daß sich die Massen die Ursachen des Erfolges nicht vorzustellen vermögen und bewußt oder unbewußt an das Spiel oder doch Mitspiel übernatürlicher Kräfte glauben, beginnt die Führung zu einer charismatischen zu werden.« Das Charisma stehe für die Atmosphäre des Außeralltäglichen, die der Charismatiker zu erzeugen wisse, für den Appell an Bedürfnisse des Menschen, die tiefer als die Vernunft eingewurzelt seien, und Michels glaubte, daß die Suggestion genüge, um jede Leidenschaft zu wecken und die Masse davon zu überzeugen, daß ihr Wille mit demjenigen des Führers identisch sei. Die Masse setze dann, nach der Eroberung der Macht, sich selbst, den Staat und den Führer gleich; ganz spontan erfolge die Akklamation Mussolinis mit dem Ruf: »Tu sei l'Italia!« – »Du bist Italien!« Insofern könne auch keine Rede davon sein, daß die Machtausübung des Führers der des absoluten Monarchen ähnele, denn ohne den ausdrücklichen oder mindestens schweigenden »Konsens der Massen« wäre sie nicht denkbar: So entstehe zwischen dem »Führer« auf der einen und »den Massen, selbst den ihrer sogenannten politischen Rechte beraubten Massen, auf der anderen Seite, eine beiderseitige contrainte sociale«.

Hitler hatte während seiner Wiener Zeit mit der österreichischen Sozialdemokratie eine der wichtigsten Massenbewegungen und mit dem christlich-sozialen Bürgermeister der Stadt, Karl Lueger, einen der frühen »Virtuosen« (Carl E. Schorske) der Massenpolitik durch unmittelbare Anschauung kennengelernt. Zusammen mit den Eindrücken von der Revolution in München dürfte diese ausschlaggebender für seine eigenen Überlegungen gewesen sein als die Theorien Le Bons, dessen Lektüre bei ihm nicht nachgewiesen werden kann. Allerdings ist die Analogie zwischen Le Bons und Hitlers Schlußfolgerungen überraschend. In einer Ansprache vom 30. Januar 1941 meinte Hitler rückblickend zum Aufstieg des Nationalsozialismus: Die »Neugeburt eines Volkes ist ein Vorgang ..., der ... Glauben voraussetzt ... Und daß uns in den Jahren 1918 und 1919 und 1920 und 1921 allmählich dieser primitive Glaube der breiten Masse zuströmte, das bildete den ersten Kern unserer Bewegung.« So wie die NSDAP seit ihren Anfängen alle Merkmale einer Massenbewegung aufwies, so kann auch Hitler in vieler Hinsicht als Charismatiker beschrieben werden. Die Ausstrahlung, die er im intimen Gespräch wie in der Großversammlung bewies, sein Sendungsbewußt-sein und die Zähigkeit, mit der er an einmal gewonnenen Anschauungen fest-hielt, spielten dabei eine entscheidende Rolle.

Diese Wirkung hing allerdings auch mit einem Faktum zusammen, das von der älteren Massenpsychologie übersehen wurde. Denn seine Anhänger hielten Hitler nicht nur für ein übermenschliches Wesen, er wurde von vielen Deutschen auch als »repräsentatives Individuum« (Joseph P. Stern) wahrgenommen, als einer der ihren, der das »gesunde Volksempfinden« vertrat gegen eine chaotische Welt, die keine Eindeutigkeit mehr zuließ. Was Hitler während des Aufstiegs der Partei aus der Bedeutungslosigkeit und dann im Prozeß der Machtergreifung die Loyalität der Massen sicherte, war die Tatsache, daß er seiner Person diese dop-pelte symbolische Qualität zu geben wußte. Er war »der Gefreite des Welt-kriegs«, »der Arbeiter«, der »Mann von der Straße«, und er war auch schon der »lebende Gott« (Norbert Elias). Die »Deutschlandflüge« bei den Wahlen 1932 und die dabei verwendete Formel »Hitler über Deutschland« lösten messianische Erwartungen aus, und eines der berühmtesten Plakate für die Reichstagswahl vom November 1932 brachte die Beziehung zwischen Masse und Führer beson-ders sinnfällig zum Ausdruck: Es zeigte nur Menschen mit schemenhaften Ge-sichtern, von Hoffnungslosigkeit gekennzeichnet, in eine fahle, graugelbe Farbe getaucht, dazu kein Parteiname, keine Parole im eigentlichen Sinne, auch keine Information, sondern nur die Textzeile: »Unsere letzte Hoffnung – Hitler«.

Die erfolgreiche Usurpation der politischen Gewalt ebenso wie der Verlauf der Parteirevolution von unten, die praktisch nirgends auf Widerstand traf, hatten eine wesentliche Ursache darin, daß in der Bevölkerung von Anfang an die Auf-fassung von der besonderen Qualität der Kanzlerschaft Hitlers verbreitet war. Selbst in Wahlbezirken, die für das Zentrum votiert hatten oder einen hohen kommunistischen beziehungsweise sozialdemokratischen Stimmenanteil aufwie-sen, machte sich die Wirkung der Propaganda für den »Volkskanzler« bemerk-bar. Nach dem März 1933 wurde in vielen deutschen Städten und Gemeinden Hitler die Ehrenbürgerschaft angetragen, wurden »Adolf-Hitler-Eichen« ge-pflanzt und Plätze und Straßen nach ihm benannt, ohne daß dafür Weisungen vorlagen. Bereits im Sommer des Jahres begannen auch die »Pilgerfahrten« zum Berghof.

In vieler Hinsicht war der »Hitler-Frühling« Ausdruck einer spontanen, keiner organisierten Begeisterung. Aber selbstverständlich spielte die ausgefeilte Agita-tion, die Goebbels betrieb, eine wesentliche Rolle bei der Entstehung und Verein-heitlichung des »Hitler-Mythos« in der folgenden Zeit. Elemente des Personen-kultes, wie ihn die Partei während der zwanziger Jahre ausgebildet hatte, wurden in ganz neue Dimensionen übertragen. Die Anweisung, die dafür sorgte, daß von Hitler jetzt nur noch als vom »Führer« gesprochen wurde, ebenso wie der im August 1933 per Verordnung eingeführte Gebrauch des »Deutschen Grußes« in der Öffentlichkeit, waren ebenso wie die strikte Zensur aller Fotografien Hitlers klug kalkulierte Details im Rahmen seiner staatlich geförderten Verehrung. In diesen Zusammenhang gehörte auch das Wechselspiel zwischen der Stilisierung zum einsamen Staatslenker und der Jovialität des Kinder- und Hundefreunds. Auf dem Parteitag schritt Hitler zwischen den Marschblöcken hindurch, um allein der Gefallenen des 9. November zu gedenken und schweigend wie im Gebet zu verharren, dann als Kontrast die Wochenschauaufnahmen, die ihn zeigten, wie er sich der begeisterten Menge stellte, zahllose Hände schüttelnd, mit einem Kuß für die Blumen dankend, die ihm ein junges Mädchen überreicht hatte.

Die Formen der offiziellen Verehrung Hitlers waren 1934 in allen wesentlichen Teilen fertig. Ihre extremsten Ausprägungen sprengten längst den Rahmen des Politischen. Goebbels nannte Hitler den »Apostel« eines neuen Glaubens, und seinem Tagebuch vertraute er an, daß der Nationalsozialismus eine »Kirche« werden müsse, die noch die katholische an Geschlossenheit und Sicherheit des liturgischen Ausdrucks übertreffe. Dieser Vergleich der ideologischen mit einer kultischen Gemeinschaft war keine Marotte, sondern eine in der nationalsozialistischen Elite verbreitete Überzeugung. Hitler selbst machte keinen Unterschied zwischen politischen und religiösen Leitvorstellungen, sondern unterschied beide lediglich nach dem Grad ihrer Intensität. Nur auf diesem Hintergrund wird verständlich, daß Robert Ley am 10. Februar 1937 ein lästerliches »Credo« formulieren konnte, ohne damit noch Irritation auszulösen: »Adolf Hitler! Wir sind Dir allein verbunden! Wir wollen in dieser Stunde das Gelöbnis erneuern: Wir glauben auf dieser Erde allein an Adolf Hitler. Wir glauben, daß der Nationalsozialismus der alleinseligmachende Glaube für unser Volk ist. Wir glauben, daß es einen Herrgott im Himmel gibt, der uns geschaffen hat, der uns führt, der uns lenkt und der uns sichtbarlich segnet. Und wir glauben, daß dieser Herrgott uns Adolf Hitler gesandt hat, damit Deutschland für alle Ewigkeit ein Fundament werde.« Auffällig sind an diesem Bekenntnis nicht allein die aus der biblischen Sprache entlehnten Formulierungen, sondern auch die »trinitarische« Struktur: Dem »Herrgott« werden der Nationalsozialismus als weltanschauliche Orthodoxie, als »alleinseligmachender Glaube« der Deutschen, und Adolf Hitler als Heilsbringer zugeordnet.

Der Führerkult wurde wegen seiner pseudoreligiösen Elemente in den christlichen Teilen der Bevölkerung öfter kritisch kommentiert. Aber die Identifikation Hitlers mit messianischen Gestalten oder heroischen Befreiern entsprach offensichtlich einem tiefsitzenden Bedürfnis der Massen. Nach den Ereignissen vom 30. Juni 1934 meldeten die »Deutschland-Berichte« der SOPADE resigniert, daß »auch große Teile der Arbeiterschaft ... der unkritischen Verhimmelung Hitlers verfallen«. Sogar ein sublimer Intellektueller wie Gottfried Benn glaubte an die »magische Koinzidenz des Individuellen und des Allgemeinen« in Hitlers Person, und der schweizerische Psychoanalytiker Carl Gustav Jung sah in Hitler den Mann, der das »kollektive Unbewußte« des deutschen Volkes sichtbar verkörperte. Die Unio mystica von »Führer« und »Geführten« war nicht einfach Fassade.

Selbstverständlich blieb diese »contrainte sociale«, dieser »soziale Zwang« zwischen der Masse und dem Charismatiker immer in den Ansprachen Hitlers wirksam: »Weder psychologischer Spürsinn noch die Rationalität seiner Kundgebungsregie hätten ihm eine so große Verzauberungsmacht verschafft, wenn er die geheimsten Regungen der Masse nicht geteilt und ihre Gestörtheiten auf eine exemplarische Weise in sich vereint hätte. Vor seiner Rednertribüne begegnete, feierte und vergötzte sie sich selbst« (Joachim C. Fest). Sogar die Übertragung der Ansprachen im Radio oder im Film löste bei den Zuhörern und -schauern immer noch stärkste Emotionen aus, die sich mit der Neuartigkeit dieser akustischen oder optischen Wahrnehmung nicht erklären lassen. Viele Zeitgenossen erinnerten sich, daß auch hier – trotz der Distanz – Empfindungen religiöser Ergriffenheit zu beobachten waren, wie man sie sonst nur aus den Veranstaltungen selbst kannte.

Der Führerkult appellierte an Erinnerungen, die die Deutschen aus einer langen monarchischen Vergangenheit bewahrt hatten, aber in vielem ging er über das hinaus, was einem gekrönten Haupt seit dem Mittelalter an Devotion erwiesen worden war. In einer Ansprache vor der Presse am 15. März 1933 äußerte Goebbels, zwei Tage nach seiner Ernennung zum Minister für Volksaufklärung und Propaganda: »Wir leben nun einmal in dem Zeitalter, wo Massen hinter einer Politik stehen müssen ... Die modernen Volksführer müssen moderne Volkskönige sein, sie müssen die Masse verstehen, brauchen aber nicht nach dem Munde der Masse zu reden ...«

Plebiszit und Scheindemokratie

Dieser Idee eines »Volkskönigtums« entsprach die Vorstellung, daß das Volk seine Zustimmung zu den Maßnahmen der Führung in plebiszitärer Form äußere. Schon nach der »März-Revolution« setzte das Regime die Rechtsauffassung durch, daß die Weimarer Republik infolge der letzten Reichstagswahlen und der preußischen Gemeindeabstimmungen vom 12. März 1933 erledigt worden sei. Die Nation habe per Akklamation der Regierung Hitler ihr Vertrauen ausgesprochen. Einige Beobachter rechneten deshalb mit der Beseitigung des Reichstags als Institution. Dazu kam es aber nicht, sowenig wie zur Schaffung einer anderen »Volksvertretung«.

In Punkt 25 des Parteiprogramms von 1920 hatte die NSDAP neben der Einrichtung des »Zentralparlaments« die »Bildung von Stände- und Berufskammern« auf Landesebene gefordert. Unmittelbar nach der Märzwahl gab es deshalb Spekulationen, daß der Reichstag ganz durch eine korporative Kammer ersetzt werden sollte. Diese Vorstellung, die sich gleichermaßen auf Ideen der Konservativen Revolution wie des italienischen Faschismus berufen konnte, erschien nicht wenigen Beobachtern plausibel. Tatsächlich hatte sie aber keine Chance auf Verwirklichung. Bereits am 7. Juli 1933 verbot Hitler alle öffentlichen Erörterungen über den »ständischen Aufbau«, einen Tag später gab der Reichswirtschaftsminister Schmitt alle entsprechenden Planungen auf, und schließlich sollte Ley als Stabsleiter der Politischen Organisation am 9. Januar 1934 eine Parteiverordnung erlassen, mit der jede Diskussion über das Thema endgültig verboten wurde. Ähnlich folgenlos wie die Aussagen des Parteiprogramms blieben die Überlegungen, die Hitler in »Mein Kampf« zur künftigen Aufgabe der Parlamente angestellt hatte. Dort war die Rede von beratenden Gremien, die nach der Durchsetzung des »Führerprinzips« auf allen Ebenen geschaffen werden sollten. Zwar richtete Göring am 15. September 1933 einen »Preußischen Staatsrat« ein, der eine vergleichbare Aufgabe erfüllen sollte, aber als Institution singulär und letztlich ohne Einfluß blieb.

Zu diesem Zeitpunkt waren schon entscheidende Bereiche des Staates in der Hand der Nationalsozialisten. Hätte es einen feststehenden Plan für die Reorganisation des Reiches gegeben, wäre seine Durchführung jetzt möglich gewesen. Aber im Zentrum der Macht hatte nur Innenminister Frick Interesse an einer neuen Verfassung für den nationalsozialistischen Staat. Im Oktober 1933 wurde in seinem Haus der Entwurf für eine derartige Konstitution erarbeitet, der im wesentlichen vier Organe vorsah: das »Reichsoberhaupt«, den »Regierungschef«, ein »Gesamtministerium« und eine »Volksvertretung«. Daneben dachte der Oberregierungsrat Franz Medicus, der das Konzept erstellt hatte, an die Bildung eines »Reichsrates« aus den Ministern, den »Gauführern« und Männern, die sich um die »nationale Erhebung« verdient gemacht hatten. Da Fricks Position aber durch den Abschluß der ersten Phase der »Machtergreifung« – in der die formale Legalität, die die von ihm erarbeiteten Gesetze gewährleisteten, eine wichtige Rolle gespielt hatte – geschwächt worden war und er keine Hausmacht in der Partei besaß, konnte dieser Entwurf ebensowenig verwirklicht werden wie der kurz darauf entwickelte »Generalplan für das Vorgehen in der Reichsreform«.

Frick mußte sich mit der Fortexistenz des Reichstags als Einparteienparlament abfinden und suchte nun nach Möglichkeiten, um ihn als Vehikel für seine weitergehenden Vorhaben zu benutzen. Im Zusammenhang mit der Wahl vom 12. November 1933 war geplant, die legislativen Kompetenzen des Reichstags zu bestätigen und ihn über das künftige Schicksal der Länder und der Landtage beschließen zu lassen. Dementsprechend kamen das »Gesetz über den Neuaufbau des Reiches« vom 30. Januar 1934 und das »Gesetz über die Aufhebung des Reichsrats« vom 14. Februar 1934 zustande. Das »Neuaufbau«-Gesetz sah nicht nur die Beseitigung der Parlamente in den Ländern und die »Verreichlichung« ihrer Hoheitsrechte vor, sondern stellte in Artikel 4 ausdrücklich fest: »Die Reichsregierung kann neues Verfassungsrecht setzen.«

Damit schien der Weg geebnet für die von Frick gewünschte Neuordnung des Gesamtstaates. Der Innenminister mußte allerdings rasch erkennen, daß er mit seinen Bestrebungen auf zahlreiche Widerstände stieß. Die hartnäckigste Opposition leistete Hitler selbst, der es vorzog, den ungeklärten Zustand zu erhalten. Dieses auf den ersten Blick befremdliche Verhalten diente vor allem dazu, seine persönliche Handlungsfähigkeit zu sichern. Hitler zog Einzelmaßnahmen anstelle von Gesamtregelungen vor. Das wurde besonders deutlich an der Klärung der Nachfolgefrage, die im »Führerstaat« naturgemäß von besonderer Wichtigkeit war. Paragraph 1 des »Gesetzes über das Staatsoberhaupt des Deutschen Reiches« vom 1. August 1934 übertrug Hitler das Recht, seinen Stellvertreter selbst zu ernennen. Am 7. Dezember machte er von diesem Recht Gebrauch, indem er ein Triumvirat für den Fall ernannte, daß er an der Ausübung seiner Aufgaben gehindert sei: Heß sollte die Leitung der Partei, Blomberg den Oberbefehl über die Wehrmacht übernehmen und Göring »in allen übrigen Angelegenheiten« zuständig sein. Diese Lösung entsprach – vor allem was die Einbeziehung Blombergs betrifft – der damaligen Machtverteilung: Vor allem die noch nicht völlig gleichgeschaltete Wehrmacht hätte sich Göring kaum ohne Probleme zur Verfügung gestellt. In einem Erlaß vom 19. Dezember, der später auf den 7. zurückdatiert wurde, regelte Hitler auch die Frage seiner Nachfolge, indem er Göring zu seinem politischen Erben einsetzte. Diese Entscheidung besaß noch keine Rechtsverbindlichkeit, so daß die Reichsregierung am 13. Dezember 1934 ein Gesetz mit folgendem Wortlaut beschloß: »Bis zur Schaffung einer neuen Verfassung des Deutschen Reiches bestimmt der Führer und Reichskanzler für den Fall seines Todes oder sonstiger Erledigung der in seiner Person vereinigten Ämter des Reichspräsidenten und Reichskanzlers seinen Nachfolger.« Das Gesetz wurde als »Geheime Reichssache« behandelt.

Angesichts dieses Sachverhalts ist es merkwürdig, daß Hitler unmittelbar nach dem Beginn des Krieges gegen Polen, am 1. September 1939, vor dem Reichstag auf sein Vorhaben zu sprechen kam, jetzt ein zentrales Element der Verfassungsreform in Angriff zu nehmen, wofür es durch die Nachfolgeregelung eigentlich keinen Anlaß gab: »Sollte mir in diesem Kampf etwas zustoßen, dann ist mein erster Nachfolger Parteigenosse Göring. Sollte Parteigenossen Göring etwas zustoßen, ist sein Nachfolger Parteigenosse Heß ... Für den Fall, daß auch Parteigenossen Heß etwas zustoßen sollte, werde ich durch Gesetz nunmehr den Senat berufen, der dann den Würdigsten, das heißt den Tapfersten, aus seiner Mitte wählen soll!« Nach dem Erwerb der Parteizentrale, des »Braunen Hauses« in

München, war dort 1931 ein Senatssaal eingerichtet worden, und einige Hinweise deuten darauf hin, daß Hitler Ende 1932 entschlossen war, ein solches Beratungsgremium zu berufen. Der glimpfliche Ausgang der Strasser-Krise und seine eigene Ernennung zum Reichskanzler haben ihm das Vorhaben aber offensichtlich als verzichtbar erscheinen lassen. Jetzt, im Herbst 1939, kam er wieder auf das Projekt zurück, und Frick ließ mit Datum des 14. September einen Gesetzentwurf für die Bildung des »Senats des Großdeutschen Reiches« ausarbeiten. Frick selbst stellte sich offensichtlich eine Art »Oberhaus« vor, wenn er vorschlug, nur die Hälfte der Senatoren aus Parteifunktionen zu berufen, die andere Hälfte aber mit den Rektoren der Universitäten und sogar mit Vertretern der hohen Geistlichkeit zu besetzen. Ein Gedanke, der von Hitler als völlig unsinnig verworfen wurde, der die Entscheidung über das zukünftige Vertretungsorgan erneut vertagte, wodurch sie bis zum Untergang des »Dritten Reiches« nicht zustande kam.

Die Improvisation beim »Neuaufbau« des Staates führte also dazu, daß der Reichstag weiter bestehen blieb, formell auch seine Gesetzgebungsfunktion behielt und bis zum Kriegsausbruch noch ein dutzendmal zusammentrat, um auf den »Appell« (Carl Schmitt) des »Führers« bejahend zu antworten. Allerdings verlor er völlig den Charakter eines Parlamentes. Es existierte nur noch eine »Fraktion«, die weder das Recht der Gesetzesinitiative noch die Möglichkeit zur Selbstauflösung besaß. Die Wahlen galten im Grunde als Plebiszite. In bezug auf die Wahl vom 12. November 1933, die mit dem Entscheid über den Austritt aus dem Völkerbund verbunden war, sagte der Staatsrechtler Carl Schmitt, daß sie »nur als Bestandteil der großen Volksabstimmung vom gleichen Tag zu verstehen« sei.

Die plebiszitäre Bestätigung spielte für die Legitimation des »Führerstaates« eine wichtige Rolle. Ihre Grundlage bildete das Gesetz über die Volksabstimmung vom 14. Juli 1933. In der Erläuterung zu diesem Gesetz hieß es: »Nach Überwindung des Parlamentarismus war es geboten, die auf alte germanische Rechtsformen zurückgehende Einrichtung der Volksabstimmung für große, die Gesamtnation bewegende Fragen in veredelter Form zu ermöglichen.« Die Wirklichkeit hinter dem völkischen Dekor war ein nüchternes Kalkül. Obwohl das Gesetz ausdrücklich vorsah, daß die Nation über »beabsichtigte Maßnahmen« abstimmen sollte, wurde das Volk de facto immer nur zu vollzogenen Maßnahmen befragt. Schon daran wird deutlich, wie groß der Unterschied zum »Volksbegehren« und »Volksentscheid« war, die die Weimarer Verfassung vorgesehen hatte. Außerdem konnte das Ergebnis des Votums den »Führer« nicht binden. Er verkörperte den objektiven »Volkswillen« notfalls auch gegen die aktuelle Überzeugung des Volkes. Ebenso wie die Wahlen gehörten die Plebiszite nur »zu den Mitteln, die dem Führer gegeben sind, um das Volk ... zum politischen Einsatz zu bringen« (Ernst Rudolf Huber).

Das Bedürfnis nach »plebiszitärer Rückenstärkung« (Martin Broszat) hing offensichtlich damit zusammen, daß die nationalsozialistische Führung die Ergebnisse von Reichstagswahlen und Volksentscheiden als eine Art Stimmungsbarometer betrachtete. Allerdings sah sich das System in diesem Zusammenhang von Anfang an vor ein unlösbares Dilemma gestellt. In einer 1935 erschienenen Abhandlung über den »Primat des Volkes« als mögliche Grundlage »völkischer Staatslehre« schrieb Werner Dräger: »Einerseits hat der Staat gerade ein Interesse, die Volksabstimmung und das Volksbekenntnis ohne Zwang und Zurede zu gewinnen, und andererseits wird die Verfahrensleitung des Staates das Ergebnis wenigstens in gewissem Maße auch wieder vorwegnehmen.« Als bei dem Votum, mit dem Hitler nach dem Tode Hindenburgs im August 1934 seine Stellung bestätigt wissen wollte, trotz erheblicher Eingriffe nur 89,9 Prozent der Stimmen für ihn abgegeben wurden, reagierte er irritiert. Das ist wahrscheinlich der Grund dafür gewesen, daß Goebbels später einen Aufwand für die »Wahlkämpfe« betrieb, der jenen aus der Zeit, in der man Konkurrenten zu fürchten hatte, bei weitem in den Schatten stellte; seine anläßlich der Abstimmung vom März 1936 festgehaltene Äußerung: »Diese Wahl müssen wir gewinnen«, war ebensowenig Ausdruck einer Schizophrenie wie die Erleichterung des »Reichswahlleiters« Goebbels über das Ergebnis, das er schließlich selbst »korrigiert« hatte, um Hitler melden zu können: »Das Volk ist aufgestanden. Der Führer hat die Nation geeinigt.«

Die Ergebnisse der plebiszitären Reichstagswahlen und der Volksabstimmungen beruhten nicht einfach auf Fälschungen. Frick versuchte immer wieder abzuwenden, daß die übereifrige Parteibasis eine geheime Abstimmung zu verhindern suchte oder als Gegner des Regimes bekannte Männer und Frauen überhaupt am Votum hindern wollte. Er griff nur ein, wenn Beamte sich ihrer Wahlpflicht entzogen und damit bekundeten, daß sie als »politisch unzuverlässig« einzustufen waren. Frick glaubte offenbar, daß eine möglichst ungehinderte Stimmabgabe das Bild des Regimes im Ausland verbessern würde. Hitlers zuerst 1936 geäußertes Verlangen nach einer offenen Wahl lehnte er ebenso wie Manipulationen – Goebbels schlug vor, die ungültigen Stimmzettel als Votum für die Partei zu werten – ab.

Frick vermutete zu Recht, daß es in der Bevölkerung erheblichen Unmut gab, wenn Wahlfälschungen allzu offensichtlich waren. Der württembergische Landesbischof Theophil Wurm berichtete nach der Reichstagswahl von 1936 an den Reichskirchenausschuß: »Ein älterer Pfarrer schreibt mir: Das einstündige Kirchengeläut gestern ist z. B. in unserem Dorf … teils ungläubig, teils mit Hohngelächter aufgenommen worden. Am Wahltag kam doch gegen 5 Uhr der Befehl an alle Wahllokale, sämtliche weiße Zettel, d. h. solche ohne Durchkreuzung, als Ja zu zählen … Ein Geschäftsinhaber, der mit mir darüber sprach, sagte zu mir in Bezug [sic] auf das einstündige Geläut: Und statt solchen Schwindel aufzudecken, gibt die Kirche auch noch die Glockenweihe dazu.«

Trotz der Pressionen und Verfälschungen mußten die Eingriffe im allgemeinen enge Grenzen gar nicht überschreiten. Sowohl bei der Abstimmung über den Austritt aus dem Völkerbund am 12. November 1933 (Wahlbeteiligung: 96,3 Prozent; Ja-Stimmen: 95,1 Prozent; Nein-Stimmen: 4,9 Prozent), als auch bei den Reichstagswahlen, die mit dem Einmarsch in das entmilitarisierte Rheinland (29. März 1936; 99 Prozent Ja-Stimmen) und mit dem »Anschluß« Österreichs (10. April 1938; 99 Prozent Ja-Stimmen) gekoppelt waren, gab es ohne Zweifel eine überwältigende Zustimmung für die von Hitler verfolgte Politik. Einen Hinweis darauf enthält auch die Saar-Abstimmung vom 13. Januar 1935, bei der sich 90,8 Prozent der Saarländer für die Rückkehr zu Deutschland entschieden, ohne daß das NS-Regime größere Einflußmöglichkeiten, geschweige denn die Gelegenheit zu echten Zwangsmaßnahmen, gehabt hätte.

Die von den Nationalsozialisten geschaffene Struktur des politischen Systems konnte auf ein erhebliches Maß an Zustimmung in der Bevölkerung rechnen. Sie stand aber auch im Zusammenhang mit Äußerungen Hitlers, die darauf hindeuteten, daß er an den Vorstellungen von einer »germanischen Demokratie« festgehalten hatte, wie sie in den frühen Auflagen von »Mein Kampf« formuliert waren. Die Bezeichnung »Diktator« betrachtete er jedenfalls immer als unpassend, gelegentlich merkte er auch polemisch an, daß er von größeren Teilen seines Volkes unterstützt werde als die Politiker der parlamentarischen Staaten und insofern ein »besserer Demokrat« sei. Die Definition des NS-Systems als »autoritäre Demokratie« (Otto Koellreutter), die auch einigen Staatsrechtlern vorschwebte, hat sich aber nicht durchgesetzt, da der Terminus »Demokratie« zu sehr mit der Geltung des Majoritätsprinzip und freien Wahlen verbunden war.

Trotzdem ist ein rousseauistischer Zug der Verfassung nicht zu bestreiten, vielleicht sollte man genauer von einem Versuch sprechen, »unter den Bedingungen des zwanzigsten Jahrhunderts den Bonapartismus des neunzehnten« (Rudolf Vierhaus) fortzusetzen. Die gegen jeden demokratischen Konstitutionalismus ausspielbare direkte Berufung auf den Gemeinwillen, der sich sehr wohl in einem einzelnen verdichten könne, hat in der Legitimationsstrategie des NS-Regimes eine entscheidende Rolle gespielt und in ihrer Wirkung auch ausländische Beobachter verblüfft, die einen Staat mit funktionierendem Parlamentarismus kannten; so äußerte der britische Schriftsteller Robert Byron 1938 nach dem Besuch des Nürnberger Reichsparteitags: »Gewiß denkt man sich, das ist zweifellos Demokratie. Aber es ist eine Form der Demokratie, die nicht den Menschen als vernunftbegabtes Wesen postuliert, der sich selbständig sein Urteil bildet, sondern die emotionale Kreatur, die ihr Urteil dem Masseninstinkt unterwirft ... die Zeremonie ist bemerkenswert. Ihre Abläufe entspringen einer demokratischen Ordnung, nicht einer tyrannischen – keine Kniefälle und Verbeugungen, die Umgebung des Führers war durch allgemeine Zwanglosigkeit gekennzeichnet. Auch sind die zeremoniellen Abläufe insofern völlig neu, als sie die neuesten technischen Errungenschaften unseres Zeitalters nutzen, ja, geradezu auf ihnen aufbau-en – Scheinwerfer, Lautsprecherübertragungen, motorisierte Fahrzeuge. Und da diese Mittel ihre Funktion erfüllen, wirkt nichts unecht. Ich habe nicht ein einzi-ges Pferd gesehen. Liegt das daran, daß der Führer nicht reitet?«

Der charismatischen Herrschaft korrespondierte auf seiten der Masse das Er-lebnis der »Volksgemeinschaft«, das insofern »demokratisch« war, als es im Sinne von Renans »plébiscite de tous les jours« wahrgenommen wurde. Wer sich nicht ausgeschlossen fand, wie etwa die Juden, oder sich selbst ausschloß, wie die politische und religiöse Opposition, der nahm in der Zeit des »Dritten Rei-ches« teil an einer eigentümlichen Begeisterung. Vor allem aus der jüngeren Ge-neration, die während der dreißiger Jahre heranwuchs, ist diese Stimmung in zahllosen Beispielen überliefert. Das gesellschaftliche Klima war bestimmt von Virilität und Optimismus bei gleichzeitiger Ergriffenheit angesichts einer Nation, die sich wieder im großen Stil feiern durfte. Natürlich dienten Inszenierungen wie die Auftritte des »Führers«, die Reichsparteitage oder die Gedenkfeiern zum 9. November der Stabilisierung des damit verbundenen Empfindens, aber der Rah-men mußte keineswegs so spektakulär sein; eine ehemalige BdM-Führerin be-schrieb im Abstand von fast fünfzig Jahren die Emotionen, die sie bei einem Fackelzug in einer nordwestdeutschen Kleinstadt bewegten: »Ich erinnere mich noch an ein unheimlich tolles Gefühl von Weihe und Heiligkeit und unerhörter Verzauberung, wie ich dann dieses Feuer in der Hand hatte. Dann bewegte sich dieser ellenlange Zug durch Hameln, und die Leute standen am Straßenrand. Da sah man keine Gesichter, sondern nur eine unklare Mauer von Menschen. Und es waren viele, die am Straßenrand standen. Viele, viele – dieses Gefühl von ›viele‹ ... Die Reihen bewegten sich, voran hörte man die Musik, im Gleich-schritt war ich als ein Glied dieses glühenden Zuges eingeschlossen. Und der Gedanke war in mir, dieses Gefühl, in dem alles sonst verbrennt: *Wir*, das sind *wir*.«

Das Führerprinzip

Sämtliche Quellen, in denen Ansichten und Einstellungen des Volkes festgehalten wurden oder unmittelbar ihren Niederschlag gefunden haben, zeigen, wie stabil das Ansehen Hitlers in weiten Kreisen der Gesellschaft war. Aufzeichnungen über das Meinungsklima in den Provinzen etwa durch die Landräte oder die fast demoskopisch zu nennenden Erhebungen des SD ebenso wie die »Deutschland-Berichte« der sozialdemokratischen Exilorganisation kamen immer wieder zu dem Schluß, daß Hitler grundsätzlich von der Kritik ausgenommen wurde, die verbreitet an Amtsmißbrauch, Vergeudungssucht und persönlicher Haltlosigkeit der nationalsozialistischen Funktionäre geübt wurde. Nach der Niederschlagung der angeblichen »Röhm-Revolte« galt Hitler sogar in Kreisen des eher skeptischen Bürgertums als Garant der Ordnung und als »gemäßigt«, verglichen mit den »radikalen« SA-Führern. Dem stand die offenkundige Bereitschaft, mit wirklichen oder vermeintlichen Übeltätern »kurzen Prozeß« zu machen, keineswegs entgegen, entsprach sie doch dem verbreiteten Bild des »starken Mannes«, der entschlossen und ohne Rücksicht auf Verfahrensfragen handeln könne.

Die Vorstellung von Hitler als integrer und um Ausgleich bemühter Staatslenker spielte auch im »Kirchenkampf« eine Rolle, da die oppositionellen Gruppen in beiden Konfessionen anfangs an der Auffassung festhielten, daß es lediglich einzelne Vertreter des Regimes, etwa Alfred Rosenberg, Joseph Goebbels oder Heinrich Himmler seien, die die Verantwortung für die Repression gegenüber der Kirche trügen, während man vertrauensvoll an Hitler appellierte, er möge seine selbstherrlichen Paladine disziplinieren. Das populäre »Wenn das der Führer wüßte« brachte – trotz eines gelegentlich ironischen Untertons – diese Einstellung anschaulich zum Ausdruck. In der einfachen Bevölkerung spielte außerdem nach erreichter Vollbeschäftigung, also in der zweiten Hälfte der dreißiger Jahre, die Dankbarkeit für die Hitler zugeschriebene Verbesserung der sozialen Lage eine wichtige Rolle bei der emotionalen Bindung an den »Führer«.

Sowenig der Antisemitismus und der »Lebensraum«-Imperialismus, also die essentiellen Inhalte von Hitlers politischem Programm, als Ursachen für den Aufstieg des Nationalsozialismus gelten können, sowenig stellten sie die entscheidenden sozialpsychologischen Integrationsfaktoren nach der Machtübernahme dar. Das Charisma des »Führers« lag vielmehr in dem Versprechen begründet, die Entfremdung der Nation aufzuheben, dem Volk einen Ausweg aus der Desorientierung zu weisen. Vor allem seine Fähigkeit, gleichzeitig dem Verlangen nach Kontinuität und Veränderung zu entsprechen, barg das Geheimnis seiner Führerschaft. Anders als der graue Parlamentarismus der zwanziger Jahre bot das Regime Faszination und Sensation in einer Aura historischer Bedeutsamkeit. Die inneren Widersprüche der Ideologie wie ihr utopischer Charakter waren dabei keine Hindernisse, der Zusammenschluß des Kollektivs erfolgte über Mechanismen, die die immanente Unsicherheit eines pluralistischen Systems aufhoben und mit Erfolg Mittel anwandten, die »die panikisierten Massen zu Affekthaltungen und damit wieder in Aktion brachten: das Resultat war ein Maximum an politischer Wirksamkeit nach innen wie nach außen!« (Hermann Broch)

Allerdings konnte die Mobilisierung der Massen bestimmte Grenzen nicht überschreiten. Die Intensität des »Zaubers« war Schwankungen ausgesetzt, die Gewöhnung drohte das Außeralltägliche aufzuzehren, das zum Charisma gehört. Die Phasen breiter Zustimmung – unmittelbar nach der Regierungsübernahme, dann von der definitiven »Machtergreifung« im August 1934 bis zur Rückkehr der Saar und zur Einführung der Allgemeinen Wehrpflicht im März 1935 –

wechselten mit Phasen, in denen Lethargie und ein allgemeiner Mißmut das gesellschaftliche Klima bestimmten. Obwohl sich die Stimmung sehr selten gegen Hitler wandte, hieß es in einem Bericht von der Übertragung einer Ansprache, die Hitler im April 1938 in München hielt: »Auf der Theresienwiese, wo durch große Lautsprecher die Rede übertragen wurde, rührte sich ... keine Hand. Die Masse stand, als ob sie diese ganze Rede nichts anging. Man unterhielt sich, machte sich Bewegung, und niemand kümmerte sich um das, was aus dem Lautsprecher kam. Man kann sich nichts Teilnahmsloseres vorstellen, als die Masse beim Anhören dieser Hitlerrede. Als am Schluß die Nationalhymne gesungen wurde, sang buchstäblich kein Mensch mit.«

In der letzten Phase vor dem Ausbruch des Krieges wuchsen Hitlers Befürchtungen über den Bestand der Massenloyalität, und im Gespräch mit Albert Speer über die zukünftigen Regierungsgebäude in Berlin äußerte er: »Es ist doch nicht ausgeschlossen, daß ich einmal gezwungen bin, unpopuläre Maßnahmen zu treffen. Vielleicht gibt es dann einen Aufruhr. Für diesen Fall muß vorgesorgt werden: Alle Fenster der Gebäude an diesem Platz erhalten schwere stählerne, schußsichere Schiebeläden, die Türen müssen ebenfalls aus Stahl sein, und der einzige Zugang zum Platz wird durch ein schweres Gitter abgeschlossen. Das Zentrum des Reiches muß wie eine Festung verteidigt werden können.« Daraufhin wurden auch die geplanten Kasernen für die SS-»Leibstandarte« und das Wachregiment »Großdeutschland« der Wehrmacht näher an den »Adolf-Hitler-Platz« heranverlegt.

Allerdings wiederholte sich das Trauma der Novemberrevolution nicht. Das Regime war tatsächlich zu keinem Zeitpunkt von einem offenen Aufstand bedroht. Was Hitler zu fürchten hatte, waren die Zustände kollektiver Ermattung. Sie zu überwinden, war die wichtigste Aufgabe des im März 1933 eingerichteten Ministeriums für »Volksaufklärung und Propaganda«. Goebbels hat gar nicht zu kaschieren versucht, daß es ihm darum ging, die Massen so lange zu »bearbeiten, bis sie uns verfallen sind«. Allerdings blieb er sich, wie die nationalsozialistische Führung überhaupt, der Tatsache bewußt, daß eine vollständige Manipulation des Volkes nicht erreichbar war und die Basis des Regimes im »Konsens« mit den Massen verankert bleiben mußte. Deshalb wurde ganz kalkuliert die Existenz politikfreier Räume geduldet, was dem Anspruch auf »Totalität« des Systems zu widersprechen schien, aber seiner Stabilisierung ebenso dienlich war wie das Wechselspiel von charismatischem Führertum und plebiszitärer Zustimmung.

Die Frage, ob Hitler seinem Charisma getraut und den Kult um seine Person anders als instrumentell gesehen hat, läßt sich nicht einfach bejahen. Seiner zynischen Verachtung der Massen, die sich nicht nur in den Ausführungen von »Mein Kampf« feststellen läßt, stand immer eine gewisse Sensibilität gegenüber für die notwendige Verbindung mit den Massen, diese Voraussetzung seiner Macht. Der englische Historiker Ian Kershaw, der dem Gegenstand eine gründliche Untersuchung gewidmet hat, kommt zu dem Schluß, daß Hitler erst nach der erfolgreichen Besetzung des Rheinlandes wirklich »ein Gläubiger seines Mythos« wurde. Eine Woche nach dem Überraschungscoup, am 14. März 1936, sagte er: »Ich gehe mit traumwandlerischer Sicherheit den Weg, den mich die Vorsehung gehen heißt«, und auf dem Reichsparteitag im September jenes Jahres gipfelte seine Rede in der Formulierung: »Das ist das Wunder unserer Zeit, daß ihr mich gefunden habt ... unter so vielen Millionen! Und daß ich euch gefunden habe, das ist Deutschlands Glück!«

Das in diesen Sätzen zum Ausdruck kommende übersteigerte Selbstbewußtsein Hitlers war vielleicht von vornherein angelegt, konnte sich aber nur allmählich entfalten. Schon Mitte der zwanziger Jahre hatte Hitler formuliert: »Führen heißt: Massen bewegen können«, um dann hinzuzufügen: »Die Vereinigung aber von Theoretiker, Organisator und Führer in einer Person ist das Seltenste, was man auf dieser Erde finden kann; diese Vereinigung schafft den großen Mann.« Als »Führer und Reichskanzler« nahm allmählich die Vorstellung von ihm Besitz, daß er tatsächlich über dieses Gesamt von Fähigkeiten verfügte; seine herausgehobene Stellung erschien ihm gerechtfertigt durch die Erfolge, die er errungen hatte.

Diejenigen Juristen, die die neue Ordnung des »Führerstaates« mit rechtlichen Kategorien zu definieren suchten und sich nicht völlig von den Realitäten des Systems entfernten, sprachen vor allem von der notwendigen Beseitigung eines veralteten parlamentarischen Konzeptes, das auf den Voraussetzungen der bürgerlichen Klassengesellschaft beruhte. Mochte für die Begründung der autoritären Lenkung auch auf das germanische Gefolgschaftswesen oder die preußische Armee zurückgegriffen werden, im wesentlichen sah man im Aufbau des »Führerstaates« einen Modernisierungsschub, eine Effizienzsteigerung bei der Bewältigung der politischen Aufgaben: »Mit der nationalsozialistischen Revolution ist das deutsche Volk in das 20. Jahrhundert eingetreten« (Ernst Forsthoff).

Das Wesen des »Führerstaates« lag in der absoluten persönlichen Macht Hitlers begründet. Absolut in dem Sinne, daß er gleichermaßen Staatsoberhaupt, Leiter der Regierung und Verwaltung, der »verfassunggebende Abgeordnete des deutschen Volkes« (Hans Frank), dessen »Oberster Gerichtsherr« und später noch Oberbefehlshaber der Wehrmacht war. Persönlich in dem Sinne, daß die nationalsozialistische Staatstheorie jede Legitimation dieser Machtfülle aus der angeblichen besonderen historischen Sendung Hitlers ableitete. Da seine »Führerschaft« in der »Bewegung« wurzelte, gab es sogar Auseinandersetzungen um die Frage, ob Hitler als »Führer« eigentlich ein »Amt« innehabe. 1939 ordnete Hitler an, daß er im dienstlichen Verkehr nur noch als »Führer« (also nicht mehr als »Führer und Reichskanzler« oder »Herr Reichskanzler«) angesprochen werden wolle, um so die völlige Verschmelzung seiner Person mit dem »Führer« zum Ausdruck zu bringen.

Anders als in der Sowjetunion, wo Stalin seine Macht allein aus der Stellung des Parteivorsitzenden bezog und den Staat rein instrumentell benutzte, und anders als in Italien, wo Mussolini als Ministerpräsident des Königs den »Partito Nazionale Fascista« zähmte, indem er ihn zur staatlichen Einrichtung umorganisierte, erwuchs Hitler seine Stellung wohl aus dem Sieg der Nationalsozialisten, aber sie verband sich völlig mit der staatlichen Macht, so daß eine klare Trennung weder möglich noch gewünscht war: »Die Führergewalt ist umfassend und total; sie vereinigt in sich alle Mittel der politischen Gestaltung; sie erstreckt sich auf alle Sachgebiete des völkischen Lebens; sie erfaßt alle Volksgenossen, die dem Führer zu Treue und Gehorsam verpflichtet sind« (Ernst Rudolf Huber).

Wenn Hitler in »Mein Kampf« die Umrisse der zukünftigen Staatsordnung erläuterte, geschah das immer wieder unter Hinweis auf die notwendigerweise hierarchische Ordnung, in der die »besten Köpfe« des Volkes die Leitung übernehmen würden; in einem pyramidalen System sollte der Grundsatz gelten: »Autorität jedes Führers nach unten und Verantwortlichkeit nach oben.« Tatsächlich war nach der »Machtergreifung« auf allen Ebenen die Wahl oder das parlamentarische Verfahren beseitigt und das »Führerprinzip« eingeführt worden, aber die Wirklichkeit der politischen Ordnung, die nach 1933 in Deutschland entstand, wich von dem Idealbild in »Mein Kampf« erheblich ab. Wer die Äußerungen Hitlers dahingehend verstanden hatte, daß der Nationalsozialismus eine »neue Form des Preußentums« (Fritz-Dietlof von der Schulenburg) sei und den überlieferten Beamtenstaat wiederherstellen werde, sah sich rasch enttäuscht. Nach Auffassung dieser Gruppe in der NSDAP sollte das preußische Modell zwar der neuen Weltanschauung angepaßt werden, aber im Wesen doch unverändert bleiben: eine Verwaltungshierarchie, deren Zuständigkeitsbereiche in Gesetzen und Verordnungen festgelegt und deren Dienstwege klar bestimmt waren.

Einer der wichtigsten Exponenten dieser Richtung war Reichsinnenminister Frick, der sich auch als »Verfassungsminister« betrachtete und Äußerungen, die Hitler vor allem im Frühjahr und Sommer 1933 über eine notwendige konstitutionelle Neuordnung gemacht hatte, rasch in konkrete Vorschläge zu übersetzen suchte. Anders als die konservativen Kabinettsmitglieder Gürtner, von Eltz-Rübenach, von Schwerin-Krosigk, Seldte, Schacht und im gewissen Sinne auch Blomberg war Frick zwar nicht darauf aus, das Dritte Reich in einen autoritären Staat des herkömmlichen Typus umzuwandeln, aber er suchte doch nach einer Art Synthese zwischen den überlieferten und neuen Formen. In einer Ansprache vor Offizieren der Reichswehr erklärte er am 15. November 1934, daß er einen »Führerstaat« errichten wolle, in dem »der Wille eines Mannes und eines Kopfes von oben nach unten bis in die letzte Verästelung des staatlichen Lebens« befolgt würde.

Bereits am 24. März 1933 hatte der Innenminister während einer Sitzung des Kabinetts geäußert, daß er neben der »Gleichschaltung« von Reich und Ländern

Hitler mit dem Architekten Albert Speer auf dem Obersalzberg in den dreißiger Jahren

Hitler mit den Gauleitern im Führerhauptquartier »Wolfsschanze« am 4. August 1944

die Reform des Beamtengesetzes und die Sicherung der Monopolstellung der NSDAP für vordringlich halte. Frick plante zu diesem Zweck den Erlaß von »Staatsgrundgesetzen«. Die Zerstörung des Föderalismus, der jeder Zentralisierung hemmend im Wege stand, gehörte deshalb schon in der ersten Phase der Machteroberung zu seinen wichtigsten Plänen. Vor der Verabschiedung des »Ermächtigungsgesetzes« mußte hier noch eine gewisse Zurückhaltung an den Tag gelegt werden, da man dem Zentrum für seine Zustimmung den Fortbestand der Länder und des Reichsrates garantiert hatte.

Durch das vorläufige Gleichschaltungsgesetz vom 31. März 1933 wurden aber alle Landtage und kommunalen Selbstverwaltungsorgane – mit Ausnahme der preußischen – aufgehoben und die Länder zu reinen Verwaltungseinheiten herabgedrückt. Die Landesregierungen erhielten das Recht, Gesetze ohne Befragung des jeweiligen Landtages zu erlassen, und mit dem zweiten Gleichschaltungsgesetz vom 7. April war die Einrichtung der Funktion von »Reichsstatthaltern« (deshalb häufig »Reichsstatthaltergesetz«) verbunden. Eine Regierungskommission, der neben Frick und Papen auch der ehemalige Staatssekretär im Reichsfinanzministerium, Johannes Popitz, und der Staatsrechtler Carl Schmitt angehörten, hatte ein Konzept erarbeitet, demzufolge die Reichsstatthalter auf Länderebene die Funktion des Reichspräsidenten übernehmen und die Regierungen überwachen sollten. Ihr Plan sah vor, eine enge Verbindung zwischen Reichsstatthaltern und Innenministerium herzustellen, um so einem neuen Partikularismus entgegenzuwirken, der durch die kleinen »Machtübernahmen« der Gauleiter in den Reichsländern durchaus denkbar geworden war und sich teilweise bereits abzeichnete.

Um die Kontrolle durch Berlin zu festigen, fanden verschiedentlich Reichsstatthalter-Konferenzen statt (am 26. Mai, 6. Juli und 28. September 1933). Für Preußen war aufgrund seiner besonderen Bedeutung eine Ausnahmeregelung vorgesehen: Hier gingen die Rechte des Reichsstatthalters auf den Kanzler über, womit die Funktion Papens als Reichskommissar hinfällig wurde. Nachdem Hitler am 11. April 1933, wenn auch nicht ohne Zögern, Göring zum preußischen Ministerpräsidenten ernannt hatte, überließ er ihm zwei Wochen später auch die Rechte des Reichsstatthalters. Von den insgesamt zehn Reichsstatthaltern, die – abgesehen von Epp in Bayern – im Mai 1933 ernannt wurden, waren sechs für ein größeres Land (Sachsen, Württemberg, Baden, Hessen, Thüringen, Hamburg) zuständig, lediglich die beiden Lippe, Bremen und Oldenburg, Braunschweig und Anhalt sowie die beiden Mecklenburg und Lübeck faßte man zu je einer Statthalterei zusammen. Es wurden fast ausnahmslos Gauleiter mit den Aufgaben eines Reichsstatthalters betraut, und auch in den Ländern, in denen die Gauleiter schon seit 1932 oder seit März 1933 Ministerpräsidenten waren, übernahmen sie nun das wichtiger erscheinende Amt des Reichsstatthalters, was zu neuen Rivalitäten zwischen ihnen und ihren Nachfolgern im Regierungsappa-

——————— Reichsgrenze   —·—·—·—·— Grenze der Freien Stadt Danzig
▬▬▬▬▬ Reichsgrenze von 1918   — — — — — Landesgrenze

rat führte. Diese Konkurrenz sah Hitler nicht ungern; in der Reichsstatthalter-
Konferenz vom 22. März 1934 bezeichnete er die Reichsstatthalter als »Gouver-
neure« oder »Vizekönige des Reiches«, die aus ihrem Amt machen sollten, was
sie könnten.

An dieser Formulierung wurde schon erkennbar, daß Hitler nicht oder nicht
mehr an die rasche Fixierung einer nationalsozialistischen Verfassung dachte. Aus

verschiedenen Gründen war ihm an einer exakten Zuweisung von Kompetenzen gar nicht gelegen. So wurden die Reichsstatthalter mit dem von Frick entworfenen »Gesetz über den Neuaufbau des Reiches« vom 30. Januar 1934 zwar dem Innenministerium unterstellt, blieben aber als Gauleiter direkt an Hitlers Weisung gebunden, so daß anstelle der von Frick erhofften Bildung einer neuen »Reichsmittelinstanz« nur eine weitere Unklarheit im Verwaltungsaufbau entstand. Allerdings reduzierte sich die Bedeutung der Reichsstatthalter ebenso wie die der Landesregierungen in der Folgezeit faktisch dadurch, daß zum einen mit dem »Neuaufbau«-Gesetz die Hoheitsrechte der Länder an das Reich übergingen und die Landtage aufgehoben wurden, daß zum anderen die Regierung durch das Gesetz vom 14. Februar 1934 auch den Reichsrat beseitigte. Das Kabinett wurde dementsprechend am 11. Mai 1935 um ein Reichsministerium für Wissenschaft, Erziehung und Volksbildung (Bernhard Rust) und am 16. Juli 1935 um ein Ministerium für kirchliche Angelegenheiten (Hanns Kerrl) erweitert.

Die Tendenz, immer mehr Entscheidungen in Berlin zu fällen, zeitigte vor allem in der Justizverwaltung erhebliche Konsequenzen: Infolge der Zusammenlegung mit dem preußischen erhielt das Reichsjustizministerium, das bisher nur Gesetzgebungsministerium gewesen war, den Rang einer obersten Administration für sämtliche Gerichte und Justizbeamte in Deutschland. Am 1. April 1935 wurden die Landesjustizministerien und -behörden aufgelöst und in etwa dreißig einheitliche, dem Reichsjustizministerium unterstellte Oberlandesgerichtsverwaltungen eingegliedert. In den Jahren 1934 und 1935 erfolgte dann – gegen den Widerstand Görings – die Verschmelzung der preußischen Ministerien für Inneres, Wirtschaft, Landwirtschaft und Arbeit mit den Reichsministerien; nur das preußische Finanzressort unter Popitz blieb außer Görings eigenem Staatsministerium bestehen. Das entsprach ganz den Vorstellungen Fricks, der bewußt an Strukturelemente des Bismarck-Staates anknüpfen wollte, vor allem aber seinem Reichsinnenministerium durch Einfügung des preußischen Pendants einen realen Unterbau verschaffte.

Seitdem Helmuth Nicolai im November 1933 als Abteilungsleiter für Verfassungsfragen ins Innenministerium eingetreten war, arbeitete Frick fieberhaft an einem Staatsgrundgesetz für das nationalsozialistische Regime. In diesem Zusammenhang muß auch das erwähnte »Gesetz über den Neuaufbau des Reiches« gesehen werden, das aber entgegen den Absichten Fricks nicht zur »Magna Charta der Reichsreform« wurde, sondern eher eine Absichtserklärung blieb. Erst mit dem preußischen Gesetz über die Oberpräsidenten vom 27. November 1934 wurde ein Schritt auf dem Weg zur gleichmäßigen Neugliederung des Reiches in Provinzen beziehungsweise Gaue getan. Aber diese in der Logik der Entwicklung zum »nationalen Einheitsstaat« liegende Absicht konnte dann doch nicht ausgeführt werden. Das Ende 1934 ausgearbeitete und am 30. Januar 1935 verabschiedete »2. Reichsstatthalter-Gesetz« wurde, wegen der plötzlich auftretenden

Bedenken Hitlers, stark abgeschwächt: Der Plan Fricks, die Gauleiter wie die Reichsstatthalter zu Beamten zu machen und deutlicher seiner Kontrolle zu unterstellen, scheiterte. Hitler sah in den Reichsstatthaltern vor allem »Hoheitsträger der nationalsozialistischen Idee und Sachwalter des Nationalsozialismus, nicht aber Verwaltungsträger eines bestimmten Staates«. Lediglich in Hessen und Sachsen vereinigte man Anfang 1935 die Ämter von Reichsstatthalter und Ministerpräsident in der Hand des Gauleiters. Die von Frick, aber auch von Göring vertretene Ansicht, man sollte die Länder auflösen und nach dem Vorbild der preußischen Provinzen »Reichsgaue« errichten, blieb ohne Aussicht auf Erfolg. Hatte Hitler noch auf dem Reichsparteitag vom September 1933 angekündigt, daß man die Länder in absehbarer Zeit liquidieren werde, so erklärte er im März 1935, daß »jegliche öffentliche Erörterung über die Reichsreform, vor allem über Neugliederungsfragen, in schriftlicher und mündlicher Form zu unterbleiben« hätte.

Friedrich Gramsch, ein Beamter im preußischen Staatsministerium, stellte rückblickend fest, daß 1935 »ungefähr klar« geworden sei, daß »Hitler eine schriftlich fixierte systematische Reichsreform durchaus nicht wollte«. Frick gelang lediglich noch die Verabschiedung der »Deutschen Gemeinde-Ordnung« am 30. Januar 1935, nachdem Göring (gegen die ausdrückliche Weisung Hitlers) bereits am 15. Dezember 1933 ein preußisches Gemeindeverfassungsgesetz erlassen hatte, demzufolge die Bürgermeister in den Kommunen nicht mehr gewählt, sondern berufen wurden. Das von Frick für die Zeit nach Ablauf des »Ermächtigungsgesetzes« am 26. Januar 1937 geplante »Staatsgrundgesetz«, das klar die Unterschiede zwischen Gesetz, Verordnung und Erlaß definieren sollte, kam ebensowenig zustande wie die von ihm projektierte Umbildung des Kabinetts zum »Führerrat«.

Der »Führer und Reichskanzler« löste sich vielmehr zunehmend von seinem Kabinett. Hatten 1933 noch siebzig Besprechungen zwischen den Ministern stattgefunden, so sank die Zahl 1934 auf einundzwanzig, im Jahr 1935 auf elf, 1936 auf zwei, stieg 1937 noch einmal auf sechs, und schließlich fand am 5. Februar 1938 die letzte Sitzung der Reichsregierung überhaupt statt. Während Hitler in der ersten Zeit durchaus noch den Rat seiner Kabinettsmitglieder annahm, sahen sich die Minister in den folgenden Jahren mehr und mehr auf die Arbeit in ihren isolierten Bereichen beschränkt. Eine gewisse Koordination wurde praktisch nur noch dadurch aufrechterhalten, daß unter Göring der preußische Ministerrat und der Kleine Ministerrat auch die meisten Reichsminister zusammenführten, also die Funktion eines verkleinerten Reichskabinetts ausüben konnten, wobei Göring faktisch die Funktion eines Vize-Reichskanzlers übernahm.

Die Degradierung der Kabinettsmitglieder kam auch in einem Erlaß vom 20. März 1935 zum Ausdruck, durch den festgelegt wurde, daß zukünftig für Gesetze nicht mehr die Gegenzeichnung der Minister, sondern nur noch ihre Mitzeichnung notwendig war, wobei die Staatssekretäre das Recht erhielten, die Minister in dieser Funktion zu vertreten. Entsprechend dem Wortlaut des »Ermächtigungsgesetzes« – »von der Reichsregierung beschlossene Reichsgesetze werden vom Reichskanzler ausgefertigt« – gab es »Gesetze« nur noch der Form nach, sie waren von »Erlassen« und »Verordnungen« nicht mehr prinzipiell zu unterscheiden.

Nachdem sich Hindenburg schon Ende 1933 aus Gesundheitsgründen mehr und mehr auf sein Gut Neudeck zurückgezogen hatte, ließ Hitler – der nicht mehr den Anschein preußischer Korrektheit aufrechterhalten mußte – alle Regelmäßigkeit in seiner Arbeit fahren. Die Abstimmung der Arbeitsbereiche fand, wenn überhaupt, nur noch improvisiert statt. Die Koordination lag vor allem in der Hand der »Reichskanzlei«, deren Leiter Hans Heinrich Lammers ursprünglich als Staatssekretär, dann seit 1937 als »Reichsminister und Chef der Reichskanzlei«, das Mindestmaß an Abstimmung zwischen den Ressorts gewährleistete. Neben die Reichskanzlei, die ebenfalls den Rang einer Obersten Reichsbehörde erhielt, traten nach Hindenburgs Tod die »Präsidialkanzlei« unter der Leitung Otto Meissners, der diese Funktion schon bei Ebert und Hindenburg ausgeübt hatte und sich vornehmlich mit Fragen des Protokolls befaßte, und die am 17. November 1934 gegründete »Kanzlei des Führers der NSDAP« unter Philipp Bouhler, die eigentlich für alle Vorgänge zuständig war, die aus der Bevölkerung an den »Führer« herangetragen wurden, aber gelegentlich auch mit staatlichen Obliegenheiten, etwa der Durchführung des »Euthanasie-Befehls«, betraut wurde.

Die Tatsache, daß es niemals gelang, dem Regime eine einheitlich abgefaßte oder kumulative Verfassung zu geben, hing nicht nur mit Hitlers Mangel an Arbeits- und Organisationsdisziplin zusammen. Die chaotisch anmutende Situation war außerdem das wohl unvermeidbare Ergebnis der Übergangszeit bis zur Verwirklichung einer endgültigen nationalsozialistischen Ordnung, wie sie Hitler für die Zukunft erwartete, und das Gegeneinander der Instanzen, die unklare Abgrenzung von Befugnissen machte jede Machtballung unmöglich, die Hitlers Position hätte gefährlich werden können. Der Begriff »Polykratie« für diesen Zustand ist allerdings unangemessen. Der Terminus wurde von Johannes Popitz schon 1930 benutzt, um die Agonie der Republik zu charakterisieren. Von einem »Zustand der zusammenhanglosen staatlichen Willensbildung« kann in bezug auf das NS-Regime aber nicht gesprochen werden. Das System geriet trotz der Reibungsverluste und der heftigen Kämpfe zwischen den Satrapen niemals in den Zustand von »Staatsgefahr«, den Popitz als unvermeidbares Ergebnis der »Polykratie« diagnostiziert hatte. In der Person des »Führers« blieb zuletzt die notwendige Einheitlichkeit gewahrt. Der Bezug auf die Zustimmung der Massen schränkte seine Macht sowenig ein wie die technischen Funktionen des Staates, und seine Macht im Ideologiestaat war insofern absolut, als er allein die »Verfügung über das ideologische Telos« (Manfred Funke) hatte. Die nationalsozialistische Staatslehre behauptete, daß nur in Hitler Volks- und Staatswille verschmelzen sollten. Juristen wie Karl Larenz gingen so weit, Hitler als »die ungeschriebene Rechtsidee seines Volkes« zu definieren. Zwar wurde Hitler erst am 26. April 1942 auf Vorschlag Görings durch den Reichstag formell zum Obersten Gerichtsherrn bestellt, aber die faktische Bedeutung einer letzten Instanz, die selbst keiner Rechtsvorschrift unterworfen war, übte er seit langem aus. In einem Aufsatz für das Reichsverwaltungsblatt vom 30. Januar 1943 schrieb Lammers, der Leiter der Reichskanzlei: »Der Führer Adolf Hitler als Träger der höchsten Souveränität des Großdeutschen Reiches ist alleiniger Ursprung allen Rechts.«

Partei und Staat

Eine wesentliche Ursache für die Schwierigkeiten bei der rationalen Organisation des Gesamtsystems lag in dem ungeklärten Verhältnis von Partei und Staat begründet. Wenigstens theoretisch war die Situation durch das »Gesetz zur Sicherung der Einheit von Partei und Staat« vom 1. Dezember 1933 insoweit geklärt, als dort eine Art Aufgabenteilung intendiert schien; die NSDAP war gemäß Paragraph 1 »Trägerin des deutschen Staatsgedankens«, dem »Staate unlöslich verbunden«, eine »Körperschaft des öffentlichen Rechts«. Die Verbindung von Partei und Staat kam in der Berufung von Heß (als Stellvertreter des Führers der NSDAP) und Röhm (als Stabschef der SA) in das Reichskabinett zum Ausdruck, während sich die Selbständigkeit der Partei in der Absicht niederschlug, eine eigene »Partei- und SA-Gerichtsbarkeit« aufzubauen. Die relative Klarheit dieser Bestimmungen wurde allerdings schon dadurch in Frage gestellt, daß es zur Ausbildung einer »Partei- und SA-Gerichtsbarkeit« niemals kam, und während der Stabschef der SA nach dem 30. Juni 1934 die Zugehörigkeit zum Kabinett verlor, legte Hitler in einem Erlaß vom 27. Juli des Jahres fest, daß Heß an allen Gesetzentwürfen und Rechtsverordnungen in »sämtlichen Reichsressorts« zu beteiligen sei.

Allerdings führte Hitlers prinzipielles Mißtrauen gegen bürokratische Prozesse, Administration und Formalien dazu, daß von einem geordneten Nebeneinander oder einer Kooperation von Partei und Staat nicht ernsthaft gesprochen werden konnte. Auf dem Reichsparteitag im September 1934 formulierte er vor zweihunderttausend politischen Leitern die später oft zitierten Sätze: »Nicht der Staat befiehlt uns, sondern wir befehlen dem Staat! Nicht der Staat hat uns geschaffen, sondern wir schaffen uns unseren Staat.« Und am 1. November jenes Jahres hieß es auf der Reichsstatthalter-Konferenz mit einer deutlichen Spitze gegen Frick, es werde noch zehn Jahre dauern, »bis man eine Bürokratie habe, die auch wirklich mitgehen wolle«.

Der Innenminister hatte wiederholt versucht, den »Einbau der Partei in den Staat« gesetzlich zu regeln, aber der von seinem Ministerialdirektor Nicolai formulierte Gedanke von Partei und Staat »als zwei im Grunde getrennte Sphären« konnte kaum auf Unterstützung durch den »Führer« rechnen. Zugleich mußte man sich im Innenministerium der Gegenangriffe aus der Parteileitung erwehren. Frick sah sich seit 1934/35 mit der Tatsache konfrontiert, daß unter dem maßgeblichen Einfluß von Martin Bormann, dem Stabsleiter des »Stellvertreters des Führers«, aus dem »Verbindungsstab« zwischen der Reichsleitung der NSDAP und der Regierung sowie dem Heß zugeordneten Stab doch eine Art von Parteiministerium entstand. Bei dem systematischen Ausbau seiner Machtposition forderte Bormann schon 1935, daß die NSDAP in eine »politische Körperschaft des Verfassungsrechtes« umgewandelt werden solle und weitgehende Kompetenzen bei der Neuordnung des Staates erhalten müsse. Hatte Frick bis dahin geglaubt, daß sich die Reibungen zwischen Partei und Staat nach einer Übergangszeit verlieren würden, so sah er sich zwei Jahre später zu der Einsicht genötigt, daß das ungeklärte Verhältnis der beiden das »wichtigste, vielleicht *das* Problem des Dritten Reichs überhaupt« sei.

Offensichtlich beurteilte Hitler die Lage anders und nutzte die Möglichkeiten, die sich aus der Tatsache ergaben, daß nur in seiner Person Staat und Partei zur Deckung kamen. Denn soweit das System von dem »totalen Verwaltungsstaat«, den Frick erhoffte, entfernt blieb, sowenig gelang es auch der Partei, die Administration vollständig unter Kontrolle zu bringen. Auf vielen Gebieten gab es zwar eine enge Verschränkung von staatlichen und Parteiaufgaben, aber die staatlichen Ämter hoher Parteifunktionäre war selten von großer Bedeutung: So übten 1935 von den insgesamt dreißig Gauleitern zehn gleichzeitig das Amt des Reichsstatthalters aus, sechs versahen die Arbeit eines preußischen Oberpräsidenten, zwei weitere, Joseph Goebbels und Bernhard Rust, fungierten als Minister. Zwei bayerische Gauleiter standen Regierungsbezirken vor, einer war Landesminister und ein weiterer Reichskommissar im Saargebiet.

Der Einfluß der Gauleiter auf die Politik war vielfach stärker durch ihre unmittelbare, oft seit der »Kampfzeit« bestehende, persönliche Bindung an Hitler als durch die Ausübung staatlicher Funktionen zu erklären. So gelang es ihnen beispielsweise im Herbst 1933, die Absetzung der industriefreundlichen »Treuhänder der Arbeit« zu erzwingen, indem sie direkt beim »Führer« intervenierten. Daß sich auf der anderen Seite die Wahrnehmung zumindest nominell wichtiger Parteiämter keineswegs mit der Ausübung politischer Macht verbinden mußte, konnte man am Beispiel Alfred Rosenbergs ablesen, der zwar 1933 mit der Organisation eines »Außenpolitischen Amtes« der NSDAP beauftragt wurde und sich 1934 selbst den klangvollen Titel eines »Beauftragten des Führers für die

Überwachung der gesamten geistigen und weltanschaulichen Schulung der NSDAP« verlieh, der aber seinen Führungsanspruch in der Außen- beziehungsweise in der Kulturpolitik niemals gegen das Auswärtige Amt, gegen Rust oder Goebbels durchsetzen konnte. Immerhin gelang ihm aber – meistens im Bündnis mit Ley – in einzelnen Fällen, beispielsweise im Konflikt mit dem Dirigenten Wilhelm Furtwängler um den jüdischen Komponisten Paul Hindemith, die Durchsetzung seiner Position gegenüber Goebbels; auch dessen endgültige Wendung gegen die »entartete Kunst« ging vor allem auf den von Rosenberg ausgeübten Druck zurück. Eine ganz andere Qualität hatte dagegen die Usurpation staatlicher Funktionen durch die der NSDAP angeschlossenen Verbände, etwa die DAF, die zu einem nicht zu unterschätzenden Einflußfaktor auf dem Gebiet der Sozialpolitik wurde.

Die Partei, mit der Hitler schließlich die Machteroberung vollendete, hatte mit der NSDAP der zwanziger Jahre und selbst mit der Partei der letzten »Kampfzeit« bloß noch wenig zu tun. Die wichtigen Ratgeber der frühen Jahre, Dietrich Eckart und Erwin von Scheubner-Richter, waren lange tot, andere, wie Gottfried Feder, wurden abgehalftert, Gregor Strasser und Ernst Röhm fielen der »Säuberung« vom Juni 1934 zum Opfer. Rudolf Heß trat niemals aus dem Schatten des vergötterten »Führers«, und allein Göring nahm wirklich am Erfolg teil. Im Grunde gehörte er aber wie Goebbels, Himmler und Hans Frank der »zweiten Generation« an, die erst nach der Umgründung der NSDAP von 1925 aktiv geworden war. Ihnen folgte schon am Ende der zwanziger Jahre eine dritte Generation junger Technokraten wie Reinhard Heydrich oder Albert Speer, für die das »Fronterlebnis« keine Rolle mehr spielte, die vielmehr die Wirtschaftskrise und die Aussicht auf eine steile Karriere in die Partei getrieben hatte.

Der Uneinheitlichkeit des Führungskorps korrespondierte die Unselbständigkeit der Partei. Der romantischen Vorstellung von einem »nationalsozialistischen Orden«, der in der Überlieferung von »kämpfenden Gemeinschaften wehrfähiger Männerbünde« (Hans Schwarz van Berk) – vergleichbar den Deutschordensrittern oder dem preußischen Offizierskorps – die Führung des Volkes ausüben werde, stand das ernüchternde Faktum gegenüber, daß die Partei in den Friedensjahren des Regimes mehr und mehr zum ideologischen Mobilisierungs- und Überwachungsinstrument herabsank. Bis zur Ernennung der Gauleiter zu »Reichsverteidigungskommissaren« bei Beginn des Krieges war sie kaum eine Größe von eigenem Gewicht. Auch hierin unterschied sich das NS-Regime deutlich von dem faschistischen in Italien. Es hatte mehr als nur symbolische Bedeutung, daß der von Hitler als Zukunftsprojekt erwähnte »Senat« niemals zustande kam, während der »Gran Consiglio« des PNF in Italien wenigstens einen potentiellen Machtfaktor bildete, der unter den besonderen Umständen des Kriegsverlaufs 1943 sogar die Absetzung des »Duce« veranlassen konnte.

Tatsächlich hat die NSDAP ihre Funktion als »Elite« des Regimes nur sehr bedingt erfüllen können. Nach dem Januar 1933 war bis zur ersten Aufnahme-sperre (1. Mai 1933) die Zahl der Mitglieder von 849.009 auf 2.493.890 gestiegen, die von Hitler als ideal betrachtete Stärke – zehn Prozent der Gesamtbevölkerung – konnte so aber nicht erreicht werden, weshalb am 1. Mai 1937 die Sperre beseitigt wurde. Infolgedessen stieg die Zahl der NSDAP-Mitglieder bis zum Jahresende auf 3,5 Millionen, lag also immer noch um etwa fünfzig Prozent unter dem Soll. Entgegen dem Volksgemeinschaftsideal gelang es auch nicht, Arbeiter und Bauern verstärkt aufzunehmen, die untere Mittelschicht blieb dominierend. Das Führerkorps der Partei bestand sowieso nur zu einem kleineren Teil aus Arbeitern – 1935: 22,6 Prozent – und Angestellten – 21 Prozent (Berlin: 43,1 Prozent; Bremen: 38,8 Prozent) –, weshalb die Partei in den industriellen Ballungszentren aufgefordert wurde, verstärkt Arbeiter als Funktionäre zu werben, »auch dann, wenn diese anfangs den Anforderungen als politische Leiter nicht im gewünschten Sinne entsprechen«. Aus dem Mittelstand kamen auch zwei Drittel der »Politischen Leiter«, nur ein Drittel entstammte höheren sozialen Schichten. Lediglich einige Gruppen der selbständigen Akademiker – vor allem Ärzte und Juristen – wandten sich verstärkt der Partei zu, beließen es allerdings oft bei der Mitgliedschaft in den angeschlossenen Verbänden – dem »Nationalsozialistischen Deutschen Juristenbund« (NSDJ) und dem »Nationalsozialistischen Deutschen Ärztebund« (NSDÄB).

Beamte waren aus beruflichen Gründen überproportional vertreten, bei einer deutlichen Zurückhaltung der oberen Dienstränge. Anfang 1935 besaßen 307.205 von den insgesamt 1.483.768 Beamten des Reiches die Parteimitgliedschaft. Nach der offiziellen »Parteistatistik« waren 81,4 Prozent von ihnen erst nach dem März 1933 in die NSDAP eingetreten. Die meisten verdächtigte man – zu Recht – als »Konjunkturritter«, und die Parteileitung scheute sich nicht, ihre Funktionäre aufzufordern, diese »Parteigenossen« wie Nichtmitglieder zu beobachten und Beamte, die sich nicht »aktiv in der Bewegung betätigen und weltanschaulich nicht gefestigt sind, ... zu gegebener Zeit als für die Partei nicht brauchbar aus der Partei zu entfernen«. Die geringe Zahl von geeigneten Beamten, die schon vor 1933 Mitglieder der NSDAP gewesen waren und für hervorragende Positionen verwendbar schienen, führte zu Engpässen bei der Besetzung von wichtigen Stellen, so daß zum Beispiel einige Reichsstatthalter kaum wagten, an die Kompetenzen der juristisch vorgebildeten Beamten in der Länderverwaltung zu rühren. Umgekehrt standen viele Beamte unter dem doppelten Druck des Disziplinar- und des Parteirechts. Aufgrund der besonderen Stellung der NSDAP konnte die Verurteilung durch eines der »Parteigerichte« die Entfernung aus dem Staatsdienst wegen ideologischer Unzuverlässigkeit nach sich ziehen. Deshalb bildete in mancher Hinsicht die Nichtmitgliedschaft in der NSDAP einen besseren Schutz vor Pressionen als die Mitgliedschaft.

Die Bildung einer neuen, nationalsozialistisch erzogenen Beamtenschaft gehörte zu den Hauptanliegen der Gruppe um Innenminister Frick. Die Entlassungen aufgrund des »Gesetzes zur Wiederherstellung des Berufsbeamtentums« vom 7. April 1933 – das vorsah, daß Beamte, »die nicht arischer Abstammung« waren oder »nicht die Gewähr dafür bieten, daß sie jederzeit rückhaltlos für den nationalen Staat eintreten«, aus dem Dienst entfernt werden konnten –, hielten sich allerdings in engem Rahmen: nur ein bis zwei Prozent der 1,5 Millionen Beamten gingen dadurch ihrer Posten verlustig. In Preußen, das kontinuierlich von den Parteien der »Weimarer Koalition« regiert worden war und eine entsprechend geprägte Bürokratie besaß, verloren allerdings etwa zwölf Prozent der höheren Beamten der inneren Verwaltung ihre Stellung. Fricks Vorstellung vom Beamtentum führte dazu, daß er den Einfluß der Partei auf die Beamten oder die Umgehung des Dienstweges unter Hinweis auf die Parteiräson mit allen Mitteln zu verhindern suchte. Aber auch Göring und Goebbels sowie die meisten anderen Minister lehnten jede Einrede der Partei bei der Ernennung von Beamten ab. Nachdem Heß im Juli 1934 die Mitwirkung bei der Gesetzesvorbereitung übertragen worden war, richtete er zwar zusammen mit Bormann neben der für Parteiangelegenheiten zuständigen politischen Abteilung (Abteilung II) eine Abteilung III der Parteileitung für »staatsrechtliche Fragen« ein, doch blieben ihre Eingriffe selten. Die Beurteilung der politischen Zuverlässigkeit durch die Partei hatte natürlich Auswirkungen, aber die Mitgliedschaft in der NSDAP wurde zu keinem Zeitpunkt Voraussetzung für eine Laufbahn. Bezeichnend war auch, daß die NSDAP einen vergleichbaren Einfluß auf die Wehrmacht nicht erlangen konnte. Ihren Angehörigen, auch den zivilen Beamten, Angestellten und Arbeitern wurde zwar die Zugehörigkeit zur Partei erlaubt, aber nicht die Übernahme von Ämtern. Die dienstliche Verschwiegenheit galt ausdrücklich auch gegenüber der Partei.

Mit dem Amt des Reichspräsidenten war Hitler das Recht zugefallen, die Beamtenernennungen auszusprechen, und eine Neuregelung des Beamtengesetzes wurde spätestens unumgänglich, nachdem die Länderhoheit aufgehoben worden war. Das »Deutsche Beamtengesetz« vom 26. Januar 1937, das letzte größere Gesetzesvorhaben, das Frick als Innenminister verwirklichte, konnte allerdings nicht verhindern, daß der Status des deutschen Beamtentums immer weiter absank. Das hing damit zusammen, daß die Beamten zwar vielfach die eigenen Standesrechte wahren konnten, aber sehr bereitwillig alle Anweisungen exekutierten, die formal zulässig waren. Das entsprach allerdings nicht den Idealvorstellungen Hitlers. Die unmittelbar nach seiner Regierungsübernahme einsetzende Diskussion über den Gegensatz von »unpolitischer« und »politischer« Verwaltung war gerade mit dem Ziel verbunden gewesen, die politisch neutrale durch eine nationalsozialistische Administration zu ersetzen. Dabei lag in den Bemühungen um eine Verwaltungsvereinfachung und in der Abwendung von dem älteren Verwaltungsrecht, das die Notwendigkeit von Planungsvorgaben im modernen Massen- und Sozialstaat ignorierte, durchaus ein »innovativer Effekt« (Michael Stolleis). Aber die Auflösung aller klaren Weisungen und gesetzlichen Regelungen, die eben nicht bei der Aufhebung der Grundrechte stehenblieb, mußte negative Folgen für jede rationale Verwaltungstätigkeit haben.

Immerhin wies Wilhelm Stuckart, seit 1935 als Staatssekretär im Reichsinnenministerium für Verfassungsfragen zuständig, 1941 darauf hin, daß die Folgen der sich allmählich entwickelnden Lage in »Behördeninflation und Behördenkrieg, Doppelarbeit und Leerlauf der Behörden, Unproduktivität der Behördenarbeit« bestünden, ja sogar die Gefahr einer »Verminderung der Rechtssicherheit durch erhöhte Möglichkeit voneinander abweichender Behördenentscheidungen, Verteuerung der Verwaltung, Aufblähung des gesamten Staatsapparates und ... überflüssigem Zentralismus mangels Ausgleich in der Mittel- und Unterstufe« entstehe. Insofern war das dann im März 1940 durchgesetzte Prinzip, daß statt fachlicher Qualifikation stärker politische Zuverlässigkeit bei der Beförderung der Beamten den Ausschlag geben sollte, nur noch von sekundärer Bedeutung. Die Zersetzung der Homogenität der Beamtenschaft war so weit vorangeschritten, daß die Bürokratie insgesamt entmachtet wurde und vor allem die Reichsregierung selbst mehr und mehr durch Sonderbevollmächtigte Hitlers, durch die Ämterhäufung in der Hand einzelner mächtiger Parteifunktionäre sowie durch neue, mit der Partei oder der Privatwirtschaft verquickte Zentralorgane aufgelöst wurde.

Gebändigtes Chaos

Die erste Durchbrechung der üblichen Spitzenorganisation der Reichsbehörden hatte mit der Ernennung Fritz Todts zum »Generalinspekteur für das deutsche Straßenwesen« am 30. Juni 1933 stattgefunden; am 6. Oktober wurde seine Dienststelle in eine »höhere Reichsbehörde« umgewandelt, durch Erlaß des Reichspräsidenten vom 30. November erhielt sie den Rang einer »Obersten Reichsbehörde«, das heißt, sie blieb ohne den allgemeinen Verwaltungsauftrag eines Ministeriums, aber ihr Leiter hatte das Recht zum direkten Vortrag beim Reichskanzler und zur eigenständigen Beamtenernennung. Ein ähnlicher Vorgang wie im Falle Todts war auch bei Konstantin Hierl zu beobachten, der am 31. März 1933 trotz des Widerstandes von Seldte Leiter des Arbeitsdienstes wurde. Hierl gelang die völlige Ausgliederung seines Amtsbereichs aus dem Arbeitsministerium im Oktober und die Unterstellung unter das Reichsministerium des Inneren. Am 26. Juni 1935 erreichte Hierl den Erlaß eines Gesetzes über die Arbeitsdienstpflicht für alle Männer zwischen achtzehn und fünfundzwanzig Jahren; zur »Obersten Reichsbehörde« wurde der »Reichsarbeitsdienst« (RAD) allerdings erst 1943.

Ein Übergang vom Freiwilligkeits- zum Zwangsprinzip wie im Fall des Arbeitsdienstes war auch bei der Reorganisation der »Hitler-Jugend« zu beobachten. Die HJ, die noch zu Beginn der dreißiger Jahre eine wesentlich proletarisch geprägte NS-Organisation war und von sich behauptete, die »revolutionäre Jugend« für den Kampf um ein »sozialistisches Großdeutschland« zusammenzufassen, wandelte sich unter der Führung Baldur von Schirachs zu einem ganz mit Hitlers Linie konform gehenden Verband. Schirach hatte nach seinem Amtsantritt im Oktober 1931 als »Reichsjugendführer der NSDAP« (RJF), dem die HJ, das »Jungvolk«, der »Bund deutscher Mädchen« (BdM) und der Gymnasiasten vorbehaltene »Nationalsozialistische Schülerbund« (NSS) unterstellt waren, begonnen, Kontakte zu den verschiedenen Gruppen der Jugendbewegung aufzunehmen, und versucht, Einfluß in deren Dachverband, dem »Reichsausschuß der deutschen Jugendverbände«, zu gewinnen. Diese Bemühungen blieben aber angesichts des Unterwerfungsverlangens der Nationalsozialisten ohne Erfolg. Erst im Zuge der »nationalen Revolution« gelang es Schirach durch eine Art Handstreich, die unabhängigen Jugendorganisationen zur Auflösung oder zum Übertritt zu nötigen. Am 5. April 1933 – also schon einen Monat vor den ähnlich gearteten Aktionen gegen die Gewerkschaften – besetzte er mit Unterstützung der SA das Gebäude des »Reichsausschusses«, am 17. Juni wurde er zum »Jugendführer des Deutschen Reiches« ernannt, vier Tage später erging eine Verfügung, derzufolge alle Organisationen der Bündischen Jugend aufzulösen waren.

Im Frühjahr 1934 fielen auch die evangelischen Organisationen der Führung Schirachs anheim, es folgten die Jugendgruppen der Nationalsozialistischen Betriebsorganisation (NSBO) beziehungsweise der Deutschen Arbeitsfront (DAF) sowie 1936 die Landjugend und die Sportjugendverbände. Lediglich die durch das Konkordat geschützte katholische Jugend sowie die jüdischen Gruppen konnten ihre – wenn auch immer durch Schikanen bedrohte – Unabhängigkeit sichern. Hitler hatte Schirach 1935 die Gründung einer Staatsjugend zugebilligt, aber das Finanzministerium, das die Bezahlung von mehreren tausend hauptamtlichen HJ-Funktionären vermeiden wollte, und das Innenministerium, das schon die gewaltsamen Übergriffe der HJ kritisiert hatte, erhoben Bedenken gegen eine neue Oberste Reichsbehörde. Erst am 1. Dezember 1936 wurde das »Hitlerjugend-Gesetz« verabschiedet, die Durchführungsbestimmungen für die »Jugenddienstpflicht« vom zehnten bis zum achtzehnten Lebensjahr gab der RJF sogar erst im Dezember 1939 heraus.

Zu diesem Zeitpunkt waren bereits mehr als acht Millionen Jugendliche in der HJ zusammengeschlossen. Ein organisierter Widerstand gegen diese Form der Erfassung hat niemals bestanden. Wer von den Heranwachsenden nicht fasziniert war von den Stilelementen, die die HJ aus der Jugendbewegung übernommen hatte, wie Fahrten, Lager und Kameradschaft der Gleichaltrigen, die von

Jugendlichen geführt wurden, der wurde vielleicht durch die Angebote in der Marine- oder der Flieger-HJ, Teilorganisationen mit eher elitärem Zuschnitt, gewonnen. Neben der vormilitärischen Ausbildung diente die HJ der weltanschaulichen Indoktrination, der Erziehung zum »politischen Soldaten«. Konflikte mit den traditionellen pädagogischen Instanzen, Elternhaus, Kirche und Schule, waren dabei unvermeidbar. Vor allem die Auseinandersetzung mit den Schulen spielte eine wichtige Rolle, nachdem Schirach schon 1933 HJ-Funktionäre ermuntert hatte, in den Bildungsanstalten gegen Disziplinierungsversuche durch Lehrer zu opponieren. Dabei war nicht nur das Selbstbild vom jugendlichen revolutionären Aktivismus, der sich gegen die »Alten« wendete, von Bedeutung, es ging auch um die Förderung jener antiintellektuellen Ressentiments, die Schirach mit Hitler und vielen anderen führenden Köpfen des Regimes teilte. In seinem zuerst 1934 erschienenen Buch »Die Hitler-Jugend. Idee und Gestalt« sprach Schirach mit drohendem Ton von dem notwendigen »Taktgefühl«, das die Lehrer im Umgang mit HJ-Führern an den Tag zu legen hätten, und an die Mehrzahl der bürgerlich-konservativ orientierten Lehrer gewandt, hieß es: »Sie vergessen einfach, daß die Jugend in einem höheren Sinne immer recht hat, weil sie das neue Leben trägt. Ihr starres Festhalten an der alten Zeit hat nur den Erfolg, daß sie selbst abseits der neuen Zeit stehen und mit Jugend und Leben keinen Kontakt mehr haben.«

Zu den Merkmalen der »neuen Zeit« zählte Schirach auch den Versuch, das Schulsystem völlig zu verändern. Wie viele NS-Funktionäre, die sich zu pädagogischen Reformern berufen fühlten, etwa Göring, der schon 1933 in Preußen die »Nationalpolitischen Erziehungsanstalten« (NPEA, auch Napola) geschaffen hatte, gründete Schirach 1937 gegen den Widerstand Rusts zusammen mit Ley die »Adolf-Hitler-Schulen« (AHS). Die NPEA wie die AHS kamen aber trotz intensiver Bemühungen über einen embryonalen Zustand nicht hinaus. In allen Fällen spielte ein Affekt gegen das traditionelle Oberschulwesen eine wichtige Rolle, ideologische Formierung und Betonung des egalitären Moments standen in Spannung zu bestimmten Elementen, die man aus den englischen *public schools* übernahm, um hier die zukünftige Elite des »Dritten Reiches« zu erziehen.

Neben den genannten kamen später noch weitere »Oberste Reichsbehörden« hinzu, etwa die »Reichsstelle für Raumordnung« (1935), das »Reichskommissariat für Preisbildung« (1936), die »Reichssportführung« (1936) sowie die »Generalinspektion für die Reichshauptstadt« (1938). Damit einhergehend ballte sich in der Hand einiger Funktionäre eine ungeheure Macht zusammen. Zwischen 1933 und 1939 stieg Hermann Göring zum »zweiten Mann im ›Dritten Reich‹« (Alfred Kube) auf. In den Friedensjahren des NS-Regimes gelang ihm eine außergewöhnliche Kumulation von einflußreichen Posten. Nach dem 30. Januar 1933 war er neben Hitler und Frick das dritte nationalsozialistische Kabinettsmitglied gewesen – wenn auch noch nicht im Ministerrang –, und dann konnte er vor allem über seine Funktion als preußischer Ministerpräsident und Innenminister eine Grundlage für die weitere Entfaltung seines Einflusses schaffen. Die Übergabe des preußischen Innenministeriums an Frick ab dem 1. Mai 1934 war nur eine relativ kleine Einbuße, da Hitler Göring als seinen Vertreter in allen »Angelegenheiten der Staatsführung« und dann noch als seinen Nachfolger einsetzte.

Nachdem Göring die Leitung der preußischen »Geheimen Staatspolizei« im April 1934 an Himmler abgetreten hatte, behielt er das »Forschungsamt«, das insoweit die Funktion eines Nachrichtendienstes erfüllte, als es Telefon-, Fernschreib-, Telegramm- und Funkverkehr abhörte und auswertete. Anstelle des Sicherheitsbereichs konnte Göring in der Folgezeit den modernsten Teil der deutschen Streitkräfte an sich ziehen. Er erhielt 1935 das Oberkommando der Luftwaffe und brachte schließlich noch den Sektor Wirtschafts- und Autarkiepolitik unter seine Kontrolle. Im Oktober 1936 wurde er von Hitler zum »Beauftragten für die Durchführung des Vierjahresplans« ernannt, womit er über ein eigenes Verordnungsrecht verfügte.

Zum Kern der braunen Elite ist auch Goebbels zu zählen, der nach der März-Wahl von 1933 das ganz neu geschaffene Ministerium für »Volksaufklärung und Propaganda« erhalten hatte. Allerdings mußte er deutliche Beschneidungen der von ihm angestrebten Kompetenzen hinnehmen, denn der Bereich Schulung wurde gleichzeitig von Ley und Rosenberg beansprucht, die Erziehung ging schließlich an Rust, die architektonische Gestaltung von Repräsentationsgebäuden behielt sich Hitler selbst vor. Erst mit der Bildung der »Reichskulturkammer« im September 1933 verschaffte Goebbels sich ein effizientes Instrument, das ihm eine weitgehende Beherrschung des kulturellen Lebens ermöglichte. Als »Körperschaft des öffentlichen Rechts« sollte die Kammer eine Art ständischer Organisation sein, um »die deutsche Kultur in Verantwortung für Volk und Reich zu fördern, die wirtschaftlichen und sozialen Angelegenheiten der Kulturberufe zu regeln und zwischen allen Bestrebungen der ihr zugehörenden Gruppen einen Ausgleich zu bewirken«. De facto diente die Kammer, deren Präsidentschaft Goebbels selbst übernahm, nicht allein der konsequenten Verdrängung aller Künstler und Journalisten jüdischer Herkunft, sondern auch der ideologischen Gleichschaltung. Die sieben Einzelkammern – Reichsfilm-, Reichsmusik-, Reichstheater-, Reichspresse-, Reichsschrifttumskammer und Reichskammer der bildenden Künste sowie die 1939 aufgelöste Reichsrundfunkkammer – erfaßten jeden, der publizieren, ausstellen oder überhaupt in einem künstlerischen Beruf arbeiten wollte. Dem entsprach die Eingliederung der Reichskulturkammer in die »Deutsche Arbeitsfront« im Februar 1934, wodurch Goebbels mit Ley zu einem für beide Seiten nützlichen Modus vivendi fand. In seiner eigentlichen Aufgabe als Propagandaminister sah Goebbels seinen Wirkungsbereich allerdings als zu beschränkt an, worüber er sich oft und erfolglos bei Hitler beklagte.

Der Aufstieg der SS

Die Zugehörigkeit zum Reichskabinett als solche garantierte keine Macht. Das war nicht nur am Schicksal der bürgerlichen Minister abzulesen, die in ihrem Amt verblieben, ohne Aussicht darauf, den Gang der Dinge noch nachhaltig zu beeinflussen. Umgekehrt konnten nationalsozialistische Funktionäre auch ohne Sitz in der Regierung ganz entscheidenden Einfluß gewinnen. Zu den außergewöhnlichsten Entwicklungen im Bereich der neuen Obersten Reichsbehörden gehörte der wachsende Einfluß Himmlers und Heydrichs. Die beiden verfolgten nach ersten erfolgreichen Schritten im Jahr 1933 und der Beteiligung der SS an der Juni-Aktion von 1934 im wesentlichen drei Ziele: die »Verreichlichung«, also die Zentralisierung der Polizei, ihre Verschmelzung mit der SS und schließlich ihre Herauslösung aus der allgemeinen und inneren Verwaltung mit dem Ziel, ein »nationalsozialistisches Staatsschutzkorps« zu errichten, das, so Himmler 1937, seine »Befugnisse zum Vollzug des Willens der Staatsführung und zur Sicherung des Volkes und des Staates nicht aus Einzelgesetzen« ableiten dürfe; die SS sollte vielmehr »aus der Wirklichkeit des nationalsozialistischen Führerstaates und aus den ihr von der Führung gestellten Aufgaben her« handeln.

Himmler hatte inzwischen die Leitungen der Politischen Polizeien im Zuge der Machtergreifung zu regierungsunmittelbaren obersten Landesbehörden ausgebaut, so daß sich seit 1934/35 deutlicher die Frage abzeichnete, ob diese dem Reichsführer SS oder – gemäß »Neuaufbau«-Gesetz – dem Reichsminister des Inneren unterstellt würden. Nachdem es im Kampf gegen Röhm zu einem Interessenausgleich zwischen Göring und Himmler gekommen war, dem die Ernennung des Reichsführers SS zum Stellvertretenden Chef der preußischen Geheimen Staatspolizei, zwei Tage später die Ernennung Heydrichs zum Leiter des Gestapa folgten, wurde durch das »Gesetz über die Geheime Staatspolizei« vom 10. Februar 1936 die erste Phase der Eroberung der politischen Polizei zum Abschluß gebracht. Das mit diesem Datum erlassene preußische Gesetz legte fest, daß die Gestapo die Aufgabe habe, »alle staatsgefährlichen Bestrebungen im gesamten Staatsgebiet zu erforschen und zu bekämpfen«, und in Paragraph 7 hieß es ausdrücklich: »Verfügungen und Angelegenheiten der Geheimen Staatspolizei unterliegen nicht der Nachprüfung durch die Verwaltungsgerichte.«

In einem Kommentar des obersten Gestapo-Justitiars Werner Best zu dem Gesetz vom April 1936 stand ausdrücklich: »Die in den vorstehenden grundsätzlichen Ausführungen als notwendig erkannte Trennung der nach besonderen Grundsätzen und Notwendigkeiten handelnden Geheimen Staatspolizei von der nach allgemeinen und gleichmäßigen rechtlichen Ordnungen arbeitenden Verwaltung ist damit vollzogen.« Nachdem Himmler am 17. Juni 1936 zum »Chef der Deutschen Polizei« ernannt worden war, übertrug er dem preußischen Gestapa die ihm zustehenden Aufgaben als »Politischer Polizeikommandeur«

der Länder, wodurch alle Stellen und Leitstellen der politischen Polizeien, die Grenzpolizeikommissariate und Grenzpolizeiposten unter die Befehlsgewalt von Heydrichs Amt gerieten. Dagegen hatte Frick zunächst opponiert, sah seine Bemühungen jedoch angesichts der ebenso geschickten wie rücksichtslosen Vorgehensweise von Himmler und Heydrich zum Scheitern verurteilt.

Ursprünglich wollte Frick Himmler lediglich den Rang eines »Inspekteurs der Deutschen Polizei« zugestehen, konnte dann aber nur die formelle Eingliederung des »Chefs der Deutschen Polizei« in das Innenministerium erreichen. Er mußte außerdem hinnehmen, daß Himmler in seinem Geschäftsbereich als dauernder Vertreter des Innenministers fungierte, zugleich aber die Berufung in das Beamtenverhältnis ablehnte, das Frick wenigstens grundsätzlich die Möglichkeit zu disziplinarischen Maßnahmen gegeben hätte.

Bezeichnend waren auch die erfolglosen Versuche des Reichsinnenministeriums, den Titel »Reichsführer SS« aus der neuen Dienstbezeichnung zu entfernen, um Partei und Staat deutlicher zu unterscheiden. Aber gerade an der Verquickung der beiden war Himmler besonders interessiert. Einerseits erlaubte ihm die direkte Unterstellung unter Hitlers Befehl, in seiner Funktion als »Reichsführer SS« die Eingriffsversuche Fricks zu konterkarieren, andererseits brachte ihn die Realunion der Ämter der geplanten Verschmelzung von Polizei und SS zu einem »nationalsozialistischen Staatsschutzkorps« näher. Daß die Polizeieinheiten bei den Reichsparteitagen von 1938 und 1939 zusammen mit der SS aufmarschierten, war deshalb mehr als ein symbolischer Akt; durch einen Runderlaß vom 4. März 1938 forderte Himmler ausdrücklich alle Angehörigen der Ordnungspolizei auf, in die SS einzutreten. Während in diesem Bereich ein deutlicher Druck auf die Beamten ausgeübt wurde, hat man andererseits im Falle der Sicherheitspolizeikräfte darauf geachtet, daß nur im Sinne des Regimes zuverlässige Kräfte in die SS beziehungsweise in den SD Aufnahme fanden.

Eine weitere Verklammerung zwischen Polizei und SS entstand ab 1937/38 durch die Schaffung von »Höheren SS- und Polizeiführern« (HSSPF), zu denen Himmler besonders tatkräftige Oberabschnittsführer der Allgemeinen SS, aber auch Polizeigenerale und Spitzenfunktionäre der SS-Hauptämter ernannte. Damit wurde der Prozeß der Herauslösung aus der allgemeinen Verwaltung noch einmal forciert, da die Zuordnung in der Administration bewußt unklar gehalten blieb. Eine Dienstanweisung vom 18. Dezember 1939 legte fest, daß der HSSPF »in seinem Bereiche den Reichsführer-SS und Chef der Deutschen Polizei hinsichtlich aller von dem Reichsführer-SS und Chef der Deutschen Polizei wahrgenommenen Aufgaben« vertreten solle; im Rahmen der Reichsverteidigung übernehme er den Befehl über alle Einheiten der SS, die Ordnungspolizei, die Sicherheitspolizei und den SD »in allen Fällen, in denen ein gemeinsamer Einsatz für bestimmte Aufgaben erforderlich ist«.

Die innere Neuorganisation der Polizei fand durch zwei Erlasse vom 26. Juni

Die Chefs zweier »Oberster Reichsbehörden«: Heinrich Himmler und Joseph Goebbels. Linolschnitte von Hermann Fechenbach in seiner 1943 geschaffenen Serie »Nazi-Elite«. Privatsammlung. – »Ich ging bald in die Knie« im Keller der Schlegel-Brauerei in Düsseldorf, einer Folterstätte der SA. Blatt 12 des 1935/36 gezeichneten, nach 1937 verschollenen Lebensberichts von Karl Schwesig. Düsseldorf, Galerie Remmert und Barth

Empfang für die Träger des »Blutordens« der NSDAP am 19. April 1939 im Mosaiksaal der Reichskanzlei zu Berlin. Erste Reihe von rechts: Baldur von Schirach, Joseph Goebbels, Robert Ley, Wilhelm Frick, Franz Xaver Schwarz, Walter Buth, Max Amann, Alfred Rosenberg, Philipp Beuhler; zweite Reihe von rechts: Otto Dietrich, Martin Bormann, Hans Frank, Richard Walther Darré, Wilhelm Grimm, Xaver Ritter von Epp. – Der Präsident des Volksgerichtshofes Roland Freisler beim Verlesen der Urteile gegen die Verschwörer vom 20. Juli 1944. Photographie vom 8. August 1944

1936 statt: Der General der Polizei Kurt Daluege erhielt die Ernennung zum Chef der Ordnungspolizei (Orpo), zu der Schutzpolizei, Gendarmerie und Gemeindepolizei zusammengefaßt wurden, während SS-Gruppenführer Heydrich Chef der Sicherheitspolizei wurde, zu der man Gestapo und Kriminalpolizei vereinigte (am 16. Juli 1937 wurde das preußische in ein Reichskriminalpolizeiamt umgebildet). Die gleichfalls von Heydrich geführte Nachrichtenorganisation der SS, der »Sicherheitsdienst«, blieb zwar organisatorisch von der Gestapo getrennt, verlor aber immer mehr an Bedeutung. Die Zusammenfassung von Sicherheitspolizei und SD im »Reichssicherheitshauptamt«, das am 27. September 1939 gebildet wurde, brachte praktisch keine realen Veränderungen der Sachlage.

Die besondere Stellung des Sicherheitsapparates im NS-Regime ist nur dadurch zu erklären, daß Himmlers Vorstellung von Polizeiarbeit den inneren Gesetzen eines Systems entsprach, das Terror als legitimes Mittel staatlicher Herrschaft betrachtete und in extremer Weise auf »Feinde« angewiesen war, um die eigene Existenz zu rechtfertigen. In einer Rede von 1935 begründete Heydrich, warum sich, trotz Ausschaltung jeder organisierten Opposition, lediglich die »Kampfform«, aber nicht die Notwendigkeit des Kampfes geändert habe: »Die treibenden Kräfte des Gegners bleiben ewig gleich: Weltjudentum, Weltfreimaurertum und ein zum großen Teil politisches Priesterbeamtentum ...« Seine Forderung, »Deutschland blutlich und geistig gegen neue Einbrüche des Gegners zu sichern«, führte zu einem Verständnis von Prävention, das immer absurdere Verdächtigungen nach sich ziehen und immer neue Gegnergruppen ausmachen mußte.

Dementsprechend wurde auch das nach der Röhm-Affäre allein der SS unterstellte KZ-System nicht beseitigt, sondern vereinheitlicht, organisatorisch gestrafft und effizienter gestaltet. Seit dem März 1935 unterstanden Eicke als »Inspekteur der Konzentrationslager« und »Führer der SS-Wachverbände« neben seinem »Musterlager« Dachau die KZs Esterwegen, Lichtenburg, Sachsenburg, Hamburg-Fuhlsbüttel, Oranienburg und das berüchtigte »Columbia-Haus« in Berlin, in denen alle »Schutzhäftlinge« – zwischen sieben- und neuntausend Menschen – aus den verbliebenen kleineren Lagern zusammengezogen worden waren. Bis zum Sommer 1937 reduzierte sich die Zahl der KZs auf vier, und neben Dachau und Lichtenburg entstanden zwei neue, »moderne« Lager in Sachsenhausen bei Oranienburg und Buchenwald bei Weimar.

Hatte die Zahl der Inhaftierten im Winter 1936/37 mit 7500 Personen am niedrigsten gelegen, so stieg sie bis zum Kriegsausbruch – trotz einiger Schwankungen – kontinuierlich auf 25.000 an. Das zwang die SS-Führung zu einer neuen Erweiterung des KZ-Systems durch die Lager in Flossenbürg (Mai 1938), im ehemals österreichischen Mauthausen (August 1938) und in Ravensbrück (Mai 1939), das als Frauenlager an die Stelle von Lichtenburg trat. Hatte man in Dachau seit dem Sommer 1937 vorwiegend politische Häftlinge festgesetzt, so gehörte die Mehrheit der in Sachsenhausen und Buchenwald Inhaftierten zu den

Kategorien der »Asozialen« und »Gewohnheitsverbrecher«; hinzu kamen Homosexuelle und Angehörige der »Zeugen Jehovas«, die als »Ernste Bibelforscher« bezeichnet wurden. Gesetzliche Grundlagen für das Vorgehen gegen die »Gewohnheitsverbrecher« gab es schon seit 1933, aber erst im Februar 1937 ordnete Himmler an, daß »etwa 2.000 Berufs- und Gewohnheitsverbrecher oder gemeingefährliche Sittlichkeitsverbrecher in polizeiliche Vorbeugungshaft zu nehmen« seien. Der Umfang der Maßnahme wurde ganz in die Verantwortung der ausführenden Kriminalpolizei gestellt. Als »Asoziale« galten gemäß der Richtlinie, die die bayerische Politische Polizei am 1. August 1936 ausgegeben hatte, »Bettler, Landstreicher, Zigeuner, Landfahrer, Arbeitsscheue, Müßiggänger, Prostituierte, Querulanten, Gewohnheitstrinker, Raufbolde, Verkehrssünder«, aber auch »Psychopathen und Geisteskranke«. Die Zahl der jüdischen Häftlinge stieg nach dem großen Pogrom vom 9. November 1938 in allen Lagern sprunghaft an, die meisten der 35.000 Festgenommenen wurden aber rasch wieder entlassen, da die Haft vor allem als Druckmittel eingesetzt wurde, um die Juden zur Auswanderung zu zwingen.

Verhaftungen, die zur Einlieferung in ein KZ führten, waren meistens willkürlich. Alle Versuche des Reichsinnenministeriums, zumindest die Verhängung der »Schutzhaft« an klare Kriterien zu binden, scheiterten wegen der schwachen Stellung Fricks, liefen aber vor allem den Plänen Himmlers zuwider, der an hohen Häftlingszahlen schon deshalb interessiert war, weil er die Konzentrationslager in »Erziehungs- und Produktionsstätten« der SS umwandeln wollte. Seit dem Frühjahr 1938 hat die SS verschiedene Firmen wie etwa die »Deutschen Erd- und Steinwerke GmbH« (DEST) gegründet, so daß die KZ-Häftlinge nicht mehr nur bei Erd- oder Meliorationsarbeiten zum Zwangsarbeitseinsatz kamen, sondern jetzt auch Baumaterial gewinnen oder herstellen mußten, das beispielsweise bei der neuen Repräsentationsarchitektur in der Reichshauptstadt verwendet wurde. Die wirtschaftliche Ausbeutung blieb aber ein Nebeneffekt des KZ-Systems. Es war für Himmler immer zuerst ein Mittel zur Absicherung des Regimes gegenüber jeder inneren Bedrohung.

In einem 1937 veröffentlichten Aufsatz schrieb Himmler über die Aufgaben der »nationalsozialistischen Polizei«: »a) Die Polizei hat den Willen der Staatsführung zu vollziehen und die von ihr gewollte Ordnung zu schaffen und aufrechtzuerhalten. b) Die Polizei hat das deutsche Volk als organisches Gesamtwesen, seine Lebenskraft und seine Einrichtungen gegen Zerstörung und Zersetzung zu sichern.« Auffällig hieran war nicht nur die demonstrative Abkehr von der überlieferten defensiven Aufgabenstellung der Polizei und die damit intendierte Absicht, die Polizei auch und vor allem zur Gefahrenvorbeugung einzusetzen, sondern das offene Verlangen, daß die Befugnisse der Polizei »nicht durch formale Schranken gehemmt werden« dürften. Ein Runderlaß des RSHA vom 15. April 1940 hat später ausdrücklich darauf hingewiesen, daß sich die Befugnisse der Geheimen Staatspolizei nicht von Gesetzen und Verordnungen – wie etwa der Reichstagsbrandverordnung von 1933 – herleiteten, sondern aus dem ihr erteilten »Gesamtauftrag ... im Zuge des Neuaufbaus des nationalsozialistischen Staates«.

Der Gedanke, daß man durch einen Auftrag des »Gewissens« und im Sinne des »gesunden Menschenverstandes«, »nicht ohne Recht, ... wohl aber ohne Gesetz« während einer Übergangsphase die Voraussetzungen schaffen müsse, die den neuen nationalsozialistischen Menschen hervorbringen würden, dessen »völkische« Mentalität es ihm dann ermöglichen konnte, ein entsprechendes Rechtsbewußtsein auszubilden, entsprach ganz den Vorstellungen Hitlers. Während einige Juristen noch versuchten, die Tendenz zur »Entstaatlichung« (Hans Buchheim) damit zu rechtfertigen, daß man eine »politische« und »elastische«, aber keine »absolutistische« (Werner Best) Staatsform wolle, machte Hitler aus seiner prinzipiellen Aversion gegen jede Art von normativer Festlegung kein Hehl. Was nicht einfach von Unterlegenheitsgefühlen gegenüber den Juristen oder persönlichen Aversionen gespeist war, lag in der immer neu variierten Vorstellung Hitlers begründet, daß Staaten rein äußerliche Formen seien; gegenüber Ley hat er einmal bemerkt, daß er sich im Grunde die allmähliche Herausbildung eines neuen »Gewohnheitsrechts« nach englischem Vorbild wünsche, und während des Krieges noch wandte er sich scharf gegen Frick und dessen Bürokratie: »Wie im alten Polizeistaat die Obrigkeit, sieht heute noch unsere Verwaltung im Staatsbürger nur den Untertan, der, politisch unmündig, steter Gängelung bedarf.« Dagegen sei die »Persönlichkeit« des »nordischen Menschen« im Grunde eine ausreichende Basis, um bei entsprechender Anleitung zu dem gewünschten Verhalten zu führen. Bei dieser Gelegenheit wies Hitler auch darauf hin, daß nach dem von ihm erwarteten deutschen Sieg die SS die gesamte zukünftige Elite stellen werde.

Während die SS ihre Stellung im Polizeiapparat relativ schnell erreichte, war ihre Position als Mitträgerin der bewaffneten Macht lange Zeit umstritten. Bereits im März 1933 war eine Stabswache aus ausgesuchten SS-Männern als Kern einer persönlichen Garde des »Führers« aufgestellt worden, die vom 9. November an »Leibstandarte Adolf Hitler« hieß und von der Reichswehr militärisch ausgebildet wurde. Nach der Beteiligung der SS an der blutigen Aktion gegen Röhm versicherte Hitler Sepp Dietrich, dem Kommandeur der »Leibstandarte«, daß diese als Dank für ihre Dienste zu einer »modern bewaffneten Truppe neben der Reichswehr« ausgebaut werde. Die Armeeführung, die gerade die Konkurrenz der SA erfolgreich abgewehrt hatte, sah sich mit einem neuen Gegner konfrontiert, denn die im September 1934 aufgestellte »SS-Verfügungstruppe« (SS-VT) in der Stärke einer Division wurde nach dem Muster der Infanterieregimenter der Reichswehr militärisch ausgebildet und gegliedert. Außerdem entstanden sogenannte SS-Junkerschulen, in denen der Führungsnachwuchs für die »Verfügungstruppe« herangebildet wurde, und Himmler erhielt eine leicht bewaffnete Reserve von 25.000 Mann aus der Allgemeinen SS zugestanden, die im Mobilmachungsfall eigentlich die Politische Polizei verstärken sollte, aber de facto eine Ergänzung für die Wachverbände der KZs war.

Der Oberbefehlshaber des Heeres, Werner von Fritsch, äußerte im Januar 1935 gegenüber seinen Befehlshabern: »Die ›Division‹ ist bewilligt, leider! Es bleibt. Ob glücklich, ist fraglich. Sie wollen Artillerie, können sie aber vorläufig nicht bekommen. SS will natürlich mehr! Das wird noch Kämpfe geben, aber am schließlichen Sieg der Wehrmacht ist nicht zu zweifeln ...« Diese Einschätzung sollte sich als fataler Irrtum erweisen. Zwar gelang es der Wehrmachtführung, eine strenge Kontrolle über die Verfügungstruppe auszuüben und die Aushändigung schwerer Waffen zu verzögern, aber umgekehrt konnte die »Verfügungstruppe« besonders junge und ehrgeizige Offiziere für ihre Einheiten werben, die nicht allein die Aussicht auf eine rasche Karriere reizte, sondern die auch das Empfinden hatten, einer militärischen Elite anzugehören. Der entscheidende Schritt nach vorn gelang Himmler dann im Frühjahr 1938. Mit der Beseitigung der Wehrmachtführung unter Blomberg und Fritsch war der Weg frei für die Expansion der SS-VT. Der Erlaß über die Aufgaben der SS und ihre Abgrenzung gegenüber denen der Wehrmacht vom 17. August 1938 stellte fest, daß die SS-VT finanziell und – bedingt – rechtlich als Einrichtung der Partei zu betrachten sei, in bezug auf ihre Stellung als Teil der SS jedoch unmittelbar der Partei beziehungsweise der direkten Führung Hitlers und Himmlers unterstehe. Der Prozeß der Emanzipation von der Bevormundung durch die Wehrmacht endete mit dem Erlaß Hitlers vom 18. Mai 1939, durch den der VT Artillerie, Flak und Panzerabwehrgeschütze zugeteilt wurden. Allerdings konnte die – seit dem November 1939 so genannte – »Waffen-SS« bis zum Ausbruch des Krieges mit achtzehntausend Mann die angestrebte Divisionsstärke nur knapp erreichen.

Staatszerfall und »Doppelstaat«

Es hat sehr früh eine, wenn auch kaschierte Kritik an den Tendenzen zur Auflösung der Staatlichkeit im Dritten Reich gegeben. Neben den Vorhaltungen aus dem Innenministerium stand die Kritik einer ganzen Reihe von Juristen. So veröffentlichte der Tübinger Staatsrechtler Wilhelm Merk schon 1935 ein Buch mit dem unverfänglichen Titel »Der Staatsgedanke im Dritten Reich«, in dem er vor dem »Abbau des Staates zugunsten einer Wertgemeinschaft« warnte. Die Rechtssicherheit könne nicht durch das immer unklare Bekenntnis zu einer Weltanschauung ersetzt werden, und ohne den »Einbau« des »Führers« und der Partei in die Staatsordnung drohe Anarchie oder ein »Überstaat«, der zwangsläufig tyrannische Formen annehmen müsse.

Ganz ähnliche Argumente, wenn auch noch zurückhaltender in der kritischen Tendenz, fanden sich bei Ernst Forsthoff und Ernst Rudolf Huber. Bezeichnenderweise waren beide Schüler Carl Schmitts, der, seit 1935 zunehmend unter Druck von seiten der SS geraten, allmählich auf Distanz zu dem von ihm einmal gefeierten System ging. Der Vorwurf, der gegen diese Gruppe von Staatsrechtlern erhoben wurde, war der des »Faschismus«. Ein verblüffender Sachverhalt, der nur verständlich wird, wenn man zur Kenntnis nimmt, daß der »ethische Staat« Mussolinis aus der Sicht Hitlers zu immobil erschien. Der »totale Volksstaat«, der dem »Führer« vor Augen stand, sollte in einem Prozeß der permanenten Beschleunigung der gesellschaftlichen Umwandlung entstehen. In diesem Fall hatte Rosenberg die Intentionen Hitlers richtig erfaßt, wenn er im Januar 1934 in einem Aufsatz für den »Völkischen Beobachter« zum Thema »Staat und Bewegung« schrieb: »Was sich in diesem vergangenen Jahr vollzogen hat und im weiteren Umfange noch vollziehen wird, ist nicht die sogenannte Totalität des Staates, sondern die Totalität der nationalsozialistischen Bewegung ...« Die Errichtung eines »totalen Staates«, wie ihn viele Anhänger der revolutionären Rechten, darunter auch die erwähnten Schmitt, Forsthoff und Huber, erhofften, war schon nach dem März 1933 vollendet. Hitler wollte aber die totalitäre »Bewegung« ganz bewußt darüber hinaustreiben.

Während das Weiterfunktionieren der Bürokratie und die Kooperationsbereitschaft der alten Eliten in weiten Bereichen die Folgen des Staatszerfalls längere Zeit verdeckten, waren sie in anderen Sektoren frühzeitig ablesbar. Das betrifft vor allem einen Kern moderner Staatlichkeit, die Rechtspflege und die Rechtsprechung. Hitlers persönlicher Haß auf die Juristen wirkte sich dabei ebenso aus wie die Tendenz der Bewegung, alle Hemmnisse zu beseitigen, die sie an weiterer Machtentfaltung hinderten. Bereits am 21. März 1933 waren durch eine entsprechende Verordnung in jedem Oberlandesgerichtsbezirk Sondergerichte gebildet worden, die sich mit politischen Delikten gemäß der Reichstagsbrandverordnung beziehungsweise Heimtückeverordnung zu befassen hatten. Ihre Zuständigkeiten wurden später noch erweitert, und dieses System wurde gestützt durch die Einrichtung des »Volksgerichtshofs« mit Gesetz vom 24. April 1934. Einer der Gründe für die Schaffung dieses Gerichtes war die Unzufriedenheit Hitlers mit dem Urteil des Reichsgerichts beim Reichstagsbrandprozeß, jedoch hatte der »Volksgerichtshof« anfangs nur die Aufgaben des Reichsgerichtes in Fällen von Hoch- und Landesverrat zu übernehmen. Unter seinem ersten Präsidenten Otto Thierack erhielt er 1936 den Status eines ordentlichen Gerichtes, diente aber weiterhin und vor allem der Aburteilung politischer Delikte. Hier sollte exemplarisch vorgeführt werden, wie die neue, nationalsozialistische Vorstellung von Rechtsprechung aussehen würde.

Die Organisation des Gerichtswesens blieb im übrigen relativ unverändert bestehen. Nach der Entfernung von »politisch unzuverlässigen« und jüdischen

Richtern und Staatsanwälten setzte der auch in anderen Bereichen der Verwaltung übliche Prozeß der »Gleichschaltung« ein. Zunehmend sahen sich die Gerichte auch einer schärferen und direkteren Kontrolle ausgesetzt. So wurden 1935 alle Gerichte dem Reichsjustizministerium unterstellt, zwei Jahre später wurde ihre Selbstverwaltung beseitigt. Zu diesem Zeitpunkt wertete das Justizministerium bereits systematisch alle Urteile der einzelnen Instanzen aus und sorgte mit Hilfe von Erlassen, Veröffentlichungen und Konferenzen, aber auch durch persönliche Pressionen für die Anerkennung der neuen Rechtsauffassung. Die Entwicklung kam zu ihrem Abschluß mit den sogenannten Richterbriefen, vertraulichen Anweisungen, deren Empfang durch persönliche Unterschrift zu bestätigen war und deren Inhalt die Richter über die politisch erwünschte Art des Verfahrens und die Strafzumessung informierte.

Oft mußten die Richter kaum gezwungen werden, den neuen, verschärften Strafnormen zu folgen, die sie in einer Art von vorauseilender Pflichterfüllung freiwillig anwendeten. Die noch im Kaiserreich oder in der Zeit der Weimarer Republik ausgebildeten Juristen waren im allgemeinen strikt nationalkonservativ orientiert und bedauerten die Schwäche der Rechtsprechung in den zwanziger Jahren, die der steigenden Verbrechenszahl nicht hatte Herr werden können. Als sich zeigte, daß das neue Regime mit drakonischen Maßnahmen dafür sorgte, daß die Kriminalitätsrate sank, wurde diese Tatsache mit Sympathie registriert. Von 1932 auf 1933 ging die Zahl der Verurteilungen für Verbrechen und Vergehen um 13,1 Prozent zurück, die Jugendkriminalität verringerte sich sogar um 25,9 Prozent. Bis 1935 sank die Zahl der Tötungsdelikte um beinahe ein Drittel, das gleiche galt für schwere Gewalttaten wie Raub oder räuberische Erpressung. Die Ansätze des organisierten Verbrechens wurden mit Hilfe des »Gesetzes gegen gefährliche Gewohnheitsverbrecher« vom 24. November 1933 und des Erlasses über vorbeugende Verbrechensbekämpfung vom 14. Dezember 1937 praktisch zunichte gemacht. Die relativ häufige Verhängung der Todesstrafe (zwischen 1933 und 1939 664 Verurteilte, 1940 250, dann unter Kriegsbedingungen 1941 1.292, 1942 3.641, 1943 5.336 und 1944 4.264), die »Vorbeugehaft« und die Härte der Haftbedingungen in den Konzentrationslagern, wohin die »Gewohnheitsverbrecher« verbracht wurden, reduzierten außerdem die Zahl der Rückfalltäter erheblich.

Mochte man in dem einen oder anderen Fall von einer Durchbrechung des Rechtes im Sinne eines Ausnahmezustandes sprechen, so war doch von Anfang an erkennbar, daß es Hitler nicht um die Bewältigung einer besonderen Situation ging, sondern um die Beseitigung des Rechtsstaates überhaupt. Als Hitler am 7. März 1933 zum ersten Mal forderte, ein rückwirkendes Gesetz zu erlassen, das den Grundsatz »nulla poena sine lege« außer Kraft gesetzt hätte, um ein Todesurteil gegen Marinus van der Lubbe zu ermöglichen, scheiterte er noch an den Einwänden der Justizbehörden und der Weigerung Hindenburgs, eine solche

Verordnung zu erlassen. Nachdem das Ermächtigungsgesetz ihm die entsprechende Kompetenz übertragen hatte, schuf Hitler mit einer »Lex van der Lubbe«, dem »Gesetz über Verhängung und Vollzug der Todesstrafe« vom 29. März 1933, die Grundlage für die Hinrichtung des Reichstagsbrandstifters.

Die Gesetze gegen Kindesraub in erpresserischer Absicht vom Juni 1936 und das Gesetz gegen Überfälle an den Autostraßen vom Juni 1938 wurden gleichfalls mit rückwirkender Geltung in Kraft gesetzt. Zu den Maßnahmen, die Rechtssicherheit aushöhlten, gehörten weiter die Verhängung der »Sicherungsverwahrung« auf unbestimmte Dauer, die zusätzlich zur Freiheitsstrafe ausgesprochen werden konnte, die Einführung der »Generalklausel« und die Aufhebung des »Analogieverbots« sowie die Erosion des Rechtsprechungsmonopols der Gerichte. Nicht allein, daß das Preußische Gestapo-Gesetz vom 10. Februar 1936 vorsah, daß »Verfügungen in Angelegenheiten der Geheimen Staatspolizei ... nicht der Nachprüfung durch die Verwaltungsgerichte« unterliegen sollten, in sehr vielen Fällen griffen Gestapo oder SS in schwebende Verfahren ein oder »korrigierten« die Rechtsprechung. Hitler selbst, aber auch andere hohe Funktionsträger wie Himmler, verhängten Urteile oder revidierten sie. Der spätere Staatssekretär im Reichsjustizministerium, Curt Rothenberger, formulierte 1939 programmatisch: »Das Gesetz ist Führerbefehl. Der Richter, der dieses Gesetz anzuwenden hat, ist nicht nur an das Gesetz, sondern auch an die einheitliche geschlossene Weltanschauung des Führers gebunden. Aus dem neutralen, unpolitischen, staatsabgewandten Richter der liberalen Epoche ist daher geworden ein durch und durch politisch denkender, fest an die Weltanschauung des Gesetzgebers gebundener und an ihrer Verwirklichung mitarbeitender Nationalsozialist.«

Grundlegend war außerdem die Tendenz, die Richter von der strengen Orientierung an den geschriebenen Gesetzen zu lösen. Mit Gesetz vom 28. Juni 1935 wurde der Paragraph 2 des Strafgesetzbuches neu gefaßt: »Bestraft wird, wer eine Tat begeht, die das Gesetz für strafbar erklärt, oder die ... nach gesundem Volksempfinden Bestrafung verdient«. Die Richter sollten weniger Wert auf die Einzelfallgerechtigkeit legen und stärker darauf achten, daß die »nationalsozialistische Sittenordnung« gewahrt wurde. Unter den verschärfenden Bedingungen des Krieges kam es zur Einführung von Tätergruppen wie »Volksschädlinge«, »Wirtschaftssaboteure« oder »Gewaltverbrecher«, die sich nach kaum noch klar abgrenzbaren Kriterien abgeurteilt fanden. Wer sich diesen Vorgaben nicht fügte, lief Gefahr, seine Position zu verlieren. Die Unabhängigkeit der Richter war allerdings schon dadurch weitgehend beseitigt worden, daß sie durch einfachen Verwaltungsakt ihres Amtes enthoben werden konnten. Vor Juristen erklärte der Reichsjustizminister Thierack am 29. September 1942: »Es taucht jenes Wort auf, das ich nicht mehr hören möchte, das Wort von der Unabhängigkeit des Richters ... Denn der Richter ist ... durch seine Urteile ein Gehilfe der Staatsfüh-

rung, denn er will auch die Rechtsordnung in seinem Volke aufrechterhalten …
Der Richter ist Träger der völkischen Selbsterhaltung.«

Zu diesem Zeitpunkt war allerdings schon klar geworden, daß die völlige In-
dienststellung der Justiz gescheitert war. Dabei spielte eine relativ untergeordnete
Rolle, daß das Zivil-, das Wirtschafts-, das Arbeits-, das Gewerbe- und das Steu-
errecht um der ökonomischen Funktionstüchtigkeit der Privatwirtschaft willen
weiter auf kalkulierbaren Grundlagen im Sinne der traditionellen Rechtsprechung beruhen mußten, es zeigte sich vielmehr, daß immer noch sehr viele Richter
an ihren »positivistischen« und »normativistischen« Anschauungen festhielten,
worin sie sich von dem bis zu seinem Tod im Januar 1941 amtierenden Reichsjustizminister Franz Gürtner unterstützt fühlen durften, der zwar eine Verschärfung
der Rechtsprechung begrüßte, aber den »orientalischen Sadismus« in den KZs
kritisierte und die Beseitigung aller rechtsstaatlichen Garantien nicht gutheißen
wollte. Nachdem Thierack zum Justizminister berufen worden war, sollte mit
derartigen »Halbherzigkeiten« Schluß gemacht werden. Er erhielt durch Erlaß
vom 20. August 1942 besondere Vollmachten für den Aufbau einer »nationalsozialistischen Rechtspflege«, die die »große Justizkrise« beenden sollte.

Das Nebeneinander von »Normenstaat«, in dem die radikalisierten, aber
grundsätzlich nachvollziehbaren Regeln des Gesetzes galten, und »Maßnah-
menstaat«, in dem Ad-hoc-Entscheidungen getroffen wurden, deren Anlaß ebenso unabsehbar war wie ihre Folgen, blieb typisch für das Dritte Reich bis zu
seinem Untergang. Einige Historiker haben die Auffassung vertreten, daß dieser
»Doppelstaat« (Ernst Fraenkel) nicht auf Dauer hätte existieren können; auch
ohne die militärische Niederlage wäre er kollabiert. Dem ist entgegenzuhalten,
daß das System bis kurz vor dem Zusammenbruch seine repressiven Möglichkeiten gegenüber der eigenen Bevölkerung kaum vollständig anwenden mußte. Es
zeigte auf verschiedenen Gebieten, in der Ökonomie wie in der Kriegführung, ein
erstaunliches Maß an Effizienz, und Reibungsverluste wurden im allgemeinen
kompensiert, weil das System auf ein außergewöhnlich diszipliniertes und ein-
satzbereites Volk traf, das man über lange Zeit zum Gehorsam erzogen hatte.

Die These vom »Doppelstaat« berücksichtigt auch nicht genügend, daß das
NS-Regime im Kern weniger »Staat« und mehr »Bewegung« war. Die primitiven
Züge, die es dabei zeigte, dürfen nicht als Symptome des Rückfalls mißverstan-
den werden. Es handelte sich um Merkmale einer spezifischen Modernität, um
Versuche, eine »unmittelbare Integration« der »Volksgenossen« an die Stelle der
»sachlichen Integration« der Bürger zu setzen.

Auf die Bedeutung der »Integration« für die Funktionstüchtigkeit eines Staates
hat zuerst Rudolf Smend in seiner 1928 erschienenen »Verfassungslehre« hingewiesen. Unter dem Eindruck der krisenhaften Entwicklung des parlamentarischen Systems kam er zu dem Schluß, daß sich eine alternative politische Form
ausgebildet habe, die zuerst im faschistischen Italien erprobt worden sei. Um das

zentrale Problem der modernen Gesellschaft – die Verbindung der vielen zur Einheit – zu lösen, habe der antiliberale Staat eine andere Konsequenz gezogen als der liberale, da »nur eine verhältnismäßig kleine Staatsbürgerschaft in vermittelter Beziehung zum Staat leben kann, dagegen die Massenbürgerschaft heutiger Demokratien, die von den zarteren und ein wenig literarischen Lebensformen des bourgeoisen Repräsentativstaats nicht recht erfaßt wird, der elementareren plebiszitären, syndikalistischen, sinnlichen, jedenfalls aber unmittelbareren politischen Lebensformen der neuen Zeit bedarf«.

An die Stelle der Integration über den »sachlichen Zweck« – Erhalt der Rechtsordnung, Wahlen, Organisation der wirtschaftlichen Rahmenbedingungen – sei hier die »unmittelbare Integration« getreten, die das Gemeinschaftsbewußtsein mit Hilfe von politischem Mythos, Symbol und Ideologie aktualisiere und erneuere. Die Unschärfe der Ideologie behindere diese Integrationswirkung sowenig wie die Irrationalität der Appelle. Vielmehr steigere sie die »Intensität« der politischen Erfahrung, die unter bestimmten Bedingungen effektiver sei als die »Extensität« des parlamentarischen Systems.

Smends These von der Wirkung »unmittelbarer Integration« ist ohne Schwierigkeit auf das nationalsozialistische Regime anzuwenden. Das Zusammenspiel von charismatischer Führung und plebiszitären Elementen, von Propaganda und Terror, von direktem Zugriff auf den einzelnen und »Gleichheit« aller »Volksgenossen« entsprach ganz dieser Vorstellung. Im Vergleich zu den konstitutionellen Staaten des 19. und beginnenden 20. Jahrhunderts war die Dynamik dieses Systems unvergleichlich viel größer, allerdings um den Preis von Machtmißbrauch, Unkontrollierbarkeit und einem Mobilisierungszwang, der manische Züge aufwies und schließlich in die Vernichtung und Selbstvernichtung führte.

Wirtschaftswunder und Sozialstaat

Seit der Mitte des 19. Jahrhunderts gehörte Deutschland zu den bedeutenden Industrienationen. Neben den USA und vor Großbritannien und Frankreich zählte es zu den wirtschaftlich am weitesten entwickelten Staaten. Daran hatten auch der Verlauf des Ersten Weltkriegs und die Reparationsforderungen der Siegermächte nichts geändert. Wie die Länder der ehemaligen Entente geriet Deutschland am Ende der zwanziger Jahre in den Sog der großen Depression, sah sich aber durch die Belastungen des Versailler Vertrages ganz besonders von den Folgen der Krise betroffen. Vor allem die Massenarbeitslosigkeit, die zur Verelendung großer Teile der Bevölkerung führte, trug wesentlich zur Destabilisierung der Weimarer Republik bei.

Wäre es dem nationalsozialistischen Regime nicht gelungen, die Folgen der Wirtschaftskrise zu mildern oder zu beseitigen, hätte es kaum Bestand gehabt. Die Notwendigkeit, ökonomische Voraussetzungen für die Aufrüstung zu schaffen, war also nur *ein* bestimmender Faktor für die Entscheidungen Hitlers auf diesem Sektor. Daneben gab es Elemente einer genuin nationalsozialistischen Wirtschaftspolitik, die sich nicht einfach als Form der Kriegswirtschaft im Frieden definieren lassen. In diesem Zusammenhang gehörte neben der Entwicklung der Infrastruktur, des Autobahn-, Kanal- und Flughafenbaus auch die Garantie der Vollbeschäftigung und der sozialen Sicherung der Bürger, nicht um dieser Bürger, sondern um des Staates willen.

Ohne daß Hitler konkrete Vorstellungen von den notwendigen wirtschaftlichen Maßnahmen besaß, hielt er doch daran fest, daß dem »Primat der Politik« alle rein ökonomischen Belange unterzuordnen seien. Er neigte zwar zu einem elastischen Vorgehen und war in einer Übergangszeit zu Kompromissen mit den bestehenden Verhältnissen bereit. An der Idee einer zukünftigen Neustrukturierung der Wirtschaft hielt er aber ebenso unbeirrbar fest wie viele führende Nationalsozialisten, die von Anfang an stärkere Eingriffe in die Wirtschaft verlangten. So hieß es 1935 im »Jahrbuch für nationalsozialistische Wirtschaft« ausdrücklich, daß der »wirtschaftstechnische Kapitalismus« nur ein vorübergehender Zustand sein könne, bedingt durch die Schwierigkeiten bei der Erreichung der Vollbeschäftigung, die so groß seien, »daß dahinter der Einsatz für die Idee einer nationalsozialistischen Wirtschaft vorerst zurückgetreten ist«. Bei aller Skepsis Hitlers gegenüber den Vorstellungen des linken Flügels der NSDAP und trotz seiner prinzipiellen Ablehnung der Vollsozialisierung hat er die kapitalistische Wirtschaftsform nie als etwas Absolutes angesehen. Das wurde mit der bald beginnenden »Arisierung« jüdischer Unternehmen angedeutet und in Kreisen der Wirtschaft durchaus als Drohung gegen das Prinzip des Privateigentums verstanden.

Die wirtschaftspolitische Entwicklung bis zum Abschluß der »Machtergreifung« sah Hitler vor allem unter dem Aspekt des Experiments; seine Zielvorstellungen hat er nur selten ganz preisgegeben. Erst in der zweiten Hälfte der dreißiger Jahre äußerte er unmißverständlich, daß er jeden Versuch, die Sachzwänge der Ökonomie zum Ausgangspunkt wirtschaftlicher Maßnahmen zu machen, mit aller Schärfe bekämpfen werde. In einer Rede auf dem Reichsparteitag von 1937 führte Hitler aus: »Die Wirtschaft ist eine der vielen Funktionen des volklichen Lebens und kann daher nur nach Zweckmäßigkeitsgesichtspunkten organisiert und geführt und nie nach dogmatischen behandelt werden. Es gibt als Dogma weder eine sozialisierte Wirtschaft, noch gibt es eine freie Wirtschaft, sondern es gibt nur eine verpflichtete Volkswirtschaft, das heißt eine Wirtschaft, der im gesamten die Aufgabe zukommt, einem Volke die höchsten und besten Lebensbedingungen zu verschaffen. Insofern sie dieser Aufgabe ohne jede Lenkung von oben, nur aus dem freien Spiel der Kräfte heraus gerecht wird, ist es gut und vor allem für eine Staatsführung sehr angenehm. Soweit sie auf irgendeinem Gebiet der ihr zukommenden Aufgabe als freie Wirtschaft nicht mehr zu folgen vermag, hat die Führung der Volksgemeinschaft die Pflicht, der Wirtschaft jene Anweisungen zu geben, die im Interesse der Erhaltung der Gesamtheit notwendig sind.«

Primat der Politik
oder Entideologisierung der Wirtschaft?

Die Ansprache Hitlers war auch eine Reaktion auf die Versuche des Wirtschaftsministers Hjalmar Schacht, den bedingungslosen »Primat der Politik« im ökonomischen Bereich in Frage zu stellen. Schacht war am 30. Juli 1934 zum kommissarischen Reichswirtschaftsminister ernannt worden und ersetzte den glücklosen Kurt Schmitt. Zu seinen ersten Amtshandlungen gehörte die Ablösung Gottfried Feders von der Funktion des Staatssekretärs. Dabei spielte die Verachtung des Fachmanns für den Dilettanten eine Rolle, aber auch die – von Schacht geförderte – Vorstellung, es sei dies Ausdruck einer konsequenten Entideologisierung der Wirtschaftspolitik. Seit seiner Wiedereinsetzung als Präsident der Reichsbank am 16. März 1933 hatte Schacht seinen Sachverstand ohne erkennbare Vorbehalte in den Dienst der neuen Machthaber gestellt. Das galt trotz der Bemühungen, den Übergriff radikaler Nationalsozialisten auf die Selbständigkeit der Banken abzuwehren. Nach seinem Amtsantritt als Reichswirtschaftsminister im Januar 1935 wurde er am 31. Mai des Jahres (im Zusammenhang mit dem Reichsverteidigungsgesetz vom 21. Mai) außerdem zum »Generalbevollmächtigten für die Kriegswirtschaft« ernannt und konzentrierte sich zukünftig vor allem auf die Effizienzsteigerung der wirtschaftlichen Maßnahmen, die der Aufrüstung Deutschlands dienten.

Schacht änderte gegenüber Schmitt vor allem das Konzept, die gesamte gewerbliche Wirtschaft in Führungs- und Lenkungsorganisationen zu erfassen. Gleichzeitig wurden alle Versuche unterbunden, ständische Konzepte ähnlich denen in der Landwirtschaft durchzusetzen. Schacht sorgte außerdem dafür, daß mancher bewährte Anhänger einer liberalen Wirtschaftspolitik in seine Position zurückkehrte: Auf Wunsch Hitlers übernahm Carl Goerdeler wieder das Amt des Reichspreiskommissars, das er schon unter Brüning innehatte, ebenso kehrten der Reichssparkommissar Friedrich Saemisch und Schleichers ehemaliger Arbeitsminister Friedrich Syrup, der jetzt als Präsident der Reichsanstalt für Arbeitsvermittlung und Arbeitslosenversicherung Verwendung fand, zurück.

Von der Seite dieser Wirtschaftsliberalen begegnete man seit jeher allen korporativen Vorstellungen mit Mißtrauen. Die Idee eines Ständestaates, die von einigen Industriellen (vor allem von Fritz Thyssen) gefördert wurde, weil man sich davon die Aufrechterhaltung einer gewissen Selbstverwaltung der Wirtschaft versprach, geriet allerdings nicht nur von der Fraktion Schachts unter Druck, auch das Militär sah seine Aufrüstungswünsche eher behindert, und Ley versuchte den Gedanken des Ständestaates zu diskreditieren, um die DAF endgültig als Einheitsorganisation von Arbeitnehmern und Arbeitgebern zu installieren. Das von den Anhängern des Wiener Nationalökonomen und Philosophen Othmar Spann in Düsseldorf geführte »Institut für Ständewesen« wurde seit Ende des Jahres 1934 immer heftiger angefeindet, und 1935 erfolgte die Auflösung. Hitler verbot danach jede Diskussion über den »ständischen Aufbau«. Seit 1936 wurden die Anhänger Spanns außerdem wegen ihrer katholisch-universalistischen Lehre von der Gestapo als weltanschauliche Gegner verfolgt, Spann selbst inhaftierte man nach dem »Anschluß« Österreichs in einem KZ und erteilte ihm nach seiner Entlassung Lehrverbot.

Sieht man von dem Reichsnährstand und dem Bereich des Handwerks ab, gab es überhaupt keine weiteren Ansätze mehr für einen Korporativismus in der Wirtschaftspolitik des NS-Regimes; entsprechend blieben auch die Versuche der Gruppe um Adrian von Renteln aussichtslos, durch die Stärkung des Mittelstandes eine Reorganisation der Wirtschaft zu erreichen. Nach dem Abbruch einer Kampagne gegen die Warenhäuser und infolge der Maßnahmen Otto Wageners gegen die vom »Kampfbund für den gewerblichen Mittelstand« eingesetzten Kommissare wurde der »Kampfbund« am 8. August 1933 formell aufgelöst, und seine ehemaligen Mitglieder wurden in die »Nationalsozialistische Handwerks-, Handels- und Gewerbe-Organisation« (NS-Hago) beziehungsweise den »Gesamtverband Deutsche Handwerker, Kaufleute und Gewerbetreibende« überführt. Die Hago besaß innerhalb der »angeschlossenen Verbände« der NSDAP praktisch überhaupt kein eigenes Gewicht.

Mit dem »Gesetz über den vorläufigen Aufbau des deutschen Handwerks« vom 29. November 1933 wurde dann ein System von Zwangsinnungen für das

Handwerk durchgesetzt, das in der Bildung des »Reichsstandes des Deutschen Handwerks« und der Ernennung eines »Reichshandwerksmeisters« gipfelte. Trotz der ideologisch motivierten Wertschätzung des Handwerks diente der »Reichsstand« in den kommenden Jahren nur als Instrument, um eine »Berufsbereinigung« durchzuführen, der etwa zehn Prozent der 1,7 Millionen Handwerksbetriebe zum Opfer fielen. Wie im Einzelhandel zeigte sich auch in diesem Bereich des Mittelstandes, daß das NS-System die im Rahmen der Modernisierung stattfindende ökonomische Entwicklung weder aufhalten konnte noch wollte.

In der Politik Schachts spielte der gewerbliche Mittelstand nur eine untergeordnete Rolle; ihm ging es vor allem um die Einbindung der großen Unternehmen. Das noch von Schmitt am 27. Februar 1934 eingebrachte »Gesetz zur Vorbereitung des organischen Aufbaus der Wirtschaft« sah vor, die Stellung des Wirtschaftsministers entscheidend zu stärken. Entsprechend hieß es in Paragraph 1 des Textes: »Der Reichswirtschaftsminister wird zur Vorbereitung des organischen Aufbaus der deutschen Wirtschaft ermächtigt.« Die Durchführung des Gesetzes oblag Philipp Keßler, dem früheren Vorsitzenden des Reichsverbands der elektrotechnischen Industrie, der den Titel eines »Führers der Wirtschaft« erhielt. Sowohl Gustav Krupp von Bohlen und Halbach als Führer des »Reichsstandes der deutschen Industrie« wie auch Renteln als Präsident des Deutschen Industrie- und Handelstages (DIHT) wurden im Zuge der Reorganisation der Wirtschaftsverbände weitgehend entmachtet. Das Ziel Schmitts wie auch Schachts war es, die bereits bestehenden Organisationsformen der Wirtschaft zu übernehmen, die Industrie- und Handelskammern auszutrocknen und mit Hilfe von Zwangskartellierungen (Gesetze vom 15. Juli 1933) den ökonomischen Bereich »zum Zwecke der Marktregelung« einer stärkeren staatlichen Kontrolle zu unterwerfen.

Nachdem Schmitt von Schacht abgelöst worden war und Ende 1934 die Durchführungsbestimmungen für das Gesetz über den Wirtschaftsaufbau ergingen, die seine Position sehr weitgehend absicherten, arbeitete der neue Minister auf einen Ausgleich nicht nur mit der Industrie, sondern auch mit den Vertretern des Mittelstandes hin. Zukünftig sollte eine »Reichswirtschaftskammer« die sieben Spitzenverbände der Wirtschaft (Industrie, Handel, Banken, Versicherungen, Energie, Fremdenverkehr, Handwerk) mit dem DIHT vereinigen. Hier wurde außerdem die Arbeit von dreiundzwanzig »Bezirkswirtschaftskammern« koordiniert, die ganz entscheidend an der Wirtschaftslenkung teilnahmen. Die Spitzenverbände, die man jetzt nicht mehr als »Reichsstände«, sondern als »Reichsgruppen« bezeichnete, übernahmen die Führungsfunktionen auch deshalb, weil die Reichswirtschaftskammer keinen eigenen Apparat besaß. Ihre Bedeutung wuchs in dem Maß, in dem der Staat Planvorgaben erweiterte und die Arbeit mit den »Gauwirtschaftsberatern« koordiniert werden mußte. Diese waren meistens mittelständische Handwerker oder Unternehmer, die einer Industrie- und Handelskammer vorstanden.

Die Großunternehmen wurden durch die Politik Schachts offensichtlich bevorzugt, was sich insbesondere an der weiteren Konzentration ihrer wirtschaftlichen Macht ablesen ließ. Auch die von den Nationalsozialisten in der »Kampfzeit« besonders angefeindeten »Trusts« und Großbanken wurden in ihrem Bestand nicht angegriffen. Dasselbe galt für die Kaufhäuser. Die in fünf Konzernen – Rudolf Karstadt AG, Hermann Tietz und Co., Leonhard Tietz AG, Wertheim GmbH und Schocken AG – organisierten Großkaufhäuser standen 1933 vor erheblichen wirtschaftlichen Problemen. Die allgemein erwartete Zwangsschließung erfolgte aber nicht, da die 71.896 Beschäftigten der Warenhäuser die Zahl der Arbeitslosen weiter vergrößert hätten. Statt dessen kam es zu staatlichen Stützungsmaßnahmen sogar für den jüdischen Hermann-Tietz-Konzern (Hertie), dem Schmitt im Juli 1933 einen Kredit über 14,5 Millionen Reichsmark verschaffte.

Völlig verdrängt wurden die ideologischen Affekte gegen die Warenhäuser aber nicht. Parteimitgliedern blieb es verboten, in Warenhäusern einzukaufen, denen außerdem untersagt war, Erfrischungs- und Reparaturabteilungen zu eröffnen, um kleinere Dienstleistungs- und Handwerksbetriebe zu erhalten. Diese Einschränkungen machten sich bemerkbar: Während der gesamte Einzelhandel 1938 wieder 93,7 Prozent des Umsatzes von 1928 erreicht hatte, lag die Zahl bei den Warenhäusern erst bei 70,1 Prozent. Allerdings blieben solche Maßnahmen zur Konservierung älterer wirtschaftlicher Strukturen die Ausnahme. Schon die verstärkte Aufrüstung erzwang eine technische Modernisierung der Betriebe, die zwangsläufig Nachteile für den Mittelstand mit sich bringen mußte. Die Zahl der Handwerksbetriebe ging von 1936 bis 1939 um 18,2 Prozent, von 1,65 auf 1,35 Millionen zurück; vor allem in der Bauwirtschaft sank die Zahl der selbständigen Betriebe, von 84.000 im Jahr 1933 auf 66.000 im Jahr 1939. Die »Auskämmung« des Mittelstandes brachte es allerdings mit sich, daß die lebensfähigen Unternehmen bessere Entwicklungschancen erhielten, was zur spürbaren Umsatzsteigerung beitrug.

Ähnliche Prozesse wie im Bereich des Mittelstandes zeichneten sich auch in der Landwirtschaft ab. Trotz der Maßnahmen Darrés wurde der Anteil der Landbevölkerung an der Gesamtbevölkerung zwischen 1933 und 1939 von 20,8 auf 18 Prozent reduziert, der Anteil an der Zahl der Beschäftigten sank von 16 auf 10,5 Prozent. Der »Reichsnährstand« (RNS) mit seinen 20.000 bezahlten und 113.000 ehrenamtlichen Mitarbeitern übte zwar eine effiziente Kontrolle über den gesamten landwirtschaftlichen Bereich aus, was Produktion und Preisbildung, Handelsspannen und Standardisierungen betraf, er konnte auch gegen andere Ressorts Maßnahmen zur Entschuldung des landwirtschaftlichen Besitzes durchsetzen (so der noch von Hugenberg eingeführte »Vollstreckungsschutz«

und ein im Mai 1934 erreichter Schuldenerlaß zuungunsten der Banken und Lieferanten), aber selbst unter den Bedingungen der Außenhandelskontrolle, die das Regime verwirklichte, war es nicht möglich, die Gesamtlage der Landwirtschaft durchgreifend zu verbessern.

Bezeichnenderweise ist die Zahl der »Erbhöfe« zwischen 1935 und 1945 nicht mehr über den einmal erreichten Anteil von 35 Prozent aller landwirtschaftlichen Betriebe gestiegen. Dazu kam die Landflucht, die schon 1934 das Einbringen der Ernte schwierig machte. Der rasch spürbar werdende Arbeitskräftemangel in der Landwirtschaft mußte durch den Einsatz von Saisonarbeitern ausgeglichen werden – eine Maßnahme, gegen die die Nationalsozialisten während der »Systemzeit« immer polemisiert hatten, weil der größte Teil dieser Arbeitskräfte in Polen angeworben wurde.

Auch die mit der Kriegsvorbereitung zusammenhängenden Bestrebungen, einen möglichst hohen Grad an Selbstversorgung zu erreichen, waren in der Landwirtschaft nur teilweise erfolgreich: Während es gelang, die Erzeugung von Brotgetreide (1927/28: 79 Prozent; 1938/39: 115 Prozent) und Kartoffeln (96 zu 100 Prozent) entsprechend zu steigern und die Fleischproduktion an das gewünschte Ziel fast heranzuführen (91 zu 97 Prozent), blieb die »Fettlücke«, vor allem bei der Gewinnung von Butter, Brat- und Backfetten, bis zum Kriegsbeginn bestehen (44 zu 57 Prozent).

Darré war außerdem dauernden Angriffen von den anderen an der Wirtschaft interessierten Ressorts ausgesetzt: Ley protestierte gegen die Ausnahmestellung des Reichsnährstandes auf sozialpolitischem Gebiet, und mit Schacht gab es einen Konflikt infolge der Devisenbewirtschaftung und wegen der künstlich erhöhten Preise für landwirtschaftliche Produkte. Trotzdem gelang es ihm bis 1936 seine Machtposition zu wahren und eine zuletzt ideologisch motivierte Sonderbehandlung für den Agrarbereich sicherzustellen. Erst als Göring mit der Durchführung des »Vierjahresplans« betraut wurde und Hitler ihm auch den Reichsnährstand unterstellte, begann ein Prozeß des Machtverfalls, den Darré nicht mehr aufhalten konnte. Die Ursache dafür lag nicht zuletzt im Versagen der Bürokratie des Reichsnährstandes. Im Winter 1935/36 sprach man von einer »Brotkrise«, und immer deutlicher wurde, daß die Anstrengungen nicht ausreichen, um die »Fettlücke« zu schließen. Gleichzeitig verweigerte Schacht Darré den Import von Lebensmitteln und verlangte die Einführung von Rationierungen für bestimmte Produkte. Diese Maßnahme lehnte Hitler aus psychologischen Gründen ab. Statt dessen wurde mit der Einordnung des RNS in die Vierjahresplan-Behörden der direkte Zugriff auf die Erzeuger verstärkt und sogar die Möglichkeit geschaffen, die Art der Nutzung einer landwirtschaftlichen Fläche anzuordnen.

Im Sinne der Aufrüstung – die eine immer höhere Zahl von Arbeitskräften in der Industrie verlangte – unternahm das Regime zu dem Zeitpunkt schon keine Anstrengungen mehr, um die Landflucht zu bremsen: Vielmehr sollte der Arbeitskräftemangel mit Hilfe des »Landdienstes« der HJ und des BdM kompensiert werden, es gab Ernteeinsätze von Schulen, Wehrmacht und Partei, Frauenarbeitsdienst und ein »Hauswirtschafts-« oder »Pflichtjahr« für junge Frauen. Eine Tätigkeit in der Landwirtschaft führte außerdem zur Freistellung vom Arbeitsdienst. Durch die Verbilligung von Schleppern und Traktoren sollten die Rationalisierung und Mechanisierung gefördert werden, die allerdings wegen der relativ kleinen Anbauflächen der Erbhöfe ohne größere Auswirkung blieben.

Da es trotz aller Bemühungen nicht gelang, die Unterversorgung mit Fett zu beseitigen, wurde am 1. Januar 1937 die Rationierung von Butter, Margarine und Schmalz durch das Ernährungsministerium verfügt. Diese Maßnahme verantwortete bereits Herbert Backe, Staatssekretär Darrés, der von Göring zum »Ernährungskommissar« ernannt worden war. Backe war eher ein »Technokrat« (Joachim Lehmann) als ein Anhänger der »Blut und Boden«-Propaganda, die von einem mystifizierten Bild des Bauern auf eigener »Scholle« ausging. Gerade sein Desinteresse an den ideologischen Aspekten der Landwirtschaftspolitik qualifizierte ihn, 1942 als Nachfolger Darrés das Ernährungsministerium zu übernehmen.

In einem Industriestaat wie Deutschland konnte die Landwirtschaft kein ausschlaggebender ökonomischer Faktor mehr sein. Obwohl sich die Bauern ideologisch hofiert sahen, gab es unter ihnen auch immer einen gewissen Unmut über die Bevormundung, die der Reichsnährstand ausübte, etwa wenn es um die Preisgestaltung für einzelne Produkte ging. Dagegen zeigten sich viele Industrielle von den neuen wirtschaftspolitischen Vorstellungen, die mit Schachts Amtsantritt durchgesetzt wurden, angenehm überrascht. Die Führungskreise der großen Unternehmen waren zur Kooperation bereit, weil sie vielfach das politisch-ökonomische Ziel Schachts teilten: die Wiedergewinnung einer deutschen Hegemonialstellung in Europa mit Hilfe einer Art von ökonomischem Imperialismus, der vornehmlich Südost- und »Zwischeneuropa« zur deutschen Einflußzone machen sollte. Dazu kam, daß Ende 1934 in wichtigen Industriezweigen die Zahlen des Hochkonjunkturjahres 1928 wieder erreicht wurden. Gegenüber 1932 wuchs die Investitionsgüterindustrie um 103,3 Prozent, die Produktionsgüterindustrie um 61,6 Prozent, die Konsumgüterindustrie allerdings nur um 19,8 Prozent. Gegenüber 1933 erhöhte sich das Bruttosozialprodukt von 58 auf 73 Milliarden Reichsmark und wuchs bis 1936 jährlich um durchschnittlich 9,5 Prozent.

Umschlag einer nach 1931 von der »Kampfgemeinschaft gegen Warenhaus und Konsum der
NSDAP, Plauen« herausgegebenen Broschüre mit vier polemischen Beiträgen über die »Warenhäuser als Totengräber der Wirtschaft«. Privatsammlung. – Hitler als Strohmann des Stroh-
mannes (Hjalmar Schacht) der Industrie (Fritz Thyssen). Bildsatire in der amerikanischen
Zeitschrift »Record« vom 6. August 1934

Faltblatt mit Buchempfehlungen Richard Walther Darrés zur Woche des Deutschen Buches
1936. Marbach am Neckar, Schiller-Nationalmuseum und Deutsches Literaturarchiv. – Plakat
nach einem Entwurf von Herbert Agricola für die vielbesuchte Münchener Ausstellung, 1937.
München, Stadtmuseum

Bilanz der wirtschaftlichen Entwicklung von 1933 bis 1937 auf der Berliner Ausstellung unter dem Motto Hitlers »Gebt mir vier Jahre Zeit«

»Wirtschaftswunder« und »Wohlfahrtspflege«: Selbstdarstellung des NS-Regimes auf Plaka-
ten aus den Jahren 1935 bis 1939. Berlin, Staatliche Museen Preußischer Kulturbesitz, Kunstbibliothek, und Koblenz, Bundesarchiv

Indikatoren der deutschen Wirtschaftsentwicklung 1932 bis 1936 (nach Barkai, Das Wirtschaftssystem des Nationalsozialismus, Frankfurt am Main ²1988, S. 232)

	1932	1936	Zuwachs in Prozent (aufgerundet)	Durchschnittl. Jahreswachstumsrate in Prozent
1. Bruttosozialprodukt in laufenden Preisen (Mrd. RM, aufgerundet)	58	83	43	9,5
2. Bruttosozialprodukt in festen Preisen von 1928 (Mrd. RM)	71,9	101,2	41	9,0
3. Nettosozialprodukt in laufenden Marktpreisen (Mrd. RM)	50,8	78,9	55	11,6
4. Volkseinkommen pro Kopf der Bevölkerung (RM, laufende Preise)	633	922	46	9,8
5. Produktionsindex von Industrie und Handwerk (1913 = 100)	72,8	137,1	88	17,2
6. Beschäftigte insgesamt (J. D.) Mio.	12,6	17,1	36	8,0
7. Arbeitslose ingesamt (J. D.) Mio.	5,6	1,6		
8. Nettoinvestition in laufenden Preisen (Mrd. RM)	−2,1	9,0		
9. Privatkonsum in laufenden Preisen (Mrd. RM)	44,9	51,9	16	3,6
10. Öffentliche Ausgaben für Waren und Dienstleistungen (Reich, Länder und Gemeinden) in laufenden Preisen (Mrd. RM)	9,5	21,9	130	18,7
11. Index der Großhandelspreise (1925/27 = 100), letztes Jahresviertel	67,8	75,8		
12. Index der Lebenshaltungskosten (1925/27 = 100), letztes Jahresviertel	82,3	86,4		

J. D. = Jahresdurchschnitt

Was die Regierungen Brüning und Papen aus Sorge vor einer neuen Inflation vermieden hatten – die direkte Finanzierung von öffentlichen Großprojekten –, wurde von den Nationalsozialisten entschlossen in Angriff genommen. An die Stelle der von Papen gewährten Steuererleichterungen zur Förderung privater Investitionen trat die unmittelbare Arbeitsbeschaffung durch öffentliche Investitionen. Das im Juni 1933 aufgelegte erste »Reinhardt-Programm« im Umfang von einer Milliarde Reichsmark wurde durch »Arbeitsschatzanweisungen« getragen, die bei der Reichsbank diskontiert werden konnten, und diente der Fi-

nanzierung öffentlicher Großprojekte, das zweite, mit einem Umfang von fünf-
hundert Millionen Reichsmark, unterstützte die private Bautätigkeit, dazu kam
noch die Erhöhung des von Schleicher aufgelegten »Sofortprogramms« auf
sechshundert Millionen Reichsmark sowie die Gewährung von Steuernachlässen
für alle Wirtschaftsbereiche, in denen vermehrte Neuinvestitionen stattfanden.

Das seit Beginn der dreißiger Jahre erprobte Konzept – die Gründung von
fiktiven Gesellschaften, auf die bezogen man kurzfristige Wechsel ausstellte, deren Laufzeit aber beliebig verlängert werden konnte – fand seine Vollendung im
Mai 1933, als auf Initiative der Reichsbank, vor allem Schachts, die Bildung der
»Metallurgischen Forschungsgesellschaft m. b. H.« (Mefo) angeregt wurde, deren Stammkapital – nur eine Million Reichsmark – von Firmen aus dem Bereich
der Schwerindustrie – Krupp, Siemens, Rheinmetall, Deutsche Werke – gestellt
wurde. Schacht, der selbst noch 1932 vor jedem *deficit spending* gewarnt hatte,
sorgte dafür, daß die Mefo-Wechsel wie eine Parallelwährung umliefen und un-
begrenzt konvertierbar waren: Bis zum April 1938 wurden Wechsel in Höhe von
zwölf Milliarden Reichsmark ausgegeben, ohne daß die Reichsbankstatuten formell verletzt worden wären oder die Notenpresse in Gang gesetzt werden mußte,
was nur der Inflationsangst neue Nahrung gegeben hätte. Lediglich ein Drittel
der ausgegebenen Wechsel gelangte bei der Reichsbank tatsächlich zum Diskont.

Trotz der Konzentration der öffentlichen Investitionen auf den Rüstungssektor war die Beseitigung der Arbeitslosigkeit nicht allein Abfallprodukt der
Kriegsvorbereitung. Die Vollbeschäftigung und das »Recht auf Arbeit« als ideologische Bestandteile des »deutschen Sozialismus« fanden zwar Kritik aus den
Reihen der Industrie, wo man den Sinn von Großprojekten, die der Arbeitsbeschaffung dienten, nicht einsehen wollte, ihre Einwendungen blieben aber ohne
Wirkung. Tatsächlich konnte die Arbeitslosigkeit schon bis zum Jahresende 1933
von sechs auf vier Millionen reduziert werden und sank bis 1938 auf 1,3 Prozent
der Beschäftigten ab; demgegenüber lag sie zu diesem Zeitpunkt in den USA noch
bei 18,9, in Kanada bei 11,4, in den Niederlanden bei 9,9, in Belgien bei 8,7 und
in Großbritannien bei 8,1 Prozent. Die Vollbeschäftigung war in rüstungswichtigen Industrien wie der Metallverarbeitung und der Bauwirtschaft bereits Ende
1934, sonst seit 1936 erreicht.

Der »Neue Plan«

Trotz der hoffnungsvollen Anzeichen stand die deutsche Wirtschaft zu Beginn
des Jahres 1934 vor erheblichen Problemen. Die beginnende Aufrüstung verlangte einen stärkeren Import von Rohstoffen, deren Preise auf dem Weltmarkt aber
laufend stiegen, während diejenigen für deutsche Fertigwaren fielen. Die staatli-

chen Auflagen trugen dazu bei, daß die deutschen Exportpreise bis zu vierzig Prozent über dem Weltmarktniveau lagen, was ohne staatlichen Eingriff ein ökonomisches Fiasko für eine große Zahl von Unternehmen bedeutet hätte. Tatsächlich sank der deutsche Export schon zwischen 1929 und 1933 von 13,5 auf 5,7 Milliarden Reichsmark ab und ging bis 1936 noch einmal auf 4,7 Milliarden Reichsmark zurück; in derselben Zeit verringerte sich auch der Import: von 13,5 auf 4,2 Milliarden Reichsmark. Teilweise ließ sich das mit der allgemeinen Schrumpfung des Welthandels infolge der Wirtschaftskrise erklären, aber angesichts des raschen Wachstums des deutschen Sozialprodukts nach 1933 hätte eine »normale« Wirtschaftspolitik zumindest den Anteil der Ausfuhr steigern müssen.

Hier spielten weltanschauliche und militärische Motive eine Rolle. Von den Handelsbeschränkungen, die auch andere Staaten festlegten – John M. Keynes sprach 1933 von einer unter den Bedingungen der Krise fast zwangsläufigen Politik der »National Self-Sufficiency« –, unterschied sich das autarkistische Konzept der nationalsozialistischen Führung in bezug auf die eigentliche, das heißt die politische Zielsetzung, und das Konzept des »geschlossenen Handelsstaates« zwang zur möglichst vollständigen Kontrolle des deutschen Handels. Seit dem 22. März 1934 war der Reichswirtschaftsminister ermächtigt, »den Verkehr mit industriellen Rohstoffen und Halbfabrikaten, insbesondere deren Beschaffung, Verteilung, Lagerung, Absatz und Verbrauch zu überwachen und zu regeln«. Der Versuch, Einfuhr und Ausfuhr zu kontrollieren und gleichzeitig die Devisenvorräte zu stabilisieren, schlug jedoch fehl. Die Gold- und Devisenbestände der Reichsbank sanken von 456 Millionen Reichsmark im Januar 1934 auf 150 Millionen Ende Juli, und auch bis zum Herbst konnte keine Verbesserung der Lage erreicht werden. Schacht reagierte schließlich mit der Ausdehnung der Mengen- und Devisenüberwachung.

Eine Devisenkontrolle bestand im Prinzip schon seit 1931, und im Juli 1933 hatte Schacht eine Konversionskasse geschaffen, die deutsche Auslandsschulden übernahm und den Gläubigern äußerst restriktive Bedingungen für die Rückzahlung diktierte. Mit dem am 4. September 1934 verkündeten »Neuen Plan« wurde aber die vollständige Devisen- und Mengenkontingentierung mit einer Bilateralisierung aller Handels- und Zahlungsgeschäfte verknüpft. Dieser Bilateralismus sah im wesentlichen drei Maßnahmen vor: 1. den bevorzugten Abschluß von Kompensationsgeschäften, bei denen beispielsweise Ruhrkohle gegen Kaffee aus Brasilien oder Obst, Milch und Käse aus Österreich, Tankmotorschiffe gegen Walöl aus Norwegen, Farben und Medikamente gegen Sojabohnen aus Bulgarien, Kunstdünger gegen Baumwolle aus Ägypten, Stahlröhren gegen Schmieröl aus den USA »getauscht« wurden; 2. die Beschränkung des Außenhandels auf Waren, die unbedingt notwendig waren, und 3. die auch tatsächlich bezahlt werden konnten.

Schacht verfügte außerdem ein zuerst teilweises, dann vollständiges Moratorium für die Rückzahlung langfristiger Auslandsschulden. Als das nicht ausreichte, wurde die Fertigwareneinfuhr allgemein reduziert, gleichzeitig der Lebensmittelimport sichergestellt und der Import militärisch wichtiger Rohstoffe erhöht. Rohstoffe allgemein wurden nach Maßgabe der »volkswirtschaftlichen Dringlichkeit« verteilt, und über einige Industriezweige, vor allem die Textilbranche, wurde ein Investitionsverbot verhängt. Für den Außenhandel spielte der Abschluß von bilateralen Handelsverträgen mit den Ländern Südosteuropas und Lateinamerikas eine wichtige Rolle, da sie als Rohstofflieferanten und Abnehmer deutscher Industrieerzeugnisse bevorzugt in Frage kamen.

In vielem erinnerte dieses Konzept Schachts an die Ideen des jüdischen Ökonomen Robert Friedländer-Prechtl, und auch die Orientierung an älteren »Mitteleuropa«-Konzepten, wie sie schon in den zwanziger Jahren in Deutschland diskutiert wurden, war offensichtlich. Bis 1937 konnte Schacht mit insgesamt 35 Staaten Verrechnungsabkommen schließen. So stieg der Anteil von Bulgariens Exporten nach Deutschland von 36 Prozent seiner Gesamtausfuhr im Jahr 1933 auf 67,8 Prozent im Jahr 1939, der Ungarns von 11,2 auf 50,4 Prozent, der Rumäniens von 10,6 auf 32,3 Prozent. Obwohl die deutschen Preise deutlich über dem Weltmarkt lagen, gelang es bis 1937, den deutschen Export immerhin wieder auf 5,9 Milliarden Reichsmark zu erhöhen, was eine Ausweitung des Imports auf insgesamt 5,5 Milliarden Reichsmark erlaubte.

Bei allen Maßnahmen versuchte Schacht, einen Ausgleich zwischen den rüstungs- und den wirtschaftspolitischen Zielen herzustellen. Im Zweifelsfall neigte er dazu, den Gesetzen der ökonomischen Vernunft zu folgen. Wie eng hierbei sein Spielraum werden konnte, zeigte sich an der von Hitler wiederholt erhobenen Forderung, aus wehrwirtschaftlichen Erwägungen die Produktion von Ersatzstoffen zu forcieren. Nachdem bereits am 14. Dezember 1933 der »Benzinvertrag« zwischen der I. G. Farben und der Reichsregierung geschlossen worden war, der der I. G. Farben das Monopol für die Herstellung von synthetischem Treibstoff übertrug, erzwang Schacht im Herbst 1934 auf Drängen des Militärs die Einrichtung von »Pflichtgemeinschaften« zuerst in der Braunkohleindustrie zwecks Herstellung von synthetischem Treibstoff (Braunkohle-Benzin A. G. oder »Brabag«). Ähnliche Maßnahmen folgten bei der Zellwollproduktion, die mit staatlicher Unterstützung von der Textilindustrie zu übernehmen war. Dabei versuchte Schacht aber darauf zu achten, daß die Zwangsinvestitionen auf Sektoren beschränkt wurden, an denen der Staat besonderes Interesse hatte, und nicht zu wahllosen Eingriffen in die wirtschaftliche Entwicklung führten.

Die schließlich erreichte wirtschaftliche Gesundung wurde im Frühjahr 1936 durch den internationalen Verfall der Preise für landwirtschaftliche Produkte gefährdet. Schacht sah in dieser Situation eine günstige Gelegenheit, den Einfluß Darrés zu brechen, und arbeitete auf dessen Sturz hin; er scheiterte aber mit dieser Absicht, weil es Darré gelang, Göring auf seine Seite zu ziehen. In dem sich entwickelnden Intrigenspiel versuchte Schacht seinerseits, Göring zum Verbündeten zu gewinnen. Aus diesem Grund befürwortete er dessen Ernennung zum »Rohstoff- und Devisenkommissar«, die am 4. April des Jahres tatsächlich zustande kam. Göring erhielt damit, neben den Positionen, die er schon gewonnen hatte, auch noch die Verfügung über eine Behörde, die ein allgemeines Weisungsrecht besaß. Zu spät bemerkte Schacht, daß er einen strategischen Fehler begangen hatte.

Da Blomberg befürchten mußte, daß Göring als Oberbefehlshaber der Luftwaffe nicht genügend Rücksicht auf die Belange der übrigen Waffengattungen nehmen würde, gab es eine begrenzte Kooperation zwischen Blomberg und Schacht zur Eindämmung von Görings Macht, aber dessen Aufstieg zum »Wirtschaftsdiktator« war nicht mehr aufzuhalten. Schacht geriet noch weiter unter Druck, weil sich gleichzeitig eine Gruppe von Autarkie-Anhängern mit Wilhelm Keppler an der Spitze gegen ihn formierte. Zum offenen Konflikt kam es im Sommer 1936, als Schacht unter Hinweis auf die gesamtwirtschaftliche Lage versuchte, die Aufrüstungswünsche der Militärs deutlicher zu begrenzen, und den Vorschlägen Becks für eine schnellere Heeresvergrößerung entgegentrat. Als die Kompetenzstreitigkeiten zwischen den Ressorts sowie der anhaltende Mangel an Rohstoffen und Nahrungsmitteln die Wirtschaft vollständig zu lähmen drohte und Schacht seinen Widerstand gegen eine weitere Rüstung ohne Rücksicht auf die ökonomischen Bedingungen und die Währungsstabilität nicht aufgab, wurde er schrittweise entmachtet.

Lohnentwicklung und Lebensstandard

In vieler Hinsicht war das nationalsozialistische Deutschland der »Gewinner der Weltwirtschaftskrise« (Dietmar Petzina). Der Anstieg des realen Volkseinkommens übertraf mit 8,2 Prozent pro Jahr zwischen 1933 und 1939 sogar die Zuwachsraten der Nachkriegszeit. Das System reagierte auf die ökonomischen Schwierigkeiten mit einer erstaunlichen Anpassungsfähigkeit, und zu keinem Zeitpunkt drohte ein Rücksturz in die Krisensituation. Die wirtschaftlichen Verbesserungen für die Masse der Bevölkerung waren keineswegs vom Stand der Rüstung abhängig. Die öffentlichen Investitionen für den zivilen Sektor, die bis zum Kriegsbeginn etwa hundert Milliarden Reichsmark betrugen, lagen deutlich über der Summe von rund zweiundsechzig Milliarden Reichsmark, die für die Wehrmacht investiert wurde.

Schon aus Gründen der Systemstabilität konnte Hitler den Deutschen auf Dauer kein Leben unter spartanischen Verhältnissen zumuten, und er zögerte nicht, »eine Politik der materiellen Bestechung der gesamten Bevölkerung« (Timothy W. Mason) zu praktizieren. Trotz der erheblichen wirtschaftlichen Schwierigkeiten erreichte das NS-Regime eine Stabilisierung der ökonomischen Gesamtlage, die von vielen Zeitgenossen als »Wirtschaftswunder« wahrgenommen wurde. Insofern war die Feststellung der alliierten Nationalökonomen zutreffend, die 1945 überrascht feststellen mußten, daß von einer Kriegswirtschaft im Frieden während der dreißiger Jahre und in der ersten Hälfte des Krieges kaum die Rede sein konnte: »... the German economy produced both ›butter‹ and ›guns‹.«

Das nationalsozialistische »Wirtschaftswunder« hatte vielfältige Auswirkungen auf die deutsche Gesellschaftsstruktur. Schon die propagandistisch besonders herausgestellten Einzelaktionen, wie das im Rahmen des »Reinhardt-Programms« eingeführte »Ehestandsdarlehen«, verfehlten ihre Wirkung nicht. In mehr als 500.000 Fällen wurden jungverheirateten Paaren bis zu tausend Reichsmark zinslos für eine Haushaltseinrichtung bewilligt. Tatsächlich stieg die Zahl der Eheschließungen daraufhin 1933 gegenüber dem Vorjahr um 200.000 an. Ein erwünschtes Nebenprodukt dieser staatlichen Maßnahme war die Entlastung des Arbeitsmarktes durch den Rückzug verheirateter Frauen aus dem Berufsleben und die Steigerung der Geburtenziffer, da das Ehestandsdarlehen auch »abgekindert« werden konnte (für jedes Neugeborene wurde dem Kreditnehmer ein Viertel der Gesamtsumme erlassen).

Die tausend Reichsmark konnten als ausreichend gelten, um einen durchschnittlichen Hausstand zu gründen. 1933 lagen die Preise für ein Schlafzimmer mittlerer Qualität bei 300 Reichsmark, während man für den Erwerb eines Hauses 6.800 Reichsmark anlegen mußte. Wichtiger als solche Einzelmaßnahmen war aber die Lohnentwicklung der Arbeitnehmer. Die Löhne stiegen zwischen 1933 und 1937 um fünfzehn Prozent, relativ von 55 auf 57,6 Prozent des Sozialprodukts. Bei Hitlers Regierungsübernahme 1933 lagen die Tariflöhne etwa zwanzig Prozent unter dem Stand von 1929 und wurden dann konstant auf diesem niedrigen Niveau gehalten. Der Brutto-Wochenlohn stieg allerdings bis 1937 wieder auf den Stand von 1928, um bis 1939 weiter deutlich anzuwachsen. Das hing wesentlich damit zusammen, daß die Arbeitszeit kontinuierlich anstieg. Lag die Wochenarbeitszeit 1928 bei 46 und 1932 bei 41,5 Stunden, so wuchs sie bis 1939 auf 47 Stunden an. In einigen rüstungswichtigen Betrieben wurde zu dem Zeitpunkt 58 bis 60 Stunden gearbeitet.

Die Entwicklung in den einzelnen Berufen war sehr uneinheitlich und blieb in bestimmten Sparten – vor allem der Landwirtschaft und dem Bergbau – deutlich hinter der allgemeinen Verbesserung der Lage zurück. Ungleich stärker als die Löhne wuchsen die Gewinne der Unternehmen, die zwischen 1933 und 1939 von 12,9 auf 18 Prozent des Sozialprodukts zunahmen. Trotzdem blieb der Lebensstandard der Arbeitnehmerschaft relativ stabil, wozu die amtliche Festsetzung der Mieten und das leichte Absinken der Kosten für Heizung und Strom beitrugen. Die Gesamtentwicklung der Preise, vor allem der künstlich auf hohem Niveau gehaltenen Preise für landwirtschaftliche Produkte, trug dazu bei, daß die Reallöhne in der ersten Zeit des NS-Regimes absanken und etwa im Januar 1934 ihren Tiefpunkt erreichten. Erst 1936 war der durchschnittliche Wochenlohn wieder auf dem Stand von 1932. Die langfristige Preisentwicklung hatte allerdings eher positive Auswirkungen für den Lebensstandard.

Obwohl die Überwachung der Preise durch Goerdeler und ab Herbst 1935 durch den bayerischen Gauleiter Josef Wagner niemals flächendeckend durchgeführt wurde, stiegen sie insgesamt nur langsam an: Zwischen 1933 und Anfang 1937 wuchsen die Lebenshaltungskosten um siebzehn Prozent, während der Stundenlohn eines Industriearbeiters um 22,5 Prozent anstieg. Die »Treuhänder der Arbeit« bemühten sich gleichzeitig, schon um die private Nachfrage zu verbessern, um eine dem Wirtschaftsaufschwung angemessene Steigerung der Einkommen, aber nur mit mäßigem Erfolg. Wesentlich stärker wirkten sich die »unsichtbaren« Lohnerhöhungen aus, die viele Betriebe in Form von freiwilligen Sonderzahlungen leisteten, die teilweise die Hälfte des tariflichen und bis zu einem Drittel des tatsächlich gezahlten Lohns ausmachten.

Die von den Nationalsozialisten versprochene Entlastung von Abgaben an den Staat wurde nicht im propagierten Umfang durchgesetzt. Die Steuergesetzgebung führte zwar zu deutlichen Entlastungen für die Landwirte und einen Teil des Mittelstands, aber im Rahmen der im Oktober 1934 eingeleiteten »Nationalsozialistischen Steuerreform« weitete der Staat den Einzug von Steuern deutlich aus und verschärfte die Strafen für Steuervergehen. Im Durchschnitt verloren die Arbeitnehmer etwa fünfzehn Prozent ihres Einkommens in Form von Steuern oder Pflichtabgaben.

Die relative Verbesserung der Lebenssituation der Arbeitnehmer war allerdings mit einer immer stärker werdenden Reglementierung verbunden. Bereits im Mai 1934 erließ die Reichsregierung die ersten Beschränkungen für den Zuzug in den Großstädten Berlin, Hamburg und Bremen. Durch eine Verordnung vom August des Jahres erhielten die Arbeitsämter das Recht, ältere anstelle von jüngeren Arbeitern einzustellen und letztere – zwischen Oktober des Jahres und Oktober 1935 immerhin 130.000 – zu versetzen. Im Dezember 1934 begann man außerdem damit, den für die Rüstungswirtschaft wichtigen Metallarbeitern aufzuerlegen, daß sie ihre Wohnbezirke nur noch mit Zustimmung des Arbeitsamtes verlassen durften. 1935 kam es zur Wiedereinführung der (seit dem Ende des 19. Jahrhunderts abgeschafften) »Arbeitsbücher«, im April 1939 erhielten auch alle Selbständigen und ihre Angehörigen solche Papiere, in denen Alter, Familienstand und Qualifikationen festgehalten wurden. Ihren Höhepunkt erreichte die Entwicklung kurz vor Ausbruch des Krieges mit der »Verordnung zur Sicherstellung des Kräftebedarfs für Aufgaben von besonderer staatspolitischer Bedeutung«, die es ermöglichte, jeden Arbeitnehmer auf eine andere Position zu versetzen und ihn gegebenenfalls zu nötigen, eine fehlende Befähigung zu erwerben.

Arbeitsfront und Sozialpflege

Eine wesentliche Rolle für die zwischen 1933 und 1939 bewirkten sozialen Veränderungen spielte Leys Deutsche Arbeitsfront. Auch ihre Maßnahmen wurden bestimmt von einer für den Nationalsozialismus »systemtypischen Mischung ökonomischer und ideologischer Motive« (Avraham Barkai). In der Phase der »Machtergreifung« hatte Ley noch keine genaue Vorstellung davon gehabt, wie er sein Ziel verwirklichen könnte, aus Deutschland einen »Sozialstaat [zu] machen, wie ihn die Welt nicht für möglich hält«. Neben den NSBO-Aktivisten, die die DAF als Vorform einer staatlich gestützten Einheitsgewerkschaft betrachteten, gab es in der Arbeitsfront auch Gruppen, die die Organisation als Segment des künftigen ständischen Aufbaus ansahen. Nach anfänglichem Schwanken entschied sich Ley für eine dritte Option, nämlich die Bildung eines totalitären Massenverbandes, der einerseits bestimmte »quasigewerkschaftliche« (Heinrich August Winkler) Aufgaben erfüllte, andererseits der Vorbereitung der zukünftigen »Volksgemeinschaft« durch soziale Integration und Ideologisierung dienen sollte.

Das entsprach aus Leys Sicht am ehesten den Anforderungen der Lage, die sich seit der zweiten Hälfte des Jahres 1933 abzuzeichnen begann, nachdem der Reichswirtschafts- und der Reichsarbeitsminister mit Unterstützung wichtiger Kreise der Industrie und der Armee ihre Sorge über eine mächtige Organisation der Arbeitnehmer in Gestalt der DAF deutlich gemacht hatten. Als die im März 1933 angelaufenen, aber vom Regime bewußt verschleppten Betriebsratswahlen offenbart hatten, daß die NSBO zwar einen deutlichen Stimmenzuwachs erhielt – von vier Prozent im Jahr 1932 auf fünfundzwanzig Prozent –, aber weit davon entfernt blieb, die einzige oder auch nur die ausschlaggebende Gruppierung in den Arbeitnehmervertretungen zu sein, gab Ley einen guten Teil seiner Illusionen über eine Eroberung der Betriebe »von unten« auf. Nachdem noch durch das Gesetz über die »Treuhänder der Arbeit« festgelegt wurde, daß der DAF keine Funktion etwa bei der Aushandlung von Tarifen zukam, konzentrierte sich Ley darauf, die Unternehmer neben einem »Gesamtverband der deutschen Arbeiter« und einem »Gesamtverband der deutschen Angestellten« als dritte und später den Mittelstand als vierte »Säule« in seine Arbeitsfront einzugliedern. Die dem entgegenstehenden Bestrebungen der alten NSBO-Kader konnten schon bedingt durch den Unfalltod Reinhard Muchows im September 1933 und dann durch die Säuberung der Partei von »sozialistischen« Elementen nach dem 30. Juni 1934 kaum zum Ziel führen. Zahlreiche Funktionäre der NSBO wurden im Sommer 1934 als »Marxisten« entlassen, und der Jugendverband der Organisation wurde der HJ unterstellt. Schon ein Jahr später setzte sich die Mehrzahl der NSBO-Führer aus Männern zusammen, die erst nach 1933 der Partei beigetreten waren.

Wie gering der Einfluß der NSBO mittlerweile geworden war, zeigte sich auch an dem gescheiterten Versuch, die Betriebsräte durch »Vertrauensräte« zu ersetzen. Diese wurden zwar geheim, aber nach einer Einheitsliste gewählt, die der Betriebsführer und der Obmann der NSBO gemeinsam aufstellten. Es konnten auch Angestellte und sogar der Betriebsführer selbst gewählt werden, eine Abberufung durch den Treuhänder auf Empfehlung des Betriebsführers war möglich. Der Vertrauensrat stellte deshalb keinen wirksamen Schutz für die Arbeitnehmer dar. Aus diesem Grund führten schon die Wahlen zu den Vertrauensräten von 1935 zu enttäuschenden Ergebnissen für die DAF. Die Folge war, daß keine weiteren Wahlen stattfanden und die einmal Gewählten im Amt blieben, was selbst innerhalb der DAF zu Protesten führte. Weniger eindeutig ist das Bild, das sich in bezug auf die »Ehrengerichte« ergab, deren Einrichtung durch das »Gesetz über die Ordnung der nationalen Arbeit« festgelegt worden war. Sie verhandelten schon unmittelbar nach ihrer Einrichtung, in der Zeit vom August bis zum Dezember 1934, insgesamt fünfundsechzig Fälle, davon sechzig gegen Betriebsführer und drei gegen Aufsichtspersonal. 1935 richteten sich von 223 Anklagen 164 gegen Betriebsführer, acht gegen deren Vertreter, dreiunddreißig gegen sonstiges Aufsichtspersonal und achtzehn gegen Gefolgschaftsangehörige; immerhin neun Verfahren endeten mit der Aberkennung des Rechtes zur Betriebsführerschaft.

Inzwischen hatte die DAF ihre endgültige Form gefunden. Die Entscheidung dazu war im November 1933 gefallen: Verzicht auf das Prinzip eigenständiger Verbände unter dem Dach der DAF, statt dessen Einheitsorganisation aller »Arbeiter der Stirn und der Faust«, die als einzelne in die Mammutorganisation einzutreten hatten. So entstand unter Ley eine rein vertikale, am Vorbild der Partei ausgerichtete Organisationsstruktur, die den »Fachämtern« und dem »Zentralbüro« der DAF unterstellt war. Im nachhinein äußerte er zu seinen Beweggründen für diese Maßnahme: »Die Grundlage meines Denkens war die Erkenntnis, daß die Partei der einzige Kraftquell des neuen Deutschlands ist. So habe ich die Deutsche Arbeitsfront bewußt unter die Führung der Partei gestellt … So wurde ich davor bewahrt, die Deutsche Arbeitsfront etwa nach ständischen Gedanken auszurichten.«

Die DAF gewann in den folgenden Jahren tatsächlich eine einzigartige Stellung in der Wirtschaftsverwaltung, der Berufs- und Rechtsberatung und in der Verteilung von Sozialleistungen. Wenn auch mit dem »Gesetz zur Ordnung der nationalen Arbeit« festgelegt worden war, daß die Betriebe nach dem »Führerprinzip« organisiert werden mußten und der »Gefolgschaft« keine Mitspracherechte zukamen, und wenn die Arbeitsfront bei allen Lohn- und Arbeitsrechtsfragen lediglich eine beratende Funktion ausüben durfte, gelang es Ley im Oktober 1934 doch, Hitler dazu zu bringen, eine von ihm vorgelegte »Verordnung über Wesen und Ziele der Deutschen Arbeitsfront« zu unterzeichnen, durch die der DAF formell die Rolle eines Schlichters zwischen Arbeitnehmer und Arbeitgeber übertragen wurde. Die Verordnung blieb allerdings ohne praktische Ergebnisse, da sie auf den erbitterten Widerstand der Unternehmer stieß und vom Arbeits- ebenso wie vom Wirtschaftsministerium ignoriert wurde. Die Auseinandersetzung Leys mit den anderen Ressorts endete mit einem Kompromiß, der »Leipziger Vereinbarung« vom 26. März 1935. Das von Schacht, Seldte und Ley unterzeichnete Abkommen räumte der DAF einen entscheidenden Einfluß auf das Wirtschaftsleben – in Gestalt von »Arbeits-« und »Wirtschaftskammern« und eines »Reichsarbeits-« beziehungsweise »Reichswirtschaftsrates« an der Spitze – ein, konnte aber an der Zuständigkeit der »Treuhänder« nichts ändern.

Obwohl die Kammern kaum jemals über die Funktion von Sachverständigenbeiräten hinauskamen und viele Unternehmer jede Kooperation mit Ley verweigerten, gelang es der DAF, in zahlreichen Betrieben einen erheblichen Druck auf die Firmenleitung auszuüben. Die DAF, die erst 1935 in den Rang eines »angeschlossenen Verbandes« der NSDAP erhoben wurde, konnte als größte Organisation des »Dritten Reiches« auf einer ganzen Reihe von sozialpolitischen Aktionsfeldern Erfolge verbuchen. Dies allerdings nicht zuerst im Interesse der Arbeitnehmer, sondern als Teil der »Erziehung der schaffenden Deutschen«, die dazu dienen sollte, daß jeder »die geistige und körperliche Verfassung erhält, die ihn zur höchsten Leistung befähigt«. Die Verbesserung der Arbeits- und Lebensbedingungen für den einzelnen wurde letztlich dem größeren Ziel, der Stabilisierung des Gesamtsystems, untergeordnet.

Die modernitäts- und technikfeindlichen Momente, die in der nationalsozialistischen Ideologie immer eine gewisse Bedeutung besessen hatten, wurden jetzt durch die starke »technokratische Unterströmung« (Tilla Siegel) ihrer Wirkung beraubt. Wenn man im Jargon der DAF von einer »Arbeitsschlacht« sprach, so hatte der martialische Begriff einen nüchternen Kern: Es ging um die Steigerung von Effizienz. Diesem Ziel dienten schon die »Reichsberufswettkämpfe« (ursprünglich »Berufsolympiade«), die in enger Kooperation zwischen der DAF und der HJ zustande kamen, nachdem Ley mit Arthur Axmann, dem Leiter des Sozialen Amtes in der Reichsjugendführung, Ende 1933 ein entsprechendes Abkommen geschlossen hatte. Zwischen 1934 und 1939 wurden die Reichsberufswettkämpfe jeweils im Frühjahr durchgeführt; an den Wettbewerben von 1938 und 1939 sowie an dem »Kriegsberufswettkampf« von 1944 nahmen auch junge Erwachsene teil. Die Prüfungen umfaßten einen – besonders hoch gewerteten –

praktischen, einen berufstheoretischen, einen sportlichen und einen weltanschaulichen Teil, für die Mädchen gab es außerdem noch einen hauswirtschaftlichen Bereich. Schon in den ersten »Reichsberufswettkampf« von 1934 wurden 500 000 Jugendliche einbezogen, davon ein Drittel Mädchen. Bis 1938 stieg die Teilnehmerzahl auf 2,2 Millionen. 63 Prozent der männlichen und 47 Prozent der weiblichen Sieger wurden befördert, finanziell unterstützt oder durch Verkürzung der Ausbildungszeit oder Übernahme in eine Position mit Aufstiegsmöglichkeiten ausgezeichnet.

Während die HJ-Führung die Wettkämpfe als günstige Gelegenheit nutzte, um sich zum Sprecher für die Verbesserung der Lebensbedingungen von Lehrlingen und Jungarbeitern zu machen, fand die DAF einen Verbündeten bei ihrem Bestreben, die ganze Sozialpolitik unter ihre Kontrolle zu bringen. Einem ähnlichen Zweck wie der »Reichsberufswettkampf« – nur für die ganze Arbeitnehmerschaft – diente der »Leistungskampf der Betriebe«, der zum ersten Mal am 1. Mai 1936 eröffnet wurde und durch den ein Unternehmen die Auszeichnung »Nationalsozialistischer Musterbetrieb« erwerben konnte. Der Wettbewerb diente der Motivation der Arbeitgeber, soziale Verbesserungen einzuführen, die einerseits den Arbeitern und Angestellten zugute kamen, andererseits die Firmen attraktiv erscheinen lassen konnten, wenn es darum ging, begehrte Fachkräfte abzuwerben.

Tayloristische beziehungsweise fordistische Ziele, gegen die man in der »Kampfzeit« polemisiert hatte, weil es sich um typische Ausbeutungsmethoden des Kapitalismus handelte, bildeten jetzt die Grundlagen für die von der DAF ausdrücklich befürwortete »echte Rationalisierung«. Das 1935 gegründete »Arbeitswissenschaftliche Institut« (AWI) der DAF stellte nicht nur statistisches Material zusammen, es sammelte auch alle erreichbaren Daten über die deutschen Betriebe und machte sich daran, mit Hilfe von verschiedenen Denkschriften »›Generalstabspläne‹ für NS-Gesellschaftspolitiker zu liefern« (Ronald Smelser). Man kopierte das amerikanische »scientific management« in der Entwicklung von Eignungstests sowie der Anfertigung von Zeit- und Bewegungsstudien, die im Rahmen des »Reichsausschusses für Arbeitszeitentwicklung« (REFA) und in den REFA-Lehrgemeinschaften durchgeführt wurden. Der Steigerung von Effizienz diente auch das »Deutsche Institut für technische Arbeitsschulung« (DINTA), das 1933 in die DAF eingegliedert worden war und 1935 mit dem Amt »Berufserziehung« vereinigt wurde. Das Ziel Leys war es hier, die gesamte Berufsausbildung unter seine Kontrolle zu bringen. Zu dem Zweck wurden nicht nur spezielle »Übungsfirmen« der Arbeitsfront eingerichtet, es entstanden bis Ende 1936 auch mehrere hundert Ausbildungsstätten der DAF, in denen 25.000 Lehrer beschäftigt waren. Bis zu diesem Zeitpunkt hatten schon mehr als 2,5 Millionen Arbeiter die dort angebotenen Kurse durchlaufen.

Die Untersuchungen des AWI sollten auch dazu beitragen, die »Bildung wirklicher Leistungslöhne« zu ermöglichen, eine Absicht, deren Verwirklichung Ley allerdings erst während des Krieges unter dem Druck der veränderten Produktionsbedingungen näherkam. Nach 1939/40 gelang es der DAF dann auch, andere Konzepte, die der Erhaltung der Arbeitskraft der Arbeiter und Angestellten dienen sollten, umzusetzen, etwa die im Rahmen einer »Präventivmedizin« eingeführten »Betriebsärzte« sowie die (allerdings nicht mehr verwirklichte) Organisation von Reihenuntersuchungen unter Einsatz moderner Röntgengeräte. An den Memoranden des AWI, die nach den militärischen Erfolgen von 1939/40, also unter dem Eindruck eines baldigen »Endsiegs«, entstanden, war ablesbar, welche Vorstellungen Ley und seine engsten Mitarbeiter schließlich verfolgten: Vollbeschäftigung, ein gerechtes Lohnsystem, das dem Prinzip »gleiche Bezahlung für gleiche Leistung« folgen sollte, Steigerung der Einsatzbereitschaft durch medizinische Betreuung, Förderung des sozialen Wohnungsbaus, Organisation von Freizeit- und Konsummöglichkeiten, Errichtung eines umfassenden Sozial- und Rentenversicherungssystems.

Erste Schritte auf diesem Weg hatte man schon mit der Einführung einer Pflicht-Altersversicherung im Handwerk und einer Pflicht-Krankenversicherung in der Landwirtschaft gemacht. Außerdem wurde die Einführung des bezahlten Urlaubs erreicht: Während 1931 56,6 Prozent der Arbeiter den Mindesturlaub von vier Tagen erhielten und 37,7 Prozent vier bis sechs Tage, kamen mit Hilfe einiger Sonderregelungen 1938 61,6 Prozent der Arbeitnehmer auf einen Urlaub von sieben bis zwölf Tagen. Derartige »wirkliche Reformen« verfehlten ihre Wirkung nicht und führten zu der resignativen Einsicht eines Vertrauensmanns der illegalen Linken: Das »Gerede vom ›deutschen Sozialismus‹ mag noch so offensichtlich demagogisch sein – es wirkt.«

Paßte die Versorgung des Tüchtigen und Einsatzbereiten ganz in das Bild der »nationalen Leistungsgemeinschaft«, so deuteten propagandistische Aussagen der Kampfzeit doch darauf hin, daß im »Dritten Reich« kaum Platz für die Schwachen und Pflegebedürftigen sein würde. Vergleichende Untersuchungen zur Ausbildung des Sozialstaates in Europa zeigen aber, daß die deutsche Entwicklung in den dreißiger und vierziger Jahren keine signifikante Abweichung von der allgemeinen Tendenz zeigt. Die Bürokratisierung, Professionalisierung und Verrechtlichung der Wohlfahrtspflege waren hier wie in allen entwickelten Ländern zu beobachten. Dabei bildete die »Nationalsozialistische Volkswohlfahrt« (NSV) das eigentliche Zentrum der staatlichen Sozialarbeit. Die bereits im April 1932 von Joseph Goebbels als Berliner Gauleiter gegründete Organisation wuchs bis zum Kriegsausbruch auf zwölf Millionen Mitglieder an und wurde damit – nach der DAF – zum zweitgrößten der angeschlossenen Verbände der NSDAP. Ihre öffentlichen Sammlungen, die besonders für das »Winterhilfswerk des deutschen Volkes« durchgeführt wurden, brachten 1933/34 bereits 350 Millionen Reichsmark ein und stiegen bis 1938/39 auf etwa 550 Millionen

Reichsmark an. Die Gesamtsumme belief sich bis 1941 auf immerhin 1,5 Prozent des Vorkriegsvolkseinkommens. Die »Volkswohlfahrt« organisierte nicht nur Gesundheitspflege und Beratung in medizinischen Fragen, sondern auch Reihenuntersuchungen, Impfungen und Kuren über das »Hilfswerk Mutter und Kind«.

Nach der »Machtergreifung« setzte auch auf dem Sektor der Sozialarbeit ein Prozeß der Gleichschaltung ein, der im März 1934 dazu führte, daß die Spitzenverbände der freien Wohlfahrtspflege, das »Amt für Volkswohlfahrt«, der »Centralausschuß für Innere Mission« der evangelischen und der Caritas-Verband der katholischen Kirche sowie das Rote Kreuz mit der NSV zur »Reichsgemeinschaft der freien Wohlfahrtspflege« zusammengeschlossen wurden. Neben der Eingliederung kam es aber auch zu einer deutlichen Ausweitung der Wohlfahrtspflege, beispielsweise in Gestalt der Gesundheitsämter, deren Zahl bis 1938 auf siebenhundert stieg und in denen 1.500 beamtete Ärzte tätig waren. Damit wurde der »Medikalisierungsprozeß« (Michael Prinz), der erst seit den zwanziger Jahren auch die Unterschichten erfaßt hatte, gestützt und weiter vorangetrieben.

Ein ganz ähnliches Bild zeichnete sich in bezug auf die Professionalisierung der Sozialarbeit ab. Viele Sozialarbeiter und -arbeiterinnen, die infolge der Wirtschaftskrise eine vollständige Beseitigung ihres Berufes befürchten mußten und aufgrund der nationalsozialistischen Propaganda aus der »Kampfzeit« keine Anerkennung im »Dritten Reich« erhoffen durften, erhielten ausgerechnet im NS-Staat eine angemessene Stellung. Daß im »Dritten Reich« die »Wohlfahrtspflege« als »Volkspflege« verstanden wurde, stellte offensichtlich kaum ein Hindernis dar. Auch wenn die Hilfe, die der Staat gewährte, nicht in der traditionellen christlichen Nächstenliebe und auch nicht in den Rechten oder Bedürfnissen des einzelnen gründete, sondern in der Notwendigkeit, den Fortbestand der »Volksgemeinschaft« zu sichern, erschienen Einrichtungen wie der »Eintopfsonntag« oder der Druck, der auf jeden ausgeübt wurde, für die NSV oder das »Winterhilfswerk« zu spenden, im Sinne eines gesellschaftlichen Ausgleichs wünschenswert.

Selbstverständlich sah das Regime in dem neuen »Sozialstaat« keinen Selbstzweck. In einem programmatischen Text von 1937 äußerte der Amtsleiter im Hauptamt für Volkswohlfahrt der NSDAP, Hans Althaus, daß die »Wohlfahrtspflege nationalsozialistischer Prägung grundsätzlich erbbiologisch und rassenhygienisch orientiert« sein müsse. Die Angehörigen der sozialpflegerischen Berufe wurden ausdrücklich angewiesen, das Vorhandensein von Erbkranken, schwer körperlich und geistig Behinderten sowie »Asozialen« zu registrieren und zu melden. Die Fürsorgemaßnahmen waren auf die »bedürftigen Volksgenossen« beschränkt, die im rassischen und politischen Sinne der Hilfe »würdig« waren, ausgeschlossen wurden prinzipiell alle, bei denen die »Erziehung zur Selbsthilfe«

als aussichtslos galt. Letztlich sollte sich die Fürsorge selbst überflüssig machen, indem sie einerseits diejenigen in die Volksgemeinschaft rückgliederte, bei denen das möglich war, während die übrigen, die als »nicht gemeinschaftsfähig« galten, der »Ausmerze« verfielen.

Die braune Revolution

Die DAF konnte teilweise das von Hitler immer propagierte Ziel verwirklichen, die Arbeiterschaft in die Nation einzupassen. Neben den sozialen Verbesserungen waren dabei vor allem psychologische Faktoren von Bedeutung. Das Regime hofierte die Arbeiterschaft, wie überhaupt alle propagandistischen Anstrengungen unternommen wurden, um dem Wort »Arbeiter« seine abschätzige Bedeutung zu nehmen. Neben den regelmäßigen Feiern zum »Tag der nationalen Arbeit« am 1. Mai, bei denen ganz bewußt Elemente der sozialistischen Symbolsprache übernommen wurden, gab es spektakuläre Aktionen, durch die den Arbeitern ihre Bedeutung für die »Volksgemeinschaft« vor Augen geführt werden sollte. Als zum Beispiel im Sommer 1935 ein für die Erweiterung der Berliner U-Bahn angelegter Schacht einstürzte, erhielten die neunzehn dabei getöteten Arbeiter ein prunkvolles Begräbnis, während man die verantwortlichen Ingenieure und Unternehmer in einer Art Schauprozeß vor Gericht stellte. Das erwähnte »Leipziger Abkommen« wurde deshalb in Leipzig unterzeichnet, weil die Stadt mit der Gründung des »Allgemeinen Deutschen Arbeitervereins« von 1863 der Geburtsort der proletarischen Bewegung gewesen war, und ein Funktionär der DAF erklärte: »Die Forderungen Freiheit, Gleichheit, Brüderlichkeit, mit denen der deutsche Arbeiter von liberalistisch-marxistischen Demagogen betrogen wurde, sind durch den Nationalsozialismus Wirklichkeit geworden.«

Der »deutsche Sozialismus« sollte die Egalisierung der »Volksgenossen« vor allem durch eine Veränderung des Bewußtseins erreichen, ein Prozeß, der beispielsweise durch das Arbeitsordnungsgesetz gefördert wurde, das keinen Unterschied mehr zwischen Arbeitern und Angestellten machte; in zahlreichen Betrieben wurde für Arbeiter wie Angestellte die Zeitkontrolle mit Hilfe von Stechuhren eingeführt. Die Arbeiterschaft hatte zwar ihre mächtigen Organisationen und ihre Rechte verloren, aber vor allem für die jüngeren Arbeiter war die entscheidende Erinnerung nicht die, Rechte gehabt zu haben, sondern arbeitslos gewesen zu sein. Im Dezember 1936 meldeten die »Deutschland-Berichte« der SOPADE, daß man an zahlreichen Fahnen erkennen könne, »daß das Hakenkreuz über Hammer und Sichel genäht« worden sei. Der amerikanische Sozialhistoriker David Schoenbaum, der als einer der ersten die »braune Revolution«

systematisch untersucht hat, kam zu dem Urteil: »Von unserem Standpunkt aus gesehen mag es Sklaverei gewesen sein, aber so sah es nicht unbedingt für einen Zeitgenossen aus. Anders gesagt, der Arbeiter teilte seine Versklavung mit früheren Herren, wodurch sie paradoxerweise zu einer Art von Gleichheit oder gar Befreiung wurde.«

Zu den entscheidenden Faktoren, die die emotionale Bindung der Arbeitnehmer an das NS-Regime verstärkten, dürfte die DAF-eigene Freizeitorganisation »Kraft durch Freude« (KdF), gehört haben. Die KdF wurde am 27. November 1933 gegründet, damals noch unter einem anderen Namen: »Nach der Arbeit«, angelehnt an die vergleichbare Organisation »Dopolavoro« im faschistischen Italien. Erst im Januar 1934, als sie ihren Betrieb aufnahm, verwendete man die Bezeichnung »NS-Gemeinschaft Kraft durch Freude«. Das Unternehmen war ab 1936 in fünf Ämter eingeteilt: das Amt »Feierabend«, das sich vor allem mit der Organisation von Theater- und Konzertbesuchen befaßte, das »Deutsche Volksbildungswerk«, das Sport-Amt, dann das Amt »Schönheit der Arbeit«, dem Fragen der Arbeitsplatzgestaltung zugeordnet waren, und schließlich das Amt »Reisen, Wandern und Urlaub«, das den »braunen Massentourismus« (Heinz Höhne) organisierte.

Die KdF erhielt im Laufe der Zeit enorme Subventionen der DAF, allein für das Jahr 1934 waren es acht Millionen Reichsmark, für 1935 14,3 Millionen und für 1936 sogar 26,4 Millionen. Das Ziel dieser Organisation war es, als »große Riegelsprengerin alles klassenhaften Dünkels« zu wirken. Es ging darum, den »Volksgenossen« von »bloßer Freizeitverbringung« abzuhalten und ihn zu sinnvoller »Freizeitgestaltung« zu erziehen. Dabei wurden ihm ganz bewußt exklusive Sportarten wie Reiten, Tennis, Golf, Fechten und Segeln angeboten, aber auch Schiffsreisen nach Madeira, dem klassischen Erholungsort der britischen Oberschicht. Die Absicht, die die KdF damit verband, wurde ganz unverhohlen ausgesprochen; so erklärte der Pressereferent der Organisation, Starcke, in bezug auf den Zweck der Reisen: »Wir schickten unsere Arbeiter nicht auf eigenen Schiffen auf Urlaub oder bauten ihnen gewaltige Seebäder, weil uns das Spaß machte oder zumindest dem einzelnen, der von diesen Einrichtungen Gebrauch machen kann. Wir taten das nur, um ihn gestärkt und neu ausgerichtet an seinen Arbeitsplatz zurückkehren zu lassen.«

An den KdF-Fahrten nahmen bis 1939 etwa 7,3 Millionen Menschen teil, davon allerdings nur ein Drittel Arbeiter; bei den größeren – und kostspieligeren – Fahrten, etwa nach Italien oder Spanien, lag der Anteil wahrscheinlich darunter. Doch war allein die Möglichkeit einer Fernreise für die Angehörigen der Unter- und der unteren Mittelschicht eine so überraschende Perspektive, daß sie zu einer entscheidenden Veränderung der Selbstwahrnehmung beitragen mußte. Ähnliches galt für den ganzen Bereich der »Kunstteilhabe«. Zwischen 1934 und 1938 organisierte die KdF 48.000 Theatervorstellungen für 2,1 Millionen Besucher, 12.000 Konzerte mit 5,6 Millionen Besuchern und 1.300 Kunstausstellungen für 3,3 Millionen Arbeiter und Angestellte.

Hitler hat niemals verschwiegen, daß seine Vorstellung von »Nationalsozialismus« wenig mit dem zu tun hatte, was man gemeinhin unter »Sozialismus« verstand. Bei der Verfolgung seines Zwecks erschien ihm die prinzipielle Gleichheit aller, die die Linke zu erreichen suchte, ebenso hinderlich wie die Aufrechterhaltung oder gar Restauration der älteren Klassenschranken, die die bürgerliche Rechte verfolgte. Tatsächlich verlief die gesellschaftliche Entwicklung in Deutschland nach 1933 gemäß den Gesetzen aller modernen Industriestaaten: Der Anteil der Landwirtschaft ging zurück, der Anteil der Dienstleistungen wuchs, die Zahl der Selbständigen sank (1933: 20 Prozent; 1939: 18 Prozent), die der Angestellten und Beamten stieg an (1933: 18 Prozent; 1939: 20 Prozent).

Man konnte nicht von einer klassischen, wohl aber von einer neuartigen sozialen Revolution sprechen. In manchen Bereichen wurde der Umbruch erst vorbereitet, in anderen rascher vollzogen. Ein gutes Beispiel für den ersten Fall war die Spitze des Regimes. Bis 1945 gehörten dem Kabinett insgesamt einunddreißig Minister an, von denen zehn Nicht-Nationalsozialisten waren, darunter neun Akademiker oder hohe Laufbahnbeamte, fünf führten außerdem einen Adelstitel; aber auch bei den Nationalsozialisten gab es lediglich zwei (Hitler selbst und Kerrl), die man ihrer sozialen Herkunft nach dem Kleinbürgertum zuordnen mußte, die übrigen besaßen ebenfalls akademische Abschlüsse oder den Rang eines höheren Beamten. Die alten Sozialeliten dominierten nicht nur in der Verwaltung, im akademischen Bereich und im diplomatischen Korps, aus diesem Reservoir kam auch ein erheblicher Teil der Führung von einflußreichen Gliederungen der NSDAP wie etwa der SS. Während ein guter Teil der »alten Kämpfer«, der jetzt in subalternen Positionen saß, den ganzen Unmut der Bevölkerung gegen »die Partei« auf sich zog, war eine jüngere Generation von Pragmatikern und Technokraten in führende Stellungen eingerückt, die die sozial deklassierten Veteranen und ideologischen Wirrköpfe belächelte. Männer wie Reinhard Heydrich, der Staatssekretär im Reichsinnenministerium Wilhelm Stuckart und Albert Speer repräsentierten diesen neuen Typus, der für die Funktionstüchtigkeit des Systems ebenso stand wie für die Aufstiegschancen, die es bot.

Karrieren waren innerhalb der Parteiorganisation und der angeschlossenen Verbände grundsätzlich nicht an Qualifikationen gebunden, die normalerweise in Staat oder Wirtschaft den Ausschlag gaben. Das Fortkommen in den Parallelstrukturen bildete aber nur ein Element der sozialen Mobilisierung, die das NS-Regime verursachte. Wichtiger war die Auflösung ehemals exklusiver Sozialkörper wie beispielsweise das Offizierskorps der Wehrmacht; insbesondere ab 1935 mit der Einführung der Allgemeinen Wehrpflicht und der Auflösung von Traditionseinheiten der Garde, die bis dahin ihren Führungsnachwuchs selbst rekrutiert hatten, stieg die Zahl derjenigen an, die aus der Arbeiterschaft und

Taufe des Volkswagens auf den Namen »KdF-Wagen« durch Hitler und den hinter ihm stehenden Konstrukteur Ferdinand Porsche im Jahr 1938 in Berlin

Das billige Kleinradio mit der Typenbezeichnung »VE 301« als Kürzel des Datums der nationalsozialistischen Machtergreifung. Plakat des Reichspropagandaministeriums, 1936. Koblenz, Bundesarchiv

dem Kleinbürgertum in die militärische Elite strebten. Noch in den letzten Jahren der Republik bestand das Offizierskorps der Reichswehr zu fast zwei Dritteln aus Angehörigen des Großbürgertums und des Adels, nur ein Drittel stammte aus den Familien von Beamten des mittleren und gehobenen Dienstes, von Angestellten oder Kaufleuten. Bis 1941 hatte sich der Anteil dieser Gruppe auf 54 Prozent vergrößert. Als Ende 1942 die Verordnung aufgehoben wurde, die das Abitur zur Voraussetzung für die Offizierslaufbahn gemacht hatte, führte das – unter der Bedingung erhöhter kriegsbedingter Verluste – in kurzer Zeit dahin, daß elf Prozent der Offiziere der Wehrmacht nur einen Volksschulabschluß besaßen.

Unmittelbar nach der Regierungsübernahme Hitlers wurden Maßnahmen ergriffen, um den Zugang zu den Universitäten zu verringern; tatsächlich sank die Zahl der neu Immatrikulierten zwischen 1933 und 1939 von 12.966 auf 7.303 jährlich, also um 44 Prozent. Damit einher ging der vermehrte Andrang an den Technischen Hochschulen. Gleichzeitig arbeiteten NS-Studentenbund, HJ und Erziehungsministerium seit 1935 gemeinsam an Maßnahmen für die vermehrte Zulassung von Nicht-Abiturienten zum Studium, die sich durch eine Sonderprüfung für die Aufnahme an der Hochschule qualifizieren mußten. Den Bemühungen war allerdings nur ein bescheidener Erfolg vergönnt; die »Langemarck-Stipendien« erhielten 1939 nur 0,14 Prozent der »spätbegabten« Studenten.

Ähnliche Probleme wie hier gab es auch bei dem Versuch, die Elitenrekrutierung des Systems über eigene Schulen zu organisieren. Die schon 1933 nach dem Vorbild der preußischen Kadettenanstalten gegründeten »Nationalpolitischen Erziehungsanstalten«, anfangs eine Domäne der SA, ab 1936 der SS und des Erziehungsministeriums (dem das Lehrpersonal unterstand), konnten die in sie gesetzten Erwartungen ebensowenig erfüllen wie die noch von Röhm für die SA gegründete »Deutsche Oberschule« in Feldafing oder die von Ley und Schirach 1936 ins Leben gerufenen »Adolf-Hitler-Schulen«. Trotz einer deutlichen Reserve gegenüber der traditionellen Bildung, der man das stärkere Gewicht von ideologischer Schulung und körperlicher Ertüchtigung entgegensetzte, strebte man danach, die Allgemeine Hochschulreife vergeben zu dürfen. Wenn dieses Ziel auch erreicht wurde, so gelang es doch nicht, über diese Institutionen klare Zugangsberechtigungen für eine Karriere in Partei oder Staat zu verteilen, ein Problem, das sich ähnlich bei den drei von Ley (als Reichsorganisationsleiter der NSDAP) eingerichteten »Ordensburgen« zeigte, in denen niemals mehr als fünfzig bis sechzig Prozent der ursprünglich angestrebten dreitausend Absolventen aufgenommen wurden und deren Funktion bis zum Schluß ungeklärt blieb.

Die Tatsache, daß die Zusammensetzung der Schülerschaft an diesen neuen Oberschulen weniger von der sozialen Herkunft aus dem Bürgertum bestimmt war (13,1 Prozent der Napola- und elf Prozent der AHS-Schüler stammten aus der Arbeiterschaft) als bei den traditionellen Gymnasien, zeigte allerdings den prinzipiellen Willen des Regimes, die Aufstiegsorientierten zu fördern, zumal man von denen, die alles dem System zu verdanken hatten, besondere Loyalität erwarten durfte, und tatsächlich lag die Aufstiegsmobilität in den Jahren des »Dritten Reiches« fast doppelt so hoch wie in der Zeit der Weimarer Republik.

Konsumgesellschaft

In einer Ansprache, die Hitler am 20. September 1933 vor Unternehmern hielt, sprach er sich deutlich für die Entwicklung Deutschlands zur modernen Konsumgesellschaft aus. Das war nicht nur gegen die völkischen Archaiker gezielt, sondern auch gegen »die Ideologie der Bedürfnislosigkeit und der systematischen Einschränkung des Bedarfs, also den vom Kommunismus ausgehenden Primitivitätskult ... Dieses bolschewistische Ideal der allmählichen Rückentwicklung der Zivilisationsansprüche muß unweigerlich zur Zerstörung der Wirtschaft und des ganzen Lebens führen ... Das Entscheidende ist nicht, daß sich alle beschränken, sondern daß sich alle bemühen, vorwärts zu kommen und sich zu verbessern. Die deutsche Wirtschaft kann nur bestehen unter einer bestimmten Bedarfshöhe und unter einer ganz bestimmten Kulturforderung des deutschen Volkes.«

Hitlers Auffassung, daß mit dem Fortschritt der Zivilisation eine – legitime – Ausweitung der Lebensansprüche einhergehe und der Staat den Auftrag habe, die Befriedigung dieser Ansprüche zu gewährleisten, schloß von vornherein jeden Versuch aus, die industrielle Entwicklung zu beschränken oder vollständig auf die Rüstung zu konzentrieren. Vielmehr wollte man die Bevölkerung insgesamt und vor allem die Mittelschichten mit Hilfe eines breiten Warenangebots an das Regime binden.

Die Probleme, zu denen die bevorzugte Herstellung von kriegswichtigen Gütern führte, wurden immer als vorübergehend betrachtet, machten sich aber während der dreißiger Jahren in einigen Bereichen – vor allem bei der Ernährung – unangenehm bemerkbar. Die Förderung von Herstellung und Konsum einheimischer Lebensmittel, etwa von Fisch (1930 pro Kopf 9,3 Kilogramm, 1938 11,9 Kilogramm) und Brot (wobei das Weizen- und Roggenmehl stärker ausgemahlen und mit Mais- und Kartoffelmehl gestreckt wurde), trug nur bedingt zur Bedarfsdeckung bei. Auch die »Fettlücke« war bis zum Kriegsbeginn nicht zu schließen. Dabei sollte vor allem der erhöhte Zuckerkonsum das fehlende Fett ersetzen, gemäß der Parole: »An Zucker sparen grundverkehrt, der Körper braucht ihn, Zucker nährt!« Darré ließ seit 1935 eine stark zuckerhaltige »Volksmarmelade« propagieren und später »Kunsthonig« einführen. Der Fettverzehr ließ sich aber schon wegen der Eigenheiten der deutschen Küche nicht nachhaltig reduzieren.

Trotz aller Agitation gegen das »Butterbrot« stieg der Pro-Kopf-Verbrauch an Butter von 8,1 Kilogramm im Jahr 1930 auf 8,8 Kilogramm 1938, es sank lediglich der Konsum von Margarine (von 7 auf 6,1 Kilogramm), und Speiseöl (von 3,1 auf 2,6 Kilogramm). Zu importierende Lebensmittel wie Kaffee oder Orangen, die vor allem durch die erwähnten Kompensationsgeschäfte mit lateinamerikanischen Staaten und Spanien ins Land kamen, standen wegen der Außenhandelsbeschränkungen selten im gewünschten Umfang zur Verfügung.

Hatte das Regime schon bei der Ernährung Maßnahmen zur »Verbrauchsbeeinflussung« und »Nachfragelenkung« ergriffen, so wurde dieses Instrumentarium erst recht bei der Bekleidung angewendet. Da die Textilindustrie nicht über genügend Rohstoffe verfügte, ordnete der Staat einen »Beimischungszwang« mit Zellwolle und Kunstseide an und untersagte die Kennzeichnung von Kleidungsstücken mit dem Prädikat »Reine Wolle«. Ein Herrenanzug »von der Stange«, der zu Beginn der dreißiger Jahre für 35 Reichsmark zu haben war, kostete jetzt bei schlechterer Qualität fünfzig Reichsmark, mindestens 150 Reichsmark mußte anlegen, wer entsprechende Konfektionsware aus Wolle kaufen wollte.

Trotz dieser Beschränkungen reichten die Kapazitäten der Industrie noch aus, um die Produktion von Eigenheimen und Autos, Wohnwagen, Rundfunkgeräten, Fotoapparaten und Küchenmaschinen zu fördern, neue und verbesserte Waschmittel und Kosmetika auf den Markt zu bringen. Neben der Förderung des Eigenheimbaus, der mit Hilfe von normierten Bauteilen verbilligt wurde, prägte sich vielen Zeitgenossen das Versprechen der Nationalsozialisten ein, die Motorisierung der Deutschen mit Hilfe eines preiswerten »Volkswagens« voranzutreiben.

In Deutschland gab es einen gewissen Nachholbedarf bei der Motorisierung, da auf hundert Einwohner gerade ein Kraftwagen kam, während das Verhältnis in Großbritannien 1 : 30, in Frankreich 1 : 25 und in den USA 1 : 5 betrug. Bei der Eröffnung der Internationalen Automobilausstellung von 1936 forderte Hitler unter ausdrücklicher Bezugnahme auf die amerikanische Entwicklung die Herstellung eines Kleinwagens für breitere Käuferschichten. Er nahm nicht nur Einfluß auf die »Käfer«-Form des Fahrzeugs, er verfolgte auch aufmerksam die Maßnahmen zur praktischen Verwirklichung seines Plans. Bereits im Januar 1934 war das von Porsche entwickelte Modell – viersitzig, Hinterradantrieb, luftgekühlter Motor, Verbrauch von acht Litern Benzin bei einer Höchstgeschwindigkeit von hundert Stundenkilometer zum Preis von tausend Reichsmark – der Öffentlichkeit vorgestellt worden. Nachdem die Industrie die Fertigstellung verzögerte, wurde im Mai 1938 der Grundstein für das Volkswagenwerk in Wolfsburg, der »Stadt des KdF-Wagens«, gelegt; bis zum März 1939 erwarben 170 000 potentielle Käufer Sparbriefe, die zum Erwerb eines VWs berechtigten. Die von ihnen angesparten einhundertzehn Millionen Reichsmark wurden aber praktisch für die Aufrüstung verwendet, da der »Volkswagen« niemals zur Auslieferung kam, sondern das errichtete Werk sofort zur Produktion von geländegängigen »Kübel-« und Schwimmwagen überging. Konnte das Regime infolge der Kriegsentwicklung seine Versprechungen nicht einlösen, so kam doch die allgemeine Motorisierung wenigstens insoweit in Gang, als die Preissenkungen der großen Hersteller Opel, Ford und DKW den Erwerb eines Klein- oder Mittelklassewagens vereinfachten. Im Zusammenhang mit der Zunahme des Kfz-Erwerbs ist auch die erfolgreiche Werbung in den dreißiger Jahren für »Camping« mit Zelt und Wohnwagen zu sehen.

Zwar war der Kauf von Haushaltsgeräten wie Elektroherden, elektrischen Kaffeemaschinen, Grillgeräten, Wasch- und Bohnermaschinen, die den Frauen ihre Arbeit erleichterten, immer nur einem kleinen Teil der Bevölkerung möglich, aber 1938 konnte die Industrie beispielsweise melden, daß sie insgesamt 500.000 Elektro-Kühlschränke abgesetzt hatte. Die Einführung des »Volkskühlschranks« diente nicht zuletzt dazu, das Reichsernährungsministerium in seiner Kampagne »Kampf dem Verderb« zu unterstützen, so wie die Normierung der Heizungen und Brennöfen zur effizienteren Ausnutzung des knappen Brennmaterials beitrug. Aber im einen wie im anderen Fall erhöhte sich auch die »Lebensqualität« des Bürgers. Ähnliches gilt für die Verbreitung von Rundfunkgeräten. Auf eine Weisung von Goebbels hin wurde bereits 1933 der »Volksempfänger« VE 301 für 76 Reichsmark angeboten, 1937 konnte der Preis auf 59 Reichsmark ermäßigt werden. Der »Deutsche Kleinempfänger« DKE 38 kostete 1939 sogar nur 35 Reichsmark, was in etwa dem Wochenlohn eines Industriearbeiters entsprach. Zu diesem Zeitpunkt besaßen bereits siebzig Prozent aller deutschen Haushalte ein eigenes Radio, womit das Reich die dichteste Versorgung mit Rundfunkgeräten überhaupt erreicht hatte. Hitlers Vorstellung, daß neben dem Rundfunk auch der Fernsehfunk ausgebaut werden sollte, ließ sich allerdings nicht im gewünschten Umfang realisieren. Zwar gab es seit März 1935 ein regelmäßig ausgestrahltes Fernsehprogramm und bereits Live-Übertragungen von den Olympischen Spielen in Berlin, aber der Prototyp des »Fernseh-Volksempfängers« E1 konnte erst im Juli 1939 fertiggestellt werden und nicht mehr in Serienproduktion gehen.

Ein signifikantes Merkmal für die überall spürbare Ausdehnung des Massenkonsums war auch die Veränderung bestimmter Ernährungsgewohnheiten. Seit 1929 wurde Coca-Cola in Deutschland abgefüllt, aber ihren Siegeszug trat die koffeinhaltige Limonade erst in den dreißiger Jahren an. Die Zahl der Betriebe des amerikanischen Konzerns auf deutschem Boden stieg von fünf im Jahr 1934 auf fünfzig im Jahr 1939. Das geschah im Sog der großen Sportereignisse dieser Zeit, vor allem der Olympischen Spiele von 1936. Gegen den Widerstand der einheimischen Bier- und Limonadehersteller (darunter das Produkt »Olympia« des Reichsarbeitsministers Seldte) konnte Coca-Cola sogar eine Ausnahme von deutschen Produktionsnormen erreichen und an seiner typischen Flasche festhalten. Die Produktion des »soft drinks« ging auch während des Krieges weiter, obwohl ab 1942 wegen der verschlechterten Rohstoffsituation der Ausstoß gedrosselt und dann ein Ersatz, das Phantasiegetränk, kurz »Fanta« genannt, angeboten werden mußte.

Die Rolle der Frauen

Die NSDAP bewahrte immer etwas vom männerbündischen Charakter ihrer Anfangszeit, und die nach der »Machtergreifung« propagierten Werte waren fast ausnahmslos männliche, heroische. Dementsprechend gab es die verbreitete Erwartung, daß das Regime die Frau wieder auf ihre angestammte Rolle als Gattin und Mutter reduzieren würde, zumal die »moderne Frau« oder das »girl« aus ideologischen Gründen nicht als Leitbild in Frage kamen. Tatsächlich gab es im Sommer 1933 übereifrige Gauleiter, die geschminkten oder rauchenden Frauen das Betreten von Lokalen und Theatern untersagen wollten, aber das blieben eher Randerscheinungen. In den Vordergrund rückte der Versuch, die Frauen mit sanftem Druck und den Mitteln der Propaganda in die gewünschte Richtung zu lenken.

Punkt 21 des NSDAP-Programms bezeichnete die Mutterschaft ausdrücklich als die höchste weibliche Existenzform. Die infolge des Modernisierungsprozesses schon seit 1910 zurückgehende Geburtenzahl in Deutschland, die durch den Weltkrieg und seine Folgen noch einmal deutlich verringert wurde, hatte während der »Kampfzeit« die Folie für die nationalsozialistische Agitation gegen den »Volkstod« gebildet. Der Bevölkerungsschwund, den Hitler im sozialdarwinistisch gedeuteten Wettkampf der Nationen als gravierende Schwäche ansah, sollte durch familienpolitische Maßnahmen aufgehalten werden. Tatsächlich kam es nach 1933 zu einem »Babyboom«, der allerdings wesentlich weniger spektakulär ausfiel als erhofft. Zwischen 1933 und 1934 stieg die Zahl der Lebendgeburten von 14,7 pro tausend Einwohner auf 18,0 und wuchs bis 1939 noch einmal auf 19,3 an, blieb damit aber etwa im Rahmen der Entwicklung, die sich schon Ende der zwanziger Jahre abgezeichnet hatte. Weder die propagandistischen Maßnahmen des NS-Regimes – Einführung des »Muttertages« (1933) und des »Mutterkreuzes« (1938) für Frauen mit vier oder mehr Kindern – noch die sozialen Verbesserungen – Steuerermäßigungen für Kinderreiche (1934), Kinderbeihilfen (1936), Recht auf die Betreuung der Schwangeren durch eine Hebamme (1938) – konnten wesentlich zur Förderung der Gebärfreudigkeit beitragen. Die vom Regime geforderte Vier-Kind-Familie ließ sich nicht durchsetzen, im Reichsdurchschnitt hatten Ehepaare 1939 3,3 Kinder, sogar die SS-Angehörigen lagen mit 3,4 deutlich unter der Norm.

Schon vor der »Machtergreifung« sahen sich die Nationalsozialisten gezwungen, ihre Anschauung von der natürlichen Rolle der Frau insofern zu modifizieren, als Anfang der dreißiger Jahre etwa ein Drittel der Berufstätigen in Deutschland Frauen waren und auch ihre Stimmen für den Aufstieg der Partei eine Rolle spielten. Doch um die Erwerbslosigkeit einzudämmen, wollte das Regime die Frauen dazu bringen, ihre Berufstätigkeit aufzugeben, um mehr Arbeitsstellen für Männer zu schaffen, zumal die Arbeitslosigkeit der Frauen bei elf, die der Männer bei neunundzwanzig Prozent lag. Die Ehestandsdarlehen sollten als besonderer Anreiz wirken, und tatsächlich fiel der Anteil der Frauen an der Gesamtzahl der Berufstätigen von 29,3 Prozent 1933 auf 24,7 Prozent 1936, stieg aber bis 1938 wieder auf 25 Prozent an; die absoluten Zahlen zeigten sogar einen kontinuierlichen Anstieg von 4,24 auf 4,52 und schließlich 5,2 Millionen.

Die Tätigkeit von Frauen wurde allerdings, soweit möglich, auf Bereiche beschränkt, in denen es keine Beförderungsmöglichkeiten gab, ihre Löhne stiegen, blieben aber deutlich unter dem Lohnniveau der Männer. Auch an den Hochschulen kam es zu einer Zurückdrängung des weiblichen Anteils. 1933 war ein Numerus clausus eingeführt worden, demgemäß nur zehn Prozent der Studierenden Frauen sein durften. Von den zehntausend Mädchen, die 1934 Abitur machten, strebten tatsächlich nur tausendfünfhundert ein Studium an, dem außerdem noch ein »Hauswirtschaftsjahr« vorgeschaltet wurde. Nur in einigen Bereichen, etwa der Humanmedizin, stieg die Zahl der weiblichen Hochschulabsolventen.

Die Einschränkung der weiblichen Berufstätigkeit griff auf zahlreiche andere Bereiche über. Mit einem Erlaß des preußischen Innenministeriums vom 1. April 1934 wurden alle Beamtinnen aus dem Landesdienst entlassen, sofern sie von ihren Familien unterhalten werden konnten. Frauen durften weder als Richter noch als Rechtsanwälte arbeiten, weibliche Juristen fanden nur noch in der Justizverwaltung ein Auskommen. Nachdem die Vollbeschäftigung erreicht und deshalb die Berufstätigkeit von Frauen wieder erwünscht war, suchte man nach Wegen, um die Erwerbsarbeit mit der Mutterschaft verbinden zu können. Der gesetzlich garantierte Mutterschutz ging allerdings nur wenig über den Standard der zwanziger Jahre hinaus, und die meisten berufstätigen Mütter setzten aus finanziellen Gründen bis kurz vor der Geburt ihre Arbeit fort. Erst mit dem Gesetz vom 17. Mai 1942 wurden umfangreichere Bestimmungen erlassen, um den Einsatz von Frauen mit Kindern in der kriegswichtigen Industrie zu erleichtern.

Allen Bestrebungen, die Frau im Kampf gegen das »Doppelverdienertum« aus dem Arbeitsprozeß zu verbannen, stand von vornherein die Haltung der Industrie entgegen. Dort hatte man wenig Interesse, die billigeren weiblichen Arbeitskräfte gegen teurere männliche auszutauschen. Die DAF unternahm einige Anstrengungen, die Ungerechtigkeit in der Entlohnung zu beseitigen, ohne das Ziel einer wirklichen Gleichbehandlung außerhalb der Rüstungsindustrie erreichen zu können. Zugleich zeigte sich, daß die sozialkonservativen Vorstellungen in großen Teilen der Mittelschichten längst überholt worden waren durch eine ganz nüchterne Praxisorientierung, der das Regime keine Hindernisse in den Weg legte. In bezug auf die Berufstätigkeit der Frau hatte Peter R. Hofstätter, der im Dritten Reich einer der führenden Arbeits- und Organisationspsychologen werden sollte, schon erklärt: »Die Frau verträgt die sie psychisch unberührt lassende Erwerbsarbeit sehr gut, wenn sie andere seelische Bindungen genügend starker Art außerhalb der Erwerbsarbeit hat. Die natürliche Bindung ist die Familie, die Liebe und Pflege des Mannes, der Kinder, der Eltern. In diesem Kreise ist für die richtige Frau alles ›Beruf‹, edelster Beruf.«

Der Transmissionsriemen der Partei für die ideologische Ausrichtung der Frauen war die »Nationalsozialistische Frauenschaft« (NSF). Die NSF bildete mit 2,3 Millionen Mitgliedern einen der stärksten angeschlossenen Verbände der NSDAP (wobei aber nur dreißig Prozent gleichzeitig Mitglieder der Partei waren), doch ihr politischer Einfluß blieb äußerst begrenzt. Die Frauenschaftsführerin Gertrud Scholtz-Klink entwarf ein Bild der Frau, das sich sehr wohl von den tradierten bürgerlichen Vorstellungen unterschied, allerdings auch keine Beziehung zur »Gleichberechtigung« im Sinne der Frauenbewegung aufwies: »Es ist das erste Mal, daß Frauen so für Frauen verantwortlich sind, für ihre Entwicklung, ihre Lebensart, ihren menschlichen Anstand und ihre Pflichterfüllung dem Volksganzen gegenüber. Es ist auch das erste Mal, daß Frauen sich in so geschlossener Bereitwilligkeit und Disziplin der Führung von Frauen anvertrauen, Ordnung und Einheit halten in den eigenen Reihen.« Tatsächlich wurden in den Organisationen, denen Scholtz-Klink vorstand – neben der NSF das »Frauenamt« der Arbeitsfront und der Reichsfrauenbund des Deutschen Roten Kreuzes –, »Frauen durch Frauen geführt«, aber im übrigen blieben Leitungsfunktionen den Männern vorbehalten.

Die Frauenschaft plädierte wohl für die Berufstätigkeit der Frauen, aber bloß in beschränktem Umfang, nämlich als Verkäuferinnen und Sekretärinnen, Lehrerinnen, Ärztinnen und Rechtsanwältinnen. Im übrigen konzentrierten sich die Anstrengungen darauf, mit Hilfe von Schulung und Propaganda die Frauen ihrer »naturgemäßen« Aufgabe näherzubringen. Seit 1934 existierten ein staatlicher »Mütterdienst« und das »Hilfswerk Mutter und Kind«, das bis 1937 250.000 Mütter- und 1,75 Millionen Kinder-»Verschickungen« durchführte, seit 1936 wurden 3,5 Millionen Frauen im »Frauenhilfsdienst« organisiert, um im Rahmen von staatlich geförderter Nachbarschaftshilfe für Kinder, Alte und Gebrechliche tätig zu werden. Bis 1937 richtete die NSF 24.000 Hilfs- und Beratungsstellen für Familien ein, dazu kamen 7.500 Kinder- und Erntekindergärten sowie 2.400 Gemeindepflegestationen; bis 1941 entstanden 517 Mütterschulen, darunter zwölf Bräuteschulen und Heimmütterschulen. Die dort angebotenen Kurse für Säuglingspflege und Haushaltsführung, Nähen und Stopfen erfreuten sich allgemeiner Beliebtheit und wurden bis Kriegsbeginn von etwa drei Millionen Frauen wahrgenommen. Daß die Unterweisung in pädagogischen Fragen immer ausdrücklich mit ideologischer Schulung, vor allem mit dem Hinweis auf die Notwendigkeit von »Erb-« und »Rassenpflege« verbunden wurde, scheint die Akzeptanz nicht gestört zu haben.

Überhaupt ist festzustellen, daß es verbreitete Opposition gegen die Frauenpolitik des Regimes nicht gegeben hat. Vielmehr existieren Hinweise darauf, daß Frauen auch unter den »hartnäckigsten Verteidiger[n] des Systems« waren; so meldete jedenfalls einer der »Deutschland-Berichte« der SOPADE vom April 1936, es gebe Betriebe, »wo man diejenigen, welche sich es merken ließen, daß sie gegen Hitler stehen, einfach anspuckte. Dazu wurde vielfach noch gesagt, daß diese Leute keine Unterstützung bekommen dürften. Es gab sogar Frauen …, die vor der Wahl [der Reichstagswahl von 1936] sagten, daß diejenigen, welche mit Nein stimmen würden, an die Wand gestellt und erschossen werden müßten.«

Die gesellschaftliche Entwicklung zwischen 1933 und 1945 wurde von den meisten Zeitgenossen als beschleunigte Veränderung wahrgenommen. Trotz der archaischen Elemente in der Selbstdarstellung des Regimes und trotz der vordergründigen Restauration älterer Wertvorstellungen, fand tatsächlich ein Modernisierungsprozeß statt. Die Auflösung überlieferter Lebenswelten und sozialer Zusammenhänge war gewollt. Die Modernisierung vollzog sich nicht unbeabsichtigt, sie war nicht nur vorgetäuscht, und sie bestand auch nicht in bloß taktischen Zugeständnissen an ökonomische Zwänge, die nach einem eventuellen »Endsieg« wieder rückgängig gemacht worden wären. Das festzustellen bedeutet nicht, daß die nationalsozialistische Führung die Modernisierung auf allen Gebieten vorangetrieben hat; bestimmte Begleiterscheinungen, wie die zunehmende Berufstätigkeit der Frauen, nahm Hitler nur widerwillig hin. Es bedeutet auch nicht, daß sich alle politischen, sozialen und wirtschaftlichen Entwicklungen zwischen 1933 und 1939 als Modernisierung interpretieren lassen. Aber gerade in der gewollten oder geduldeten Gleichzeitigkeit von modernen und antimodernen Elementen kam eine spezifische Möglichkeit der Moderne zum Ausdruck. Neben dem »Hitler-Mythos« und der Verpflichtung auf die »Volksgemeinschaft« gehörte der »Modernitäts- und Mobilitätsappel« (Martin Broszat) des Regimes zu den Faktoren, die ganz wesentlich zu seiner Anziehungskraft beigetragen haben.

Die Volksgemeinschaft und ihre Feinde

In einer Rede vom 2. Dezember 1938 sprach Hitler über den Lebensweg des »Volksgenossen« im nationalsozialistischen Deutschland: »Diese Jugend, die lernt ja nichts anderes als deutsch denken, deutsch handeln, und wenn diese Knaben mit zehn Jahren in unsere Organisation hineinkommen und dort zum ersten Mal überhaupt eine frische Luft bekommen und fühlen, dann kommen sie vier Jahre später vom Jungvolk in die Hitlerjugend, und dort behalten wir sie wieder vier Jahre. Und dann geben wir sie erst recht nicht zurück, sondern dann nehmen wir sie sofort in die Partei, in die Arbeitsfront, in die SA oder in die SS, in das NSKK und so weiter. Und wenn sie dort zwei Jahre oder anderthalb Jahre sind und noch nicht ganze Nationalsozialisten geworden sein sollten, dann kommen sie in den Arbeitsdienst und werden dort wieder sechs oder sieben Monate geschliffen, alles mit einem Symbol, dem deutschen Spaten. Und was dann noch an Klassenbewußtsein oder Standesdünkel da oder da noch vorhanden sein sollte, das übernimmt dann die Wehrmacht zur weiteren Behandlung auf zwei Jahre, und wenn sie nach zwei, drei oder vier Jahren zurückkehren, dann nehmen wir sie, damit sie auf keinen Fall rückfällig werden, sofort wieder in die SA, SS und so weiter, und sie werden nicht mehr frei ihr ganzes Leben.«

Es gibt kaum ein anderes Dokument der nationalsozialistischen Zeit, in dem so deutlich das Hauptziel des »totalen Volksstaates« bezeichnet wurde: vollständige Integration des einzelnen zum Zweck der Massenmobilisierung und die Beseitigung aller gesellschaftlichen Schranken, soweit sie dieser Absicht im Wege standen. Die Tatsache, daß die Zuhörer mit Beifall reagierten und Goebbels die Ansprache im Rundfunk übertragen ließ, könnte als Beweis für den Grad der Manipulierbarkeit des Individuums gedeutet werden. Diese Interpretation bliebe aber nur an der Oberfläche der Erscheinungen. Denn den erhalten gebliebenen Aufnahmen dieser Rede ist zu entnehmen, daß Hitler seinem letzten Satz einen deutlich ironischen Unterton gab, und der Applaus des Auditoriums mischte sich mit Lachen. Der beinahe amüsierten Reaktion kann nicht nur Zustimmung zum Inhalt der Rede entnommen werden, sondern auch ein prinzipielles Einverständnis von Führer und Geführten darüber, daß die Wirklichkeit des »Dritten Reiches« nur von Außenstehenden oder Böswilligen als »Unfreiheit« beschrieben werden konnte. Selbst wenn man voraussetzt, daß alle Zuhörer besonders linientreu waren, gibt es gute Gründe für die Annahme, daß sich ihre Wahrnehmung der Realität des Systems mit der großer Teile der Bevölkerung deckte.

Wie erklärt sich dieser Sachverhalt? Neben der Zustimmungsbereitschaft der Massen, die durch die Propaganda und die plebiszitären Elemente im Verfassungsaufbau verstärkt wurde, und neben der objektiven Verbesserung der wirtschaftlichen Lage für breite Gruppen gehörte zu den anziehenden Eigenschaften des Regimes eine gewisse Elastizität in der Beanspruchung des einzelnen. Das Regime stabilisierte sich nicht nur über Ideologie und Terror, es nutzte auch die »Verführung durch Normalität« (Josef Henke). »Nischen« im totalitären System wurden geduldet, weil die deutsche Gesellschaft vom Idealbild einer nationalsozialistischen »Volksgemeinschaft« noch weit entfernt war, aber auch aufgrund der Anerkennung bestimmter Konstanten im menschlichen Verhalten, die sich ideologisch gar nicht überformen ließen. Noch 1943 äußerte Hitler in einem Gespräch mit Goebbels, daß »im totalen Krieg kein Krieg gegen die Frauen geführt werden« dürfe. »Sobald man die Hand nach ihrer Schönheitspflege ausstreckt, wird man sie zum Feind haben.« Erst ein Jahr später gab Hitler seinen Widerstand gegen die Schließung der Damenfriseur-Salons auf.

Daß die Lebenswirklichkeit zwischen 1933 und 1939 von vielen Zeitgenossen als »normal« wahrgenommen wurde, hing auch damit zusammen, daß das Reich niemals vollständig abgeschottet war. Anders als in der Sowjetunion gab es zahlreiche Kontakte mit dem Ausland unterhalb der Ebene staatlicher Beziehungen. Zwar waren Privatreisen durch die rigiden Devisenbestimmungen erschwert, aber keineswegs unmöglich für den, dem die KdF-Fahrten zu plebejisch vorkamen. Neben staatlich geförderten Veranstaltungen wie den deutsch-englischen Gesprächen in Oxford von 1937 oder den deutsch-französischen Schulbuch-Konferenzen desselben Jahres verstärkte man den Austausch von Schülern und Studenten; so studierten beispielsweise 416 junge Deutsche in Großbritannien, überhaupt die höchste Zahl, die ein anderes Land ins Vereinigte Königreich entsandte. Es wurden außerdem internationale Jugendlager durchgeführt, und Brieffreundschaften mit Schülern in fremden Ländern fanden sich von seiten des Regimes unterstützt. Mit Ausnahme der kommunistischen und linkssozialistischen Presse konnte man in Deutschland bis zum September 1939 praktisch alle ausländischen Zeitungen kaufen; lediglich Ausgaben mit »deutschfeindlichen Artikeln« wurden indiziert und aus dem Verkehr gezogen.

Erst aus dem Nebeneinander von »Ideologiestaat« und »staatsfreier Sphäre« (Carl Schmitt) oder von Politisierung und »unpolitischer Seite« (Wilhelm Sauer) erklärt sich die Akzeptanz des NS-Regimes in der Bevölkerung. Anfang 1936 notierte einer der Vertrauensleute der SOPADE, daß es kaum Chancen gebe, in der Bevölkerung Unterstützung für illegale Tätigkeit zu finden, weil »der Mensch einfach in erster Linie Familienvater und Berufsmensch ist, und daß die Politik erst in zweiter Linie bei ihm kommt und zwar auch nur dann, wenn er sich etwas davon verspricht. Viele lehnen aus dieser Grundeinstellung heraus die Beteiligung an der illegalen Arbeit ab, sie glauben, daß sie keinen Zweck hat und daß man deswegen nur ins Zuchthaus kommen kann.« Und in einem Bericht über die Stimmung in der Arbeiterschaft vom September 1937 hieß es: »Heute sind sie wieder das, was sie immer waren: urteilslos, politisch im Grunde uninteressiert, zufrieden, wenn sie verdienen und wenn sie abends und sonntags in ihren Schrebergarten gehen können. Man kann nicht sagen, daß sie Nazis sind, ebensowenig aber, daß sie das Dritte Reich stürzen werden.«

Information, Propaganda und Unterhaltung

Durch das im März 1933 gegründete Propagandaministerium und seine Landesstellen (seit 1937: »Reichspropagandaämter«) sollte die »Allgegenwart der Beeinflussung organisatorisch sichergestellt« (Eugen Hadamovsky) werden. Seit dem Herbst 1933 stand Goebbels außerdem die Reichskulturkammer zur Verfügung, ohne daß er damit aber das Ziel, die Agitation auf alle Felder der Politik und des gesellschaftlichen Lebens auszudehnen, erreicht hätte. Schulen und Hochschulen blieben seinem direkten Zugriff verwehrt; die Kompetenz für die Propaganda im Ausland wurde ihm seit 1938 vom Auswärtigen Amt streitig gemacht. Goebbels konzentrierte sich deshalb vornehmlich auf die Presse-, Rundfunk- und Filmarbeit sowie die Kontrolle der Theater- und Buchproduktion.

Die Abteilung III des Propagandaministeriums war für den Rundfunk zuständig und zog im Juni 1933 nicht nur die Rundfunkkompetenzen des Innen-, Post- und Verkehrsministeriums an sich, sondern beseitigte auch die Widerstände in den Landesrundfunkanstalten. Die Führungsspitzen der Reichsrundfunkgesellschaft hatten bereits unmittelbar nach der März-Wahl ihre Posten verloren und wurden durch Vertrauensleute des Propagandaministers ersetzt. Seit April 1934 waren die »Reichssender« in den Gauen direkt der »Reichsrundfunkgesellschaft« zugeordnet. Als »Reichssendeleiter« wurde Eugen Hadamovsky eingesetzt, alle Mitarbeiter fanden sich zwangsweise in der »Reichsrundfunkkammer« erfaßt. Goebbels ging jetzt energisch an den Ausbau des Sendenetzes und die Vergrößerung der Empfängerzahl, um dem Regime das »allermodernste und ... allerwichtigste Massenbeeinflussungsinstrument« nutzbar zu machen.

Während Goebbels die Anschauung vertrat, daß der Rundfunk »seinem Wesen nach autoritär« sei, mißtraute er der Möglichkeit einer vollständigen Kontrolle über die Presse, die sich aufgrund ihres Ursprungs in Aufklärung und Liberalismus »totalitärer Auffassung und Ausrichtung zu entziehen« versuchen werde. Im Januar 1933 gab es im Deutschen Reich 3.400 Tageszeitungen, von denen nur ein geringer Anteil der NSDAP gehörte oder nahestand. Insgesamt verfügte die Partei über neunundfünfzig Blätter mit einer Auflage von 780.000 Exemplaren, eingerechnet die 116.000 Exemplare des »Völkischen Beobachters«. Schnell wurden die kommunistischen und sozialdemokratischen Blätter verboten und ihre Verlage enteignet. Durch die ebenso geschickten wie brutalen Methoden Max Amanns, der den parteieigenen Eher-Verlag leitete, ging bis zum

Beginn der vierziger Jahre auch ein großer Teil der bürgerlichen Presse in den Besitz der Partei über. Dabei nutzte er seine Position als Präsident der Reichspressekammer, um mit Hilfe der »Amann-Anordnungen« zur »Wahrung der Unabhängigkeit des Zeitungsverlagswesens« und zur »Beseitigung der Skandalpresse« sowie durch die »Schließung von Zeitungsverlagen zwecks Beseitigung ungesunder Wettbewerbsverhältnisse« das Pressewesen weitgehend unter seine Kontrolle zu stellen. Nicht nur der jüdische Ullstein Verlag, sondern auch der Scherl-Verlag, der zum Hugenberg-Konzern gehörte, wurden dem Eher-Verlag einverleibt. Bei Kriegsende verfügte Amann mit 350 Blättern über 82,5 Prozent des deutschen Zeitungsmarkts, während sich die verbliebenen 625 selbständigen Zeitungen 17,5 Prozent teilen mußten.

Allerdings bestand auch deren Selbständigkeit bloß noch formell, da sie auf die gelenkten Informationen vor allem des Deutschen Nachrichtenbüros (DNB) angewiesen waren. Die Pressemitteilungen, die das Propagandaministerium über das DNB weiterleiten ließ, waren abgestuft nach dem Grad politischer Zuverlässigkeit und begründeten eine Informationshierarchie, an deren unterem Ende der Leser stand. Darüber hinaus wurden die Zeitungen vor allem durch die »Bestellungen« und »Anweisungen« »ausgerichtet«. Den bei der »Pressekonferenz der Reichsregierung« akkreditierten Journalisten teilte man mündliche Sprachregelungen mit, während an die Redaktionen über die Reichspropagandaämter schriftlich »Vertrauliche Informationen« des Propagandaministeriums weitergegeben wurden. Mit Hilfe dieser Steuerung des Informationsmaterials versuchte Goebbels die Presse vollständig zu uniformieren. Bis Kriegsende erschienen zwischen fünfzig- und achtzigtausend verschiedene »Presseanweisungen«, deren Zahl von Jahr zu Jahr wuchs; waren es 1933 noch 438 Seiten mit Sprachregelungen für die Redaktionen, so 1934 schon 694 und 1936 1.658 Seiten, bei einem Durchschnitt von zehn Weisungen pro Tag.

Vom April 1934 an konnte Goebbels kurzfristige direkte Verbote gegen einzelne Zeitungen aussprechen. Aber er war damit keinesweg der unumschränkte Herr der Presse. Er mußte einerseits auf Amann Rücksicht nehmen, der an der Spitze seiner gigantischen Presseholding stand und mit seinem Mitarbeiter Rolf Rienhardt, der die Funktion eines stellvertretenden Leiters des Reichsverbands der deutschen Zeitungsverleger innehatte, den gesamten Personalsektor der Presse kontrollierte, und er hatte es andererseits mit Otto Dietrich als Nebenbuhler zu tun. Dietrich war von Hitler 1931 zum Reichspressechef der NSDAP ernannt worden und nach der Regierungsübernahme zum Präsidenten des Reichsverbandes der deutschen Presse und Vizepräsidenten der Reichspressekammer aufgestiegen, womit ihm die weltanschauliche Überwachung der Schriftleiter zuwuchs. Seine Versuche, am Propagandaministerium vorbei Weisungen an die Journalisten und Zeitungen zu geben, führten zu einem dauerhaften, aber für das NS-Regime typischen Kleinkrieg zwischen den Ressorts.

War im Rundfunk von vornherein nicht an einen wie auch immer gearteten »Pluralismus« zu denken, so duldete Goebbels doch auf dem Zeitungssektor das Weitererscheinen bürgerlicher Organe wie der »Deutschen Allgemeinen Zeitung« und des »Berliner Tageblatts« sowie eines Blattes, das vor der »Machtergreifung« in scharfer Opposition zur nationalsozialistischen Bewegung gestanden hatte. Die »Frankfurter Zeitung« (FZ), von Hitler schon in »Mein Kampf« als Inbegriff der jüdisch-liberalen Presse attackiert, wurde 1933 wider Erwarten nicht verboten. Als einzige deutsche Zeitung mit einer relevanten Auslandsverbreitung wollte Goebbels das Blatt fortbestehen lassen, Weisungen an die FZ waren ihm persönlich vorbehalten. Nachdem die jüdischen Hauptaktionäre ihre Anteile an die von der Bosch A.G. beziehungsweise der I.G. Farben getragene Imprimatur GmbH hatten aushändigen müssen, konnte die Zeitung weiter erscheinen. Selbstverständlich mußte jede abweichende Position getarnt werden, im Vertrauen darauf, daß die Käufer des Blattes zwischen den Zeilen zu lesen verstünden.

Bis zum Sommer 1933 war der Bewegungsspielraum noch relativ groß – so berichtete die FZ ausführlich über die Vertreibung bedeutender Künstler und Gelehrter –, danach wußte man sich einer geschickten Camouflage zu bedienen. So vermied das Blatt nach Möglichkeit, den Namen Hitlers zu nennen, und in einem Artikel zu dessen fünfzigstem Geburtstag stellte Dolf Sternberger Erwägungen über die historische Größe an, die Jacob Burckhardts Überlegungen wiedergaben und den Vergleich zu Hitler unmittelbar provozierten. In anderen Fällen genügte die unkommentierte Weitergabe von Nachrichten – zum Beispiel über die Nürnberger Rassegesetze oder die sogenannten Sittlichkeitsprozesse gegen katholische Priester –, um entlarvend zu wirken. Die Redaktion der FZ, der so bedeutende Journalisten wie Benno Reifenberg, Wilhelm Hausenstein, Friedrich Sieburg, Paul Sethe, Margret Boveri, Walter Dirks und, als Hauptschriftleiter, Rudolf Kircher angehörten, repräsentierte zusammen mit Mitarbeitern wie Theodor Heuss, Otto Suhr, Franz Schnabel, Stefan Andres, Werner Bergengruen und Hermann Hesse ein bürgerliches, im Wesen liberal-konservatives Milieu, dessen Fortexistenz auch geduldet wurde, um ein gewisses Ventil für den Unmut zu erhalten. Die steigenden Auflagenzahlen, von 100.000 im Jahr 1939 auf 200.000 im Jahr 1943, sprechen eine deutliche Sprache. Trotz häufiger Beschwerden von Heydrich über den maliziösen Ton der FZ wurde sie erst im August 1943 verboten.

Eine weitere Facette in Goebbels Propagandakonzept war die Kontrolle der deutschen Filmindustrie. Goebbels vertrat die Ansicht, daß gerade »der Film eines der modernsten und weitreichendsten Mittel zur Beeinflussung der Masse« sei. Die starke Konzentration der deutschen Filmwirtschaft erleichterte nach 1933 die Gleichschaltung dieses kulturellen Sektors. Ein Teil der Regisseure jüdischer Herkunft oder mit einer linken politischen Vergangenheit wurde entlassen, und 1934 wurde mit Hilfe des »Reichslichtspielgesetzes« und der Einsetzung eines »Reichsfilmdramaturgen« die Vorzensur beziehungsweise die Verbotsmöglichkeit von Filmen gesetzlich verankert. Gleichzeitig sorgte Goebbels aber mit Hilfe großzügiger Kredite für den Ausbau der Filmwirtschaft. Dem seit 1937 als »Reichsbeauftragter für die deutsche Filmwirtschaft« amtierenden Max Winkler gelang es, die wichtigsten Produktionsfirmen in einer Art Zwangskartell – der Hugenberg abgenötigten Universum Film-A.G. (UFA) – zusammenzufassen und der Kontrolle des »Reichsfilmintendanten« Fritz Hippler zu unterstellen.

Trotz der unmittelbaren Verknüpfung zwischen Propagandaministerium und Filmproduktion spielte der politische Film im eigentlichen Sinn nur eine untergeordnete Rolle; von den etwa tausend Spielfilmen, die zwischen 1933 und 1945 produziert wurden, konnten nur fünfzehn Prozent als politische Filme angesehen werden. Wie man seinen Tagebuchaufzeichnungen entnehmen kann, bewunderte Goebbels den revolutionären Film, der in den zwanziger Jahren in der Sowjetunion entstanden war, wie er überhaupt bestimmte Formen der sowjetischen Propaganda – etwa die Lautsprechersäulen auf öffentlichen Plätzen – als vorbildlich betrachtete. Aber er hütete sich, die Fehler zu wiederholen, die der Stalinismus machte. Ende der zwanziger Jahre hatte Goebbels vor allem die Arbeiten Sergej Eisensteins mit Aufmerksamkeit verfolgt. Während er dessen »Panzerkreuzer Potemkin« als Vorbild für den politischen Film betrachtete, sah er andere Arbeiten Eisensteins kritischer. »Zehn Tage, die die Welt veränderten« kommentierte er mit den Sätzen: »Einige Massenaufnahmen sehr gut. Das ist also Revolution. Man kann von den Bolschewisten, vor allem im Anfachen, in der Propaganda, viel lernen. Der Film ist zu sehr Partei. Weniger wäre mehr.«

Bereits hier zeichnete sich die Erkenntnis ab, daß der Versuch zu unmittelbarer Beeinflussung mit Hilfe des Films kontraproduktiv wirken konnte. Die Befürchtungen von Goebbels bewahrheiteten sich, als noch 1933 eine Reihe von prononciert »nationalsozialistischen« Filmen entstand. Denn trotz des Erfolges, den ein Streifen wie »Hitlerjunge Quex« verzeichnen konnte, betrachtete Goebbels Konjunkturwerke wie »SA-Mann Brand« und »Hans Westmar, einer von vielen« nach anfänglichem Zögern als unbrauchbar, um die neue Weltanschauung zu verbreiten, da sie offensichtlich vom Publikum abgelehnt wurden. Während die vom Regime gefeierten Arbeiten Leni Riefenstahls – »Triumph des Willens« (über den Reichsparteitag von 1934), »Fest der Völker« und »Fest der Schönheit« (über die Olympischen Spiele von 1936) – aufgrund ihrer besonderen Gestaltung eine sehr spezifische Wirkung hatten, versuchte Goebbels erst wieder mit den später entstandenen antisemitischen Projekten »Jud Süß« (1940) und »Der ewige Jude« (1940) das Kino zum Medium einer direkten politischen Indoktrination zu machen. Aber die Wirkung blieb auch hier begrenzt.

Wesentlich größeren Erfolg hatte Goebbels mit dem Bemühen, den Film als Ablenkungsmittel einzusetzen. Selbst wenn die Themen »nationalerzieherische« waren, wie etwa bei den Historienfilmen »Bismarck« (1940) oder »Der große

König« (1942) mit Otto Gebühr in der Rolle Friedrichs, wurde die politische Botschaft eher indirekt vermittelt. In den zahlreichen Unterhaltungsfilmen kamen praktisch keine Hinweise auf das NS-Regime vor, selbst wenn die Handlung in der Gegenwart spielte. Vorbild für diese Produktionen waren ausdrücklich die großen Unterhaltungs- und Revuefilme, die in den dreißiger Jahren in Hollywood hergestellt wurden.

Die besondere Bedeutung, die Goebbels dem Film zumaß, führte auch dazu, daß die »Filmschaffenden« einen besonders privilegierten Status erhielten. Das wurde nicht nur an der Höhe der Gagen erkennbar – Schauspieler wie Zarah Leander und Hans Albers erhielten mit 250.000 Reichsmark im Jahr Spitzeneinkommen, Heinrich George und Hans Moser bekamen 200.000 Mark, während Karl Ludwig Diehl, Gustav Fröhlich, Eugen Klöpfer und Albrecht Schönhals 160.000 Reichsmark verdienten –, sondern auch an den Ausnahmeregelungen für den Fall »nichtarischer« Herkunft oder »Versippung«. Zwar ließ Goebbels ab 1937 systematisch alle Spielfilme einziehen, in denen jüdische Schauspieler auftraten, aber Horst Caspar, der gefeierte Hauptdarsteller des Films »Friedrich Schiller« (1940), blieb ebenso unbehelligt wie Hans Albers, Georg Alexander, Hans Moser, Theo Lingen, Heinz Rühmann oder Otto Wernicke, die mit Frauen jüdischer oder teilweise jüdischer Herkunft verheiratet waren. Goebbels bemühte sich außerdem, Filmstars, die ins Ausland gegangen waren, nach Deutschland zurückzuholen, so die bereits 1930 nach ihrem Erfolg im »Blauen Engel« nach Hollywood gewechselte Marlene Dietrich, der er höchste Gagen anbot, wenn sie zurückkehrte. Eine hinhaltende Äußerung der Schauspielerin (die 1937 die amerikanische Staatsbürgerschaft annahm) genügte, um ihr das demonstrative Wohlwollen des Regimes zu sichern.

Mondäne Frauen wie Zarah Leander oder Marlene Dietrich, die in vielen Unterhaltungsfilmen auftraten, mußten – selbst dann, wenn sie im Verlauf der Handlung der Gegenfigur der »natürlichen« Frau zu weichen hatten – als Kontrast zum offiziell propagierten Weiblichkeitsideal wirken. Die Frau wurde eben nicht nur als Mutter oder biedere »Maid« gesehen, und ein deutsches »Fräuleinwunder« konnte schon in der zweiten Hälfte der dreißiger Jahre registriert werden. Das 1938 gegründete BDM-Werk »Glaube und Schönheit« bot für die Achtzehn- bis Einundzwanzigjährigen, also die jungen Frauen, Kurse in Kosmetik und modernem Gesellschaftstanz an. Der Einsatz von Make-up ebenso wie das Färben der Haare waren eine allgemeine Modeerscheinung, wobei man sich allerdings an einer »natürlichen Kosmetik« orientierte.

Die Frauenzeitschriften der dreißiger Jahre, »Die Dame« und »Der Silberspiegel«, propagierten ein elegantes Weiblichkeitsideal, das sich an Marlene Dietrich und Greta Garbo orientierte. Die Chefs der Modehäuser reisten auch weiterhin nach Paris, um sich an den französischen Entwürfen zu orientieren, die vom Propagandaministerium nur pro forma auf ihren »arischen« Charakter überprüft wurden. Gelegentlich kaufte man mit illegal transferierten Devisen Haute-Couture-Schnitte direkt in Frankreich. Die Florentiner-Hüte und die zarten Gaze-Schleier hatten ebensowenig mit einer aus Reformkleidern bestehenden »deutschen Mode« zu tun wie die eng geschnittenen Röcke und die taillierten Kostümjacken. Eine neue Prominenz aus Parteigrößen und Günstlingen, Filmstars und populären Sportlern wie Max Schmeling und dem Rennfahrer Bernd Rosemeier, dazu Unternehmer und Aufsteiger waren unter den Abnehmern hochwertiger Kleidung; bei der Derby-Saison im Sommer 1936 trat das Ehepaar Göring ganz selbstverständlich im weißen Sommerdreß auf.

Daß man von seiten der Führung diesen Lebensbereich durchaus ernst nahm, zeigte sich noch 1942, als der »Reichsbühnenmeister« Benno von Arent auch zum »Reichsbeauftragten für die deutsche Mode« ernannt wurde; seine »Reichsmannequins« stellte man von Arbeitsdienst und Kriegseinsatz frei. Allerdings hatte die deutsche Couture zu diesem Zeitpunkt schon erhebliche qualitative Einbußen hinnehmen müssen: Die großen Salons unter jüdischer Leitung waren längst liquidiert oder »arisiert«, selbst der ehemalige Hoflieferant Hermann Gerson, eines der ersten Häuser in Berlin, war verschwunden, Jack Hobe, einer der erfolgreichsten Modeschöpfer der Zeit vor 1933, starb im KZ.

Die Zugeständnisse im Modebereich hatten auch mit der veränderten Einstellung zur Sexualität zu tun, die sich seit der Jahrhundertwende durchzusetzen begann. Zwar war die »Freikörperkultur«-Bewegung 1933 als »artfremd« verboten worden, aber die Nationalsozialisten teilten im Grunde die Ablehnung der tradierten Anstandsvorstellungen. Insofern war das Zeigen des nackten Körpers keineswegs verpönt. In der Erziehung wurde gegen das »Muckertum« polemisiert, auch wenn man gleichzeitig den »weiblichen Zug«, die »Erotisierung« (Dagmar Reese-Nübel) der gesellschaftlichen Atmosphäre in den zwanziger Jahren, kritisierte. Die Veranstaltungen der HJ und des BdM und das dabei mögliche Zusammensein von Jugendlichen beiderlei Geschlechts ohne die Aufsicht von Erwachsenen trugen ohnehin zu einer Veränderung des Sexualverhaltens bei. Nach den Reichsparteitagen, die von großen Zeltlagern der Hitler-Jugend begleitet waren, wurde jeweils eine größere Zahl unehelicher Geburten registriert.

Sport und Sportpolitik

Die Aufnahmen von (fast) nackten Athleten in Leni Riefenstahls Olympia-Filmen verwiesen auf den Zusammenhang zwischen Nacktheit, Natürlichkeit und Sportlichkeit, die zu den Attributen des »neuen Menschen« gehören sollten. Dementsprechend spielten Sportpolitik und Sportpropaganda für das Regime eine wichtige Rolle. Am 28. April 1933 war der SA-Gruppenführer Hans von

Standphotos aus der deutschen Filmproduktion während der Kriegsjahre: Werner Krauß in
»Jud Süß« von 1940. – Marika Rökk in »Die Frau meiner Träume« von 1943. – Willy Birgel
in »Reitet für Deutschland« von 1941. – Otto Gebühr in »Der große König« von 1941

Eine mondäne Frau am Zeitungswagen. Arbeit in Spritztechnik von Kurt Hilscher, 1936.
Berlin, Sammlung Dr. Jean Claude Hilscher

Tschammer und Osten zum »Reichssportkommissar« ernannt worden. Vierzehn Tage später, am 10. Mai 1933, löste er den »Deutschen Reichsausschuß für Leibesübungen« (DRA) auf. Der DRA war der Dachverband der bürgerlich-un-politischen und nicht konfessionell gebundenen Sportvereine; nachdem bereits vorher die Arbeiterturnbewegung zerschlagen worden war, bestanden jetzt nur noch die katholischen (»Deutsche Jugendkraft«) und evangelischen (»Eichen-kreuz«) Gruppierungen selbständig weiter. An die Stelle des »Reichsausschusses« trat ein »Deutscher Reichsbund für Leibesübungen« (DRL) als Zwangsverband aller übrigen Turn- und Sportvereine. Der DRL wurde von Tschammer geführt, der im Juli 1933 seine Ernennung zum »Reichssportführer« erhielt und die Or-ganisation des deutschen Sports mit Hilfe von insgesamt fünfzehn Fachämtern für die einzelnen Sparten zentralisierte. Der DRL sollte nicht nur der Förderung, sondern auch der Politisierung des Sports dienen. Jüdische Sportler konnten ihm deshalb nicht, ehemalige Mitglieder der Arbeiterturnvereine nur bedingt ange-hören.

Für wie wichtig das NS-Regime die politische Bedeutung des Sportes hielt, ließ sich an den Umständen ablesen, die mit der Ausrichtung der Olympischen Spiele von 1936 zusammenhingen. Dem neuen Reichssportführer unterstand im DRL ein »Reichsführerring für Leibesübungen«, in dessen Rahmen auch ein neuer »Deutscher Olympischer Ausschuß« (DOA) gebildet wurde. Bereits auf der Ta-gung des »Internationalen Olympischen Komitees« (IOC) vom 25. bis 27. April 1930 in Barcelona war die Entscheidung gefallen, daß die Olympischen Sommer-spiele von 1936 an Berlin vergeben werden sollten. Aber erst auf der Wiener Tagung vom 7. bis 11. Juni 1933 ließ das IOC nach beruhigenden Versicherun-gen von deutscher Seite seine Bedenken gegenüber einer Austragung der Olym-piade im nationalsozialistischen Reich fallen und beschloß, auch die Winterspiele 1936 in Garmisch-Partenkirchen abzuhalten. Während die Nationalsozialisten in der »Kampfzeit« immer wieder heftig gegen die »Olympische Idee« polemi-siert hatten, die dem Gedanken der Rassengleichheit und des Internationalismus verpflichtet sei, nutzten sie jetzt bedenkenlos die Möglichkeiten zur Selbstdarstel-lung, die sich ihnen boten.

Die Leitung des Organisationskomitees wurde Theodor Lewald und Carl Diem als seinem Generalsekretär belassen, die schon vor der »Machtergreifung« für die Vorbereitung der Olympiade in Berlin zuständig gewesen waren; im Falle Lewalds wurde ausdrücklich über dessen jüdische Herkunft hinweggesehen. Da das Internationale Olympische Komitee verschiedentlich Bedenken gegen die Austragung der Spiele in Berlin angemeldet hatte und in den USA eine breite Boykottbewegung entstanden war, suchte das Regime alles zu vermeiden, was die Durchführung verhindert hätte. Hitler verfügte, daß die Haushaltsmittel für die Olympiade von 5,5 Millionen auf hundert Millionen Reichsmark zu erhöhen seien. Der von Goebbels eingesetzte »Olympia-Propagandaausschuß« bereitete die Bevölkerung mit der »Olympia-Wanderausstellung« sowie Werbefilmen und -plakaten systematisch auf die Spiele vor, während man sich gleichzeitig der Welt als friedliches und gesittetes »neues Deutschland« zu präsentieren suchte.

Am 14. Mai 1935 verfügte Reichsinnenminister Frick die Beseitigung von Hetzschildern mit Aufschriften wie »Juden sind hier unerwünscht« und »Juden betreten diesen Ort auf eigene Gefahr« an Zufahrtstraßen oder in Ortschaften, der Aushang des »Stürmer« in der Öffentlichkeit wurde für die Dauer der Spiele verboten. Der Forderung des IOC nach rassischer Gleichberechtigung genügten Lewald und Tschammer, indem sie einige Sportler jüdischer Herkunft suchten. Aufgrund der jahrelangen Behinderung des jüdischen Sports (der in den eigenen Verbänden »Schild« und »Makabi« zusammengeschlossen war) konnte sich aber keiner der Bewerber qualifizieren. Nur unter den Emigranten fanden sich einige aufgrund der Zusagen, die das Regime ihnen gemacht hatte, zur Teilnahme bereit; so die Fechterin Helene Mayer und der Eishockeyspieler Rudi Ball, beide »Halbjuden«, die am 18. Dezember 1935 für die Nationalmannschaft nominiert wurden. Die »Volljüdin« Gretel Bergmann, die sich im Hochsprung qualifiziert hatte, wurde so kurzfristig wieder aus dem Kader entfernt, daß ein wirksamer Boykott nicht mehr möglich war.

Das für die Olympiade in Berlin errichtete »Reichssportfeld« gehörte zu den ersten großen Repräsentationsbauten des Regimes. Das zentrale Stadion wurde mit dem Aufmarschgelände des »Maifeldes« verbunden und um den »Führerturm« und die »Langemarck-Halle« ergänzt. Neben zahlreichen anderen Monumentalplastiken spielte die von Josef Thorak geschaffene Figur des »Faustkämpfers« eine wichtige Rolle im Bildprogramm, das die spezifische Umdeutung der olympischen Idee durch das NS-Regime zum Ausdruck brachte. Zwar sah sich Hitler genötigt, seine eigene Funktion im wesentlichen auf den Eröffnungssatz zu beschränken, aber das bei der Eröffnung am 1. August 1936 aufgeführte Festspiel »Olympische Jugend« brachte den gewünschten heroischen Geist zum Ausdruck. Die Massenaufführung mit mehr als zehntausend Teilnehmern, die von den bedeutendsten deutschen Tänzern und Choreographen der Zeit (Harald Kreutzberg, Mary Wigmann, Dorothee Günther, Gret Palucca) inszeniert und von den Komponisten Carl Orff und Werner Egk musikalisch ausgestaltet worden war, begann mit Reigentanz und rhythmischen Darbietungen und endete mit dem Zweikampf antiker Krieger und dem Totenzug. Zum letzten Bild wurde der Vers gesprochen: »Allen Spiels / heil'ger Sinn: / Vaterlandes / Hochgewinn. / Vaterlandes höchst Gebot / in der Not: / Opfertod!«

Die Olympischen Spiele von 1936 wurden zu einem Triumphzug für den deutschen Sport. Obwohl es noch keine staatliche Sportförderung gab, wie sie später in den totalitären Systemen üblich wurde, lag das Reich mit 89 Medaillen (davon 33 in Gold) deutlich vor den USA mit 56 Medaillen (davon 24 goldene). Die Begeisterung der Zuschauer und der Bevölkerung, aber auch vieler ausländischer

Besucher, war echt. Das Regime hatte seine organisatorischen Fähigkeiten überzeugend unter Beweis gestellt, der Zugewinn an Stabilität und die psychologisch wichtige Durchbrechung der internationalen Isolation waren gelungen. Die Schlußfolgerungen, die die nationalsozialistische Führung zog, hatten allerdings wenig zu tun mit dem eigentlichen Gehalt des olympischen Gedankens. Ein Sportfunktionär äußerte ein Jahr nach der Olympiade: »Das einzige sportlich zu bewertende Großvolk ist Deutschland, und die sämtlich als mehrfach positiv zu bewertenden Kleinvölker bilden eine Gruppe engster wirtschaftlicher und kultureller Abhängigkeit von Deutschland ... Die sportlich positiv zu bewertenden Völker sind also nichts anderes als der deutsche Kulturkreis ...« (Max Kleinschmidt). Schon unmittelbar nach dem Ende der Sommerspiele hatte Hitler – immer noch wütend über die Auflagen, die das IOC gemacht hatte – erklärt, daß Deutschland an keiner weiteren Olympiade teilnehmen werde; sie sollte durch »Nationalsozialistische Kampfspiele« ersetzt werden. Als Speer ein Jahr später darauf hinwies, daß das für Berlin projektierte »Deutsche Stadion« Abmessungen aufweise, die nicht mit den Vorgaben des IOC übereinstimmten, erwiderte ihm Hitler, das sei »ganz unwichtig«, da nach 1940 die Olympiaden »für alle Zeiten in Deutschland stattfinden, in diesem Stadion. Und wie das Sportfeld bemessen ist, das bestimmen dann wir.«

Amerikanisierung, populäre Kultur und Hochkultur

Die Olympischen Spiele führten dazu, daß man sich vor allem im Ausland auf eine längere Dauer des NS-Regimes einzurichten begann. Zum Teil wandelte sich auch die bis dahin negative Einschätzung. Das betraf vor allem die USA, wo die Boykottbewegung anfangs auf Resonanz gestoßen war, sich jetzt aber ein positiveres Bild von Deutschland ausbreitete. Die US-Bürger durften sich als die »Lieblingsausländer« der Deutschen fühlen, in den Vereinigten Staaten wurde intensiv für eine Reise in das »fröhliche Deutschland« geworben. Nicht ohne Erfolg. Es gelang nicht nur, die Zahl der nordamerikanischen Touristen gegenüber den zwanziger Jahren zu steigern, es wuchs überhaupt die Zahl der Reisenden, die ins Land kamen: In Berlin stiegen die Übernachtungszahlen 1937 auf 285.313, während sie in einem der besten Jahre der Weimarer Republik, 1927, gerade 226.000 betragen hatte.

Seit 1936 war im Reich eine intensivere Berichterstattung über die Vereinigten Staaten zu registrieren, die sich mit einer deutlichen Bewunderung für das »Land der unbegrenzten Möglichkeiten« verband. An vielen Stellen setzte sich der Prozeß der »Amerikanisierung« des Lebensstils, der in den zwanziger Jahren begonnen hatte, ungebrochen fort – von Coca-Cola bis zur »Mickey Mouse«, die zu den beliebtesten Comic-Figuren überhaupt gehörte. Die Wirkung dieses kulturellen Prozesses war so nachhaltig, daß sich das Propagandaministerium während des Krieges über ein »mangelndes Feindbild« in bezug auf die Amerikaner beschwerte. Jugendliche stellten sich die Besatzungen von Bombern »fast wie Menschen von einem anderen Stern« vor, und noch die Luftwaffenhelfer der letzten Kriegsphase rannten zu Absturzstellen von US-Flugzeugen, »um zu sehen, was für tolle Kerle ... das wohl waren«, und um eine Unterhaltung mit ihrem Schulenglisch zu beginnen. Langfristige Verträge mit den großen Filmproduktionsfirmen »Twentieth Century Fox«, »Metro Goldwyn Mayer« und »Paramount« sorgten während der dreißiger Jahre dafür, daß viele Unterhaltungsfilme aus den USA im »kinoverrückten« Deutschland mit großem Erfolg gezeigt werden konnten. Lediglich die jüdische Herkunft von Regisseuren führte zu einem sofortigen Aufführungsverbot, aber die amerikanischen Filmstars selbst, wie etwa Clark Gable, Joan Crawford und später Greta Garbo, waren außerordentlich populär. Der Versuch, vor allem den weiblichen Stars deutsche Schauspielerinnen wie Paula Wessely oder Marianne Hoppe entgegenzustellen, scheiterte.

Selbst die Bemühungen, die Swing-Musik, von nationalsozialistischen Eiferern als »Nigger-Jazz« verunglimpft, definitiv zu verbannen, blieben ohne Erfolg; die seit 1936, verstärkt seit 1938 ausgesprochenen Verbote waren relativ wirkungslos. Bis zum Kriegsbeginn gastierten zahlreiche ausländische Orchester in den großen Städten, 1937 verpflichtete Goebbels selbst die Swing-Band Jack Hyltons für den Presseball, die populären »Original Teddies« unter Teddy Stauffer spielten verbotene Titel wie etwa den »Lambeth Walk« einfach unter anderer Bezeichnung, und 1944 mußte man im Propagandaministerium feststellen: »Die Jazzmusik ist zwar als artfremde Erscheinung häufig erkannt und als solche bezeichnet worden, eine aktive Abwehr auf breiter Front hat aber noch nicht eingesetzt.«

Die populäre Musik dieser Jahre bestand neben dem Fundus der Operetten aus Filmschlagern wie Benjamin Giglis »Vergißmeinnicht« oder Jan Kiepuras »Ob blond, ob braun, ich liebe alle Fraun«, Nonsens-Titeln wie Hilde Hildebrands »Komm spiel mit mir Blindekuh«, Seemannsliedern wie »Schön ist die Liebe im Hafen« oder volksliedartigen Stücken wie »Auf der Heide blüh'n die letzten Rosen«. In Zarah Leanders »Er heißt Waldemar« konnte sogar die offizielle Propagierung des nordischen Heldenmenschen leise ironisiert werden, wenn die Diva nicht dem blonden Idealmann »Rolf« oder »Peer«, sondern Waldemar den Vorzug gab: »Und er hat schwarzes Haar, und sein Geld ist rar.«

Wie die Unterhaltungs-, so blieb auch die Ernste Musik von spürbaren Eingriffen des Regimes weitgehend frei. Die Entfernung des Leipziger Gewandhauskapellmeisters Bruno Walter, der wegen seiner jüdischen Abstammung und seines Eintretens für die musikalische Moderne vertrieben wurde und zuerst nach Österreich, dann in die USA emigrierte, die Auseinandersetzungen, die es zwischen Goebbels und dem Dirigenten Wilhelm Furtwängler wegen der Werke Paul

Hindemiths gab, oder der Streit des Propagandaministers mit Richard Strauss wegen eines Librettos von Stefan Zweig (für die Oper »Die schweigsame Frau«) – ein Konflikt, der schließlich mit der Ablösung von Strauss als Präsident der Reichsmusikkammer endete – bildeten aufs ganze gesehen eher Ausnahmen. Carl Orff wurde nicht nur für den »Olympischen Reigen« von 1936, sondern auch für seine »Carmina Burana« gefeiert, trotz gelegentlicher Kritik an den lateinischen Texten, dasselbe galt für den zeitgenössischen Komponisten Hans Pfitzner und für den ganzen Bereich der Musik, soweit sie nicht von Komponisten jüdischer Herkunft wie Felix Mendelssohn-Bartholdy oder Gustav Mahler stammte oder der als jüdisch verpönten »Zwölftonlehre« entsprach.

Ein ähnliches Bild bot das Theater. Auch hier ging das Regime gegen jüdische Autoren und Schauspieler vor und verbot die Aufführung politisch mißliebiger Werke. Über die Reichstheaterkammer und das Theatergesetz vom 15. Mai 1934 unterlag der ganze Bereich dem direkten Zugriff des Propagandaministeriums. Allerdings dominierten auf den Spielplänen der meisten Bühnen die Klassiker und Unterhaltungsstücke, politische Agitation war die Ausnahme. Im Zusammenspiel von Gustaf Gründgens, seit 1934 Intendant des Staatlichen Schauspielhauses am Gendarmenmarkt, seit 1936 Generalintendant der Preußischen Staatstheater, und seinem Protektor, dem preußischen Ministerpräsidenten Göring, kam es zur glanzvollen, wenngleich »posthumen Verwirklichung eines deutschen Nationaltheaters« (Nicolaus Sombart).

Ein anderes Bild bot demgegenüber die Literatur, die sich seit jeher für Zensurmaßnahmen gut eignete. Neben dem Verbot von Büchern jüdischer Autoren und politisch mißliebiger Schriftsteller fielen der staatlichen Kontrolle alle Werke des deutschsprachigen Exils zum Opfer, darunter Lion Feuchtwangers »Die Geschwister Oppenheim« (Amsterdam 1933), Heinrich Manns »Die Jugend des Königs Henri Quatre« (Amsterdam 1935), Thomas Manns »Joseph in Ägypten« (Wien 1936) und »Lotte in Weimar« (Stockholm 1939), der dritte Teil von Robert Musils »Der Mann ohne Eigenschaften« (Lausanne 1943), Joseph Roths »Die Kapuzinergruft« (Bilthoven 1938) und Anna Seghers' »Das siebte Kreuz« (Mexico 1942). Die Fachzeitschrift »Der Buchhändler im neuen Reich« stellte allerdings noch 1936 mißbilligend fest, daß die meisten Bücher Thomas Manns weiterhin frei verkauft wurden; Handelsverbote gab es praktisch nicht, »Schwarze Listen« existierten nur für die öffentlichen Bibliotheken. Ausländische Literatur wurde geduldet, und zwar nicht nur, wenn es um ideologisch genehme Autoren wie Knut Hamsun oder Trygve Gulbranssen ging, sondern auch, wenn es sich um die Übersetzung von Ernest Hemingway (»In einem anderen Land«) oder Sinclair Lewis handelte; auf die jüngere Generation übten Thomas Wolfe und William Faulkner große Wirkung aus. Bis 1939/40 erfreuten sich englische Kriminalromane allgemeiner Beliebtheit, und selbstverständlich war auch Margaret Mitchells »Vom Winde verweht« ein Publikumserfolg (250.000 Exemplare).

Wahrscheinlich wurden bis Kriegsende in Deutschland über drei Millionen fremdsprachige Titel abgesetzt.

Der breite Geschmack blieb so konventionell wie je, was dazu führte, daß zu den meistverkauften Büchern der dreißiger Jahre Waldemar Bonsels' »Biene Maja« ebenso gehörte wie Felix Dahns »Kampf um Rom«, Hermann Löns' »Wehrwolf« und Rainer Maria Rilkes »Kornett«. Eine spezifisch nationalsozialistische Literatur gab es nur in Ansätzen. Benn hatte sich enttäuscht abgewandt, und wenn man von Hanns Johsts Bekenntnisschriften, zum Beispiel »Maske und Gesicht«, Richard Euringers vielfach ausgezeichneter »Deutscher Passion«, den Büchern eines Will Vesper oder den scharf antisemitischen Büchern Hans Zöberleins wie »Ich glaube an Deutschland«, den Gedichten des »Lyrikers der braunen Front«, Heinrich Anacker, Herbert Böhmes und Kurt Eggers absieht, zeigt sich wenig, was über den Bereich der Konjunkturliteratur hinausging und eindeutig nationalsozialistisch geprägt war. Schon die Arbeiten des Österreichers Franz Tumler, einer der stärksten Begabungen, wiesen nur ein begrenztes politisches Engagement auf. Andere, wie Hanns Heinz Ewers, der sich 1933 mit dem Roman »Horst Wessel« bei den neuen Machthabern andiente, galten als Opportunisten, was sogar das Verbot ihrer Bücher zur Folge haben konnte.

Vielfach wurden ältere Formen, etwa aus der Tradition der völkischen Schriftstellerei, wieder aufgenommen. Die Erzählungen aus der Urgeschichte oder der germanischen Vorzeit von Hans Friedrich Blunck oder Kurt Pastenacci unterschieden sich in Stil und Inhalt kaum von den Arbeiten eines Gustav Frenssen, Adolf Bartels, Walter Bloem, Hermann Burte, Ludwig Finckh, Walter Flex oder Friedrich Lienhard, einer Agnes Miegel, Lulu von Strauß und Torney oder eines Erwin Guido Kolbenheyer, deren Bücher zum Teil schon vor dem Ersten Weltkrieg erschienen waren. Die Kriegs- und Nachkriegsromane von Edwin Erich Dwinger, Franz Schauwecker oder Werner Beumelburg fanden sich nach 1933 weiter im Sortiment der Buchhändler und erreichten hohe Auflagen. Dazu kamen neue Titel, die Szenen aus der Geschichte der »Bewegung« verarbeiteten und deshalb als ideologisch besonders erwünscht gelten durften.

Die zeitgenössische Einteilung verzeichnete nicht nur »volkhafte« und »heldische Dichtung«, sondern auch »Weihe-Dichtung« (Hellmuth Langenbucher). Darunter wurden dramatische Stücke verstanden, die bei verschiedenen feierlichen Anlässen zur Aufführung kamen. Die bedeutendste Form der »Weihe-Dichtung« war das »Thingspiel«, eine chorische Dichtung, in der es weniger um die Handlung als um den »kultischen« Aspekt – das Bekenntnis zur Weltanschauung – ging. Nachdem man sich von Vorlagen aus mittelalterlichen Mysterienspielen, die in der bündischen Laienspielbewegung besonders beliebt waren, gelöst hatte, nahmen die »Thingspiele« Formen des antiken griechischen Theaters auf. Insofern sie das Publikum nicht in seiner Passivität beließen, sondern einbezogen, dienten sie auch dem Zweck der Massenmobilisierung und Massenintegration.

An der Aufführung eines Stückes von Lersch auf der Thingstätte bei Koblenz nahmen zwanzigtausend Zuschauer teil, während die Darbietung von einem Chor mit dreitausend Mitgliedern und fünf Orchestern unterstützt wurde.

Schon wegen dieser Größenordnung mußten die »Thingspiele« auf speziell errichteten Freilichtbühnen aufgeführt werden. Die erste dieser »Thingspielstätten« wurde am 5. Juni 1934 in den Brandbergen bei Halle eingeweiht, bis 1935 hatte der RAD insgesamt zehn Bühnen fertiggestellt. Allerdings ließ die Begeisterung für das »Thingspiel« sehr bald nach, schon 1935 verbot Goebbels die Verwendung der Begriffe »Thing« und »Kult«. Zwar wurden die Olympischen Spiele 1936 noch mit der Aufführung von Eberhard Wolfgang Möllers »Frankenburger Würfelspiel« auf der Dietrich-Eckart-Bühne bei Berlin eröffnet, aber ein Jahr später stellte das Reichspropagandaministerium jede Unterstützung ein. Möllers »Würfelspiel« blieb ein »einsamer Versuch« (Günther Rühle) unter den meist dilettantischen Stücken. Der Abbruch der Thingspielbewegung bezeichnete auch im kulturellen Bereich das Ende der »revolutionären« Periode und die Rückkehr in eher traditionalistische Bahnen.

Neben der ideologisch konformen existierte zwischen 1933 und 1945 auch eine nicht-nationalsozialistische Literatur. In diesen Zusammenhang gehören alle Texte, die in der »inneren Emigration« entstanden und meistens im klassischen oder historischen Gewand, verborgen hinter unverfänglichen Themen, deutliche Kritik übten. Ein frühes Beispiel dafür war die 1934 erschienene Sammlung von Gedichten Friedrich Georg Jüngers; eines der Stücke enthielt unter der Überschrift »Der Mohn« folgende Verse:

»Widrig ist mir der Redner Geschlecht. Kalekutische Hähne Höre ich kollern am Markt, höre sie scharren am Platz. / Gaukler treiben mit Worten ihr Wesen, Lügner sie deuteln, Retter, sie retten den Trug, Ärzte, sie scheuen den Tod. / Wollt ihr betrügen das Volk, so schmeichelt ihm schamlos und lobt es, / Dient ihm mit Worten zuerst, eh' ihr es redend beherrscht. / Hört, es schmeicheln Tribunen dem Volk, es jubeln Betrog'ne / Laut den Betrügern zu, die sie mit Netzen umgarnt... / Bunt ist von Fahnen die Stadt, immengleich summet der Schwarm. / Lauter als der Cherusker, der Romas stolze Legionen / Weihte der Nacht und dem Tod, stimmen den Siegruf sie an. / Habt ihr feindliche Heere geschlagen, die Fürsten gefangen, / Risset ihr Ketten entzwei, die euch der Sieger gestückt? / Nein, sie bejubeln den Sieg, der über Brüder erfochten, / Süßer als Siege sie dünkt, die man in Schlachten erstritt.«/

Friedrich Georg Jünger hatte wie sein Bruder Ernst zu jener Gruppe nationalrevolutionärer Intellektueller gehört, die in den zwanziger Jahren auch Kontakte zur NSDAP aufnahmen. Unterdessen war der Prozeß der Entfremdung wie bei seinem Bruder Ernst bis an die Grenze des Bruchs vorgeschritten. Zwar wurden die Bücher beider weiterhin veröffentlicht und Auszüge aus Ernst Jüngers »In Stahlgewittern« sogar in den Schulbüchern wiedergegeben, aber die innere Distanzierung blieb dem Regime keineswegs verborgen. Als 1939 Ernst Jüngers »Auf den Marmorklippen« erschien, waren sich die staatlichen Stellen durchaus bewußt, daß man es mit einer verschlüsselten Generalkritik an den deutschen Verhältnissen zu tun hatte.

Die Auseinandersetzung mit dem NS-Regime in getarnter literarischer Form fand sich auch bei anderen Autoren. So nutzte Jochen Klepper mit seinem biographischen Roman »Der Vater« (1937) die Möglichkeit, das wohl autoritäre, aber rechtliche Preußen Friedrich Wilhelms I. mit dem totalitären Unrechtsstaat der eigenen Gegenwart zu vergleichen. Werner Bergengruen hatte ein ähnliches Thema schon mit dem 1935 veröffentlichten Buch »Der Großtyrann und das Gericht« verarbeitet, und Reinhold Schneider verwendete in »Las Casas vor Karl V.« (1938) die Darstellung der Unterdrückung der Indianer durch die Spanier, um die Judenverfolgungen der Gegenwart zu geißeln. Ein besonders interessanter Fall war in diesem Zusammenhang das Buch »Bockelson. Geschichte eines Massenwahns« von Friedrich Reck-Malleczewen. Es konnte 1937 veröffentlicht werden, obwohl es in Form einer historischen Auseinandersetzung mit dem Täuferreich zu Münster die sehr aktuellen Folgeerscheinungen von »Führerschaft« und chiliastischer Erwartung behandelte.

Ein ganz ähnliches Thema hat auch Horst Lange 1937 in seinem Roman »Schwarze Weide« verarbeitet. Obwohl die Absicht des Autors zwischen den Zeilen gut wahrzunehmen war, fand sich die Verbreitung des Buches nicht nur nicht behindert, es wurde von der nationalsozialistischen Literaturkritik sogar positiv gewürdigt. Erst mit Langes »Ulanenpatrouille«, die 1940 erschien, mehrten sich die warnenden Stimmen, die dem Autor zum Beispiel »Wehrkraftzersetzung« vorwarfen. Lange gehörte zu einer größeren Zahl jüngerer Literaten, darunter Wolfgang Koeppen, Elisabeth Langgässer, Marie Luise Kaschnitz, Stefan Andres, Günter Eich und Luise Rinser, die später in der Bundesrepublik eine wichtige Rolle spielen sollten, aber ihre ersten Arbeiten in der Zeit des »Dritten Reiches« veröffentlichten. Bis auf wenige Ausnahmen – etwa Gedichte von Luise Rinser – waren diese Autoren in ihrem Schaffen von politischem Desinteresse und Konzentration auf das eigene Ich bestimmt. Sie verbanden nicht zuletzt die Begegnung mit literarischen Ausdrucksformen der Moderne, die sie während des Aufenthalts im – notabene: faschistischen – Italien kennengelernt hatten, und ein existentialistisches Lebensgefühl, das sich von dem verordneten Heroismus deutlich unterschied. Ihre künstlerische Entfaltung war allerdings nur denkbar, weil die Wirklichkeit der dreißiger Jahre keineswegs dem üblichen Bild von der Erfassung des Einzelnen entsprach. Der Literaturkritiker Joachim Günther urteilte nachträglich: »Aufs Ganze gesehen haben wir jedoch im Innern weit weniger unter Atemmangel gelitten, als es von heute aus den Anschein hat.«

Die Bildenden Künste

In seiner Rede auf der Kulturtagung der NSDAP, die im Rahmen des Parteitages am 1. September 1933 stattfand, nahm Hitler erstmals in der Öffentlichkeit zur künftigen Kunstpolitik des Regimes Stellung. Gemäß seiner Grundanschauung, daß »jede Rasse ... ihre eigene Lebensauffassung« habe, entwickelte Hitler hier die Vorstellung von einer »heroischen Weltanschauung«, die sich in Deutschland mit dem Nationalsozialismus durchsetzen müsse, und die einen neuen ästhetischen Ausdruck brauche. Die moderne, die »liberale« Kunst in ihrer Unentschiedenheit sei ein Symptom für den verheerenden jüdischen Einfluß im Geistesleben und Ausdruck der Dekadenz. Konkret benannte Hitler als Gegner den »kubistisch-dadaistischen Primitivitätskult«, während das Bild der nationalsozialistischen Kunst eher vage blieb. Immerhin konnte einigen Andeutungen Hitlers ein Plädoyer für den Klassizismus entnommen werden, etwa wenn er sagte: »Griechen und Römer werden dann plötzlich den Germanen so nahe, weil alle ihre Wurzeln in einer Grundrasse zu suchen haben, und daher üben auch die unsterblichen Leistungen der alten Völker immer ihre anziehende Kraft aus auf die ihnen rassisch verwandten Nachkommen.«

Tatsächlich war eine gewisse Orientierung an den Vorbildern der Antike die einzige einigermaßen klare Norm nationalsozialistischer Kunstauffassung, die ansonsten in völliger Abhängigkeit von den Geschmacksurteilen Hitlers stand. Der gescheiterte Maler, der zeit seines Lebens der akademischen Kunst des ausgehenden 19. Jahrhunderts verhaftet blieb und jede avantgardistische oder gar gegenstandslose Kunst als »entartet« ablehnte, trug Sorge dafür, daß seine Wertvorstellungen allseits übernommen wurden. Noch bei der »Großen deutschen Kunstausstellung« von 1937 entband er nach einer ersten Besichtigung die Auswahlkommission von ihrer Aufgabe und ließ durch seinen »Leibfotografen« Heinrich Hoffmann achtzig der insgesamt neunhundert Bilder, die ihm nicht zusagten, entfernen und durch andere ersetzen.

Die von Hitler favorisierten Sujets – Akt-Darstellungen, wie sie der von ihm sehr geschätzte Adolf Ziegler oder Ivo Saliger malten, historisierende oder ländliche Motive, die Werner Peiner, Karl Alfred Plügel, Adolf Wissel oder Karl Diebitsch schufen – standen neben stärker ideologisch, an rassischen Vorbildgestalten orientierten Arbeiten von Wolfgang Willrich, Wilhelm Petersen und Georg Sluyterman van Langeweyde. Neben der Idylle spielten »Schönheit«, »Disziplin«, »Ordnung«, »Kraft«, »Kampf«, »Härte«, »Treue« und »Führerschaft« eine wichtige Rolle bei der Thematik der offiziell erwünschten Kunst. Soweit sich der Gegenstand zur Heroisierung eignete, kamen auch Themen aus der modernen Welt vor, etwa in den Gemälden von Friedrich Staeger und Franz Gerwin, die Produktionsstraßen, Hochöfen oder ganze Fabrikanlagen zeigten.

Noch deutlicher als in der Malerei war die ideologische Tendenz in der Bildhauerei festzustellen. Josef Thorak und Arno Breker wurden vom Regime deshalb besonders gefördert, weil in ihren monumentalen Arbeiten die weltanschaulichen Topoi des Nationalsozialismus besonders gut zum Ausdruck kamen. Nackte, muskulöse Heldengestalten in weit übermenschlichen Abmessungen, häufig mit Schwertern, Fahnen oder Fackeln ausgestattet, besaßen ebenso wie die Frauenfiguren, die die Mütterlichkeit verkörperten, eher eine symbolische als eine ästhetische Funktion. Die Orientierung an den Vorbildern der Antike spielte nur formal eine Rolle, wichtiger waren sie als »Sinnbilder einer durch ein gemeinsames Ideal verbundenen Gemeinschaft«. Neben Voll- und Halbreliefs wurden deshalb vor allem Plastiken bei der Gestaltung öffentlicher Plätze sowie vor oder in repräsentativen Gebäuden aufgestellt.

Wie die Bildhauerei wurde auch die Architektur auf den Kanon des Klassizismus verpflichtet. Wahrscheinlich spielten auf diesem Gebiet noch mehr als bei der Malerei die Vorlieben Hitlers eine Rolle. Nach dem Tod Paul Ludwig Troosts 1934, den Hitler schon in der »Kampfzeit« mit dem Umbau des »Braunen Hauses« beauftragt hatte und von dem auch die Entwürfe für das »Haus der Deutschen Kunst« stammten, rückte der junge und ehrgeizige Albert Speer an seine Stelle. Er setzte die Fertigstellung der »Bauten der Bewegung« am Königsplatz in München und auf dem Reichsparteitagsgelände in Nürnberg fort. Seine Hauptaufgabe bestand allerdings darin, die Erweiterung Berlins zu einer Zehn-Millionen-Stadt, die den Namen »Germania« tragen sollte, vorzubereiten. Am 30. Januar 1937 erhielt Speer den Titel eines »Generalbauinspekteurs für die Reichshauptstadt Berlin« (GBI), und bereits ein Jahr später wurden Teile des »Neugestaltungsplans« der Öffentlichkeit vorgestellt. Das Rückgrat der projektierten Stadtanlage sollten eine Nord-Süd- und eine Ost-West-Achse bilden, die sich in der Gegend des Brandenburger Tores geschnitten hätten; das so entstandene Straßenkreuz wäre um vier Ringstraßen ergänzt worden. Die Nord-Süd-Achse hätte eine völlige Veränderung der Bebauung Berlins notwendig gemacht und zur Beseitigung ganzer Stadtviertel geführt. Die seit 1937 auch für Hamburg und München und später für alle anderen »Gauhauptstädte« entwickelten »Neugestaltungsprogramme« wiesen einen ähnlich megalomanen Charakter auf, wenn auch die Arbeiten in Berlin absoluten Vorrang besaßen.

Gemessen an den Projekten Hitlers hatte die 1939 fertiggestellte Neue Reichskanzlei trotz des betriebenen Aufwands eher den Charakter einer vorläufigen Unterbringung. Ihre Abmessungen waren fast konventionell angesichts der Repräsentationsgebäude, die Hitler für einen zentralen »Runden Platz« in Berlin vorsah und die – bis 1950 vollendet – die Dimensionen bisheriger Architektur völlig gesprengt hätten. Die »Volkshalle« sollte hundertfünfzig- bis hundertachtzigtausend Menschen Platz bieten, der kreisrunde Versammlungsraum einen Durchmesser von zweihundertzwanzig Metern und eine Kuppelhöhe von zweihundertdreißig Metern haben; der Rauminhalt hätte einundzwanzig Millionen

Kubikmeter umfaßt und den der Peterskirche in Rom um das sechzehnfache überstiegen. Der Grundentwurf für die Kuppelhalle stammte, wie die Pläne für einige andere Prachtgebäude, von Hitler selbst, der sich bereits in den zwanziger Jahren mit der architektonischen Neugestaltung seines Zukunftsreiches befaßte. Bis in die letzte Kriegsphase hielt er unbeirrbar an der Vorstellung fest, die großen deutschen Städte mit Bauten zu schmücken, die jeden Vergleich mit den Monumentalbauten der altorientalischen Königreiche standgehalten hätten. Auf Anraten Speers verzichtete man sogar auf den Einsatz von Stahlkonstruktionen, um einen ästhetischen Eindruck der Ruinen zu erhalten, wenn auch diese Gebäude einmal nach Jahrhunderten zerfallen würden. Speer wurde ausdrücklich verboten, Kostenberechnungen für die Projekte anzustellen, deren Fertigstellung ohne ganze Heere von Arbeitern und unbegrenzte finanzielle Ressourcen, die jedenfalls zwischen 1936 und 1939 nicht zur Verfügung standen, ausgeschlossen gewesen wäre.

In einer Ansprache vom Januar 1938 sagte Hitler: »Jede große Zeit findet ihren abschließenden Wertausdruck in ihren Bauwerken. Wenn Völker große Zeiten innerlich erleben, so gestalten sie diese Zeiten auch äußerlich. Ihr Wort ist dann überzeugender als das gesprochene: Es ist das Wort aus Stein!« Allerdings war dieses »Wort aus Stein« nicht »gebauter Nationalsozialismus« (Gerdy Troost), denn einen spezifisch nationalsozialistischen Stil hat es nicht gegeben. Die Polemik völkischer Architekturtheoretiker gegen das »internationalistische« »Neue Bauen« spielte nach 1933 nur noch eine untergeordnete Rolle.

Ein Mann wie Paul Schultze-Naumburg, der 1931 zusammen mit Gottfried Feder den NS-nahen »Kampfbund deutscher Techniker und Ingenieure« gegründet hatte, verstand unter »deutscher« Architektur eine traditionelle Bauweise und landschaftsbezogene Siedlungsstruktur. Man nahm hier Motive der »Heimatschutz«- und »Gartenstadt-Bewegung« wieder auf, die seit der Jahrhundertwende in kulturkritischer Wendung gegen die Entwicklung der Großstädte entstanden waren. Die »Stuttgarter Schule«, die solchen Vorstellungen nahestand, hatte schon in der Zeit der Weimarer Republik einen erheblichen Einfluß ausüben können, und einer ihrer Köpfe, der Architekt Paul Schmitthenner, bekannte sich 1932 öffentlich zum Nationalsozialismus. Tatsächlich wurde in den dreißiger Jahren der private Wohnungsbau, vor allem bei staatlich geförderten Siedlungsprojekten, an ästhetischen Vorstellungen der handwerksbezogenen Architektur orientiert, aber abgesehen von einigen wenigen öffentlichen Gebäuden wie der HJ-Gedenkstätte auf Rügen spielten sie für die Repräsentationsarchitektur keine Rolle. Die vor allem von Ley forcierte Modernisierung der Methoden des Hausbaus durch Standardisierung und den Einsatz von Fertigteilen führte weiter dazu, daß die traditionellen Elemente immer deutlicher in den Hintergrund traten, nur noch Dekor waren, aber keinen inneren Zusammenhang mit der Bauweise mehr besaßen.

Speer, der als Schüler Heinrich Tessenows ursprünglich im Sinne der Traditionalisten geprägt worden war, wandte sich nicht erst durch die Monumentalbauten von seinem Lehrer ab. Als ehrgeiziger Konkurrent Leys ernannte er Ernst Neufert, einen ehemaligen engen Mitarbeiter von Walter Gropius und Bürochef der »Bauhausbau«, zum »Beauftragten für Normungsfragen«, und Neufert entwickelte in seiner 1936 erschienenen »Bauordnungslehre« die Grundlagen für eine moderne, standardisierte Bauweise. Während das »Bauhaus« als »kulturbolschewistisch« verfemt wurde und sein Leiter Ludwig Mies van der Rohe trotz aller Anpassungsversuche ohne neue Aufträge blieb, weshalb er 1937 in die USA emigrierte, setzten sich bestimmte Grundsätze der funktionalen Architektur vor allem bei der Errichtung von Industrieanlagen immer weiter durch.

Unter dem Eindruck der Kriegszerstörungen schwanden schließlich in der nationalsozialistischen Führung alle Vorbehalte gegenüber einer Modernisierung von Bauweise und architektonischer Konzeption. Dabei erhielt nicht nur die seit Mitte der dreißiger Jahre immer stärker aufgewertete »Raumordnung« und »Raumplanung« weiteres Gewicht, es ging jetzt auch um die Frage, wie man rasch preiswerte Unterkünfte für Hunderttausende von Menschen würde schaffen können. In der elften Auflage seiner »Bauordnungslehre«, die 1943 erschien, legte Neufert deshalb den Plan einer »Hausbaumaschine« vor, durch die der automatisierte »Gebäudeguß« mit Hilfe von Beton an die Stelle von Maurerei und Putzerei getreten wäre; das hätte die Errichtung von mehrgeschossigen Wohnhäusern beliebiger Länge erlaubt. Die »Lehre« Neuferts erschien auch nach dem Ende des Krieges in immer neuen Auflagen, ebenso wie Planungen für den Wiederaufbau der zerstörten Städte, die Speer und seine Mitarbeiter seit 1943 entwickelten, bei der späteren Rekonstruktion eine wichtige Rolle spielten.

Speer hat nachträglich geurteilt, daß es keine »Ideologie nationalsozialistischer Architektur« gegeben habe: »Ideologie wurde in der Aufgabenstellung sichtbar, nicht aber im Stil.« Selbst die »Aufgabenstellung« – Repräsentation, Erhebung und Einschüchterung des einzelnen durch das Übermaß – hatte Vorläufer in den Monumentalbauten, die seit der Französischen Revolution immer wieder geplant worden waren. Die Dimensionen, in denen sich schon die Projekte für die Kuppelbauten Étienne-Louis Boullées oder die verschiedenen Entwürfe für einen »Palast der Sowjets« in Moskau bewegten, standen denen Hitlers kaum nach. Es handelte sich um utopische Architekturen in Entsprechung zu utopischen Weltanschauungen. Der von Speer, sicherlich dem begabtesten Baumeister Hitlers, favorisierte Klassizismus wurde durch die Verzerrung der Proportionen seines eigentlichen Charakters beraubt. Dieser Klassizismus gehörte in den dreißiger Jahren zu den allgemein akzeptierten architektonischen Ausdrucksformen. Öffentliche wie private Gebäude in Washington, London, Stockholm oder Helsinki und selbstverständlich in Rom wurden in einem antikisierenden Stil errichtet. Als Speer 1937 für die Weltausstellung in Paris den deutschen Pavillon entwarf, stand diesem ein ganz ähnlich gestalteter der Sowjetunion gegenüber, und beide präsentierten sich vor der Front des gleichfalls klassizistischen Palais de Chaillot, das die Volksfrontregierung gerade fertiggestellt hatte. Selbst in bezug auf das Figurenprogramm, das sich überall an der Antike ausrichtete, bestanden keine erkennbaren Unterschiede.

André François-Poncet soll Speer nach dessen Erfolg bei der Weltausstellung aufgefordert haben, der französischen Architektur einige Hinweise für die Errichtung moderner repräsentativer Gebäude zu geben. Auch das ist ein Zeichen für die Krise der künstlerischen Avantgarde, die sich seit dem Beginn der dreißiger Jahre abzeichnete und vom nationalsozialistischen Regime lediglich ausgenutzt wurde. Zwischen 1933 und 1937 wurde die Lage für jene Künstler in Deutschland immer schwieriger, die jüdischer Herkunft waren, pazifistische oder kommunistische Neigungen gezeigt, abstrakte oder dadaistische, zum Teil auch impressionistische Werke geschaffen hatten. Hitlers Aversion gegen ausländische Meister wie Georges Braque, Giorgio de Chirico, Paul Gauguin, Vincent van Gogh, Wassily Kandinsky, Paul Klee, Oskar Kokoschka, Henri Matisse oder Pablo Picasso ebenso wie seine Ablehnung der deutschen Maler Lovis Corinth, Max Ernst, August Macke, Franz Marc und Emil Nolde führten zu Ausstellungsverboten und Beschlagnahmungen. Bereits 1933 wurden in einzelnen Städten »Schandausstellungen« mit Werken »entarteter« Kunst gezeigt. Frick, der während seiner Zeit als Minister für Inneres und Volksbildung in Thüringen Erfahrung bei der »Säuberung« von Museen und öffentlichen Galerien gesammelt hatte, setzte »Kunstkommissare« ein, die jetzt auf der Reichsebene wiederholten, was er in einem Kleinstaat hatte erproben dürfen. Mit Hilfe des »Gesetzes über die Wiederherstellung des Berufsbeamtentums« wurden politisch oder ideologisch mißliebige Museumsleiter abgesetzt, von den achtzig Professoren, die an deutschen Kunsthochschulen lehrten, verloren vierundfünfzig bis 1938 ihr Amt. Die Übernahme der Kunstpolitik in die Regie der Reichskulturkammer brachte nur vorübergehend Entspannung.

Trotzdem gab es immer noch viele Verantwortliche, die sich weigerten, inkriminierte Gemälde oder Plastiken für propagandistische Zurschaustellungen herauszugeben. Goebbels erzwang erst bei der Vorbereitung der 1937 parallel zur »Großen Deutschen Kunstausstellung« stattfindenden Ausstellung »Entartete Kunst« die Beschlagnahme zahlreicher Kunstwerke, die mit dem Bann des Regimes belegt worden waren. Bis zum Erlaß des »Gesetzes über die Einziehung von Erzeugnissen Entarteter Kunst« vom 31. Mai 1938 waren schon mehr als sechzehntausend Werke eingezogen worden. Nach dem Ende der Ausstellung, die nach München noch in anderen Städten gezeigt wurde, ließ man einen Teil in der Schweiz oder über den deutschen Handel verkaufen, ein Rest von viertausend Werken soll verbrannt worden sein.

Zu den Ungereimtheiten der nationalsozialistischen Kunstpolitik gehörte, daß ein Maler wie Emil Nolde, der sich selbst als »deutschester« aller Künstler verstand und durch den »Volkstumskampf« in Nordschleswig zum erbitterten Nationalisten geworden war, als »entartet« bekämpft wurde. Die Versuche von Goebbels und der Führung der Berliner Deutschen Studentenschaft um Fritz Hippler, die Nolde zusammen mit Karl Schmidt-Rottluff als Träger eines »deutschen Expressionismus« herausstellen wollten, nützten hier ebensowenig wie im Falle von Ernst Barlach. Unter Führung der Maler Otto Andreas Schreiber und Hans Jakob Weidemann (Referent im Propagandaministerium und zugleich Leiter des Kulturamtes der KdF) war am 22. Juli 1933 in einer Berliner Privatgalerie eine Ausstellung mit Werken von Nolde, Barlach, August Macke, Christian Rohlfs und Max Pechstein eröffnet, aber drei Tage später auf Weisung von Frick wieder geschlossen worden. Ein anderer Fall war der bayerische Maler Georg Schrimpf, der aufgrund enger Freundschaft mit Künstlern kommunistischer Tendenz auf seine Verhaftung gefaßt war, aber statt dessen 1933 eine Ernennung zum außerordentlichen Professor erhielt; 1937 infolge von Denunziationen entlassen, sorgte sein Beschützer Rudolf Heß dafür, daß ein Bild Schrimpfs, das in die Ausstellung »Entartete Kunst« geraten war, entfernt wurde. Heß ließ den offiziell unerwünschten Künstler bis zu dessen Tod im April 1938 weiter für sich arbeiten.

Obwohl Hitler in seiner zitierten Rede über den nationalsozialistischen Kunstbegriff den Expressionismus nicht stigmatisiert hatte und obwohl sogar Rosenberg 1933 noch in Erwägung zog, ob man diese Richtung wirklich mit anderen Formen der modernen Kunst auf eine Stufe stellen solle, verfielen die Expressionisten schließlich dem Bann. Andererseits konnte eine Künstlerin wie Käthe Kollwitz ihre Arbeit – wenn auch unter Schwierigkeiten – fortsetzen; in den dreißiger Jahren fand sie einen Unterschlupf in der Berliner »Ateliergemeinschaft Klosterstraße«, die sowohl regimenahe als auch regimekritische Künstler umfaßte. Die hier vertretene gemäßigte Moderne blieb von Maßregelungen des Regimes weitgehend unbehelligt. Die Werke aus der Klosterstraße waren keine politische Kunst und wurden geduldet, zumal es häufig formale Übereinstimmungen mit den vom Regime gewünschten Tendenzen gab, ein Sachverhalt, der auch erklärt, daß einzelne Künstler von internationalem Rang, wie etwa Georg Kolbe, zwischen 1933 und 1945 ihre Arbeit praktisch unbehelligt fortsetzen konnten.

Hochschule und Wissenschaft

Die eigenartige Mischung von staatlicher Intervention im Sinne des ideologischen Totalitätsanspruchs und Duldung unpolitischer Freiräume zeigte sich nicht nur im Bereich von Kunst und Kultur, sondern auch in den Wissenschaften. Mit einem Erlaß vom 1. Mai 1934, der infolge der Aufhebung der Kultushoheit der

Länder notwendig geworden war, setzte Hitler das »Reichsministerium für Wissenschaft, Erziehung und Volksbildung« an die Spitze des ganzen akademischen Bereichs. Zu dem Zeitpunkt existierten in Deutschland zweiundsechzig Hochschulen (darunter dreiundzwanzig Universitäten, zehn Technische Hochschulen und siebzehn Hochschulen für Lehrerbildung, die ehemaligen Pädagogischen Hochschulen). Ihre Selbstverwaltung war praktisch schon 1933 völlig beseitigt worden, der Erziehungsminister Bernhard Rust setzte die »Führer der Hochschule«, die Rektoren, ebenso ein wie die Prorektoren und die Dekane der Fakultäten, die zusammen mit dem Lehrpersonal die »Dozentenschaft« bildeten, der die »Studentenschaft« gegenüberstand.

Die Reichs-Habilitationsordnung vom 13. Dezember 1934 sah vor, daß für die Zulassung zum akademischen Lehramt neben der wissenschaftlichen Befähigung auch die Teilnahme an einer »Dozentenakademie« und einem »Gemeinschaftslager« obligatorisch war. Das Ziel verschiedener Maßnahmen war außerdem die Verjüngung des Lehrkörpers, und tatsächlich verkürzte sich für die Privatdozenten die Zeit bis zur Berufung auf einen Lehrstuhl spürbar. Das Durchschnittsalter der Professoren im Fach Jura lag mit siebenunddreißig Jahren am niedrigsten, unmittelbar gefolgt von den evangelischen Theologen mit achtunddreißig Jahren. Der Anteil von Söhnen des Mittelstandes erhöhte sich überproportional in der Hochschullehrerschaft, deren Umfang sich insgesamt jedoch verringerte.

Wenn man die Frage nach der ideologischen Beeinflussung der Wissenschaften stellt, läßt sich nur bedingt ein klarer Unterschied zwischen den Geistes- und den Naturwissenschaften machen. Am eindeutigsten war das Bild noch im Bereich der Mathematik und der Physik. Der von dem Nobelpreisträger Philipp Lenard unternommene Versuch, eine »Deutsche Physik« gegen den »jüdischen Trug« der Relativitätstheorie Albert Einsteins durchzusetzen, blieb ebenso ephemer wie vergleichbare Bemühungen in der Mathematik, deren Vertreter etwa die »Raumerfassung« als besondere Gabe des »germanischen Menschen« betrachteten.

Eine Sonderrolle spielte die Biologie, insofern die Rassenlehre für die nationalsozialistische Weltanschauung eine zentrale Stellung einnahm. Wenn Hitler in »Mein Kampf« erklärt hatte, daß es »nur ein heiligstes Menschenrecht« gebe, nämlich die »Reinerhaltung des Blutes«, in dem allein das »beste Menschentum« bewahrt werde, so verstand er dieses Postulat auch als wissenschaftlich begründet. Die Vorstellung von der notwendig bewußten Wahl der Fortpflanzungspartner nach erbbiologischen Kriterien und die Annahme, daß die Rasse durch Rassenmischung degeneriere, entsprachen Auffassungen, die in der deutschen wie in der internationalen Eugenik und Rassenhygiene der Zwischenkriegszeit verbreitet waren. Allerdings handelte es sich eher um ideologisch motivierte Leitgedanken, die unter den Vertretern der Disziplin kontrovers waren und die sich nicht unbestreitbar aus der anthropologischen Forschung, der Hygiene oder der Humangenetik ableiten ließen. Auch das war einer der Gründe dafür, daß mit dem

Jahr 1933 nicht einfach *die* Rassenkunde einen Siegeszug antrat, sondern lediglich einige ihrer Vertreter, die sich von dem Regime eine Institutionalisierung ihrer Disziplin versprachen und die Konjunktur zu nutzen verstanden. Rassenforscher wie Friedrich Muckermann fanden sich dagegen kaltgestellt, der linke Flügel der Bewegung um die rasch verbotene Zeitschrift »Eugenik« sah sich völlig ausgeschaltet.

Nachdem 1933/34 Rassenhygiene und Bevölkerungspolitik zu einer Art populärwissenschaftlicher Mode geworden waren, ließ der Enthusiasmus bald wieder merklich nach. 1937 war die Zahl der zu diesen Themen angebotenen Hochschulveranstaltungen unter die Zahl von 1932 gesunken. Als in der neuen Bestallungsordnung für Ärzte vom 17. Juli 1939 Rassenhygiene als obligatorischer Prüfungsgegenstand festgelegt wurde, gab es nur an zehn von fünfundzwanzig Universitäten entsprechende Lehrstühle oder Institute. Der Erlaß vom 15. September 1933, der Vererbungslehre, Rassenkunde und Rassenhygiene sowie Famlienkunde und Bevölkerungspolitik als verbindlichen Lehrstoff für die Abschlußklassen der Schulen vorschrieb, kam nur sehr uneinheitlich zur Anwendung.

Ohne Zweifel hatte ein großer Teil der Rassenkundler eine Affinität zu völkischen Ideen und begrüße die Regierungsübernahme Hitlers. Ernst Rüdin, der Vorsitzende der »Deutschen Gesellschaft für Rassenhygiene« (DGfRh), sprach davon, daß mit dem Sieg des Nationalsozialismus die Zeit »für die Durchdringung unseres Volkes mit rassenhygienischen Ideen« gekommen sei. Die DGfRh wurde bereits im Juni 1933 »verstaatlicht« und erlitt ein ähnliches Schicksal wie die »Deutsche Gesellschaft für Physische Anthropologie«, die sich 1937 in »Deutsche Gesellschaft für Rassenforschung« (DGfRf) umbenannte. Diese war seit 1938 mit dem »Rassenpolitischen Amt« (seit 1939 »Hauptamt«, RPHA) der NSDAP verbunden. Das RPHA hatte mit seiner 3. Hauptstelle, die die »Praktische Bevölkerungspolitik« bearbeitete, und der 8. Hauptstelle, die die »Wissenschaft« kontrollierte, eine Art Zensurfunktion für den ganzen Bereich der Rassenforschung und Eugenik aufgebaut. Über die Ziele des RPHA äußerte sein Leiter Walter Groß: »Rassenpolitik ist nicht Naturwissenschaft, sondern ist politische Anwendung der Naturwissenschaft.«

Die Formulierung von Groß war auch eine Reaktion darauf, daß sich die Rassenhygiene im Zuge ihrer Professionalisierung immer deutlicher in zwei Bereiche – den der streng naturwissenschaftlichen Erbpathologie und den der eher spekulativen Rassentheorie – auseinanderzuentwickeln begann. Eine solche Spaltung war aus ideologischen Gründen nicht erwünscht, ließ sich aber in der Praxis kaum verhindern. Für die zeitgenössische wie die nachträgliche Wahrnehmung des »Dritten Reiches« stand die Rassentheorie ganz im Vordergrund, da ihr propagandistisch eine Schlüsselfunktion zugebilligt wurde. So hatte der thüringische Gauleiter Fritz Sauckel schon 1933 begonnen, die Universität Jena zu

Frühgymnastik in einem BDM-Sommerlager an der Ostsee. – Auftakt zu den Olympischen Spielen in Berlin am 1. August 1936: Aufmarsch der Infanterie auf der Prachtstraße mit den Kolossalfiguren von Josef Thorak

Anthologie in Exilzeitschriften erschienener Arbeiten von emigrierten Autoren. Umschlag der 1935 in Paris vom Schutzverband Deutscher Schriftsteller und von der Deutschen Freiheitsbibliothek herausgegebenen Tarnschrift. Frankfurt am Main, Deutsche Bibliothek. – Umschlag nach einem Holzschnitt von Leopoldo Mendez für die 1942 in Mexiko edierte Erstausgabe des »den toten und lebenden Antifaschisten Deutschlands gewidmeten« Romans. – Einband des 1937 in München erschienenen Buches mit politischen Gedichten eines der Wortführer der NS-Bewegung und dessen Widmung in seinem 1938 in München veröffentlichten Gedichtband »Ein Volk, ein Reich, ein Führer«. Alle drei: Marbach am Neckar, Schiller-Nationalmuseum und Deutsches Literaturarchiv

Kunstdiktatur im Jahr 1937: Umschlag des Pamphlets zur Wanderausstellung in den größeren Städten Deutschlands mit der Reproduktion der als »entartet« bezeichneten Skulptur »Der neue Mensch« von Otto Freundlich. – Umschlag des Katalogs zur offiziellen Gegenveranstaltung in dem am 18. Juli eingeweihten Bau von Paul Ludwig Troost. Beide: Privatsammlung. – Interieur mit drei Figuren. Gemälde von Oskar Schlemmer, 1937. Wuppertal, Von der Heydt-Museum. – »Die Kunstzeitschrift«. Gemälde von Udo Wendel, 1939/40. Bundesrepublik Deutschland, Oberfinanzdirektion München

Konzept zur Neugestaltung Berlins durch Albert Speer im Modell vom März 1940. Blick auf die Nord-Süd-Achse vom Südbahnhof über das Triumphtor zum Kuppelbau der Volkshalle

einem Zentrum der Rassenforschung zu machen. Er berief Karl Astel zum Leiter eines »Landesamtes für Rassewesen«, der dann in Jena Kollegs über »Menschliche Züchtungslehre« hielt und die Hochschule mit der Unterstützung Himmlers zur »SS-Universität« machen wollte. Himmler protegierte auch den Anthropologen Gerhard Heberer, den Publizisten Johannes von Leers, den philosophierenden Mediziner Lothar von Stengel-Rutkowski und den Biologen Falk Ruttke, der zum Beispiel über »Rasse und Recht« las.

Die Universität Jena schien für diese Ausrichtung insofern prädestiniert, als Frick als thüringischer Volksbildungsminister 1930 die Berufung Hans F. K. Günthers, genannt »Rasse-Günther«, auf eine extra geschaffene Professur für »Sozialanthropologie« erzwungen hatte. Günther war als Philologe zwar fachfremd, eignete sich aber die notwendigen Kenntnisse zur Überraschung der Biologen sehr schnell an. Als einer der bekanntesten Köpfe der völkischen Bewegung schwärmte er für die überlegenen Fähigkeiten der »nordiden« Rasse. Seiner Auffassung nach besaß das deutsche Volk noch einen Anteil von etwa fünfzig Prozent »nordischen Blutes«, den er durch systematische »Aufnordung« vergrößern wollte. Günther vertrat nicht die Auffassung, daß es möglich sein würde, das deutsche Volk zu vollständiger »Rassereinheit« rückzuzüchten, glaubte aber an die Notwendigkeit einer »nordischen« Elite, eine Vorstellung, in der er sich mit Darré und Himmler, in gewissem Sinn auch mit Hitler, traf. Mit ihnen verband Günther auch ein scharfer rassischer Antisemitismus, der ihn zu der Forderung nach völliger Separation der Juden von den Deutschen – in »würdiger« Form – verleitete. Dabei blieb er von persönlichen Affekten fast völlig frei, suchte das Gespräch mit dem »Zionismus«, den er (nicht ganz zu Unrecht) als völkische Bewegung des Judentums deutete, und bemühte sich nach 1933, ihm persönlich bekannte Kollegen jüdischer Herkunft vor Verfolgung zu schützen.

Günthers »Rassenkunde des deutschen Volkes« erreichte bis 1942 eine Gesamtauflage von 124.000 Exemplaren, die »Kleine Rassenkunde des deutschen Volkes« sogar von 295.000 verkauften Exemplaren. Der geistige Einfluß dürfte also erheblich gewesen sein. Trotzdem ist nicht zu übersehen, daß die unmittelbar politischen Auswirkungen seiner Vorstellungen gering blieben. Hitler hatte schon früh jede »Blond-Blauen«-Propaganda im Sinne der »Nordischen Bewegung« untersagt, weil er befürchtete, daß sich dadurch große Teile der Nation herabgesetzt sahen, die weder langschädel noch blond, noch blauäugig waren. Hinzu kam, daß weder Hitler selbst noch irgendein anderes Mitglied der Führungsspitze – mit Ausnahme Heydrichs – dem »nordischen« Idealtypus entsprach. Ganz zutreffend bemerkte Goebbels in einer Tagebuch-Eintragung vom 28. Oktober 1937, daß nach den oft propagierten rassischen Ausleseprinzipien »fast alle heutigen Führer zurückgewiesen« werden müßten.

Man behalf sich argumentativ mit dem Hinweis auf den Unterschied von »Erb«- und »Erscheinungsbild«; der »Erbmasse« – Hitler: der »eigentlichen Rasse« – nach besaß jeder »nordisches Blut«, der sich im Kampf des Nationalsozialismus um die Macht bewährt hatte. So rief Hitler auf dem Reichsparteitag von 1937 vor seinen Anhängern aus: »Wo gibt es heute bessere Männer, als hier zu sehen sind? Es ist wirklich die Wiedergeburt einer Nation eingetreten, durch die bewußte Züchtung eines neuen Menschen.« Offensichtlich schloß Hitler von der Leistung auf die rassische Zugehörigkeit, während es ein »echter« Rassismus hätte erlauben müssen, von der Rasse auf die Befähigung zu schließen. Bezeichnenderweise gelang es den Rassentheoretikern aber niemals, einen praktisch handhabbaren Kriterienkatalog für Rassenzugehörigkeit festzulegen.

Die von Hitler in »Mein Kampf« angedeutete Idee von »rassereinen Randkolonien«, in denen das beste Erbgut für eine Rückkreuzung des Ariers bewahrt bleiben sollte, entsprach Vorstellungen, die Himmler in der SS wenigstens ansatzweise durchzuführen suchte und die unter der Ausnahmebedingung des Krieges eine neue Chance auf Verwirklichung zu haben schienen, letztlich aber marginal blieben. Die von den Nationalsozialisten propagierte Idee der »deutschen« oder der »Volksrasse« besaß ihre Integrationswirkung um den Preis der Undeutlichkeit. Die Abgrenzung dieser »Rasse« erfolgte präzise nur ex negativo, über die Unterscheidung von Deutschen und Juden, wobei man in Ermangelung von eindeutig »rassischen« Merkmalen der Juden auf deren eigene oder auf die Religionszugehörigkeit ihrer Vorfahren zurückgriff.

Während es der Rassenforschung zu keinem Zeitpunkt gelang, den »deutschen Erbstrom« wirklich zu erfassen und schließlich den »Erbbestand« mit Hilfe eines »bevölkerungsbiologischen Gesamtkatasters« zu katalogisieren, waren die Mediziner und Hygieniker doch unmittelbar an politischen Entscheidungsprozessen beteiligt. Bereits im Juni 1933 berief Frick einen »Sachverständigenbeirat für Bevölkerungs- und Rassenpolitik«, dem neben Himmler und Darré auch der Reichsärzteführer Gerhard Wagner sowie zahlreiche Eugeniker wie Alfred Ploetz, Fritz Lenz, Ernst Rüdin und Falk Ruttke angehörten. Dieser Beirat wurde zu den geplanten Maßnahmen für »positive« und »negative« Rassenhygiene gehört. Zum ersten Bereich zählten neben den Ehestandsdarlehen und einem neuartigen Besteuerungssystem, das die Ledigen, die Verheirateten und die Familien mit Kindern drei verschiedenen Steuerklassen zuteilte, die Reorganisation des Gesundheitswesens.

Das am 3. Juli 1934 in Kraft getretene »Gesetz über die Vereinheitlichung des Gesundheitswesens« war bereits in der Endphase der Weimarer Republik ausgearbeitet worden und enthielt praktisch keine Veränderungen gegenüber den früheren Entwürfen. Die Differenz wurde lediglich in der Zielsetzung, der Abkehr von einer »individualistischen« und »liberalistischen« Gesundheitspflege, erkennbar. Ähnliches galt auch für das »Gesetz zur Verhütung erbkranken Nachwuchses«, das nur deshalb bereits am 25. Juli 1933 bekanntgegeben werden konnte, weil eine juristische Grundlage für die »negative« Eugenik seit längerem in der Diskussion gewesen war. Das Gesetz bestimmte in Paragraph eins, Absatz eins: »Wer erbkrank ist, kann unfruchtbar gemacht (sterilisiert) werden, wenn nach den Erfahrungen der ärztlichen Wissenschaft mit großer Wahrscheinlichkeit zu erwarten ist, daß seine Nachkommen an schweren körperlichen oder geistigen Erbschäden leiden werden.« Als »erbkrank« galten alle, die an »angeborenem Schwachsinn«, an »Schizophrenie«, »manisch-depressivem Irresein«, Epilepsie, Chorea, »erblicher Blindheit« oder »Taubheit« litten oder als schwere Alkoholiker betrachtet werden mußten. Das Vorliegen von Erbkrankheiten mußte von beamteten Ärzten sowie Leitern von Heil- und Pflegeanstalten angezeigt werden. Die Zwangssterilisierung wurde dann von »Erbgesundheitsgerichten« angeordnet; gegen die Anordnung konnte vor einem »Erbgesundheitsobergericht« Widerspruch eingelegt werden.

Die eugenischen Maßnahmen des NS-Regimes wurden auch im Ausland mit Interesse und teilweise ohne jeden ethischen Vorbehalt zur Kenntnis genommen. Sogar die SOPADE befand, daß das »Gesetz zum Schutz der Erbgesundheit des deutschen Volkes«, das »Ehegesundheitsgesetz«, in bezug auf seine »allgemeine Tendenz … nicht zu beanstanden« sei. In den Vereinigten Staaten, wo man seit der Jahrhundertwende eine breite Debatte über die Notwendigkeit der Erbhygiene führte und seit 1906 22.000 Sterilisationen gerichtlich verfügt worden waren, gab es auch Bekundungen der Sympathie. Allerdings waren die Zielvorstellungen in beiden Ländern deutlich verschieden, was sich unter anderem an dem zahlenmäßigen Umfang der »rassenpflegerischen« Bemühungen in Deutschland zeigte. Bis 1939 wurden etwa 290.000 bis 300.000 Kranke unfruchtbar gemacht. Der größte Anteil der Sterilisierten (1934: 52,9 Prozent; 1935: 60 Prozent) entfiel auf die »Schwachsinnigen«, gefolgt von den »Schizophrenen« (1934: 24,4 Prozent; Tendenz abnehmend).

Einige Beteiligte, wie etwa der Reichsärzteführer Gerhard Wagner, befürchteten angesichts dieser Größenordnungen einen negativen Effekt der »Ausmerze«; unmittelbar nach Kriegsausbruch wurde deshalb die Zahl der Zwangssterilisierungen drastisch vermindert (bis 1945 noch 60.000), um die gefährdete Gesamtreproduktion der Bevölkerung nicht in Frage zu stellen. Andere wiederum sahen keine Notwendigkeit für ein so aufwendiges rechtliches Verfahren, wie es das »Gesetz zur Verhütung erbkranken Nachwuchses« verlangte; Groß erklärte etwa im März 1935 bei der Diskussion über das Schicksal der »Rheinlandbastarde« – Mischlinge, die während der Besetzung des Rheinlands von farbigen französischen Soldaten mit deutschen Frauen gezeugt worden waren –, es sei »bedauerlich, daß Deutschland heute noch nicht über den verschwiegenen und zuverlässigen Apparat verfügt, um in solchen Sonderfällen stillschweigend aus völkischem Verantwortungsbewußtsein unbemerkt Rechtsbrüche zu begehen …«

Nachdem schon mit einem Erlaß des Reichsinnenministeriums vom 1. Oktober 1936 die Juden aus dem Kreis der rassisch »Wertvollen« ausgegrenzt worden waren, erging ein vom »Führer und Reichskanzler erteilter Sonderauftrag auf dem Gebiet der praktischen Erb- und Rassenpflege«, der die zwangsweise Sterilisierung der »Rheinlandbastarde« ermöglichte. Hier wie bei den Zigeunern, die seit 1939 aufgrund der Diagnose »Schwachsinn« oder »Asozialität« unfruchtbar gemacht wurden, mußte allerdings die unzureichende rechtliche Basis des »Gesetzes zur Verhütung erbkranken Nachwuchses« verlassen werden. Die zunehmende Radikalisierung der »negativen« Eugenik leitete über zu den »Euthanasiemaßnahmen«, die seit 1939 ergriffen wurden, um das »lebensunwerte Leben« zu beseitigen. An diesen Maßnahmen war allerdings unter den Eugenikern nur Fritz Lenz beteiligt.

In einer besonderen Stellung zwischen den Natur- und den Geisteswissenschaften waren seit dem Ende des 19. Jahrhunderts die Human- und Gesellschaftswissenschaften angesiedelt. Ohne Zweifel galt die Psychoanalyse im Sinne Sigmund Freuds den Nationalsozialisten als eine zutiefst »undeutsche« und »zersetzende« Lehre. Bei der Bücherverbrennung am 10. Mai 1933 in Berlin waren die Schriften Freuds den Flammen übergeben worden, und in der Folgezeit verloren mehr als dreißig Prozent der Professoren für Psychologie ihre Lehrstühle. Anstelle der »Allgemeinen Ärztlichen Gesellschaft für Psychotherapie« wurde eine »Deutsche Ärztliche Gesellschaft« gegründet, die die Methoden Freuds durch eine »Deutsche Seelenkunde« ersetzen sollte. 1936 entstand aber in den Räumen des Berliner Psychologischen Instituts das »Deutsche Institut für psychologische Forschung und Psychotherapie«, das von Matthias Heinrich Göring, einem Vetter des preußischen Ministerpräsidenten, geleitet wurde und fürs erste unter dessen Schutz stand. Obwohl die Begrifflichkeit Freuds peinlich vermieden wurde, hat man dort de facto dessen therapeutische Methoden weiter angewandt.

Daß die Psychologie nicht überhaupt abgeschafft wurde, hing damit zusammen, daß die nationalsozialistische Führung relativ bald ihre praktische Brauchbarkeit, vor allem im Bereich der Wehr- und der Arbeitspsychologie, erkannte. In mancher Hinsicht kann sogar davon gesprochen werden, daß sich erst zwischen 1933 und 1945 die »Professionalisierung« (Ulfried Geuter) der Psychologie in Deutschland vollzog. Diesem Modernisierungsprozeß entsprach auch die sukzessiv vollzogene Abwendung der akademischen Psychologie von der älteren – allerdings »spezifisch deutschen« – »Gestaltpsychologie« zugunsten der empirischen und statistischen Methoden, die man aus den Vereinigten Staaten übernahm. Peter R. Hofstätter, der für den Neuaufbau der psychologischen Forschung in der Bundesrepublik nach Kriegsende eine wichtige Rolle spielen sollte, hatte seit 1937 als Heerespsychologe gearbeitet und in seinen frühen Veröffentlichungen exemplarisch vorgeführt, daß man die positivistischen Konzepte der angelsächsischen Forschung unbeschadet ihrer ideologischen Prämissen übernehmen und im eigenen Sinne verwenden konnte.

Ähnlich janusköpfig wie die Psychologie zeigte sich nach der nationalsozialistischen »Machtergreifung« die Soziologie. Wenn Theodor W. Adorno später von der prinzipiellen »Feindschaft des Hitler und seiner intellektuellen Fronvögte gegen die Soziologie als Wissenschaft« sprach, so war das nicht einmal die halbe Wahrheit. Die Emigration des berühmten Frankfurter »Instituts für Sozialwissenschaft« und die Beseitigung der gesamten marxistisch orientierten Soziologie darf nicht darüber hinwegtäuschen, daß es durchaus Affinitäten zwischen der Soziologie und dem Nationalsozialismus gab. Wie im faschistischen Italien, wo man den Lehren eines Gaetano Mosca, eines Vilfredo Pareto oder eines Roberto Michels besondere Aufmerksamkeit widmete, vertraten auch Nationalsozialisten die Auffassung, daß sich mit der Soziologie nützliches Herrschaftswissen erwerben ließ.

So blieb die renommierte »Deutsche Gesellschaft für Soziologie« als organisatorischer Rahmen bestehen, wurde aber nach dem »Führerprinzip« umgebildet. Die Leitung übernahm mit Hans Freyer einer der Protagonisten der intellektuellen Rechten aus der Weimarer Zeit. Freyer verstand die Soziologie seit jeher als »politische Wissenschaft«, die insofern parteilich zu sein hatte, als es darum ging, einerseits die Wirklichkeit des »Volkes« zu erfassen, andererseits diese Wirklichkeit entsprechend dem »Wesen« des »Volkes« neu zu gestalten. Die sogenannte Deutsche Soziologie wurde mit Freyer, Arnold Gehlen, Max Hildebert Boehm, Gunther Ipsen, Helmut Schelsky und Ernst Wilhelm Eschmann von Wissenschaftlern getragen, die, ohne selbst Nationalsozialisten zu sein, den Nationalsozialismus mit einem gewissen Optimismus beobachteten und glaubten, daß sie »sich der Bewegung geistig bemächtigen« (Otthein Rammstedt) könnten.

Sie waren von einer romantischen Verklärung der sozialen Wirklichkeit weit entfernt und bejahten grundsätzlich den Prozeß der Rationalisierung und Industrialisierung. Ihre Bemühungen um einen besseren institutionellen Rahmen für die Soziologie waren wenigstens in Teilen erfolgreich, und tatsächlich wuchs die Zahl der Lehrstühle für Sozialwissenschaften bis in die Kriegszeit an. Auch wenn es sich nicht immer um Neueinrichtungen, sondern vielfach um Übertritte aus benachbarten Wissenschaften – Jura, Philosophie, Geschichte – handelte, wird man von einem kontinuierlichen Ausbau des Faches sprechen dürfen. Trotzdem sah sich die von Freyer geführte Gruppe in ihrer ursprünglichen Erwartung enttäuscht. Denn das Regime ließ sich nicht instrumentalisieren, selbst wenn man in der Annäherung so weit ging wie Freyers Schüler Gehlen. Dieser war am 1. Mai 1933 in die Partei eingetreten; ein Schritt, den sein Mentor nicht mehr nötig hatte, während Gehlen schon aus Karrieregründen ein gewisses Engagement für unabdingbar hielt. Er war kein Nationalsozialist im konventionellen Sinn, aber er teilte wie viele Bürger die Hoffnung, daß Hitler das drohende politische Chaos abwenden könne und die Bewegung die notwendige »Homogenisierungskraft« besitze, um den Zerfall der Gesellschaft zu verhindern. Während der dreißiger Jahre übernahm Gehlen in verschiedenen Parteigliederungen Aufgaben als Funktionär, und der Duktus seiner Gelegenheitsarbeiten für Zeitungen und Zeitschriften war stark vom NS-Jargon bestimmt. Seine außergewöhnliche Begabung und sein Einsatz eröffneten ihm einen raschen Aufstieg. Nachdem sein Doktorvater Hans Driesch wegen abweichender politischer Auffassungen in den Ruhestand versetzt worden war, erhielt Gehlen im November 1934 dessen Professur für Philosophie in Leipzig; 1938 bewarb er sich erfolgreich auf den Kant-Lehrstuhl in Königsberg und wechselte 1940 noch einmal nach Wien.

In diesem Jahr veröffentlichte Gehlen sein Hauptwerk »Der Mensch«. Seine Anthropologie, in der er Erkenntnisse der Philosophie, Soziologie, Psychologie und Biologie zu einem einheitlichen Bild zusammenfügen wollte, ohne dem traditionellen Leib-Seele-Schema zu folgen, fand aber nur ein geteiltes Echo. Trotz der Anbiederungen im Text – etwa durch die Verwendung von Rosenbergs Begriff des »Zuchtbildes« – und der Betonung der »Obersten Führungssysteme« für die Funktionstüchtigkeit des Staates blieb die Zustimmung verhalten. Gehlens These, daß der Mensch ein »organisches Mängelwesen« sei, das allein durch planendes »Handeln« die Grundlagen seines Überlebens schaffe, wurde als »individualistisch und wesentlich unpolitisch« (Gerhard Lehmann) kritisiert, und andere Rezensenten wiesen auf die fehlende Übereinstimmung mit der nationalsozialistischen Rassenlehre hin. Den schärfsten Angriff führte allerdings Ernst Krieck, der Gehlen in denunziatorischer Absicht vorwarf, daß er die Weltanschauung des Nationalsozialismus nur »halb und halb« vertrete.

Von der Sache her war dieser Vorwurf nicht unbegründet. Die »Deutsche Soziologie« wies trotz aller Anpassungsbemühungen so viele Differenzen zur Parteilinie auf, daß ihre Vertreter allmählich von einer Fraktion jüngerer Nationalsozialisten verdrängt wurden, die – wie der Staats- und Verwaltungsjurist Reinhard Höhn oder der Zeitungswissenschaftler Franz Alfred Six – dem Regime soziologische Praxis zur unmittelbaren Herrschaftssicherung anbieten wollten. Auch sie plädierten für die Übernahme neuerer empirischer Methoden, die aus Forschungszusammenhängen stammten, die man ideologisch eigentlich ablehnte. Statistische Verfahren und die Möglichkeiten der in den USA gerade erprobten Demoskopie boten sich aber geradezu an, um die steigende Nachfrage nach sozialen Informationen in Partei- und Staatsführung zu befriedigen.

Öffneten schon Natur- und Gesellschaftswissenschaften Einfallstore für die nationalsozialistische Ideologie, so traf das erst recht auf die Geisteswissenschaften zu. Zieht man in diesem Bereich die Geschichte und die Philosophie als exemplarische Beispiele heran, bietet sich jedoch wie auf den anderen Gebieten ein differenzierteres Bild, als man es in einem totalitären System vermuten sollte. Viele der führenden Historiker der Weimarer Republik hatten politisch eine nationalkonservative Position bezogen. Außenseiter des Faches, wie der Linkssozialist Arthur Rosenberg und der junge, SPD-nahe Eckart Kehr, verließen schon 1933 das Land, das gleiche Schicksal traf die Historiker, die wie Hans Rothfels jüdischer Herkunft waren, selbst dann, wenn sie mit der Rechten sympathisierten. Bis 1939 verloren siebzehn Ordinarien ihre Lehrstühle oder gaben sie aus Protest auf. Die kleine Fraktion der »Vernunftrepublikaner« fand sich zumindest an den Rand gedrängt, darunter Franz Schnabel und der Nestor des Faches, Friedrich Meinecke, der 1935 die Herausgeberschaft der renommierten »Historischen Zeitschrift« (HZ) abgeben mußte. Sein Nachfolger Karl Alexander von Müller sorgte dafür, daß die HZ trotz gewisser Zugeständnisse an den Zeitgeist – politische Einleitungsartikel und eine neue Rubrik zur »Judenfrage« – »Organ und Spiegel der etablierten Geschichtswissenschaft« (Karen Schönwälder) blieb. Die Masse der Historiker paßte sich zumindest nach außen an, konnte aber ihre Arbeit fast ohne Einschränkung fortsetzen. Wer Auseinandersetzungen fürchtete, mied konfliktträchtige Themen, setzte die Tradition der quellengestützten, in der Ausrichtung prussozentrischen und am »Primat der Außenpolitik« orientierten Arbeiten fort; einige Forscher wichen auch auf Untersuchungen zum Mittelalter und zur frühen Neuzeit aus.

Wissenschaftler wie Müller und Hermann Oncken von den älteren oder Gerhard Ritter und Siegfried A. Kaehler von den jüngeren Lehrstuhlinhabern bestimmten das Gesicht der Disziplin. Wer wie Ritter im Laufe der Zeit immer deutlicher auf Distanz zum Regime ging, ohne den offenen Bruch zu wagen, nutzte seine Arbeiten, um versteckte Kritik zu üben, wobei die Kritisierten im historischen Kostüm auf die Bühne traten. Eine solche Tendenz war in Ritters kleiner Abhandlung »Machtstaat und Utopie« (1940), die den unethischen Machiavellismus angriff, ebenso erkennbar wie in der Robespierre-Biographie Peter Richard Rohdens, die 1935 mit dem aufschlußreichen Untertitel »Die Tragödie des politischen Ideologen« erschien. Besonders geeignet für diese Form kaschierter Polemik war die Berufung auf das Preußentum, das von den Machthabern ja selbst beansprucht wurde. So ließ sich der fragmentarischen Arbeit von Carl Hinrichs über Friedrich Wilhelm I. (1943) unschwer entnehmen, daß hier die preußische Synthese von Strenge und Rechtsstaatlichkeit der von Brutalität und Willkür bestimmten Gegenwart gegenübergestellt wurde, eine Tendenz, die übrigens auch die kurz vor Kriegsende noch fertiggestellten (aber nicht mehr ausgelieferten) Untersuchungen Hans Freyers über Friedrich den Großen kennzeichnete. Obwohl alle diese Schriften keine direkten Attacken auf das Regime enthalten konnten, vielmehr die Sprache der Herrschenden benutzen mußten, konnte man sie wie »Palimpseste« (Jerry Z. Muller) auf ihre verborgene Bedeutung hin lesen.

Angesichts des Stellenwertes, den die »Geschichte« im Weltbild Hitlers besaß, mag es überraschen, daß keine größeren Anstrengungen unternommen wurden, um eine direkte ideologische Ausrichtung dieser Disziplin zu erreichen. Nicht einmal die Schulbücher wurden bis Kriegsbeginn vollständig ausgetauscht. Man benutzte die Bände aus der Weimarer Republik weiter, ergänzt um »braune Einlegeblätter«, die vor allem die jüngste Vergangenheit und die Entwicklung der

Partei behandelten. Bei solchen Improvisationen spielte selbstverständlich der Zeitfaktor eine Rolle, der eine völlige Umstrukturierung kaum denkbar und – angesichts der Kollaborationsbereitschaft vieler Historiker – auch nicht notwendig erscheinen ließ.

Ansätze für eine striktere Indienstnahme gab es aber durchaus. Das betraf in erster Linie die im Sinne eines völkischen Geschichtsbildes aufgewertete Vor- und Frühgeschichte. Bereits 1933 versuchte Alfred Rosenberg seine Vorstellung von weltanschaulicher Führung auf diesem Sektor durchzusetzen, indem er einen »Reichsbund für deutsche Vorgeschichte« gründete und einen Mann seines Vertrauens, Hans Reinerth, einen Intriganten von hohen Graden, mit der Leitung beauftragte. Kurze Zeit später sah sich Rosenberg jedoch mit einer Art Gegengründung konfrontiert, als Himmler und Darré die 1935 von dem »Urgeistesgeschichtsforscher« Herman Wirth gebildete »Studiengesellschaft für Geistesgeschichte Deutsches Ahnenerbe« unter Ausschaltung Wirths in eine »Lehr- und Forschungsgemeinschaft« der SS umwandelten, die mit erheblichen Mitteln ausgestattet wurde und deshalb auch auf Wissenschaftler wie den Althistoriker Franz Altheim ihre Anziehung nicht verfehlte.

Schließlich muß in diesem Zusammenhang auch auf die kleine Gruppe nationalsozialistischer Historiker hingewiesen werden, die wie Walter Frank, Otto Westphal oder der früh verstorbene Christoph Steding versuchten, eine weitgehende Neuinterpretation der deutschen Geschichte in der Neuzeit durchzuführen. Frank, der, ohne Parteimitglied zu sein, schon lange vor 1933 den Kampf der NSDAP publizistisch unterstützt hatte, wurde am 1. Juli 1935 zum Leiter des anstelle der Historischen Reichskommission gegründeten »Reichsinstituts für Geschichte des neuen Deutschlands« ernannt. Frank, ein Historiker von einiger Begabung, der aber seine Fähigkeiten ohne Bedenken in den Dienst einer radikal nationalistischen und antisemitischen Doktrin stellte, mußte schon im Verlauf der dreißiger Jahre erkennen, daß seine Position als »verantwortlicher Führer der deutschen Geschichtswissenschaft« kaum eine reale Machtgrundlage besaß. Nachdem ihm als Protegé von Rudolf Heß sein wichtigster Förderer verloren ging, wurde Frank durch Bormann am 11. Dezember 1941 von seinem Amt beurlaubt, während das »Reichsinstitut« nur noch ein Schattendasein fristete.

Es sei noch bemerkt, daß die deutsche Geschichtswissenschaft durch den »Anschluß« Österreichs im Jahr 1938 eine wesentliche Veränderung in ihrer traditionellen Orientierung erfuhr. Viele österreichische Historiker, darunter an prominentester Stelle Heinrich von Srbik, begrüßten aus »großdeutscher« Gesinnung die Vereinigung mit dem Reich. Andere trugen in die Geschichtswissenschaft eine neue Ausrichtung hinein: Weg von der Geschichte des »Staates«, hin zur Geschichte des »Volkes«. Der Forschungsgegenstand »Volk« war allerdings kaum mit den klassischen hermeneutischen Verfahren der deutschen Geschichtswissenschaft zu erfassen, was die Offenheit für statistisch orientierte Methoden vergrößerte, mit deren Hilfe die Historiker die Lebenswirklichkeit der einfachen Menschen untersuchen wollten. Dabei sorgten die Ergebnisse von Hermann Aubin, Rudolf Kötzschke und Franz Steinbach dafür, Klischees etwa über Stammeseigenschaften in Frage zu stellen, und die Arbeiten von Adolf Helboek, Erich Keyser und Theodor Frings wiesen zum ersten Mal auf der Basis gesicherter quantifizierender Angaben »das Volk« als »Kollektivphänomen« nach. Eine besondere Rolle spielte in diesem Zusammenhang die Theorie des »eigenständigen Volkes« (Max Hildebert Boehm), und es ergaben sich naturgemäß zahlreiche Überschneidungen mit der »Deutschen Soziologie«.

Die an den Universitäten etablierte »Deutschtums-« und »Volksforschung« fand jedoch nicht das uneingeschränkte Wohlwollen der Machthaber und mußte ihre Nützlichkeit für die »innere Kolonisation der Volksseele« (Reinhard Höhn) nachzuweisen suchen oder aber Kompromisse im Grundsätzlichen machen. Trotzdem waren auch die Arbeiten von entschieden nationalsozialistischen »Volkshistorikern« wie Kleophas Pleyer oder Harold Steinacker nicht ohne wissenschaftlichen Wert, der allerdings deutlich hinter den Forschungen Werner Conzes zurückblieb, der sich 1940 in Wien bei Srbik und Ipsen mit einer Arbeit über die Bevölkerungs- und Agrargeschichte Litauens habilitierte, ohne auch nur »ein emphatisches Wort von deutscher Nation, ... von Krieg oder Sieg, geschweige denn Rasse oder gar nordischer Rasse« (Reinhart Koselleck) zu verlieren.

Wie in der Geschichtswissenschaft überrascht auch bei der Philosophie, daß es zwar viel Anpassung, aber nur geringe Ansätze für unmittelbare Eingriffe des Regimes gab. Der Emigration eines Ernst Cassirer oder Karl Jaspers stand die kontinuierliche Fortsetzung der bisherigen Arbeit durch Philosophen wie Eduard Spranger oder Nicolai Hartmann gegenüber. Eine entschlossene Parteinahme für das neue Regime blieb die Ausnahme, nachdem selbst Martin Heidegger auf Distanz gegangen war, und die anfängliche Berufung der Nationalsozialisten auf geistige Ahnherren wie Friedrich Nietzsche wurde in dem Moment problematisch, als hinter dem »Übermenschen« mit seinem »Willen zur Macht« die anarchischen Züge im Denken Nietzsches und sein Anti-Antisemitismus klarer hervortraten.

Selbstverständlich war Alfred Rosenberg nicht in der Lage, die hier entstandene Lücke des Parteiphilosophen auszufüllen, obwohl er sich immer noch als berufener Vordenker der Bewegung betrachtete. Eher konnte man seinem Schützling Alfred Baeumler zutrauen, daß er dieser Aufgabe gewachsen war. Baeumler, der schon 1929 eine Professur in Dresden erhalten und durch eine Arbeit über das »Irrationalitätsproblem in der Ästhetik und Logik des 18. Jahrhunderts bis zur Kritik der Urteilskraft« sowie die kenntnisreiche Einleitung zu Bachofens »Mutterrecht« wissenschaftlichen Ruf erworben hatte, wandelte sich seit dem Ende der zwanziger Jahre immer erkennbarer zum politischen Philosophen. Er betrachtete es als sein vornehmstes Ziel, die Niederlage von 1918, die er auch als geistige Niederlage ansah, wiedergutzumachen, den »Austritt aus dem bürgerlichen Lebenssystem« vorzubereiten und in Deutschland eine neue, »männerbündische« Ordnung zu schaffen.

Baeumler war weit davon entfernt, die Moderne in toto zu verwerfen, seine Argumentation nahm ausdrücklich in Anspruch, auf der Höhe der Zeit zu sein, aber er wollte die negativen Folgen der Moderne – die soziale Atomisierung, die nivellierende Tendenz – bändigen und die Kräfte der Nation wieder zusammenschließen. Baeumler sah sich in der Tradition der gegen den »Westen« gerichteten deutschen Philosophie, die von Luther über Kant und Fichte bis zu Nietzsche geführt haben sollte, und vertrat eine Art von bewaffnetem Nominalismus: »... ein heldisches Dasein und eine voluntaristische Konzeption des Menschen und der Welt gehören zusammen. Der deutsche Denker kann von Gesetz und Ordnung nicht reden, ohne von der freien Persönlichkeit zu reden. Für ihn verliert das Wort Ordnung jeden Sinn, sobald die Möglichkeit zugelassen wird, daß es eine Ordnung an sich gebe ..., daß also von Freiheit und Persönlichkeit im Notfall auch abstrahiert werden könne. Gesetz gibt es nur in bezug auf Freiheit und Freiheit nur in bezug auf Gesetz: das ist *unsere* letzte Formel.« Deshalb erkannte Baeumler im Krieg die geschichtsphilosophisch notwendige Auseinandersetzung zwischen »Weltdemokratie und Nationalsozialismus« – so der Titel einer Schrift von 1943 –, den Kampf zwischen »Scheinordnung« und »Ordnung«.

Diese Vorstellung verband Baeumler mit ganz ähnlichen Ideen, die Ernst Krieck vertrat. Beide hatten außerdem das Interesse an der Pädagogik im Sinne der »nationalpolitischen Erziehung« gemeinsam. Krieck bemühte sich aber vor allem darum, die Erkenntnisse der Biologie mit seiner vitalistischen Philosophie zu einer »völkisch-politischen Anthropologie« zu verschmelzen: »Das Leben des Menschen ist Glied der All-Natur, aus der es mit der Zeugung hervorgeht, in die es mit dem Tod heimkehrt. Dazwischen ist es ein Prozeß beständiger Selbsterneuerung, in Geburt und Wiedergeburt von Stufe zu Stufe.« Einen »Sinn« habe das Leben des Menschen nur, wenn es »sich in der seinem Eigengesetz zugehörigen Gemeinschaft, seiner Eigenart angemessenen Umwelt vollzieht«. Krieck vertrat die Auffassung, daß die wissenschaftliche Zivilisation den Menschen orientierungslos gemacht habe. Es bedürfe einer klaren Einbettung in die rassische Gemeinschaft und der ideologischen Ausrichtung, die die Gesellschaft wieder vollständig integriere und auf die »Weltentscheidung«, die Auseinandersetzung zwischen den großen antagonistischen Entwürfen, vorbereite.

Als dritter in der Reihe der »nationalsozialistischen Philosophen« müßte wohl Hans Heyse genannt werden, der mit seinem wichtigsten Werk, dem 1935 erschienenen Buch »Idee und Existenz«, eine Darstellung seines Denkens lieferte. Heyse vertrat die Ansicht, daß schon durch die Verrechtlichung der menschlichen Lebensvollzüge im römischen Zeitalter und endgültig durch die vordergründige

Erlösungslehre des Christentums das »tragische« Welterleben der Griechen zerstört worden sei. Mit diesem Prozeß wurde die »Katastrophe der modernen Zeit und des modernen Lebens« vorbereitet, die zwangsläufig zu der »Anarchie des modernen Seins- und Wertverständnisses« geführt habe. Allein die Deutschen glaubte Heyse in der Lage, »Idee und Existenz« wieder zu versöhnen. Als Heyse 1935 die Herausgabe der »Kant-Studien« übernahm, sprach er davon, daß die Philosophie die Aufgabe habe, die »deutsche Revolution« auf dem geistigen Feld voranzutreiben, um den »Kampf mit der Modernität« siegreich bestehen zu können.

Der 1883 geborene Krieck, der 1887 geborene Baeumler und der 1891 geborene Heyse gehörten den Jahrgängen an, für die das »Fronterlebnis« im Ersten Weltkrieg besonders prägend gewirkt hatte. Sie waren deutlich jünger als die, die man – wie Max Wundt oder Hermann Schwarz oder den Außenseiter Paul Krannhals – noch als Vertreter einer Philosophie des Nationalsozialismus bezeichnet hat. Ihr Denken war von den Resten des Idealismus oder Kantianismus ebenso befreit wie von der positivistischen Gläubigkeit des späten 19. Jahrhunderts, ihre Vorstellungen waren einerseits nüchterner, andererseits stärker an der Politik orientiert. Allerdings blieb dieser Gruppe von Philosophen die Enttäuschung darüber nicht erspart, daß das Regime nur einen sehr begrenzten Wert auf ihre Unterstützung legte. An einem systematischen Lehrgebäude auf philosophischer Basis bestand von seiten der nationalsozialistischen Führung kein Interesse. Dabei mochte die philosophische Unbildung bei Hitler und seiner nächsten Umgebung ebenso eine Rolle gespielt haben wie der weltanschaulich begründete antiintellektuelle Affekt. Deutlicher hat Baeumler im nachhinein erkannt, daß der »Führer« als »Dynamiker« auch in geistigen Fragen nicht an Festlegungen gebunden sein wollte; man habe die Bewegung bewußt in einem »›fruchtbaren‹ Dunkel« gehalten: »Man spricht und schreibt zwar viel, aber man scheut davor zurück, sich theoretisch festzulegen. Das Stadium der Theorie erscheint als ein Stadium der Erstarrung.«

Neuheidentum und Kirchenkampf

Immerhin war ein verbindendes Element in der nationalsozialistischen Philosophie nicht nur ihre Ablehnung des Rationalismus und des Universalismus oder positiv ihre Orientierung an den Größen »Wille« und »Leben« mitsamt einer in der Rassenlehre wurzelnden Anthropologie, sondern auch ihr »heidnischer« Charakter. Krieck schrieb in einem seiner letzten, während der Kriegszeit erschienenen Werke, daß man als Nationalsozialist im »Glauben«, wie er von der jüdisch-christlichen Tradition gefordert sei, nur den »Sieg des Orients« erkennen

dürfe und zugleich die Aufgabe des geschichtlichen Willens, des »Rassebewußt-
seins«.

Tatsächlich war die geistige Atmosphäre des »Dritten Reiches« in wachsendem Maß von einer antichristlichen Tendenz bestimmt. Das darf allerdings nicht
in dem Sinn verstanden werden, als habe sich die Führung des NS-Regimes den
diversen Gruppen völkisch-religiöser Sektierer zugewandt. Deren stärkste Organisation, der »Tannenbergbund«, in dem sich die Anhänger von Erich Luden-
dorffs »Gotterkenntnis« zusammengeschlossen hatten, war vielmehr bereits im
September 1933 verboten worden. Dasselbe Schicksal erlitten Okkultisten, etwa
der »Skaldenorden«, der »Bund der Guoten«, ein »Germanischer Rassebund«
in Hamburg oder der Braunschweiger »Völkische Orden der Teutonen«. Einzelne, wie der Erfinder der »Runen-Gymnastik« Friedrich-Wilhelm Marby oder der
»Kristus«-Mystiker Kurt Paehlke (Pseudonym »H. A. Weishaar«), wurden sogar
in Konzentrationslagern inhaftiert. Die Ursache dafür bestand keineswegs in
einer grundsätzlichen Ablehnung der hier entwickelten Vorstellungen, sondern
in dem Vorrang, der der Bekämpfung ideologischer Konkurrenten und der Eindämmung eines möglicherweise unkontrollierbaren Sektierertums eingeräumt
wurde.

Angesichts dieser für die Neuheiden bedrohlichen Entwicklung bildeten einige
ihrer bedeutendsten Gruppen im Frühjahr 1933 einen Dachverband, die »Ar-
beitsgemeinschaft Deutsche Glaubensbewegung« (ADG). Neben zahlreichen
Einzelpersonen schlossen sich der ADG korporativ die »Freireligiöse Gemeinschaft« und alle bedeutenden völkisch-religiösen Gruppierungen (»Deutschgläu-
bige Gemeinschaft«, »Germanische Glaubensgemeinschaft«, »Nordungen«,
»Nordische Glaubensgemeinschaft«, der Jugendbund »Adler und Falken«) an.
Dazu kam noch der »Freundeskreis der Kommenden Gemeinde«, eine ursprünglich aus der evangelischen Jugend hervorgegangene Formation, die auf Umwegen
schließlich im »heidnischen Lager« angekommen war. Der »Freundeskreis« stellte mit dem Indologen und Religionswissenschaftler Jakob Wilhelm Hauer auch
den Vorsitzenden.

Die ADG war von vornherein als Übergang gemeint, und Hauer verwendete
alle Energie darauf, sie in einen einheitlich strukturierten Verband umzuformen.
Nachdem die staatliche Anerkennung so weit gesichert schien, daß keine Behinderung mehr zu erwarten war, und sich die Hoffnungen der politischen Führung
in die »Deutschen Christen« zerschlagen hatten, entstand im Mai 1934 aus der
ADG die »Deutsche Glaubensbewegung« (DG), deren Struktur sich in dieser
Phase aber bereits wieder zu zersetzen begann. Immerhin konnte Hauer eine
erhebliche propagandistische Aktivität entfalten und die Zahl der Mitglieder der
DG auf etwa zehntausend steigern. Es kam zu öffentlichen Großveranstaltungen,
und die Bewegung entwickelte ein Programm, mit dem sie unter anderem einen
gleichberechtigten »deutschgläubigen« Religionsunterricht in den Schulen for-

derte. Die weltanschauliche Grundlage der DG bildeten »Leitsätze«, die 1934 verabschiedet worden waren: »1. Die Deutsche Glaubensbewegung will die religiöse Erneuerung des Volkes aus dem Erbgrund der deutschen Art. 2. Die deutsche Art ist in ihrem göttlichen Urgrund Auftrag aus dem Ewigen, dem wir gehorsam sind. 3. In diesem Auftrag allein sind Wort und Brauchtum gebunden. Ihm gehorchen heißt sein Leben deutsch führen.«

Hauer war vor allem daran gelegen, den Eindruck zu vermeiden, man wolle den »Wodanskult« erneuern. Seine »deutsche Gottschau« sollte das Ergebnis der Wiederaufnahme jener religiösen Traditionslinie sein, die von den vedischen Schriften des arischen Indien über die Edda, die Philosophie Platons, die Visionen der mittelalterlichen Mystiker hin zu Hölderlin, Schiller, Goethe, Wagner und Nietzsche reichte. Allerdings genügte seine oft sehr intellektuelle Darstellung der »deutschen Religion« den Aktivisten der DG nicht, zumal sich Hauer – trotz der häufigen antikirchlichen Polemik – zu keiner völligen Verwerfung des Christentums entschließen konnte. Dieser neuen Generation, die mehrheitlich aus Nationalsozialisten bestand, war selbst die Demonstration von politischer Loyalität durch Übernahme des »Arier-Paragraphen« zu lau. Die Vorstellung Hauers, daß Glaube und Politik zu trennen seien, erschien ihnen verdächtig »liberal«. Als dann noch die von Hauer erhoffte Unterstützung durch den Staat ausblieb, es verschiedentlich zu Versammlungsverboten für die DG kam und Schirach höheren HJ-Führern die Mitgliedschaft in der Bewegung untersagte, folgten offene Auseinandersetzungen. Auch Hauers formale Zugehörigkeit zur SS bot keine Deckung. 1936 legte er unter wachsendem Druck die Führung der DG nieder, behielt nur bis 1944 die Herausgeberschaft der Zeitschrift »Deutscher Glaube«.

Die »Deutsche Glaubensbewegung« wurde in der Folgezeit zu einer vor allem antichristlichen und letztlich »antireligiösen Kampforganisation« (Hans Buchheim). Sie sank zum bloßen Instrument der Partei in der Auseinandersetzung mit den Kirchen herab, während sich die früheren völkisch-religiösen Mitglieder in ihre traditionellen Gruppen zurückzogen. Trotz dieser für die neuheidnische Strömung insgesamt enttäuschenden Entwicklung sollte man nicht übersehen, daß ihr das allgemeine geistige Klima im nationalsozialistischen Deutschland günstig war. Da genaue Mitgliedszahlen fehlen, können nur die Auflagen der wichtigsten völkisch-religiösen Zeitungen und Zeitschriften eine gewisse Orientierung bieten: Der »Deutsche Glaube« erschien in 5.000, der von Ernst von Reventlow herausgegebene »Reichswart« in 25.000, das der »Nordischen Glaubensbewegung« nahestehende »Nordland« in 5.000, das Blatt »Am heiligen Quell deutscher Kraft« aus dem Umfeld der Ludendorffianer in 45.000 Exemplaren.

Niemals zuvor und niemals danach fand eine Auseinandersetzung mit dem neuheidnischen Gedankengut auf solchem Niveau statt wie in der Zeit des »Dritten Reiches«. Unter den Völkisch-Religiösen selbst entstanden »Denkschulen«, die – bei aller gemeinsamen Ablehnung des Christentums – durchaus differierende Vorstellungen ausbildeten. So traten neben die ältere »naturmythologische« Deutung der germanischen Religion eine »anthropologisch-philosophische« und eine »kultisch-religiöse« Interpretation (Kurt Dietrich Schmidt). Während die »naturmythologische« Richtung die Gottheiten als Ausdruck natürlicher Gewalten wie Blitz, Donner und dergleichen verstand, ging die »anthropologisch-philosophische« davon aus, daß den Germanen »Glaube« an etwas Jenseitiges überhaupt fremd gewesen sei (Bernhard Kummer, Hans Naumann, Friedrich Murawski), ihnen sei nicht »der Gott«, sondern »*das* Gott«, also das umfassende, innerweltliche Gute der entscheidende Bezugspunkt gewesen, während schließlich die »kultisch-religiöse« Deutungsweise gerade nicht die Rationalität, sondern die Irrationalität der heidnischen Vorstellungen betonte (Otto Höfler, Walter Baetke), Berserkertum, Wandlungszauber und Odins Selbstopfer nicht als Ausdruck des Verfalls, sondern als integralen Bestandteil der germanischen Religion verstand.

Das alles hatte wenig oder nichts mit den religiösen Leitvorstellungen der nationalsozialistischen Führer zu tun, auch wenn in der einen oder anderen Weise alle Mitglieder der »braunen Elite« Anhänger völkisch-religiöser Ideen waren. Doch unterwarfen sie ihre religiösen Überzeugungen immer dem Primat der Politik. Das traf auf den an Houston Stewart Chamberlain orientierten Alfred Rosenberg ebenso zu wie auf die dem völkischen Okkultismus und der völkischen Astrologie zuneigenden Heß, Darré und Himmler. Himmler war aufgrund seiner Machtfülle derjenige, der seine religiösen Ziele sehr weitgehend verwirklichen konnte. Während er einerseits für das Verbot der völkischen Logen und Orden sorgte, nahm er andererseits zahlreiche Männer aus diesem Lager, angefangen bei dem Laien-Archäologen Wilhelm Teudt und Herman Wirth bis hin zu dem Rassen-Esoteriker Karl Maria Wiligut, genannt »Weisthor«, in seinen Schutz. Er entwickelte im Laufe der Zeit eine ebenso umfangreiche wie disparate Privatmythologie, zu deren Kernbestand die fixe Idee gehört haben soll, er sei die Reinkarnation Heinrichs I. oder Heinrichs des Löwen.

Das »Ahnenerbe« beschäftigte sich nicht nur mit Vorgeschichtsforschung, sondern auch mit Untersuchungen, die auf die lebensreformerischen Pläne Himmlers (Anlage des »Reichskräutergartens«) zurückgingen, weiter mit der obskuren »Welteislehre« des österreichischen Ingenieurs Hanns Hörbiger, mit dem Zeichnen geomantischer Karten, mit den verlorenen Traditionen der Hexerei, der Suche nach dem Gral und mit Runenokkultismus. Auf Empfehlung Wiliguts und bestärkt durch die Messung von »Kraftlinien«, ließ Himmler von 1936 an die Wewelsburg bei Paderborn zu einem zukünftigen Kultzentrum der SS ausbauen, und während der Kriegsjahre wurden dort Experimente mit einem neuheidnischen Ritual gemacht. In einer geheimgehaltenen Denkschrift über »Kultische Höhepunkte im Leben eines konfessionell nicht gebundenen SS-Angehörigen« entwickelte man bereits liturgische Formen von der »Namensweihe« (anstelle der Taufe) über die »Schwertweihe« (bei der Aufnahme in die SS) und die »Eheweihe« bis hin zur »Totenweihe« und zur »Beisetzung auf der Thingstätte«, außerhalb der christlichen Friedhofsbezirke. Die in den dreißiger Jahren in der SS durchgeführte Kirchenaustrittskampagne wurde erst in der Zeit des Krieges zurückgestellt, als sich schon mehr als ein Drittel der SS-Angehörigen als »gottgläubig« – so seit 1936 die offizielle Bezeichnung für eine national orientierte Religiosität – betrachteten; höher lagen die Anteile noch in der SS-Verfügungstruppe mit 53,6 und bei den Totenkopfverbänden mit 69 Prozent.

Hitler hatte für die religiösen Reformpläne Himmlers oder Rosenbergs nur Verachtung übrig; bei Gelegenheit sprach er von »spinnerigen Jenseitsaposteln«, das alte Germanien erscheine im Vergleich zum antiken Griechenland als »Sauland«, und den Enthusiasmus für angebliche heidnische Kultstätten wie die Externsteine quittierte er mit Spott. Zwar schwärmte er wie Chamberlain für den »arischen Christus«, aber von einer völkischen Religiosität im engeren Sinne konnte bei ihm keine Rede sein. Die oft beschworene »Vorsehung« war wie der »Herrgott« ein weltanschauliches Füllsel, bestenfalls Restbestand eines sozialdarwinistisch umgebogenen Deismus. Die Weltanschauung Hitlers war viel zu sehr von den abgesunkenen und vulgarisierten Ideen der Aufklärung bestimmt, als daß er der Religion überhaupt Eigenständigkeit und positive Bedeutung zugemessen hätte. Glaubensbereitschaft interessierte ihn als Möglichkeit der politischen Mobilisierung, als Mittel der Integration der Massen, als historische Formgebung, nicht wegen ihrer Inhalte. Diese schienen ihm von den Wissenschaften, wie er sie verstand, vorgegeben, er dachte in den Kategorien von »Natürlichkeit«, »historischer Notwendigkeit«, »Gesetz« und »Entwicklung«.

Hitlers Religion war – wenn überhaupt – politische Religion. Der berühmte französische Religionswissenschaftler Georges Dumézil hatte diese Differenz zu den archaisierenden Religionsgründern zutreffend erfaßt, als er 1936 im Vorwort zu seinem Buch »Mythes et Dieux des Germains« schrieb: »Das Dritte Reich hatte seine grundlegenden Mythen nicht zu schaffen. Eher ist es die germanische Mythologie, die im 19. Jahrhundert wiederbelebt worden ist, die ihre Form, ihren Geist, ihre Institutionen einem Deutschland geschenkt hat, das von unvergleichlichen Unbilden wundersam formbar gemacht worden war. Vielleicht weil er in Schützengräben gelitten hatte, in denen das Phantom Siegfrieds umgegangen war, konnte Adolf Hitler eine Souveränität konzipieren, schmieden, praktizieren, wie sie kein deutscher Führer seit Odins sagenhafter Herrschaft gekannt hat. Die ›neuheidnische‹ Propaganda im neuen Deutschland ist sicherlich ein interessantes Phänomen für die Religionshistoriker; aber sie ist gewollt, eher künstlich. Viel interessanter ist jedenfalls die spontane Bewegung, mit der die Führer der deutschen Masse, nachdem sie die fremdländischen Fassaden eliminiert hatten, ihre Aktionen und ihre Reaktionen in die sozialen und mystischen

Formen haben fließen lassen, deren Übereinstimmung mit den ältesten Organisationen und Mythologien der Germanen ihnen nicht immer bekannt war.«

Hitlers Einstellung gegenüber der christlichen Lehre war eindeutig ablehnend, während seine Haltung gegenüber den existierenden Großkirchen schwankte. Gemessen an seinem Verhalten in den Jahren 1933/34 schien er auf einen Modus vivendi auszugehen, der schließlich eine neue Art von Staatskirchentum begründet hätte. Als eigentlichen Gegner betrachtete er deshalb den »römischen« Katholizismus. Hier spielten nicht nur ältere Ressentiments eine Rolle, sondern auch die begründete Einsicht, daß die katholische Kirche mit ihrer Hierarchie und ihrem eigenen Anspruch auf Totalität gefährlicher sein würde als der in Landeskirchen und Konfessionen zersplitterte Protestantismus.

Hatte der Abschluß des Konkordats unter den deutschen Bischöfen gewisse Hoffnungen erweckt, so wurde man durch die Auslegung des Vertrages, die die Reichsregierung vertrat, bald eines Schlechteren belehrt. Sukzessive beschnitten die staatlichen Stellen alle Entfaltungsmöglichkeiten der Kirche jenseits der reinen Seelsorge. Der eigentlich garantierte Zugang zur religiösen Erziehung über Jugendpflege und Religionsunterricht wurde versperrt, katholische Schulen wurden im Namen der »Entkonfessionalisierung« in weltliche »Gemeinschaftsschulen« umgewandelt, die Unabhängigkeit der katholischen Presse wurde ausgehöhlt, die Predigten wurden unter Berufung auf den »Kanzelparagraphen« der Kulturkampfzeit überwacht. Die Politik der Nadelstiche, die auf die Zermürbung des Katholizismus ausgerichtet war, gipfelte in den »Priesterprozessen«, die zwischen 1935 und 1937 gegen Ordensgeistliche geführt wurden, die man des sexuellen Mißbrauchs von Kindern oder eines Devisenvergehens angeklagt hatte. Die mit großem propagandistischen Aufwand an die Öffentlichkeit gebrachten Verfahren zeigten allerdings nicht den gewünschten Erfolg, sondern führten – trotz einer Welle von Kirchenaustritten unter Parteifunktionären – zu einem engeren Zusammenschluß zwischen Laien und Klerus und einer Verschärfung des ideologischen Konflikts.

Adolf Bertram, seit 1914 Fürstbischof von Breslau und seit 1919 Vorsitzender der Deutschen Bischofskonferenz, protestierte zwar gegen die antikirchlichen Maßnahmen des Regimes, scheute aber doch die offene Auseinandersetzung. Demgegenüber hatte der Münchener Erzbischof Kardinal Michael Faulhaber, ein Mann nationalkonservativer Prägung, schon in seiner Predigt zum ersten Advent 1933 deutlich gegen die antichristliche und antisemitische Propaganda des Regimes Stellung bezogen. Bereits 1934 war im Auftrag des Kölner Erzbischöflichen Generalvikariats eine Sammlung kritischer Studien zu Rosenbergs »Mythus des 20. Jahrhunderts« erschienen, was zahlreiche Parteigliederungen, vor allem die SS, mit einer schärfer werdenden Polemik und schikanösen Übergriffen quittierten. Auf Versuche, das katholische Brauchtum durch das Ausräumen der bayerischen »Herrgottswinkel« oder die Beseitigung von Kruzifixen in den Schulen

Ein Zitat Hitlers auf einer Schrifttafel von Kurt Schmidt, vor 1943. Aufbewahrungsort unbekannt. – »Kahlenberger Bauernfamilie«. Gemälde von Adolf Wissel, 1939. München, Haus der Kunst

Hitler bei der Begrüßung des evangelischen Reichsbischofs Ludwig Müller und des katholischen Abtes Albanus Schachleiter auf dem Reichsparteitag zu Nürnberg 1934. – Das Innere der Synagoge an der Essenweinstraße in Nürnberg nach dem Pogrom vom 9. und 10. November 1938

Westfalens oder des Eichsfelds zu zerstören, reagierte die katholische Bevölkerung dann so heftig, daß sich die Partei 1936/37 in einigen Gebieten um Osnabrück fast auflöste, nachdem der zuständige Gauleiter mit antichristlichen Tiraden allgemeine Empörung heraufbeschworen hatte.

In diesen katholischen Kirchenkampf schaltete sich im März 1937 auch der Vatikan ein. Der amtierende Papst Pius XI. hatte – in seiner Zeit als Nuntius in Warschau (1919–1921) – den Einmarsch der Roten Armee in Polen erlebt und sah in der »bolschewistischen Gefahr« die Hauptbedrohung des Abendlandes. Deshalb betrachtete er die Entwicklung des Faschismus lange Zeit mit einem gewissen Optimismus, aber er fürchtete in Deutschland den »heidnischen« Charakter der nationalsozialistischen Ideologie und ihre unchristliche Rassenlehre. Die Enzyklika »Mit brennender Sorge«, die ausdrücklich auf die Entwicklung in Deutschland Bezug nahm, erregte weltweites Aufsehen. In diesem Rundschreiben, das von der Gestapo als »hochverräterischer Angriff« auf den nationalsozialistischen Staat betrachtet wurde, fanden sich tatsächlich Aussagen, mit denen der Heilige Stuhl nicht allein auf die Verfolgung der Gläubigen reagierte, sondern die Vereinbarkeit von Christentum und NS-Ideologie prinzipiell in Frage stellte: »Wer die Rasse oder das Volk oder den Staat oder die Staatsform oder andere Grundwerte menschlicher Gemeinschaftsgestaltung – die innerhalb der irdischen Ordnung einen wesentlichen und ehrerbietenden Platz behaupten – aus dieser irdischen Wertskala herauslöst, sie zur höchsten Norm aller, auch der religiösen Werte macht und sie mit Götzenkult verherrlicht, der verkehrt und fälscht die gottgeschaffene und gottbefohlene Ordnung der Dinge.«

Die nationalsozialistischen Stellen suchten die Verbreitung der Enzyklika mit allen Mitteln zu verhindern, zahlreiche Kirchenzeitungen wurden nach dem Abdruck verboten. Trotzdem wurde der Inhalt des Textes, der von den Kanzeln herab verkündet wurde, rasch bekannt. Hier wie an vielen anderen Stellen zeigte sich der Vorteil der organisatorischen Geschlossenheit des Katholizismus im Konflikt mit dem NS-Regime. Sie bot der oppositionellen Haltung vieler katholischer Laien den notwendigen Rückhalt, führte aber auch zu der im Verhältnis zum Protestantismus deutlich größeren Zahl von Opfern unter katholischen Klerikern und Nonnen.

Die evangelischen Kirchen waren Mitte der dreißiger Jahre von einer einheitlichen Position so weit entfernt wie nie. Nachdem Friedrich von Bodelschwingh im Amt des Reichsbischofs am Widerstand der »Deutschen Christen« gescheitert war, formierte sich die »Bekenntnisfront« neu. Ihr »Kampf für die Reinheit und Freiheit der Kirche« richtete sich vor allem gegen die neuen, deutschchristlichen Kirchenleitungen. Nachdem die mehrheitlich von der DC beherrschte Generalsynode der Altpreußischen Union, die »Braune Synode«, am 5. September 1933 die Übernahme des »Arierparagraphen« beschlossen hatte, rief Martin Niemöller zwei Wochen später zur Bildung des »Pfarrernotbundes« auf. Bis zum Beginn des Jahres 1934 schlossen sich ihm siebentausend Pfarrer an, etwas mehr als ein Drittel der evangelischen Geistlichkeit, deren Führung ein »Bruderrat« übernahm. Die Mitglieder des »Notbundes« unterschrieben eine Selbstverpflichtung, in der die Einführung des Arierparagraphen in der Kirche ausdrücklich als »Verletzung des Bekenntnisstandes« bezeichnet wurde.

Niemöller hatte ursprünglich selbst an eine »judenchristliche« Lösung für die »nichtarischen« Gemeindemitglieder gedacht, die in eigenen Gemeinden zusammengeschlossen werden sollten, war aber allmählich zu der Einsicht gelangt, daß der »Leib Christi« eine solche Teilung nicht dulde. Allerdings schien es ihm bis Ende des Jahres 1933 noch möglich, die kirchliche Lage durch einen Kompromiß mit dem Regime zu bereinigen. Die »Bekennende Kirche« (BK) unternahm verschiedene Schritte, um deutlich zu machen, daß sie sich nicht als Träger des politischen Widerstands begriff. So unterzeichnete Niemöller zusammen mit anderen Pfarrern aus Berlin am 15. Oktober – anläßlich des deutschen Austritts aus dem Völkerbund – ein »Huldigungstelegramm« für Hitler, und auch der »Notbund« hatte seine Loyalität gegenüber dem »Führer« erklärt. Umgekehrt wurde die am 11. November gegen Niemöller ausgesprochene Amtsenthebung nach Protesten aus der Gemeinde in Berlin-Dahlem wieder zurückgenommen.

Kurze Zeit später schwächten die Folgen einer skandalösen Sportpalast-Kundgebung die »Deutschen Christen« durch eine Austrittswelle. Am 13. November 1933 hatte die DC im Berliner Sportpalast eine Veranstaltung abgehalten, bei der ihr Gauobmann, Reinhold Krause, der einer radikalvölkischen Gruppe, dem »Bund für deutsche Kirche« angehörte, nicht nur gegen jeden Ausgleich mit der BK polemisierte, sondern gleichzeitig die Kirche überhaupt als eine im traditionellen Sinn an Bibel und Bekenntnis gebundene Einheit in Frage stellte. Krause brachte damit nicht nur die in der DC verbreitete »Laienanimosität« (Kurt Meier) gegen das »Amt« und die akademische Theologie zum Ausdruck, ihm ging es vor allem darum, endlich alle Kompromisse abzuräumen, die die »Glaubensbewegung« hatte eingehen müssen, um ihre sehr heterogene Anhängerschaft – vom pietistisch-frommen Nationalprotestanten bis zum »Deutschgläubigen« – zusammenzuhalten.

Krauses Forderung nach »Befreiung von allem Undeutschen im Gottesdienst und im Bekenntnismäßigen, Befreiung vom Alten Testament mit seiner jüdischen Lohnmoral, von diesen Viehhändler- und Zuhältergeschichten« mochte bei seinen Zuhörern vielleicht noch auf Zustimmung treffen, aber das Verlangen, »alle offenbar entstellten und abergläubischen Berichte des Neuen Testaments« zusammen mit der »Sündenbock- und Minderwertigkeitstheologie des Rabbiners Paulus« zu beseitigen, mußte bei einem Teil der DC Widerspruch herausfordern. Das betraf auch Krauses offenkundige Absicht, das Christentum insgesamt zur deutschen Nationalreligion zu deformieren: »Unsere heiligen, blutgedüngten Stätten müssen uns mehr sein als ferne Stätten in Palästina, weil die Opfer des deutschen Freiheitskampfes mit ihrem Blut diesen Heimatboden getränkt haben«; der »knechtische« Mensch des christlichen Abendlandes sei tot, der »stolze« trete an seine Stelle, für den der »heldische« Jesus Vorbild sei.

Zwei Tage nach der Veranstaltung versuchte Reichsbischof Müller durch eine öffentliche Erklärung die Wogen der Empörung über die Rede Krauses zu glätten, aber ohne Erfolg. Die DC verlor die meisten ihrer prominenten Fürsprecher; nur die Theologen Emanuel Hirsch und Walter Grundmann hielten bis zum Ende verbissen an der Idee fest, Christentum und Nationalsozialismus zu verschmelzen, während Müller sich von den radikalen Kräften der DC distanzierte und schließlich die »Schirmherrschaft« über die »Glaubensbewegung« niederlegte, was aber nicht mehr verhindern konnte, daß er die Unterstützung Hitlers und des Parteiapparats verlor. Dieser Erosionsprozeß hing auch damit zusammen, daß der »Führer« bei einer Audienz im Januar 1934 zwar noch einmal die evangelischen Landesbischöfe zu persönlicher Treue und auf das Ziel des Neuaufbaus der DEK verpflichten konnte, aber die praktischen Schritte, die Müller zusammen mit August Jäger, den er zum »Rechtswalter« der gesamten Kirche bestellt hatte, unternahm, allesamt scheiterten. Die »Kirchenausschüsse«, die Jäger bildete, um die noch »intakten«, also nicht gleichgeschalteten lutherischen Landeskirchen Müllers Leitung zu unterstellen, trafen auf den Widerstand der wichtigen Landesbischöfe von Württemberg, Bayern und Hannover.

Von einem klaren Frontverlauf zwischen den Lagern des deutschen Protestantismus konnte aber keine Rede sein. Der Theologe Dietrich Bonhoeffer stellte im April 1934 irritiert fest, daß »Phantasten und Naive wie Niemöller ... immer noch [glaubten], die wahren Nationalsozialisten zu sein«. Die Kirche zerfiel in Deutsche Christen, Bekennende und »Neutrale«, ohne daß die Möglichkeit einer konstruktiven Lösung erkennbar geworden wäre. Deshalb trat für die BK die Notwendigkeit der Selbstvergewisserung ganz in den Vordergrund. Vom 29. bis zum 31. Mai 1934 wurde in Barmen die »1. Bekenntnissynode der Deutschen Evangelischen Kirche« abgehalten. Im ersten Abschnitt der dort verabschiedeten und maßgeblich von dem Schweizer Theologen Karl Barth formulierten »Theologischen Erklärung« hieß es: »Jesus Christus, wie er uns in der heiligen Schrift bezeugt wird, ist das eine Wort Gottes, das wir zu hören, dem wir im Leben und Sterben zu vertrauen und zu gehorchen haben. Wir verwerfen die falsche Lehre, als könne und müsse die Kirche als Quelle ihrer Verkündigung außer und neben diesem einen Worte Gottes auch noch andere Ereignisse und Mächte, Gestalten und Wahrheiten als Gottes Offenbarung anerkennen.« Damit wandte sich die Synode natürlich vor allem gegen die »Deutschen Christen«, die das Alte Testament und die Lehre des Paulus als »jüdisch« ablehnten und einen »heldischen« Jesus predigten, aber auch gegen den Anspruch des totalen Staates. Dementsprechend lautete der fünfte Abschnitt: »Wir verwerfen die falsche Lehre, als solle der Staat über seinen besonderen Auftrag hinaus die einzige und totale Ordnung menschlichen Lebens werden und also auch die Bestimmung der Kirche erfüllen.«

Die Bekenntnissynode war nach geltendem Kirchenrecht illegal. Formell handelte es sich nur um eine Versammlung lutherischer, reformierter und unierter Geistlicher und Laien. In Barmen beschloß man aber in einer gesonderten Erklärung, daß die gegenwärtige deutschchristliche Kirchenleitung die reformatorische Glaubensgrundlage verlassen habe und ihre Funktionen deshalb nicht länger rechtmäßig ausüben könne. Die Bekenntnissynode sei darum Rechtsnachfolger in der DEK. In der Praxis ließ sich dieser Anspruch kaum durchsetzen, während die scharfen Repressalien der Reichskirchenführung unter Müller gegen die Bischöfe von Württemberg und Bayern, Theophil Wurm und Ludwig Meiser, die zeitweilig inhaftiert wurden, den Streit weiter eskalieren ließen. Die immer schärfere Auseinandersetzung führte schließlich zur Einberufung der »2. Reichsbekenntnissynode«, die schon am 19. und 20. Oktober 1934 in Niemöllers Gemeinde Dahlem stattfand. Wollten die Bekennenden in Barmen noch nicht selbst ein neues Kirchenregiment stellen, so beschlossen sie nun die Errichtung von Notorganen, eine eigene Kirchenverwaltung und Hochschulen für die Ausbildung des theologischen Nachwuchses.

Dieser hoffnungsvolle Ansatz blieb in seinen Auswirkungen beschränkt, weil die im November 1934 eingesetzte »Vorläufige Kirchenleitung« (VKL) der bekennenden Gemeinden und Landeskirchen sich sehr schwer tat, die auseinanderstrebenden Flügel der Bewegung zusammenzuhalten. Die Bruchlinie verlief zwischen den »intakten« Landeskirchen – nach der Freilassung von Meiser und Wurm vor allem Hannover, Bayern und Württemberg – auf der einen Seite, denen sich auch die Bruderräte von Sachsen, Thüringen, Braunschweig, Mecklenburg, Lübeck und Schleswig-Holstein anschlossen, und den »Dahlemiten« auf der anderen Seite, die sich nur auf die Bruderräte der Altpreußischen Union (APU), Oldenburgs und Hessen-Nassaus stützen konnten, aber zu einem direkten Konflikt mit der deutschchristlichen Kirchenführung bereit waren.

Am 16. Juli 1935 hatte Hanns Kerrl als neuer Reichsminister für die kirchlichen Angelegenheiten alle staatskirchenrechtlichen Kompetenzen des Reiches und Preußens übertragen bekommen. Kerrl, zuvor preußischer Justizminister unter Göring, war nicht nur persönlich von der Vereinbarkeit des Christentums mit dem Nationalsozialismus überzeugt, er wollte auch gegen die scharf antichristlichen Gruppen in der nationalsozialistischen Führung die Schaffung einer evangelischen Staatskirche bewirken. Mit dem »Gesetz zur Sicherung der Deutschen Evangelischen Kirche« vom 24. September 1935 wurde die rechtliche Grundlage für die Bildung eines »Reichskirchenausschusses« geschaffen. Tatsächlich gelang es Kerrl, für sein Projekt eine Reihe von glaubwürdigen Persönlichkeiten aus allen kirchenpolitischen Lagern zu werben und sich die Unterstützung jener gemäßigten Kräfte aus der BK zu sichern, die aufatmeten, als die

Ausschüsse die deutschchristlichen Kirchenleitungen der »zerstörten« Landeskirchen entmachteten. Die Kompromißbereitschaft der 1. VKL führte allerdings zum Rückzug von Barth und Niemöller und auch zum wachsenden Widerstand der preußischen Bruderräte, die durch den für die APU zuständigen »Landeskirchenausschuß« ausgeschaltet zu werden drohten. Nachdem sich auch der Reichsbruderrat schließlich dem Vorgehen der »Radikalen« anschloß, fielen die beiden Flügel der BK endgültig auseinander. Es scheiterte ein letzter Einigungsversuch auf der »4. Reichsbekenntnissynode« in Bad Oeynhausen, die vom 17. bis 22. Februar 1936 stattfand, und in der Folge sammelten sich die Anhänger eines Versöhnungskurses selbständig um den »Rat der Evangelisch-Lutherischen Kirche Deutschlands«, dem »Lutherrat«, während die Dahlemer Richtung eine »2. Vorläufige Kirchenleitung« wählte.

Die Gruppe um Niemöller machte keinen Hehl daraus, daß sie die Lutheraner für Verräter hielt. Ohne deren Unterstützung verfaßte die 2. VKL im Frühjahr 1936 eine »Erklärung«, die Hitler als Denkschrift übergeben werden sollte, dann aber doch öffentlich bekannt wurde. Niemöller war zusammen mit dem ihm befreundeten Theologen Hans Asmussen maßgeblich an der Formulierung des Textes beteiligt, der auch im Ausland für Aufsehen sorgte. Die Führer der Bekennenden Kirche äußerten hier in dramatischen Worten ihre Besorgnis angesichts der als »Entkonfessionalisierung« getarnten »Entchristlichung« des Landes. In dem Text wurde auch ausdrücklich festgehalten, daß der von den Nationalsozialisten propagierte Antisemitismus »zum Judenhaß verpflichtet« und deshalb dem christlichen Gebot der Nächstenliebe widerspreche: »Wenn der arische Mensch verherrlicht wird, so bezeugt Gottes Wort die Sündhaftigkeit aller Menschen.«

Es war ein weiter Weg, um die traditionelle evangelische Staatsloyalität, die in einer quietistisch verstandenen »Zwei-Reiche-Lehre« wurzelte, so weit zu überwinden und einen Nationalprotestanten wie Niemöller dazu zu bringen, daß er in einer Predigt den Vers »So gebet dem Kaiser, was des Kaisers ist, und Gott, was Gottes ist!« (Matthäus 22. 21) mit dem Satz kommentierte: »Aber wenn die Welt fordert, was Gottes ist, dann müssen wir mannhaft Widerstand leisten, daß wir ihr nicht geben, was Gottes ist.« Seit dem Frühjahr 1937 ging Niemöller dazu über, im Gottesdienst nicht nur die Namen der aus politischem Opportunismus ausgeschiedenen Gemeindemitglieder zu verlesen, er sprach auch Fürbittengebete für die inhaftierten Anhänger der Bekennenden Kirche. Ein halbes Jahr später, am 1. Juli 1937, wurde er verhaftet. Ein Sondergericht verurteilte ihn im März 1938 wegen »Kanzelmißbrauchs« zu sieben Monaten Festungshaft. Die Haftstrafe galt als nicht ehrenrührig und war mit der Untersuchungshaftzeit abgegolten. Durch sein Urteil hatte das Gericht ausdrücklich die Motive Niemöllers anerkannt und ihn praktisch freigesprochen. Als Hitler von dem Urteil erfuhr, verhängte er ein Beförderungsverbot über die Richter und erteilte den Befehl, Niemöller als seinen »persönlichen Gefangenen« in das Konzentrationslager

Oranienburg-Sachsenhausen zu verbringen. Die Festsetzung Niemöllers löste einen Sturm der Entrüstung aus, 362 westfälische Theologen protestierten mit einer Eingabe an das Justizministerium, dreitausend Pfarrer der BK schlossen sich der Aktion an, und der greise Generalfeldmarschall Mackensen intervenierte persönlich bei Göring. Das alles blieb aber ohne Erfolg und Niemöller bis zum Kriegsende inhaftiert.

Auf das Scheitern der Ausschuß-Politik Kerrls reagierte Hitler im Februar 1937 mit dem Plan, neue allgemeine Kirchenwahlen durchführen zu lassen und eine vollständige Trennung von Staat und Kirche herbeizuführen. Das Projekt wurde jedoch nicht verwirklicht, und so stagnierte die immer noch chaotische Situation im deutschen Protestantismus, nachdem die letzten Versuche, die verfeindeten Strömungen der BK erneut zu einigen, gescheitert waren und Kerrl sich mit seiner vollständigen Entmachtung abfinden mußte. Nachdem Hitler mit seinen Vorstellungen offensichtlich keinen Erfolg gehabt hatte, wandte er sich einer »doppelten Kirchenpolitik« (Klaus Scholder) zu, der gemäß er von aktuellen Eingriffen absah, ohne doch das Fernziel einer völligen Entmachtung und letztlich der Beseitigung des Christentums aus dem Auge zu verlieren. Wenn es in der Anfangsphase des Dritten Reiches zum guten Ton gehört hatte, sich als Christ zu geben, so verschwand diese Attitüde bis zum Ende der dreißiger Jahre fast völlig. In verschiedenen Organisationen wie der SS und in Teilen der HJ wurde offene Feindseligkeit gegen die Kirchen gepflegt. Das hatte aber nicht zur Folge, daß sich die Kirchen ihrerseits als Gruppe des politischen Widerstands begriffen. Doch es mehrten sich die Anzeichen dafür, daß das Regime eine geteilte Loyalität kaum auf die Dauer hinnehmen würde.

Das Ende der jüdischen Emanzipation

Wurden die Kirchen schon wegen ihrer ideologischen Unzuverlässigkeit an den Rand der »Volksgemeinschaft« gedrängt, so schien es der nationalsozialistischen Führung doch nicht opportun, eine so mächtige gesellschaftliche Gruppe völlig auszugrenzen. Anders war die Lage des deutschen Judentums, das sich ohne sein Zutun als »Feind« markiert fand und keine Möglichkeit besaß, dieses Stigma zu beseitigen. Der Antisemitismus gehörte nicht nur zu den fixen Ideen Hitlers, es spielte auch die Überzeugung eine Rolle, daß die Juden besonders geeignet seien, die Funktion des »Sündenbocks« zu übernehmen, und daß der »Jude« als stereotypes Gegenüber des »Ariers« den inneren Zusammenhalt der »Volksgemeinschaft« festigen werde.

Solche Erwartungen erfüllten sich allerdings nur zum Teil. Der Historiker William Sheridan Allen bezeichnete in einem Mitte der sechziger Jahre erschienenen Buch den Antisemitismus, der in Deutschland verbreitet war, gespeist von traditionellen religiösen Vorbehalten und konventionellen Affekten, als einen »abstrakten Antisemitismus«, dem vergleichbar, der »sich im heutigen Amerika findet«. Die antijüdische Einstellung eines Teils der Bevölkerung mochte auf Abgrenzung aus sein und jedes Solidaritätsempfinden für eine verfolgte Minderheit ersticken, aber sie zielte nicht auf die Vernichtung dieser Minderheit ab. Selbst innerhalb der NSDAP gab es Parteigenossen, die den Antisemitismus vor allem für eine Marotte des »Führers« hielten, und die »Deutschlandberichte« der SOPADE hielten im Januar 1936 fest: »Im allgemeinen kann man sagen, daß die Rassenfrage als Weltanschauungsfrage sich nicht durchgesetzt hat. Der ›Stürmer‹ wird von niemandem ernst genommen. Gewisse psychologische Wirkungen hat die Judenhetze allerdings gehabt, aber nicht allein für die Juden nachteilige. Es gibt auch Fälle, in denen die Juden unter den Gebildeten als Märtyrer erscheinen, so daß neben dem allgemeinen Antisemitismus hie und da sich Ansätze für einen deutlichen Philosemitismus zeigen.«

Trotz offizieller Boykottforderungen verzeichneten jüdische Kaufhäuser Umsatzsteigerungen, in Bayern mußte von Parteistellen mißbilligend festgestellt werden, daß viele Bauern es vorzogen, mit jüdischen Viehhändlern Geschäfte zu machen, als sich dem Preisdiktat des Reichsnährstands zu unterwerfen, und die Beamtenschaft benahm sich im Umgang mit jüdischen Bürgern für gewöhnlich »preußisch korrekt«. Der ideologische Antisemitismus konnte insofern weniger der Ausrichtung der Bevölkerung als der Integration der Kader dienen; er sollte die besondere Bindung zwischen »Führer« und »Bewegung« festigen. Der damalige »Reichsrechtsführer« Hans Frank sprach in seinen Lebenserinnerungen, die er während der Haft nach dem Krieg geschrieben hat, davon, daß das Regime insofern einer »permanenten ›Innenkrisis‹« ausgesetzt gewesen sei; da »Gegner im unmittelbaren Parteibereich fehlten, andererseits aber eben eine Partei geradezu Gegner braucht, an denen sie sich reibend Lebenswärme bezieht, schuf sich die NSDAP derartige Feindwesen … Allmählich [wurden] ganz bestimmte fiktiv geschaffene Gruppen im Vordergrund des Parteikampfinteresses formiert, … so daß, immer wieder davon zurückstrahlend, eine stete Spezialaktivität der Partei mobil gemacht wurde.« Daß es sich bei den Juden um eine »fiktiv geschaffene Gruppe« handelte, war unschwer an der Tatsache zu erkennen, daß die jüdische Gemeinschaft zu einem guten Teil in die Nation integriert war, sich jedenfalls nicht selbst als fremdnationale Gruppe betrachtete oder entsprechend verhielt. Der Schriftsteller Jochen Klepper, der mit der Jüdin Johanna Stein in einer »Mischehe« lebte, notierte 1935 in seinem Tagebuch: »Das Schwerste für die Juden dieser Bildungsschicht ist, daß sie derart in Deutschland aufgegangen sind – nur deutsche Landschaft, Sprache, Musik, Literatur, nur deutsche Feste lieben …«

Zwar richtete sich das »Gesetz über den Widerruf von Einbürgerungen und die Aberkennung der deutschen Staatsangehörigkeit« vom 14. Juli 1933, das die

Aufhebung jeder Verleihung der deutschen Staatsbürgerschaft zwischen dem 9. November 1918 und dem 30. Januar 1933 ermöglichte, wesentlich gegen die infolge des Krieges nach Deutschland eingewanderten »Ostjuden«, aber die weitere Entrechtung der jüdischen Gemeinschaft insgesamt wurde dadurch nicht aufgehalten, auch keine irgendwie geartete Differenzierung vorgenommen. Am 4. Oktober 1933 erging das »Schriftleitergesetz«, das zur Entlassung aller »nichtarischen« Redakteure führte; 1934 wurde den deutschjüdischen Studenten der Medizin und Zahnmedizin die Zulassung zu den Examina verweigert, dem folgten noch im selben Jahr die Juristen und Apotheker. Die von Hindenburg veranlaßten Sonderregelungen für die Juden, die im Ersten Weltkrieg als Soldaten gedient hatten, fanden nach seinem Tod immer schärfere Kritik von seiten der radikalantisemitischen Gruppen in der NSDAP. Deren Unmut ging nicht zuletzt darauf zurück, daß sich die Vermutung über die jüdische »Drückebergerei« während des Krieges nicht bestätigt hatte. Vorläufig begnügte man sich noch mit Schikanen, aber im Reichsinnenministerium, dessen Leiter Frick sich auch als Chef des »Rassenministeriums« sah, arbeitete man bereits an grundsätzlichen Lösungen.

Bis dahin wurde die Definition für den Begriff »Nichtarier« immer noch aus dem »Gesetz zur Wiederherstellung des Berufsbeamtentums« bezogen; dort hieß es: »Als nicht arisch gilt, wer von nichtarischen, insbesondere jüdischen Eltern oder Großeltern abstammt. Es genügt, wenn ein Elternteil oder ein Großelternteil nicht arisch ist.« Die Zugehörigkeit zum Judentum wurde mangels prüfbarer äußerer Kriterien über die Religion definiert, was – angesichts der Säkularisierung des Judentums – zu einer aufwendigen »Ahnenforschung« zwang. Neben den gesetzlichen Repressalien spielte die zunehmende gesellschaftliche Isolation der deutschen Juden eine wichtige Rolle. Studentische Corps und die Veteranenverbände schlossen ihre jüdischen Mitglieder ebenso aus wie jeder beliebige andere Verein; vielfach kamen die Mitglieder einem entsprechenden Begehren durch freiwilligen Austritt zuvor. Die im Prinzip gewünschte Auswanderung wurde durch die Tatsache erschwert, daß die potentiellen Aufnahmeländer selbst mit einer großen Arbeitslosigkeit zu kämpfen hatten, während umgekehrt zahlreiche Juden aus dem Baltikum, Ungarn, Polen und Rumänien in Richtung Westen aufgebrochen waren.

Bis zum Januar 1934 verließen 37.000 Juden Deutschland. Die am 17. September 1933 eingerichtete »Reichsvertretung der deutschen Juden« mahnte aber ebenso wie die prononciert nationalkonservativen Organisationen, etwa der »Centralverein deutscher Staatsbürger jüdischen Glaubens«, der »Verband Nationaldeutscher Juden« oder der »Reichsbund Jüdischer Frontsoldaten«, wiederholt zum Ausharren. Curt Elsbach, ein Mitglied der Leitung des »Reichsbundes«, erklärte noch im Februar 1935 auf die Frage, ob es nicht besser wäre, Deutschland zu verlassen: »Wir kennen nur ein Vaterland und eine Heimat, das ist Deutschland.« Wie weit diese Verbundenheit ging, zeigte sich, nachdem im Wehrgesetz vom 21. Mai 1935 diejenigen Juden, bei denen beide Elternteile jüdischer Herkunft waren, vom Dienst mit der Waffe ausgeschlossen wurden. Schon in einem Brief an Hitler vom 20. März des Jahres hatte der Geschäftsführer des »Verbandes Nationaldeutscher Juden« um die Zulassung der Juden zum Wehrdienst gebeten, damit man endlich in der Lage sei, die Zweifel an ihrer nationalen Zuverlässigkeit auszuräumen. Allein in den ersten sechs Wochen nach der Wiedereinführung der Wehrpflicht meldeten sich aus einem Landesverband des »Reichsbundes« achthundertfünfzig Männer jüdischer Herkunft freiwillig zu den Waffen. Es gab Fälle, in denen Deutsche jüdischer Herkunft nicht nur einzelne Maßnahmen des Regimes, etwa die Außenpolitik, verteidigten, sondern ihre prinzipielle Anerkennung des NS-Systems äußerten, das sich nur zu seinen »wahren« Prinzipien bekehren müsse, die in der nationalen Einheit und dem sozialen Ausgleich der Klassen zu suchen seien. Mancher zahlte bei den ersten Sammelaktionen des »Winterhilfswerks« besonders hohe Beträge ein, um seine Loyalität zu demonstrieren; ein Verhalten, das vor allem bei »Mischlingen« verbreitet war. Die eigentliche Zielsetzung des Regimes wurde damit grotesk verkannt.

Durch eine Weisung an die Stapostellen vom 10. Februar 1935 verbot Heydrich alle jüdischen Veranstaltungen, in denen dazu aufgefordert wurde, im Reich zu bleiben. Aber nachdem die Übergriffe des Jahres 1933 abgeklungen waren, kehrte eine ganze Zahl von emigrierten Juden – allein 1935 sollen es zehntausend gewesen sein – wieder in ihre Heimat zurück, obwohl die Reichsregierung alles tat, um die Auswanderung der jüdischen Bevölkerung voranzutreiben. Dadurch ergab sich eine merkwürdige Interessenübereinstimmung zwischen den Nationalsozialisten und den Zionisten, die von jeher gegen die Assimilation der Juden aufgetreten waren und einen eigenen jüdischen Staat in Palästina schaffen wollten. In der »Zionistischen Vereinigung für Deutschland« (ZVfD) hatte es schon vor 1933 Stimmen gegeben, die für Gespräche mit den Nationalsozialisten eintraten, und nach dem April-Boykott äußerte einer der führenden Zionisten, Kurt Blumenfeld, es bestehe »heute eine ganz besondere Chance, die deutschen Juden für die zionistische Idee zu gewinnen. Wir haben die Pflicht, in diesen Tagen belehrend und werbend aufzutreten.«

Noch einen Schritt weiter als die ZVfD ging die von ihr abgesplitterte »Staatszionistische Organisation (Vereinigte Revisionisten Deutschlands)« unter der Leitung von Georg Kareski, die sogar offiziell die nationalsozialistische Judenpolitik unterstützte. In einem Interview mit dem »Angriff« vom 23. Dezember 1935 erklärte Kareski, daß ihm eine »reinliche Scheidung sehr erwünscht« sei, die die Vermischung von Juden und »Ariern« beende und insofern alten zionistischen Forderungen entspreche. Trotz dieser Anpassung gelang es den Zionisten aber nicht, das Mißtrauen der NS-Behörden vollständig zu zerstreuen.

Eine Ausnahme bildete ausgerechnet die SS. Zwar gab es in der Gestapo seit

1933/34 ein auch für die Judenfrage zuständiges Referat und beim SD seit 1934 eine entsprechende Einrichtung, aber irgendwelche weitergehenden Planungen zur Lösung der »Judenfrage« existierten nicht. Dann schrieb Heydrich im September 1935 in einem Artikel des »Schwarzen Korps«, der Zeitung der SS-Führung, man befinde sich »in Übereinstimmung mit der großen geistigen Bewegung im Judentum selbst, dem Zionismus, dessen Grundlage die Erkenntnis von der Zusammengehörigkeit des Judentums in der ganzen Welt und die Ablehnung aller Einschmelzungsideen ist«. In den Jahren 1935 und 1937 schickten SD und Gestapo Beobachter zu den Zionistischen Kongressen, darunter Adolf Eichmann, der im Judenreferat des SD-Hauptamtes (II/112) das Sachgebiet »Jüdische Organisationen« bearbeitete.

SD und Gestapo hielten an ihrem Kurs gegenüber den Zionisten sogar fest, als sich im Innenministerium und im Auswärtigen Amt Stimmen gegen eine weitere Auswanderung der deutschen Juden nach Palästina erhoben. Die Ursache dafür bildete der »Peel-Teilungsplan« vom Juli 1937, der die Entstehung eines jüdischen Staates in Palästina in greifbare Nähe zu rücken schien. Das Auswärtige Amt warnte davor, »daß ein jüdischer Staat in Palästina den jüdischen Einfluß in der Welt in unvorhersehbarem Ausmaß stärken würde. Ebenso wie Moskau die Zentrale für die Komintern, würde Jerusalem die Zentrale einer jüdischen Weltorganisation bilden, die dabei ebenso wie Moskau mit diplomatischen Mitteln arbeiten könnte.« Hitler ging aber sowenig wie Himmler und Heydrich von der Auswanderung der Juden ab und wollte ihr keine Hindernisse in den Weg gelegt wissen. Sein vorrangiges Ziel, »Deutschland rassisch zu ›sanieren‹« (Francis R. Nicosia), ließ sich nur dann erreichen, wenn die Juden umgehend zum Verlassen des Landes gezwungen wurden.

Nach den brutalen Übergriffen gegen die Juden in der Phase der »Machtergreifung« ergab sich für kurze Zeit eine Entspannung der Lage aufgrund mehrerer Faktoren: Hitler wollte sich nach 1933/34 ganz auf die Festigung seiner Macht im Inneren konzentrieren und keine Ablenkung von diesem Ziel dulden, er mußte die Folgen einer weiteren außenpolitischen Isolierung fürchten – selbst der von ihm bewunderte Mussolini verhöhnte das nationalsozialistische Regime wegen seiner absurden Rassenpolitik –, und schließlich richtete die NS-Führung ihr Augenmerk auf die Rückgewinnung des Saarlandes, dessen vorwiegend katholische Bevölkerung durch allzu drastische antisemitische Maßnahmen abgeschreckt werden konnte. Mit dem Jahr 1935 endete die Zurückhaltung, das Vorgehen gegen die jüdische Gemeinschaft wurde wieder verschärft, und viele Stellen drängten auf eine prinzipielle Klärung der Stellung der Juden im Dritten Reich.

Bereits in seinem »Mythus des 20. Jahrhunderts« hatte Rosenberg gefordert, daß Ehen zwischen Juden und Nichtjuden verboten werden müßten, daß jede Form des geschlechtlichen Verkehrs mit schweren Strafen, Zuchthaus oder Hinrichtung, zu ahnden sei. Am 13. März 1930 hatte die NSDAP-Fraktion im Reichstag den Entwurf eines »Gesetzes zum Schutz der deutschen Nation« eingebracht, der für »Rassenverrat« Zuchthausstrafen vorsah. Nach der Regierungsübernahme Hitlers erarbeitete dann der preußische Justizminister Kerrl zusammen mit seinem Staatssekretär Roland Freisler den Vorschlag für ein »Nationalsozialistisches Strafrecht«, der gleichfalls den Beischlaf zwischen Deutschen und Juden unter Strafandrohung stellte. Derartige Vorschläge trafen allerdings nicht nur auf den Widerspruch des deutschnationalen Reichsjustizministers Gürtner, auch im Ausland reagierten Kommentatoren und Politiker mit sarkastischen Bemerkungen auf den Rückfall in eine mittelalterliche Ghettopolitik.

Aus Opportunitätsgründen sprach sich Hitler für eine vorläufige Zurückhaltung in dieser Frage aus; aber der Druck der antisemitischen Radikalen in der Partei stieg weiter an, unterstützt von der unzufriedenen SA, die nach dem Scheitern ihrer revolutionären Träume eine neue Existenzberechtigung suchte. Propagandafeldzüge gegen die »Rassenschande«, die eher als Ventil gedacht waren, führten noch zu einer Verschärfung des Klimas. Es kam vereinzelt zu Lynchaktionen gegen deutsch-jüdische Paare, und Standesbeamte weigerten sich in vorauseilendem Gehorsam, weitere »Mischehen« zwischen »Ariern« und »Nichtariern« zu schließen. Um die Ausweitung solcher unkontrollierbaren Aktionen zu verhindern, erklärte sich Gürtner endlich bereit, einer »Blutschutzgesetzgebung« zuzustimmen.

Im April 1935 kündigte Frick eine »Neufassung des Staatsbürgerrechts« auf »rassischer Grundlage« an, am 10. Juli lag der Entwurf eines »Gesetzes gegen volksschädliche Ehe« vor, das in drei Fällen (bei Ansteckungsgefahr, bei Erbkrankheiten oder wenn »eine die Reinerhaltung des deutschen Blutes gefährdende Nachkommenschaft« zu erwarten sei) die Heirat ausschloß. Ende des Monats erging eine Weisung an die Standesämter, vorsorglich die Heirat zwischen »Volljuden« und »Vollariern« bis zur endgültigen Regelung aufzuschieben. Allerdings kam bis zum September 1935 keine brauchbare Gesetzesvorlage zur Frage der »Mischehen« zustande, weil sich die Juristen nicht über die Rechtsstellung der »Mischlinge« einigen konnten. Hitler machte selbst dem Hin und Her ein Ende, indem er während des Reichsparteitages, am 13. September 1935, von Staatssekretär Hans Pfundtner und anderen hohen Beamten des Reichsinnenministeriums verlangte, umgehend einen Gesetzestext vorzulegen. Pfundtner befahl daraufhin die zuständigen Beamten nach Nürnberg, wo sie sich unmittelbar an die Arbeit zu machen hatten. In der Eile war Einigkeit über den präzisen Inhalt des Begriffs »Jude« nicht zu erzielen, aber am 15. September verabschiedete der in Nürnberg versammelte Reichstag das »Reichsbürgergesetz«, das die Juden zu »Staatsangehörigen« (im Gegensatz zu den arischen »Reichsbürgern«) herabstufte, und das »Gesetz zum Schutze des deutschen Blutes und der deutschen

Ehre«, das Ehen zwischen Juden und Staatsangehörigen »deutschen oder artverwandten Blutes« ebenso verbot wie deren außereheliche Geschlechtsverkehr. Bei Zuwiderhandlung konnte der »schuldige« Mann mit Gefängnis oder Zuchthaus bestraft werden.

Am 14. November 1935 wurde die »Erste Verordnung zum Reichsbürgergesetz« erlassen. Paragraph 5 bestimmte: »Jude ist, wer von mindestens drei der Rasse nach volljüdischen Großeltern abstammt ... Als Jude gilt auch der von zwei volljüdischen Großeltern abstammende staatsangehörige jüdische Mischling, a) der beim Erlaß des Gesetzes der jüdischen Religionsgemeinschaft angehört hat oder danach in sie aufgenommen wird, b) der beim Erlaß des Gesetzes mit einem Juden verheiratet war oder sich danach mit einem solchen verheiratet, c) der aus einer Ehe mit einem Juden im Sinne des Absatzes 1 stammt, die nach dem Inkrafttreten des Gesetzes zum Schutze des deutschen Blutes und der deutschen Ehre vom 15. September 1935 geschlossen ist, d) der aus dem außerehelichen Verkehr mit einem Juden im Sinne des Absatzes 1 stammt und nach dem 31. Juli 1936 außerehelich geboren wird.«

Alle diejenigen, die nur »von einem oder zwei der Rasse nach volljüdischen Großeltern« abstammten, erhielten die Bezeichnung »jüdischer Mischling«, ihnen wurde ein »vorläufiges Reichsbürgerrecht« zugestanden. Die »Mischlinge ersten Grades« (mit zwei jüdischen Großelternteilen) waren unter anderem wehrpflichtig, ihre Vereheilichung stand aber in fast jedem Fall unter Genehmigungspflicht; allmählich verloren sie sämtliche Privilegien, die sie gegenüber »Volljuden« besaßen. Durch eine Geheimverfügung des Oberkommandos der Wehrmacht entfernte man sie nach Kriegsausbruch aus der Wehrmacht, und infolge einer Anordnung Görings vom 13. Oktober 1943 konnten sie zum Arbeitseinsatz im Rahmen der »Organisation Todt« verpflichtet werden. Demgegenüber wurden die »Mischlinge zweiten Grades« (mit einem jüdischen Großelternteil) den »Deutschblütigen« in vieler Hinsicht gleichgestellt. Das Reich zog sie zum Militärdienst ein, sie durften allerdings nicht Beamte werden und auch keine Beamten heiraten, weiter schloß man sie von der Funktion des »Erbhofbauern« ebenso aus wie von der des »Schriftleiters«. Bereits am 1. Oktober 1935 wurden sie sowie alle verbliebenen jüdischen Beamten per Beurlaubung aus dem Beamtendienst entfernt, eine Maßnahme, die den Auftakt für die endlose Kette der folgenden Berufsverbote bildete.

Mit der Aufhebung der jüdischen Emanzipation durch die Nürnberger Gesetze nahm das Reich einen Sonderstatus unter den Ländern des europäischen Kulturkreises ein. Zwar gab es in einigen osteuropäischen Ländern antijüdische Gesetze, und in ihren afrikanischen und asiatischen Gebieten verboten die Kolonialmächte häufig die Heirat zwischen Weißen und Angehörigen der einheimischen Völker, aber von einem »Rassenrecht« konnte – so ein zeitgenössischer Autor – »nur in drei Ländern der Welt die Rede sein: In den Vereinigten Staaten von

Amerika, im Deutschen Reich und – schon in weit schwächeren Ansätzen – in der Südafrikanischen Union« (Heinrich Krieger).

Läßt man Südafrika, das aufgrund seiner Geschichte in einer besonderen Situation war, außer Betracht, so bleibt auffällig, wie sehr Hitler die Rassengesetzgebung der Vereinigten Staaten als vorbildlich empfand. In seinem unveröffentlicht gebliebenen »Zweiten Buch« hatte er schon 1928 darauf hingewiesen, daß die Amerikaner als ein »junges, rassisch ausgesuchtes Volk« klug genug gewesen seien, eine »planmäßige Verbastardisierung mit minderem Menschenmaterial« zu vermeiden, indem sie, »angeregt durch die Lehren eigener Rassenforscher, besondere Maßstäbe für die Einwanderung aufgestellt« hätten. Hitler spielte damit auf die Migrationsgesetze der USA an, durch die seit dem Ende des 19. Jahrhunderts vor allem die Einwanderung von Asiaten verhindert werden sollte.

Von den achtundvierzig Unionsstaaten, die es Mitte der dreißiger Jahre gab, kannten dreißig ein Verbot der Mischheirat von Weißen und Schwarzen, dreizehn ein Verbot der Heirat von Weißen und Asiaten, sieben von Weißen und Indianern, vier von Weißen und Malayen. In keinem Fall war die Ehe zwischen Angehörigen der Minderheitsrassen verboten. In einzelnen Fällen mußten sehr komplizierte Bestimmungen für die »Mischlinge« aufgestellt werden. Mit dem faktischen Ausschluß von der Teilnahme an den Vorwahlen in den Südstaaten der USA, der getrennten Schulausbildung und der Aufstellung von Regimentern »farbiger« Infanterie und Kavallerie für die Bundesarmee konnten die amerikanischen Segregationsgesetze tatsächlich als »Rassenrecht« angesprochen werden. Allerdings gab es in den Vereinigten Staaten seit der Jahrhundertwende wachsende Widerstände gegen diese Regelungen wie auch gegen die faktische Benachteiligung der Schwarzen, die unter den Bedingungen eines parlamentarischen Systems schließlich zur Gleichstellung aller Rassen führten.

Nach der Verabschiedung des »Reichsbürger-« und des »Blutschutz-Gesetzes« hatte Hitler erklärt, daß diese Maßnahmen als »Versuch einer gesetzlichen Regelung der Judenfrage« anzusehen seien. Sollte die »einmalige säkulare Lösung« aber nicht die gewünschten Ergebnisse zeitigen, werde man – die Drohung war unverkennbar – die Klärung vom Staat auf die Bewegung übertragen. Nach einer weiteren kurzen Entspannung der Situation wegen der Olympischen Spiele zeichnete sich bald die Tendenz zu einer definitiven Verschärfung ab. Nicht allein Streicher hetzte weiter gegen die »Schlange Alljuda«, auch der Reichsärzteführer Gerhard Wagner, der bereits im Vorfeld der »Nürnberger Gesetze« eine unrühmliche Rolle beim Verlangen nach immer neuen Drangsalierungen gespielt hatte, erklärte in einer Rede am 12. September 1936: »Denen aber, die da glauben, die Judenfrage wäre durch die Nürnberger Gesetze für Deutschland nun endgültig geregelt und damit erledigt, sei gesagt: Der Kampf geht weiter ... und wir werden diesen Kampf nur siegreich bestehen, wenn jeder deutsche Volksgenosse weiß, daß es hier um Sein oder Nichtsein geht.« Auf Weisung Hitlers legte das Reichsfinanzministerium schließlich im Juni 1937 den Text für ein Gesetz über eine spezielle »Judensteuer« vor, das jedoch wegen der Vorbehalte Görings und des Justizministeriums nicht zur Durchführung kam, die ablehnende Reaktionen im Ausland fürchteten.

Trotzdem setzte sich die wirtschaftliche Verdrängung der Juden stetig fort. In den Bereichen, in denen es traditionell einen deutlich überproportionalen jüdischen Anteil gab – im Bankenwesen, im Einzelhandel, vor allem der Bekleidungsbranche, in den freien Berufen und im Vieh- und Landprodukthandel –, schaltete man ihren Einfluß systematisch aus. Gleichzeitig wurden die »Arisierungen« forciert. Die Gauwirtschaftsberater führten Akten über jedes jüdische Geschäft und arbeiteten eng mit den Finanzämtern, Industrie- und Handelskammern sowie der örtlichen Verwaltung zusammen. Mit behördlichem Druck, zum Teil aber auch durch Boykott und Krawallaktionen, wurden jüdische Unternehmer zur Aufgabe ihrer Geschäfte genötigt. Häufig kamen die Maßnahmen einer faktischen Enteignung gleich. Einer der seltenen Fälle, in denen sich das Gewissen regte, ist dokumentiert in dem empörten Schreiben eines »Nationalsozialisten, SA-Manns und Bewunderers Adolf Hitlers« aus München, der sich von den »brutalen Maßnahmen und … Erpressungen an den Juden derart angeekelt« fühlte, daß er »von nun ab jede Tätigkeit bei Arisierungen ablehne, obwohl mir dabei ein guter Verdienst entgeht … Als alter, rechtschaffener, ehrlicher Kaufmann kann ich nicht mehr zusehen, in welch schamloser Weise von vielen ›arischen‹ Geschäftsleuten, Unternehmen etc. versucht wird, die jüdischen Geschäfte, Fabriken etc. möglichst wohlfeil und zu einem Schundpreis zu erraffen.«

Zum Zeitpunkt der Regierungsübernahme Hitlers hatte es in Deutschland etwa hunderttausend jüdische Betriebe gegeben. Im April 1938 waren es nur noch 39.532, die übrigen waren entweder liquidiert oder »arisiert«. Die Zahl der jüdischen Geschäfte sank von fünfzig- auf neuntausend im Juli 1938. Bis zu diesem Zeitpunkt stieg die Zahl der jüdischen Arbeitslosen auf sechzigtausend Personen, während im Reich sonst Arbeitskräftemangel herrschte. Viele jüdische Akademiker mußten ihr Leben als Hausierer fristen, ein deutliches Zeichen dafür, daß die ganze jüdische Gemeinschaft in Deutschland allmählich unter das Existenzminimum herabgedrückt oder durch die Not zur Auswanderung gezwungen werden sollte; mit dem »Gesetz zur Änderung der Gewerbeordnung« vom 6. Juli 1938 wurde den Juden dann auch noch der Beruf des reisenden Händlers verboten.

Die jüdischen Gemeinden bildeten vielfach den einzigen Halt für die isolierten und entrechteten jüdischen Bürger. Zwischen 1933 und 1938 nahmen sie jährlich zwischen 25 und 40 Millionen Reichsmark an Gemeindesteuern ein. Bis 1937 wurde die Hälfte dieser Summe für Wohlfahrtspflege ausgegeben. Insgesamt war eine stetige Verschlechterung des sozialen Status der jüdischen Gemeinschaft zu verzeichnen; so mußte die 1934 gegründete »Jüdische Winterhilfe« im Winter

1937/38 zwanzig Prozent der jüdischen Bevölkerung mit Heizmaterial, Nahrung und Kleidung versorgen.

Die erzwungene Separierung der jüdischen Deutschen nötigte sie dazu, ihre verschiedenen Lebensbereiche neu zu gestalten. Der jüdische »Kulturbund« mit seinen siebzigtausend Mitgliedern unterhielt drei Theatergruppen, eine Opernbühne, zwei Symphonieorchester, eine Kleinkunstbühne, ein Theater für die jüdischen Schulen, zahlreiche Kammermusik- und Chorvereinigungen. In dem Jugendbund »Hechaluz« waren dreißigtausend Jungen und Mädchen zusammengeschlossen, daneben gab es noch Turnvereine und andere gesellschaftliche Zusammenschlüsse, die auf die Juden beschränkt wurden. Es existierten bis 1938 einige Verlage weiter, und die jüdischen Zeitungen, wie etwa die »CV-Zeitung«, konnten in bestimmten Bereichen ein freieres Wort führen als die »arische« Presse.

Zu den herausragenden geistigen Persönlichkeiten des deutschen Judentums in dieser Zeit gehörten der Theologe und Philosoph Martin Buber sowie der Rabbiner Leo Baeck. Baeck, der als Präsident der »Reichsvertretung« vorstand, verfaßte 1935 für den jüdischen Bußtag »Kol Nidre« ein Gebet, das an alle Synagogen verschickt wurde, um es im Gottesdienst zu verlesen: »Wir stehen vor unserem Gotte. Mit derselben Kraft, mit der wir unsere Sünden bekennen, die Sünden des einzelnen und die der Gesamtheit, sprechen wir es mit dem Gefühl des Abscheus aus, daß wir die Lüge, die sich gegen uns wendet, die Verleumdung, die sich gegen unsere Religion und ihre Zeugnisse kehrt, tief unter unseren Füßen sehen. Wir bekennen uns zu unserem Glauben und zu unserer Zukunft. – Wer hat der Welt das Geheimnis des Ewigen, des *einen* Gottes verkündet? Wer hat der Welt die Achtung vor dem Menschen, dem Ebenbilde Gottes gegeben? Wer hat der Welt das Gebot der Gerechtigkeit, den sozialen Gedanken gewiesen? In unserem Judentum ist es gewachsen und wächst es. An diesen Tatsachen prallt jede Beschimpfung ab.«

Widerstand und Exil

In den ersten Monaten des Jahres 1933 hatte es noch die Möglichkeit legaler Opposition gegen das Regime gegeben. Aber schon nach der »Reichstagsbrandverordnung« waren die Arbeitsbedingungen für die Parteien der Linken, insbesondere die Kommunisten, immer weiter verschlechtert worden. Die KPD hatte sich auf diese Lage seit längerem vorzubereiten versucht, Waffenlager angelegt und konspirative Arbeitsmöglichkeiten eingeübt. Außerdem sah die kommunistische Führung, trotz der Verhaftung Ernst Thälmanns und anderer wichtiger Funktionäre, in der politischen Entwicklung besondere Chancen für die Durchsetzung der eigenen revolutionären Ziele. Nachdem die Aufforderung an die SPD zum gemeinsamen Generalstreik am 25. Februar ohne Widerhall geblieben war, erklärte das Exekutivkomitee der Komintern am 1. April 1933 die Sozialdemokratie erneut zum Hauptfeind, während die offene faschistische Diktatur die Massen von allen bürgerlich-demokratischen Illusionen befreien und den Weg für die Errichtung der Diktatur des Proletariats bereiten werde.

Die hierarchische Struktur der KP ermöglichte es der »Auslandsleitung«, zuerst von Prag und Paris, dann von Moskau aus die Aktionen im Reich zu lenken. Doch immer neue Verhaftungswellen der Gestapo brachten den Widerstand der Kommunisten in der zweiten Hälfte der dreißiger Jahre fast zum Erliegen. Von den dreihunderttausend Mitgliedern, die die KPD 1932 gehabt hatte, wurde im Dritten Reich fast die Hälfte zu irgendeinem Zeitpunkt inhaftiert. Auch aus diesem Grund gab die KPD 1935 ihre ultralinke Politik auf und forderte statt dessen das Zusammengehen mit sozialdemokratischen, aber auch bürgerlichen Gruppen im Sinne der »Volksfront«-Taktik. Durch diesen Schritt konnte indes kaum verhindert werden, daß sich der Kampf immer stärker individualisierte und von der KP-Führung im Exil ablöste.

Verglichen mit dem kämpferischen Aktivismus der Kommunisten war die Haltung der Sozialdemokraten und der Gewerkschaften zögerlich. Hier spielte die Erwartung eine Rolle, man könne wie zur Zeit der Sozialistengesetze Bismarcks ausharren. Die Orientierung an parlamentarischen und legalen Verfahrensweisen mußte sich unter den gegebenen Umständen als schwerer Nachteil erweisen. Der Aufruf für eine schärfere Konfrontation, den die Exil-Parteiführung in Prag am 29. Mai 1933 ergehen ließ, traf nicht nur auf den Widerspruch von Genossen, die im Reich geblieben waren, er signalisierte im Grunde auch das Scheitern der Strategie, die man bisher verfolgt hatte. Die Träger des Widerstandes waren vor allem jüngere Genossen, die den Attentismus der Älteren oft schon vor der »Machtergreifung« kritisiert hatten. Vielfach kam es zur Kooperation mit kleinen, elitären Gruppen der Linken wie dem »Internationalen Sozialistischen Kampfbund« (ISK), dem Zusammenschluß »Neu Beginnen«, der »Sozialistischen Arbeiterpartei« (SAP) oder dem »Roten Stoßtrupp«. Ehemalige SPD-Funktionäre wie Theodor Haubach, Adolf Reichwein, Wilhelm Leuschner, Carlo Mierendorff und Julius Leber nahmen seit dem Ende der dreißiger Jahre vermehrt Kontakt zur bürgerlichen und militärischen Opposition auf – ein Konzept, das auch von den Gewerkschaftern unterstützt wurde, nachdem Wilhelm Leuschner 1937 die illegale Reichsleitung des ADGB übernommen hatte.

Außerhalb der Linken gehörten, auf den ersten Blick überraschend, zur Opposition vor allem Männer der radikalen Rechten. Neben dem stellvertretenden Bundesführer des Stahlhelm, Theodor Duesterberg, und hochkonservativen Einzelgängern wie Ewald von Kleist-Schmenzin gab es den erwähnten Kreis um Edgar J. Jung und Herbert von Bose, die im Frühjahr 1934 im Vizekanzleramt

An die Juden in Deutschland!

Im Jahre 1938 kann der

Zentralausschuß für Hilfe und Aufbau bei der Reichsvertretung der Juden in Deutschland

auf eine Tätigkeit von 5 Jahren zurückblicken. In dieser Zeit hat er sich auf den 5 Hauptgebieten seines Wirkens:

Wanderung — Berufsausbildung und Umschichtung — Schulwesen — Wirtschaftshilfe — Wohlfahrtspflege

zu der zentralen Planstelle entwickelt, die als öffentliche Hand aus der wirtschaftlichen und sozialen Hilfsarbeit für die Juden in Deutschland nicht mehr wegzudenken ist. Der

Auflösungsprozeß der Judenheit in Deutschland

setzt sich fort. Etwa ein Drittel des früheren Bestandes der jüdischen Bevölkerung hat Deutschland bereits verlassen, viele stehen vor ihrer Auswanderung, viele weitere müssen folgen. Die Notwendigkeit, diesen Vorgang zielbewußt durch

zweckmäßige Berufsausbildung und durch geeignete Wanderungsplanung

in geordnete Bahnen zu lenken und durch **planmäßige Aufbauarbeit** den Weg in die Zukunft zu ebnen, besteht weiter. In gleichem Umfange verbleibt die Verpflichtung, der Not des Tages zu begegnen und für die Zurückbleibenden zu sorgen. So ist es nötig, daß die Juden in Deutschland ihr großes konstruktives Werk ferner erhalten und festigen.

Mit der gleichen Entschlossenheit und dem gleichen Selbstvertrauen, mit dem alle helfenden und aufbauenden Kräfte in den verflossenen Jahren das Werk geschaffen und getragen haben, muß die Lösung der verbliebenen Aufgaben in Angriff genommen werden. Die Arbeit hierfür soll im Jahre 1938 unter der

Parole „5 Jahre Hilfe und Aufbau"

fortgeführt werden. Diese Parole soll verpflichtend mahnen, die Energien wach zu halten, sich keiner unberechtigten Verzweiflungsstimmung hinzugeben und nicht über den persönlichen Sorgen die Sorge für das Schicksal der Gemeinschaft zu vergessen.

Erneut rufen wir die Juden in allen Gemeinden und in allen Gruppen auf, sich dessen bewußt zu bleiben, was diese ihre Gemeinschaft von ihnen fordern darf und weiter fordern muß. Was uns „Hilfe und Aufbau" in 5 Jahren war, muß jüdisches Verantwortungsbewußtsein und jüdischer Opfersinn aufrecht erhalten und ausbauen.

5 Jahre Hilfe und Aufbau! Helft weiter!

Reichsvertretung der Juden in Deutschland

Verantwortlich: Dr. Franz Meyer, Berlin W 15 ● Druck: Otto Grüner (Inh.: Franz Loewenson), Berlin N 4

Aufruf des Berliners Dr. Franz Meyer im Namen der Organisation zu anhaltender Unterstützung der Juden im NS-Staat, 1938. Koblenz, Bundesarchiv

Zur Erinnerung an den im Konzentrationslager Oranienburg am 10. Juli 1934 gestorbenen Schriftsteller Erich Mühsam. Das 1934/35 entstandene Blatt 45 mit dem Titel »Schriftsteller, was?« von George Grosz in seinem 1936 in den USA erschienenen Sammelwerk »Interregnum«. Berlin, Freie Universität, Universitätsbibliothek

Papens noch Einflußmöglichkeiten besessen hatten, über die sonst keine Widerstandsgruppe verfügen konnte. Nach dem Scheitern aller Bemühungen dieser Gruppen waren es vor allem Männer aus der nationalrevolutionären Bewegung, die von Anfang an gegen das NS-Regime arbeiteten. Otto Strasser, ein Bruder Gregors, der sich 1930 im Streit von der NSDAP getrennt hatte, mußte Deutschland unmittelbar nach dem Regierungsantritt Hitlers verlassen. Als seine Versuche, sich dem neuen und gegen seine Erwartungen erfolgreichen Regime anzudienen, gescheitert waren, entwickelte seine »Schwarze Front« von Österreich und der Tschechoslowakei aus eine Agitation gegen Hitlers Verrat am »wahren« Nationalsozialismus. Im grenznahen Zahori ging seit November 1934 ein Rundfunksender in Betrieb, um die Deutschen zur Erhebung zu rufen. Die Resonanz blieb gering, aber auch die Anhänger Strassers im Reich setzten ihre illegale Arbeit fort. Allerdings waren schon im Juni und August 1933 dreihundert Mitglieder der »Schwarzen Front« inhaftiert worden, und bis zum Mai 1935 hatte die Gestapo die Bewegung völlig zerschlagen, ohne daß Hitler von seiner »Strasser-Psychose« (Patrick Moreau), der ständigen Sorge, daß sich Teile der Partei zu einem »linken« Nationalsozialismus bekehren würden, zu kurieren war.

Die intellektuell bedeutendste Persönlichkeit unter den revolutionären Nationalisten der Weimarer Zeit war Ernst Niekisch. Er ging aus der Arbeiterbewegung hervor, hatte zu den Köpfen der Münchener Räterepublik gehört, sich dann aber einem »preußischen Bolschewismus« zugewandt. Er gab seit 1926 die Zeitschrift »Widerstand« heraus, in der häufig gegen den Nationalsozialismus polemisiert worden war. 1932 hatte er außerdem eine kleine Schrift mit dem Titel »Hitler – ein deutsches Verhängnis« publiziert; zusammen mit den ebenso aggressiven wie eindrucksvollen Zeichnungen A. Paul Webers gehörte die Broschüre zu den schärfsten Abrechnungen mit dem Führer der NSDAP. Allerdings basierte die Kritik Niekischs nicht auf der Ablehnung von Hitlers Methoden, sondern auf dem Vorwurf, daß dieser nicht radikal genug vorgehe und die Ziele der »nationalen Revolution« an den politischen Katholizismus, den »Westen« und damit an die Versailler Vertragsstaaten verraten habe. Der »Widerstand« konnte irritierenderweise noch bis 1934 erscheinen, Bücher des Widerstands-Verlages durften sogar bis 1936 weiter veröffentlicht werden. Ein Jahr darauf aber wurde Niekisch inhaftiert, des Hochverrats angeklagt und zu lebenslanger Haft verurteilt, die er bis zu seiner Befreiung 1945 unter härtesten Bedingungen im Zuchthaus Brandenburg verbüßte.

Der Leserkreis seiner Zeitschrift, die »Widerstandsbewegung«, war zwar nach dem Verbot des Blattes fast völlig zerfallen, aber in Dortmund und vor allem in Nürnberg unter der Leitung von Joseph Drexel existierten Zirkel, die sich konspirativ trafen und Flugblattpropaganda gegen das Regime betrieben. Niekisch hatte seit den zwanziger Jahren Kontakt zu Joseph (»Beppo«) Römer gehalten, einem Veteranen der Kämpfe in Oberschlesien und Führer des Freikorps »Oberland«, der auch zur frühen NSDAP gehört hatte. Wie andere Nationalrevolutionäre verließ Römer die Partei aus Enttäuschung über den Legalitätskurs Hitlers und wandte sich der KPD zu. Sofort nach dem Regierungsantritt Hitlers inhaftiert, wurde er kurz darauf entlassen, aber nach dem 30. Juni 1934 erneut verhaftet und fünf Jahre lang im KZ Dachau festgehalten. Erst im Juli 1939 in Freiheit gesetzt, nahm Römer sofort Kontakt zu Verschwörerzirkeln auf und begann mit dem Aufbau eigener Zellen, denen auch zahlreiche Kommunisten angehörten. Dabei trat er in Verbindung zu konspirativen Gruppen im Auswärtigen Amt und in der Abwehr.

Hier traf er auf Friedrich Wilhelm Heinz, der ähnlich wie Römer aus dem Lager des revolutionären Nationalismus kam und Mitglied der Marinebrigade Ehrhardt sowie Sympathisant des Strasser-Flügels in der NSDAP gewesen war. 1933 hoffte Heinz vergeblich auf die Wiederaufnahme in die Partei. Nachdem seine Bemühungen an der ablehnenden Haltung Hitlers gescheitert waren, trat Heinz im Frühjahr 1936 in die Abwehrabteilung ein. Zusammen mit anderen ehemaligen Mitgliedern der Brigade Ehrhardt wie Hartmut Plaas, ehemaligen Funktionären des Stahlhelms und jungkonservativen Intellektuellen schuf Heinz ein informelles Netz von vertrauenswürdigen Personen, die am Sturz des Regimes auf die eine oder andere Weise mitarbeiten wollten und im September 1938, angesichts einer bedrohlich zugespitzten diplomatischen Situation, an Vorbereitungen für einen Putsch beteiligt waren.

Die Zahl der Widerstand Leistenden blieb naturgemäß gering, die Konsensbereitschaft der Deutschen war groß und wurde noch größer angesichts der unbestreitbaren Erfolge des Regimes. Jedes aktive Vorgehen gegen das System setzte ein hohes Maß an persönlichem Mut voraus. Das besagt allerdings noch nichts über die ethische Qualität bei der Motivation des einzelnen. Während der dreißiger Jahre handelten die meisten Gruppen des Widerstandes nicht aufgrund von moralischen Bedenken gegen das nationalsozialistische System, sondern häufiger aus politischer Überzeugung, der Unzufriedenheit mit dem Sieg der gegnerischen politischen Bewegung, deren Ziele man ablehnte.

Umgekehrt kann man sagen, daß der »Kirchenkampf« trotz seines oppositionellen Charakters kein »Widerstand« im engeren Sinn gewesen ist. Weder katholische Kirchenführer wie Faulhaber noch Protestanten wie Niemöller oder andere aus dem Kreis der »Bekennenden Kirche« bestritten die Legitimität des Regimes als solche. Allerdings haben die christlichen Kirchen, sofern es um die Verteidigung ihrer Lebensrechte gegen den Anspruch des totalen Staates ging, »als einzige Organisation so etwas wie eine Volksbewegung gegen das nationalsozialistische Regime hervorgebracht« (Peter Hoffmann). Die Auffassung, die Bonhoeffer schon 1933 geäußert hatte, daß die Christen sich nicht nur um »die Opfer unter dem Rad« zu sorgen hätten, sondern bereit sein müßten, »dem Rad selbst in die Speichen zu fallen«, blieb aber eine krasse Ausnahmeerscheinung.

Niemöller oder der für die »Nichtarier« in der Kirche eintretende Berliner Propst Heinrich Grüber waren Einzelerscheinungen, ebenso der Münchener Jesuitenpater Rupert Mayer, der in seinen Predigten vor Rassenwahn und nationaler Hybris warnte, die zur Abkehr vom Christentum führen müßten.

Vor Kriegsbeginn kam eine oppositionelle Haltung eher in abweichendem Sozialverhalten als in Formen des Widerstands zum Ausdruck. Der Dissens wurzelte meistens in Traditionen und Lebenswelten, die dem Zugriff der NS-Ideologie ganz oder teilweise entzogen waren. Im proletarischen Milieu genügte vielleicht das Politisieren beim Gespräch am Tresen, oder man grüßte sich halb scherzhaft mit dem Zuruf »Hannen Alt«, was Eingeweihten die kommunistische Orientierung verriet (das Emblem der Biermarke war eine geballte Faust). In den konfessionell geprägten Teilen des Bürgertums spielten der Kirchgang oder die Mitgliedschaft in den evangelischen oder katholischen Jugendgruppen eine Rolle. Die seit 1863 bestehende Berliner »Mittwochsgesellschaft«, in der sich sechzehn führende Wissenschaftler, Juristen, Militärs und Künstler trafen, bildete eine Art von weltlichem Konventikel, dem nicht nur unpolitische Forscher wie der Physiker Werner Heisenberg und der Chirurg Ferdinand Sauerbruch angehörten, sondern auch der später an der Verschwörung vom 20. Juli 1944 beteiligte Diplomat Ulrich von Hassell, der preußische Finanzminister Johannes von Popitz und der Generalstabschef des Heeres Ludwig Beck. Nachdem 1935 die Hakenkreuzflagge zur einzigen Nationalflagge erklärt worden war, konnte das Aufziehen von Schwarz-Weiß-Rot oder der kaiserlichen Reichskriegsflagge als Ausweis oppositioneller Gesinnung gewertet (und bestraft) werden. Das Verweigern der Spende für das »Winterhilfswerk« oder das demonstrative »Guten Tag« anstelle von »Heil Hitler« mochten ebenso wie der nur nachlässig zum »Deutschen Gruß« erhobene Arm als Signal der Distanzierung verstanden werden.

Alle diese Verhaltensweisen mußten nicht für sich genommen gefährlich sein, aber unter Umständen waren sie gegen den Handelnden auszulegen. Die »Verordnung zur Abwehr heimtückischer Angriffe gegen die Regierung der nationalen Erhebung« vom 21. März 1933, die am 20. Dezember 1934 zum »Heimtückegesetz« erweitert wurde, erlaubte eine sehr dehnbare Auslegung dessen, was geeignet war, »das Wohl des Reiches zu schädigen ... in der Bevölkerung Angst und Schrecken zu erregen, oder dem Deutschen Reich außenpolitisch Schwierigkeiten zu bereiten«. Schon unmittelbar nach der Regierungsübernahme Hitlers kam es zu einer wahren Flut von Denunziationen. Die Aufforderungen von Goebbels und Heß, jeden – auch anonym – zur Anzeige zu bringen, der sich als »Feind« erwies, führten zu einer solchen Zahl von Meldungen, daß die Behörden rasch überlastet waren. Dabei spielten selbstverständlich persönliche Rachebedürfnisse oder wirtschaftliche Beweggründe – etwa bei Angaben, die gegen jüdische Geschäftsleute gemacht wurden – eine Rolle, aber nicht selten handelte es sich schlicht um eine Art von ideologischem Übereifer. Besonders die Jugendlichen wurden in der HJ zu einer Geisteshaltung erzogen, die es ihnen als natürlich erscheinen lassen konnte, etwa den Pfarrer, der im Konfirmandenunterricht eine kritische Bemerkung über den Führerkult gemacht hatte, oder sogar eigene Verwandte, selbst die Eltern zu denunzieren.

Die Anzeigeerstattung ging in der zweiten Hälfte der dreißiger Jahre in dem Maße zurück, in dem das Regime die amtliche Überwachung der Bevölkerung mit Hilfe des SD und der Gestapo vervollständigte. Zwischen 1933 und 1945 wurden etwa drei Millionen Deutsche zu irgendeinem Zeitpunkt in ein Konzentrationslager verbracht, davon 800.000 wegen politischer Delikte. Die Gefangenschaft konnte Tage, manchmal Wochen und Monate, aber auch Jahre andauern. Die Gerichte verurteilten wegen politischer Delikte 225.000 Menschen zu insgesamt 600.000 Jahren Haft. Den höchsten Anteil unter den Beschuldigten stellten ehemalige Sozialdemokraten, Sozialisten und Kommunisten. Wegen illegaler Tätigkeit für SPD und KPD verhaftete die Gestapo 1936 insgesamt 11.687 Männer und Frauen, im selben Jahr beschlagnahmten die Behörden 1.643.200 Flugblätter, 1937 waren es immerhin noch 927.430.

An einen Erfolg oppositioneller Strömungen war aber nicht zu denken, weil sie in der Bevölkerungsmehrheit keinen Rückhalt fanden. In einer Denkschrift der SOPADE vom Sommer 1938 hieß es mit deutlich resigniertem Unterton: »Es ist wahr und muß offen ausgesprochen werden, daß zur Zeit bei den Gegnern Hitlers in Deutschland tiefe Niedergeschlagenheit herrscht. Sie sehen, daß große Massen des Volkes zu einer Erhebung gegen das System noch nicht reif sind, da sie geneigt sind, für den Verlust ihrer staatsbürgerlichen Freiheit und für die Verschlechterung ihrer Lebensbedingungen die außenpolitischen Erfolge Hitlers als vollen Gegenwert in Rechnung zu stellen. Die Genugtuung über das Erreichte und der Glaube an weitere Erfolge Hitlers, dem ›alles gelingt‹, tun ihre Wirkung. Die sozialdemokratische Opposition scheint in diesem Augenblick nicht nur durch den Terror niedergeschlagen, sondern auch durch die Tatsachen widerlegt.«

Die Aussicht darauf, daß das NS-Regime für längere Zeit bestehen würde, hatte nicht zuletzt erhebliche Auswirkungen auf die Emigration. Ein kleiner Teil derjenigen, die aus politischen Gründen ins Exil gegangen waren, kehrte in den dreißiger Jahren nach Deutschland zurück, darunter der Filmregisseur Georg Wilhelm Pabst, der zusammen mit Heinrich Mann und Erwin Piscator zu den Gründern des linken »Volksbunds für Filmkunst« gehört hatte und dessen Anti-Kriegsfilm »Westfront 1918« nach der nationalsozialistischen Regierungsübernahme verboten worden war. Pabst erhielt das Recht, in Deutschland weitere Filme zu drehen, denen ein größerer Erfolg allerdings versagt blieb. Zu den Remigranten gehörten außerdem der Autor Ernst Glaeser und etwa dreißig weitere Prominente, die aus verschiedenen Gründen in die Heimat zurückkehrten. Die Motive waren unterschiedlicher Natur. Bei den Künstlern und Wissenschaftlern spielte häufig eine Rolle, daß sie in der Zeit der anhaltenden Wirtschaftskrise keine Beschäftigung im Ausland fanden oder sich außerstande sahen, in einer anderen als der deutschen Sprache zu veröffentlichen. Die bildenden Künstler, die aufgrund ihrer Orientierung an Expressionismus, Kubismus, Dadaismus, Surrealismus, Konstruktivismus oder Neuer Sachlichkeit als »entartet« galten, sahen sich nicht selten auch im Ausland mit dem Unverständnis des Publikums konfrontiert.

Während Oskar Kokoschka, Wassily Kandinsky, George Grosz, Paul Klee, Kurt Schwitters unmittelbar nach der Regierungsübernahme Hitlers Deutschland den Rücken kehrten, verließ Max Beckmann erst 1937, am Tag der Eröffnung der Ausstellung »Entartete Kunst«, fluchtartig das Reich. In Amsterdam lebte er zurückgezogen in seinen Ateliers. Wenige hielten an ihrer politisch orientierten Arbeit fest, etwa John Heartfield, der weiter seine berühmten Collagen erstellte, die von seinem Bruder Wieland Herzfelde im gleichfalls emigrierten Malik-Verlag publiziert wurden. George Grosz, der mit seinen satirischen Zeichnungen während der zwanziger Jahre bekannt geworden war, behandelte nur noch unpolitische Sujets. Das 1936 in Paris gegründete »Kollektiv Deutscher Künstler« konnte so wenig wie der aus diesem Zusammenschluß hervorgegangene »Deutsche Künstlerbund« die Fortsetzung der Arbeiten garantieren. Das in den USA gegründete »New Bauhaus« mußte 1938 geschlossen werden, weil sich keine Interessenten für den Stil fanden, nur Walter Gropius und Mies van der Rohe sollten als Architekten in den Vereinigten Staaten einen erheblichen Einfluß gewinnen. Insgesamt waren es sehr wenige, die sich etablieren konnten.

Die Emigration der NS-Zeit blieb weit davon entfernt, eine homogene Größe zu sein. Anders als nach der gescheiterten Revolution von 1848 gab es jetzt sehr unterschiedliche politische und weltanschauliche Positionen unter den Vertriebenen. Bei den etwa zweitausendfünfhundert geflohenen Schriftstellern reichte das Spektrum vom kommunistischen Engagement eines Bertolt Brecht, Oskar Maria Graf oder Lion Feuchtwanger über die linken Positionen von Heinrich Mann, Franz Werfel, Ernst Toller oder Erich Maria Remarque bis zu den bürgerlichen Einstellungen Thomas Manns und der konservativen Haltung, wie sie Rudolf Borchardt oder die aus dem Kreis um Stefan George stammenden Ernst Kantorowicz und Karl Wolfskehl vertraten, die aus rassischen Gründen verfolgt wurden. Einige haben wie Feuchtwanger mit »Die Geschwister Oppenheim« (1933), Klaus Mann mit »Mephisto« (1936) oder Anna Seghers mit »Das siebte Kreuz« (1939) versucht, den »antifaschistischen« Kampf zu führen, aber die Wirkung blieb denkbar gering. Einfluß haben die Emigranten in den Aufnahmeländern vor dem Beginn des Krieges kaum ausüben können.

Das NS-Regime schätzte die Gefahr, die vom Exil ausging, entsprechend gering ein. Die Ermordung des jüdischen Philosophen und Publizisten Theodor Lessing im tschechischen Marienbad 1933 war die Ausnahme. Verelendung und

Isolation forderten eine höhere Opferzahl als die unmittelbare Verfolgung: Ernst Weiß, Walter Hasenclever, Alfred Wolfenstein, Stefan Zweig, Ernst Toller, Kurt Tucholsky und Walter Benjamin nahmen sich das Leben. Die anderen durften kaum auf Verständnis im Reich hoffen. Wer ihre Tätigkeit überhaupt wahrnahm, wie zum Beispiel die Schriftsteller und bildenden Künstler in der »Inneren Emigration«, hatte oft wenig Sinn für die Kritik von außen. Frank Thieß, der 1941 seinen Roman »Das Reich der Dämonen« als verschlüsselte Absage an das Regime geschrieben hatte, urteilte 1945 bitter über die Emigranten. Soweit sie nicht wegen ihrer Herkunft verfolgt worden seien, wären sie besser im Lande geblieben; sie hätten nicht »aus den Logen und Parterreplätzen des Auslandes der deutschen Tragödie zuschauen dürfen.«

In den Friedensjahren zwischen 1933 und 1939 hat die große Zahl der Deutschen das NS-Regime hingenommen, akzeptiert, unterstützt oder mit Begeisterung getragen. Die Zuwendung war nicht frei von Schwankungen, aber im Grundsatz stabil. Das ließ sich zum Teil auf den Erfolg der ideologischen Ausrichtung zurückführen, aber die Wirklichkeit des Dritten Reiches ist mit dem klassischen Totalitarismusbegriff kaum zu erfassen. Nach der vorherrschenden Interpretation gehören zu den Merkmalen totalitärer Regime eine Ideologie mit Absolutheitsanspruch, die Einheitspartei, eine terroristische Geheimpolizei, das Nachrichten- und Waffenmonopol sowie die staatlich kontrollierte Wirtschaft. Unbestreitbar wies das nationalsozialistische Deutschland fast alle diese Attribute auf. Aber in der Realität war die Weltanschauung nicht so allgegenwärtig, wie man meinen könnte, erschien die NSDAP innerhalb des Staates als ein Machtfaktor neben anderen, war die Gegnerbekämpfung durch SD und Gestapo auf Minderheiten beschränkt, und die Tatsache, daß das Regime in den »Friedensjahren« zahlreiche politische Gegner tötete, beeinträchtigte kaum seinen Ruf, für »Ruhe und Ordnung« gesorgt zu haben. Weiter drangen Informationen von außen ein, und erst recht gab es ökonomische Freiräume, die bis zum Kriegsbeginn und darüber hinaus erhalten blieben.

Verglichen mit England oder Frankreich waren die Zustände barbarisch, selbst gegenüber dem faschistischen Italien stach der ideologische Zwangscharakter des nationalsozialistischen Regimes besonders hervor; aber im Vergleich zu dem anderen großen totalitären System, der stalinistischen Sowjetunion, erschien Deutschland während der dreißiger Jahren fast als ein herkömmlicher autoritärer Staat. Die UdSSR, völlig isoliert von der Welt und beherrscht von einer allgegenwärtigen marxistischen Ideologie, erlebte in dieser Zeit eine Terrorwelle ohne Vergleich; Massenmorde und Massenverhaftungen waren an der Tagesordnung. Der Ausnahmezustand wurde alltäglich, und die Herrschaft des Schreckens trat offen zutage.

Dagegen konnten viele Zeitgenossen das mörderische Potential des Dritten Reiches nicht erkennen oder nicht angemessen verstehen; das betraf selbst einen

Teil seiner Opfer. Margarete Buber-Neumann, eine Kommunistin, die in die Sowjetunion geflohen war, wo man sie 1938 unter der Anklage der »konterrevolutionären Verschwörung« in einem Zwangsarbeitslager inhaftierte, wurde 1939 nach Deutschland ausgeliefert und ins KZ Ravensbrück gebracht, dessen gepflegte Schauseite sie anfangs irritierte, bis sie erkannte, daß man hier die »Bestialitäten hinter Blumenbeeten und Edeltannen« versteckt; und doch mutete die Situation ungleich besser an als in Sibirien: »So eine Ravensbrücker Baracke schien mir ein Palast, wenn ich an die Lehmhütten in Burma zurückdachte. Man bedenke nur, eine Toilette und ein Waschraum! Tische und Schemel und Schränke! In ganz Karaganda gab es für Häftlinge weder einen Tisch noch einen Stuhl. Aber nun erst der Schlafsaal mit seinen sieben, damals noch zweistöckigen Bettreihen, wo jeder Häftling sein eigenes Bett mit einem Strohsack besaß!«

Das gehörte ebenso zur Wirklichkeit des Dritten Reiches wie die Erfahrungen Marcel Reich-Ranickis, der während der dreißiger Jahre als junger Jude in Berlin lebte und zur Schule ging, von Deutschen drangsaliert, aber die klassische deutsche Literatur liebend und die glanzvollen Aufführungen der hauptstädtischen Theater: »Auf den Programmheften prangte das Hakenkreuz – und doch hatten wir es mit einer wahren Blütezeit der Bühnenkunst zu tun. Aber jene, die 1933 die Macht an sich gerissen hatten, erscheinen deshalb nicht in milderem Licht ... Die Aufführungen am Gendarmenmarkt und in einigen anderen Häusern oder die Konzerte der Berliner Philharmoniker mit Wilhelm Furtwängler an der Spitze vermochten den Terror nicht zu mindern. Aber sie haben das Leben vieler Menschen erträglicher, schöner gemacht – und eben auch mein Leben.«

Die große Krise und der Aufstieg
des neuen Reiches

Das europäische und das Weltstaatensystem zeigten Mitte der dreißiger Jahre ein ganz anderes Gesicht als zu Beginn des Jahrzehnts. Die Krise der Wirtschaft, die Krise der Demokratie und die Krise der internationalen Ordnung führten zu Instabilität, zur Verbreitung einer defätistischen Stimmung in den Ländern, die noch am Parlamentarismus festhielten, und zu militärischen Konflikten in Europa, Lateinamerika, Afrika und Asien, die die Großmächte zu lokalisieren suchten. Die optimistischen Erwartungen der unmittelbaren Nachkriegszeit waren dahin, der Siegeszug des Liberalismus schien in einem Fiasko zu enden, der Glaube an die Selbstheilungskräfte des freien Marktes schwand ebenso wie das Vertrauen in den Kompromiß der gesellschaftlichen Gruppen, in kollektive Sicherheit, Abrüstung und eine »neue Diplomatie« ohne Geheimverhandlungen und Spionage. Es schien durchaus denkbar, daß die Welt wieder in den »Naturzustand« des internationalen Systems, den ungezügelten Machtkampf aller gegen alle übergehen würde.

Im Sommer 1935 erschien das Buch »Im Schatten von morgen« des niederländischen Historikers Jan Huizinga, eine Sammlung von Essays. Huizingas Sorge galt der Zukunft Europas angesichts der »Contamination« seiner Kultur. Die Ursache dieser »Vergiftung« sah er trotz seiner konservativen Haltung nicht in den Begleiterscheinungen von Technik und Modernität, sondern in der Desillusionierung der Massen. Der Weltkrieg habe die Amoralität der Politik für alle offensichtlich gemacht und das »Gefühl für das politisch Zulässige« zerstört. Die Massen seien dem Druck dieser Erkenntnis aber nicht gewachsen und glaubten gerne dem, der sie mit revolutionären oder heroischen Gesten vom Gegenteil zu überzeugen suche, der ihnen eine neue Einheit, einen neuen Sinn, ein neues Ziel anbiete. Eine wirkliche Lösung der Probleme komme auf diesem Wege natürlich nicht zustande, nur Betäubung oder Rausch: »Wir leben in einer besessenen Welt. Und wir wissen es. Es käme für niemanden unerwartet, wenn der Wahnsinn eines Tages plötzlich ausbräche in einer Raserei, aus der diese arme europäische Menschheit zurücksänke, stumpf und irr, indes die Motoren noch surren und die Fahnen noch flattern, – aber der Geist ist entwichen.«

Die ökonomische Krise und die Krise des liberalen Systems

In den dreißiger Jahren gelang es keiner der großen Industrienationen, die Folgen des ökonomischen Kollaps zu bewältigen. Nur die Sowjetunion blieb unberührt infolge ihrer völligen Isolierung, und die Verbesserung der wirtschaftlichen Lage in Deutschland hing mit Strukturen einer »geschlossenen Gesellschaft« zusammen, deren Führung keine Rücksicht auf die längerfristigen Konsequenzen ihrer Politik nahm und sich notfalls in einen Beutezug retten konnte.

Nachdem die Folgen der militärischen Konflikte zwischen 1914 und 1922, dem Ende des russischen Bürgerkrieges, gerade ausgeglichen und eine »zweite industrielle Revolution« eingeleitet worden war, die vor allem die Automobil- und Flugzeugherstellung, die Raffinierung von Öl, die chemische und die elektrische Fabrikation betraf, folgte seit 1929 ein beispielloser Rückschlag. Die Verbesserung der sozialen Lage großer Bevölkerungsteile in den europäischen Ländern und in Nordamerika ging wieder verloren. Bis 1932 fiel die industrielle Produktion der führenden Wirtschaftsnationen auf die Hälfte des Standes von 1928, der Welthandel sank um mehr als dreißig Prozent, der Gegenwert des europäischen Handels reduzierte sich von 58 Milliarden (1928) auf 20,8 Milliarden US-Dollar (1935). Trotz der Ungleichzeitigkeit des Krisenverlaufs gab es Gemeinsamkeiten in der Reaktion der einzelnen Länder. Zwischen 1932 und 1934 lösten sich praktisch alle Industriestaaten von der strengen Deflationspolitik, die sie bis dahin verfolgt hatten, und gingen zu einem »keynesianischen« Modell über. Damit verbunden waren autarkistische Tendenzen, die Einrichtung von Schutzzöllen und Importbeschränkungen, eine Zahlungsverweigerung bei internationalen Schulden und das Bemühen, einen weitgehend unabhängigen ökonomischen Großraum zu schaffen.

Die Entwicklung in England war diesbezüglich modellhaft. Die britische Finanzkrise von 1931 und die Aufgabe des Goldstandards 1932 führten zur Einberufung der Commonwealth-Konferenz in Ottawa, die für die Mitglieder des Empire Präferenzzölle festlegte und die Grundlagen für einen »Sterling-Block« schuf. Diesen Bemühungen um eine wirtschaftliche Gesundung im Binnenbereich blieb der Erfolg aber versagt. Zwar waren die Auswirkungen der Depression in England nicht so gravierend wie in Deutschland oder den USA, aber eine bereits strukturell geschwächte Industrie sah sich jetzt zunehmend mit Absatzproblemen konfrontiert. Schlüsselbereiche wie die Textilproduktion, die Kohleförderung und der Schiffsbau erlitten dramatische Einbußen. Erst ab 1934 begann sich die britische Volkswirtschaft allmählich zu erholen, nachdem die Nahrungsmittel- und Rohstoffpreise absanken und neue Industrien im Süden Englands entstehen konnten. Die Reduzierung des Welthandels ließ aber keine vollständige Erholung zu, so daß auch die Arbeitslosigkeit, die 1931 immerhin drei Millionen Menschen betraf, nicht völlig verschwand.

Nach englischem Vorbild gaben auch die USA 1933 die Bindung an das Gold auf und organisierten einen »Dollar-Block«, während Japan mit einem »Yen-Block« und Frankreich durch die Bildung eines »Goldblocks« auf die Politik der angelsächsischen Mächte zu reagieren suchten. Frankreich schlossen sich Belgien, die Niederlande, Luxemburg, Italien, die Schweiz und Polen an, um eine neue Form der Währungskooperation zu verwirklichen, was aber wegen der allgemeinen Schwäche der französischen Wirtschaft nicht gelang, die verspätet, aber um so heftiger von der Krise erfaßt wurde. Der Rückgang des französischen Außenhandels führte nacheinander zum Ausscheiden von Italien (1935), Belgien (1935) und Polen (1936) aus dem Goldblock, und der französische Ministerpräsident Édouard Daladier mußte schließlich die Stabilität des Francs an das britische Pfund binden, was nicht ohne Konsequenzen für das politische Gleichgewicht zwischen beiden Ländern blieb. Auch reduzierte sich Frankreichs ökonomische Position im Vergleich zu der Großbritanniens und Deutschlands durch seine Exportverluste. Nachdem der Versuch einer wirtschaftlichen »Durchdringung« Südosteuropas gescheitert war, erwog man in Paris, einen eigenen Wirtschaftsgroßraum mit Hilfe des Kolonialreiches zu schaffen, ohne daß dem Projekt Erfolg beschieden war. Frankreich konnte in den dreißiger Jahren das Niveau seiner industriellen Produktion von 1929/30 nicht mehr erreichen. Die ökonomischen Experimente der »Volksfront«-Regierungen – vor allem die Einführung der Vierzig-Stunden-Woche – wirkten sich insgesamt nachteilig aus.

Noch gravierender als in den europäischen Industrieländern waren die Folgen der Depression in den Vereinigten Staaten. Das Land hatte nach dem Ersten Weltkrieg eine beispiellose wirtschaftliche Blüte erlebt, wurde aber durch den Börsenkrach von 1929 so stark getroffen, daß es sich erst Ende der dreißiger Jahre allmählich erholen konnte. Beim Amtsantritt des Präsidenten Franklin D. Roosevelt 1933 gab es in den USA fünfzehn Millionen Arbeitslose, die praktisch ohne jede Unterstützung blieben, das Bruttosozialprodukt der Nation war von 98,4 Milliarden Dollar im Jahr 1929 auf die Hälfte gesunken, der Wert der produzierten Industriegüter lag bei einem Viertel desjenigen der Zeit vor der Krise. Das außergewöhnliche Produktionsvolumen der USA, das größer war als das der Sowjetunion, Japans, Deutschlands, Englands, Frankreichs und Italiens zusammen, ließ die fehlende Auslastung von Kapazitäten bis zum Beginn des Zweiten Weltkriegs zu einem nicht behebbaren Problem werden.

Weitere gravierende Schwierigkeiten resultierten aus der besonderen Natur der Außenwirtschaftsbeziehungen der USA. Amerika befand sich in einer Gläubigerposition gegenüber praktisch allen wichtigen Industriestaaten. Aufgrund der Rückzahlungsverpflichtungen seiner Alliierten aus dem Weltkrieg und der (kurzfristigen) Kredite, die man den Europäern, vor allem den Deutschen, während der zwanziger Jahre gewährt hatte, gab es Außenstände im Wert von mehreren Milliarden Dollar. Mit dem faktischen Ende der Reparationszahlungen, das 1932 auf der Konferenz von Lausanne beschlossen worden war, stellten England, Frankreich und Italien ihren Schuldendienst gegenüber den Vereinigten Staaten ein. Schacht versicherte Roosevelt zwar bei einem Amerikabesuch im Juni 1933, daß Deutschland seinen Verpflichtungen gegenüber den USA nachkommen werde, konnte diese Zusage aber wegen der schwindenden Devisenvorräte des Reiches nicht halten.

Die Situation der Vereinigten Staaten verschärfte sich noch dadurch, daß der Protektionismus der amerikanischen Regierungen in erheblichem Maß zum Zusammenbruch des Welthandels beitrug. Die 1930 auf Druck der Farmer eingeführten Zölle zum Schutz der einheimischen Agrarwirtschaft verursachten eine Kettenreaktion, die sich schließlich in Beschränkungen für den amerikanischen Export auswirkte. Dessen Wert sank zwischen 1929 und 1933 von 5,24 auf 1,61 Milliarden Dollar. Allein der Wert der Getreideausfuhr reduzierte sich von zweihundert Millionen Dollar zu Beginn der zwanziger Jahre auf fünf Millionen Dollar 1932; zu dem Zeitpunkt betrug beispielsweise der Wert der exportierten Motorfahrzeuge noch 76 Millionen Dollar im Vergleich zu 541 Millionen im Jahr 1929. Die Krise wurde weiter dadurch verschlimmert, daß der amerikanische Außenhandel nicht nur absolut, sondern sogar relativ zurückging, das heißt, der Anteil am Weltexportvolumen sank zwischen 1929 und 1932 von 15,6 auf 12,4 Prozent.

Auch in Washington glaubte niemand mehr an eine Überwindung der Krise durch internationale Vereinbarungen. Die Administration Roosevelt setzte ihre Hoffnung vielmehr auf die wirtschaftliche »Öffnung« Lateinamerikas und Chinas. Sie betrachtete vor allem die beiden amerikanischen Kontinente als wirtschaftliche Einflußsphäre und favorisierte – wie Schacht im Rahmen des Neuen Plans – den Abschluß von bilateralen »Reziprozitätsverträgen«. Ähnlichkeit mit dem Konzept Schachts gab es auch bei der Wirtschaftspolitik des »New Deal«. Öffentliche Investitionen und Arbeitsbeschaffungsmaßnahmen führten dazu, daß die Industrieproduktion der USA bis 1936 wieder auf den Stand von 1925 angewachsen war, die Zahl der Arbeitslosen sank 1935 auf zehn, 1936 auf sechs und 1937 auf fünf Millionen ab. Sie stieg allerdings seit August 1937 neu an und erreichte 1939 noch einmal zehn Millionen. Tatsächlich konnte erst die Kriegskonjunktur die Erwerbslosigkeit beseitigen.

Die fortdauernde wirtschaftliche Krise blieb nicht ohne Auswirkungen auf die kollektive Mentalität und die politische Ordnung in den von ihr betroffenen Ländern. Insofern bildeten die Vereinigten Staaten eine Ausnahme von der Regel, da es Roosevelt, einem Charismatiker von außergewöhnlicher Wirkung, gelang, die Loyalität und die Hoffnung der Massen an seine Person zu binden. Die Verfassungsordnung der USA wurde durch seine Maßnahmen zwar belastet, aber ihr Bestand war zu keinem Zeitpunkt gefährdet. In einem Land wie Japan, das sich in seinem politischen System europäischen Vorbildern sehr weit genähert hatte, geriet die Regierung dagegen immer stärker in die Abhängigkeit von der Armeeführung, die das Land nationalistisch und autoritär zu organisieren begann. Auch in Europa sahen sich die bei Kriegsende eingerichteten Institutionen destabilisiert, soweit sie liberalen Normen entsprachen. Nicht nur im faschistischen Italien und im nationalsozialistischen Deutschland oder in schon länger autoritär regierten Staaten wie Polen, Litauen, Jugoslawien, Albanien und Portugal, sondern auch in den meisten anderen Ländern Europas fand sich die Demokratie in den dreißiger Jahren wieder beseitigt. An ihre Stelle traten in elf von vierundzwanzig Ländern, die jenseits des sowjetischen Machtbereichs lagen, Königs- und Militärdiktaturen, korporative Systeme oder andere Varianten eines »Neuen Staates«. Eine gewisse Stabilität wahrten nur die Monarchien Nord- und Westeuropas sowie die Schweiz, der irische Freistaat und die Tschechoslowakei.

Frankreich dagegen befand sich dauernd am Rande des politischen Kollaps. Zwischen 1932 und 1936 hatte das Land sieben verschiedene Regierungen. Die Dritte Republik wurde außerdem von gewaltsamen Unruhen erschüttert, die am 6. Februar 1934 in Auseinandersetzungen gipfelten, bei denen Demonstranten der radikalen Linken und der radikalen Rechten gemeinsam das Parlament zu stürmen versuchten. Sozialisten und Kommunisten waren zwar einflußreich, aber die gesellschaftliche Atmosphäre der dreißiger Jahre bestimmte ein »faschistisches Klima« (Jean Touchard). Die liberale und skeptische Demokratie erschien den »Nonkonformisten« als »ancien régime« und so verbraucht wie die »Mystik« der »Ideen von 1789«. Die revolutionäre Rechte erweckte mit ihrem Programm den Eindruck von Aktivismus und Modernität: Man verlangte »Ordnung, Disziplin, Autorität ... Jugend, Energie, Erwachen ....« Und daß die Herrschaft der alten Männer, der toten Ideen und der Unentschiedenheit verschwinden muß« (Thierry Maulnier). Daß Frankreich zu diesem Zeitpunkt nicht denselben Weg wie Deutschland ging, hing weniger mit der spezifischen Tradition oder der Befähigung seiner politischen Eliten, sondern eher mit der Ermattung und gegenseitigen Blockade der antiparlamentarischen Richtungen zusammen.

Die Krise des internationalen Systems

Der Zerfall des Staatensystems in den dreißiger Jahren stand in Wechselwirkung mit der ökonomischen Krise und den innenpolitischen Folgen, unterlag aber auch eigenen Gesetzmäßigkeiten. Die »Flankenmächte« (Ludwig Dehio) Amerika und Rußland hatten sich nach dem Ende des Ersten Weltkriegs aus Europa zurückgezogen. Die Entscheidung Moskaus für den »Sozialismus in einem Land« wirkte stabilisierend auf Europa, der »Isolationismus« der Vereinigten

Staaten hatte dagegen eher problematische Folgen, und der von dem amerikanischen Präsidenten Woodrow Wilson inaugurierte Völkerbund, dem die USA dann nicht beitraten, erwies sich als ungeeignet, eine funktionstüchtige Nachkriegsordnung zu schaffen.

Das bedeutet allerdings nicht, daß völlige Anarchie in den internationalen Beziehungen bestand. Frankreich, Großbritannien und die Vereinigten Staaten betrachteten ihr Verhältnis seit dem Ende des Ersten Weltkriegs nicht mehr nur unter machtpolitischen Aspekten. Trotz fortbestehender Konkurrenz waren die politischen Klassen dieser Länder wie große Teile der jeweiligen Bevölkerung davon überzeugt, zu einer »Wertegemeinschaft« zu gehören, in der Krieg nicht als Normalzustand galt und eine Lebensweise wünschenswert schien, die der Konfliktvermeidung den Vorrang zuwies. Diese »pazifistische« Einstellung hing natürlich eng mit dem Status der ehemaligen Alliierten zusammen, die als Sieger und als saturierte Mächte aus dem Ersten Weltkrieg hervorgegangen waren. Daß man im Westen die Konflikte zwischen »zivilisierten« Völkern als einen Anachronismus betrachtete, hieß jedoch nicht, daß man für Auseinandersetzungen mit »unzivilisierten« Völkern in den Kolonien dieselben Maßstäbe anlegte. Im übrigen hatte die Anschauung vom fortdauernden Zusammenhalt der ehemaligen Entente ganz praktische politische Folgen. So faßte die britische Regierung im November 1933 den Beschluß, daß ein militärischer Konflikt mit den USA oder Frankreich zukünftig bei Stabsplanungen ausgeschlossen werden könne. Dagegen hatte die Regierung in London am 10. März 1932 die Stabschefs von Heer, Luftwaffe und Marine unterrichtet, daß die zuletzt gültige »Ten Years Rule« aufgehoben sei und ein Krieg in Europa oder Asien binnen der kommenden zehn Jahre wieder denkbar erscheine.

Schon in einer Denkschrift für die englische Regierung von 1931 hatte Robert Vansittart, der Verwaltungschef des Foreign Office, dargelegt, daß es in bezug auf die außenpolitischen Beziehungen seit dem Kriegsende keine wesentliche Veränderung gegeben habe; die entscheidende »Auseinandersetzung findet immer noch zwischen ›haves‹ und den ›have-nots‹« statt. Zu den »haves« waren England, Frankreich und die USA, zu den »have-nots« die Verlierer des Krieges, Deutschland und die Sowjetunion, sowie die nach ihrem Selbstverständnis »betrogenen« Sieger Japan und Italien zu zählen. Es sprach manches für diese ebenso nüchterne wie einfache Erklärung, und in der zweiten Hälfte der dreißiger Jahre entwickelten sich die Konfliktlagen ziemlich genau entlang der Scheidelinie zwischen »Besitzenden« und »Habenichtsen«. Allerdings bildeten die »haves« sowenig einen Block wie die »have-nots«, die sich in bezug auf Potential, Dynamik und Aggressivität deutlich unterschieden.

Während die Westmächte in der Existenz des bolschewistischen Rußland nicht nur eine machtpolitische, sondern auch eine ideologische Herausforderung erkannten, fühlten sie sich von den revisionistischen Mächten Deutschland, Italien und Japan kaum weltanschaulich bedroht. Italien liebäugelte lange mit dem Status einer europäischen Garantiemacht und pflegte bis in die zweite Hälfte der dreißiger Jahre gute Beziehungen zu England und Frankreich; dagegen galten die beiden anderen »have-nots« nur als Gefahr, weil ihre Ideologien und ihr zur Schau getragener Bellizismus mit außergewöhnlichen Machtmitteln verbunden waren. In dem Maß, in dem die Schwächen der von den »haves« garantierten Nachkriegsordnung erkennbar wurden, wuchs der außenpolitische Handlungsspielraum der »have-nots«.

Dabei ging es nicht nur um den Verfall des Systems von Versailles, sondern auch und früher um den Verfall des Systems von Washington. 1922 hatten die USA Japan gezwungen, im Rahmen des Washingtoner »Neun-Mächte-Pakts« die Unabhängigkeit Chinas und den territorialen Status quo auf dem asiatischen Kontinent anzuerkennen. In dem Maß, in dem sich dann die chinesische Nationalregierung unter Führung Chiang Kai-sheks stabilisierte und Japan seine Hoffnung auf Konsolidierung infolge der Wirtschaftskrise schwinden sah, wuchs die Bereitschaft nationalistischer Politiker und der Armee, das japanische Imperium gegen die Bestimmungen des Vertrags von Washington gewaltsam zu erweitern. Der Angriff auf die Mandschurei im Jahre 1931 und dann auf die angrenzenden chinesischen Gebiete wurde von der sowjetischen Geschichtsschreibung immer als der eigentliche Beginn des Zweiten Weltkriegs verstanden. Immerhin war der japanische Einmarsch das Signal dafür, daß sich die pazifische Nachkriegsordnung in Auflösung befand.

Japan gehörte zwar zu den Siegern des Ersten Weltkriegs und hatte damit schon seinen politischen Rang unter den Großmächten gefestigt, aber es war auch ein Agrarland im Übergang. Ende der zwanziger Jahre erreichte die japanische Wirtschaft erst einen Anteil von 2,5 Prozent an der Weltproduktion, doch am Ende des kommenden Jahrzehnts hatte das Land Italien und Frankreich überrundet. Dabei blieb die gesellschaftliche Situation angespannt. Schon das rasche Wachstum der Bevölkerung stellte die Führung in Tokio vor erhebliche Probleme, die sich seit 1924 verschärften, nachdem die USA ihre Grenzen für asiatische Einwanderer geschlossen hatten. Die Kleinlandwirtschaft, in der noch immer die Mehrzahl der Beschäftigten tätig war, geriet in eine Krise durch billige Reisimporte aus Taiwan und Korea sowie den Zusammenbruch des Seiden- und Baumwollexports nach Schließung des amerikanischen Marktes. Die fast vollständige Rohstoff- und Exportabhängigkeit Japans mußte dazu führen, daß das Land in außerordentlichem Maß von der Weltwirtschaftskrise betroffen wurde.

Die japanische Regierung geriet infolgedessen Anfang der dreißiger Jahre stärker unter den Druck der Armeeführung, die einen expansiven Kurs in der Außenpolitik verlangte, um die wirtschaftlichen Probleme definitiv zu beheben. Deshalb wurden die Streitkräfte seit 1932 systematisch aufgerüstet; der Anteil der Militärausgaben am Budget stieg von 31 auf 47 Prozent in den Jahren

1936/37 und siebzig Prozent im Jahr darauf. In der zweiten Hälfte der dreißiger Jahre umfaßte die Armee Japans bereits 24 Divisionen und 54 Luftstaffeln, deren Zahl bis 1941 auf 51 Divisionen und 133 Staffeln erhöht werden sollte. Im Zentrum dieses gigantischen Militärprogramms standen die Marine und die Marineluftwaffe. Die 1921/22 in Washington getroffenen Abmachungen zwischen den USA, Frankreich, Großbritannien, Italien und Japan zur Festlegung der jeweiligen Flottenstärke wurden von Japan schon vor dem Ablauf des Vertrages gebrochen, der Vertrag selbst 1934 gekündigt.

Das Ausscheren aus den internationalen Verpflichtungen zeichnete sich ab, nachdem der Völkerbund die Besetzung der Mandschurei verurteilt hatte. Obwohl diese Verurteilung ohne konkrete Folgen blieb, trat Japan aus dem Völkerbund aus und orientierte sich seitdem offen an einer Revision der Ergebnisse des Weltkrieges. Nachdem die USA ihrerseits mit der »Stimson-Doktrin« reagiert hatten, derzufolge sie keine gewaltsamen territorialen Veränderungen im Fernen Osten billigen würden, veröffentlichte Tokio 1934 die »Amau-Erklärung«, eine Art japanischer »Monroe-Doktrin«, die ganz Asien zur japanischen Einflußsphäre erklärte. Im Juli 1937 kam es zum offenen Ausbruch des Chinesisch-japanischen Krieges. Trotz rascher Geländegewinne und der Etablierung eines japanischen Regimes in den Küstenregionen Chinas gelang es den kaiserlichen Truppen nicht, die chinesische Nationalregierung Chiang Kai-sheks zur Kapitulation zu zwingen. Der Kampf wurde ergebnislos weitergeführt und mündete in den Zweiten Weltkrieg ein.

Schon vor seinem Regierungsantritt im Jahr 1933 war Roosevelt überzeugt, daß ein Konflikt zwischen den USA und Japan auf die Dauer unausweichlich sein würde. Der frühere Wilsonianer Roosevelt hegte außerdem eine tiefe Aversion gegen Deutschland und sah sich durch die Politik Hitlers und den Nationalsozialismus in seinem negativen Urteil über den Volkscharakter der Deutschen bestätigt. Er fügte sich nur aus Opportunitätsgründen der Politik der »New Neutrality«, die die Mehrheit des Kongresses vertrat. Die Vereinigten Staaten hatten trotz des offiziellen »Isolationismus« nach dem Ersten Weltkrieg weiter Anteil an den internationalen Beziehungen (Konferenz von Washington 1921/22, Kellogg-Pakt 1928, Londoner Flottenkonferenz 1930) genommen, sich aber nicht als Garantiemacht für ein größeres Sicherheitssystem verstanden, sondern nach den Grundsätzen des »nationalen Egoismus« (Erich Angermann) gehandelt. Deshalb sah sich Washington auch zu keinem Zeitpunkt an der notfalls aggressiven Durchsetzung amerikanischer Wirtschaftsinteressen gehindert; das »open door empire« in der westlichen Hemisphäre beruhte allerdings nicht auf den Methoden des klassischen Kolonialismus, sondern folgte den Grundsätzen indirekter Herrschaft.

In der ersten Phase seiner Amtszeit konnte sich Roosevelt kaum mit der Außenpolitik beschäftigen. Die Probleme im Inneren des Landes verlangten seine ganze Aufmerksamkeit, und mit dem Neutralitätsgesetz vom 31. August 1935 erreichte es der Kongreß, der Exekutive weitgehend die Hände zu binden. Der Ausbruch des Chinesisch-japanischen Krieges 1937 führte zwar zu scharfen Kommentaren in Washington – Roosevelt hielt seine berühmte »Quarantäne-Rede«, in der er forderte, die revisionistischen Mächte unter Kuratel zu stellen –, hatte aber keine praktischen Konsequenzen, wenn man davon absieht, daß die Flotte und die Luftwaffe in Maßen modernisiert und verstärkt wurden. Trotz einer rührigen »America-First«-Bewegung, die am »Isolationismus« festhalten wollte, meldete die deutsche Botschaft in Washington aber schon Mitte der dreißiger Jahre, daß für den Fall eines Krieges zwischen dem Reich und Großbritannien die USA an der Seite ihres alten Alliierten stehen würden.

Anders als Japan, Deutschland und – mit Abstand – Italien betrachtete Roosevelt die Sowjetunion nicht als unmittelbare Bedrohung des Weltfriedens. Die UdSSR hatte zu Beginn der dreißiger Jahre gerade begonnen, ihre Großmachtposition aufzubauen. Mit der »Zweiten Revolution«, die zwischen 1928 und 1932 die »Neue Ökonomische Politik« beendete, war der erste »Fünfjahresplan« verbunden, der zu gravierenden Veränderungen in der Wirtschaftsstruktur des Landes führte. Der Klassenmord am städtischen Mittelstand und an den bäuerlichen »Kulaken«, die als Hindernis auf dem Weg zur sozialistischen Kommandowirtschaft angesehen wurden, hatte ebenso wie die Zwangskollektivierung schwerwiegende Probleme bei der Versorgung der Bevölkerung zur Folge. Stalin sollte später selbst erklären, daß diese gesellschaftliche Umwälzung etwa zehn Millionen Menschen das Leben gekostet habe. Mit aller Gewalt wollte er das agrarische Rußland in eine moderne Industrienation verwandeln. Diesem Ziel dienten nicht nur gigantische Verkehrsprojekte (Turkestan-sibirische Eisenbahn, 1930, Weißmeerkanal, 1933) und der Ausbau des Energiesektors (größter Staudamm und größtes Elektrizitätswerk Europas bei Saporoschje, 1932), sondern auch die Steigerung der Roheisenproduktion, die zwischen 1928 und 1937 von vier auf siebzehn Millionen Tonnen anwuchs, und der Kohleförderung, die sich von 35,4 auf 128 Millionen Tonnen erhöhte, womit die Sowjetunion Ende der dreißiger Jahre die deutsche, englische und französische Produktion überholt hatte. Was sich in der UdSSR vollzog, war in der Geschichte der Industrialisierung einmalig, auch wenn man über dieser Feststellung nicht vergessen darf, daß die Fixierung auf Quantität häufig zu Qualitätsverschlechterungen bei den Produkten beitrug und die Primitivität der sowjetischen Infrastruktur erhebliche Probleme für die Verteilung der Güter verursachte.

Der »Fünfjahresplan« war ursprünglich mit einem Absinken des Rüstungsbudgets verbunden gewesen, da Stalin alle Finanzreserven für den industriellen Aufbau brauchte. Ende der zwanziger Jahre umfaßte die Rote Armee gerade 700.000 Mann, die von einer schlecht bewaffneten Miliz unzulänglich unterstützt wurden. Nach der nationalsozialistischen »Machtergreifung« und dem

Erklärung

Die Deutsche Regierung und die Polnische Regierung halten den Zeitpunkt für gekommen, um durch eine unmittelbare Verständigung von Staat zu Staat eine neue Phase in den politischen Beziehungen zwischen Deutschland und Polen einzuleiten. Sie haben sich deshalb entschlossen, durch die gegenwärtige Erklärung die Grundlage für die künftige Gestaltung dieser Beziehungen festzulegen.

Beide Regierungen gehen von der Tatsache aus, daß die Aufrechterhaltung und Sicherung eines dauernden Friedens zwischen ihren Ländern eine wesentliche Voraussetzung für den allgemeinen Frieden in Europa ist. Sie sind deshalb entschlossen, ihre gegenseitigen Beziehungen auf die im Pakt von Paris vom 27. August 1928 enthaltenen Grundsätze zu stützen, und wollen, insoweit das Verhältnis zwischen Deutschland und Polen in Betracht kommt, die Anwendung dieser Grundsätze genauer bestimmen.

Dabei stellt jede der beiden Regierungen fest, daß die von ihr bisher schon nach anderer Seite hin übernommenen internationalen Verpflichtungen die friedliche Entwicklung ihrer gegenseitigen Beziehungen nicht hindern, der jetzigen Erklärung nicht widersprechen und durch diese Erklärung nicht berührt werden. Sie stellen ferner fest, daß diese Erklärung sich nicht auf solche Fragen erstreckt, die nach internationalem Recht ausschließlich als innere Angelegenheiten eines der beiden Staaten anzusehen sind.

Beide Regierungen erklären ihre Absicht, sich in den ihre gegenseitigen Beziehungen betreffenden Fragen, welcher Art sie auch sein mögen, unmittelbar zu verständigen. Sollten etwa Streitfragen zwischen ihnen entstehen und sollte sich deren Vereinigung durch unmittelbare Verhandlungen nicht erreichen lassen, so werden sie in jedem besonderen Falle auf Grund gegenseitigen Einvernehmens eine Lösung durch andere friedliche Mittel suchen, unbeschadet der Möglichkeit, nötigenfalls diejenigen Verfahrensarten zur Anwendung zu bringen, die in den zwischen ihnen in Kraft befindlichen anderweitigen Abkommen für solchen Fall vorgesehen sind. Unter keinen Umständen werden sie jedoch zum Zweck der Austragung solcher Streitfragen zur Anwendung von Gewalt schreiten.

Die durch diese Grundsätze geschaffene Friedensgarantie wird den beiden Regierungen die große Aufgabe erleichtern, für Probleme politischer, wirtschaftlicher und kultureller Art Lösungen zu finden, die auf einem gerechten und billigen Ausgleich der beiderseitigen Interessen beruhen.

Beide Regierungen sind der Überzeugung, daß sich auf diese Weise die Beziehungen zwischen ihren Ländern fruchtbar entwickeln und zur Begründung eines gutnachbarlichen Verhältnisses führen werden, das nicht nur ihren beiden Ländern, sondern auch den übrigen Völkern Europas zum Segen gereicht.

Die gegenwärtige Erklärung soll ratifiziert und die Ratifikationsurkunden sollen so bald als möglich in Warschau ausgetauscht werden. Die Erklärung gilt für einen Zeitraum von 10 Jahren, gerechnet vom Tage des Austausches der Ratifikationsurkunden an. Falls sie nicht von einer der beiden Regierungen 6 Monate vor Ablauf dieses Zeitraums gekündigt wird, bleibt sie auch weiterhin in Kraft, kann jedoch alsdann von jeder Regierung jederzeit mit einer Frist von 6 Monaten gekündigt werden.

Ausgefertigt in doppelter Urschrift in deutscher und polnischer Sprache.

Berlin, den 26. Januar 1934.

Für die Deutsche Regierung: Für die Polnische Regierung:

Nichtangriffspakt und Verständigungsabkommen zwischen Deutschland und Polen vom 26. Januar 1934. Urschrift der Erklärung mit den Unterschriften der beiden Außenminister. Bonn, Auswärtiges Amt, Politisches Archiv

Die Rückgliederung des Saarlandes nach der Volksabstimmung am 13. Januar 1935: Staatsakt mit Reichsstatthalter Josef Bürckel und den Reichsministern Wilhelm Frick und Joseph Goebbels in Saarbrücken

Beginn von Grenzkonflikten mit Japan in der Mandschurei wurden aber auf Befehl Stalins die Streitkräfte rasch verstärkt. Schon 1934 hatte die Sowjetunion 940.000 Mann unter Waffen, ein Jahr später waren es 1,3 Millionen. Das Heer wurde von Männern wie dem Marschall Michail N. Tuchatschewski nach modernen Grundsätzen organisiert und geführt. Ende der dreißiger Jahre verfügte das Land nicht nur über eine funktionstüchtige Panzerarmee, sondern auch über eine umfangreiche Fallschirmjägertruppe; die Zahl der Kampffahrzeuge und Flugzeuge übertraf die aller anderen europäischen Länder bei weitem. Zwar müssen auch dabei Abstriche gemacht werden, was die Güte des Materials, die Ausbildung des Offiziers- und Unteroffizierskorps betraf, aber im Grundsatz war die Sowjetunion für jeden Konflikt gerüstet. Das änderte sich schlagartig mit der politischen Säuberungswelle, die 1937 die Armee erfaßte. Tuchatschewski und mit ihm neunzig Prozent aller Offiziere in Generalsfunktion sowie achtzig Prozent aller Obersten, also praktisch das gesamte höhere Offizierskorps, fielen der Verfolgung zum Opfer. Ihre Nachfolger, meistens rasch beförderte niedere Chargen, zeigten sich der ihnen gestellten Aufgabe kaum gewachsen. Zu Beginn des Zweiten Weltkriegs waren nicht nur die sieben mechanisierten Korps der Roten Armee wieder aufgelöst, sondern auch die früh aufgebaute Luftwaffe veraltet.

Obwohl Stalin wiederholt einen »Export der Revolution« ablehnte und an der Formel vom »Sozialismus in einem Land« festhielt, ging es ihm eindeutig darum, den weltrevolutionären Prozeß in Europa und Asien anzustoßen. Der »Linkskurs« der Kommunistischen Partei war einerseits Ausdruck des Kampfes gegen die »Rechtsopposition« in den eigenen Reihen, die den Säuberungen der dreißiger Jahre zum Opfer fiel, andererseits Reaktion auf den unerwarteten Erfolg »faschistischer« Bewegungen. Tatsächlich konnte man in Moskau das Phänomen des Nationalsozialismus kaum einordnen. Während der Volkskommissar für Auswärtige Angelegenheiten, Maxim M. Litwinow, 1932 den Kurs einer Annäherung an den Völkerbund einschlug, um der Bedrohung der UdSSR durch die »faschistischen« Staaten zu begegnen, erklärte auf dem XII. Plenum des Exekutivkomitees der Komintern im September 1932 eines der Mitglieder, Dimitri Manuilski, daß bei einer krisenhaften Entwicklung der zwischenstaatlichen Beziehungen in den nächsten Jahren wahrscheinlich mit einer antisowjetischen Konstellation zu rechnen sei, in der die Westmächte versuchen könnten, das Zentrum der sozialistischen Weltbewegung zu zerschlagen; Manuilski schloß: »... dann bleibt nichts anderes übrig, als sich auf den Krieg und auf den Faschismus als Bundesgenossen zu orientieren«. Gleichzeitig kursierte in Kominternkreisen die »Eisbrecher-These«, derzufolge der »Faschismus« der Vater der proletarischen Revolution sei. In dieser Perspektive erschien der Nationalsozialismus als »geringeres Übel« im Vergleich zu einer Stabilisierung der parlamentarischen Demokratie, die Deutschland im künftigen Kampf an die Seite Englands und Frankreichs führen könnte.

Trotz des massiven ideologischen Gegensatzes wurden die deutsch-sowjetischen Gespräche auch nach der Regierungsübernahme Hitlers zunächst fortgesetzt. Im Februar 1933 bewilligte das neue Kabinett der UdSSR einen Kredit in Höhe von 105 Millionen Mark, und noch im Mai reiste eine Reichswehr-Delegation im Rahmen der militärischen Zusammenarbeit in die Sowjetunion. Aber im August des Jahres stellte man von deutscher Seite alle Zusammenarbeit auf diesem Sektor ein, und der Nichtangriffsvertrag zwischen Deutschland und Polen vom Januar 1934 trug zur weiteren Entfremdung bei. Auf dem 17. Parteikongreß der KPdSU im Januar/Februar 1934 gab es scharfe Stellungnahmen gegen den Nationalsozialismus, während Stalin sich die Rolle des Beschwichtigers vorbehielt und erklärte: »Wir sind hier weit davon entfernt, über das faschistische Regime in Deutschland begeistert zu sein. Aber es liegt nicht am Faschismus, wie ja auch der Faschismus etwa in Italien die Sowjetunion nicht daran gehindert hat, die besten Beziehungen zu diesem Lande herzustellen.« In seiner Reichstagsrede vom 30. Januar 1934 antwortete Hitler entsprechend, indem er darauf hinwies, daß verschiedene Ideologien kein Hindernis für ein konstruktives Verhältnis zwischen Staaten sein dürften. Von einer Stabilisierung der Beziehungen konnte jedoch nicht die Rede sein. Als erkennbar wurde, daß das NS-Regime keine vorübergehende Erscheinung sein würde, beendete der VII. Kongreß der Komintern im Juli/August 1935 den »Linkskurs«, und Stalin propagierte jetzt die »antifaschistische Volksfront«, worauf Hitler mit Tiraden gegen den Bolschewismus reagierte, die ihn aber nicht davon abhielten, im kleinen Kreis seiner Bewunderung für Stalin Ausdruck zu geben.

Eine Verbesserung ihrer Beziehungen zu den Westmächten gelang der Sowjetunion nur im Fall Frankreichs, da es dort einige Politiker gab, die an eine Entente mit Stalin für den Fall dachten, daß das System von Versailles, das mit den Sicherheitsinteressen Frankreichs weitgehend identisch war, endgültig zusammenbrechen würde. Obwohl Frankreich zu den Siegern des Ersten Weltkriegs gehörte, war die politische und militärische Elite durch das Ergebnis des Kampfes eher verunsichert worden. Es blieb die Gewißheit, daß man Deutschland auch zukünftig nicht aus eigener Kraft würde besiegen können. Deshalb hatte die französische Regierung bei den Friedensverhandlungen eine anglo-amerikanische Garantie der Ostgrenze verlangt. Als die nicht zu erhalten war, ging man zur Forderung »materieller Garantien« über, wie sie der Versailler Vertrag dann festschrieb. Außerdem wurde Frankreich zum Zentrum eines gegen Deutschland gerichteten Bündnissystems, indem es Verträge mit Belgien, Luxemburg und Polen abschloß und die Bildung der »Kleinen Entente« veranlaßte (Tschechoslowakei, Rumänien, Jugoslawien). Schon im Verlauf der zwanziger Jahre zeichnete sich aber immer deutlicher ab, daß der Status Frankreichs als Vormacht Kontinentaleuropas auf Dauer nicht zu erhalten war. Der Plan des Außenministers Aristide Briand für einen »Europäischen Staatenbund« von 1929/30 sollte noch einmal der Festigung des Status quo dienen, er blieb aber ohne Erfolg. Mit der Torpedierung der deutsch-österreichischen Zollunion im Jahre 1931 gelang es Frankreich zum letzten Mal, einen Vorstoß gegen die Versailler Ordnung zu verhindern. Ein Jahr später mußte Paris die deutsche Gleichberechtigung in Rüstungsfragen anerkennen.

Die französische Reaktion auf den Verfall seiner militärischen Sicherheit bestand in wachsender Skepsis gegenüber Vorschlägen für eine allgemeine Entwaffnung. Das kategorische Verlangen, die französische Republik müsse »maîtresse de sa sécurité« – die »Herrin ihrer Sicherheit« – bleiben, ließ den Rüstungsanteil wachsen, der schließlich 1937 und 1938 auf 32,1 beziehungsweise 35,7 Prozent des Staatshaushaltes anstieg. Das Geld wurde nur zum Teil für die Modernisierung der Streitkräfte aufgewendet, da die Festungsanlagen an der Grenze zu Deutschland, die sogenannte Maginot-Linie (gebaut 1931 bis 1934), fast alle Mittel absorbierte. Nachdem der 1933 vorgelegte Plan für einen Viererpakt, der Deutschland, Großbritannien, Frankreich und Italien umfaßt hätte, auf den scharfen Protest des französischen Verbündeten Polen und der »Kleinen Entente« gestoßen war, wandte sich der amtierende Außenminister Paul Barthou einem ganz anderen Konzept zu. Deutschland sollte jetzt durch eine Verbindung von Frankreich, der Sowjetunion, Italien und Großbritannien »eingekreist« werden. Das Projekt scheiterte nicht nur an der Ermordung Barthous am 9. Oktober 1934, sondern auch an seinen inneren Widersprüchen, und der französisch-sowjetische Pakt vom 2. Mai 1935 war nur mehr ein schwacher Versuch, die Initiative zurückzugewinnen. Seit 1935 gab es kaum noch eine eigenständige Außenpolitik Frankreichs. Paris geriet, nicht zuletzt aus wirtschaftlichen Gründen, immer stärker in den Sog der britischen »Appeasement«-Politik.

»Appeasement«, zu deutsch »Beschwichtigung«, war kein Ausdruck politischer Naivität. Es handelte sich vielmehr um den Versuch, die zunehmend aggressiveren Aktionen Hitlers unter Kontrolle zu halten und Deutschland erneut in das europäische Staatensystem zu integrieren. »Appeasement« war außerdem eine Strategie, die den besonderen britischen Interessen Rechnung tragen sollte. Man versprach sich in London von dieser Politik nicht nur eine Stabilisierung der Lage auf dem Kontinent, sondern auch die Möglichkeit, die verbliebenen Kräfte Englands auf das Empire zu konzentrieren, die überlieferte Sozialstruktur zu bewahren und dem pazifistischen Zeitgeist entgegenzukommen, der seit dem Kriegsende in England besonders einflußreich war.

Anders als Frankreich interessierte sich Großbritannien deshalb für eine allgemeine Abrüstung. London wünschte eine Beruhigung der Lage in Europa, weil es sich in Asien engagieren mußte. Das Flottenabkommen von Washington lief 1936 aus, und die Einheiten der Royal Navy im Fernen Osten waren zu schwach für eine mögliche Auseinandersetzung mit Japan. Auch aus diesem Grund dachte London an ein Flotten- und ein Luftwaffenabkommen mit Deutschland. Das bedeutete keineswegs, daß man sich Illusionen über das nationalsozialistische Regime erlaubte. Die von Ramsay MacDonald, Stanley Baldwin und (seit 1937) von Neville Chamberlain geführten Regierungen glaubten allerdings an eine gewisse Berechenbarkeit Hitlers, der zu zähmen sei, wenn man ihm kalkulierte Zugeständnisse mache. Bereits bei einem Gespräch im Februar 1934 hatte der Lordsiegelbewahrer Anthony Eden gegenüber Hitler erklärt, daß man »das Verlangen des deutschen Volkes nach Gleichberechtigung« anerkenne. Aber man wollte keine gewaltsame Auflösung der Nachkriegsordnung, sondern »peaceful change« – friedlichen Wandel – und ein »general settlement« – eine umfassende Lösung aller anstehenden Probleme.

Auf einer britisch-französischen Konferenz Anfang Februar 1935 einigten sich die Teilnehmer darauf, Deutschland zur Rückkehr in den Völkerbund, zum Abschluß eines Luftpakts mit beiden Staaten sowie mit Italien, der durch regionale Sicherheitsverträge in Osteuropa ergänzt werden sollte, und zur Lösung aller strittigen Fragen auf dem Verhandlungswege zu bewegen. Dieser Vorstoß blieb aber erfolglos, weil Hitler schon entschlossen war, die Phase der verdeckten Aufrüstung zu beenden. Daraufhin trafen sich vom 11. bis zum 14. April 1935 die Regierungschefs Englands (MacDonald), Frankreichs (Pierre Flandin) und Italiens (Mussolini) in der oberitalienischen Stadt Stresa, um zu beraten, wie weitere Revisionsversuche Deutschlands abzuwehren seien. Ihrer Erklärung zufolge waren sie entschlossen, »sich mit allen geeigneten Mitteln jeder einseitigen Aufkündigung von Verträgen zu widersetzen, durch die der Friede in Europa gefährdet werden könnte«. Die Unabhängigkeit Österreichs wurde garantiert, und es fehlte auch nicht an der Versicherung, daß für den Fall einer Remilitarisierung des Rheinlandes die Vertragsstaaten des Locarno-Pakts ihren Verpflichtungen nachkommen würden.

Die »Antirevisionsfront« blieb Papier, die angekündigten Maßnahmen gegen Deutschland kamen über vage Drohungen nicht hinaus. Das hing einmal mit der zweideutigen Position des faschistischen Italien zusammen, das nicht alle Brücken zum Reich abzubrechen gedachte, war aber auch auf die verlockenden Angebote zurückzuführen, die Hitler an die englische Adresse machte. Er wollte anstelle des »general settlement« bilaterale Abmachungen treten lassen und hatte den Briten bereits im November 1934 ein Flottenabkommen offeriert, das deren Vorstellungen sehr entgegenkam. Allerdings gab es zu diesem Zeitpunkt in der politischen Elite Englands auch einflußreiche Kräfte, die derartige Abmachungen für falsch und einen weiteren Zusammenstoß mit dem Reich für unvermeidlich hielten. Vansittart als einer der schärfsten Gegner Deutschlands im Außenministerium erklärte 1935, es habe eine Zeit gegeben, »wo man Japan für unsere Hauptgefahr hielt ... Heute aber ist Deutschland nach allgemeiner Ansicht das Sturmzentrum der Welt geworden.« Und im Dezember 1936 ergänzte er seine Analyse noch um einige sehr hellsichtige Anmerkungen: »Deutschland ist dazu entschlossen, eine internationale antibolschewistische Front unter seiner Führung aufzubauen mit dem Ziel, sie letztlich als geeignetes Mittel für seine Expansion zu benutzen. Die Tschechoslowakei ist von der Auflösung bedroht, und es werden Pläne vorangetrieben, die Donau- und Balkanstaaten gänzlich unter deutsche Herrschaft zu bringen. Dies alles können Schritte sein hin zu dem ›Lebensraum‹ im Osten; aber ein russisch-deutscher Konflikt wird in einsichtigeren deutschen Kreisen tatsächlich weder gewünscht noch erwogen, mindestens nicht für noch längere Zeit.«

Trotz der »Appeasement«-Politik war von der britischen Regierung seit 1934 ein Aufrüstungsprogramm eingeleitet worden. Die Militärausgaben stiegen jedoch nur langsam an, da die wirtschaftliche Konsolidierung nicht unnötig gefährdet werden sollte. Erst 1937 erreichte der Anteil am Bruttosozialprodukt 5,5 Prozent, im Jahr darauf 8,5 und 1939 schließlich 12,5 Prozent. Da die Armeeführung glaubte, daß man ungleich weniger für einen großen Krieg gerüstet sei als vor 1914, hielt sich die Außenpolitik Englands nach dem Scheitern einer Gesamtlösung an die traditionelle »balance of power«. Ideologische Fragen spielten deshalb für die Bewertung der deutschen Politik nur eine untergeordnete Rolle. Oft wurde das NS-Regime in seiner Dynamik unterschätzt und als eine modernisierte Form des Wilhelminismus verstanden. Die in Großbritannien verbreitete Ablehnung des Militarismus, des nationalsozialistischen Antisemitismus und der Kirchenfeindschaft blieben für diplomatische Erwägungen fast bedeutungslos. Sie spielten sowenig eine Rolle wie der prinzipielle »Antifaschismus«, den die englische Linke vertrat.

Einer der schärfsten Gegner des Ausgleichs mit Deutschland aus dem Lager der Tories, Sir Osbert Sitwell, äußerte schon 1934: »It is not Fascism which is wrong, but Germany.« Gerade für die Gruppen, die sich seit Mitte der dreißiger Jahre um den konservativen Politiker Winston Churchill sammelten, galt Italien als potentieller Verbündeter gegen Deutschland, und auch von regierungsoffizieller Seite gab es zahlreiche Bemühungen um einen Ausgleich mit Rom. Als Anthony Eden als Völkerbundsminister im Juni 1935 nach Rom ging, bot er Mussolini an, Italien zu unterstützen, falls er seine Aspirationen bei einem Eroberungskrieg gegen Äthiopien auf den Erwerb einiger Teilgebiete (Ogaden-Wüste) beschränke und als Ausgleich die Übertragung eines britischen Gebiets am Golf von Aden akzeptiere.

Zu diesem Zeitpunkt war die Außenpolitik des faschistischen Italien schon deutlich aggressiver geworden, verglichen mit der Situation von 1932. Damals hatte Mussolini das 1929 an Dino Grandi abgetretene Außenministerium wieder selbst übernommen. Zwar blieb Grandis Bestimmung der italienischen Interessenlage als »peso determinante«, als »Zünglein an der Waage«, teilweise in Geltung, aber Mussolini setzte längerfristig auf die Erfüllung der alten Hoffnungen des italienischen Nationalismus. Der Unterstaatssekretär im Außenministerium,

Fulvio Suvich, der den größten Teil der praktischen Arbeit erledigte, verteidigte nur noch mühsam sein Mitteleuropakonzept, in dem die Unabhängigkeit Österreichs eine wichtige Rolle spielte. Am 17. März 1934 hatten Italien, Österreich und Ungarn die »Römischen Protokolle« unterzeichnet, um die deutschen Expansionsabsichten auf dem Balkan zu konterkarieren. Am Jahresende brach aber der schwelende Konflikt mit Äthiopien auf; länger bestehende Kriegsplanungen des Generalstabs wurden aktualisiert. Zur Absicherung des Unternehmens trat Mussolini im Januar 1935 in Kontakt mit dem französischen Außenminister Pierre Laval, was immerhin zum Abschluß eines Vertrags über Kolonialkompensationen führte und Italien die vage Zusicherung Lavals eintrug, daß man den Erwerb äthiopischen Gebiets unterstützen werde. Als Mussolini sich zum Angriff auf das afrikanische Kaiserreich entschloß, das wie Italien Mitglied des Völkerbundes war, konnte er also auf eine gewisse Rückendeckung durch die Westmächte hoffen.

Italien war die zuletzt in den Kreis der europäischen Großmächte eingetretene Nation. Das Land hatte auf der Seite der Sieger im Ersten Weltkrieg gestanden, war aber seiner Rolle im Konzert der Mächte kaum gewachsen. Um so größer war der Ehrgeiz, den Mussolini und die faschistische Führung in die Anerkennung der Gleichrangigkeit setzten. Mitte der dreißiger Jahre wurden mehr als dreißig Prozent des italienischen Budgets für die Rüstung aufgewendet; in absoluten Zahlen war das mehr Geld, als Frankreich, Großbritannien oder die USA für ihr Militär ausgaben. Marine und Luftwaffe gehörten zu den bevorzugten Objekten dieses Bewaffnungsprogramms. Aber die frühe Modernisierung der Streitkräfte hatte auch ein rasches Veralten zur Folge. Die Fahrzeuge und Waffen mochten ihren Dienst in einem Kolonialkrieg und dann im Spanischen Bürgerkrieg leisten, aber bei Kriegsausbruch 1939 besaß die italienische Marine keinen einzigen Flugzeugträger, ihre große U-Boot-Flotte war fast wertlos, und der britischen Marine konnte sie zwar vier Schlachtschiffe sowie sieben schwere Kreuzer entgegenstellen, aber das genügte in keiner Weise den Anforderungen des Seekrieges im Mittelmeer. Die Panzer Fiat L. 3, mit denen das Heer bevorzugt ausgerüstet worden war, wogen ganze dreieinhalb Tonnen, blieben ohne Funkgerät und besaßen nur eine aus zwei Maschinengewehren bestehende Bewaffnung, während die meisten deutschen oder französischen Kampfwagen fast zwanzig Tonnen wogen und über Kanonen verfügten.

Die Aufrüstung Italiens stand zu keinem Zeitpunkt auf einer angemessenen wirtschaftlichen Basis. Noch 1938 lag der Anteil des Landes an der Weltproduktion bei nur 2,8 Prozent, sein Energieverbrauch war geringer als der jeder anderen Großmacht. Der größte Teil der Bevölkerung arbeitete in der Landwirtschaft, und ein sozialer Kompromiß zwischen dem reichen Norden und dem armen Süden erwies sich als unmöglich. Das imperialistische Abenteuer von 1935 stürzte Italien in eine permanente Finanzkrise und zwang es mittelfristig zur Abkehr von den Westmächten und zur engeren Anlehnung an Deutschland. Dabei spielten ideologische Prämissen kaum eine Rolle. Mussolini machte noch in der zweiten Hälfte der dreißiger Jahre Versuche, Frankreich gegen Deutschland auszuspielen und zu einem Interessenausgleich mit Großbritannien zu kommen.

Der Weg aus der Isolation

Als Hitler 1933 die Regierung übernahm, hatte die Krise des internationalen Systems ihren ersten Höhepunkt erreicht. Hitler war an der Entstehung dieser Situation unbeteiligt, aber er war entschlossen, sie auszunutzen. Seine Möglichkeiten blieben in der ersten Zeit wegen der militärischen Schwäche des Reiches und wegen des Mißtrauens, das ihm entgegengebracht wurde, begrenzt, aber durch geschicktes Finassieren gelangte er allmählich in eine vorteilhaftere Lage. Schon Ende 1935 mußte er die bis dahin drohende Isolation kaum noch fürchten. Ein Jahr später lag ein guter Teil der Initiative für die Entwicklung in Europa bei ihm: Deutschland pflegte gute Beziehungen zu China und Japan, die kleineren Länder Ost- und Südosteuropas hatten sich freiwillig oder unfreiwillig dem Reich genähert, Belgien, die Niederlande und die skandinavischen Staaten hielten auf strikte Neutralität, das Verhältnis zu Großbritannien, Frankreich, der Sowjetunion und den USA war zwar gespannt, aber die beiden ersteren fühlten sich nicht stark genug, um entschlossen gegen Deutschland vorzugehen, die beiden anderen waren durch innenpolitische Probleme – Stalins Säuberungen und Roosevelts »New Deal« – abgelenkt.

Die Tendenz zur Anarchie in den zwischenstaatlichen Beziehungen entsprach ganz Hitlers Einschätzung vom eigentlich darwinistischen Charakter der Außenpolitik. Er deutete schon den Erfolg Japans in der Mandschurei dahingehend, daß es kein funktionstüchtiges Konzept der kollektiven Sicherheit gebe und sich größere Handlungsmöglichkeiten für die revisionistischen Mächte eröffnen würden. Mitte der dreißiger Jahre sah er die Stunde näherrücken, die er in »Mein Kampf« herbeigewünscht hatte, wenn Deutschland »die heutige Weltordnung, die unseren Untergang bedeutet, ... zerbrechen und die Kettenglieder unserer Sklaverei den Gegnern ins Gesicht ... schlagen« werde. Jetzt konnte er den Schwerpunkt seines Handelns sukzessive von der Innen- zur Außenpolitik verschieben. Wie er es in seiner Ansprache vor der Reichswehrführung am 3. Februar 1933 angekündigt hatte, wollte er nach der Ausrottung von »Pazifismus, Marxismus, Bolschewismus« und der »Stärkung des Wehrwillens« darangehen, den »Kampf gegen Versailles zu führen«, um schließlich die Frage des »Lebensraums im Osten« zu klären. Eine ernst zu nehmende Opposition gegen diese außenpolitische Linie existierte nicht. Aus den Führungsspitzen in Staat und

Partei hatte es zu keinem Zeitpunkt offenen Widerspruch gegeben. Allerdings war der Konsens zwischen den traditionellen Eliten und dem »Führer« vordergründig und beruhte auf einem partiellen Mißverständnis beziehungsweise der systematischen Unterschätzung Hitlers.

Man kann jedenfalls nur bedingt von einer »Teilidentität« (Manfred Messerschmidt) in der außenpolitischen Zielsetzung von Offizierskorps, Diplomatie, Funktionären der NSDAP und Hitler sprechen, eher von einer »Scheinidentität«. Die »wilhelminischen Imperialisten« (Wolfgang Michalka), zu denen nicht nur Wirtschaftsminister Schacht, Außenminister Neurath, die meisten Militärs und Berufsdiplomaten, sondern auch hohe Funktionäre der Partei wie etwa Göring gehörten, deuteten Hitlers Forderung nach »Lebensraum« dahingehend um, daß das Reich – unter Inkaufnahme begrenzter militärischer Konflikte – eine Hegemonialstellung im mitteleuropäischen und südosteuropäischen Raum erreichen sowie die Rückgabe der deutschen Kolonien verlangen solle. Die »nationalbolschewistische« Variante dieses Konzepts, verbunden mit der Idee eines deutschsowjetischen Bündnisses, die in den Vorstellungen der NS-Linken eine Rolle gespielt hatte, besaß praktisch gar keine Bedeutung mehr, obwohl in der Reichswehr und im Auswärtigen Amt immer wieder auf die Notwendigkeit eines guten Verhältnisses zu Rußland hingewiesen wurde. Aber selbst Goebbels kam auf den früher von ihm verfochtenen Ansatz einer Verständigung mit Stalin nicht zurück; der spätere Außenminister Joachim von Ribbentrop, dessen »weltpolitisches Dreieck« Berlin – Moskau – Tokio der großen Koalition der »have-nots« gegen die »haves« sehr nahekommen sollte, favorisierte zu diesem Zeitpunkt noch Hitlers Vorstellung von einem Arrangement mit England. Das von ihm geleitete »Büro« hatte bei den Abrüstungsverhandlungen und später bei der Annäherung an Japan einen gewissen Einfluß auf die Außenpolitik des Reiches, aber sonst spielte unter den Parteigliederungen nur noch die »Volksdeutsche Mittelstelle« (Vomi) eine Rolle, eine Domäne der SS, die für die Balkanpolitik eine gewisse Bedeutung erlangen sollte; das »Außenpolitische Amt« (APA) Rosenbergs oder die »Auslandsorganisation« der NSDAP (AO) unter Ernst Wilhelm Bohle blieben unwichtig.

Es war auch in der Parteiführung Hitler allein, der sich die Möglichkeit der gewaltsamen Eroberung eines Kontinentalreichs, eines blockadefreien Großraums offenhielt, um Deutschland für alle zukünftigen Weltkonflikte geopolitisch und geostrategisch zu sichern. Sowenig es dafür einen »Fahrplan« gab, sowenig Hitler voraussehen konnte, wie überraschend günstig sich die Lage Mitte der dreißiger Jahre und wie überraschend bedrohlich sie sich an deren Ende entwickelte, so sehr beharrte er auf dieser Perspektive, nur kurzfristig bereit, auf Ersatzlösungen einzugehen. Während man selbst in der Spitze des Regimes bis 1937/38 meinte, daß die Außenpolitik in konventionellen Bahnen verlaufen würde, zeichnete sich immer deutlicher ab, daß Hitler keinesfalls interessiert war, die

»Grenzen von 1914« zu restaurieren oder die deutsche Hegemonie über »Mitteleuropa« zu errichten. Seine Forderungen nach »Gleichberechtigung«, »Selbstbestimmung« und »Revision« waren als Täuschungsmanöver gedacht; ihm ging es nicht um die Wiederaufnahme eines älteren außenpolitischen Programms oder darum, den Ersten Weltkrieg nachträglich zu gewinnen, von ihm wurde außenpolitisch ein »revolutionärer Umbruch angebahnt, der Traditionen und Maßstäbe deutscher Politik in letzter Konsequenz wesensmäßig, d. h. qualitativ verändert hat« (Hans-Adolf Jacobsen).

Das Jahr 1935 begann für die Deutschen mit einem populären Ereignis: Am 13. Januar kehrte das Saarland in den Reichsverband zurück. Die Kohlengruben der Saar waren gemäß Artikel 45 des Versailler Vertrages als Entschädigung für die Verwüstung der nordfranzösischen Bergwerke an Frankreich abgetreten worden, während nach Artikel 49 der Völkerbund als Treuhänder das Land fünfzehn Jahre lang verwaltete; erst dann sollte die Bevölkerung in einer Volksabstimmung über das künftige Schicksal des Saargebiets entscheiden dürfen – eine Chance, die Hitler jetzt nutzen konnte. Obwohl die Bevölkerung der Saar die Möglichkeit hatte, nicht nur zwischen dem Anschluß an Frankreich und der Wiederangliederung zu wählen, sondern auch für die Aufrechterhaltung des Status quo zu votieren, stimmten 90,8 Prozent für die Vereinigung mit dem Reich, nur 8,8 Prozent für die Fortschreibung der bestehenden Situation und ganze 0,4 Prozent für die Integration in die französische Republik. Die »Deutsche Front«, die die Rückkehr propagierte, wurde zwar von den Nationalsozialisten dominiert, umfaßte aber auch Vertreter der Deutschnationalen, der liberalen »Saarländischen Volkspartei« und des Zentrums.

Für die Sozialdemokraten, die Kommunisten und Teile der katholischen Arbeiterbewegung, die den Status quo beibehalten wollten, bedeutete das Ergebnis der Volksabstimmung eine ebenso herbe Enttäuschung wie für die Opposition im Reich. Die Berichte der Sozialisten hielten fest, daß der Patriotismus die ganze Bevölkerung erfaßt habe, daß sich sogar »antifaschistische Arbeiter für die Rückgliederung des Saargebietes ausgesprochen« und erklärt hätten, »daß die Saar deutsch sei und auch bleiben müsse«. Während es im Ausland, vor allem in Großbritannien, nachdenkliche Kommentare zur Gewährleistung des nationalen Selbstbestimmungsrechtes in der europäischen Nachkriegsordnung gab, verstärkte sich in Deutschland das Empfinden in der Bevölkerung, daß der »Führer« erfolgreich die Revision des verhaßten Versailler Vertrages vorantreibe. Wie schon bei der Abstimmung über den Austritt aus dem Völkerbund im November 1933 mischten sich Sorgen in die Euphorie, aber selbst »die ›Meckerer‹ und diejenigen, die eine Katastrophe befürchten, betonen immer, daß Hitler ›doch‹ ein ›Kerl‹ sei, der Deutschland in der Welt wieder Geltung verschaffe«, wie es in den Deutschland-Berichten der SOPADE hieß.

Ähnliche Zustimmung fand Hitler auch mit seinem nächsten Schritt, der Wiederherstellung der deutschen »Wehrhoheit«. Das außergewöhnliche Prestige der Armee in der deutschen Gesellschaft spielte dabei ebenso eine Rolle wie die Hoffnung, daß die Wehrpflicht zur weiteren Verringerung der Arbeitslosigkeit beitragen werde. Die Einführung der Allgemeinen Wehrpflicht war nach dem Austritt aus dem Völkerbund die zweite wirklich riskante Maßnahme Hitlers, insofern hier der Kernbestand des Versailler Vertrages verletzt wurde. Offensichtlich hat sich Hitler zu dieser Maßnahme auch erst nach einigem Zögern entschlossen. Noch am 14. Februar 1935 waren Großbritannien und Frankreich durch eine Note in Kenntnis gesetzt worden, daß Deutschland zu neuen Verhandlungen über Rüstungsfragen bereit sei. Diese Antwort auf das von Großbritannien und Frankreich am 3. Februar übergebene »Londoner Kommuniqué« gab zu der Vermutung Anlaß, daß es neue Gespräche geben werde. Als aber die englische Regierung am 1. März ein »Weißbuch« über die deutsche Wiederbewaffnung veröffentlichte, in dem der Nationalsozialismus für die allgemeine Militarisierung und Kriegsvorbereitung des deutschen Volkes verantwortlich gemacht wurde, reagierte Hitler verärgert und ließ den avisierten Besuch des britischen Außenministers Simon absagen. Unmittelbar darauf sah sich Hitler durch die Wiedereinführung der zweijährigen Dienstzeit in Frankreich in seinem Mißtrauen gegenüber dem Verständigungswillen der Westmächte bestätigt. Jetzt war er entschlossen, die getarnte Aufrüstung zu beenden und die entscheidenden außenpolitischen Kontakte nur noch auf bilateraler Ebene zu entwickeln.

Am 10. März erklärte Göring vor diplomatischen Vertretern, daß der Aufbau der Luftwaffe weitgehend abgeschlossen sei, am 13. März eröffnete Hitler seinem Adjutanten Friedrich Hoßbach, daß er die Allgemeine Wehrpflicht wiedereinführen wolle. Am 16. März beschloß das Kabinett das »Gesetz über den Aufbau der deutschen Wehrmacht«. Gleichzeitig wurden die Planungsvorgaben für die Wehrmacht erweitert, der bisherige Umfang von 21 auf 36 Divisionen vergrößert, mit 700.000 anstelle von 300.000 Mann. Obwohl man sich in der Heeresleitung seit dem Frühjahr 1934 für eine rasche Einführung der Wehrpflicht ausgesprochen hatte, gab es hier ebenso wie im Auswärtigen Amt auch Bedenken gegen einen voreiligen Schritt. Staatssekretär von Bülow hatte schon im Dezember 1934 Generalleutnant Beck als Chef des Truppenamtes davon zu überzeugen versucht, daß sich Deutschland immer weiter in eine aussichtslose Lage manövriere, wenn es keine Rücksicht auf die Sicherheitsinteressen Englands und Frankreichs nehme. Das Reich werde »durch eine übertriebene Aufrüstung einen Ring von Gegnern« um sich bilden. Beck hielt die von Hitler angegebene Zielgröße für den Aufbau des Heeres im Prinzip für angemessen, glaubte aber, daß unter den gegebenen Umständen nur 23 Divisionen außenpolitisch durchsetzbar seien. Auch in der Wehrmachtführung beurteilte man die Lage skeptisch. Die Befürchtung, weiter in die Isolation zu geraten, blieb stark, und bis zur

Sitzung des Kleinen Ministerrats am 15. März 1935 war Blomberg nicht bereit, seine Bedenken zurückzustellen.

Die Westmächte sahen sich durch die deutschen Maßnahmen vollkommen überrascht. Trotzdem blieb der eklatante Verstoß gegen die Bestimmungen des Versailler Vertrages ungeahndet. Italien ließ zwar den Jahrgang 1911 einberufen und einen Teil der Armee mobilisieren, aber das zeigte so wenig Wirkung wie die Bildung der »Stresa-Front«. Hitler hatte von vornherein damit gerechnet, daß Frankreich zu schärferen Reaktionen neigen, damit aber keine Unterstützung auf englischer Seite finden würde. Am 25. und 26. März, also noch vor der Konferenz von Stresa, empfing er Simon sowie den Lordsiegelbewahrer Eden zu informellen Gesprächen. Obwohl man den Beschlüssen der Regierungschefs von England, Frankreich und Italien nicht vorgreifen wollte, zeichnete sich doch schon die Tendenz ab, daß London die faktische Souveränität Deutschlands in militärischen Fragen hinzunehmen bereit war, zumal Hitler die Bestimmungen des Vertrages von Locarno weiter einzuhalten versprach.

Die Einführung der Allgemeinen Wehrpflicht war der erste jener »Wochenendcoups«, die Hitler in den kommenden vier Jahren immer wieder erfolgreich ablaufen lassen würde: Dem deutschen Vorstoß folgten der Protest der europäischen Garantiemächte, etwas dramatischer aus Paris, etwas moderater aus London, möglicherweise die eine oder andere Drohgebärde, dann die faktische Anerkennung des Vorstoßes und damit eine weitere Verschiebung der Machtverhältnisse zugunsten Deutschlands. Jeder Erfolg Hitlers auf diesem Weg stärkte sein Selbstbewußtsein und seine Überzeugung, daß man mit den »dekadenten Demokraten« kaum zu rechnen brauche, vergrößerte seinen Massenanhang und machte es oppositionellen wie skeptischen Stimmen unmöglich, Gehör zu finden.

Die Erklärung des Völkerbundsrates vom 17. April, daß die einseitige Wiederherstellung der Wehrhoheit ein Verstoß Deutschlands »gegen die allen Mitgliedern der internationalen Gemeinschaft obliegende Pflicht der Einhaltung übernommener Verbindlichkeiten« sei, blieb folgenlos. Hitler seinerseits antwortete mit einigen geschickten Beschwichtigungsformeln. In einer am 21. Mai gehaltenen Reichstagsrede bot er die bedingte Teilnahme Deutschlands an einem »System kollektiver Zusammenarbeit zur Sicherung des europäischen Friedens« an und signalisierte seine Bereitschaft, mit den Nachbarstaaten des Reiches einen Luftpakt abzuschließen sowie die deutsche Flottenrüstung auf fünfunddreißig Prozent der britischen Stärke festzuschreiben. Das Verhältnis von eins zu drei in der maritimen Rüstung hatte er zum ersten Mal im November 1934 vorgeschlagen; es erschien der politischen Führung in London zu ungünstig, aber die englische Admiralität riet dringend zur Annahme angesichts eines drohenden Flottenwettlaufs im Pazifik. Am 1. Juni wurde Ribbentrop, der Hitler bisher nur als außenpolitischer Berater und als Beauftragter für Abrüstungsfragen gedient hatte, zum Außerordentlichen und Bevollmächtigten Botschafter ernannt und nach

England geschickt, wo er das Flottenabkommen aushandelte, das bereits am 18. Juni, unter Umgehung des Völkerbundes und um den Preis einer Brüskierung Frankreichs durch seinen alten Verbündeten, abgeschlossen werden konnte.

Hitler soll den 18. Juni 1935 als den bisher »glücklichsten Tag« seines Lebens bezeichnet haben. Er schien seinem außenpolitischen Hauptziel, der Annäherung an England, einen entscheidenden Schritt nähergekommen zu sein. Mitte der dreißiger Jahre sprach er noch voller Hochachtung von den »germanischen Vettern«. Er glaubte, daß die britische Führungsschicht aus wohlerwogenem Eigeninteresse dem Ausgleich mit Deutschland zustimmen würde, wenn man dort erkannte, daß Berlin keine Wiederaufnahme der imperialistischen Konkurrenz aus der letzten Vorkriegszeit wünschte. Den Verzicht auf koloniale Forderungen und eine Flottenhochrüstung betrachtete Hitler als deutsche Vorleistung, um die endgültige Verständigung anzubahnen. Während Frankreich in Hitlers Kalkulationen immer nur als Feind auftauchte, glaubte er, daß England mindestens zur Duldung einer deutschen Hegemonie auf dem Kontinent gebracht werden könnte, wenn man ihm dafür den Rücken freihielt zur Bewältigung seiner überseeischen Probleme. Er ging dabei von der durchaus realistischen Einschätzung aus, daß das Empire zu schwach sei, um gleichzeitig seine europäischen und kolonialen Positionen zu verteidigen. Über kurz oder lang würden die afrikanischen und asiatischen Besitzungen der Krone verlorengehen und in den Einflußbereich Japans oder – wahrscheinlicher – der USA fallen. Wollte England das verhindern, mußte es zur Aufgabe der anachronistischen Politik der europäischen »balance of power« bereit sein; nach Hitlers Auffassung ging es im Zeitalter der Hegemonialstaaten und Großräume nicht mehr um das partielle, sondern nur noch um das »Weltgleichgewicht« (Dietrich Aigner).

Es sollte sich zeigen, daß Hitler das traditionalistische und das moralische Element in der britischen Politik unterschätzt hatte. Wenn das Flottenabkommen ein erster Schritt war, so folgte ihm kein zweiter. Allerdings eröffnete der weitere Verlauf des Jahres 1935 Hitler die Möglichkeit, die Annäherung an den anderen Wunschpartner, Italien, voranzutreiben. Seit dem Sommer 1935 wurde die Aufmerksamkeit der Weltöffentlichkeit durch den Beginn des Abessinien-Krieges von Deutschland abgelenkt. Der Einmarsch in dem ostafrikanischen Land belastete die diplomatischen Beziehungen Italiens anfangs kaum. Laval hatte Mussolini freie Hand gegeben, und entsprechend verhielt sich auch das Foreign Office. Aber die öffentliche Meinung in England wandte sich gegen den Aggressor, so daß das Kabinett Baldwin einige – unwirksame – Boykottmaßnahmen beschließen mußte. Nach Neuwahlen kam es in Frankreich zur Bildung der »Volksfront«, die an einer Verbesserung der Beziehungen zu Italien desinteressiert war und forderte, schärfer gegen den Angriff auf einen Mitgliedstaat des Völkerbundes vorzugehen. Die gegen Italien gerichtete Stimmung verbreitete sich in Europa immer weiter, und als im Dezember 1935 bekannt wurde, daß der britische

Außenminister Hoare zusammen mit Laval versucht hatte, den Abessinien-Konflikt durch weitgehende Zugeständnisse an Italien zu lösen, mußte er unter dem Druck der Öffentlichkeit zurücktreten.

Anders als die zumeist langwierigen Kolonialkriege konnte die Eroberung Abessiniens durch italienische Truppen relativ rasch abgeschlossen werden. Zwar leisteten die Truppen des Negus, etwa 300.000 schlecht ausgerüstete Soldaten, den 360.000 italienischen Soldaten hartnäckigen Widerstand, der aber zusammenbrach, nachdem der Oberkommandierende Italiens, Marschall Pietro Badoglio, den Einsatz von Senfgas und Sprengbomben gegen die abessinischen Streitkräfte wie gegen die bäuerliche Zivilbevölkerung befohlen hatte. An einem so raschen Ende des Konfliktes – am 5. Mai 1936 fiel die Hauptstadt Addis Abeba – war man in Berlin nicht interessiert gewesen. Während Italien von Deutschland Kohle und Stahl erhielt, belieferte man die gegnerische Seite mit Waffen, um den Konflikt weiter schwelen zu lassen. Denn je länger der Kampf in Ostafrika andauerte, desto unmöglicher wurde eine Rückkehr Italiens ins Lager der Westmächte – eine Rechnung, die schon bald aufging, zumal in Rom mit dem neuen Außenminister, dem Grafen Galeazzo Ciano, eine deutschfreundliche Gruppe in Schlüsselpositionen einrückte, und auch Mussolini ein außenpolitischer Kurswechsel allmählich sinnvoll erschien.

Die deutsch-italienische Annäherung hat wesentlich dazu beigetragen, daß Hitler den ersten Teil seines Programms – die endgültige Beseitigung der »Fesseln« des Versailler Vertrages – realisieren konnte. Bereits am 6. Januar 1936 erklärte Mussolini gegenüber dem deutschen Botschafter in Rom, Ulrich von Hassell, Italien sei bereit, seine Stellung am Brenner zu überdenken. Rom könne jetzt akzeptieren, daß Österreich auf den Status eines deutschen »Satelliten« herabgedrückt werde. Damit wurde der Weg zu einem Abkommen zwischen Deutschland und Österreich geebnet, das am 11. Juli 1936 zustande kam und vorsah, »daß Österreich sich als deutscher Staat bekennt«, eine an den Interessen des Reiches orientierte Politik einleiten und die »nationale Opposition«, das heißt die illegale nationalsozialistische Partei, in die »politische Verantwortung« einbeziehen werde.

Allerdings hatte Hitler schon im März 1936 das erste Mal die durch Mussolini gewonnene Bewegungsfreiheit mit dem Einmarsch in die entmilitarisierte Zone des Rheinlands erprobt. Italien signalisierte als Garantiemacht des Locarno-Vertrages etwas zögernd, daß es einer Remilitarisierung nicht im Weg stehen werde. Hitler seinerseits betrachtete den Locarno-Pakt durch das französisch-sowjetische Beistandsabkommen vom 2. Mai 1935 als faktisch außer Kraft gesetzt. Zwar konnte ihn Außenminister von Neurath davon abhalten, den Vertrag sofort zu kündigen, aber nach der Ratifizierung des Abkommens mit der Sowjetunion durch das französische Parlament kam er auf seine Absicht zurück und ließ am 7. März 1936 den Botschaftern Englands, Frankreichs, Italiens und Belgiens eine Denkschrift überreichen, mit der die Reichsregierung erklärte, daß sie den Vertrag von Locarno infolge der französischen Bündnispolitik für erloschen halte. Das Memorandum enthielt die Zusicherung, daß Deutschland zum Abschluß eines neuen Abkommens bereit sei. Die eigentliche Intention Hitlers war es aber, die in Locarno vereinbarte Entmilitarisierung der Rheinlandzone aufzuheben.

Hitler war sich durchaus bewußt, welche Gefahr er mit dieser Provokation Frankreichs einging, wo man seit Jahresanfang die Wiederbesetzung des Rheinlandes erwartet hatte. Der Außenminister Flandin hatte am 7. Februar 1936 eine Anfrage an die militärische Führung seines Landes gerichtet, welche Gegenmaßnahmen dort geplant seien, aber keine präzise Auskunft erhalten. Ein Memorandum des Luftwaffen-Ministeriums bezog den Standpunkt, daß die Remilitarisierung nicht als Angriff auf Frankreich gewertet werden dürfe. Nachdem die deutschen Truppen mit etwa dreißigtausend Mann in das Rheingebiet eingerückt waren, fragte Ministerpräsident Sarraut noch einmal an, ob man die Wehrmacht militärisch zurücktreiben könne, und erhielt jetzt die Auskunft, daß ein solches Vorgehen unvermeidbar zum Krieg führen werde und die französische Armee ohne italienische und britische Hilfe den deutschen Vorstoß nicht abwehren könne. Der folgende Appell der französischen Regierung an die Garantiemächte des Locarno-Paktes blieb ohne Folgen, zumal England die allmähliche Wiederherstellung der deutschen »Wehrhoheit« für unvermeidbar hielt und zu keiner Beteiligung an Strafmaßnahmen bereit war, Italien sich für desinteressiert erklärte und der Völkerbundsrat mit dem Abessinienkrieg beschäftigt war.

Die Mischung aus Täuschung und Risikobereitschaft, die die Rheinlandbesetzung kennzeichnete, wurde typisch für die außenpolitischen Aktionen Hitlers. Die Erfahrungen, die er dabei mit den immer wieder zurückweichenden Westmächten sammeln konnte, mußten ihn in der Überzeugung bestärken, daß sich der Einsatz lohne und erhöht werden könne. Wahrscheinlich wäre zu diesem Zeitpunkt die Radikalisierung der deutschen Außenpolitik noch aufzuhalten gewesen, denn Hitler selbst äußerte später gegenüber seinem Dolmetscher Paul Schmidt: »Wären die Franzosen damals ins Rheinland eingerückt, hätten wir uns mit Schimpf und Schande zurückziehen müssen, denn die militärischen Kräfte, über die wir verfügten, hätten keineswegs auch nur zu einem mäßigen Widerstand ausgereicht.« Ein Eindruck, den Alfred Jodl, zum damaligen Zeitpunkt Chef der Abteilung L (Landesverteidigung) im Reichskriegsministeriums, während des Nürnberger Prozesses bestätigte: »Ich kann nur sagen, in dieser Lage hätte uns allein die französische armée de couverture hinweggeblasen.« Hitler spielte mit hohem Einsatz und gewann; durch das Plebiszit vom 29. März 1936, das mit achtundneunzig Prozent Ja-Stimmen endete, durfte er sich in seiner Politik noch zusätzlich bestätigt fühlen.

Die längerfristigen Folgen des Rheinland-Coups lagen vor allem in der Entwertung des französischen Bündnissystems. Der »Cordon sanitaire« in Ostmittel- und Südosteuropa begann sich allmählich, wenn auch nicht vollständig aufzulösen. Nachdem Polen 1934 die Annäherung an Deutschland vollzogen hatte, leitete die Tschechoslowakei seit 1935 Bündnisverhandlungen mit der Sowjetunion ein und holte Militärberater aus Moskau ins Land. Für die Regierungen der übrigen Staaten in diesem Raum wurde immer deutlicher, daß mit Hilfe kaum zu rechnen war, falls sich Deutschland zum Ausgreifen nach »Zwischeneuropa« entschloß. Hinweise auf entsprechende Absichten Berlins gab es zur Genüge.

Die wirtschaftliche »Durchdringung« der Region wurde vor allem von den »Normalimperialisten« in der deutschen Führung favorisiert, die einen Expansionskurs bejahten, aber den Zusammenstoß mit den Westmächten oder der Sowjetunion vermeiden wollten, um die deutsche Hegemonie in Mitteleuropa auf Dauer zu verankern. Zu den wichtigsten Verfechtern dieser Konzeption gehörten Schacht und Göring. Die beiden gingen im Frühjahr 1936 ein kurzfristiges Bündnis ein, um die schlechter werdende Versorgungslage und den permanenten Konflikt der Wehrmachtsteile um die notwendigen Rohstoffe für die Aufrüstung zu lösen. Seit dem vorangegangenen Winter standen ausreichende Devisen für die Einfuhr von Fett und Getreide nicht mehr zur Verfügung. Schacht, der schon verschiedentlich dem Drängen Darrés nachgeben mußte, blieb dieses Mal unbeugsam, so daß allgemein mit der Zwangsbewirtschaftung für Brot, Mehl und Speisefett gerechnet wurde; sogar die Ausgabe von Lebensmittelkarten war schon vorbereitet. Hitler fürchtete aber den damit verbundenen Prestigeverlust und stimmte der von Schacht befürworteten Ernennung Görings zum »Rohstoff- und Devisenkommissar« zu.

Am 1. Mai wurde die neue Dienststelle »Ministerpräsident Generaloberst Göring – Rohstoff- und Devisenstab« eingerichtet, der es mit Hilfe noch schärferer Devisenkontrollen und der zwangsweisen Heranziehung von Auslandsguthaben der deutschen Industrie gelang, die akute Krise zu bewältigen. Obwohl Göring in vielem ähnliche Zielvorstellungen wie Schacht vertrat und sich auch für eine Exportausweitung einsetzte, um die Devisenlage zu verbessern, entwickelte sich im Frühsommer 1936 ein Konflikt zwischen dem Wirtschaftsminister und dem »Neben-Wirtschaftsminister« (Alfred Kube) um die Richtlinienkompetenz. Die Auseinandersetzung endete mit dem Sieg Görings. Wegen der anhaltenden Devisen- und Versorgungsprobleme, die die Aufrüstung der Wehrmacht bedrohten und durch die Maßnahmen des Neuen Plans nicht zu beheben waren, konnte er Hitler davon überzeugen, daß eine definitive Entscheidung zu seinen Gunsten notwendig sei. Die von Hitler im August abgefaßte, nachträglich so genannte »Denkschrift zum Vierjahresplan« bekamen nur Blomberg und Göring zu Gesicht; auf der Sitzung des Kleinen Ministerrats am 4. September 1936 las Göring lediglich einige Sätze des Textes vor, die er als »Generalanweisung« Hitlers verstanden wissen wollte.

In dem Memorandum erklärte Hitler, daß die bisherige Form der Außenwirtschaftskontrolle nur eine vorübergehende Entlastung bringen könne und daß die – von Schacht favorisierte – Rückgewinnung der deutschen Kolonien aus wehr- und geopolitischen Gründen sinnlos sei. Außerdem verlangte er, die Herstellung von synthetischem Benzin, synthetischem Kautschuk (»Buna«) und Zellwolle zu forcieren und die Verhüttung von Eisenerzen aus heimischem Abbau zu verstärken. Zwei Jahre zuvor hatte die Schwerindustrie noch mit Erfolg hinhaltenden Widerstand gegen die Verarbeitung minderwertiger Erze leisten können. Die fortgesetzte Einfuhr von Erzen aus Frankreich und Schweden belastete aber die deutschen Devisenvorräte und trug mit zur bedrohlichen Entwicklung im Sommer 1936 bei. Jetzt bestand bei Hitler offensichtlich keine Bereitschaft mehr, auf die Belange der Unternehmen Rücksicht zu nehmen. Seit dem Februar 1937 wurden Eisen und Stahl tatsächlich über »Verbrauchsberechtigungen« kontingentiert, und die im Sommer des Jahres errichteten »Hermann-Göring-Werke« in Salzgitter waren als Warnung an die Adresse der Schwerindustrie gedacht, daß der Staat die Verarbeitung von Eisen und Stahl auch in die eigene Regie übernehmen könnte.

Hitler erklärte in der »Denkschrift« schließlich, daß sich die vollständige Autarkie nur durch die »Erweiterung des Lebensraums bzw. der Rohstoff- und Ernährungsbasis« erreichen lasse. Die wirtschaftlichen Anstrengungen des Reiches sollten deshalb auf zwei Ziele konzentriert werden: »I. Die deutsche Armee muß in 4 Jahren einsatzfähig sein. II. Die deutsche Wirtschaft muß in 4 Jahren kriegsfähig sein.« Bereits am 9. September 1936 wurde »das neue Vierjahresprogramm« auf dem Parteitag der Öffentlichkeit vorgestellt, und am 18. Oktober ernannte Hitler Göring zum »Beauftragten für den Vierjahresplan«.

Göring war ein wirtschaftlicher Laie, besaß aber seit seiner Zeit als Hitlers Beauftragter in Berlin gute Kontakte zu Unternehmerkreisen. Wirtschaftspolitische Fragen hatten ihn zuerst im Zusammenhang mit dem Aufbau der Luftwaffe beschäftigt und spielten dann auch eine Rolle bei seiner Übernahme des »Reichsforstamtes«. Seit 1933/34 ließ Göring einen Beraterstab über ökonomische Fragen arbeiten. Wirtschaftliche Hintergründe hatte nicht zuletzt die Reisediplomatie, die Göring seit 1934 in den Ländern Ostmittel- und Südosteuropas entfaltete. Angesichts der Knappheit an Devisen dachte Göring daran, über die Reziprozitätsverträge hinausgehend Staaten wie beispielsweise Ungarn und Bulgarien, aber auch Griechenland und Jugoslawien mit deutschen Waffen im Austausch gegen Rohstoffe oder Nahrungsmittel zu beliefern, was dazu führte, daß die heimlich von der Wehrmacht gegründete, aber schließlich der Vierjahresplanbehörde unterstellte »Ausfuhrgemeinschaft für Kriegsgerät« eine wachsende Bedeutung für den deutschen Export gewann.

Gewaltakte auf der Place de la Concorde beim Marsch der antidemokratischen Rechten auf das Pariser Parlament am 6. Februar 1934. – Besetzung der entmilitarisierten Zone des Rheinlandes: berittene Einheit beim Einzug der deutschen Wehrmacht in Köln am 7. März 1936

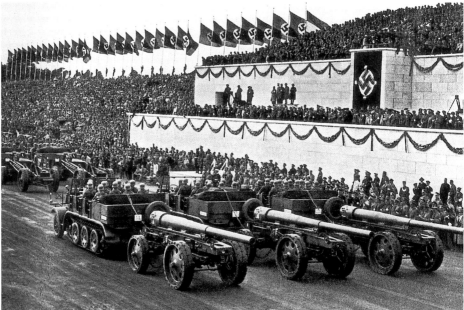

Tankverband und motorisierte Einheit der schweren Artillerie beim »Tag der Wehrmacht«
1935 in Nürnberg

Als Göring im Frühjahr 1936 seine Ernennung zum »Rohstoff- und Devisen-kommissar« erreicht hatte, war der entsprechende »Führerauftrag« noch relativ begrenzt. Allerdings enthielt er einen folgenschweren Zusatz, der Göring die Kompetenz übertrug, zum Zweck der Wehrhaftmachung »alle staatlichen und parteilichen Stellen anhören und anweisen« zu können, und Erhard Milch, Staatssekretär im Reichsluftfahrtministerium, notierte in seinem Tagebuch ganz zutreffend: »Göring wird Wirtschafts- und Devisendiktator«. Tatsächlich war die Ernennung Görings der entscheidende Schritt zur Ausdehnung seiner wirt-schaftspolitischen Kompetenz, und während Schacht als zuständiger Minister mit wachsender Besorgnis sah, wie die Wirtschaftspolitik auf die Rüstung kon-zentriert wurde, erklärte Göring ausdrücklich, das Ziel aller ökonomischen An-strengungen sei »die Ernährung und die Bewaffnung des deutschen Volkes«, das vorbereitet sein müsse, »zu seinem letzten Freiheitskampf anzutreten«. Die mar-tialische Rhetorik ließ weniger auf konkrete Aggressionsabsichten schließen, sie war wie die Forcierung der Ersatzstoffproduktion darauf berechnet, Hitler für eine weitere Ausdehnung von Görings wirtschaftlichem Aufgabenbereich zu ge-winnen; eine Kalkulation, die aufging.

Seinem Ziel kam Göring mit der Denkschrift über den Vierjahresplan ein entscheidendes Stück näher, obwohl der Text außer der Forderung nach vorüber-gehender Erhöhung der Einfuhren nur eine vage langfristige Zielsetzung enthielt. Die Formel von der »Erweiterung des Lebensraumes bzw. der Rohstoff- und Ernährungsbasis« konnte ebenso im Sinne von Hitlers Programmatik der zwan-ziger Jahre wie im Sinne des von Schacht und Göring favorisierten ökonomischen Imperialismus gedeutet werden. Die Denkschrift enthielt den Begriff »Vierjahres-plan« nicht, und Hitler benutzte ihn auch nicht in seiner Rede vor dem Reichs-parteitag im September 1936. Beides deutet darauf hin, daß es zu diesem Zeit-punkt noch keine klaren Vorstellungen von der Realisierung des Vierjahresplans (VJP) gab, lediglich ein Bedürfnis Hitlers zur Abrechnung mit der bisherigen Wirtschaftspolitik, die seine Zielsetzung, ohne Rücksicht auf die problemati-schen Rahmenbedingungen die Aufrüstung Deutschlands voranzutreiben, nicht erfüllt hatte.

Obwohl in der Denkschrift keine eigene Organisationsstruktur für die Durch-führung des Vierjahresplans vorgesehen war, gelang es Göring als »Beauftrag-tem«, sich ein Mitspracherecht in allen wirtschaftspolitischen Fragen zu ver-schaffen. Mit Hilfe der Staatssekretäre aus den ihm unterstellten Ministerien erlangte er Einfluß auf praktisch alle Ressorts, und ein »Generalrat« diente als Leitungsgremium. Eine »echte« Planwirtschaft war allerdings trotz der an den sowjetischen »Fünfjahresplan« erinnernden Bezeichnung nicht vorgesehen. Viel-mehr wurden der schon bestehenden Wirtschaftsorganisation »Geschäftsgrup-pen« für Devisen- und Rohstoffverteilung, Preiskontrolle und Arbeitseinsatz so-wie eine Reihe von »Generalbevollmächtigten« für die wichtigsten Bereiche des

VJP (Eisen und Stahl, Chemie, Bauten, Kraftfahrzeugherstellung) vorgeordnet, die als Lenkungsorgane dienen sollten. Göring konnte die akute Versorgungskrise tatsächlich bewältigen, weil es ihm gelang, wichtige Funktionen im Planungsbereich mit versierten Managern zu besetzen, und neue funktionstüchtige Institutionen wie das »Amt für Deutsche Roh- und Werkstoffe« zu schaffen, in denen staatliche Verwaltung, Militär und Industrie verschmolzen.

Propagandistisch wurde der Vierjahresplan mit einer konsequenten Autarkiepolitik verbunden, aber Göring selbst erklärte vor Industriellen, »daß, wenn ein wertvolles Ausfuhrgeschäft zu machen sei, man jede Bestimmung umgehen müsse, um das Geschäft unbedingt zu sichern«. Göring dachte sogar an eine Intensivierung der Handelsbeziehungen zur Sowjetunion, die deutsche Waffenlieferungen mit Manganerzen bezahlen sollte. Aber insgesamt waren seine Bemühungen bei der Steigerung des Exports nur in begrenztem Maß erfolgreich. Er konzentrierte sich deshalb wieder auf den näher gelegenen Donauraum. Der deutsche Anteil an der Ausfuhr aus den südosteuropäischen Ländern stieg zwischen 1933 und 1939 von 15,35 auf 46,08 Prozent, der der deutschen Einfuhren in diese Gebiete von 18,44 auf 50,61 Prozent, obwohl es auch hier zahlreiche Hindernisse gab. Die politisch an Frankreich oder England orientierten Länder dieses Gebietes erkannten die Absicht, über die Wirtschaftspolitik eine deutsche Hegemonie zu schaffen. Vor allem Jugoslawien, die Tschechoslowakei und Polen, aber auch Rumänien, zeigten wenig Neigung, durch bilaterale Handelsgeschäfte immer stärker in Abhängigkeit zu geraten. Vor allem die Staaten der Kleinen Entente standen den deutschen Wünschen ablehnend gegenüber, und Rumänien, das aufgrund seiner Erdölvorkommen ein besonders begehrter Handelspartner war, zeigte sich völlig unwillig, wie es der Staatschef General Antonescu formulierte, eine »deutsche Vormundschaft« hinzunehmen.

Sahen sich die Wirtschaftsordnung und die Außenwirtschaft durch den Vierjahresplan verstärkten staatlichen Eingriffen ausgesetzt, so galt das erst recht für den Arbeitsmarkt angesichts des bedrohlichen Arbeitskräftemangels. Bereits seit dem Jahresende 1934 gab es Engpässe bei der Beschaffung von Arbeitskräften in der Metall- und in der Bauindustrie. Die Bauwirtschaft konnte einen Teil der Belegschaften noch durch die Abwanderung aus der Landwirtschaft ergänzen, aber 1935 verlor der Markt weitere Kräfte durch die Einführung der Allgemeinen Wehrpflicht (im März) sowie des obligatorischen »Reichsarbeitsdienstes« (im Juni). Dazu kam die anhaltende Verdrängung der Frauen, was im Oktober 1937 dazu führte, daß das Beschäftigungsverbot für die Ehefrau bei Gewährung des Ehestandsdarlehens aufgehoben wurde.

Um die Probleme auf dem Arbeitsmarkt zu bewältigen, ging das Regime seit 1936 von der »Arbeitsbeschaffung« zum »Arbeitseinsatz« über: Durch die erwähnte »Auskämmung« von überflüssigen Arbeitskräften im Mittelstand (seit dem März 1939 hatte der Leiter der Wirtschaftsgruppe Handel die Berechtigung, unrentable Kleinbetriebe zu schließen) und die Ermächtigung der Treuhänder, mit Wirkung vom 25. Juni 1938 die Löhne bindend festzusetzen, trat wenigstens eine gewisse Entlastung ein. Die Lohnfestsetzung und das Abwerbungsverbot wurden allerdings von Unternehmen mit Hilfe von großzügigen betrieblichen Sozialleistungen immer wieder unterlaufen. Da das Reich im Juni 1938 für den Bau der neuen Befestigungsanlage des »Westwalls« 400.000 Arbeiter benötigte, schuf Göring als Beauftragter für die Durchführung des VJP die rechtliche Grundlage für eine Dienstverpflichtung der Arbeitnehmer in Form eines zivilen Gestellungsbefehls. Seit dem 10. März 1939 wurde die sowieso schon eingeschränkte Möglichkeit des Arbeitsplatzwechsels noch dadurch begrenzt, daß Beginn wie Lösung eines Arbeitsverhältnisses der Zustimmung des Arbeitsamtes unterlagen.

In Zusammenhang mit dem Vierjahresplan standen außerdem die Fixierung der Verkaufspreise sowie die Unterstellung der schon vorhandenen Überwachungsstellen unter eine »Geschäftsgruppe Rohstoffverteilung«. Die verstärkten Subventionen aus dem Reichshaushalt für rüstungswichtige Industriezweige wurden mit einer immer deutlicheren Minderung der Entscheidungsfreiheit für die Unternehmer verbunden. 1938 gab es bereits in neununddreißig Wirtschaftszweigen Investitionsverbote, und der Übergang zur unmittelbaren Bewirtschaftung von Rohstoffen und Halbzeugen war vollzogen.

Anfang 1938 resignierte Schacht vor dem neuen Kurs. Er behielt zwar noch bis zum Januar 1939 das Amt des Reichsbankpräsidenten, aber als Wirtschaftsminister war ihm bereits am 26. November 1937 in geschäftsführender Funktion Göring gefolgt und diesem dann im Februar 1938 der ehemalige Wirtschaftsredakteur Walter Funk. Funk war 1931 zu den Nationalsozialisten gestoßen und rasch zum Berater Hitlers in wirtschaftlichen Fragen aufgestiegen. Nach der »Machtergreifung« blieb er allerdings ohne einflußreiche Position, und seine Ernennung zum Kabinettsmitglied verdankte er 1938 nur der Tatsache, daß er »der Mann Görings« (Willi. A. Boelcke) war. Göring übernahm mit einigen seiner Geschäftsgruppenleiter aus der Organisation des Vierjahresplans die entscheidenden Hauptabteilungen des Reichswirtschaftsministeriums. Infolgedessen konnte er zu Beginn des Jahres 1938 die VJP-Behörden verkleinern, die jedoch einschließlich ihrer vorgeschobenen Bastionen im Reichswirtschaftsministerium die zentralen Befehlsstellen der neuen Wirtschaftspolitik blieben. Bezeichnenderweise fanden wichtige Sitzungen im Reichswirtschaftsministerium zukünftig unter der Leitung von Görings Staatssekretär Paul Körner, nicht unter derjenigen Funks statt.

Der Spanische Bürgerkrieg, die »Achse« und der »Antikomintern-Pakt«

Neben dem Donauraum war es vor allem Spanien, das sich aus der Sicht Görings für eine wirtschaftliche »Durchdringung« eignete. Infolge der deutschen Intervention im Spanischen Bürgerkrieg sah er die günstige Gelegenheit, weitere Handelsvorteile für das Reich durch monopolartige Wirtschaftsorganisationen zu schaffen, die einzelne Rohstoffvorkommen ausbeuten sollten. Diesem Ziel diente vor allem die Errichtung der »Rohstoff- und Waren-Kompensations-Handelsgesellschaft m. b. H.« (ROWAK) und zahlreicher ähnlicher Institutionen, die in Spanien und dann auch in anderen Ländern, an denen Deutschland wirtschaftlich interessiert war, tätig wurden. Ökonomische Gesichtspunkte spielten bei dem deutschen Entschluß, in den Spanischen Bürgerkrieg einzugreifen, dennoch eine untergeordnete Rolle. Eher handelte es sich um eine Mischung aus Ideologie, Machtpolitik und Zufall, die bei den außenpolitischen Entscheidungen Hitlers in der zweiten Hälfte der dreißiger Jahre nicht selten war.

Der Spanische Bürgerkrieg brach aus, als sich – nach der Ermordung des Monarchistenführers Calvo Sotelo – am 17. Juli 1936 die »Afrika-Armee« unter ihrem General Francisco Franco gegen die Zentralregierung in Madrid erhob. Francos Putsch drohte rasch zu scheitern, weil die Matrosen der Mittelmeerflotte republiktreu blieben und die aufständischen Truppen nicht von Spanisch-Marokko zum Mutterland übersetzen wollten. Die Situation in Spanien war denkbar unübersichtlich, als Hitler während seines Aufenthalts bei den Bayreuther Festspielen am 25. Juli 1936 zwei Emissäre Francos empfing. Aufgrund der optimistischen Schilderungen des Kaufmanns Johannes Bernhardt, der sich im marokkanischen Tetuan niedergelassen hatte, und des dortigen Ortsgruppenleiters der NS-Auslandsorganisation Adolf Langenheim entschloß sich Hitler (ohne Konsultation des Auswärtigen Amtes oder der Wehrmachtführung, die einem solchen Engagement skeptisch gegenübergestanden hätten), die Bitte Francos um Unterstützung zu erfüllen.

Hitlers Motive für seine Hilfeleistung sind nicht mehr im einzelnen zu klären. Sicherlich spielten weltanschauliche Sympathien für die spanischen Nationalisten eine Rolle, wichtiger war aber die Vorstellung, die ihn in dieser Zeit wieder stärker bestimmte, daß ein Zusammenstoß mit dem Bolschewismus unvermeidlich sei. Seine Ansichten in bezug auf die Sowjetunion schwankten zwischen der optimistischen Erwartung, daß Japan die Rote Armee im Fernen Osten besiegen könnte, so daß man sich – wie er gegenüber Goebbels äußerte – nur noch »für hundert Jahre an Land eindecken« müsse, und der pessimistischen Aussicht auf eine Zangenlage zwischen den »Volksfront«-Regierungen in Paris und Madrid auf der einen und Moskau auf der anderen Seite. Im August 1936 erging eine geheime Weisung des Propagandaministeriums an die deutsche Presse, derzufolge die verschärfte Kampagne gegen die UdSSR bereits der psychologischen Vorbereitung zukünftig notwendiger Schritte gegen die Sowjetunion dienen solle, und auf dem »Parteitag der Ehre« im September des Jahres sprach Goebbels von der Notwendigkeit des »entscheidenden Weltkampfes« gegen den Bolschewismus.

Im Vergleich mit diesen ideologischen Prämissen spielten pragmatische Erwägungen eine eher untergeordnete Rolle. Von der kalkulierten Erprobung neuen Kriegsgeräts in Spanien, wie Göring vor dem Nürnberger Tribunal bekundete, konnte kaum die Rede sein: Hitler schickte anfangs in einer begrenzten Aktion nur zwanzig Transportflugzeuge des Typs Junkers 52, sechs Heinkel 51 als Jagdschutz und zwanzig leichte Flak-Geschütze. Erst als das offensichtlich veraltete Material nicht ausreichte, schob man neues nach, und am 29. Oktober wurde in der Reichskanzlei beschlossen, 6.500 Mann zusammen mit Bombern, Jägern, Flak- und Nachrichtentruppen nach Spanien zu schicken, die den Kern der späteren »Legion Condor« bildeten.

Bereits am 27. August 1936 hatten Deutschland und Italien auf Drängen Mussolinis ein Abkommen zur Koordination ihrer militärischen Unterstützung für die Nationalisten in Spanien geschlossen, aber die Beziehungen des Reiches zu Italien blieben trotz der Zusammenarbeit auf der iberischen Halbinsel fragil. Zwar konnte die Annäherung seit dem Abessinien-Konflikt die Folgen der außenpolitischen Isolierung für Italien mildern, aber eine besondere Bedeutung hatte die Unterstützung Deutschlands während des Krieges in Ostafrika nicht gespielt. Immerhin machte die Eroberung Abessiniens endgültig das Mittelmeer zur eigentlichen Interessenzone Italiens, was nicht nur die Bedeutung Österreichs, sondern des ganzen Donauraums für Mussolini sinken ließ. Gleichzeitig nahmen die Spannungen zwischen Rom und den Westmächten zu, wobei einerseits Mussolinis Aversion gegenüber der »Volksfront« in Frankreich, andererseits die Sorge Großbritanniens, daß Italien versuchen würde, eine Landbrücke von Nordafrika nach Abessinien zu errichten, eine wichtige Rolle spielten.

Die Deutschland-Reise Cianos im Oktober 1936, bei der er Gespräche mit Hitler und von Neurath führte, endete mit der Anerkennung der Eroberung Abessiniens durch das Reich. Nach der Rückkehr seines Außenministers sprach Mussolini bei einer Rede am 1. November in Mailand zum ersten Mal von der »Achse Berlin–Rom«, die zukünftig eine entscheidende Bedeutung für die europäische Politik haben werde. Dabei spielte er auch auf die ideologische Affinität des faschistischen und des nationalsozialistischen Regimes an, ohne daß dieser Tatsache aber wirklich entscheidendes Gewicht zukam. Für beide Seiten waren vornehmlich machtpolitische Erwägungen ausschlaggebend. Bis kurz vor Ausbruch des Zweiten Weltkrieges liebäugelte Mussolini immer wieder mit einer Annäherung an die Westmächte. Umgekehrt war auch Hitler zu keiner prinzipiellen Unterstützung Italiens bereit. Er fürchtete, daß die uneingeschränkte Billigung der imperialen Bestrebungen des Duce automatisch die Beziehungen zu Großbritannien verschlechtern müßte, das seine Stellung im Mittelmeerraum tangiert sah.

Neben dem Bündnis mit Italien spielten Sondierungen des Reiches gegenüber Japan eine zunehmend wichtige Rolle. Ohne Beteiligung der Diplomatie wurde die Aufnahme der Kontakte von dem Rüstungslobbyisten Friedrich Wilhelm Hack eingefädelt, der Unterstützung beim Chef der Abwehr, Wilhelm Canaris, und dem außenpolitischen Berater Hitlers, Ribbentrop, gefunden hatte. Während man im Auswärtigen Amt, in der Wehrmachtführung und in großen Teilen der Wirtschaft eine Intensivierung der Beziehungen zu China (über Göring wurde noch ein Hundert-Millionen-Reichsmark-Kredit an Chiang Kai-shek gewährt, wodurch die rüstungswichtigen Wolframimporte aus China sichergestellt werden sollten) und zur Sowjetunion favorisierte, gelang Ribbentrop und dem japanischen Militärattaché in Berlin, Hiroshi Oshima, am 25. November 1936 der Abschluß des »Antikomintern-Paktes« zwischen Deutschland und Japan. Die Bezeichnung »Antikomintern-Pakt« signalisierte eine weniger politisch-militärische, eher propagandistische Stoßrichtung des Abkommens. Es war offiziell gegen die »zersetzende« Propaganda Moskaus gerichtet, umfaßte aber auch ein geheimes Zusatzabkommen, in dem ein Defensivbündnis zwischen dem Reich und Japan gegen die UdSSR abgeschlossen wurde. Für den Fall eines von Stalin provozierten Krieges sollte die nichtangegriffene Macht wohlwollende Neutralität gegenüber der angegriffenen wahren. Am 27. November 1936 billigte Hitler den Vertrag, ließ sich aber von der neuen japanischen Regierung, die gerade durch einen Militärputsch an die Macht gekommen war, nicht dazu bewegen, gemeinsame Kriegsplanungen gegen die Sowjetunion zu entwickeln, obwohl er gegenüber Oshima geäußert hatte, daß »der Riesenblock Sowjetrußland wieder in seine ursprünglichen historischen Teile zerlegt« werden müsse. Bei dieser Zurückhaltung hatten wohl auch die dringenden Vorstellungen Blombergs eine Rolle gespielt, der fürchtete, daß Deutschland unvorbereitet in einen japanisch-sowjetischen Konflikt hineingezogen werden könnte.

Von seiten des Auswärtigen Amtes wurde die Bündnisentwicklung insgesamt mit Mißtrauen beobachtet; schon am 18. November 1936 erklärte der als Nachfolger des verstorbenen von Bülow zum Staatssekretär aufgerückte Ernst von Weizsäcker vor dem Reichsverteidigungsausschuß: »Auf Japan und Italien ist kein Verlaß. Einen zuverlässigen Freund hat Deutschland gegenwärtig nicht.« Diese negative Beurteilung der Lage teilte Hitler in vieler Hinsicht. Während er den wirtschaftsimperialistischen Plänen Görings oder Schachts skeptisch gegenüberstand und der Vertrag mit Japan nur eine Nebenrolle in seinen Überlegungen spielte, konnte er auch die »Achse« Berlin–Rom nicht als geeigneten Ansatzpunkt für das gewünschte Abkommen mit England betrachten. Die ideale Konstellation, wie er sie in »Mein Kampf« skizziert hatte, verlangte ja in erster Linie ein Bündnis mit Großbritannien und dann eine Verbindung mit Italien. Die Umkehrung dieser Reihenfolge mußte zur prinzipiellen Infragestellung der Annäherung an England führen.

In England gab es zu diesem Zeitpunkt keine einflußreiche Gruppe, die bereit gewesen wäre, mit dem Reich eine Übereinkunft zu treffen, die Hitlers Vorstellungen entsprochen hätte. Auch die von London hingenommene Besetzung des Rheinlandes konnte nicht in diesem Sinne verstanden werden. Der Bruch des Locarno-Vertrages signalisierte der britischen Führung vielmehr, daß Hitler Abmachungen grundsätzlich nicht einhielt, wenn dies seinem Verständnis der deutschen Interessen widersprach. So erklärte der spätere Außenminister Lord Halifax in einer Rede vom April 1936, niemand solle annehmen, daß, »weil wir im Westen bestimmte Verpflichtungen übernommen haben, die wir nicht bereit sind, für Osteuropa zu wiederholen, wir uns deshalb an allen Ereignissen und Fragen desinteressieren, die außerhalb des Raumes erwachsen, den ich vielleicht das Locarno-Gebiet nennen darf«. Die damit beschriebene Position Großbritanniens war nicht ohne Elastizität. Englischerseits gab es eine Bereitschaft zu Zugeständnissen – Neville Chamberlain sollte nach dem Kriegsausbruch von 1939 erklären, daß London nichts gegen einen deutschen »Commonwealth« in Mittel- und Südosteuropa einzuwenden gehabt hätte –, aber die von Hitler geforderte »Landnahme« im slawischen Raum widersprach allen englischen Vorstellungen vom Umgang der »zivilisierten« Nationen, die ihresgleichen nicht wie Kolonialvölker zu behandeln hatten. Hitler unterschätzte die Bedeutung dieses ethisch und kulturell motivierten Vorbehaltes seiner Politik gegenüber. Er neigte dazu, die britische Politik für machiavellistischer zu halten, als sie war.

Er mißtraute deshalb auch den vom Foreign Office entwickelten Plänen für ein »general settlement«, und die Idee eines »neuen Locarno« konterkarierte er mit dem Vorschlag bilateraler Nichtangriffspakte zwischen Deutschland und seinen östlichen Nachbarn. Das stellte in London niemanden zufrieden, und es äußerten sich immer mehr Skeptiker, die von einer zwangsläufigen Verschlechterung der Beziehungen zwischen Deutschland und England ausgingen. Andererseits wurde am 28. Mai 1937 mit Neville Chamberlain ein Vertreter der »Appeasement«-Politik zum britischen Premierminister ernannt. Chamberlain vertrat scharf antisowjetische Positionen und hielt einen Modus vivendi mit dem nationalsozialistischen Deutschland für durchaus denkbar. Seine Politik der »Beschwichtigung« verband er allerdings mit dem Bemühen um eine Aufrüstung der britischen Streitkräfte, die notfalls für den Kampf gegen das Reich bereitstehen sollten.

Das »Jahr der Erkenntnis«

Hitlers Werben um England erreichte 1936/37 seinen Höhepunkt. Dabei spielte die Ernennung Ribbentrops zum neuen Botschafter am Hof von St. James eine wichtige Rolle. Der oft unterschätzte Ribbentrop war in den Augen Hitlers der Prototyp des nationalsozialistischen Diplomaten. Sein – im Grunde billig erreichter – Erfolg beim Abschluß des Flottenabkommens von 1935 schien ihn für Verhandlungen in England zu prädestinieren. Aber sein überzogenes Geltungsbedürfnis, sein immer etwas parvenühaftes Gebaren, verschlechterten seine Ausgangslage zusehends. Anders als große Teile der Wehrmacht-, vor allem der Marineführung sowie der Berufsdiplomatie, die aus den Erfahrungen des wilhelminischen Reiches schlußfolgerten, daß ein Ausgleich mit Großbritannien unmöglich sei und eine Annäherung an die kontinentaleuropäischen Nachbarn – Frankreich oder Rußland – angestrebt werden müsse, ließ sich Ribbentrop anfangs von der Vorstellung leiten, daß man eine Möglichkeit der Zusammenarbeit mit dem Vereinigten Königreich finden könne. Wie Hitler hielt er die seit 1935 ins Spiel gebrachte Forderung nach Rückgabe der deutschen Kolonien für einen geeigneten Hebel, um London zum Nachgeben gegenüber deutschen Ansprüchen zu bringen. Um so größer war die Enttäuschung, als er feststellen mußte, daß sich England hartnäckig weigerte, dem nationalsozialistischen Deutschland »freie Hand« im Osten zu gewähren.

Die Enttäuschung wandelte sich in Erbitterung, und unter Ribbentrops Einfluß begann Hitler seit 1937 darüber nachzudenken, sein außenpolitisches Hauptziel – die deutsche Hegemonialstellung auf dem europäischen Kontinent – zwar nicht gegen, aber doch ohne England zu erreichen. Die optimistische Auffassung, daß Deutschland für einen begrenzten Alleingang stark genug sei, speiste sich aus der Überzeugung, daß die bisher so bewunderte britische Führung allmählich degenerierte. Schon die Abstimmung in der Oxforder Studentenunion von 1934, bei der die Elite des englischen akademischen Nachwuchses erklärt hatte, daß man niemals wieder für »king and country«, »König und Vaterland«, kämpfen werde, hatte ihren Eindruck auf Hitler nicht verfehlt, und die zögerliche Haltung Londons während des Abessinien-Krieges bestärkte in ihm die Vorstellung, daß die Qualitäten des britischen »Herrentums« im Verfall begriffen seien. Hatte er 1936 während der kurzen Regierungszeit Eduards VIII., der wegen seiner Heirat mit einer geschiedenen Frau die Krone niederlegen mußte, noch einmal Hoffnung geschöpft, so wandelte sich die Stimmung im Jahre 1937 immer deutlicher gegen eine Verständigung mit England.

Das wurde sogar an Hitlers Äußerungen in der Öffentlichkeit ablesbar. Zwar erklärte er in seiner Reichstagsrede vom 30. Januar 1937 noch, daß »die Zeit der sogenannten Überraschungen abgeschlossen ist. Als gleichberechtigter Staat wird Deutschland ... nunmehr in Zukunft in loyaler Weise mitarbeiten an der

Behebung der Probleme, die uns und die anderen Nationen bewegen«, aber kurz darauf hieß es schon herausfordernd: »Deutschland ist heute eine europäische Großmacht und ist wieder eine Weltmacht geworden … Kein Mensch kann mit uns anbinden, sie werden auch nicht anbinden. Nicht etwa, weil die anderen vielleicht nicht unter Umständen es ganz gerne wollten, wir brauchen bloß die Presse zu lesen, sondern weil sie nicht mehr können.« Daß es sich hier nicht nur um abstrakte Drohungen handelte, sondern um die Bereitschaft, notfalls den Konflikt mit den potentiell stärksten Gegnern Deutschlands zu riskieren, ließ sich an der Ansprache vor Kreisleitern auf der Ordensburg Vogelsang erkennen, wo Hitler am 29. April 1937 äußerte, der Konflikt mit Frankreich wie mit England sei unausweichlich, »nur müssen wir hoffen, daß diese Auseinandersetzung nicht heute kommt, sondern daß sie erst in Jahren eintrifft, je später um so besser«. Er selbst sprach bald davon, daß 1937 für ihn das »Jahr der Erkenntnis« gewesen sei, und Rosenberg notierte in seinen Nachkriegs-Aufzeichnungen: »Der Führer glaubte seit 1937, nachdem er die Ablehnung einer Verbindung Englands mit Deutschland als nicht zu ändernde Tatsache hinnahm, daß jetzt diese Zeit – in der England noch keine Konflikte wünschte – von ihm mit aller Energie, unter bedrohlichem Einsatz, ausgenutzt werden müßte.«

Entwicklung der Rüstungsausgaben 1932 bis 1939* in Millionen Reichsmark (nach Barkai, Das Wirtschaftssystem des Nationalsozialismus, S. 240)

	1932	1933	1934	1935	1936	1937	1938	1939	ins-gesamt**
RWM/RKM bzw. OKW	–	–	3	5	128	346	452	258	1.192
Heer	457	478	1.010	1.392	3.020	3.990	9.137	5.611	24.160
Marine	173	192	297	389	448	679	1.632	2.095	5.491
Luftwaffe	–	76	642	1.036	2.225	3.258	6.026	3.942	17.128
Insgesamt	630	746	1.952	2.772	5.821	8.273	17.247	11.906	49.971
Mefowechsel	–	–	2.145	2.715	4.452	2.688	–	–	12.000
insges. einschl. Mefowechsel	630	746	4.197	5.487	10.273	10.961	17.247	11.906	59.971

RWM = Reichswehrministerium, ab 1935 RKM = Reichskriegsministerium
OKW = Oberkommando der Wehrmacht
* Haushaltsjahre vom 1. 4. bis 31. 3. des nächsten Jahres
** Vom 1. 4. 1932 bis 31. 8. 1939

Auf einen »bedrohlichen Einsatz« war Deutschland 1937 aber nur unzureichend vorbereitet. Zwar stieg der Anteil der Rüstungsausgaben am Volkseinkommen zwischen 1934 und 1938 von knapp acht auf einundzwanzig Prozent, und die

Reichsausgaben wuchsen zwischen 1933 und 1939 auf eine Gesamtsumme von 126 Milliarden Reichsmark an, wovon etwa die Hälfte, gut sechzig Milliarden, auf die Rüstung im weitesten Sinne entfielen, aber auch der Vierjahresplan ließ keine Steigerungsraten zu, die eine »Tiefenrüstung« ermöglicht hätten. Die forcierte Produktion von Ersatzstoffen konnte den Vorgaben bei weitem nicht entsprechen: Noch 1939 lag die Einfuhrabhängigkeit für rüstungswichtige Güter wie Erdöl bei 66 Prozent, für Gummi bei mindestens achtzig Prozent, für Eisenerz bei fünfundvierzig Prozent und für Aluminium, Nickel und Zinn bei mindestens neunzig Prozent.

Der Rüstungsstand der einzelnen Teilstreitkräfte blieb sehr unterschiedlich. So war 1934 ein Schiffsbauplan erstellt worden, der Vorgaben bis 1949 festschrieb. Er umfaßte acht gepanzerte Schiffe, vor allem Schlachtschiffe, und drei Flugzeugträger. 1936 wurden zwei schwere Schlachtschiffe und zwei Flugzeugträger auf Kiel gelegt, aber erst 1938 begann man in der Marineplanung mit Vorarbeiten für einen Seekrieg gegen Großbritannien und mit entsprechenden Rüstungsanstrengungen. Der strategische Entwurf der Seekriegsleitung vom Oktober 1938 sah den Bau von zehn Schlachtschiffen, acht Flugzeugträgern, fünfzehn Panzerschiffen (eine Mischung aus Linienschiff und Schwerem Kreuzer) und 249 U-Booten vor. Eine solche Flotte hätte tatsächlich die Sicherheit Großbritanniens bedrohen können. Um schneller zu einsatzfähigen Marineverbänden für einen ozeanischen Krieg zu kommen, befahl Admiral Erich Raeder aber, man möge sich bis 1944 auf den Bau von vier Panzer- und zwei Schlachtschiffen konzentrieren. Dem widersprach Hitler, der den Bau von sechs überschweren Schlachtschiffen verlangte. Der daraufhin zwischen beiden ausbrechende Konflikt gipfelte im Rücktrittsangebot Raeders, das aber nicht angenommen wurde. Unter den Bedingungen der verschärften außenpolitischen Lage setzte Hitler im Januar 1939 mit dem »Ziel-« oder »Z-Plan« den Bau der sechs Schlachtschiffe durch, denen aber bloß zwei Flugzeugträger zur Seite stehen sollten. Diese Unausgewogenheit ist schwer erklärlich, zumal die Flotte erst spät in den vierziger Jahren einsatzfähig gewesen wäre, und spricht wohl weniger für die langfristige Vorbereitung eines transkontinentalen Seekriegs als für den Mangel an Systematik in der Konzeption des ungeliebten Konflikts mit England.

Anders als die Marine durfte die Luftwaffe sich als besonders privilegierte Teilstreitkraft betrachten. Gegen den hartnäckigen Widerstand von Heer und Marine, die die Selbständigkeit der Luftwaffe als hinderlich betrachteten, hatte Göring deren Aufbau durchgesetzt. Schon das Rüstungsprogramm der Reichswehr von 1932 sah bis 1937 zweiundzwanzig Staffeln mit zweihundert Flugzeugen vor. Nach Weisung Blombergs aus dem Jahre 1933 hätte man nun eigentlich an den Aufbau einer »operativen« Luftwaffe gehen müssen, die für den Konflikt mit mehreren Gegnern auf dem Kontinent eingerichtet gewesen wäre. Tatsächlich ließ sich die deutsche Luftwaffe aber niemals für die Führung eines Krieges über See oder eines strategischen Luftkriegs gebrauchen. Die Jäger von Messerschmitt (Me 109) sowie die zweimotorigen Bomber der Firmen Heinkel (He 111) und Dornier (Do 17) waren für einen Fernkrieg ebenso ungeeignet wie die »Sturzkampfbomber« Stuka Ju 87. Erst als 1938 ein Krieg mit Großbritannien nicht mehr ausgeschlossen werden konnte, ging die Luftwaffenführung an die Entwicklung von Flugzeugen, die für Fernangriffe brauchbar gewesen wären. Aber der mittlere Bomber Ju 88 und der Fernbomber He 177 erfüllten die in sie gesetzten Erwartungen nicht. Im Oktober des Jahres befahl Hitler die Verfünffachung der Luftwaffe bis 1942, was aber wegen des Z-Plans und der wirtschaftlichen Bedingungen nicht realisierbar war.

Während Marine- und Luftwaffenführung praktisch ohne Aufbegehren den Weisungen Hitlers folgten, entstand im Generalstab des Heeres allmählich eine Gruppe von Kritikern des außen- und rüstungspolitischen Kurses, den Hitler eingeschlagen hatte. Seinen Ursprung hatte der Dissens in der immer spürbarer werden Machtverschiebung zwischen Heer, Partei und Staat. Die »Zwei-Säulen-Theorie« hatten Männer wie Beck oder Fritsch immer zugunsten einer möglichst großen Eigenständigkeit der Streitkräfte interpretiert. Sie waren weit davon entfernt, dem Widerstand anzugehören, anerkannten auch unumwunden die Integrationsleistung des Nationalsozialismus, aber sie verteidigten neben der Professionalität ihres Berufsstandes – den sie durch das politische Soldatentum zuerst der SA, dann der SS bedroht sahen – die preußisch-deutsche Militärtradition, die dem Heer immer ein Mitspracherecht in entscheidenden Staatsangelegenheiten einräumte.

Nachdem Blombergs Versuch gescheitert war, durch betonte Loyalität gegenüber Hitler die Partei zu überspielen und die Wehrmacht als den eigentlichen Träger des Regimes zu installieren, sah sich jetzt auch die Heeresführung mit dem Tatbestand konfrontiert, daß das System kaum zu zähmen war. 1935 hatte Beck es noch abgelehnt, einen Operationsplan gegen die Tschechoslowakei zu erarbeiten, falls damit konkrete Angriffsabsichten verbunden seien, und ähnlich reagierte er im Mai 1937, als es um Vorbereitungen für eine Invasion in Österreich ging. In diesem Verhalten war keine prinzipielle Absage an militärische Aktionen zu sehen, die einem Berufsoffizier von Hause aus fern liegen mußte, sondern die Sorge vor der ungünstigen politischen Lage, in der sich das Reich für den Fall kriegerischer Verwicklungen befand.

Das Ziel der Heeresführung war ursprünglich die Sicherung der deutschen Verteidigungsfähigkeit für die Phase der »Wehrhaftmachung«, das hieß mittelfristig die Herstellung eines Kräfteverhältnis von eins zu eins zwischen dem Reich und verschiedenen Angreifern im Fall eines Mehrfrontenkrieges. Dabei ging man davon aus, daß Frankreich 88, der Tschechoslowakei 28, Belgien 15 und Polen 53 Divisionen zur Verfügung standen. In einer Denkschrift von 1934 hieß es, daß Deutschland im Mobilisierungsfall mindestens 73 Divisionen benötige, wobei bereits im Heeresaufbauplan von 1933 eine eigene Panzerdivision vorgesehen war. Im Laufe des Jahres 1936 fielen dann die letzten Entscheidungen für den Aufbau eines Heeres, die zumeist auf Beck als Generalstabschef und Fritsch als Oberbefehlshaber des Heeres zurückgingen. Danach war ein Friedensheer mit zweiunddreißig herkömmlichen Infanteriedivisionen (Kriegsstärke je etwa 17.000 Mann), drei Panzerdivisionen (etwa 13.000 Mann), vier motorisierten Infanteriedivisionen, drei leichten Divisionen, einer Gebirgsdivision und einer Kavalleriebrigade geplant. Der Aufbau des Heeres sollte bis 1939/40 abgeschlossen sein. Zu diesem Zeitpunkt hätte dann ein Feldheer mit 102 Divisionen und 2,4 Millionen Mann zur Verfügung gestanden. Diese Streitkräfte wären im Fall eines Mehrfrontenkrieges ihren Gegnern immer noch im Verhältnis eins zu zwei unterlegen gewesen, von einer Überlegenheit im Verhältnis drei zu eins, wie für eine Offensive wünschenswert, blieben sie weit entfernt. Im Dezember 1937 schrieb Beck an Blomberg, daß das Friedensheer erst am 1. Oktober 1942 »voll ausgerüstet« sein werde, das Kriegsheer sogar erst am 1. April 1943 einzusetzen sei. Weitere Veränderungen des Aufbaus in bezug auf die Motorisierung hätten außerdem noch Verzögerungen mit sich gebracht; nach den Planungen von 1936 wäre das Heer etwa zu zehn Prozent motorisiert gewesen, selbst während des Krieges stieg der Anteil nicht über zwanzig Prozent hinaus.

Die Wehrmacht war nur im technischen Sinne für den »Angriffskrieg« geeignet und wurde »nie für den Lebensraumkrieg gerüstet, den sie weder wünschte noch erwartete« (Manfred Rauh). In seiner Weisung für die einheitliche Kriegführung vom 24. Juni 1937 stellte Blomberg fest, daß Deutschland von keiner Seite ein Angriff drohe, daß es aber auch keinen Krieg gegen einen seiner europäischen Nachbarn plane. Im wesentlichen existierten nur zwei Aufmarschpläne, die seit 1935 bearbeitet wurden: der »Fall Rot« bei einem Zweifrontenkrieg, der durch einen raschen Einmarsch Frankreichs eröffnet werde, und der »Fall Grün«, der einen Präventivschlag gegen die Tschechoslowakei beim »Angriff einer überlegenen feindlichen Koalition« vorsah, wobei allerdings ausdrücklich hinzugefügt wurde: »Die politischen und völkerrechtlichen Voraussetzungen für ein derartiges Handeln müssen vorher geschaffen sein.« Außerdem gab es noch eine »Erweiterung Rot/Grün« für den Fall, daß Großbritannien, Litauen und/oder Polen auf die Seite der deutschen Gegner treten würden, und dazu vermerkte die Weisung: »Damit würde unsere militärische Lage in einem unerträglichen Maße, sogar bis zur Aussichtslosigkeit verschlechtert werden. Die politische Führung wird deshalb alles unternehmen, um diese Länder, vor allem England und Polen, neutral zu erhalten.«

Die Neutralität Englands für den Fall eines deutschen Ausgreifens in den ostmitteleuropäischen oder südosteuropäischen Raum war zu diesem Zeitpunkt allerdings kaum noch gewährleistet. Nach dem Abschluß des Antikomintern-Paktes gab es in Frankreich wie in Großbritannien Befürchtungen, daß man es hier mit Vorbereitungen für ein Offensivbündnis zu tun habe, das – so Frankreichs Botschafter André François-Poncet – »die Einleitung zu einer deutschen Aggression in Mitteleuropa« bilde. Wegen des Vertrages fand am 1. November 1937 eine Sitzung des britischen Unterhauses statt, bei der sich die englische Regierung vor allem von Vertretern der eigenen, der konservativen Partei heftig angegriffen sah. Zwar erklärte der Außenminister Eden, daß das Land weder einem antikommunistischen noch einem antifaschistischen Block beitreten werde, sondern seinen eigenen Interessen folge und an die Solidarität der Demokratien appelliere, aber sein Fraktionskollege, der konservative Abgeordnete Paul Voychan Emrys-Evan hielt unter dem Beifall des Hauses eine scharfe Rede, mit der er die »Appeaser« wegen ihrer Verständigungsbereitschaft angriff. Jede Konzession würde »sicher nur der Ausgangspunkt für neue Forderungen sein. Man kann sich von einem Aggressor nicht loskaufen. Ich glaube, der einzig mögliche Weg, mit diesem Problem zufriedenstellend fertig zu werden, besteht darin, unser Rüstungsprogramm stetig und so schnell wir können voranzutreiben und gleichzeitig den Diktatorstaaten eine feste, entschlossene und wenn nötig versöhnungsbereite Front zu zeigen.«

Als vier Tage später Hitler vor dem Außenminister von Neurath, dem Reichskriegsminister und Oberbefehlshaber der Wehrmacht von Blomberg und den drei Oberbefehlshabern der Teilstreitkräfte, Generaloberst von Fritsch, Generaladmiral Raeder und Generaloberst Göring, einen Vortrag über die künftige deutsche Außenpolitik hielt, spielte der Eindruck, den die Auseinandersetzungen im britischen Parlament hinterlassen hatten, eine wichtige Rolle.

Die Hoßbach-Niederschrift

Der zweistündige Monolog Hitlers bildete den Anlaß für das sogenannte Hoßbach-Protokoll, das eigentlich kein »Protokoll«, sondern eine Gedächtnisniederschrift war. Sein Verfasser, Oberst Friedrich Hoßbach, glaubte aufgrund einer Äußerung Hitlers, dessen »testamentarische Hinterlassenschaft für den Fall seines Ablebens« aufzunehmen. Hitler weigerte sich jedoch, den Text, der fünf Tage nach der Besprechung geschrieben worden war, abzuzeichnen. Dieses merkwürdige Verhalten hing damit zusammen, daß die Sitzung vom 5. November eigentlich dem Thema »Rüstungslage und Rohstoffbedarf« gewidmet war und Hitler ursprünglich wohl nur vorgehabt hatte, sich die im Zuge des Vierjahresplans entstandenen Streitigkeiten zwischen den Wehrmachtteilen um Mittel und Ressourcen vom Leibe zu halten. Tatsächlich waren die hier geäußerten Ansichten keineswegs neu. Hitler hatte sie schon in »Mein Kampf« zum Ausdruck gebracht, er hatte am 3. Februar 1933 vor der Reichswehrführung erklärt, daß er es für unabweisbar halte, »Lebensraum« im Osten zu erobern, und er hatte dies vor einem Kreis hoher Offiziere am 28. Februar 1934 wiederholt.

Hitler referierte also die wichtigsten Punkte seiner Weltanschauung. »Ziel der deutschen Politik« sei »die Sicherung und die Erhaltung der Volksmasse und deren Vermehrung. Somit handele es sich um das Problem des Raumes.« Dieser »Raum« müsse einem »fest geschlossenen Rassekern« germanischer Menschen in Europa – nicht in überseeischen Kolonialgebieten – zur Verfügung gestellt werden. Wie für die anderen revisionistischen Mächte, Italien und Japan, sei die »wirtschaftliche Not« der eigentliche Antrieb des Handelns. Die wachsende Volkszahl könne auf dem beschränkten deutschen Territorium nicht auf Dauer ernährt werden, die ökonomische Weiterentwicklung schaffe dabei ebensowenig Abhilfe wie der erzwungene Konsumverzicht. »Zur Lösung der deutschen Frage könne es nur den Weg der Gewalt geben, dieser werde niemals risikolos sein.« Dabei kämen vor allem Frankreich und England als »Haßgegner« in Betracht. Hitler meinte mit dem Begriff »Haßgegner« aber nicht, daß er das lange umworbene England jetzt zum Gegenstand *seines* Hasses mache, sondern umgekehrt, daß Deutschland von England ohne sein Zutun gehaßt werde. Er hoffte letztlich immer noch auf die »Nichtbeteiligung Englands an einem Krieg gegen Deutschland«. Andererseits teilte er »die Auffassung, daß das Empire unerschütterlich sei, ... nicht«.

Die von Hitler früher als »nordisches Brudervolk« dargestellten Briten erschienen nun als innerlich schwach und verwundbar. Insofern war es schlüssig, wenn er hinzufügte, daß es kaum noch um die Frage des Ob, sondern nur noch um die Frage des Zeitpunkts und der Umstände des Konfliktausbruchs gehe. Dabei hielt er drei Bedingungen für besonders aussichtsreich, um Deutschland einen erfolgreichen militärischen Befreiungsschlag zu ermöglichen: Erstens müsse der Konflikt »bis spätestens 1943/45« ausbrechen, da sich danach das Kräfteverhältnis zuungunsten des Reiches entwickeln werde; sollte sich zweitens schon vorher in Frankreich die Paralyse des politischen Systems vollenden, könne man an einen Angriff auf die Tschechoslowakei denken; falls Frankreich in einen Krieg mit einem weiteren Gegner verwickelt sei, bestehe drittens die Chance, gleichzeitig die ČSR zu zerschlagen und Österreich zu annektieren. Dieser Fall könne schon 1938 eintreten und biete, neben einem wahrscheinlichen Mittelmeerkonflikt zwischen Frankreich und Großbritannien auf der einen, Italien auf der anderen Seite, für das Reich große Möglichkeiten. Auch dann sei an einen Angriff auf die Tschechoslowakei zu denken, wobei der Überfall »blitzartig schnell« erfolgen müsse.

Wie die Errichtung des römischen oder des britischen Imperiums werde der endgültige Ausbau des deutschen Großreiches »eine bis drei Generationen« in Anspruch nehmen. Die ersten Schläge müßten aber aufgrund der sich gegen Deutschland kehrenden Kräfteverhältnisse in dem angegebenen Terminrahmen geführt werden. Das »Älterwerden der Bewegung und ihrer Führer« würde sonst nachteilige Folgen für die deutsche Kampfbereitschaft haben; eine Bemerkung,

die im Zusammenhang mit der Äußerung zu sehen ist, daß Hitlers »unabänderlicher Entschluß, spätestens 1943/45 die deutsche Raumfrage zu lösen«, selbstverständlich davon abhänge, daß er zu diesem Zeitpunkt »noch am Leben« sei.

In der anschließenden Diskussion hat niemand, weder Neurath noch die Generäle, Hitler grundsätzlich widersprochen. Allerdings war man auch weit davon
entfernt, den Ausführungen begeistert zuzustimmen, eher handelte es sich um
kritische Einwendungen gegen Hitlers optimistische Deutung der europäischen
Entwicklung. Neurath bemerkte, daß ein Krieg im Mittelmeer unwahrscheinlich
sei, Fritsch und Blomberg betonten, daß Großbritannien und Frankreich »nicht
als unsere Gegner« auftreten dürften. Hitler ging zwar auf diese Kritik ein, behauptete aber, daß eine Intervention Englands und Frankreichs unwahrscheinlich
bleibe; jedenfalls ließ er sich nicht überzeugen, sondern blieb bei seinen grundsätzlichen Auffassungen. Unüberbrückbare Gegensätze traten nicht zutage, und
die Aussprache verlief wesentlich ruhiger als die anschließende Debatte über die
Zuteilung von Rohstoffen an die verschiedenen Wehrmachtsteile.

Offenbar ist den Beteiligten die eigentliche Brisanz von Hitlers Ausführungen
erst nach und nach deutlich geworden. Spätere Versuche von Fritsch und Neurath, bei Hitler vorstellig zu werden, um weitere Bedenken anzumelden, scheiterten aber; der »Führer« hatte Berlin schon verlassen. Neurath resignierte nach
einem Gespräch, das er endlich im Januar 1938 mit Hitler führen konnte. Dabei
plädierte er für den Versuch, die außenpolitischen Probleme Deutschlands fried-
lich und evolutionär zu lösen, aber Hitler wies ihn schroff zurück mit der Bemerkung, daß er keine Zeit mehr habe. Neurath bot schließlich seinen Rücktritt an,
da er nicht zum »Mitschuldigen einer solchen Politik« werden wolle.

Während Fritsch in einer gewissen Reserve verharrte, aber keine aktiven
Schritte unternahm, legte Beck seine Einwände schriftlich nieder, nachdem er von
Hoßbach über den Inhalt der Besprechung vom 5. November unterrichtet worden war. Seine Position darf als symptomatisch für die Bedenken in der militärischen Elite gegen das außenpolitische »Programm« Hitlers angesehen werden.
Der Generalstabschef des Heeres hielt dessen Grundvorstellungen für abwegig:
Eine Lösung für das »Problem des Raumes« sei unter den gegebenen Umständen
»kaum noch erreichbar«, selbst wenn man die Annexion der Tschechoslowakei
und Österreichs für möglich halte. Deutschland bleibe aufgrund seiner Mittella-
ge abhängig von der europäischen Gesamtsituation, die Autarkie könne nur eine
vorübergehende »Notlösung« sein, bevor man in das Weltwirtschaftssystem zu-
rückkehre. Militärische Planungen, bei denen das Potential Frankreichs und Englands unterschätzt werde, müßten katastrophale Folgen haben: »Der Schluß:
spätestens 1943/45 muß die deutsche Raumfrage daher gelöst werden, wirkt in
seiner mangelnden Fundierung nicht überzeugend«; ursprünglich hatte Beck geschrieben: »… wirkt in seiner mangelnden Fundierung niederschmetternd.«

Hitler schien von den Vorhaltungen Becks durchaus beeindruckt und bereit, seine Vorstellungen entsprechend zu modifizieren. Daraufhin nahm Beck an der Ausarbeitung des von Blomberg erlassenen »1. Nachtrags zur Weisung für die einheitliche Kriegsvorbereitung der Wehrmacht vom 24. 6. 1937« teil, der den »Fall Grün« für den Aufmarsch gegen die CSR betraf. Nachdem es einige Verwirrung um die Frage des Zeitpunktes für die Aktion gegeben hatte, die Hitler zu der Klarstellung veranlaßte, es handele sich nicht um unmittelbar bevorstehende Maßnahmen, hielt der »1. Nachtrag« fest: »Hat Deutschland seine volle Kriegsbereitschaft auf allen Gebieten erreicht, so wird die militärische Voraussetzung geschaffen sein, einen Angriffskrieg gegen die Tschechoslowakei und damit die Lösung des deutschen Raumproblems auch dann zu einem siegreichen Ende zu führen, wenn die eine oder andere Großmacht gegen uns eingreift.«

Die Blomberg-Fritsch-Krise

Der 5. November 1937 gehört insofern zu den »Schicksalstagen unserer jüngsten Geschichte« (Walter Bußmann), als Hitler hier – anders als in den Ansprachen von 1933 und 1934 oder in der Denkschrift zum Vierjahresplan von 1936 – nicht nur allgemeine Vorstellungen entwickelte, sondern sein »Programm« konkretisierte und mit Terminvorgaben verband. Es wäre falsch, von einem »Fahrplan« zu sprechen, aber es handelte sich auch nicht um ein mehr oder weniger bedeutungsloses Bramarbasieren über eine außenpolitische Utopie. Vielleicht hat Hitler seinen Ausführungen ursprünglich nicht die Bedeutung beigemessen, die sie nachträglich bekamen, aber die verhaltene bis ablehnende Reaktion seiner militärischen Führer nahm er deutlich wahr und stellte sie bei seinen weiteren Plänen in Rechnung.

Auf die deutlichste Zustimmung für seine Absichten durfte Hitler immer von seiten Blombergs rechnen. Der Kriegsminister war alles andere als ein Gegner des Nationalsozialismus, ein Mann mit weitläufigen Interessen, der Modernität des Regimes gegenüber aufgeschlossener als Beck oder gar Fritsch. Traditionell im Sinne der preußischen Überlieferung war nur Blombergs Vorstellung, daß die Partei auf den zweiten Platz gehöre. Er stand einigen Zügen des Regimes keineswegs unkritisch gegenüber, verkannte aber völlig, daß das Seecktsche Modell vom Militär als »Staat im Staate« unter den Bedingungen des totalitären Systems keine Chance mehr hatte. Aber nicht diese politische Differenz, sondern eine ganz persönliche Angelegenheit beschwor seinen Sturz herauf. Blomberg heiratete am 12. Januar 1938 die als Prostituierte registrierte Margarethe Gruhn, deren wirkliche Identität er durch alle möglichen Winkelzüge zu verschleiern suchte. Er hoffte durch die faktische Geheimhaltung der Hochzeit (keiner der Adjutanten und weder Fritsch noch Raeder waren eingeladen) und die Tatsache,

Rumpf-Serienbau der »Ju 88« von Junkers Ende der dreißiger Jahre

Plakat nach einem Entwurf von Max Eschle, 1936. München, Stadtmuseum. – Umschlag des Sonderheftes vom 28. September 1937 mit der Reproduktion eines Aquarells von Theo Matejko. Privatsammlung

»Vorwärts mit Gewalt gegen die Feinde Deutschlands«: Anspielung auf die geheime Führerbesprechung vom 5. November 1937. Cartoon von Daniel R. Fitzpatrick für »St. Louis Post-
Dispatch«

»Zur Hölle mit den Kriegstreibern!« Aquarell von Magnus Zeller, 1938. Halle, Staatliche Galerie Moritzburg

daß er Hitler und Göring als Trauzeugen gewonnen hatte, ein Fait accompli geschaffen zu haben, gegen das auch seine Offizierskameraden, die bei Bekanntwerden der Vergangenheit seiner Frau ihren Ehrenstandpunkt verletzt sehen mußten, nichts mehr auszurichten vermochten.

Bereits am 21. Januar ließ sich Wolf Graf von Helldorf, dem als Berliner Polizeipräsidenten die Meldekarte der Margarethe Gruhn in die Hände gefallen war, bei General Wilhelm Keitel, dem Chef des Wehrmachtsamtes, melden, um sich Gewißheit zu verschaffen. Beide setzten voraus, daß Blomberg unwissentlich in die Sache hineingeraten sei und die Ehe sofort lösen werde, wenn man ihn aufkläre. Eine Kaschierung der Affäre war unter den gegebenen Umständen unmöglich, zumal die SS schon Kenntnis genommen hatte und diese zu ihrem Vorteil gegen die Wehrmachtführung nutzen würde. Göring erkannte die Identität der ehemaligen Prostituierten und der Gattin des Generalfeldmarschalls sofort, und am 24. Januar übergab er die »Akte Gruhn« an Hitler, der wie erwartet empört auf den Skandal reagierte. Am folgenden Tag begab sich Göring im Auftrag Hitlers zu Blomberg und verlangte von ihm die Auflösung der Ehe, was Blomberg aber zu dessen Überraschung verweigerte.

In dieser bereits gespannten Situation erhielt Hitler eine weitere kompromittierende Akte vorgelegt, die den Oberbefehlshaber des Heeres, Werner von Fritsch, der Homosexualität bezichtigte. Bereits im Sommer 1936 hatte Himmler für Hitler Material zusammengestellt, aus dem die homosexuelle Veranlagung Fritschs hervorgehen sollte; Hitler hatte diese Verdächtigungen aber vom Tisch gewischt und verlangt, daß man die Akte verbrennen solle. Die Untersuchungen gegen Fritsch standen im Zusammenhang mit den Maßnahmen, die die »Reichszentrale zur Bekämpfung der Homosexualität« nach dem 30. Juni 1934 ergriffen hatte. Bei einer Verhaftungswelle gegen Homosexuelle setzte die Kriminalpolizei auch den Berliner Strichjungen und Erpresser Otto Schmidt fest, der während seines Verhörs mehr als hundert Männer belastete, darunter auch Fritsch. Bis dahin hatte es nur in wenigen Fällen begründete Zweifel an den Aussagen Schmidts gegeben. Gegner Fritschs in der Gestapo, wo man den General für einen »Reaktionär« hielt, und Heydrich, der die Akte von 1936 keineswegs vernichtet hatte, sahen ihre Stunde gekommen.

Am Abend des 26. Januar fand in der Reichskanzlei eine Gegenüberstellung von Fritsch und Schmidt statt. Hitler lehnte das Ehrenwort Fritschs ab, der erklärte, er habe mit der Affäre nichts zu tun. Am folgenden Tag fand eine erneute Gegenüberstellung – diesmal im Geheimen Staatspolizeiamt – statt, bei der Schmidt seine Identifizierung Fritschs bekräftigte, was wiederum bei Fritsch den Eindruck verfestigte, er solle das Opfer einer Intrige werden. Währenddessen schien wenigstens die Affäre Blomberg mit einer letzten Audienz für Blomberg bei Hitler abgeschlossen zu sein. Bei dieser Gelegenheit schlug Blomberg Hitler vor, daß er sich nach seinem Abgang die Wehrmacht direkt unterstellen solle, eine

Idee, die auch Goebbels schon geäußert hatte. Hitler, der sich Blomberg immer noch verbunden fühlte, schenkte ihm eine Weltreise und eine Summe von fünfzigtausend Reichsmark, damit er das Land – mit seiner Ehefrau – sofort verlassen konnte. Generaloberst Gerd von Rundstedt, der im Namen des Offizierskorps von Hitler ein Ehrengerichtsverfahren gegen Blomberg und dessen Streichung aus der Rangliste verlangte, wurde nur letzteres bewilligt; auch das ein Hinweis darauf, daß Hitler und Blomberg nicht im Unfrieden geschieden waren. Als Blomberg mehrere Wochen später Keitel mitteilte, daß er nun doch zu einer Annullierung seiner Ehe bereit sei, falls man ihn in sein Amt wiedereinsetze, wurde das ebenso abgelehnt wie die spätere Bitte um Kriegsverwendung.

Zu diesem Zeitpunkt hatte der Kampf um die neue Spitzengliederung der Wehrmacht bereits begonnen. Am 3. Februar erhielt Fritsch den Befehl, sein Abschiedsgesuch einzureichen. Der protestantisch und preußisch geprägte »Zuchtmeister des deutschen Heeres« (Fritz-Dietlof Graf von der Schulenburg) war nicht unbedingt beliebt gewesen, aber außerordentlich geachtet. Er stand der NSDAP mit einiger Reserve gegenüber, kritisierte an Hitler aber nur, daß dieser »alles viel zu sehr forciere, übertreibe, tothetze«. An seiner Stelle wurde jetzt Walther von Brauchitsch zum neuen Oberbefehlshaber des Heeres ernannt. Er war nicht Hitlers Kandidat für dieses Amt, sondern ein Kompromiß mit dem Heer, das den von Blomberg vorgeschlagenen Reichenau nicht akzeptiert hätte. Brauchitsch war loyal, zeigte sich aber äußerst renitent in Sachfragen, die er anders als Hitler beurteilte. Als ehemaliger Wehrkreisbefehlshaber in Ostpreußen hatte er üble Erfahrungen bei Übergriffen von SS und Partei gemacht und hielt deshalb eine gewisse Distanz zum Regime. Mehrfach verlangte er die Rehabilitierung Fritschs und verbat sich Glückwünsche zu seiner Ernennung.

Am 4. Februar 1938 gab Hitler dann das »Große Revirement« bekannt: Außer Blomberg und Fritsch wurden (unter sehr ehrenvollen Umständen) zwölf der ranghöchsten Generäle entlassen, dazu gab es weitere Beförderungen und Umsetzungen sowie die Entlassung von Neuraths, der durch Ribbentrop ersetzt wurde. Am folgenden Tag stellte sich Hitler für zwei Stunden den Generälen, die durch den Bericht über die Blomberg-Fritsch-Krise äußerst irritiert waren, aber keine Zweifel an der sachlichen Richtigkeit der Beschuldigungen hatten. Am Abend trat das Reichskabinett zu seiner letzten Sitzung überhaupt zusammen.

Erst im März 1938 stieß man bei weiteren Nachforschungen im Fall Fritsch auf einen Rittmeister a. D. von Frisch, der sich sofort als geständig erwies, der von Otto Schmidt wegen homosexueller Handlungen erpreßte Offizier gewesen zu sein, den Schmidt nur wegen der Namensähnlichkeit mit dem Oberbefehlshaber des Heeres hatte verwechseln können. Als am 10. März vor dem »Gericht des Obersten Befehlshabers der Wehrmacht« die Hauptverhandlung gegen Fritsch eröffnet wurde, erzwang Göring als Vorsitzender schließlich ein Geständnis des angeblichen Zeugen Schmidt, so daß das Urteil vom 18. März nur auf

Freispruch lauten konnte. Daraufhin wurde im Offizierskorps stürmisch die Rehabilitierung Fritschs und seine Wiedereinsetzung als Oberkommandierender des Heeres verlangt. Aber Hitler zögerte, und Fritsch selbst erklärte, daß er nicht mehr willens sei, eine amtliche Funktion auszuüben. Ein Brief an Hitler, in dem er noch einmal darlegte, daß er sich als Opfer einer von Himmler und Heydrich veranlaßten Intrige sah, und faktisch deren Absetzung verlangte, blieb ohne Erfolg. Am 13. Juni schickte Hitler unerwarteterweise doch noch einen Brief an Fritsch, der in versöhnlichem Ton gehalten war, allerdings keine Wiedergutmachung vorsah. Das bis dahin geheime Urteil im Prozeß gegen Fritsch wurde jetzt der Generalität bekanntgegeben, und Fritsch erhielt als eine Art Wiedergutmachung den inhaltslosen Ehrentitel eines Chefs des 12. Artillerie-Regiments. Auch dieser Sachverhalt spricht gegen ein abgekartetes Spiel, und wenn »Hitler wirklich die Fritschkrise inszeniert hätte, um Blomberg und Fritsch loszuwerden, so würde er ganz gewiß nicht als Nachfolger in der Heeresführung das Gespann Brauchitsch-Beck erwählt haben, mit denen er noch viel mehr Schwierigkeiten bekam als mit den entlassenen Generälen« (Karl-Heinz Janßen/Fritz Tobias).

Ähnlich wie im Fall des Reichstagsbrandes wurde die Blomberg-Fritsch-Krise immer wieder als eine besonders infame Aktion des NS-Regimes gedeutet, die Hitler oder Göring oder Himmler eingeleitet hätten, um die Armee endgültig zu entmachten. Dem steht nicht nur das konkrete Verhalten der Beteiligten, zumindest von Hitler und Göring, entgegen, sondern auch die Feststellung, die Goebbels in seinem Tagebuch festhielt, daß man allgemein das Empfinden hatte, die »schwerste Krise des Regimes seit der Röhmaffäre« zu erleben. Wie im Fall des Reichstagsbrands nutzte Hitler aber die sich ergebende Möglichkeit und brachte die Führung der Wehrmacht als neuer Oberbefehlshaber unter seine alleinige Kontrolle. Damit zog er nicht nur die Konsequenz aus dem Schlag, den sein Respekt vor dem Offizierskorps erlitten hatte, sondern auch die logische Folgerung aus der Entwicklung des politischen Systems insgesamt. Die Wehrmacht verlor die Reste an Autonomie, die ihr noch verblieben waren. Für sie war nicht das Jahr 1933, sondern das Jahr 1938 die »entscheidende Zäsur« (Klaus-Jürgen Müller). Von diesem Zeitpunkt an war die Armee endgültig nur noch Instrument, nicht mehr Bündnispartner des Regimes.

Der Weg in den Krieg

In einer Rede vom Februar 1930, drei Jahre vor seinem Regierungsantritt, sprach Hitler noch einmal davon, daß die vornehmste »Mission« des Nationalsozialismus die »Wiedererweckung der deutschen Macht« sei. Die Bewegung könne ihre Aufgabe aber nur erfüllen, wenn sie nacheinander drei Ziele verwirkliche: »1. Wiederherstellung eines geschlossenen deutschen Volkskörpers. 2. Wiederherstellung der inneren Kraft dieses Volkskörpers. 3. Wiederherstellung der Lebensmöglichkeiten dieses Volkskörpers nach außen, d.h. Freiheit und Brot.«

Hitler hat diese Aussagen noch verschiedene Male wiederholt, so daß man sie zum Kernbestand seiner Überzeugungen rechnen darf. Anfang der dreißiger Jahre konnte er aber noch keine konkrete Vorstellung davon haben, wie und ob er seine Ziele erreichen würde. Zumindest ging er davon aus, daß es erst in fernerer Zukunft zur Realisierung seines »Programms« kommen werde. Die rasche »Machtergreifung«, die Stabilisierung des Regimes und die ersten außenpolitischen Erfolge entsprachen wahrscheinlich nicht seinen ursprünglichen Erwartungen, aber er reagierte prompt und paßte sich den neuen Gegebenheiten ohne Zögern an.

Es waren wie bei der Eroberung der Republik taktisches Gespür und Elastizität, auch instinktives Zögern und die Wahrnehmung des richtigen Augenblicks, denen Hitler seine ersten außenpolitischen Erfolge verdankte. Aber die leichten Siege führten zu einer deutlichen Veränderung von Selbstbild und Einschätzung der Lage. Ging Hitler anfangs von der darwinistischen Kalkulation aus, die beim Gegner immer eine ähnliche Entschlossenheit und Durchsetzungsbereitschaft wie auf der eigenen Seite annahm, so neigte er später zur Unterschätzung seiner Feinde, zu dem Glauben, daß niemand seiner Finesse und seiner Rücksichtslosigkeit gewachsen sein werde.

Verschärfend wirkte noch, daß Hitler aus eigener Sicht unter Zeitdruck agierte und der manische Zug, der schon zu den Kennzeichen zahlreicher innenpolitischer Maßnahmen gehörte, auch auf die Außenpolitik überzugreifen begann. Hitler fürchtete zu Recht, daß der Rüstungsvorsprung des Reiches gegenüber seinen potentiellen Kriegsgegnern bis etwa 1940 aufgeholt sein werde. Dann hätte sich das »strategische Fenster« (Bernd-Jürgen Wendt) geschlossen, jene kurze Phase der Überlegenheit, die das Reich der Zusammenfassung aller Kräfte und der Schwäche der Westmächte verdankte, und keines seiner außenpolitischen Ziele würde sich noch durch militärische Erpressung oder »Blitzkriege« erreichen lassen, ganz zu schweigen von einer möglichen Wendung nach Osten, um das Problem des »Raums« zu klären.

Die von Hitler als Zwangslage wahrgenommene Situation hing mit Voraussetzungen zusammen, die er im wesentlichen selbst geschaffen hatte und deren Dynamik ihn jetzt in immer kürzerer Folge zu Entscheidungen nötigte oder zu nötigen schien. Dabei darf nicht übersehen werden, daß neben dem objektiven auch ein subjektiver Faktor Hitlers Zeitnot bestimmte. Die seit dem Rheinland-Coup in ihm gewachsene Überzeugung, daß er und er allein berufen sei, die »Deutsche Frage« endgültig zu lösen, erzeugte auch die Bereitschaft, das Schicksal des Landes mit seiner eigenen Biographie kurzzuschließen – eine angesichts von Hitlers Krankheits- und Todesfurcht fatale Konsequenz. Schon nach dem fehlgeschlagenen Putsch von 1923 und dann nach dem Selbstmord seiner Nichte im September 1931 hatte Hitlers Umgebung schwere Depressionen an ihm beobachtet. Die schienen zwar nach der »Machtergreifung« einer optimistischen Grundstimmung gewichen zu sein, aber Hitlers Neigung zur Hypochondrie konnte nicht überwunden werden. Eine 1934 durchgeführte, äußerst gründliche Untersuchung im Berliner Westend-Krankenhaus attestierte ihm zwar völlige Gesundheit, aber seit 1935, und erst recht seitdem er Theo Morell zu seinem Leibarzt gemacht hatte, verstärkte sich in ihm wieder die Vorstellung, daß er ernstlich krank sei.

Unter dem Einfluß Morells erweiterte Hitler Abstinenz und Vegetarismus noch um andere diätetische Maßnahmen. Zwischen dem Wandel der Lebensgewohnheiten, den Veränderungen des Regierungsstils, der Akzentverlagerung von der Innen- zur Außenpolitik und dem seit Mitte der dreißiger Jahre immer deutlicher werdenden »Überschlag des Selbstbewußtseins« (Ernst Deuerlein), wird man einen Zusammenhang annehmen müssen. So erklärte Hitler im Oktober 1937 in einer geheimen Ansprache vor Propagandaleitern ganz unumwunden, er glaube, er »habe nach menschlichem Ermessen nicht mehr lange zu leben. In seiner Familie würden die Menschen nicht alt ... Es sei daher notwendig, die Probleme, die gelöst werden müßten, möglichst bald zu lösen, damit dies noch zu seinen Lebzeiten geschehe. Spätere Generationen würden dies nicht mehr können. Nur seine Person sei noch dazu in der Lage.« Auf entsprechende Äußerungen im Zusammenhang mit der Ansprache vom 5. November 1937 ist schon hingewiesen worden, und wiederholt erklärte Hitler auch, daß er einen Krieg lieber mit fünfzig als mit fünfundfünfzig oder mit sechzig Jahren führen wolle. Wenige Tage nachdem er aus Furcht vor einer Krebserkrankung sein Testament geschrieben hatte, befahl er den Angriff auf die Tschechoslowakei, und in der Krise von 1939 beteuerte er dauernd, daß er nicht mehr lange zu leben habe und deshalb handeln müsse. Dabei kann man dieser »fatalen Rechnung nicht eine gewisse verrückte Richtigkeit absprechen; es ist doch sehr zweifelhaft, ob ein Nachfolger Hitlers, auch ein Nationalsozialist, sich entschlossen hätte, Deutschland in einen zweiten Weltkrieg zu führen« (Gerhard L. Weinberg).

Die »Wiedervereinigung« mit Österreich

Die Errichtung eines großdeutschen Staates gehörte zu den ältesten außenpolitischen Zielen der Nationalsozialisten; auf der ersten Seite von »Mein Kampf« hatte Hitler geschrieben: »Deutschösterreich muß wieder zurück zum großen deutschen Mutterlande ... Gleiches Blut gehört in ein gemeinsames Reich.« Trotzdem ist die Eingliederung des kleinen Alpenstaates nicht als Ergebnis eines lange vorbereiteten Konzepts zu betrachten, sondern muß aus den konkreten Umständen verstanden werden, wie sie sich im Frühjahr 1938 entwickelten, weil »weder Bismarck noch Bülow, weder Bethmann Hollweg noch Stresemann jemals einen so großen Handlungsspielraum innerhalb des europäischen und Weltstaatensystems besaßen, wie er Hitler im Zeichen der österreichischen Krise im Jahre 1938 zur Verfügung stand« (Klaus Hildebrand).

Angesichts des nachlassenden Rückhalts für die Unabhängigkeit seines Landes bei den Westmächten, vor allem aber bei Italien, bemühte sich der Nachfolger des ermordeten österreichischen Bundeskanzlers Engelbert Dollfuß, Kurt von Schuschnigg, um Absicherung durch direkte Verhandlungen mit Hitler. Er wollte verhindern, daß die seit dem Vertrag von 1936 schon eingeschränkte Souveränität Österreichs noch weiter ausgehöhlt würde. Nachdem im Januar 1938 bei der Durchsuchung von Häusern und Wohnungen österreichischer Nationalsozialisten Pläne für eine gewaltsame Vereinigung mit dem Reich gefunden worden waren, bat Schuschnigg deshalb um ein persönliches Gespräch mit Hitler. Die Zusammenkunft fand am 12. Februar 1938 in Berchtesgaden statt. Dabei zeigte sich, daß der »Führer« kaum zu Konzessionen bereit war, jedenfalls keinen mäßigenden Einfluß auf die Parteigenossen im Nachbarland ausüben wollte. Er verlangte die ungehinderte politische Betätigung für die österreichische NSDAP, die Ernennung eines Nationalsozialisten zum Innen- und Polizeiminister, die Integration der österreichischen in die deutsche Wirtschaft und regelmäßige Besprechungen der Generalstäbe. Eine baldige Vereinigung der beiden deutschen Staaten war allerdings nicht Teil dieses Forderungskatalogs.

Schuschnigg mußte sich mit den deutschen Bedingungen einverstanden erklären, versuchte aber nach seiner Rückkehr alles, um die Selbständigkeit Österreichs wenigstens im Inneren zu festigen. Diesem Ziel sollte ein Plebiszit dienen, das der Kanzler für den 13. März 1938 ansetzen ließ. Die Bevölkerung wurde aufgefordert, sich »für ein freies und deutsches, unabhängiges und soziales, für ein christliches und einiges Österreich« zu entscheiden. Nach Bekanntwerden dieser Absicht der Regierung erhoben sich die Nationalsozialisten in Wien und in den meisten Landeshauptstädten; es kam zu Straßenkämpfen und antisemitischen Ausschreitungen, und in der Steiermark entstand sogar eine revolutionäre »Doppelherrschaft« (Gerhard Botz) von legaler Verwaltung und nationalsozialistischem Nebenregime. Der von diesen Vorgängen überraschte Hitler reagierte nach anfänglichem Zögern am Nachmittag des 10. März auf die Ankündigung der Volksabstimmung mit der Weisung, das »Unternehmen Otto« für den kommenden Tag vorzubereiten. Dieser Plan zum Einmarsch in Österreich war bereits vor Jahren für den Fall einer Restauration der Habsburger ausgearbeitet worden und diente jetzt dem Vorgehen der Wehrmacht als improvisierte Grundlage.

In der zunehmend unübersichtlichen Situation war es Göring, der von vornherein eine präzise Zielvorstellung hatte, und es spricht einiges für seine spätere Behauptung, daß er »sogar über Bedenken des Führers hinwegschreitend die Dinge zur Entwicklung gebracht habe«. Göring sah im Besitz Österreichs eine notwendige Voraussetzung für die Errichtung des von ihm projektierten mitteleuropäischen Wirtschaftsraums, und bereits seit dem Sommer 1937 hatte er über die Möglichkeit einer direkten Eingliederung in das Reich nachgedacht. Er nötigte den immer noch unsicheren Hitler zu weitergehenden Aktionen, obwohl der »Führer« sich scheute, den Sprung zu wagen, und vor allem die Konfrontation mit Mussolini fürchtete. Dagegen war Göring überzeugt, daß Italien sein Desinteresse erklären würde und die Selbständigkeit Österreichs bei scharfen Pressionen rasch und ohne Widerstand zu erledigen sei.

Noch am 10. März wurde Schuschnigg von den beiden – aus Berlin instruierten – nationalsozialistischen Ministern in seinem Kabinett, Arthur Seyß-Inquart und Edmund Glaise-Horstenau, ultimativ aufgefordert, das vorgesehene Plebiszit abzusetzen. Der Kanzler beharrte zwar darauf, die Abstimmung am 13. März über die Frage der Unabhängigkeit durchzuführen, stellte aber ein zweites Votum in Aussicht, bei dem einige Wochen später über das Regierungssystem entschieden werden sollte. Währenddessen liefen die Vorbereitungen der Wehrmacht für die Besetzung Österreichs weiter, und die Situation spitzte sich dramatisch zu, als Seyß-Inquart dem Kanzler, der nun doch zur Aufgabe des Plebiszits bereit war, ein zweites Ultimatum stellte, das ihn zum Rücktritt aufforderte. Es kam erneut zu kleineren nationalsozialistischen »Machtübernahmen« in den österreichischen Städten, und der Ausbruch eines Bürgerkriegs schien unmittelbar bevorzustehen. Aber erst nachdem sich alle diplomatischen Sondierungen im westlichen Ausland und bei der ehemaligen Schutzmacht Italien erfolglos zeigten, trat Schuschnigg am Abend des 11. März zurück.

Diesem Schritt folgte ein drittes Ultimatum, das jetzt an den Bundespräsidenten Wilhelm Miklas gerichtet war, der aufgefordert wurde, Seyß-Inquart mit der Regierungsbildung zu betrauen. Während sich Miklas noch weigerte, erging schon Weisung an das Bundesheer, nicht auf einrückende Truppen der Wehrmacht zu feuern. Um 23 Uhr wurde Seyß-Inquart zum neuen Kanzler Österreichs ernannt. Da er aber zögerte, ein offizielles Hilfeersuchen an die Reichsregierung zu senden, veröffentlichte Göring einen von ihm selbst abgefaßten Telegrammtext, in dem Österreich um deutsche Unterstützung bei der Wiederherstellung von Ruhe und Sicherheit bat. Am 12. März 1938 überschritten Einheiten der Wehrmacht im Morgengrauen die deutsch-österreichische Grenze.

Der Jubel, mit dem die Truppen begrüßt wurden, übertraf bei weitem Hitlers Erwartungen. Aber erst, als er selbst Linz erreichte, wo ihn seine österreichischen Anhänger mit dem Ruf »Ein Volk, ein Reich, ein Führer!« empfingen, gab er den Plan auf, Österreich für eine längere Übergangsphase nur in »Personalunion« zu regieren. Am Ende seiner zweitägigen Kanzlerschaft unterzeichnete Seyß-Inquart ein »Gesetz über die Wiedervereinigung Österreichs mit dem Deutschen Reich«, dessen erster Artikel lautete: »Österreich ist ein Land des Deutschen Reiches.« Die Formulierung war bewußt angelehnt an den – unter Druck der Alliierten aufgehobenen – Artikel 2 der Verfassung »Deutsch-Österreichs« von 1919 (»Deutschösterreich ist ein Bestandteil der Deutschen Republik«), und die große Zustimmung, die die »Wiedervereinigung« fand, erklärte sich nicht zuletzt aus dem Wunsch, den nach Kriegsende zum Ausdruck gekommenen Willen zur nationalen Einheit *aller* Deutschen jetzt endlich zu erfüllen.

In den Wochen vor der Volksabstimmung vom 10. April, mit der der »Anschluß« besiegelt werden sollte, breitete sich eine Woge des nationalen Enthusiasmus aus, die nicht nur die Nationalsozialisten in Österreich erfaßte. Bekannt wurde das Votum des Erzbischofs von Wien, Kardinal Theodor Innitzer, der zu den scharfen Gegnern der NS-Ideologie gehörte und die Glaubensbrüder im Reich während des Kirchenkampfes unterstützt hatte, jetzt aber erklärte, daß es eine »selbstverständliche nationale Pflicht« sei, mit »Ja« zu stimmen. Während bei den Katholisch-Konservativen der Antikommunismus und gewisse vage Zusicherungen für die Kirche im nationalsozialistischen Österreich eine Rolle gespielt haben dürften, kamen solche Gründe für einen der bedeutendsten Sozialisten des Landes, den ersten Staatskanzler der Republik, Karl Renner, kaum in Betracht. Zwar mag er gehofft haben, daß sein Votum eine gewisse Schonung für die Anhänger der Linken zur Folge haben würde, aber seine Äußerung war wohl vor allem von prinzipiellen Überlegungen diktiert: »Obschon nicht mit jenen Methoden, zu denen ich mich bekenne, errungen, ist der Anschluß nunmehr vollzogen, ist geschichtliche Tatsache; und diese betrachte ich als wahrhafte Genugtuung für die Demütigungen von 1918 und 1919, für Saint-Germain und Versailles ... Als Sozialdemokrat und somit als Verfechter des Selbstbestimmungsrechtes der Nationen, als erster Kanzler der Republik Deutsch-Österreich werde ich mit ›Ja‹ stimmen.« Eine ganz ähnliche Haltung nahm auch der führende Theoretiker des »Austromarxismus«, Otto Bauer, ein, der vom nordamerikanischen Exil aus die im Land gebliebenen Genossen aufforderte, für die Vereinigung zu stimmen, da nur die Schaffung der nationalen Einheit im Sinne der historischen Gesetze des Materialismus Fortschritt bedeute und helfe, die gesamtdeutsche Revolution vorzubereiten.

Es waren allerdings nicht allein die nationaldemokratischen Traditionen, die einen guten Teil der Sozialisten zur Zustimmung brachte, sondern es war auch die Ablehnung des autoritären Regimes Dollfuß-Schuschnigg. Die Erinnerung an die Zerschlagung der SPÖ, die Niederlage ihres paramilitärischen »Schutzbundes« im Kampf mit Bundesheer und Wehrverbänden der Rechten im Februar 1934, die Erschießung von Arbeiterführern, die Inhaftierung vieler Sozialisten in den »Anhaltelagern« und das seit vier Jahren dauernde Notstandsregime machen es wahrscheinlich, daß »ein Teil des Jubels von 1938 in den Ereignissen des Februar 1934 wurzelt …« (Erika Weinzierl). Die Volksabstimmung vom 10. April 1938 endete mit 99,73 Prozent Ja-Stimmen für den »Anschluß« in Österreich und 99,02 Prozent Ja-Stimmen im »Altreich«. Das Plebiszit war von den üblichen Pressionen begleitet, die Überzeugung verbreitet, daß ein freies Votum nicht möglich sei und schon die Benutzung der Wahlkabine verdächtig mache. Trotzdem ist kaum zu bezweifeln, daß es zu diesem Zeitpunkt eine Mehrheit für die Schaffung des »Großdeutschen Reiches« gab. Allerdings warnte der pfälzische Gauleiter Josef Bürckel, der bereits die Angliederung des Saarlandes organisiert hatte und nun zum »Reichskommissar für die Wiedervereinigung Österreichs mit dem Deutschen Reich« ernannt worden war, davor, daß die »augenblickliche Massenbegeisterung … nicht überschätzt werden« dürfe.

Bald fühlten sich viele, die mit »Ja« gestimmt hatten, von den neuen Verhältnissen enttäuscht. Das betraf natürlich vor allem die Nicht-Nationalsozialisten. Nach einer Protestdemonstration junger Katholiken zum »Rosenkranzfest« am 7. Oktober 1938 brach der Kirchenkampf auch in Österreich offen aus, der nach heftigen Auseinandersetzungen zwischen Kardinal Innitzer und Bürckel beziehungsweise Rosenberg in der Erstürmung und Plünderung des Wiener erzbischöflichen Palais durch die HJ gipfelte. Bis zum Dezember 1938 waren einundzwanzigtausend Menschen aus politischen oder rassischen Gründen in »Schutzhaft« genommen worden, die »Arisierung« von Betrieben und die Verdrängung der Juden aus allen Bereichen des öffentlichen Lebens ging hier – nicht zuletzt wegen des tief verwurzelten Antisemitismus in Österreich – wesentlich rascher und ungehemmter vonstatten als im Altreich. Schließlich sahen sich aber auch die österreichischen Nationalsozialisten ernüchtert. Die offensichtliche Geringschätzung, mit der man sie behandelte, die Postenjägerei von Parteigenossen aus dem Reich, die völlige Gleichschaltung und schließlich die Tilgung des Namens »Österreich«, der zuerst durch »Ostmark«, dann durch »Alpen- und Donaugaue« ersetzt wurde, mußte selbst die erbittern, die sich als Nationalsozialisten, als »Betont-Nationale« oder »Katholisch-Nationale« (Adam Wandruszka) für das Reich ausgesprochen hatten.

Der »großdeutsche Wirtschaftsraum«
und die wirtschaftliche Kriegsvorbereitung

Hatte Göring zu den treibenden Kräften beim Vollzug des »Anschlusses« gehört, so sicherte er sich nun auch den Zugriff auf das ökonomische Potential, das Österreich zu bieten hatte. Bereits am 16. März 1938 bestätigte Hitler die Ernennung Wilhelm Kepplers, der seit 1936 die Funktion eines »Generalsachverständigen für deutsche Roh- und Werkstoffe« in Görings Vierjahresplan-Behörde bekleidete, zum »Reichsbeauftragten für Österreich mit dem Sitz in Wien«. Keppler erhielt von Göring den Auftrag, den Bestand an Bodenschätzen festzustellen, die »Arisierung« jüdischer Wirtschaftsbetriebe vorzubereiten und das Preis- und Lohnsystem an die deutschen Gesetze anzupassen. Am 23. März wurde durch die neu geschaffene »Reichsstelle für Wirtschaftsaufbau« ein eigener Vierjahresplan für Österreich erstellt. Noch stärker als im Altreich konnte sich Göring hier eine beherrschende Stellung sichern, indem er vor allem die »Hermann-Göring-Werke« ausbaute, die nicht mehr nur Erzförderung und -verhüttung betrieben, sondern auch mit der Produktion von Maschinen, Autos, Waffen und Waggons befaßt waren. Die Hoffnungen, die Göring in das neu erschlossene Gebiet setzte, erfüllten sich aber nur zum Teil.

In Österreich gab es zum Zeitpunkt des »Anschlusses« sechshunderttausend Arbeitslose, darunter einige zehntausend hochqualifizierte Facharbeiter, mit deren Hilfe man den Mangel an Arbeitskräften im Altreich ausgleichen konnte. Neben landwirtschaftlichen Produkten waren es vor allem Holz, Eisenerz, Magnesit und Erdöl, die der deutschen Wirtschaft zur Verfügung gestellt wurden, und zu einem Zeitpunkt, an dem der Devisenbestand der Reichsbank auf rund neunzig Millionen Reichsmark abgesunken war, lockten die durch den Deflationskurs Schuschniggs aufgehäuften Devisenvorräte von umgerechnet 1,4 Milliarden Reichsmark. Allerdings erkannten Görings Spezialisten in der Vierjahresplan-Behörde relativ schnell, daß man es auch mit »zusätzlichen Belastungen, die der Eintritt der österreichischen Wirtschaft in die deutsche Gesamtwirtschaft« mit sich bringe, zu tun bekomme, da die Behebung sozialer Probleme und struktureller Schwächen der Industrie zu erhöhten Aufwendungen führen mußte.

Göring ließ sich dadurch anfangs kaum beirren, denn sein Interesse an Österreich beruhte nicht nur auf dem Wunsch, ein neues Reservoir an Rohstoffen und Arbeitskräften auszubeuten, ihm ging es auch darum, seine älteren Pläne zu verwirklichen und endlich Südosteuropa für die deutsche Wirtschaft zu erschließen. In einem Aufsatz, den er im April 1938 unter der Überschrift »Wiederaufbau der Ostmark« veröffentlichte, hieß es ausdrücklich, daß Österreich zwar schon als Rohstofflager von Bedeutung sei, daß »die deutsche Ostmark aber zugleich auch die Brücke zu den Völkern des europäischen Südosten und des nahen Orients« bilde; in der Vierjahresplan-Behörde spielten zukünftig bevorzugt Manager eine Rolle, deren Unternehmen enge wirtschaftliche Beziehungen zu dieser Region hatten.

Dadurch, daß Deutschland jetzt zu den Staaten des Donauraums gehörte, sah sich vor allem Ungarn genötigt, in engere Beziehungen zum Reich zu treten und die ehemals wichtige Bindung an Italien aufzugeben. Im übrigen gab es aber weiter Widerstände gegen den Wirtschaftsimperialismus des Reiches. Vor allem Rumänien war bemüht, sich deutschem Druck zu entziehen, und leistete hinhaltenden Widerstand gegen alle Versuche von deutscher Seite, größere Kontingente an Erdöl zu erhalten. Noch deutlicher war der Versuch, den wachsenden deutschen Einfluß zu begrenzen, im Fall des Vertrags von Saloniki, den Bulgarien am 31. Juli 1938 mit den Staaten des Balkanpaktes – Griechenland, Jugoslawien, Rumänien und die Türkei – schloß. Angesichts dieser Schwierigkeiten sah Görings schärfster Konkurrent Ribbentrop eine willkommene Gelegenheit, auf die Sinnlosigkeit aller Bemühungen um eine ökonomisch begründete Hegemonie in Südosteuropa hinzuweisen. Am 10. August 1938 stellte ein Rundschreiben der Wirtschaftspolitischen Abteilung des Auswärtigen Amtes zutreffend fest, daß »die Wiedervereinigung Österreichs mit dem Deutschen Reich zu einer Wiederbelebung der Versuche geführt [habe], Deutschlands wirtschaftspolitische Stellung im Donauraum zu schwächen und auf dem Umweg über wirtschaftliche Aktionen auch die politischen Kombinationen gegen Deutschland im Donauraum zu stärken«.

Die Stichhaltigkeit dieser Diagnose ließ sich schwer bestreiten, aber Göring hielt trotzdem bis zum Sommer 1939 an dem Konzept der wirtschaftlichen Durchdringung Südosteuropas fest. Die Schaffung eines »Großdeutschen Wirtschaftsraums« mit Ergänzungsgebieten, die als Rohstoff- und Lebensmittellieferanten zur Verfügung standen, erschien dem »Wirtschaftsdiktator« um so dringlicher, als seit Anfang 1938 unübersehbar wurde, daß die Vorgaben des Vierjahresplans nicht zu erreichen waren. Am 12. Juli hatte er den VJP durch den »Wehrwirtschaftlichen Neuen Erzeugungsplan« (WNE) ergänzen müssen, dessen Notwendigkeit Göring angesichts der verschärften außenpolitischen Situation so begründete: »Bisherige Leistungen des Vierjahresplans unbefriedigend auf den kriegswichtigen Gebieten, da zu große Zersplitterung. Katastrophal die Lage auf dem Pulver- und Sprengstoffgebiet als Folge des Streites um die Zuständigkeiten. Schärfste Zusammenfassung des Vierjahresplans notwendig für folgende Erzeugungsanlagen: a) Pulver und Sprengstoffe, b) Treibstoffe, c) Aluminium, d) Buna, e) Erzversorgung.«

Der WNE hatte vor allem für die Produktion von Pulver, Spreng- und Kampfstoffen sowie die Bereitstellung von Leichtmetallen, in erster Linie Magnesium und Aluminium, sowie von Mineralöl und Kautschuk zu sorgen. Trotzdem blieben die Maßnahmen, deren Zielpunkt – abgestimmt auf die Ausführungen Hitlers am 5. November 1937 – nicht mehr wie beim Vierjahresplan das Jahr 1940, sondern der Zeitraum 1943/45 war, in Ansätzen stecken. Hitlers Forderung, die Rüstungsanstrengungen zu steigern – allein die Luftwaffe sollte wegen des nun als unvermeidbar angesehenen Kampfes mit England verfünffacht werden –, führte bereits am 14. Oktober 1938 zu Görings Eingeständnis, daß er vor bisher »ungeahnten Schwierigkeiten« stehe: »Die Kassen seien leer, die fabrikatorischen Kapazitäten für Jahre hinaus mit Aufträgen vollgestopft.« Die Einführung von Arbeitszeitverlängerung, Frauen- und Jugendarbeit war aber ebensowenig durchführbar wie Görings Drohung, »rücksichtslos zur Staatswirtschaft« überzugehen, wenn die Privatwirtschaft weiterhin versage.

Im Sommer 1939 sollte der Leiter des »Wehrwirtschaftsstabes«, Generalmajor Georg Thomas, feststellen, daß die deutsche Rohstoff- und Ernährungslage keinen längerfristigen Konflikt erlaube, zumal Großbritannien zur Hortung von kriegswichtigen Materialien übergegangen sei und im Vergleich zu Deutschland wesentlich größere Gold- und Devisenvorräte besitze. Dagegen war die deutsche »Wehrwirtschaft« offensichtlich nicht imstande, die notwendige ökonomische Vorbereitung eines großen Krieges zu gewährleisten. Obwohl Schacht im Januar 1939 aus Protest gegen die unverantwortliche Ausgabenpolitik auch von seinem Amt als Reichsbankpräsident zurücktrat und im Juli des Jahres die Reichsbank ganz unter die Kontrolle der Regierung gestellt wurde, gelang es nicht, das Fehlen einer einheitlichen Planung und eines zentralen Lenkungsapparates, der diese Planung koordinierte, auszugleichen. Das machte sich für die Wehrwirtschaft ebenso nachteilig bemerkbar wie die Weigerung des Regimes, die Produktion insgesamt auf die Bedürfnisse der Rüstung abzustellen.

Die Engpässe, die es gab – etwa bei der Versorgung mit Wohnraum, dessen Erstellung infolge der im Frühjahr 1938 beschlossenen Errichtung des »Westwalls« fast völlig zum Erliegen kam –, durften für die Zivilbevölkerung einen bestimmten Grad der Belastung nicht überschreiten. Mit Besorgnis registrierte der SD die ungehaltene Stimmung in großen Teilen der Bauernschaft und des Mittelstandes ebenso wie die Leistungsverweigerung von Arbeitern, die wegen der kontinuierlich erhöhten Arbeitszeit zu passiver Resistenz übergingen. An eine Verschärfung der Kontroll- und Zwangsmaßnahmen für den Arbeitseinsatz wurde aber nicht gedacht: 1939 gab es trotz des Arbeitskräftemangels immer noch sechs Millionen Frauen im erwerbsfähigen Alter, die keiner Tätigkeit in der Produktion oder im Dienstleistungsbereich nachgingen. Hitlers »Novembersyndrom«, die Furcht, daß sich eine Hungerrevolte wie 1918 wiederholen könne, führte außerdem dazu, daß die Produktion von Konsumgütern in möglichst großem Umfang fortgesetzt wurde. Noch im November 1939 kommentierte Thomas sarkastisch die Weigerung, die gesamte Wirtschaft auf die Kriegserfordernisse umzustellen, mit den Worten, daß man »mit Radioapparaten, Staubsaugern und Küchengeräten ... England nie besiegen« könne.

Verschuldung in Deutschland 1932 bis 1938 in Milliarden Reichsmark (nach: Boelcke, Die Kosten von Hitlers Krieg, Paderborn 1985, S. 26)

	1932	1933	1934	1935	1936	1937	1938
Öffentliche Hand insg.	24,9	27,0	29,3	34,2	38,0	43,0	51,4
Reich	12,2	14,2	16,7	21,9	26,2	31,7	40,6
Gemeinden	9,7	9,9	9,7	9,5	9,0	8,7	8,4
Private Wirtschaft insg.	54,6	51,3	51,7	51,7	52,9	54,1	56,1
Landwirtschaft	10,9	10,7	10,6	10,5	10,5	10,8	11,1
Wohnungswirtschaft	15,8	15,6	15,8	16,1	16,9	17,7	18,6
Übrige Privatwirtschaft	27,9	25,0	25,3	25,1	25,5	25,6	26,4
Gesamtverschuldung	79,5	78,3	81,0	85,9	90,9	97,1	107,5

Durch den Wehrwirtschaftlichen Neuen Erzeugungsplan wurde zwar faktisch jede Orientierung an ökonomischer Stabilität preisgegeben, aber trotzdem nur eine Teilautarkie und ein Rüstungsstand erreicht, der bestenfalls für eine kurzfristige militärische Auseinandersetzung genügte. Dieser Stand der wirtschaftlichen Kriegsvorbereitung sollte allerdings ausreichen, um unter günstigen Umständen den größten Teil Europas niederzuwerfen, und in einem gewissen Sinn war Hitler »mit der Blitzkriegsstrategie, die nicht nur militärisch, sondern auch wirtschaftlich verstanden wird, eine optimale Synthese gelungen« (Ludolf Herbst).

Die »Sudeten-Frage« und die Anfänge des militärischen Widerstandes

Die Eingliederung Österreichs wurde von der Weltöffentlichkeit kaum zur Kenntnis genommen. Obwohl durch den »Anschluß« ein Mitglied des Völkerbundes von der Landkarte verschwand, sahen sich weder England noch Frankreich zu einer Intervention genötigt. Hitler beobachtete dieses Verhalten der Westmächte aufmerksam und nahm es als Hinweis auf deren Reaktion für den Fall eines deutschen Vorgehens gegen die Tschechoslowakei. Die ČSR spielte als Industriestaat eine Sonderrolle unter den sonst agrarisch geprägten Ländern Südosteuropas, so daß Hitler diese Beute auch aus wirtschaftlichen Gründen besonders lohnend erschien. In der Besprechung vom 5. November 1937 war sie als das nächste außenpolitische Ziel genannt worden – was ebenfalls für den eher improvisierten Charakter des »Anschlusses« spricht –, und noch einmal konnte Hitler die erprobte Strategie anwenden, eine durchaus legitime Korrektur der

Bestimmungen des Versailler Vertrages im Sinne des Selbstbestimmungsrechts der Völker zu fordern.

Mit starken Bedenken hatten die englische und die amerikanische Delegation schon bei den Verhandlungen zum Friedensvertrag von Saint-Germain das französische Bestreben beobachtet, dem neu gegründeten Staat Tschechoslowakei möglichst große deutsche Siedlungsgebiete zuzuschlagen. Der amerikanische Vertreter, der spätere Präsident Herbert Hoover, sprach davon, Paris habe aus der ČSR einen »Dolch, der auf die deutsche Flanke gerichtet war«, gemacht. Die Sudetendeutschen, mit 3,3 Millionen Menschen die größte Minderheit in der tschechoslowakischen Republik (neben drei Millionen Slowaken sowie 1,4 Millionen Ungarn, Polen und Ruthenen), konnten mit einigem Grund auf ihre Benachteiligung in diesem Vielvölkerstaat hinweisen, angefangen beim Ausschluß von der Nationalversammlung und der Beratung der Verfassung nach Kriegsende über diskriminierende Sprachregelungen bis hin zu einer Bodenreform, die deutschen Besitz in tschechische Hände brachte. In den zwanziger Jahren hatte sich die Situation zwar beruhigt – zwei deutsche Parteien waren sogar an der Prager Regierungskoalition beteiligt –, aber spätestens, seitdem sich die Wirtschaftskrise auf die ČSR auszuwirken begann, nahm die Zurücksetzung immer repressivere Formen an. Von den 800.000 Arbeitslosen in der Tschechoslowakei waren 500.000 Deutsche, obwohl im Sudetenland immer noch mehr als die Hälfte des Bruttosozialproduktes erwirtschaftet wurde. Die staatliche Wirtschaftsförderung ging vor allem an die Schwerindustrie, die in den tschechischen Teilgebieten lag, während die Leichtindustrie im Sudetenland leer ausging.

Unvermeidlich führte diese Lage zur »nationalen Interpretation sozialer Probleme« (Manfred Alexander), und mit Unterstützung reichsdeutscher Stellen begann sich die »Sudetendeutsche Partei« (SdP) zunehmend selbstbewußter als Sprachrohr der benachteiligten Minderheit zu äußern und größere Autonomie zu verlangen. Als Sammlungsbewegung und in Reaktion auf das Verbot der Deutschen Nationalsozialistischen Arbeiterpartei durch die Prager Regierung wurde die SdP im Oktober 1933 als »Sudetendeutsche Heimatfront« gegründet. Sie verstand sich ursprünglich nur als Interessenvertretung *innerhalb* des tschechoslowakischen Staates, und ihr Vorsitzender Konrad Henlein, der aus der großdeutschen Turnerbewegung stammte, war eher ein traditioneller Nationalist als ein Nationalsozialist. Aber unter dem Druck des tschechischen Staates einerseits, der vor scharfen Maßnahmen gegen die Sudetendeutschen nicht zurückschreckte, und durch die massive Hilfe des Reiches andererseits wurde die SdP allmählich zur wichtigsten Stimme der Sudetendeutschen und geriet gleichzeitig vollständig unter den Einfluß Berlins.

Seit 1937 bekannte sie sich offen zum Nationalsozialismus und auch zur Rassenlehre, wobei zunehmend Forderungen nach einer Angliederung des Sudetenlandes an das Reich laut wurden. Auf einem Geheimtreffen mit Hitler am 28.

März 1938, wenige Tage nach dem erfolgreichen »Anschluß« Österreichs, erhielt Henlein ausdrücklich Weisung, die Forderungen an die Prager Zentralregierung immer weiter zu verschärfen, bis sie unannehmbar wären. Im »Karlsbader Programm« vom 24. April 1938 verlangte die SdP dann die »Freiheit des Bekenntnisses ... zur deutschen Weltanschauung«, womit ausdrücklich die großdeutschen Programmpunkte der NSDAP gemeint waren. Gleichzeitig unterstützte Berlin die Separationsbemühungen der polnischen und der ungarischen Minderheit im tschechoslowakischen Gesamtstaat.

Der tschechoslowakische Staatspräsident Eduard Beneš suchte daraufhin Rückhalt bei seiner traditionellen Garantiemacht Frankreich. Aber weder in Paris noch in London zeigte sich Bereitschaft, einen Staat zu erhalten, der offensichtlich keine feste Verankerung in seinen Völkern besaß. Der ältere »Tschechoslowakismus« fand kaum noch Rückhalt, es rebellierten nicht nur die Minoritäten, es gab auch Unabhängigkeitsbestrebungen der Slowaken, die sich als bäuerliche und katholische Nation von den städtisch und »hussitisch« geprägten Tschechen benachteiligt fühlten und außerdem traditionell nach Ungarn orientiert waren. Sowohl Ungarn als auch Polen neigten ihrerseits dazu, Gebietsansprüche an die ČSR zu stellen, falls Deutschland einmal den ersten Schritt tat.

Hitler seinerseits betrachtete das Verlangen der Sudetendeutschen nach Selbstbestimmung nur als willkommenen Vorwand, um die Tschechoslowakei völlig zu zerstören, die er nicht nur als »Flugzeugträger« der UdSSR (mit der Prag 1935 eine Defensivallianz geschlossen hatte), sondern auch als Eckpfeiler der »Kleinen Entente« ansah. Schon in einem Gespräch mit General Wilhelm Keitel in der Nacht vom 20. auf den 21. April 1938 wies er den Chef des im Gefolge der Blomberg-Fritsch-Krise neugebildeten Oberkommandos der Wehrmacht (OKW) an, Vorbereitungen für die militärische Zerschlagung der ČSR einzuleiten, wobei ihm »blitzschnelles Handeln aufgrund eines Zwischenfalls« vorschwebte. Die Entwicklung lief so unmittelbar nach dem erfolgreichen »Anschluß« Österreichs aber nicht in die von Hitler gewünschte Richtung. Am 20. Mai 1938 ließ Beneš auf das Gerücht von deutschen Truppenbewegungen an der tschechischen Grenze mit einer Teilmobilisierung der Armee reagieren. Obwohl das Gerücht nicht den Tatsachen entsprach, mahnten England und Frankreich Hitler zu Zurückhaltung und Vernunft. Dieser sah sich zum Abwiegeln genötigt und versicherte der tschechischen Regierung, daß Deutschland keine feindseligen Absichten hege, während sich die Sudetendeutschen, die im Zuge der Mobilmachung neuen Schikanen ausgesetzt gewesen waren, von Berlin alleingelassen sahen.

Hitler verzieh der Prager Führung die Demütigung nicht. Hatte er am 20. Mai 1938 in der Weisung für den »Fall Grün« noch erklärt, daß ein Angriff gegen die ČSR nur unter äußerst günstigen Voraussetzungen denkbar sei, so hieß es jetzt am 30. Mai ausdrücklich: »Es ist mein unabänderlicher Entschluß, die Tschechoslowakei in absehbarer Zeit durch eine militärische Aktion zu zerschlagen. Den politisch und militärisch geeigneten Zeitpunkt abzuwarten oder herbeizuführen, ist Sache der politischen Führung.« In einer Ansprache vor den höchsten Repräsentanten von Wehrmacht, Staat und Partei am 28. des Monats hatte Hitler erläutert, daß er eine gewaltsame Beseitigung der ČSR schon deshalb für nötig hielt, weil sie »stets unser gefährlichster Feind in einem Westfall« wäre. Es ging ihm also nicht nur um die Arrondierung des Reichsgebietes im Südosten und die Ergänzung der deutschen Rüstungswirtschaft durch die tschechischen Anlagen, sondern auch darum, den Rücken für den immer deutlicher einkalkulierten Konflikt mit England und Frankreich freizuhalten. Aus Andeutungen ließ sich weiter entnehmen, daß Hitler bereits mit der Besetzung Belgiens und der Niederlande rechnete, um die deutsche Küstenlinie als Ausgangspunkt maritimer Operationen zu verlängern. Seiner Auffassung nach konnte eine überraschende Aktion gegen Prag die strategische Lage des Reiches noch einmal entscheidend verbessern.

Während sich Hitler in seiner Eskalationsbereitschaft vor allem von Ribbentrop unterstützt sah, betrachtete Göring die Entwicklung mit Sorge, da er einen Konflikt mit der Tschechoslowakei für nicht lokalisierbar hielt. Die Besprechung vom 28. Mai sowie die definitive Fassung des »Falls Grün« vom 30. Mai führten aber vor allem dazu, daß sich in den Kreisen der militärischen und diplomatischen Elite Deutschlands zum ersten Mal handlungsbereiter Widerstand gegen Hitlers Risikopolitik regte. Bei einer Beratung mit den Spitzen der Wehrmacht hatte die Generalität ihre Bedenken angesichts der Pläne Hitlers geäußert; Jodl, ein treuer Gefolgsmann des »Führers«, notierte: »Noch einmal flammt der ganze Gegensatz auf, der sich ergibt aus der Erkenntnis des Führers, wir *müssen* noch in diesem Jahre, und der Auffassung des Heeres, wir *können* noch nicht.« Auch eine Besprechung mit den künftigen Generalstabschefs von Heeresgruppen und Armeen auf dem Berghof am 10. August 1938 ergab, daß das hohe Offizierskorps offenbar unwillens war, einen militärischen Schlag gegen die Tschechoslowakei mit so ungewissem Ausgang zu wagen.

Wie sich immer deutlicher zeigte, beruhte die vordergründige Identität zwischen den Zielsetzungen von Militär und »Führer« auf einer Fehleinschätzung, und ähnliche Vorbehalte wie bei den Offizieren gab es jetzt auch bei den Diplomaten. Der Staatssekretär im Auswärtigen Amt, Ernst von Weizsäcker, suchte für die tschechische Frage einen nichtkriegerischen Weg aufzuzeigen und plädierte im Sinne einer deutschen Hegemonialstellung traditionellen Zuschnitts für die »chemische Auflösung« der ČSR. Auch Weizsäcker hielt einen Krieg in Mitteleuropa nicht für kontrollierbar und fürchtete das Eingreifen der USA und der Sowjetunion für den Fall, daß Hitler mit seinem »Lebensraum«-Imperialismus Ernst machte. Bei einem Gespräch mit Ribbentrop versuchte er den Außenminister von seiner Unterstützung für den Konfrontationskurs gegenüber der tschechischen Regierung abzubringen. Der in seiner Einschätzung schwankende Rib-

Protokoll

Über die Besprechung vom 12. Februar 1938.

I.   Als Ergebnis des heutigen eingehenden Meinungs-
austausches zwischen dem Führer und Reichskanzler und
dem Bundeskanzler Dr. Schuschnigg wird folgendes, in
der Presse beider Länder (Sonntagspresse) auszugebendes
Communique lt. Anlage 1 vereinbart.

II.   Der Bundeskanzler stellt folgende Massnahmen
in Aussicht, hinsichtlich deren er einen endgültig
verbindlichen Bescheid bis zum Dienstag, den 15. Februar
1938 übermitteln wird.

1.) Die österreichische Bundesregierung wird über
aussenpolitische Fragen, die die beiden Länder
gemeinsam angehen, jeweils mit der Reichsregierung
in einen diplomatischen Gedankenaustausch treten.
Österreich wird den Wünschen und Aktionen des
Deutschen Reiches auf Ersuchen nach Maßgabe der
bestehenden Möglichkeiten moralische, diplomatische
und pressepolitische Unterstützung angedeihen
lassen. Die Reichsregierung übernimmt die gleiche

-5-

III. Die Reichsregierung erkennt an, dass der künftige
Innen-Minister Seiß-Inquart die alleinzuständige
Persönlichkeit für die Durchführung der Ziffer II,2
dieses Protokolles ist. Die Reichsregierung wird Maß-
nahmen treffen, die eine Einmischung reichsdeutscher
Parteistellen in inner-österreichische Verhältnisse
ausschließt. Bei Meinungsverschiedenheiten über die
Auslegung der Ziffer II,2 des vorstehenden Abkommens
sollen die Verhandlungen ausschliesslich über den
Minister Seiß-Inquart geführt werden.

Die nationalsozialistische Aktivität in der Österreich-Frage: Protokoll über die Unterredung
Kurt Schuschniggs mit Hitler auf dem Obersalzberg am 12. Februar 1938. Titel- und Unter-
schriftenseite. Wien, Haus-, Hof- und Staatsarchiv. – Postkarte aus Anlaß der Abstimmung in
Österreich. Privatsammlung. – Plakat der NSDAP zur Volksabstimmung in Österreich über
den Zusammenschluß mit dem Deutschen Reich, 1938. Zürich, Kunstgewerbemuseum

Erste Begegnung Hitlers mit Neville Chamberlain am 15. September 1938 auf dem »Berghof«.
Von links: Dolmetscher Dr. Schmidt, Chamberlain, Hastings, Joachim von Ribbentrop, Otto
Meißner, Wilhelm Keitel. – Das Münchener Abkommen vom 29. September 1938: Neville
Chamberlain im Gespräch mit Benito Mussolini vor Hermann Göring, Hitler sowie Edouard
Daladier im Arbeitszimmer des »Führers«

bentrop schien sich tatsächlich vorübergehend von den Einwendungen Weizsäkkers überzeugen zu lassen, ging dann aber wieder auf die Seite Hitlers über.

Die eigentlich treibende Kraft im Lager der Kriegsgegner war Ludwig Beck. Als Generalstabschef des Heeres ließ er zwar im Sommer die Planungen für den »Fall Grün« weiter vorbereiten, stellte aber am 16. Juli in bezug auf einen Krieg gegen die Tschechoslowakei fest, daß angesichts der drohenden Intervention Englands und Frankreichs »hier letzte Entscheidungen für den Bestand der Nation auf dem Spiel« stünden. Das Konzept eines »Blitzkriegs« war für Beck »ein unsinniger Traum«; es drohe nicht nur eine Niederlage, sondern das »Finis Germaniae«, wenn es tatsächlich zum Kampf mit den Westmächten und infolgedessen zu einem zweiten Weltkrieg komme. Beck nahm aufgrund dieser Einschätzung eine konspirative Tätigkeit auf, deren Ziel zwar noch nicht die Beseitigung Hitlers, aber doch seine partielle Entmachtung sein sollte. Er dachte an einen »Streik der Generale«, um den »Führer« an einer Fortsetzung seiner Risikopolitik zu hindern, und erwog eine gewaltsame Umbildung des Regimes, wobei Hitlers Position zwar nicht angetastet, aber die parastaatlichen Organe der Partei und der SS ausgeschaltet und die Wiederherstellung einer geordneten Rechtsprechung erreicht werden sollte. Mit seinen Vorstellungen fand Beck allerdings keine Unterstützung bei Brauchitsch und Raeder, auch wenn Brauchitsch am 4. August 1938 eine Versammlung der Gruppenbefehlshaber des Heeres einberief, in der die Offiziere nach stürmischer Diskussion zu dem Schluß kamen, daß man einen Krieg vermeiden müsse. Doch konnte niemand einen gangbaren Weg aufzeigen, um dieses Ziel ohne Absetzung Hitlers oder einen Militärputsch zu erreichen, und Brauchitsch ließ es letztlich zu keiner Entscheidung kommen.

In Reaktion auf die so entstandene Lage trat Beck am 21. August 1938 von seinem Amt als Generalstabschef des Heeres zurück. Sein Nachfolger wurde der bayerische Artilleriegeneral Franz Halder, der – anders als Beck – entschlossen war, durch einen Umsturz Hitler in den Arm zu fallen und zu entmachten. Dabei spielten der Befehlshaber im Wehrkreis III, Generalmajor Erwin von Witzleben, und der Chef der militärischen Abwehr, Vizeadmiral Wilhelm Canaris, eine Rolle, ohne zu wissen, daß es in den Rängen unter ihnen noch eine »Verschwörung in der Verschwörung« (Heinz Höhne) gab: Abwehroffiziere wie Hans Oster und Friedrich-Wilhelm Heinz wollten mit einem Stoßtrupp die Reichskanzlei stürmen und Hitler töten.

Äußerst problematisch für die Verschwörer blieb, daß sie die Haltung von Volk und Heer nur schwer einschätzen konnten. Sie mußten auf einen außenpolitischen Rückschlag für das Regime bauen, der Hitlers Popularität mindern würde und zur Initialzündung für den Putsch werden konnte. Aus diesem Grund setzte man alle Hoffnung auf eine feste Haltung Englands in der »Sudeten-Frage« und versuchte Kontakt zur Regierung in London aufzunehmen. Bereits im Frühjahr 1938 war Ewald von Kleist-Schmenzin, ein hochkonservativer Junker aus

Pommern, dem der plebejische Nationalsozialismus von Anfang an verhaßt gewesen war, zu Sondierungen nach England gereist, und jetzt, Mitte August, flog er mit Wissen von Canaris und Beck noch einmal nach Großbritannien. Beck soll ihm erklärt haben: »Bringen Sie mir den sicheren Beweis, daß England kämpfen wird, wenn die Tschechoslowakei angegriffen wird, und ich werde diesem Regime sein Ende bereiten.« Im September sollten Frankreich und Großbritannien Hitler dann aber die Annexion des Sudetenlandes zugestehen. Erst als Hitler eine militärische Besetzung des Territoriums verlangte, mobilisierten die Westmächte ihre Streitkräfte. Die Verschwörer standen daraufhin zum Losschlagen bereit, sogar der Stoßtrupp von Heinz war schon formiert, als am 28. September die Nachricht vom Zurückweichen Englands kam. Das Verhalten Londons, wo man die Verschwörer mit den »Jakobiten« verglich – jenen Stuart-Anhängern, die im 17. Jahrhundert von Frankreich aus erfolglos gegen den Diktator Oliver Cromwell konspiriert hatten –, mußte die Opposition der Militärs und Beamten als »Dolchstoß in den Rücken« (Hans Rothfels) empfinden.

Das Münchener Abkommen

Die deutsche Situation im Sommer 1938 glich einem »Schwebezustand« (Manfred Funke). Während Hitler und Ribbentrop den Konflikt mit der Tschechoslowakei wollten, Göring aus Furcht vor einem Zusammenstoß mit England und Frankreich zu vermitteln suchte und die Verschwörer auf ihre Stunde warteten, unternahm der britische Premier Chamberlain alles, um den Ausbruch des großen Konflikts zu verhindern. Anfang August entsandte er seinen Vertrauten, Lord Runciman, in die ČSR, um einen Eindruck von der Lage zu gewinnen. Runciman kam zu dem Ergebnis, daß dort das Problem der nationalen Minderheiten innerhalb des gegebenen staatlichen Rahmens nicht mehr lösbar sei. London richtete sein Verhalten gegenüber der Prager Regierung dementsprechend aus, und Beneš sah sich genötigt, am 18. August 1938 den Sudetendeutschen weitgehende Autonomie zuzugestehen, was von den Vertretern der SdP auf Weisung Ribbentrops aber als nicht akzeptabel bezeichnet wurde. Am 30. August genehmigte Hitler die Pläne der Heeresführung für einen Einmarsch in die ČSR, und am 3. September befahl er, die deutschen Truppen am 28. des Monats gegen die tschechische Grenze in Marsch zu setzen.

Vier Tage später sah sich Hitler peinlich überrascht, als Beneš noch einmal alle Forderungen der SdP akzeptierte. Diese Konzessionsbereitschaft der tschechischen Regierung reizte ihn nur noch stärker und veranlaßte ihn, am 12. September 1938 auf dem Reichsparteitag eine drohende Rede zu halten, die zu einer aufstandsähnlichen Bewegung im Sudetenland führte. Die Prager Regierung verhängte das Standrecht im Grenzgebiet und mobilisierte die Armee, um die Rebellion niederzuschlagen. In dieser angespannten Situation machte Chamberlain am Abend des 13. September Hitler das Angebot, sofort nach Deutschland zu kommen, um direkte Verhandlungen aufzunehmen. Hitler willigte ein, und zwei Tage später fand ein Gespräch auf dem Obersalzberg bei Berchtesgaden statt, in dessen Verlauf der britische Premier das prinzipielle Desinteresse Londons an der sudetendeutschen Frage signalisierte, während Hitler seinerseits behauptete, daß die Angliederung des Sudetengebietes nun wirklich die letzte territoriale Forderung des Reiches sei.

Hitler setzte seinen Konfrontationskurs allerdings trotz der Gespräche fort. Am 17. September befahl er die Aufstellung eines »Sudetendeutschen Freikorps« zur Inszenierung weiterer Krawalle, und am 20. empfing er den ungarischen Ministerpräsidenten Imrédy, dem er genau wie dem polnischen Botschafter riet, Gebietsforderungen an die ČSR zu richten. Gleichzeitig erhoben die Slowaken auf Grund einer entsprechenden Empfehlung aus Berlin die Forderung nach vollständiger Autonomie. Der tschechische Präsident Beneš hatte schon am 18. September fast jede Manövriermöglichkeit verloren, nachdem ihm von London und Paris erklärt worden war, daß die ČSR das Sudetenland um des Friedens willen abtreten müsse. Was man in Großbritannien und in Frankreich vermeiden wollte – einen militärischen Zusammenstoß in Zentraleuropa –, war aber gerade das Ziel von Hitlers Strategie. Bei einem weiteren Treffen mit Chamberlain – in Bad Godesberg vom 22. bis 24. September – verlangte Hitler ultimativ die Räumung des Sudetengebietes bis zum 1. Oktober; falls man seiner Forderung nicht nachkomme, werde der Einsatz der Wehrmacht unvermeidlich sein.

Währenddessen zeigte sich die neu eingesetzte tschechische Regierung unter General Syrový unnachgiebiger als ihre Vorgängerin; insgeheim von England ermuntert, befahl Prag am 24. September die Mobilisierung der Armee. Es folgten Massenverhaftungen von Deutschen und die Beschlagnahme ihrer Rundfunkgeräte. Hitler reagierte auf die Herausforderung mit einer Rede im Berliner Sportpalast am 26. September; noch einmal steigerten sich seine Drohungen gegen Beneš: »Er hat jetzt die Entscheidung in der Hand! Frieden oder Krieg! Er wird entweder dieses Angebot akzeptieren und den Deutschen jetzt endlich die Freiheit geben, oder wir werden diese Freiheit uns selbst holen!« Am folgenden Tag befahl Hitler sieben Divisionen des Heeres, die Ausgangsstellungen für den »Fall Grün« einzunehmen, um am 30. des Monats gegen die tschechische Grenze vorrücken zu können.

In dieser gespannten Situation entschlossen sich England und Frankreich, auch der letzten Bedingung Hitlers nachzukommen. Am 28. September wurde die militärische Besetzung des Sudetengebietes und damit die Auslieferung der tschechischen Festungswerke zugestanden, ohne daß man die Regierung in Prag vorher konsultiert hatte. London ließ bei der italienischen Regierung sondieren, ob

Mussolini bereit wäre, Hitler einen neuen Vermittlungsvorschlag zu unterbreiten und um Aufschub zu bitten. Der italienische Botschafter in Berlin, Bernardo Attolico, wandte sich in diesem Sinne an Hitler und animierte ihn zu einem Telefonat mit Mussolini, bei dem die beiden Diktatoren über die Einberufung einer Konferenz in München einig wurden. Daraufhin ging ein von Göring, Neurath und Weizsäcker erarbeiteter Konferenzentwurf ohne Wissen Ribbentrops nach Rom, von wo aus ihn Mussolini als eigenen Vorschlag an die deutsche Regierung zurückleitete. Bereits am folgenden Tag wurde in aller Eile ein Abkommen zwischen Hitler, Chamberlain, Daladier und Mussolini, ohne Beteiligung der ČSR, getroffen.

Das »Münchener Abkommen« gab den Forderungen Hitlers in allen Punkten nach. Als auch die Besetzung des Sudetengebietes bis zum 1. Oktober zugestanden war, erteilte Hitler den Befehl, die Vorbereitungen für die Mobilmachung einzustellen. Er verzichtete nur widerwillig auf eine militärische Besetzung der Tschechoslowakei. Noch kurz vor Kriegsende, in einem Gespräch, das er 1945 mit Martin Bormann führte, meinte er, der Konflikt mit den Westmächten wäre besser bereits 1938 ausgebrochen. Daß es dazu schließlich nicht kam, dürfte – neben dem Zurückweichen Großbritanniens und Frankreichs – vor allem drei Gründe gehabt haben: Der Zweifel an der Kriegswilligkeit der deutschen Bevölkerung (der demonstrative Aufmarsch einer motorisierten Division in der Hauptstadt am 27. September hatte keine Begeisterung geweckt, sondern ängstliche Reaktionen ausgelöst), die Sorge, daß Mussolini im letzten Augenblick auf die Seite der Westmächte übergehen könnte, und schließlich die Befürchtung, daß die Wehrmacht an den nach dem Vorbild der Maginot-Linie errichteten tschechischen Festungswerken scheitern würde.

Tatsächlich gibt es Hinweise darauf, daß die ČSR erfolgreich militärisch zu verteidigen gewesen wäre. Das System von zehntausend leichten, mittleren und schweren Bunkern und Infanteriebollwerken, das noch durch 279 Artilleriefestungen, ergänzt wurde, hätten die deutschen Truppen kaum erobern können. Erich von Manstein erklärte nach dem Krieg: »Wir wären auch ganz zweifellos an ihren Befestigungen hängengeblieben, denn wir hatten praktisch nicht die Mittel, sie zu durchbrechen.« Zu diesen Mitteln gehörten vor allem schwere Geschütze mit einem Kaliber von 30,5 cm, die der Wehrmacht damals noch nicht zur Verfügung standen. Weder Panzer- noch Luftwaffe besaßen die notwendige Überlegenheit, und das Zahlenverhältnis von 1,35 Millionen tschechischen gegenüber 1,86 Millionen deutschen Soldaten zeigt schon an, daß nicht das Kräfteverhältnis bestand (Zweidrittelüberlegenheit), das für einen »Blitzkrieg« notwendig gewesen wäre.

Anders als die Generalstäbe in London und Paris ging man in Prag von einem durchaus realistischen Bild des deutschen Rüstungsstandes aus, wenn es in einer tschechischen Denkschrift vom 9. September 1938 hieß: »Die gegenwärtige

Größe der deutschen Armee ist nur scheinbar. Keine Armee der Welt kann in einer so kurzen Zeit, die das gegenwärtige Deutschland zur Verfügung hatte, vollkommene Kader aus dem Boden stampfen, allseitig ausgebildete Offiziere und eine genügende Zahl ausgebildeter Reservisten gewinnen.«

Innenpolitische Radikalisierung und »rassische Sanierung«

Mit dem aggressiveren außenpolitischen Kurs Hitlers korrespondierte eine zunehmende Verschärfung der Lage im Inneren. Nach einer Phase der Entspannung begann sich seit dem Frühjahr und Sommer 1938 ein neuer Radikalisierungsschub abzuzeichnen, der vor allem in einer Zunahme antisemitischer Aktionen zum Ausdruck kam. Die »schleichende Judenverfolgung« (Helmut Genschel), die von der Verabschiedung der »Nürnberger Gesetze« bis zum Beginn des Jahres 1938 angedauert hatte, war an ihre Grenzen gestoßen. Sie wurde durch immer brutalere Maßnahmen abgelöst, die nach dem »Anschluß« Österreichs zunehmend von Gestapo und SD getragen wurden.

Im August 1938 schickte der SD Adolf Eichmann nach Wien, ausgestattet mit unbeschränkten Vollmachten zur Lösung der österreichischen »Judenfrage«. Die von Eichmann eingerichtete »Zentralstelle für jüdische Auswanderung« drängte die jüdische Bevölkerung zur Meldung in Wien; dort wurden die auswanderungswilligen Juden in Lager verbracht, mit Visa und Pässen versehen und dann zum Verlassen des Landes gezwungen, wodurch diese »Auswanderung« den Charakter einer gewaltsamen Vertreibung annahm. Der jüdische Besitz verfiel praktisch völlig dem Staat. Während die Emigration im Altreich immer noch einen Anschein von Freiwilligkeit wahrte, fand in der »Ostmark« zwischen März und Oktober 1938 die zwangsweise Abschiebung von fünfzigtausend Juden statt. Eichmanns System wurde wegen seiner Effizienz von einer »Reichszentrale für jüdische Auswanderung« übernommen und auf das ganze deutsche Gebiet ausgedehnt. Auch diese Reichszentrale ging in die Regie der SS-Führung über, nachdem Göring die Richtlinienkompetenz in der Judenpolitik an sich gezogen und seinerseits Heydrich und den SD mit der Durchführung der »Auswanderung« beauftragt hatte – wie sich zeigen sollte, eine Maßnahme mit durchschlagendem »Erfolg«: Hatten zwischen 1933 und 1937 etwa 130.000 Juden Deutschland verlassen, so waren es 1938 und 1939 immerhin 118.000.

Dabei gingen die Bemühungen, eine endgültige Lösung der »Judenfrage« zu erreichen, einher mit der Steigerung der antisemitischen Propaganda. Die Beschränkung, die sich das NS-Regime wegen der Olympischen Spiele und der Reaktionen der Weltöffentlichkeit auferlegt hatte, schwanden völlig. Am 11. Juni 1938 sprach Goebbels vor Berliner Polizeioffizieren über die von ihm besonders eifrig betriebene »Säuberung« der Reichshauptstadt und notierte in seinem Tagebuch über den Inhalt der Rede: »Gegen jede Sentimentalität. Nicht Gesetz ist die Parole, sondern Schikane.« Zu diesem Zeitpunkt begann Goebbels auch mit den Vorbereitungen für einen stärkeren Einsatz des Films bei der Aufstachelung zum Rassenhaß. Während dieser Bereich bis dahin von der unmittelbaren Politisierung eher freigehalten worden war, kamen jetzt Stoffe zur Bearbeitung, die eindeutig der psychologischen Vorbereitung der Zuschauer auf das schärfere Vorgehen gegen die Juden dienten. 1939 liefen gleich mehrere Filme an, deren unterhaltender Charakter mit einer massiv antisemitischen Indoktrination verbunden war, so die Filme »Robert und Bertram« und »Leinen aus Irland«. »Die Rothschilds«, »Jud Süß« und »Der Ewige Jude« kamen erst nach Kriegsbeginn – 1940 – in die Kinos.

Letzte Hemmungen fielen, als am 9. Juni 1938 die Münchener Synagoge abgerissen wurde; das jüdische Gotteshaus in Nürnberg fiel am 10. August einem solchen barbarischen Akt zum Opfer. Die immer weiter getriebene Drangsalierung der deutschen Juden ging einher mit dem Versuch, ihnen nach der Aufhebung der Emanzipation auch die letzten materiellen Lebensmöglichkeiten zu entziehen. So war schon am 26. April 1938 die »Verordnung über die Anmeldung jüdischen Vermögens« ergangen, die in Paragraph 7 vorsah: »Der Beauftragte für den Vierjahresplan kann die Maßnahmen treffen, die notwendig sind, um den Einsatz des anmeldepflichtigen Vermögens im Einklang mit den Belangen der deutschen Wirtschaft sicherzustellen.« Die von Göring eingeleitete »Entjudung« der Wirtschaft zielte darauf ab, die bisher formell »freiwillige« Arisierung jüdischer Betriebe durch eine zwangsweise Entfernung der rechtmäßigen Besitzer zu ersetzen. Seit dem Juni 1938 wurden Listen der verbliebenen jüdischen Vermögen angelegt und in einigen Konzentrationslagern Vorbereitungen für die Unterbringung größerer Häftlingszahlen getroffen; am 14. Oktober erklärte Göring unumwunden: »Die Judenfrage muß jetzt mit allen Mitteln angefaßt werden, denn sie müssen aus der Wirtschaft raus!«

Neben diesen existenzbedrohenden Maßnahmen gab es vor allem zahlreiche Entwürdigungen, denen die Juden ausgesetzt waren. So wurde am 23. Juli 1938 eine spezielle »Kennkarte« für Juden eingeführt, am 5. Oktober erhielten sie ein großes »J« in ihre Reisepässe gestempelt. Per Verordnung vom 17. August wurde die Zahl der Vornamen begrenzt, gleichzeitig nötigte man die männlichen Juden, ihrem Vornamen »Israel«, die weiblichen, ihrem Vornamen »Sara« hinzuzufügen.

In dieser sich immer weiter verschärfenden Situation des Sommers und Herbstes 1938 fielen die Schüsse des Herschel Grünspan auf Ernst vom Rath, Legationssekretär an der deutschen Botschaft in Paris. Grünspans Verzweiflungstat, begangen in einer ausweglosen persönlichen Lage und aus Wut auf die deutschen Machthaber, die seine Familie nach Polen ausgewiesen hatten, wirkte wie eine

Initialzündung. Unmittelbar nach dem Attentat, das der gerade siebzehnjährige Jude am 7. November 1938 ausgeführt hatte, begann im Reich eine massive Pressekampagne gegen die jüdische Gemeinschaft. Dabei wurde unverhohlen nicht nur mit neuen gesetzlichen Repressalien, sondern auch mit der Wut des »Volkes« gedroht. Bereits am 8. November kam es in einzelnen Ortschaften zu Übergriffen der SA, ohne daß es dafür Weisungen von vorgesetzten Stellen gegeben hatte. Einen Tag später, am 9. November, nahm der Pogrom deutlicher organisierte Formen an. Eine wesentliche Ursache dafür waren die zahlreichen Veranstaltungen der NSDAP zum Gedenken an den Hitler-Putsch von 1923. Ortsgruppen der Partei oder Verbände der SA erhielten von örtlichen Führern den Befehl, sich in »Räuberzivil« zu sammeln und dann gegen Juden und jüdische Einrichtungen vorzugehen.

Zu diesem Zeitpunkt gab es noch keine Anordnungen der obersten Parteiführung. Die war wie alljährlich in München versammelt. Als gegen 21 Uhr ein Bote Hitler die Nachricht überbrachte, daß vom Rath seinen schweren Verletzungen erlegen sei, verließ der »Führer« nach einem längeren Gespräch mit Goebbels den Alten Rathaussaal. Goebbels seinerseits hielt vor den versammelten Gauleitern spontan eine scharfe Rede gegen das »Judentum« und wies darauf hin, daß sich an verschiedenen Orten der »Volkszorn« bereits Luft gemacht habe. Er gab zwar keinen Befehl zu Ausschreitungen, aber er wurde von seinen Zuhörern durchaus verstanden; in einem parteiinternen Papier aus dem Jahr 1939 hieß es: »Die mündlich gegebenen Anweisungen des Reichspropagandaleiters sind wohl von sämtlichen anwesenden Parteiführern so verstanden worden, daß die Partei nach außen nicht als Urheber der Demonstrationen in Erscheinung treten, sie aber in Wirklichkeit organisieren und durchführen sollte.«

Dementsprechend reagierten die Gau- und Gaupropagandaleiter, die Goebbels Rede gehört hatten und ihren Stellen noch in der Nacht telefonisch Anordnungen in diesem Sinn gaben. SA-Trupps in Zivil und Parteiangehörige, denen sich rasch der Pöbel anschloß, gingen gegen jüdische Wohn- und Geschäftshäuser sowie gegen Synagogen vor. Die Ausschreitungen forderten etwa hundert Todesopfer, einige hundert starben an den Folgen der brutalen Inhaftierung, in sechsunddreißig Fällen kam es zu Selbstmord in den Lagern, weiter wurden zahllose schwere Körperverletzungen und Vergewaltigungen verübt, mindestens 267 Gotteshäuser und achttausend jüdische Geschäfte zerstört, ein Schaden, der sich nach Schätzungen Heydrichs auf mehrere hundert Millionen Reichsmark belief. Eine gewisse Anzahl der Gewalttaten wurde vom Obersten Parteigericht der NSDAP untersucht, Mord oder Totschlag mit milden Verwarnungen »geahndet«, Notzucht an Jüdinnen allerdings wurde als »Rassenschande« mit schweren Strafen belegt.

Hitlers betonte Zurückhaltung im Zusammenhang mit dem Pogrom hing wahrscheinlich mit dem Wunsch zusammen, die Attitüde des über den Dingen stehenden Staatsmanns zu wahren, gleichzeitig der unterbeschäftigten Partei und SA ein Betätigungsfeld zu eröffnen und dann den Ausgang der Aktion abzuwarten. In seinem Tagebuch notierte Goebbels über ein Gespräch, das er mit Hitler am Abend des 9. November geführt hatte, dieser habe bestimmt: »Demonstrationen weiterlaufen lassen. Polizei zurückziehen.« Die treibende Kraft bei den reichsweiten Ausschreitungen war aber eindeutig Goebbels, der hier nicht nur eine Gelegenheit erkannte, seine propagandistischen Fähigkeiten zu beweisen, sondern auch eine Möglichkeit sah, sein durch die Affäre mit der tschechischen Schauspielerin Lida Baarova beschädigtes Renommee bei Hitler wiederherzustellen. Dagegen empörte sich Göring über die sinnlosen Zerstörungen, die die Wirtschaftskraft schädigten, und Himmler verbot der SS die Teilnahme, da er Zeitpunkt und Durchführung der Aktion für verfehlt hielt. Er nutzte allerdings die Gelegenheit, um eine seit längerem geplante Massenverhaftung von dreißigtausend Juden durchführen zu lassen.

Die von Goebbels erhoffte Wirkung auf die Bevölkerung blieb aus, spontane Beteiligungen an den Ausschreitungen waren eher selten, jedoch brachten auch nur sehr wenige den Mut auf, den Bedrängten zu Hilfe zu kommen. Englische und amerikanische Diplomaten meldeten ihren Regierungen, daß die Aktion in der Bevölkerung kaum Unterstützung gefunden habe und viele sich von den Gewalttätigkeiten abgestoßen fühlten. Daß Goebbels selbst Zweifel am Erfolg der – wahrscheinlich zuerst von den Berlinern sarkastisch – so genannten »Reichskristallnacht« hatte, zeigte seine Weisung an die Presse vom 19. November, daß die Artikel zum Thema mit folgender Aufforderung zu enden hätten: »Deutsches Volk, du hast lesen können, wie und wo dir die Juden geschadet haben. Wenn du noch einen griesgrämigen Volksgenossen triffst, so weißt du, daß er einer von denen ist, die es noch immer nicht begriffen haben ... Notiere ihn dir. Das sind die Männer, die dem Führer in den Rücken fallen.«

Mit dem Pogrom war der Leidensweg der deutschen Juden keineswegs beendet. In einer »Verordnung zur Wiederherstellung des Straßenbildes« wurde ihnen abverlangt, ihrerseits die Zerstörungen gutzumachen, die die SA angerichtet hatte. Die Leistungen der Versicherungen an die Geschädigten, mehr als zweihundert Millionen Reichsmark, ließ Göring direkt einziehen, was Hitler aber nicht daran hinderte, den deutschen Juden darüber hinaus eine Kontribution von einer Milliarde Reichsmark als »harte Sühne« für das Attentat von Paris aufzuerlegen. Bis zum 15. August 1939 mußten alle Juden, die noch fünftausend Reichsmark oder mehr besaßen, zwanzig Prozent ihres Vermögens an das Reich abführen; da die Summe bis dahin nicht erreicht war, erhöhte man diese einmalige »Sondersteuer« noch einmal um fünfundzwanzig Prozent. Sukzessive wurden den Juden dann die Reste ihrer Rechte und ihres Besitzes genommen. Bereits am 12. November erging eine »Verordnung zur Ausschaltung der Juden aus dem deutschen Wirtschaftsleben«, die es ihnen generell untersagte, ein selbständiges Unterneh-

☧ Aufruf! ☧

Reichsminister Dr. Goebbels gibt bekannt:

„Die berechtigte und verständliche Empörung des Deutschen Volkes über den feigen jüdischen Meuchelmord an einem deutschen Diplomaten in Paris hat sich in der vergangenen Nacht in umfangreichem Maße Luft verschafft. In zahlreichen Städten und Orten des Reiches wurden Vergeltungsaktionen gegen jüdische Gebäude und Geschäfte vorgenommen.

Es ergeht nunmehr an die gesamte Bevölkerung die strenge Aufforderung, von allen weiteren Demonstrationen und Aktionen gegen das Judentum, gleichgültig welcher Art, sofort abzusehen. Die endgültige Antwort auf das jüdische Attentat in Paris wird auf dem Wege der Gesetzgebung bezw. der Verordnung dem Judentum erteilt werden."

Volksgenossen!   Volksgenossinnen!

Auch bei uns in München hat das Weltjudentum die ihm gebührende Antwort erhalten!

Die Synagoge ist abgebrannt!

Die jüdischen Geschäfte sind geschlossen!

Die frechgewordenen Juden sind verhaftet!

Das nationalsozialistische München demonstriert

gegen das Weltjudentum
und seine schwarzen und roten Bundesgenossen

für die Freiheit und Sicherheit
der Nation und aller Deutschen in der Welt.

Es sprechen: Gauleiter

Adolf Wagner
und zwanzig Parteiredner

PLAKATDRUCKEREI
WÜRM & SCHREIBER   Kreisleitung München der NSDAP. gez. Walter Ziehnert

Maueranschlag der Kreisleitung München der NSDAP vom 9. November 1938 mit dem Zitat aus der Goebbels-Rede. Bundesarchiv, ehemals Berlin, US Document Center

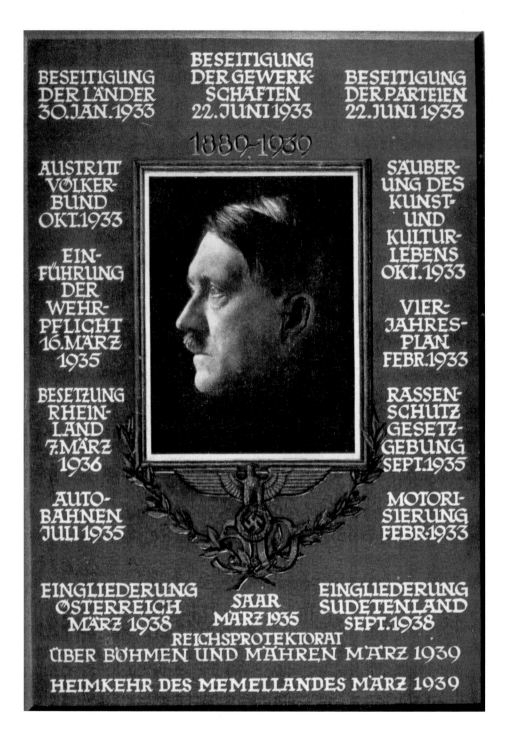

Auflistung der »großen Erfolge« des NS-Regimes im Zeitraum vom 30. Januar 1933 bis März 1939. Postkarte aus dem Verlag Photo-Hoffmann, München, zu Hitlers fünfzigstem Geburtstag am 20. April 1939. Privatsammlung

Der deutsch-sowjetische Nichtangriffspakt vom 23. August 1939: Joachim von Ribbentrop bei der Unterzeichnung des Abkommens von Moskau in Gegenwart des sowjetischen Botschafters aus Berlin, des Generalstabschefs der sowjetischen Armee, Molotows und Stalins

Begeisterung im Reichstag in der Kroll-Oper zu Berlin nach der Rede Hitlers am 1. September 1939 mit der die Weltöffentlichkeit überraschenden Bekanntgabe des deutschen Angriffs auf Polen

men zu führen; leitende Angestellte jüdischer Herkunft wurden ohne Abfindung und Versorgung entlassen. Am 3. Dezember folgte die »Verordnung über den Einsatz des jüdischen Vermögens«, die den Juden jedwede Verfügungsmöglichkeit über ihr Grund- und Bareigentum entzog. Am 21. Februar 1939 erteilte Himmler schließlich den Befehl, daß sie alle Bestände an Edelmetall, Edelsteinen und Perlen innerhalb von zwei Wochen abzuliefern hätten, lediglich die Eheringe wurden ihnen belassen.

Dieses Vorgehen des NS-Regimes gegen die Juden ist einer rationalen Erklärung kaum zugänglich. Wenigstens zum Teil muß man die Entwicklung als Eskalation interpretieren, die durch den seit Jahren angeheizten ideologischen Antisemitismus bedingt war. In dem Maß, in dem die Verwicklung Deutschlands in äußere Konflikte wahrscheinlicher wurde, sah sich Hitler womöglich auch gedrängt, einen vermeintlichen Unsicherheitsfaktor zu beseitigen, der seiner Meinung nach bei einer militärischen Auseinandersetzung im Inneren gefährlich werden konnte. Die SOPADE wertete schon die Maßnahmen des Jahres 1938 als »Teil der deutschen Kriegsvorbereitung«, da sich »das Regime ... im Kriegsfall auf die Juden nicht verlassen« könne. Der steigende Auswanderungsdruck bis zum September 1939 spricht für diese Deutung ebenso wie verschiedene Äußerungen, die Hitler in dieser Zeit über ein Abkommen der ostmitteleuropäischen Staaten mit dem Reich bezüglich der Behandlung der Juden machte. Gegenüber dem tschechischen Außenminister Frantisek Chvalkovsky äußerte er am 21. Januar 1939, die interessierten Nationen sollten »irgendeinen Fleck in der Welt nehmen und dort die Juden hinsetzen und den angelsächsischen, humanitätstriefenden Staaten dann sagen: Hier sind sie; entweder verhungern sie, oder ihr setzt eure vielen Reden in die Praxis um«.

Diese Vertreibungsabsicht stand allerdings im auffallenden Widerspruch zu der Vernichtungsdrohung, die Hitler in seiner Reichstagsrede vom 30. Januar 1939 äußerte und die deshalb von vielen bloß als rhetorische Übertreibung angesehen wurde: »Wenn es dem internationalen Finanzjudentum in und außerhalb Europas gelingen sollte, die Völker noch einmal in einen Weltkrieg zu stürzen, dann wird das Ergebnis nicht die Bolschewisierung der Erde und damit der Sieg des Judentums sein, sondern die Vernichtung der jüdischen Rasse in Europa.« In einer Rede vom 8. März 1939 sprach Hitler sogar davon, daß nach einem Sieg über Frankreich und Großbritannien auch die »Dollar-Juden« in den USA besiegt werden müßten. Der Gegensatz zwischen diesen Drohungen und dem gleichzeitig fortgesetzten Versuch, die Juden aus Deutschland zu vertreiben, ist wahrscheinlich so zu erklären, daß Hitler zwar die »rassische Sanierung« (Francis R. Nicosia) des Reiches vor dem Ausbruch des immer wahrscheinlicher werdenden Konflikts wünschte, aber vielleicht auch erwog, die zwangsweise Emigration erst in fernerer Zukunft (möglicherweise nach dem Ende des Kampfes) abzuschließen und mit den Juden eine Art »Faustpfand« zurückzubehalten, das ihre »Rassegenossen« im Westen wie im Osten daran hindern werde, gegen ihn vorzugehen.

Werden die antisemitischen Maßnahmen als Teil der großen »rassischen Sanierung« angesehen, die die »Fitneß« der deutschen Nation im Sinne des Sozialdarwinismus erhöhen sollte, dann gehören auch die 1939 eingeleiteten »Euthanasie«-Maßnahmen in diesen Zusammenhang. Wie alle Rassenhygieniker war Hitler davon überzeugt, daß es zum Zweck der qualitativen Verbesserung der eigenen »Art« notwendig sei, die erblich Belasteten oder Unerwünschten zumindest an der Fortpflanzung zu hindern (dem dienten die Sterilisierungsmaßnahmen) und die »unnützen Esser«, vor allem Geistesschwache, aber auch andere unheilbar Kranke, einem »Gnadentod« zuzuführen. Schon im Herbst 1935 hatte Hitler gegenüber dem damaligen Reichsärzteführer Wagner geäußert, daß er im Kriegsfall »die Euthanasiefrage aufgreifen und durchführen werde«. Den ersten Anstoß für konkrete Maßnahmen gab aber der Ende 1938 an Hitler herangetragene Wunsch von Eltern eines schwer mißgebildeten Kindes um Ausnahmegenehmigung für die Tötung des Säuglings. Hitler gab seinem »Begleitarzt« Karl Brandt den Befehl, der Bitte des Ehepaars zu entsprechen, und wies Philipp Bouhler als Chef der »Kanzlei des Führers« mündlich an, in vergleichbaren Fällen genauso zu verfahren. Daraufhin wurde ein »Reichsausschuß zur wissenschaftlichen Erforschung erb- und anlagebedingter schwerer Leiden« geschaffen, der massiv geistig oder körperlich behinderte Kinder erfaßte, von ausgewählten Ärzten begutachten und im Falle der Feststellung des »Lebensunwerts« in »Kinderfachabteilungen« von psychiatrischen Anstalten töten ließ.

Zeitgleich begann man Maßnahmen für die Euthanasie an Erwachsenen vorzubereiten. Schon im Juli 1939 hatte Hitlers Leibarzt Morell eine Denkschrift ausgearbeitet, in der er darauf hinwies, daß mit unheilbar Kranken nicht nach Maßgabe ihrer Menschenrechte, sondern entsprechend den »Bedürfnisse[n] der Gemeinschaft« zu verfahren sei. Eine Lösung des Problems werde »das Freiwerden von Nahrungsmitteln eigener Erzeugung und das Sinken gewisser Einfuhrbedarfs« zur Folge haben. Kurz darauf fand eine Konferenz von Ärzten und Psychiatern in der Reichskanzlei statt, die sich ebenfalls dem Problem widmete und dabei vor allem in den Mittelpunkt der Betrachtung rückte, daß »Euthanasie-Maßnahmen in schwersten Fällen trotz Abganges von Pflegern für den Wehrdienst zu einer Aufrechterhaltung einer friedensmäßigen therapeutischen Behandlung der leichteren Fälle ... führen würden«. Nach Kriegsbeginn, im Oktober 1939, unterzeichnete Hitler einen auf den 1. September zurückdatierten, kurzen und formlosen Geheimbefehl, der die Tötung unheilbar Kranker erlaubte.

Die Tatsache, daß die Euthanasie-Maßnahmen verdeckt durchgeführt wurden, hing vor allem damit zusammen, daß die Versuche, die Öffentlichkeit in einem entsprechenden Sinn zu beeinflussen, zwiespältige Ergebnisse zeitigten.

Die von Goebbels schon früh in Auftrag gegebenen Filme, in denen die Tötung Geisteskranker verständlich gemacht werden sollte (»Das Erbe«, 1935; »Opfer der Vergangenheit«, 1937), stießen auf ebensowenig Resonanz wie der erst 1941 zur Aufführung gebrachte Streifen »Ich klage an«, in dem auf psychologisch geschickte Weise das Schicksal einer an Multipler Sklerose erkrankten Frau behandelt wurde, die schließlich von ihrem Mann, einem Arzt, Gift erhielt, um ihre Leiden zu verkürzen.

Die »Zerschlagung der Rest-Tschechei« und der Versuch einer Annäherung an Polen

Zu keinem Zeitpunkt seiner langen Geschichte war Deutschland ein territorial so geschlossenes und so machtvolles Gebilde wie nach der Annexion des Sudetenlandes. Mehr als achtzig Millionen Menschen – fast das gesamte deutsche Siedlungsgebiet in Mitteleuropa –, war jetzt staatlich zusammengefaßt. Verglichen damit erschienen in nationalsozialistischer Perspektive das Heilige Römische Reich Deutscher Nation, der Deutsche Bund und das Bismarck-Reich als steckengebliebene Versuche, die »völkische Einheit« zu realisieren. Am Jahresende 1938 ließ Goebbels eine Wandzeitung drucken, die die Umrisse des neuen, des »Großdeutschen Reiches« samt Ostmark und Sudetenland zeigte, dazu der Text: »Zweimal wurde so der Führer zum Werkzeug und Vollstrecker jenes Schöpferwillens, der Volk und Menschen deutschen Blutes, deutscher Art und deutscher Sprache einmal werden ließ.«

Schon nach dem »Anschluß« Österreichs hatten die Deutschland-Berichte der SOPADE gemeldet, selbst »Kreise, die sich bisher gegen Hitler kühl oder ablehnend verhalten haben, gestanden nun ganz hingerissen ein, daß Hitler doch ein großer und kluger Staatsmann sei, der Deutschland aus der Niederlage von 1918 wieder zu Größe und Ansehen emporführen werde. Man rechnete sehr selbstgefällig aus, wie viele Einwohner-Millionen Hitler dem Deutschen Reiche ›erobert‹ und heimgebracht, wie viele Quadratkilometer Boden Hitler dem ›schen Reiche zugeschlagen habe usw.« Allerdings war diese Euphorie nicht stabil; als sich die Situation während der Auseinandersetzungen um das Sudetenland drohend zuspitzte, brach sie sofort zusammen, es gab kaum Verständnis dafür, daß um dieses bedeutungslosen Gebietes willen ein Krieg riskiert wurde.

Die »Volksgemeinschaft« stand zwar loyal zu »Führer« und Staat, ihr Selbstbewußtsein war gewachsen, und sie bewunderte den eigenen Aufstieg, aber die einzelnen waren offensichtlich nicht stark genug indoktriniert, um Maßnahmen gutzuheißen, die den Grundsätzen des gesunden Menschenverstands widersprachen. Das erklärt auch, warum die seit 1938 verstärkte (seit Januar 1939 auch gegen

——————— Reichsgrenze   —·—·—·— Grenze der Freien Stadt Danzig   ——————— Landesgrenze

England gerichtete) Agitation, die die Deutschen auf den bevorstehenden Konflikt vorbereiten sollte, nur selten den gewünschten Erfolg hatte. Nicht nur das sozialistische Exil registrierte ein erstaunliches »Versagen der moralischen Mobilisierung«, auch der SD stellte eine »gewisse Antikriegsstimmung« fest, und der amerikanische Journalist William Shirer kommentierte das Verhalten der Berliner Bevölkerung bei einem militärischen Aufmarsch mit dem Satz, das sei »die eindrucksvollste Demonstration gegen den Krieg« gewesen, die er je gesehen habe.

Die NS-Führung und insbesondere Hitler zeigten sich enttäuscht über den massenhaften »Defätismus«. In einer Ansprache vor vierhundert Verlegern und Journalisten, der auch Heß, Goebbels und Rosenberg beiwohnten, erklärte Hitler am 10. November 1938 im »Braunen Haus« in München, daß die Propaganda insgesamt umgestellt werden müsse. Durch die Betonung des Friedenswillens in der Vergangenheit habe man in der Bevölkerung fälschlicherweise den Eindruck entstehen lassen, »daß das heutige Regime an sich identisch sei mit dem Entschluß und dem Willen, einen Frieden unter allen Umständen zu bewahren«. Davon könne gar keine Rede sein; vielmehr müsse das Volk künftig geschickt darauf vorbereitet werden, »daß es Dinge gibt, die, wenn sie nicht mit friedlichen Mitteln durchgesetzt werden können, mit Mitteln der Gewalt durchgesetzt werden müssen«. Man habe die Nation so weit zu bringen, daß »die innere Stimme des Volkes selbst langsam nach der Gewalt zu schreien« beginne, und es müsse »so fanatisch an den Endsieg … glauben, daß, selbst wenn wir einmal Niederlagen erleiden würden, die Nation sie nur, ich möchte sagen, von dem höheren Gesichtspunkt aus wertet: Das ist vorübergehend; am Ende wird uns der Sieg sein!« Deutschland gehe einer Zeit des Kampfes entgegen, und die Propaganda habe entsprechend ihre Aufgabe zu erfüllen: Die »pazifistische Platte« sei nunmehr »abgespielt«.

Hitlers Unmut über die Einstellung der Bevölkerung hing auch mit der Art und Weise zusammen, wie die Deutschen den britischen Premier Chamberlain in München gefeiert hatten. Als Chamberlain nach London zurückkehrte, glaubte er, »peace in our time« – einen »Frieden für unsere Zeit« – erreicht zu haben. Schließlich war die Münchener Konferenz am 30. September 1938 mit dem Austausch von Erklärungen zwischen Deutschland und Großbritannien zu Ende gegangen, in denen beide Staaten versicherten, daß sie nie wieder gegeneinander Krieg führen wollten. Ähnliche Noten wechselten Frankreich und Deutschland am 6. Dezember. Zu diesem Zeitpunkt war Hitlers Weisung an die Wehrmacht zur »Erledigung der Rest-Tschechei« bereits sechs Wochen alt. Am 21. Oktober hatte er befohlen: »Es muß möglich sein, die Rest-Tschechei jederzeit zerschlagen zu können, wenn sie etwa eine deutschfeindliche Politik betreiben würde … Organisation, Gliederung und Bereitschaftsgrad der dafür vorgesehenen Verbände sind schon im Frieden derartig auf Überfall abzustellen, daß der Tschechei selbst jede Möglichkeit planmäßiger Gegenwehr genommen wird.«

Hitler hat seit Ende 1937 intern kein Hehl daraus gemacht, daß es ihm um die Beseitigung der ČSR als eigenständiges Staatsgebilde ging. In der erwähnten Rede vom 28. Mai 1938 gab er dem künftigen Vorgehen gegen die Tschechoslowakei aber noch eine zusätzliche Bedeutung, wenn er erklärte, daß das Reich zuerst den Rücken im Osten freikämpfen müsse, bevor es zum »Antreten gegen den Westen« kommen könne; zu den etwas abseits stehenden Generälen Keitel, Brauchitsch und Beck soll Hitler im Anschluß an die Besprechung noch geäußert haben: »Also zuerst machen wir Sache im Osten, dann gebe ich Euch drei bis vier Jahre Zeit, und dann wird die große Sache im Westen in Angriff genommen.« Dieses Einschwenken auf die Linie Ribbentrops war nicht definitiv – immer wieder bis zum Kriegsausbruch gab es Äußerungen Hitlers, denen zufolge er einen Ausgleich mit England vorgezogen hätte –, aber seit der Münchener Konferenz rechnete die politische Führung doch immer stärker mit der Möglichkeit, daß bald ein entscheidender Schlag im Westen geführt werden mußte.

Die Tatsache, daß Göring diesen Kurs für verhängnisvoll hielt und darauf beharrte, daß nur ein ökonomischer Imperialismus die deutsche Position stärke, ohne Gefahr zu laufen, in einen existenzgefährdenden Konflikt verwickelt zu werden, trug dazu bei, daß er allmählich aus dem Zentrum der Macht verdrängt wurde. Hitler hat nach dem Ende der Sudetenkrise mehrfach geäußert, wie sehr er Göring und die »feigen Generäle« für ihr ängstliches Zögern verachtete. Das bedeutete aber nicht, daß er selbst Ende 1938 bereits einen detaillierten Plan für das weitere Vorgehen besaß. Eine gewisse Unentschiedenheit zeigte sich vor allem in den Angeboten, die das Reich jetzt an die polnische Adresse machte.

Anders als bei den Tschechen, die dem gebürtigen Österreicher Hitler unerträglich waren, lassen sich bei ihm keine antipolnischen Ressentiments nachweisen, wie sie große Teile der militärischen und diplomatischen Elite Deutschlands seit dem Ende des Ersten Weltkriegs kultivierten. Auch insofern kann man annehmen, daß er die Vorschläge für eine Kooperation beider Staaten im ostmitteleuropäischen Raum ursprünglich ernst meinte. Schon in einem Gespräch vom 24. Oktober 1938 schlug Ribbentrop dem polnischen Botschafter in Berlin, Józef Lipski, eine Generalbereinigung der deutsch-polnischen Probleme vor. Für das Reich verlangte er lediglich die Rückkehr des Freistaates Danzig sowie die Errichtung einer exterritorialen Auto- und Eisenbahnlinie, die durch den Korridor die Verbindung mit Ostpreußen aufrechterhalten sollte. Umgekehrt würde Polen ebensolche exterritorialen Verkehrswege durch das Danziger Gebiet bekommen, außerdem einen Freihafen sowie eine Absatzgarantie für seine Waren im Danziger Raum. Nach Abschluß entsprechender Regelungen könne man die wechselseitige Anerkennung der Grenzen und eine Verlängerung des deutsch-polnischen Nichtangriffsvertrags auf fünfundzwanzig Jahre festlegen, und Polen stehe, wenn es das wünsche, der Beitritt zum Antikomintern-Pakt offen. In ähnlichem Sinne äußerte sich Hitler noch einmal im Januar 1939 gegenüber dem polnischen Außenminister Józef Beck, und Ribbentrop schlug kurz darauf, bei einem Besuch in Warschau, wiederum eine deutsch-polnische Allianz vor und suchte das Interesse an einer gemeinsamen Eroberung der Ukraine zu wecken.

Allerdings zeigte sich die polnische Führung zurückhaltend. Man fürchtete nicht nur Verwicklungen wegen des Völkerbundmandats über Danzig, sondern auch eine zu starke Abhängigkeit gegenüber Deutschland. Beck, der von Pilsudski schon 1932 mit dem Amt des Außenministers betraut worden war, betrachtete sich zwar als politischen Erben des 1935 verstorbenen Marschall-Präsidenten, ließ sich in seinen Entscheidungen aber nicht mehr allein von der Sorge vor einem Zweifrontenkrieg gegen die alten Feinde Polens – Deutschland und Rußland – bestimmen. Er hielt die günstige Lage, in die sein Land Mitte der dreißiger Jahre durch die relative Schwäche der Sowjetunion, den Pakt mit Deutschland und das gleichzeitige Werben der Westmächte geraten war, für stabil genug, um Polen zur Führungsmacht des »Dritten Europa« aufzubauen. Schon im März 1938 war es ihm gelungen, durch ein Ultimatum Litauen zur Anerkennung des bestehenden Grenzverlaufs zu zwingen, gleichzeitig traf er Vorbereitungen für den Fall des endgültigen Zerbrechens der Tschechoslowakei. In Polen hatte man den »Anschluß« Österreichs mit Wohlwollen registriert, in der Annahme, daß dies ein erster Schritt zur Umgestaltung ganz Ostmitteleuropas sein könne, bei der Warschau ältere Ansprüche auf das Teschener Schlesien anmelden und einen wenigstens mittelbaren Einfluß auf die Slowakei gewinnen wollte.

Mit der Durchführung des Münchener Abkommens fiel dann tatsächlich am 1. Oktober 1938 das Teschener Gebiet an Polen, das zwar nur tausend Quadratkilometer und ganze zweihunderttausend Einwohner umfaßte, aber mit den Kohlevorkommen von Karwin und dem Verkehrsknotenpunkt Oderberg von wirtschaftlicher Bedeutung war. Auf die Slowakei mußte Warschau nur verzichten, da Ungarn gleichzeitig Ansprüche erhoben hatte und das Reich an der Existenz eines selbständigen restslowakischen Staates interessiert war. Auf Drängen der Regierungen in Prag und Budapest fällten die Außenminister Deutschlands und Italiens, Ribbentrop und Ciano, am 2. November 1938 den »1. Wiener Schiedsspruch«, mit dem sie die Abtretung der Südslowakei und eines Teils der Karpatho-Ukraine an Ungarn verfügten (etwa zwölftausend Quadratkilometer mit einer Million Einwohnern, davon die Hälfte Magyaren).

Um die Slowakei endgültig als Satellitenstaat an das Reich binden zu können, wurde am 13. März 1939 der Regierungschef der seit dem Münchener Abkommen autonomen Slowakei, Józef Tiso, in Berlin instruiert, daß man von Preßburg eine Unabhängigkeitserklärung erwarte; anderenfalls werde das Reich dem Drängen Ungarns nach einer vollständigen Annexion der Slowakei nachgeben. Daraufhin proklamierte das Landesparlament am 14. März eine souveräne Slowakei. Angesichts dieser Vorgänge erschien der neue tschechische Staatspräsident Emil Hácha in Berlin, um die Bedingungen für eine zukünftige Koexistenz des tschechischen Staates mit seinem mächtigen Nachbarn auszuhandeln. Dabei hatte sich Prag längst innenpolitisch angepaßt, das Parteiensystem umgebildet, Maßnahmen gegen die jüdische Bevölkerung und deutsche Emigranten ergriffen. Nach einer demütigenden Wartezeit wurden Hácha und sein Außenminister Chvalkovsky schließlich in einen Saal der gerade fertiggestellten Neuen Reichskanzlei geführt. Hácha versuchte durch demonstrative Fügsamkeit wenigstens eine gewisse Fortexistenz des tschechischen Staates zu erreichen, sah sich aber unvermittelt mit einer Flut von Beschuldigungen und schärfsten Drohungen Hitlers konfrontiert. Die gezielte Einschüchterung gipfelte darin, daß Hácha den Einmarsch deutscher Truppen für den folgenden Tag, den 15. März, erlauben sollte, anderenfalls eine Invasion unvermeidbar sei. Vor dieser Pression kapitulierte er schließlich und legte – wie es in der offiziellen Verlautbarung zynisch hieß – »das Schicksal des tschechischen Volkes und Landes vertrauensvoll in die Hände des Führers des Deutschen Reiches«.

Das war das Ende der »Rest-Tschechei«, und nach der Besetzung des Gebietes, die praktisch ohne Widerstand erfolgte, verkündete Hitler vom Hrádschin aus am 16. März 1939 die Errichtung des »Protektorats Böhmen und Mähren«. Hácha blieb zwar als Staatspräsident im Amt, verlor aber alle Macht gegenüber dem Reichsprotektor (bis zum 20. August 1943 der ehemalige Außenminister von Neurath, der aber schon am 27. September 1941 beurlaubt wurde) und dessen Stellvertreter (bis zum 27. Mai 1942 Heydrich). Das Protektorat, das bis zum Kriegsausbruch noch gewisse Sonderrechte besaß, wurde sukzessive gleichgeschaltet, die tschechische Bevölkerung auf einen Metöken-Status herabgedrückt und die Juden wie im Reich verfolgt. Allerdings achtete man darauf, daß die Unterdrückung ein gewisses Maß nicht überschritt, um die Einsatzbereitschaft der einheimischen Arbeiter zu erhalten; immerhin lagen auf dem tschechischen Gebiet fünfzehn bedeutende Waffenfabriken, darunter die berühmte Panzerfertigung der Firma Skóda, deren Produkte für die deutsche Wehrmacht im Polen- und Frankreichfeldzug eine wichtige Rolle spielen sollten.

Die »Zerschlagung der Rest-Tschechei« löste auf seiten der Westmächte keine direkten Maßnahmen aus, doch zweifellos hielt man die politische Lage in Paris und London für qualitativ verändert. Hitler hatte jetzt keinen Rückhalt im Selbstbestimmungsrecht der Völker mehr, von einer Wiedergutmachung vergangenen Unrechts konnte nicht die Rede sein, die Zerstörung der CSR war eindeutig ein Akt imperialer Expansion und das Münchener Abkommen offenbar ungeeignet, eine neue europäische Friedensordnung zu begründen. Der britische Botschafter in Berlin, Sir Nevile Henderson, schrieb am 16. März 1938 an seinen Außenminister Halifax: »Ein Kommentar über das Vorgehen Deutschlands in der Tschechoslowakei erscheint überflüssig. Der äußerste Zynismus und die Immoralität des ganzen Vorgehens spotten jeglicher Beschreibung. Der Nazismus hat endgültig den Rubikon der völkischen Reinheit und der deutschen Einheit überschritten ...«

Einen Tag später erklärte Chamberlain in einer Rede vor dem Unterhaus, daß das Reich alle seine Verpflichtungen gebrochen habe und die Errichtung des Protektorates zu einer »anderen Kategorie« außenpolitischen Handelns gehöre als die von Hitler bisher angestrebte Revision des Versailler Vertrages. Sollte das Reich jetzt tatsächlich die ersten Schritte unternommen haben, um die »Weltherrschaft« zu erringen, werde Großbritannien zur Verteidigung, auch zum Krieg bereit sein. Von einer direkten militärischen Reaktion auf den deutschen Einmarsch in Prag blieben die Westmächte aber weit entfernt. Statt dessen gaben London und Paris Garantieversprechen für die Staaten ab, deren Unabhängigkeit in Zukunft von Hitler bedroht schien: Erklärungen, daß man ihnen bewaffneten Beistand im Fall des Angriffs leisten werde, erhielten Polen am 31. März, Rumänien und Griechenland am 13. April und die Türkei am 12. Mai 1939.

Der Konflikt mit Polen

Sehr wahrscheinlich war Hitler schon vor dem Einmarsch in die tschechische Republik zu dem Ergebnis gekommen, daß eine Verständigung mit Polen nicht zu erreichen sei. Eine Woche nach dem Schlag gegen Prag, am 21. März, richtete er an Lipski noch einmal und in ultimativer Form das Angebot, mit Deutschland gemeinsam in Osteuropa vorzugehen. Daß er mit einem Erfolg rechnete, ist eher unwahrscheinlich. Gegenüber Brauchitsch hatte er schon am Vortag geäußert, man müsse die Eingliederung Danzigs oder vielleicht sogar die »polnische Frage« in absehbarer Zeit mit militärischen Mitteln lösen können. Seine Annahme einer ablehnenden polnischen Haltung erwies sich als zutreffend, denn am 26. März folgte die offizielle Ablehnung der deutschen Vorschläge, woraufhin Hitler am 3. April die Weisung an das OKW richtete, den »Fall Weiß« so vorzubereiten, »daß die Durchführung ab 1. September jederzeit möglich ist«.

Hatte Hitler fest damit gerechnet, daß bei seinem Vorgehen gegen Prag keine Intervention der Westmächte zu fürchten sei, so war ihm sehr wohl bewußt, daß die Errichtung des Protektorats sein letzter unblutiger Sieg sein würde. Es verdichtete sich bei ihm seit dem Frühjahr 1939 die Erwartung, daß der Zusammenstoß mit England und Frankreich unvermeidlich sei und in naher Zukunft erfolgen würde. Eine klare Vorstellung vom Charakter dieser Auseinandersetzung hatte er allerdings nicht, ihn beherrschte eine konfuse Konfliktbereitschaft und eine zunehmende Hektik bei dem Versuch, sich militärisch zu wappnen, immer noch in der Hoffnung, daß gegenüber Großbritannien die Drohung mit dem Krieg ausreichen werde, um es zur Neutralität zu veranlassen. Die am 9. März an Epp als Leiter des »Reichskolonialbundes« ergangene Weisung, Vorbereitungen für eine »Landnahme« in Afrika zu treffen, entsprach sowenig wie der Z-Plan für die Marinerüstung einem realistischen militärisch-politischen Konzept. Trotzdem ging Hitler am 28. April 1939 noch einen Schritt weiter, indem er das Flottenabkommen mit Großbritannien und den Nichtangriffsvertrag mit Polen kündigte.

Auslöser für diese dramatische Entscheidung – die Hitler nicht auf dem üblichen diplomatischen Weg, sondern demonstrativ in einer Reichstagsrede bekanntgab – war die Botschaft, die der amerikanische Präsident Roosevelt am 14. April – eine Woche nach Italiens Überfall auf Albanien – an Hitler und Mussolini gerichtet hatte. Trotz der offiziellen Neutralität der Vereinigten Staaten versuchte Roosevelt seit dem Abschluß des Münchener Abkommens, seinen Einfluß in Europa geltend zu machen, wobei eine wichtige Rolle spielte, daß er die polnische Regierung zu einer harten Haltung gegen Deutschland ermunterte. In seiner Adresse an den deutschen und den italienischen Diktator forderte er nun die beiden auf, ihre Nichtangriffsabsicht gegenüber praktisch jedem europäischen und nahöstlichen Staat sowie gegenüber Ägypten zu erklären. Hitler kommentierte dieses Verlangen in seiner Rede vom 28. April äußerst sarkastisch, entscheidender war aber, daß er unter Hinweis auf die von London begonnene Politik der »Einkreisung« und die intransigente Haltung Polens in bezug auf Danzig und den Korridor die beiden Abkommen kündigte. Die tiefere Ursache für sein Vorgehen war nicht Roosevelts eher propagandistischer Schachzug, sondern der Beginn der Militärgespräche zwischen der britischen und der französischen Armeeführung seit dem 4. April sowie der Gesetzentwurf der Regierung Chamberlain vom 26. April, der die Mobilisierung von Armee, Reservisten und zivilen Hilfskräften im Ernstfall wesentlich erleichtern sollte.

Die Kündigung der Verträge zerstörte einen guten Teil der Basis von Hitlers Außenpolitik, ohne daß eine Alternative sichtbar geworden wäre. Denn immer klarer zeigte sich, daß Ribbentrops Alternativkonzept zum Bündnis oder wenigstens zum Ausgleich mit England, das »weltpolitische Dreieck Berlin – Rom – Tokio«, nicht realisierbar war. Der Plan des Außenministers, den »Antikomintern-Pakt« von 1936/37 zum antibritischen Bündnis umzubauen, scheiterte am Widerstand Japans. In Tokio wollte man sich weiterhin auf den Krieg in China konzentrieren und verweigerte den Abschluß eines Militärpaktes, der nicht gegen die Sowjetunion, sondern gegen Großbritannien gerichtet war und das eigene Land in einen unkalkulierbaren Konflikt mit dem Empire verwickeln konnte. Ribbentrop mußte sich vorläufig mit einer kleinen Lösung in Gestalt des »Stahlpaktes« zwischen Deutschland und Italien begnügen. Der Vertrag vom 22. Mai 1939 verpflichtete jeden Partner, dem anderen – ganz gleich, ob er Angreifer oder Angegriffener war – im Kriegsfall militärische Unterstützung zu gewähren. Allerdings hatte der italienische Außenminister Ciano seinem deutschen Kollegen bei einem Besuch in Mailand Anfang Mai ausdrücklich erklärt, daß Italien erst »nach einer langen Friedensperiode von vier bis fünf Jahren« für die große Auseinandersetzung bereit sei. Mussolini bestätigte dies noch im August 1939 unter Hinweis darauf, daß er die italienischen Streitkräfte nicht vor 1942 einsetzen könne.

Trotz der relativ isolierten Lage des Reiches skizzierte Hitler bereits einen Tag nach dem Abschluß des »Stahlpaktes« vor den Oberbefehlshabern des Heeres, der Marine und der Luftwaffe den bevorstehenden Konflikt: »Danzig ist nicht das Objekt, um das es geht. Es handelt sich für uns um die Erweiterung des Lebensraums im Osten und Sicherstellung der Ernährung ... In Europa ist keine andere Möglichkeit zu sehen ... Es entfällt also die Frage, Polen zu schonen, und bleibt der Entschluß, bei erster passender Gelegenheit Polen anzugreifen. An eine Wiederholung der Tschechei ist nicht zu glauben. Es wird zum Kampf kommen. Aufgabe ist es, Polen zu isolieren. Das Gelingen der Isolierung ist entscheidend ... Es darf nicht zu einer gleichzeitigen Auseinandersetzung mit dem Westen (Frankreich und England) kommen ... Grundsatz: Auseinandersetzung mit Polen – beginnend mit Angriff gegen Polen – ist nur dann von Erfolg, wenn der Westen aus dem Spiel bleibt. Ist das nicht möglich, dann ist es besser, den Westen anzufallen und dabei Polen zugleich zu erledigen ... Der Krieg mit England und Frankreich wird ein Krieg auf Leben und Tod ... Wir werden nicht in einen Krieg hineingezwungen werden, aber um ihn herum kommen wir nicht.«

Hitlers Entschluß, die »Frage Polen« zu erledigen, wurde vor allem in der Verschärfung der anfangs eher zurückhaltenden Forderungen des Reiches sichtbar. Jetzt verlangte Berlin von Warschau die Wiederherstellung der Grenzen von 1914, das heißt die vollständige Rückgabe des Korridors, Posens sowie der Reste Oberschlesiens. Das Klima zwischen den Nachbarn verschlechterte sich zusehends, es kam zu wechselseitigen Provokationen und Grenzverletzungen, und seit dem Frühsommer 1939 war die Überzeugung allgemein verbreitet, daß ein deutsch-polnischer Krieg unvermeidbar sei. Die etwa 1,1 Millionen Deutschen, die auf polnischem Gebiet lebten, mußten schwere Repressalien erdulden. Als sich im Mai das Gerücht von Invasionsvorbereitungen der Wehrmacht verbreitete, kam es zu hysterischen Reaktionen und zahlreichen Übergriffen auf die »Volksdeutschen«, von denen ein Teil das Land verließ und ins Reich flüchtete.

Gestützt auf die britische Garantie und die heimlichen Zusicherungen Roosevelts, neigte die polnische Führung dazu, ihre Möglichkeiten zu überschätzen. Der schon durch den Zugewinn tschechoslowakischen Gebietes beflügelte Traum von einem Großpolen führte in Warschau zusammen mit der trügerischen Gewißheit westlicher Rückendeckung – die vielfach als eine Art »Blankovollmacht« betrachtet wurde – zu einer völlig unbeweglichen Haltung. Im Sommer 1939 berichteten Beobachter des Foreign Office über die Stimmung in Polen, daß dort die Überzeugung sehr verbreitet sei, man werde den Krieg gegen Deutschland mit britischer und französischer Hilfe gewinnen: »Jedenfalls schien es die allgemeine Auffassung zu sein, daß Ostpreußen von Polen annektiert werden müsse. Der stellvertretende Leiter der Abteilung Ost im Außenministerium ging tatsächlich so weit, klar zu sagen, daß dieses der polnische Plan sei. Er rechtfertigte ihn mit der Begründung, die Bevölkerung Ostpreußens sei im Abnehmen begriffen; daß vieles von dem Gebiet in Wirklichkeit sowieso polnisch sei, daß man jedenfalls Umsiedlungen vornehmen könne und daß Polen als junger und rasch wachsender Staat eine seiner Bedeutung angemessene Küstenlinie haben müsse.«

Das selbstsichere Auftreten der polnischen Führung hing nicht nur mit der Garantie der Westmächte, sondern auch mit der Überzeugung zusammen, daß der deutsch-sowjetische Gegensatz unüberbrückbar sei. Neben den umfangreichen Rüstungsanstrengungen, die London seit dem Frühjahr 1939 traf – Aufstellung eines Expeditionskorps für den Einsatz auf dem Kontinent, Verstärkung der Heimatarmee von dreizehn auf sechsundzwanzig Divisionen, beschleunigter Ausbau der Luftwaffe – und der Einbeziehung Polens in die britisch-französischen Militärgespräche seit dem 4. Mai, war es die Vorstellung von der grundlegenden ideologischen Feindschaft zwischen Nationalsozialismus und Kommunismus, die Warschau einerseits in der Unnachgiebigkeit gegenüber Deutschland bestärkte, andererseits jede engere Bindung an die Sowjetunion ablehnen ließ.

Das Münchener Abkommen war mit der »Auskreisung« (Klaus Hildebrand) der Sowjetunion verbunden gewesen, denn vor allem Chamberlain zeigte kein Interesse, Stalin an den Verhandlungen Englands, Frankreichs, Deutschlands und Italiens zu beteiligen. Dabei spielte seine dezidiert antikommunistische Haltung ebenso eine Rolle wie die Vorstellung von einem neuen Konzert der Mächte, dem nur die vier in München vertretenen Staaten angehören sollten. Stalin seinerseits sah in diesem Verhalten einen neuen Versuch, die UdSSR zu isolieren, und auch als sich die Spannungen zwischen den Westmächten und Deutschland verschärften, war er zu keiner Kooperation mit London und Paris bereit. Am 10. März 1939 äußerte er in einer Ansprache vor dem XVIII. Parteikongreß der KPdSU mit deutlich aggressivem Unterton, Großbritannien und Frankreich versuchten, in »der Sowjetunion Wut gegen Deutschland zu erregen, die Atmosphäre zu vergiften und einen Konflikt mit Deutschland zu provozieren, ohne daß dazu sichtbare Gründe vorliegen«. Die Sowjetunion müsse »Vorsicht walten lassen und den Kriegsprovokateuren, die es gewohnt sind, sich von anderen die Kastanien aus dem Feuer holen zu lassen, nicht die Möglichkeit geben, unser Land in Konflikte hineinzuziehen«.

Die Rede enthielt keine Avancen gegenüber Deutschland, aber Ribbentrop, der infolge des gescheiterten »weltpolitischen Dreiecks« nach neuen Möglichkeiten suchte, um die Isolierung des Reiches zu überwinden, verstand die Äußerungen Stalins als Angebot, »die sowjetisch-deutschen Beziehungen zu verbessern«, woraufhin er Hitler »dringend« ersuchte, ihn zur Aufnahme von Verhandlungen zu ermächtigen. Hitler blieb aber bei seiner Ablehnung solcher Sondierungen. Auch als Mitte März 1939 der Wirtschaftsexperte der deutschen Botschaft in Moskau, Gustav Hilger, in einem Vortrag in Berchtesgaden darauf hinwies, daß man die Sowjetunion trotz der Säuberungen in Partei und Offizierskorps als Machtfaktor nicht unterschätzen dürfe, daß die Erfolge bei der Industrialisierung des Landes unleugbar seien und die »Weltrevolution« eher eine propagandistische Rolle spiele, während die nationalkommunistische Tendenz des Stalinismus faktisch dominiere, maß Hitler dem kaum Bedeutung bei, während Ribbentrop, aber auch Göring, angesichts des drohenden Konflikts mit Polen und den Westmächten einen Ausgleich mit der UdSSR für vielversprechend hielten, darin unterstützt von Teilen der Diplomatie und des Offizierskorps, wo man ein Anknüpfen an die alte Ostorientierung preußisch-deutscher Außenpolitik begrüßt hätte.

Auch wenn zwei Ansprachen Hitlers, vom 1. und vom 28. April 1939, von Zurückhaltung in bezug auf die Sowjetunion und den Bolschewismus gekennzeichnet waren, hätte er zu diesem Zeitpunkt immer noch eine Verständigung mit England vorgezogen. Erst nachdem der Konflikt mit Polen unausweichlich schien, das Flottenabkommen und der Nichtangriffspakt gekündigt waren, ergab sich eine Konstellation, in der die Vorstellungen Ribbentrops mehr Gewicht erhalten konnten. Dem kam entgegen, daß am 3. Mai der bisherige Volkskommissar für die auswärtigen Angelegenheiten Maxim Litwinow durch Wjatscheslaw Molotow, der schon Vorsitzender des Rates der Volkskommissare war, abgelöst wurde. Die Tatsache, daß Molotow – anders als Litwinow – nicht jüdischer Herkunft war, wurde in Berlin fast wichtiger genommen als der Sachverhalt, daß mit Litwinow ein Mann abgelöst wurde, der die Aufnahme der Sowjetunion in den Völkerbund erwirkt und eine Kooperation mit dem Westen anzubahnen versucht hatte.

Am 20. Mai kam es zu einem ersten Zusammentreffen zwischen Molotow und dem Botschafter des Reiches in Moskau, Friedrich Werner Graf von der Schulenburg. Dabei wurde auch über die Notwendigkeit gesprochen, das Handelsabkommen, das zwischen Deutschland und der Sowjetunion abgeschlossen werden sollte, um eine Verbesserung der politischen Beziehungen zu ergänzen. Aber während der folgenden Wochen schien es so, als wären beide Seiten kaum an einem weitergehenden Übereinkommen interessiert. Stalin hatte offensichtlich noch keine definitve Entscheidung über das weitere Vorgehen getroffen, und seiner Absicht, »zwei Eisen im Feuer« (Georg von Rauch) zu halten, entsprach es, daß die sowjetische Seite während dieser ganzen Zeit intensive Verhandlungen mit den Westmächten führte.

Nachdem Frankreich aufgrund der Erfahrungen aus dem 1935 abgeschlossenen Pakt einer Zusammenarbeit mit der UdSSR prinzipiell positiv gegenüberstand, sah sich jetzt auch Chamberlain – unter dem Druck der Labour Party und einiger konservativer Politiker wie Duff Cooper und Churchill – dazu genötigt, die Möglichkeit eines Beistandsabkommens mit Moskau grundsätzlich zu prüfen. Doch seine Erwartung, die Sowjetunion werde wie England und Frankreich eine einseitige Garantieerklärung für Polen und Rumänien ohne Gegenforderung aussprechen, erwies sich als trügerisch. Moskau forderte eine Militärallianz mit England und Frankreich, ein Durchmarschrecht für das polnische Territorium im Konfliktfall und die Anerkennung seiner Interessen in den baltischen Ländern. Chamberlain bestand auf der Zustimmung der betroffenen Staaten zu so weitgehenden Maßnahmen, sah sich aber angesichts der Hartnäckigkeit, mit der Stalin auf seinen Forderungen beharrte, allmählich zum Nachgeben gezwungen. Am 24. Juli 1939 wurde nach langwierigen Verhandlungen ein politisches Abkommen erreicht, das von England, Frankreich und der UdSSR paraphiert wurde und sie verpflichtete, »sich gegenseitig jede sofortige und wirksame Hilfe zu leisten, falls eines dieser drei Länder in Feindseligkeiten mit einer europäischen Macht verwickelt wird«.

Die anschließenden Militärverhandlungen, die am 12. August aufgenommen wurden und ohne deren Abschluß der Vertrag keine praktische Bedeutung besaß, stagnierten aber, nachdem klar geworden war, daß die sowjetischen Forderungen – jetzt ging es zusätzlich um Militärstützpunkte in Finnland sowie Durchmarschrechte für Rumänien – von den betreffenden Staaten sowenig akzeptiert wurden wie vorher von Polen. Dazu zeigte sich immer deutlicher, daß die von Stalin gewünschte Art des Vertrages, der sicherstellen sollte, daß das Vorgehen gegen den »Hauptaggressor« – gemeint war Deutschland – von vornherein präzise festgelegt wurde, den Intentionen der englischen und der französischen Regierung widersprach, die an einer Offensivallianz gegen das Reich nicht interessiert waren. Möglicherweise spielte Chamberlain immer noch mit dem Gedanken, die »Große Allianz« lediglich als Pressionsmittel zu benutzen, um Hitler zum Nachgeben zu zwingen.

Als sich das Scheitern der Verhandlungen abzuzeichnen begann, hatte die sowjetische Führung längst ihre geheimen Kontakte zu Deutschland intensiviert. Bereits am 3. August erklärte Schulenburg gegenüber Molotow, daß man von deutscher Seite die sowjetischen Sicherheitsinteressen im Baltikum und in Polen anerkennen werde. Allerdings teilte der sowjetische Botschaftsrat in Berlin, Georgij Astachow, erst am 12. August mit, daß Moskau zu weitergehenden Verhandlungen mit dem Reich bereit sei, die grundsätzlich alle interessierenden Fragen betreffen könnten. Ribbentrop reagierte sofort mit der Erklärung, daß es aus Sicht der Reichsregierung keine echten »Interessengegensätze zwischen Deutschland und Rußland« gebe.

Diese Feststellung war insofern richtig, als sich zu diesem Zeitpunkt Berlin und Moskau in der Erkenntnis trafen, daß ein Ausgleich mit den Westmächten, vor allem mit England, um den Preis der »freien Hand« im »zwischeneuropäischen« Raum nicht zu erreichen war. Daraus ergab sich eine punktuelle Übereinstimmung der Interessen, die die Voraussetzung für den Abschluß des Vertrages vom 23. August schuf, ohne daß beide Seiten ihre darüber hinausgehenden Absichten aufgegeben hätten. Hitler wollte Rückendeckung für den Fall eines Konfliktes im Westen, ohne die Idee des »Raumgewinns« fallen zu lassen, während Stalin neben der Schaffung eines Sicherheitskordons vor allem daran interessiert war, die »imperialistischen« Mächte in einen länger dauernden Krieg zu verwickeln. Er

rechnete damit, daß Deutschland bei einem Angriff auf Frankreich ähnlich gebunden würde wie im Ersten Weltkrieg, so daß er seinerseits Gelegenheit hatte,
sowjetische Interessen in Ostmittel- und Osteuropa zu verfolgen. Insofern waren
nicht die ihm von deutscher Seite zugestandenen Gebietsgewinne ausschlaggebend, sondern sein Wille, »den Krieg nicht zu verhindern, sondern ihn indirekt
auszulösen, mit Hitler als Handelndem, der die ›Entfesselung‹ besorgte« (Andreas Hillgruber).

Während Stalin am 20. August anordnete, die Militärgespräche mit England
und Frankreich zu beenden, und sich der deutsch-polnische Konflikt weiter zuspitzte, wurden die Verhandlungen zwischen dem Reich und der Sowjetunion
erfolgreich beendet. Nach dem Abschluß eines Handelsabkommens an diesem
Tag konnte Ribbentrop am 22. August nach Moskau reisen, wo er einen Tag
später eintraf, um einen Nichtangriffspakt abzuschließen, der sofort nach Unterzeichnung in Kraft trat. Der Vertrag war auf zehn Jahre befristet, wies aber im
Vergleich zu anderen Nichtangriffspakten, die die Sowjetunion vorher – etwa mit
Finnland, Polen oder Frankreich – abgeschlossen hatte, eine Besonderheit auf. In
Artikel 2 hieß es: »Falls einer der Vertragschließenden Teile Gegenstand kriege-
rischer Handlungen seitens einer dritten Macht werden sollte, wird der andere
Vertragschließende Teil in keiner Form diese dritte Macht unterstützen.« Es fehlte jede Einschränkung des Inhalts, diese Verpflichtung trete nur bei einem nicht-
provozierten Angriff in Kraft, so daß die Vermutung berechtigt war, daß das
Abkommen direkt auf den wahrscheinlichsten Fall – einen deutschen Angriff auf
einen seiner Nachbarstaaten – hin konzipiert wurde. Die eigentliche Brisanz des
Hitler-Stalin-Paktes lag jedoch in einem geheimen Zusatzprotokoll, das die Aufteilung Polens entlang der Flüsse Pissa-Narew-Weichsel-San vorsah; ob es zukünftig noch einen polnischen Staat geben würde, blieb offen. Außerdem sah das
Abkommen vor, Bessarabien, Estland und Lettland als sowjetische, Litauen als
deutsche Interessensphäre zu betrachten.

Die Nachricht vom Abschluß des Vertrages, dessen Zusatzabkommen den
Westmächten sofort bekannt wurde, war eine Sensation. Er veränderte die europäische Konstellation völlig und schien Hitler durch eine Art Geniestreich aus
seiner Zwangslage zu befreien. Zwar gab es für ihn wie für Stalin gewisse Erklä-
rungsnöte in bezug auf die Frage, wieso man mit dem jeweiligen weltanschaulichen Hauptgegner ein Bündnis eingegangen war, aber Ribbentrop hatte schon
im Vorfeld des Abschlusses darauf hingewiesen, daß weder Kommunismus noch
Nationalsozialismus auf eine lästige und »schwankende öffentliche Meinung …
Rücksicht zu nehmen« brauchten. Der Versuch des Reichsaußenministers, der
Sowjetunion darüber hinaus eine gemeinsame weltanschauliche Gegnerschaft
gegenüber den »kapitalistischen westlichen Demokratien« anzudienen, schlug
allerdings fehl, zumal diese Interpretation des Hitler-Stalin-Paktes kaum offiziell
verwendbar war. Statt dessen erließ das Auswärtige Amt am 22. August folgende

Sprachregelung für die deutschen diplomatischen Vertretungen: »Der russische Bolschewismus hat unter Stalin eine entscheidende Strukturwandlung erfahren. An die Stelle der Idee der Weltrevolution ist die Verknüpfung mit der nationalen russischen Idee und der Gesichtspunkt der Konsolidierung des Sowjetstaates auf seiner jetzigen staatlichen, territorialen und sozialen Grundlage getreten. Auf die Verdrängung des Judentums aus führenden Stellungen der Sowjetunion (Sturz Litwinows Anfang Mai) wird in diesem Zusammenhang verwiesen. Selbstverständlich bleibt die innere deutsche Frontstellung gegen den Kommunismus völlig unberührt.«

Hitler war von dieser Deutung des Vertrages in Wirklichkeit weit entfernt. Er sah in dem Abkommen zu Anfang vor allem eine Rückversicherung und ein Druckmittel. Bei einer Besprechung mit den Oberbefehlshabern der Teilstreitkräfte erklärte er am 22. August, daß der Nichtangriffspakt mit der Sowjetunion die Einmischung der Westmächte in einen deutsch-polnischen Krieg unwahrscheinlich und eine Blockade wie im Ersten Weltkrieg unmöglich mache. »Alle diese glücklichen Umstände bestehen in zwei bis drei Jahren nicht mehr. Niemand weiß, wie lange ich noch lebe.« Deshalb müsse der Angriff auf Polen in nächster Zeit erfolgen. Was das Verhalten Großbritanniens betraf, so war er optimistisch; Weizsäcker notierte: »Der Führer rechnet damit, daß am 24. August unter dem Eindruck unseres coup in Moskau Chamberlain stürze und die Garantie-Idee falle.«

Am 25. August wiederholte Hitler gegenüber der britischen Regierung noch einmal das Angebot für eine Besitzstandsgarantie des Empire, bei gleichzeitiger Anerkennung der deutschen Westgrenze und Beschränkung der Rüstung, falls man ihn im Osten gewähren lasse. Zum selben Zeitpunkt setzte er den Angriff auf Polen für den 26. August fest. Als er erfuhr, daß Großbritannien wiederum jede Übereinkunft mit dem Reich abgelehnt und seine Garantie für Polen in einen förmlichen Bündnisvertrag umgewandelt hatte, wurde der Angriff noch einmal verschoben. Die Unnachgiebigkeit Londons trieb Hitler am Abend des 25. in eine Art »psychischen Zusammenbruch« (Enrico Syring), und nur die Nachricht Brauchitschs konnte ihn aus seiner Verzweiflung reißen, als der Oberbefehlshaber des Heeres mitteilte, daß die deutschen Truppen für acht Tage an der polnischen Grenze konzentriert bleiben könnten.

Nach einer Aufzeichnung von Hitlers Heeresadjutanten Major Gerhard Engel soll es noch am 26. August zu einem aufschlußreichen Konflikt zwischen Hitler und dem »Ständigen Beauftragten des Reichsaußenministers beim Führer«, Walther Hewel, gekommen sein. Hewel, der – anders als sein Chef Ribbentrop – einen Kompromiß mit Großbritannien für unbedingt geboten hielt, führte einen Zusammenstoß herbei, weil Hitler mit ihm »wetten wollte, daß die Engländer auch im Kriegsfalle mit Polen nicht in den Krieg eintreten würden. Hewel widerspricht auf das heftigste und sagt wörtlich: ›Mein Führer, unterschätzen Sie die

Briten nicht. Wenn die merken, daß es einen anderen Weg nicht mehr gibt, dann sind die ganz stur und gehen ihren Weg. Ich glaube, ich kann das besser beurteilen als mein Minister.‹ [Der] F.[ührer] war sehr verärgert und brach das Gespräch ab.«

Versuche aus Hitlers Umgebung, die Weichen noch einmal anders zu stellen, schlugen ohne Ausnahme fehl. Schon Görings Bemühungen, am 13. Juni mit dem britischen Botschafter Henderson in direkte Verhandlungen einzutreten, waren gescheitert, obwohl Henderson drei Tage später seinerseits in London sondierte, ob man nicht Gespräche mit Göring führen wolle, der offensichtlich an der Beendigung der Eskalation interessiert sei. Ebenso erfolglos waren die vom 18. bis 21. Juli geführten Gespräche gewesen, die zwischen dem Ministerialdirektor beim Amt des Vierjahresplans, Helmuth Wohltat, und Sir Horace Wilson, einem Vertrauten Chamberlains, in London über territoriale Wünsche des Reiches und die zukünftige Wiedereingliederung Deutschlands in die Weltwirtschaft stattgefunden hatten. Durch die Vermittlung des schwedischen Industriellen Birger Dahlerus dauerten diese Gespräche bis über den Kriegsbeginn hinaus an, konnten die weitere Entwicklung aber nicht beeinflussen, obwohl die Engländer bereit schienen, für die Bewahrung des Friedens Hitler nicht nur die Verbindungswege durch den Korridor und Danzig, sondern auch die Rückgabe der Kolonien und eine Verhandlung über den »großen Ausgleich« zuzugestehen.

Tatsächlich wurde der Ablauf der Ereignisse nur noch einmal, am 28. August, kurzfristig unterbrochen, als Hitler pro forma den britischen Vorschlag zu direkten Verhandlungen in letzter Stunde akzeptierte. Die deutschen Forderungen an Polen gingen wenig über die bereits bekannten – Rückkehr Danzigs und des Korridors nach Volksabstimmung, jedoch Ablehnung internationaler Garantien ohne Rücksprache mit der Sowjetunion – hinaus, aber das von Hitler ausgesprochene Ultimatum war von vornherein zeitlich so knapp bemessen, daß es von Warschau selbst um den Preis demütigender Eile nicht eingehalten werden konnte. Halder notierte am 29. in seinem Tagebuch Hitlers Fahrplan für den Fall, daß doch ein bevollmächtigter Unterhändler erschienen wäre: »30.8. Polen in Berlin, 31.8. Zerplatzen, 1.9. Gewaltanwendung.« Trotzdem räumte Hitler später ein, er sei »heilfroh« gewesen, daß die Polen »sein weitgehend entgegenkommendes Angebot nicht angenommen hätten«.

Am 31. August wurde Henderson mitgeteilt, daß Hitler den Angriffsbefehl erteile, falls Warschau den bevollmächtigten Delegierten nicht bis zwölf Uhr schicken würde. Nach Ablauf des Ultimatums unterschrieb Hitler die »Weisung Nr. 1 für die Kriegführung«: »Nachdem alle politischen Möglichkeiten erschöpft sind, um auf friedlichem Wege eine für Deutschland unerträgliche Lage an seiner Ostgrenze zu beseitigen, habe ich mich zur gewaltsamen Lösung entschlossen. Der Angriff gegen Polen ist nach den für den Fall Weiß getroffenen Vorbereitungen zu führen ... Angriffstag: 1.9.1939, Angriffszeit: 4.45 Uhr ... Im Westen kommt es darauf an, die Verantwortung für die Eröffnung von Feindseligkeiten eindeutig England und Frankreich zu überlassen. Geringfügigen Grenzverletzungen ist zunächst rein örtlich entgegenzutreten. Die von uns Holland, Belgien, Luxemburg und der Schweiz zugesicherte Neutralität ist peinlich zu achten ...«

Am Abend des 31. August drangen unter der Führung des Sturmbannführers Alfred Naujocks mehrere SS-Männer in Räuberzivil, die sich als polnische Insurgenten gaben, in den schlesischen Sender Gleiwitz ein und hinterließen dort die Leiche eines zuvor von der Gestapo ermordeten Untersuchungshäftlings, um das Szenario authentischer wirken zu lassen. Das war der – auch von den Zeitgenossen rasch durchschaute – Vorwand, den Hitler brauchte, um erklären zu können, man habe »zurückgeschossen«.

Anders als von Polen erhofft, griffen die Westmächte nicht sofort in den Kampf ein, was wiederum Hitler ermutigte, den von Mussolini am 2. September formulierten Vermittlungsvorschlag zu ignorieren. In den Nachtstunden entschloß sich London, nicht länger auf das zögernde Frankreich zu warten, und am 3. des Monats überreichte Henderson dem deutschen Chefdolmetscher Paul Schmidt ein auf die Kriegserklärung Großbritanniens hinauslaufendes Ultimatum. Schmidt nahm das Dokument anstelle Ribbentrops entgegen und reichte es sofort weiter. Die Szene, die sich daraufhin abspielte, schilderte er später so: »Wie versteinert saß Hitler da und blickte vor sich hin. Er war nicht fassungslos, wie es später behauptet wurde, er tobte auch nicht, wie es wieder andere wissen wollten. Er saß völlig still und regungslos an seinem Platz. Nach einer Weile, die mir wie eine Ewigkeit vorkam, wandte er sich Ribbentrop zu, der wie erstarrt am Fenster stehen geblieben war. ›Was nun?‹ fragte Hitler seinen Außenminister mit einem wütenden Blick in den Augen ...«

Planung und Eskalation

Die Verantwortung für den Ausbruch des Zweiten Weltkriegs ist eindeutig. Selbstverständlich kann und muß man darauf hinweisen, daß die deutsche Niederlage von 1918, die Härte des Versailler Vertrages und die chaotische Entwicklung des internationalen Systems zu den Voraussetzungen und Rahmenbedingungen für Hitlers Handeln gehörten. Aber der Entschluß, sich nicht mit der Revision von Versailles und der 1938/39 faktisch erreichten Hegemonialstellung Deutschlands in Mitteleuropa zufriedenzugeben, sondern den deutschen Anspruch darüber hinauszutreiben, ging allein auf Hitler zurück. Er selbst hat niemals verhehlt, daß er den Kampf für unvermeidbar hielt. Die Konstellation vom September 1939 widersprach zwar seinem Wünschen, und auch unter den gegebenen Umständen hätte er es vorgezogen, den Krieg gegen England zu vermeiden, aber nach kurzem Zögern paßte er sein Verhalten den neuen Gegebenheiten an und zog die ihm notwendig erscheinenden Konsequenzen.

Vor seinen Offizieren sollte Hitler später äußern: »Der Entschluß zum Schlagen war immer in mir.« Wenn man viele Deutungen, die er für sein eigenes Handeln abgegeben hat, als nachträgliche Rationalisierungen ansehen muß, so verdichteten sich in diesem einfachen Satz doch seine außen- und militärpolitischen Impulse: Der Kampf um die Stellung Deutschlands auf dem Kontinent war unvermeidbar, und er mußte von ihm geführt werden. Hitler wollte ganz bewußt den aus seiner Sicht entscheidenden Fehler vermeiden, den die deutsche Führung im August 1914 gemacht hatte, als der mehr oder weniger zufällige Ausbruch des Ersten Weltkriegs für Deutschland fatale Folgen heraufbeschwor. Einen Gedanken, den er schon in »Mein Kampf« geäußert hatte, wiederholte er noch am 26. Juni 1944 in einer Ansprache vor Industriellen auf dem Obersalzberg: Er seinerseits habe es 1939 verstanden, nicht den »Fehler von 1899 ... den von 1905 und von 1912 [zu] übernehmen, nämlich zu warten, in der Hoffnung, es würde ein Wunder geschehen und man könne vielleicht eines Tages ohne diese Auseinandersetzung durchkommen«.

Wenn es auch keine Diskussion über die »Kriegsschuld« gibt, so besteht unter den Historikern aber eine Kontroverse darüber, wie die Außenpolitik des Reiches zwischen 1933 und 1939 insgesamt zu deuten ist. Leicht verkürzend könnte man sagen, daß die Debatte um die Frage geht, ob es sich um eine deutsche, eine nationalsozialistische oder allein um die Außenpolitik Hitlers gehandelt habe. Die Annahme, daß das NS-Regime im Grunde nur eine radikalisierte Form der wilhelminischen Außenpolitik umsetzen wollte, einen zweiten »Griff nach der Weltmacht« (Fritz Fischer), ist insofern problematisch, als Hitler ausdrücklich versuchte, die Gegnerschaft Englands zu vermeiden, die vor 1914 im imperialistischen Wettlauf der europäischen Staaten eine so entscheidende Rolle gespielt hatte. Seine Ausgleichsbemühungen waren in bezug auf Großbritannien subjektiv ehrlich gemeint. Seine früh einsetzende Kritik an der Außenpolitik des Kaiserreichs beruhte gerade auf der Annahme, daß die Nachfolger Bismarcks hier prinzipielle Fehler begangen hätten, die schließlich zu einem für Deutschland katastrophalen Zwei-Fronten-Krieg führen mußten.

Die traditionellen, in einer gewissen Kontinuität zur Zeit des Wilhelminismus stehenden Eliten in Militär, Diplomatie und Wirtschaft wurden bezeichnenderweise in dem Moment an ihrer Kollaboration mit Hitler irre, als die mitteleuropäischen Ziele ihrer eigenen Revisionspolitik erreicht waren. Seit dem »Anschluß« und der Sudetenkrise von 1938 ließen sich im Offizierskorps und im Auswärtigen Amt Absetzbewegungen erkennen, die fallweise in die Systemopposition führten. Die Verschwörer um Beck und Goerdeler wie um Halder betrachteten es zwar als legitimes Ziel deutscher Politik, die Niederlage von 1918 wettzumachen. Sie hatten wenig Anlaß zu der Vermutung, daß mit dem Ende des Ersten Weltkriegs wirklich eine neue Ära der internationalen Politik begonnen habe, und verhielten sich, wie sich die Führungsschichten besiegter europäischer Staaten traditionell verhalten haben, wenn es um den Versuch einer politischen, notfalls auch kriegerischen Restitution ging. Sie betrachteten aber das europäische Staatensystem als Ausgangspunkt ihrer Überlegungen und standen der von Hitler angestrebten Totallösung, der zuletzt alle europäischen Großmächte bis auf England zum Opfer fallen sollten, mit Ablehnung gegenüber.

Hitler hat sich von dem »Konzeptionen-Pluralismus« (Wolfgang Michalka) in der Außenpolitik, dessen Existenz ihm selbstverständlich bekannt war, sowenig beirren lassen wie von den Einflußfaktoren, die ihre ursprüngliche Machtbasis in der Partei besaßen. Weder Göring noch Ribbentrop, weder die Auslandsorganisation der NSDAP noch die Volksdeutsche Mittelstelle und verschiedene Gliederungen der SS konnten alternative Konzepte zu Hitlers Vorstellungen durchsetzen. Zwar spricht vieles »dafür, daß Hitler trotz des revolutionären Elans und unverkennbarer Leistungen die Organisation der Außenpolitik weder hinreichend überschaut noch geistig bewältigt hat«, vieles »einfach ... laufen bzw. auf sich zukommen« (Hans-Adolf Jacobsen) ließ, aber das bedeutet nicht, daß er nur Exponent in einem Beziehungsgeflecht verschiedener Institutionen und Tendenzen war. Jedenfalls muß man feststellen, daß er im Laufe der Zeit immer weniger Rücksicht auf seine Berater nahm und durch seine Erfolge dazu ermutigt wurde, langwierige Entscheidungsprozesse durch spontane Anweisungen abzukürzen. Er ließ zwar noch einzelne wie Göring gewähren, solange deren Bestrebungen nicht mit der von ihm verfolgten Hauptlinie kollidierten, oder nutzte zeitweise ein Alternativkonzept wie das Ribbentrops, um auf einem Umweg ans Ziel zu kommen. Aber infolge der sich zuspitzenden Gesamtlage zog er die Entscheidungen immer stärker an sich, so daß kein einziger Fall nachweisbar ist, in dem er sich von einer einmal ins Auge gefaßten außenpolitischen Maßnahme oder gar von seiner Grundkonzeption hat abbringen lassen.

Worin bestand diese Grundkonzeption aber eigentlich? Schon in den dreißiger Jahren hat Hermann Rauschning behauptet, daß das nationalsozialistische System Ausdruck einer »Revolution des Nihilismus« sei, und auch der Verfasser der ersten wissenschaftlichen Biographie Hitlers, der britische Historiker Alan Bullock, vertrat die Auffassung vom »Führer« als einem prinzipienlosen Zyniker. Eine etwas andere Wendung gab dieser Deutung sein Landsmann A. J. P. Taylor, der behauptete, daß Hitler »nach seinen Grund- und Lehrsätzen ... nicht bösartiger und bedenkenloser als viele andere zeitgenössische Staatsmänner« gewesen sei, sie lediglich »an gemeinen Taten« übertroffen habe.

Die Vorstellung von Hitlers machtpolitischem Opportunismus weist gewisse Übereinstimmungen mit einer anderen Interpretation auf, die gewöhnlich als die »funktionalistische« bezeichnet wird. Ihren Auffassungen zufolge besaß die

Ideologie in Hitlers Denken keinen Selbstwert, sie diente vornehmlich der Mobilisierung der »Volksgemeinschaft«. Dieser Prozeß war für das nationalsozialistische System ebenso lebensnotwendig wie selbstmörderisch, denn »nur die weitere Aktion verbürgte Integration und Ablenkung der antagonistischen Kräfte der entfesselten Gesellschaft des Dritten Reiches. Diese mußte sich aber rationaler Bändigung und Kalkulation mehr und mehr entziehen und in selbstzerstörerischen Wahn umschlagen« (Martin Broszat). Die Vorstellung, daß Hitler vornehmlich ein »Mann der Improvisation, des Experimentierens und der Augenblickseingebung« (Hans Mommsen) gewesen sei, der je nach den Bedingungen eine dauernd krisenhafte Gesellschaft neu zu integrieren suchte, kann allerdings nur schwer erklären, wieso es praktisch keine Hinweise darauf gibt, daß sich die nationalsozialistische Führung Ende der dreißiger Jahre in ihrer Position grundsätzlich bedroht gesehen hat. Die Vorstellung, daß das Regime *nur* noch durch eine Art Ablenkungs- und Beutekrieg zu retten gewesen sei, verkennt vor allem, daß der ganze Umfang der möglichen Terrormaßnahmen bisher gar nicht zum Einsatz gekommen war und auch bis zum Untergang nicht eingesetzt werden mußte.

Gegen den »Funktionalismus« stehen aber vor allem die zahlreichen auffälligen Übereinstimmungen zwischen den in »Mein Kampf« niedergelegten Maximen Hitlers, anderen Aussagen, die er in der »Kampfzeit« und in den Friedensjahren des Regimes machte, und der dann exekutierten Grundlinie seiner Außenpolitik. Gerade wenn man den Charakter des NS-Regimes als »charismatische Herrschaft« betont, ist es wenig wahrscheinlich, daß Hitler die Ideologie innerhalb des Systems nur rein instrumentell nutzte. Es gab wohl Abstufungen der »Gläubigkeit«, aber Zweifel daran, daß er von seiner Sendung überzeugt war und seine sozialdarwinistische Weltanschauung ernst nahm, sind kaum begründet. Insofern hatten die außenpolitischen Entscheidungen Hitlers einen »weitgehend autonomen« (Klaus Hildebrand) Charakter, er unterwarf offensichtlich alle ökonomischen und sonstigen Erwägungen dem »Primat der Politik« und einem wenigstens umrißhaft festgelegten »Plan«.

Ob es sinnvoll ist anzunehmen, daß Hitler an eine genauer festgelegte Reihe von »Stufen« (Andreas Hillgruber) bis zur Erringung der »Weltherrschaft« dachte, bleibt allerdings zweifelhaft. Es gibt sicherlich Indizien dafür, daß er einen »mehrschichtigen Ansatz« (Jochen Thies) verfolgte, in dem Nahziele, Vorhaben mittlerer Reichweite, aber auch Fernziele, die erst in mehreren Generationen zu erreichen waren, eine Rolle spielten. Aber weder in der Hoßbach-Niederschrift noch an anderer entscheidender Stelle findet sich ein Hinweis darauf, daß Hitler einen endgültigen Zustand für denkbar hielt, in dem Deutschland oder die »arische Rasse« den gesamten Globus unter ihre Herrschaft gebracht hätte, oder daß er gar selbst geglaubt hat, ein solches planetarisches Imperium errichten zu können. Zitate aus »Mein Kampf«, die man so verstehen kann, standen schon in deutlicher Spannung zu dem darwinistischen Credo, an dem Hitler immer festhielt, und das schloß »alles Finale und Chiliastische aus, nirgendwo findet sich bei Hitler eine glaubhafte Verheißung auf den Frieden im Schatten der Herrschaft« (Dietrich Aigner).

Der europäische Krieg

Am Morgen des 1. September 1939, zwischen 4.48 und 4.55 Uhr, eröffnete das deutsche Linienschiff »Schleswig-Holstein« das Feuer auf die polnischen Befestigungen der Westerplatte. Der Angriff hatte trotz Vorplanung den Charakter einer Improvisation, sein operativer Nutzen blieb fragwürdig. Ihm gingen um wenige Minuten Handstreiche von Einsatzkommandos der Abwehr gegen Verkehrsknotenpunkte und Wirtschaftsanlagen in Polen voraus, so auf die Weichselbrücken bei Dirschau, gut fünfzig Kilometer südlich von Danzig. Hitler aber richtete einige Verwirrung an, als er – infolge eines Versprechers – am selben Tag vor dem Reichstag erklärte, es werde »seit 5.45 Uhr« zurückgeschossen.

Die Ansprache, die Hitler in der Kroll-Oper hielt, hatte einen ernsten, teilweise bedrohlichen Unterton. Zum ersten Mal ließ er das Volk wissen, daß für den Fall seines Todes Göring, sonst Heß die Funktion des »Führers« übernehmen sollte. Er kündigte außerdem die Bildung eines »Senats« an, der zukünftig »den Würdigsten, d. h. den Tapfersten aus seiner Mitte« zum »Führer« wählen würde, falls Göring und Heß vorzeitig stürben. Dann konzentrierte er sich ganz auf die – unausgesprochenen – Sorgen und Ängste, die nicht nur in der Bevölkerung, sondern auch bei einem Teil der Anwesenden vorhanden sein mußten. Er versprach keinen leichten Sieg. Ohne die Gegner zu nennen, bereitete er psychologisch die Situation vor, daß das Reich nicht nur Polen, sondern auch den Westmächten gegenüberstehen werde, und er bemühte die friderizianische Parallele, die jetzt (und dann erst wieder nach den Niederlagen von 1943) sein Denken beherrschte: »Wenn irgend jemand aber glaubt, daß wir vielleicht einer schweren Zeit entgegengehen, dann möchte ich ihn bitten, zu bedenken, daß einst ein preußischer König mit einem lächerlich kleinen Staat einer der größten Koalitionen gegenübertrat und in drei Kämpfen am Ende doch erfolgreich bestand, weil er jenes gläubige starke Herz besaß, das auch wir in dieser Zeit benötigen.« So, als ob er schon ein mögliches Scheitern einkalkulierte, fiel auch der düstere Satz: »Ein Wort habe ich nie kennengelernt: Kapitulation.«

Der deutsch-polnische Krieg

Nachdem in der Frühe des 1. September deutsche Truppen die polnische Grenze überschritten hatten, gingen die in Schlesien, Nordmähren und in der nördlichen Slowakei stehenden Verbände der Heeresgruppe Süd (Rundstedt), allen voran die zur Hälfte motorisierte 10. Armee (Reichenau), in Richtung Warschau vor. Die in Pommern aufmarschierte 4. Armee (Kluge), der Heeresgruppe Nord (Bock) unterstellt, sollte sich im »Korridor« mit Teilen der aus Ostpreußen vorrückenden 3. Armee (Küchler) vereinigen und mit ihnen gemeinsam auf Warschau abdrehen, während das Gros der 3. Armee vom Raum Neidenburg aus direkt auf Warschau zuhielt. Während es in Westpreußen rasch gelang, den Kessel zu schließen, wurde der Vorstoß nach Süden durch die polnischen Befestigungsanlagen von Mlawa aufgehalten. Zwar meldete Halder am 5. September nach einer Lagebesprechung: »Feind so gut wie geschlagen«, aber tatsächlich gelang es in den ersten Tagen des Feldzugs nicht, größere Teile der polnischen Truppen niederzuwerfen.

Aus Sorge davor, daß man die gegnerische Armee nicht mehr westlich von Weichsel und Narew zur Entscheidungsschlacht stellen könne, wurde der Versuch einer zweiten, noch weiter ausholenden Zangenbewegung ostwärts gemacht. Deshalb entschloß sich das OKH am 9. September, die motorisierten Verbände, vor allem der 14. Armee, östlich der Weichsel auf Przemysl und Lemberg vorstoßen zu lassen. An diesem Tag fiel Krakau, am folgenden floh die polnische Regierung nach Lublin, und am 8. September erreichten die deutschen Vorhuten Warschau. In zwei am 9. September eingeleiteten Umfassungsbewegungen wurden die Reste der polnischen Streitkräfte erdrückt. Dabei kamen zum ersten Mal wesentliche Elemente der neuen Panzerkampftaktik zum Tragen, als das XIX. Armeekorps – bestehend aus zwei Panzerdivisionen und zwei motorisierten Infanteriedivisionen – unter dem Kommando von Heinz Guderian als selbständiger Panzerverband eingesetzt wurde und auf Brest-Litowsk vorstieß. Am 22. September hatten deutsche Truppen die Festung Warschau vollständig eingeschlossen, nach pausenloser Beschießung und konzentrierten Luftangriffen kapitulierten ihre Verteidiger am 27. September. Aber erst am 6. Oktober streckten die letzten polnischen Verbände mit sechzehntausend Mann bei Kock und Deblin die Waffen.

Das Kräfteverhältnis im deutsch-polnischen Krieg war für die Wehrmacht günstig. Bei einer ähnlich großen Zahl von Infanteriedivisionen (Deutschland: 39, bei Abschluß des Feldzugs 46; Polen: 38) besaß der Angreifer eine außerordentliche Überlegenheit in bezug auf die modernen Waffen. Polen konnte dem Reich weder im Hinblick auf Flugzeuge noch auf Panzerkampfwagen Gleichwertiges entgegenstellen. Den fast fünf motorisierten, vier leichten und zuletzt sieben Panzerdivisionen war mit elf polnischen Kavalleriebrigaden und zwei motorisierten Brigaden nicht zu begegnen. Der Plan des polnischen Obersten Befehlshabers Marschall Eduard Rydz-Smigly, die gesamte Grenzlinie zu halten und sich gleichzeitig die Möglichkeit für einen Gegenangriff auf Ostpreußen und Danzig offenzuhalten, blieb von vornherein unrealistisch, zumal bei Beginn der Kämpfe erst zwanzig Infanteriedivisionen und sechs Kavalleriebrigaden die für sie vorgesehenen Räume erreicht hatten. Trotz der verfehlten Aufstellung und der mangelhaften Luftunterstützung erzielten polnische Verbände aber durchaus einzelne Er-

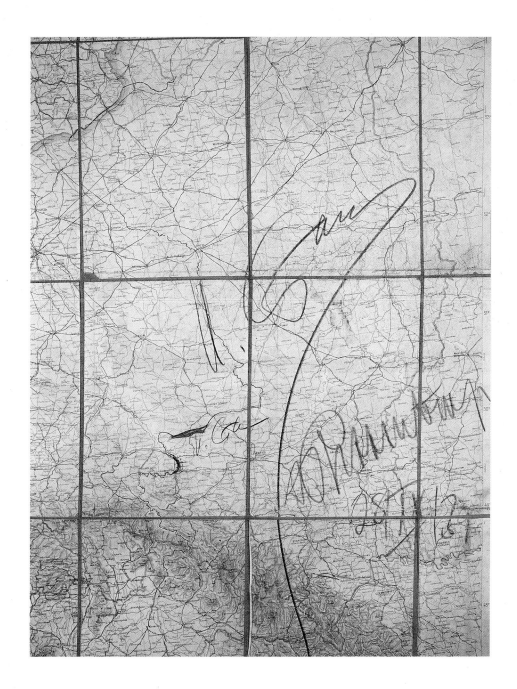

Teilung Polens entsprechend dem deutsch-sowjetischen Grenz- und Freundschaftsvertrag vom
28. September 1939. Aus der Landkarte mit den Unterschriften Stalins und von Ribbentrops.
Bonn, Auswärtiges Amt, Politisches Archiv

Blutiges Vorgehen der SS und der Polizei gegen vermutlich polnische Opfer. – Leichen der vom NKWD 1941 ermordeten polnischen Offiziere im Wald von Katyn nach der Entdeckung der Massengräber durch deutsche Truppen im April 1943

folge, etwa während der Gefechte im Weichselbogen oder an der Bzura, ohne diese dann ausnutzen zu können.

Die polnischen Planungen beruhten immer auf der Voraussetzung, daß es relativ rasch zum Eingreifen der Westmächte kommen werde, zumal Frankreich garantiert hatte, am fünfzehnten Tag nach Feldzugsbeginn mit einem Angriff auf Deutschland für Entlastung zu sorgen. Aber die begrenzten französischen Vorstöße auf das Saarland am 6. September brachten ebensowenig Entlastung wie die vereinzelten Angriffe der englischen Luftwaffe auf Cuxhaven und Wilhelmshaven am Tag zuvor. Paris verzichtete auf die durchaus möglichen Luftangriffe auf die westdeutschen Industriegebiete, weil man um die Sicherheit der eigenen Anlagen in Lothringen fürchtete, und Hitler seinerseits befahl der Wehrmacht, den Konflikt im Westen zu vermeiden.

Währenddessen sah sich die polnische Armee seit dem Einmarsch der Roten Armee in Ost-Polen unverhofft einem weiteren Gegner gegenüber. Am 17. September hatten die Truppen Stalins die Grenze überschritten und ohne Kriegserklärung den Kampf aufgenommen, am 22. des Monats mußte die gegen sie kämpfende polnische Armee Langner bei Lemberg kapitulieren. Auch die deutsche militärische Führung wurde von der Intervention überrascht, befahl aber umgehend, die Verbände der Wehrmacht auf die im Hitler-Stalin-Pakt vereinbarte Demarkationslinie zurückzunehmen. Am 28. September kam es zum Abschluß eines »Grenz- und Freundschaftsvertrages« zwischen dem Reich und der Sowjetunion. In einem geheimen Zusatzabkommen wurde die vierte Teilung Polens besiegelt, ohne daß es bis dahin auch nur zu einer förmlichen Kapitulation des Landes gekommen wäre. Während Stalin, anders als in dem Vertrag vom 23. August 1939 vorgesehen, Litauen als Teil seiner Interessensphäre zugesprochen erhielt, wurde das deutsche Besatzungsgebiet in Polen um Lublin und einen Gebietsstreifen westlich von Warschau erweitert. Außerdem kamen beide Seiten überein, die Baltendeutschen aus den zukünftig dem sowjetischen Einflußgebiet zugeschlagenen Republiken Estland, Lettland und Litauen auszusiedeln. Noch am gleichen Tag erpreßte die Sowjetunion von Lettland den Abschluß eines »Beistandspaktes«, der mit der Herausgabe von Militärstützpunkten verbunden war. Einen ähnlichen Vertrag mußte kurze Zeit später auch Estland akzeptieren. Bis zum August 1940 wurden die beiden baltischen Staaten zusammen mit Litauen als Sozialistische Sowjetrepubliken der UdSSR einverleibt.

Dieses Vorgehen entsprach nicht nur den Vereinbarungen, die Molotow und Ribbentrop ausgehandelt hatten, es zeigte sich auch, daß die Restitution der »Grenzen von 1914« mindestens als erste Etappe die sowjetische Interessenlage bestimmte. Den Eindruck konnte man auch gewinnen, wenn man die deutsche Annexionspolitik beobachtete. So wurde Danzig-Westpreußen wieder dem Reich angegliedert, außerdem der »Warthegau« (ursprünglich unter der Bezeichnung »Reichsgau Posen«) im westlichen Polen; das übrige Gebiet bis zur Demarkationslinie erhielt später – nachdem klar war, daß es keinen selbständigen restpol-nischen Staat mehr geben würde – als »Generalgouvernement für die besetzten polnischen Gebiete« einen Sonderstatus. Die Gauleiter Arthur Greiser und Al-bert Forster übernahmen im »Reichsgau Wartheland« und »Reichsgau Danzig-Westpreußen« auch die Funktion des Reichsstatthalters, während der zum »Ge-neralgouverneur« in Ost-Polen ernannte Hans Frank Vollmachten übertragen erhielt, die man sonst nur für Vizekönige in außereuropäischen Kolonialgebieten kannte.

Die vierte polnische Teilung und der Beginn der ethnischen »Flurbereinigung«

Die Praktiken der beiden Besatzungsmächte zeigten rasch, daß es ihnen nicht nur um nationale Restitutionen ging. Die polnische Regierung hatte noch kurz vor ihrem Übertritt auf rumänisches Hoheitsgebiet, am 17. September, die Anwei-sung gegeben, daß ihre Truppen der Roten Armee keinen Widerstand leisten sollten. Da die Befehlsstränge längst unterbrochen waren, konnte die Weisung allerdings kaum noch weitergegeben werden, und das Grenzschutzkorps ver-suchte den Vormarsch der Roten Armee wenigstens zu verzögern. Zu diesem Zeitpunkt waren in den ostpolnischen Gebieten schon Unruhen ausgebrochen, bei denen es zu Ausschreitungen von ukrainischen und weißrussischen Gruppen gegen die polnische und jüdische Bevölkerung kam, gleichzeitig agitierten kom-munistische Funktionäre gegen die »Pane«, die Großbauern, die man für das verbreitete soziale Elend der Kleinlandwirte verantwortlich machte. Die Verwir-rung wurde weiter dadurch gesteigert, daß die sowjetischen Truppen teilweise für Befreier gehalten wurden, die gegen die Wehrmacht kämpfen würden, wäh-rend einige ukrainische und weißrussische Nationalisten die »Wiedervereini-gung« ihrer Heimat mit den in der UdSSR liegenden Teilgebieten erhofften.

Das dann von Stalin in der östlichen Hälfte Polens errichtete Regime ent-täuschte diese Erwartungen sofort. Die Scheinwahlen zu »Nationalversammlun-gen« im Oktober 1939 dienten nur der vordergründigen Legitimation einer So-wjetisierung der neugewonnenen Territorien. Der Staatssicherheitsdienst, das NKWD, war allgegenwärtig, überzog das Land mit einem Netz von Spitzeln und führte Massenverhaftungen durch. In den einundzwanzig Monaten seiner Herr-schaft ließ Stalin aus Ostpolen etwa 1,6 bis 1,8 Millionen Menschen als Zwangs-arbeiter oder »spezielle Siedler« in das Innere der UdSSR deportieren, von denen sechshunderttausend während des Transports oder infolge der Haftbedingungen starben; von sechshunderttausend verschleppten Juden kamen vierhundertfünf-zigtausend ums Leben. Die Hälfte der zweihundertfünfzigtausend Kriegsgefangenen, die der Roten Armee in die Hände gefallen waren, fand den Tod in sowjetischen Lagern. Während deutsche Truppen 1943 in einem Waldstück bei Katyn die Leichen von viertausend polnischen Offizieren entdeckten, die das NKWD ermordet hatte, blieb das Schicksal der übrigen zehntausend Offiziere ungeklärt, die sich nach der Kapitulation im Gewahrsam von Stalins Truppen befanden. Wahrscheinlich wurde ihnen dasselbe Schicksal bereitet, wie den etwa hundertfünfzigtausend Personen, die als »Konterrevolutionäre« inhaftiert worden waren und beim Einmarsch der deutschen Truppen entweder an Ort und Stelle liquidiert oder evakuiert und dann teilweise in der Sowjetunion getötet wurden. Allein im Brygidki-Gefängnis von Lemberg ermordete der sowjetische Staatssicherheitsdienst zwischen dem 22. und dem 28. Juni 1941, nach dem Beginn des deutschen Angriffs auf die UdSSR, fast alle dreizehntausend Häftlinge, ohne daß auch nur ein Versuch gemacht worden wäre, sie nach Osten zu bringen.

Die bürgerkriegsähnliche Situation im sowjetisch besetzten Teil des Landes führte dazu, daß viele Polen, darunter mehrere zehntausend Juden, die vor der Wehrmacht hierher geflohen waren, noch 1940/41 freiwillig in ihre ursprüngliche Heimat, und damit unter die deutsche Oberhoheit, zurückkehrten. Während die Sowjetunion aber wenigstens die Polen, die politisch mit ihrem System sympathisierten, zur Mitarbeit heranzog, gab es auf deutscher Seite überhaupt keine Bereitschaft, irgendwelche Teile der polnischen Bevölkerung anders denn als Verfügungsmasse zu behandeln. Die brutalen Maßnahmen gegenüber dem besiegten Feind wurden unter Hinweis auf die fünftausend ermordeten Volksdeutschen gerechtfertigt, die – wie zum Beispiel beim »Bromberger Blutsonntag« vom 3. September – den Ausschreitungen polnischer Nationalisten nach Beginn der Kämpfe zum Opfer gefallen waren. Daß es sich aber keineswegs nur um Vergeltungsmaßnahmen handelte, ist daran ablesbar, daß Hitler bereits in seiner Ansprache vor den Befehlshabern der Wehrmacht am 22. August 1939 mit Blick auf den bevorstehenden Kampf erklärt hatte: »Es würden sich dann Dinge ereignen, die nicht den Beifall der Generäle finden würden. Er wolle deshalb nicht das Heer mit den notwendigen Liquidationen belasten, sondern [sie] . . . durch die SS vornehmen lassen.«

Die Organisation dieser Aufgabe fiel Heydrich zu. Am 27. September 1939 war durch Zusammenfassung des SD-Hauptamtes, des Geheimen Staatspolizeiamtes und des Reichskriminalpolizeiamtes das »Reichssicherheitshauptamt« (RSHA) gebildet und Heydrich mit seiner Leitung beauftragt worden. Noch vor Kriegsbeginn hatte er fünf »Einsatzgruppen« der Sicherheitspolizei aufgestellt, zu denen im Verlauf des Polenfeldzugs noch zwei weitere hinzukamen, die nach vorbereiteten Listen darangingen, polnische Ärzte, Beamte, Lehrer, Gutsbesitzer, Geistliche und Kaufleute, aber auch »Freischärler« und »polnische Banditen« zu inhaftieren und häufig ohne Umstände zu liquidieren. Allein in Westpreußen wurden bis Ende 1939 siebentausendzweihundert Menschen getötet, wobei die katholische Geistlichkeit besonders hart betroffen war; allein in der Diözese Chulm (Chelmo) wurden vierhundertfünfzig von etwa siebenhundert Priestern inhaftiert und mehr als zweihundert auf der Stelle erschossen. Im November 1939 begann auch die Verfolgung der polnischen Intelligenz im Generalgouvernement, wobei von etwa siebentausend Verhafteten, darunter zahlreiche polnische Juden, mehr als dreihundert getötet wurden.

Das Vorgehen der Einsatzgruppen richtete sich aber nicht allein gegen die nationalpolnischen Eliten, sondern auch gegen das polnische Judentum. In einem Gespräch mit Brauchitsch vom 22. September 1939 teilte Heydrich mit, daß bei Krakau die Errichtung eines »Judenstaates« geplant sei, in den auch »alle Zigeuner und sonstige Unliebsame« abgeschoben werden sollten. Ähnliche Vorstellungen von einem überdimensionierten Ghetto auf ehemals polnischem Gebiet ließ Hitler in einer Äußerung vom 29. September vor kleinstem Kreis und in seiner Ansprache vor dem Reichstag am 6. Oktober 1939 erkennen.

Die Maßnahmen gegen die polnische und die jüdische Bevölkerung wurden noch vor Ende des Jahres 1939 in einen engen Zusammenhang mit der von Hitler proklamierten ethnischen Entflechtung des ostmitteleuropäischen Raumes gebracht. Bereits am 7. Oktober 1939 war Himmler durch geheimen Führererlaß zum »Reichskommissar für die Festigung des Deutschen Volkstums« (RKF) ernannt worden. Zusammen mit den Höheren SS- und Polizeiführern ging er im November daran, die Richtlinien des Rassenpolitischen Amtes zu exekutieren: »Erstens die vollständige und endgültige Eindeutschung der hierzu geeigneten Schichten, zweitens die Abschiebung aller nicht eindeutschbaren fremdvölkischen Kreise und drittens die Neubesiedlung durch Deutsche.«

Himmler nutzte das anfängliche Kompetenzchaos im Osten, um hier die unumschränkte Macht des SS-Apparates zu etablieren und ein scheinbar tragfähiges Fundament für sein rassisches Utopia zu schaffen. Im Mai 1940 ließ er eine »Denkschrift über die Behandlung der Fremdvölkischen im Osten« erstellen, die unter anderem vorsah: »Für die nichtdeutsche Bevölkerung des Ostens darf es keine höhere Schule geben als die vierklassige Volksschule. Das Ziel dieser Volksschule hat es lediglich zu sein: Einfaches Rechnen bis höchstens 500, Schreiben des Namens, eine Lehre, daß es ein göttliches Gebot ist, den Deutschen gehorsam zu sein und ehrlich, fleißig und brav zu sein. Lesen halte ich nicht für erforderlich ... Die Eltern der Kinder guten Blutes werden vor die Wahl gestellt, entweder das Kind herzugeben – sie werden dann wahrscheinlich keine weiteren Kinder mehr zeugen, so daß die Gefahr, daß dieses Untermenschenvolk des Ostens durch solche Menschen guten Blutes eine für uns gefährliche, da ebenbürtige Führerschicht erhält, erlischt – oder die Eltern verpflichten sich, nach Deutschland zu gehen und dort loyale Staatsbürger zu werden ... Es erfolgt jährlich insgesamt bei den 6–10jährigen eine Siebung aller Kinder des Generalgouvernements nach blutlich Wertvollen und Nichtwertvollen ... Die Bevölkerung des Generalgouvernements ... wird als führerloses Arbeitsvolk zur Verfügung stehen und Deutschland jährlich Wanderarbeiter und Arbeiter für besondere Arbeitsvorkommen (Straßen, Steinbrüche, Bauten) stellen.« Grundlage für die »Eindeutschung« bildeten anfangs als medizinische Untersuchungen getarne Taxierungen, seit dem 4. März 1941 die »Deutsche Volksliste«, mit der Himmler ein Klassifizierungsschema für den Grad rassischer Eignung festlegte.

Himmler oblag daneben die am 28. September 1939 mit der Sowjetunion vereinbarte Überführung der Baltendeutschen und deren Neuansiedlung, später außerdem die »Große Heimkehr« von »Volksdeutschen« aus Wolhynien, der Nordbukowina, Bessarabien und der Norddobruscha. Auch diese Gruppen wurden nach rassischen Kriterien beurteilt und sollten vornehmlich im Warthegau oder in Westpreußen angesiedelt werden. Um dieses Ziel zu erreichen, war an eine weitgehende Vertreibung der Polen aus diesem Gebiet in das Generalgouvernement gedacht, während man gleichzeitig die Aussiedlung der deutschen, österreichischen und polnischen Juden in einen Teilbereich des Territoriums vorsah. Bis zum Februar 1940 hatte man bereits dreihunderttausend, bis zum Sommer 1941 eine Million Polen deportiert.

Indes zeichneten sich von Anfang an erhebliche Schwierigkeiten bei der Durchführung der »modernen Völkerwanderung« (Himmler) ab. Zum einen leistete der »Generalgouverneur« Hans Frank, der seit dem 26. Oktober 1939 Herr über ein noch nicht ganz klar abgegrenztes Gebilde war, hinhaltenden Widerstand gegen die Absicht, Polen, Juden und andere »unerwünschte Personen«, vor allem dreißigtausend Zigeuner aus dem Altreich, in seinen Verwaltungsraum zu schikken; für Frank spielten dabei humanitäre Erwägungen keine Rolle, er wollte das Generalgouvernement nur nicht als zukünftiges »Reservat«, sondern als eine Art Musterprovinz des Reiches betrachtet wissen. Dabei fand er die Unterstützung Görings, der als Beauftragter für den Vierjahresplan wirtschaftliche anstelle von rassenpolitischen Erwägungen in den Vordergrund rückte und daran dachte, die möglichst effiziente ökonomische Ausbeutung der ehemaligen polnischen Gebiete zu organisieren, ohne dabei von dauernden Bevölkerungsverschiebungen behindert zu werden. Und schließlich ergaben sich erhebliche Planungsprobleme dadurch, daß die Wehrmacht entlang der Demarkationslinie zum sowjetischen Bereich keine Elendsquartiere zu dulden bereit war, die möglicherweise ein Einfallstor für kommunistische Propaganda schufen; gleichzeitig plante man hier die Errichtung großer militärischer Übungsanlagen, die nicht für die Neuansiedlung vertriebener Polen herausgegeben werden sollten.

Bereits im November 1939 mußte Himmler akzeptieren, daß die mittlerweile in großen Trecks eingetroffenen Baltendeutschen nicht sofort neu angesiedelt werden konnten, da die »Freimachung« polnischer Höfe (die oft zu klein waren, um den Vorgaben des »Reichskommissars« für die Volksdeutschen zu genügen) langsamer vonstatten ging als die »Heim-ins-Reich-Holung«. Außerdem erwies es sich als unmöglich, die vertriebenen Polen ihrerseits in den vormals jüdischen Behausungen unterzubringen. Zwar galten die polnischen Gebiete, die »einge-deutscht« werden sollten, bereits Anfang 1940 als »judenfrei«, und nach und nach entstanden in Warschau, Krakau, Lemberg, Lublin und Radom große Ghet-tos, in denen man die polnischen Juden zusammenpferchte, aber die von Himm-ler anfangs projektierte Zahl von einer Million »Umsiedlern« mußte immer wei-ter verringert werden. Die Baltendeutschen wurden, wie später auch die anderen Gruppen von Volksdeutschen, in provisorischen Lagern untergebracht.

In dieser unübersichtlicher werdenden Situation legte Heydrich am 28. No-vember 1939 einen »Nah-« und einen »Fernplan« für das Umsiedlungspro-gramm fest. Dementsprechend sollten anfangs nur achtzigtausend Menschen de-portiert werden, und tatsächlich fand zwischen dem 1. und dem 17. Dezember die »Evakuierung« von mehr als siebenundachtzigtausend Menschen aus den ehemaligen westpolnischen Gebieten statt, darunter alle Juden aus dem Gebiet der früheren Provinz Grenzmark-Posen. Der »Fernplan« sah darüber hinausge-hend vor, zuerst alle Juden und die politisch aktiven Polen aus den neuen Ost-provinzen ins Generalgouvernement abzuschieben und dort zur Zwangsarbeit zu verpflichten; die verbliebenen Polen waren einer rassischen Selektion zu unter-ziehen. Den Teil, der die erwünschten Kriterien aufwies, würde man im Reich selbst als Landarbeiter ansiedeln, und ähnlich sollte mit allen übrigen assimilier-baren Teilen des polnischen Volkes verfahren werden, einen Rest wollte Hey-drich zur Verrichtung untergeordneter Tätigkeiten im Warthegau und in West-preußen behalten, während man die noch verbleibenden gleichfalls nach Osten abschob.

Bereits am 21. Dezember 1939 legte Heydrich einen »2. Nahplan« vor, der die weitere Deportation von sechshunderttausend Juden vorsah. Der Plan war von Eichmann ausgearbeitet worden, der am 19. Dezember zum »Sonderreferenten« für die »Räumung der Ostprovinzen« ernannt worden war. Der aus Wien und Prag zurückgekehrte Eichmann übernahm dann im Januar 1940 im Amt IV (Geheime Staatspolizei) des RSHA das Referat IV D 4, das für »Auswanderung und Räumung« zuständig sein sollte (später Referat IV B 4 »Judenangelegenhei-ten, Räumungsangelegenheiten«). Zu diesem Zeitpunkt zeigte sich aber bereits, daß entscheidende Vorstellungen von Heydrich und Eichmann aufgrund der vor-handenen Transport- und Unterbringungskapazitäten undurchführbar waren. Hinzu kam, daß der Arbeitskräftemangel im Reichsgebiet dazu nötigte, die ge-nerelle Deportation von Polen einzustellen, die jetzt vielfach als Zwangsarbeiter nicht nach Osten, sondern nach Westen geschickt wurden. An die Stelle des »2. Nahplans« trat deshalb am 10. Februar 1940 ein »Zwischenplan«, der noch einmal zur Vertreibung von 40.128 Juden und Polen führte, da mittlerweile auf Himmler durch die zu den Baltendeutschen hinzugekommenen Wolhyniendeut-schen ein erheblicher Handlungsdruck lag. Obwohl Göring als Beauftragter für den Vierjahresplan auf Intervention Franks am 23. März 1940 jede weitere Deportation ins Generalgouvernement verbot, liefen die Vorbereitungen für den »2. Nahplan« weiter, der zur Vertreibung von hundertdreißigtausend Polen und einigen tausend Juden von West- nach Zentralpolen führte.

Auch die Gesamtsituation der Juden im Reich verschärfte sich seit dem Kriegsbeginn weiter, obwohl sie schon seit dem 28. November 1938 – durch die Errichtung von »Judenbann«-Bezirken – faktisch unter Kriegsrecht lebten, das es Himmler erlaubte, »Juden deutscher Staatsangehörigkeit und staatenlosen Juden räumliche und zeitliche Beschränkungen des Inhalts aufzuerlegen, daß sie bestimmte Bezirke nicht betreten oder sich zu bestimmten Zeiten in der Öffentlichkeit nicht zeigen durften«. Den immer neuen Drangsalierungen konnten sich die Juden seit Kriegsbeginn überhaupt nicht mehr entziehen, weil seit dem April 1940 ein faktisches Auswanderungsverbot für Juden im wehr- und arbeitsdienstfähigen Alter bestand. Den Hintergrund dieser Maßnahme bildete die in den neuen Ostprovinzen anlaufende Erfassung der Juden zur Zwangsarbeit. Bereits am Tag seines Amtsantritts erließ Frank eine Verordnung über die »Einführung des Arbeitszwangs für die jüdische Bevölkerung im Generalgouvernement«, kurze Zeit später, am 23. November 1939, wurde die Kennzeichnung der Juden in diesem Verwaltungsbereich mit einem gelben »Zionsstern« befohlen. Auch im Warthegau galten gegenüber dem Reichsgebiet verschärfte Bestimmungen für die Behandlung der Juden. Hier sahen sich auch »Halbjuden« als Juden definiert und wurden – zusammen mit ihren »arischen« Ehegatten – den Deportationsbestimmungen unterworfen.

Die immer weitergehende Brutalisierung im Umgang mit der jüdischen Bevölkerung im Osten zeichnete sich nicht nur an einzelnen Massakern von Einsatzgruppen ab, sondern auch an der zynischen Behandlung der abgeschobenen Bevölkerungsmassen. Auf die Frage, wie man sich die Versorgung der Deportierten vorstelle, anwortete der SS- und Polizeiführer des Distrikts Lublin, Odilo Globocnik, am 14. Februar 1940: »Die Juden und Polen sollen sich selbst ernähren und von ihren Landsleuten unterstützen lassen, da diese genug hätten. Falls dies nicht gelänge, sollte man sie verhungern lassen.«

Es hat gegen das Wüten der SS in Polen nur vereinzelt Proteste und Widerstand gegeben. In einigen Fällen konnten Ortskommandanten der Wehrmacht »Einsatzgruppen« mit vorgehaltener Waffe an Ausschreitungen oder Exekutionen hindern, aber das blieb die Ausnahme. Am 6. Februar 1940 notierte der Oberbefehlshaber Ost, Generaloberst Johannes Blaskowitz, für einen Vortrag vor Brauchitsch, der sich gegen die Maßnahmen der Einsatzgruppen richtete: »Die Einstellung der Truppe zur SS und Polizei schwankt zwischen Abscheu und Haß. Jeder Soldat fühlt sich angewidert und abgestoßen durch diese Verbrechen, die in Polen von Angehörigen des Reiches und Vertretern der Staatsgewalt begangen werden. Er versteht nicht, wie derartige Dinge, zumal sie sozusagen unter seinem

Schutz geschehen, ungestraft möglich sind.« Blaskowitz fand keine ausreichende Unterstützung bei Brauchitsch, und Hitler war »sehr aufgebracht« über seine Vorwürfe, wie Jodl festhielt. Bald darauf wurde Blaskowitz kaltgestellt und an die Westfront versetzt, sein Protest blieb ebenso folgenlos wie die Kritik des Oberbefehlshabers im Grenzabschnitt Süd, des Generals der Infanterie Alexander Ulex, vom 2. Februar 1940, der feststellte, die »Gewalttaten der polizeilichen Kräfte« zeigten »einen ganz unbegreiflichen Mangel menschlichen und sittlichen Empfindens, so daß man geradezu von Vertierung sprechen« müsse. Ulex forderte – vergeblich – die Auflösung sämtlicher Polizeiverbände in Polen.

Mit einer Amnestie vom 4. Oktober 1939 und der am 17. Oktober folgenden Errichtung einer eigenen SS- und Polizeigerichtsbarkeit wurde dann jeder Verfolgung der Verbrechen, die die Einsatzgruppen begingen, der Boden entzogen. Daß die Führung des Regimes in den Taten seiner Schergen auch gar keine »Untaten«, sondern eine Art operativen Eingriff im Sinne sozialdarwinistischer Notwendigkeiten sah, wird besonders deutlich an einer Tagebuchnotiz, die Goebbels am 2. November 1939 nach dem Besuch im Ghetto von Lodz festhielt: »Das sind keine Menschen mehr, das sind Tiere. Das ist deshalb auch keine humanitäre, sondern eine chirurgische Aufgabe. Man muß hier Schnitte tun, und zwar ganz radikale. Sonst geht Europa einmal an der jüdischen Krankheit zugrunde.«

»Sitzkrieg« und Feldzüge im Norden

Die politische Situation, wie sie nach dem Ende des Polenfeldzugs entstanden war, schloß eine Beendigung des Konfliktes zwischen Deutschland und den Westmächten nicht grundsätzlich aus. Italien hatte seine Verpflichtungen aus dem »Stahlpakt« nicht erfüllt und sich zur nichtkriegführenden Macht erklärt, auch Japan, dessen Regierung einen Zusammenstoß mit England und Frankreich vermeiden wollte, blieb unbeteiligt. Die Vereinigten Staaten hatten am 5. September ihre Neutralität erklärt, und die Kämpfe im deutsch-französischen Grenzgebiet waren bisher bedeutungslos geblieben. Nachdem am 6. Oktober die letzten polnischen Truppen die Waffen gestreckt hatten, durfte Hitler eine gewisse Hoffnung hegen, daß man sich in London und Paris mit den vollendeten Tatsachen abfinden würde.

In diesen Zusammenhang ist auch Hitlers »Friedensappell« einzuordnen, den er am selben Tag in einer Rede vor dem Reichstag formulierte. Nach einem kursorischen Überblick über den Verlauf des Krieges gegen Polen und der Betonung des deutsch-russischen Einvernehmens faßte Hitler seine Grundsätze für eine zukünftige Neuordnung des Kontinents zusammen. Im einzelnen verlangte er die Anerkennung einer »Reichsgrenze, die den historischen, ethnographischen und wirtschaftlichen Gegebenheiten gerecht wird«, die Anerkennung der deutschen »Interessenzone« sowie die Bereinigung der deutschen Streusiedlung in Ostmitteleuropa durch Umsetzung der Volksgruppen. Überhaupt sollte in der »deutschen Einflußsphäre« westlich der Demarkationslinie eine Reorganisation »nach Nationalitäten« erfolgen, wobei der »Regelung des jüdischen Problems« sowie dem Status eines noch zu schaffenden »polnischen Reststaates« besondere Aufmerksamkeit gewidmet werden müßten.

An zentraler Stelle in seinen Ausführungen wandte sich Hitler direkt an Großbritannien und erklärte: »Niemals und an keiner Stelle bin ich wirklich den englischen Interessen entgegengetreten. Leider mußte ich mich nur zu oft britischer Eingriffe deutschen Interessen gegenüber erwehren, auch dort, wo sie England nicht im geringsten berührten. Ich habe es geradezu als ein Ziel meines Lebens empfunden, die beiden Völker nicht nur verstandes-, sondern auch gefühlsmäßig einander näherzubringen.« Diese Avancen trafen in der englischen Regierung allerdings kaum noch auf Gehör, obwohl Chamberlain nicht alle Hoffnung aufgegeben hatte, den Status quo ante durch Verhandlungen herzustellen. Einige Tage nach Hitlers Ansprache antwortete er aber vor dem Unterhaus: »Die Vorschläge in der Rede des deutschen Reichskanzlers sind vage, unzuverlässig und enthalten keinerlei Anhaltspunkte, wie das Unrecht an Polen und der Tschechoslowakei wieder gutgemacht werden kann.«

Allerdings war der britische Premier auch nicht imstande anzugeben, auf welchem Weg sein Land dieses Unrecht beheben wollte, falls Hitler nicht zum – sehr unwahrscheinlichen – Nachgeben bereit war. In den Monaten des »phoney war«, des »Scheinkrieges« an der deutschen Westgrenze bestand insofern gar keine Klarheit über die Kriegsziele Großbritanniens. Chamberlain fürchtete mit Recht eine gewisse defätistische Stimmung in der Öffentlichkeit und den werbewirksamen Vorschlag Hitlers für ein »neues München«. Nur ganz allmählich setzte ein Prozeß der Klärung ein, in dessen Verlauf die britische Führung sich mit dem Gedanken an einen längeren Krieg gegen Deutschland abzufinden begann.

Die treibende Kraft dabei war Winston Churchill. Er wurde nach dem Beginn des Polenfeldzugs wieder mit dem Amt des Marineministers betraut, das er schon während des Ersten Weltkriegs innegehabt hatte, und in der Regierung Chamberlain verstärkte er den Flügel der Verständigungsgegner. Daß er darüber hinaus große Bedeutung als potentielle Führungsfigur besaß, wurde unter anderem daran deutlich, daß Hitler in seiner Rede vom 6. Oktober ausdrücklich Churchill ansprach, den er als Kopf jener britischen Journalisten und Staatsmänner betrachtete, die den Konflikt mit dem Reich wollten. Am Schluß seiner Ansprache nannte er ihn namentlich und stellte ihn vor die Wahl von Krieg oder Frieden. Zwar sah es zu diesem Zeitpunkt nicht so aus, als ließe sich die von Churchill seit Jahren propagierte »Grande Alliance«, ein Militärbündnis zwischen Großbritannien und der Sowjetunion, verwirklichen, aber allseits wurde die Ernennung Churchills zum Ersten Lord der Admiralität als Genugtuung für seine steten Warnungen vor Hitler gedeutet. Schon im Sommer 1939 hatte Neville Chamberlain in seinem Tagebuch notiert: »Je näher der Krieg rückt, desto besser steht es um Winstons Chancen – und umgekehrt«.

Bereits unmittelbar nach dem Ende des Ersten Weltkriegs, unter dem Eindruck des Versailler Vertrages, hatte Churchill prophezeit, daß der Kampf zwischen Deutschland und den Westmächten eine Fortsetzung finden werde, und schon vor der nationalsozialistischen Machtergreifung warnte er vor der Wiederkehr der »German menace«, der »deutschen Gefahr«. Dabei spielte der ideologische Charakter des NS-Regimes aus seiner Sicht eine relativ geringe Rolle; ihm ging es um den ewigen Antagonismus der großen Mächte, der zwangsläufig den Zusammenstoß zwischen dem Reich und Großbritannien herbeiführen werde. Churchill sprach später von einem »Dreißigjährigen Krieg«, der seit 1914 gegen Deutschland geführt werde, und in dieser Deutung traf er sich mit Hitler, der am 23. November 1939 in einer Besprechung äußerte, die Wehrmachtführung müsse begreifen, daß ein innerer Zusammenhang zwischen der deutschen Niederlage von 1918 und dem gegenwärtigen Kampf bestehe: »Heute wird der zweite Akt dieses Dramas geschrieben ... Das Ganze bedeutet den Abschluß des Weltkrieges, nicht eine Einzelaktion. Es handelt sich nicht um eine Einzelfrage, sondern um Sein oder Nichtsein der Nation.«

Hitler machte diese Ausführungen auch, um Einwendungen zu begegnen, denen zufolge die Truppe für einen Kampf gegen die Westmächte nicht gerüstet sei. Nachdem die »Friedensbotschaft« vom 6. Oktober zu Hitlers Enttäuschung auf Ablehnung gestoßen war, verbreitete sich in der Wehrmachtführung die Sorge, daß die Armee in einem Konflikt mit England und Frankreich nicht bestehen könne. Während Hitler einen Angriff noch im Herbst 1939 wünschte, wuchsen in der Generalität die Vorbehalte gegenüber einem überstürzten Angriff auf Frankreich. Hier spielten nicht nur Erfahrungen aus dem Ersten Weltkrieg eine Rolle, sondern auch die Hoffnung, daß man den Krieg vielleicht ganz »einschlafen« lassen und dann zu einem Kompromißfrieden mit London und Paris kommen könnte.

Nachdem Hitler den Angriffstermin auf den 12. November festgesetzt hatte, versuchte ihn Brauchitsch in Absprache mit Halder am 5. des Monats noch einmal umzustimmen. Die Kreise der Opposition um Canaris, Beck, Oster, Goerdeler und Hassell waren in dieses Vorgehen eingeweiht; in einem gewissen Umfang gab es auch Putschpläne für den Fall, daß Hitler auf seiner Absicht bestehen würde, aber der reagierte mit überraschender Schärfe auf die Vorstellungen Brauchitschs und drohte, er werde den Defätismus des Generalstabs, den »Geist von Zossen«, wie er es nannte, »ausrotten«, wenn man weiterhin opponiere. Die Verschwörer sahen darin einen Hinweis, daß Hitler ihre weitergehenden Absichten kannte, und vernichteten alle Pläne für einen Staatsstreich. Das fehlgeschlagene Attentat auf Hitler, das der Tischlergeselle Georg Elser am 8. November 1939 im Bürgerbräukeller durchführte, brachte außerdem die Verschärfung aller Sicherheitsmaßnahmen für Hitler mit sich und ließ ein putschartiges Vorgehen immer weniger aussichtsreich erscheinen. Schließlich führten die schlechten Witterungsbedingungen zu einer Verschiebung des Angriffstermins, was der Wehrmacht die Verbesserung des Ausbildungsstandes und der Bewaffnung ermöglichte und zu einer deutlichen Hebung der Stimmung in der Generalität beitrug.

Inzwischen liefen die Bemühungen Ribbentrops an, Stalin für die Bildung seines »Kontinentalblocks« zu gewinnen und den Antikomintern-Pakt, dem mittlerweile auch Spanien beigetreten war, zur Basis eines Großraums umzubilden, der einmal von Madrid bis Yokohama reichen sollte. Hatte Hitler in dem Abkommen mit der Sowjetunion niemals mehr als eine Übergangsstrategie gesehen, hoffte Ribbentrop jetzt auf ein dauerhaftes Bündnis der »antidemokratischen« Regime in Deutschland, Italien, Spanien, Japan und Rußland mit Spitze gegen Großbritannien. Die Sowjetunion reagierte aber mit Zurückhaltung auf die deutschen Vorschläge, was nicht zuletzt darauf zurückzuführen war, daß Stalin und Molotow vor allem an einer Verwirklichung des eigenen außenpolitischen »Programms« interessiert waren, das heißt an der Sicherung ihrer neuen Hegemonialstellung in Osteuropa und im Baltikum. Als die Bemühungen Moskaus scheiterten, das benachbarte Finnland – das bis 1917/18 zum russischen Reich gehört hatte – zur Herausgabe eines Militärstützpunktes zu zwingen, fielen am 30. November 1939 sowjetische Truppen in Finnland ein. Entgegen der verbreiteten Erwartung konnte die kleine finnische Armee anfangs erfolgreichen Widerstand leisten und ein weiteres Vordringen der Invasionstruppen verhindern.

Währenddessen wurde in London erwogen, ein britisches Hilfskorps für Finnland in Norwegen zu landen, das über Schweden auf den Kriegsschauplatz gelangen sollte. Zu diesem Zeitpunkt gab es nur wenige Pläne der Westmächte für die Kriegführung gegen die Sowjetunion, wenn auch Aufklärungsflugzeuge eingesetzt wurden, um die Erdölfelder von Batum und Baku zu erkunden, die für Luftangriffe von Syrien aus in Frage kamen. Verbunden war die Aufstellung des Expeditionskorps vielmehr mit der Nebenabsicht, den deutschen Zugang zu den wichtigen schwedischen Erzgruben zu unterbrechen. Während die Transporte im Sommer über die Ostsee erfolgten, verliefen sie im Winter über das norwegische Narvik entlang der Küste des Landes. Unterdessen ließ Stalin, der eine direkte Konfrontation mit den Westmächten fürchtete, die Operationen gegen Finnland abbrechen, zumal sich die Armee der kleinen Nation so zäh und erfolgreich gegen einen zahlenmäßig überlegenen, aber schlecht geführten Gegner verteidigte. Im Frieden von Moskau, der am 12. März 1940 geschlossen wurde, mußte Finnland lediglich die karelische Landenge und einige Inseln abtreten, Hangö wurde in einen sowjetischen Stützpunkt umgewandelt.

Der »Winterkrieg« zwischen Finnland und der UdSSR war beendet worden, ohne daß London die Überlegungen zu einer Intervention in Norwegen aufgegeben hatte. Die zweitausend Meilen Küste dieses neutralen Staates ermöglichten es deutschen Schiffen, die englische Seeblockade zu unterlaufen, und Churchill hatte als Erster Lord der Admiralität bereits im November 1939, also vor Ausbruch des Krieges in Finnland, den Plan entwickelt, die norwegische Küste ungeachtet der Neutralität des Landes zu verminen. Als das Kabinett in London dann am 12. März 1940 beschloß, mit Unterstützung Frankreichs Finnland Truppen zu Hilfe zu schicken, beharrten Norwegen und Schweden auf ihrer Neutralität. Durch den überraschenden Friedensschluß vom gleichen Tag war dieser Plan dann überhaupt erledigt, aber trotzdem setzte die britische Marine nach dem 28. März ihre Vorbereitungen für die Verminung der norwegischen Gewässer sowie für die Besetzung von Narvik, Trondheim, Bergen und Stavanger ohne Rücksicht auf die Neutralität des Landes fort.

Bereits im Herbst 1939 hatte die deutsche Seekriegsleitung ihrerseits Erwägungen über einen Angriff auf Norwegen angestellt. Dabei ging es nicht nur um die Sicherung der Erzzufuhr aus Schweden, sondern gleichzeitig um die Gewinnung von Marinestützpunkten für den zukünftigen Seekrieg gegen England. Im Dezember 1939 und im Januar 1940 wurden die ersten konkreten Pläne für eine Invasion in Norwegen entworfen. Nach dem Ende des russisch-finnischen Krieges ging Raeder zwar davon aus, daß keine unmittelbaren Aktivitäten von britischer Seite in diesem Raum zu erwarten waren, erklärte aber gegenüber Hitler, daß in absehbarer Zeit eine Besetzung Norwegens durch deutsche Truppen notwendig werden würde. Am 1. März 1940 erteilte Hitler die Weisung für den »Fall Weserübung«: »Die Entwicklung der Lage in Skandinavien erfordert es, alle Vorbereitungen dafür zu treffen, um mit Teilkräften der Wehrmacht Dänemark und Norwegen zu besetzen (›Fall Weserübung‹). Hierdurch soll englischen Übergriffen nach Skandinavien und der Ostsee vorgebeugt, unsere Erzbasis in Schweden gesichert und für Kriegsmarine und Luftwaffe die Ausgangsstellung gegen England erweitert werden.«

Die Durchführung des Angriffs wurde für den 8. und 9. April 1940 vorgesehen. Die Folge war, daß das britische und das deutsche Vorgehen in Skandinavien nebeneinander herliefen, ohne daß die eine Seite vom Vorhaben der anderen gewußt hätte. Am 8. April verminten englische Schiffe Teile der norwegischen Küste, zeitgleich wurde ein Expeditionskorps in Marsch gesetzt. Währenddessen griffen Verbände der deutschen Wehrmacht Dänemark an und okkupierten das Land, ohne auf nennenswerten Widerstand zu stoßen. In Norwegen kamen die deutschen den englischen Einheiten knapp zuvor und brachten nicht nur die Hauptstadt Oslo, sondern auch Narvik unter ihre Kontrolle. Die später gelandeten Briten wurden nach verlustreichen Kämpfen am 8. Juni zum endgültigen Rückzug gezwungen. Zwei Tage später kapitulierte auch die norwegische Armee, deren schwache Kräfte dem überlegenen Gegner tapferen hinhaltenden Widerstand geleistet hatten.

Das Norwegen-Unternehmen war die erste gemeinsame Operation aller drei Wehrmachtsteile während des Krieges. Sie wurde mit relativ schwachen Kräften durchgeführt, da die Intensität des Kampfes kaum vorauszusehen gewesen war. Auch infolge dieses Umstands lagen die deutschen Verluste mit fünftausend Toten um mehr als ein Drittel über denen der alliierten Engländer, Norweger und Polen, die auf britischer Seite zum Einsatz gekommen waren. Die Ausfälle der Luftwaffe (einhundertzehn Flugzeuge) und der Marine (drei Kreuzer, elf Torpedoboote, sechs U-Boote) entsprachen denen auf seiten des Gegners, wirkten sich angesichts der deutschen Rüstungsdefizite aber gravierender aus. Folgenreicher war noch der Umstand, daß die im Norden besetzten Gebiete schon wegen der langen Küstenlinien auf Dauer mehr als dreihunderttausend deutsche Soldaten binden würden.

Nach dem Abschluß der Feldzüge gegen Dänemark und Norwegen war es die Absicht der deutschen Führung, die Verhältnisse in den besetzten skandinavischen Staaten dadurch zu stabilisieren, daß ihre innere Ordnung wenigstens zum Schein unverändert blieb. Allerdings hatte die norwegische Regierung zusammen mit König Haakon bereits am 7. Juni das Land verlassen, um in England Asyl zu finden. Norwegen wurde daraufhin einem deutschen Reichskommissar, dem Essener Gauleiter Josef Terboven, unterstellt. Die einheimische national-sozialistische Bewegung, die »Nasjonal Samling« Vidkun Quislings, blieb ohne Bedeutung, jedenfalls ohne Massenanhang, obwohl Quisling im Februar 1942 die Erlaubnis erhielt, eine Regierung zu bilden und die bisherige Verfassung außer Kraft zu setzen. Demgegenüber schienen die Verhältnisse in Dänemark tatsächlich äußerlich weitgehend unberührt. Der amtierende Monarch, Christian X., war im Land geblieben, und die Regierung durfte unter deutscher Aufsicht weiter ihre Geschäfte versehen. Erst im November 1942, als sich unter dem Eindruck der für das Reich verschlechterten Kriegslage der Widerstand im Land verstärkte, setzte man von Berlin aus Werner Best als »Reichsbevollmächtigten« ein, der im August 1943 die gesamte Administration übernahm. Die dänischen Streitkräfte wurden entwaffnet, die Flotte kam der Auslieferung durch Selbstversenkung zuvor. Anders als Norwegen und Dänemark konnte Schweden seine Unabhängigkeit erhalten, sah sich allerdings gezwungen, den deutschen Wünschen in bezug auf die Erzlieferung entgegenzukommen und seine Neutralitätspolitik deutlich gegen die Westmächte zu richten.

In einer Ansprache vor den Oberbefehlshabern am 23. November 1939 hatte Hitler erklärt: »Mein Entschluß ist unabänderlich. Ich werde Frankreich und England angreifen zum günstigsten und schnellsten Zeitpunkt. Verletzung der Neutralität Belgiens und Hollands ist bedeutungslos. Kein Mensch fragt danach, wenn wir gesiegt haben. Wir werden die Verletzung der Neutralität nicht so idiotisch begründen wie 1914. Wenn wir die Neutralität nicht verletzen, so tun es England und Frankreich.« Bereits am 19. des Monats hatte das OKH einen ersten Offensivaufmarschplan für den Westfeldzug erstellt, aber der Angriffstermin mußte dauernd – insgesamt neunundzwanzig Mal – verschoben werden. Die Notlandung einer Kuriermaschine mit zwei Luftwaffenoffizieren in der Nähe des belgischen Mechelen am 10. Januar 1940, durch die Teile des deutschen Aufmarschplans in alliierte Hände fielen, trug dazu bei, daß die ursprüngliche Konzeption weitgehend verändert werden mußte.

Der Generalstab des Heeres hatte für den Angriff auf Frankreich einen Feldzugsplan erarbeitet, der eine Modifikation des Schlieffen-Plans darstellte. Ziel der Operation sollte nicht die Vernichtung des Gegners sein, sondern »möglichst starke Teile des französischen Heeres und seiner Verbündeten auf nordfranzösischem und belgischem Boden« zu schlagen und dann die Küste zu erreichen. Dagegen entwickelte der Generalstabschef der Heeresgruppe A, Generalleutnant Erich von Manstein, schon am 31. Oktober 1939 einen Alternativentwurf, demzufolge das Hauptgewicht der deutschen Truppen nicht auf den rechten Flügel, sondern auf den Südflügel gelegt werden sollte. Mit einem gewagten Vorstoß von Panzerverbänden durch die unwegsamen Ardennen bis hin zur Kanalküste könne man die französische Maginot-Linie umgehen und die in Belgien und Nordfrankreich stehenden alliierten Verbände mit einem »Sichelschnitt« vom Süden abschneiden. Wie bei der letzten Offensive im März 1918 geplant, wollte Manstein im schnellen Vorstoß die alliierte Front aufreißen, deren Nordgruppe umstellen und in verkehrter Front mit dem Rücken zur Küste zum Kampf treiben. Rundstedt legte die Konzeption noch einmal am 12. Januar vor und machte deutlich, daß es hier um ein anderes als das vom OKH verfolgte operative Ziel ging, nämlich um »die Herbeiführung der Entscheidung im Landkrieg, die Zerschlagung der alliierten Wehrkraft zu Lande und in der Luft, die Beseitigung des englischen Festlandsdegens ...«. Der Plan fand die Zustimmung Hitlers. Nach einer Besprechung mit Manstein am 17. Februar 1940 wurde eine Woche später ein letzter Aufmarschplan »Gelb« entworfen. Nach dem Ende der Kämpfe in Norwegen erteilte Hitler am 9. Mai den endgültigen Angriffsbefehl für den folgenden Tag.

Die Wehrmacht besaß im Grunde nicht die für einen Angriff im Westen notwendige Überlegenheit der Truppen. Den 118 deutschen Divisionen und drei

Brigaden standen auf alliierter Seite 114 bis 118 Divisionen – zuzüglich dreißig holländische und belgische – gegenüber. Bei den Luftstreitkräften waren es zweitausendachthundert englische und französische Flugzeuge gegen viertausend deutsche, etwa dreitausend Panzer und gepanzerte Fahrzeuge gegen viertausend, die allerdings in der Wehrmacht mehrheitlich zu eigenständigen Panzerdivisionen zusammengefaßt waren, während dem alliierten Oberbefehlshaber, dem französischen General Maurice Gamelin, nur zwei französische Panzerdivisionen und eine englische zur Verfügung standen.

Wie angekündigt, begann der deutsche Angriff am 10. Mai ohne Rücksicht auf die Neutralität der Niederlande und Belgiens. Nachdem Luftlandetruppen im Raum Moerdijk die entscheidende Brücke über den Waal besetzt und damit das Tor zur »Festung Holland« gesprengt hatten und die Kämpfe um Rotterdam am 14. Mai durch Bombenangriffe auf die Stadt (die bereits angesetzte, aber dann unnötige Aktion konnte wegen unzureichender Funkverbindung nicht mehr verhindert werden) entschieden worden waren, kapitulierte die holländische Armee. Die Regierung und Königin Wilhelmina verließen das Land und fanden in Großbritannien Aufnahme. Bis zum 16. Mai nahm die Wehrmacht die wichtigsten Orte in Belgien, am 17. Mai erfolgte die Besetzung Brüssels. Die belgische Armee konnte die Verbindung zu den englischen und französischen Truppen, die sofort nach der deutschen Invasion von Westen her in das Land eingerückt waren, nicht halten und mußte gleichfalls am 28. Mai die Waffen strecken. König Leopold III. zog der Flucht die Gefangennahme vor und wurde bis zum Kriegsende auf Schloß Laeken interniert.

Im März 1940 hatte in Frankreich Ministerpräsident Paul Reynaud Daladier abgelöst und eine aktivere französische Verteidigungspolitik in Aussicht gestellt. Die militärischen Planungen blieben allerdings defensiv, denn die französischen Streitkräfte waren auf die Maginot-Linie und den Norden konzentriert, um im Fall eines deutschen Angriffs in Belgien und Holland einzurücken und die Linie Maas-Namur-Antwerpen zu halten, was den weiteren Vormarsch auf das eigene Gebiet verhindern sollte. Nach dem raschen Fall der beiden Anrainerstaaten sah sich das Land jetzt dem konzentrierten Stoß der deutschen Wehrmacht ausgesetzt. Bereits am 20. Mai hatten die Panzerverbände General Ewald von Kleists Nordfrankreich erreicht und waren zur Sommemündung vorgestoßen. Währenddessen wuchsen die Probleme auf alliierter Seite, die sich aus der unzulänglichen Spitzengliederung ergaben. Chamberlain war bereits am 10. Mai unter dem Eindruck des gescheiterten Norwegen-Unternehmens zurückgetreten und von Churchill ersetzt worden, Reynaud ließ sich nur durch das inständige Bitten des Staatspräsidenten Alfred Lebrun von einem ähnlichen Schritt abhalten. Ende Mai wurde dann Gamelin abgelöst, und an seine Stelle trat General Maxime Weygand, der sich allerdings zu dem Zeitpunkt noch in Syrien befand. Der Befehlshaber des englischen Expeditionskorps, Lord Gort, hatte nach dem Vorstoß der Deutschen in das Artois auf einen Rückzug hingearbeitet. Er fand dabei die Unterstützung des neuen Premiers Churchill. Dieser war es auch, der anordnete, daß die englischen Jäger, um deren Unterstützung die Franzosen mehrfach gebeten hatten, zum Schutz der Insel in England zurückzuhalten seien.

Unterdessen hatte die Panzergruppe Kleist mit Guderians Panzerkorps eine Schwenkung nach Norden vollzogen und erreichte an der Küste Boulogne und Calais. Das Oberkommando des Heeres wollte nun das von allen Seiten umfaßte britische Expeditionskorps durch einen raschen Vormarsch der Panzerverbände Guderians von der See abschneiden. Aber am 24. Mai erging an Guderian der Befehl, beim La Bassée-Kanal südlich von Dünkirchen haltzumachen. Unter Zurücklassung des gesamten Materials gelang es etwa dreihundertvierzigtausend Mann, zweihundertzwanzigtausend Briten und hundertzwanzigtausend Franzosen, mit allen möglichen Schiffen – vom Vergnügungsdampfer und der Luxusjacht bis zum Schleppkahn – auf die britische Hauptinsel zu entkommen.

Der Grund für die Handlungsweise Hitlers ist bis heute unklar. Immer wieder wurde vermutet, daß er auf diese Weise London noch einmal seinen Verständigungswillen signalisieren wollte oder auf einen Stimmungsumschwung in der englischen Bevölkerung gerechnet habe. Sollte das der Fall gewesen sein, handelte es sich um eine Fehlkalkulation. Der neue Kriegspremier Churchill nutzte vielmehr mit Erfolg die Gelegenheit, den »Geist von Dünkirchen« zu beschwören und sein Volk psychologisch auf einen langen und erbitterten Kampf gegen das Reich vorzubereiten. Nach der Aussage von Zeitgenossen herrschte in der britischen Bevölkerung eine »aufgekratzte« Stimmung. Dies war um so bemerkenswerter, als die Regierung im Grunde keine präzise Vorstellung vom weiteren Vorgehen hatte und Churchill die englischen Kriegsziele auf ein »Sieg, Sieg um jeden Preis« reduzierte.

Der auf dem Kontinent erlittene Verlust an Kriegsgerät war für Großbritannien ohne Zweifel gravierend, aber die zurückgekehrten, gut ausgebildeten und von Revanchegedanken erfüllten britischen Soldaten, Unteroffiziere und Offiziere stellten die Kader für die Truppen, mit denen das Königreich kurze Zeit später der Wehrmacht in Südosteuropa und Nordafrika entgegentrat. Gegen die Annahme, daß für die Dünkirchen-Entscheidung Hitlers die Bereitschaft zum Ausgleich mit London eine maßgebliche Rolle gespielt habe, spricht vor allem die Tatsache, daß keine entsprechende Weisung oder Äußerung belegt ist, derzufolge er auf die Vernichtung des englischen Kontingents verzichten wollte. Möglicherweise vertraute er auf das Versprechen Görings, der großspurig erklärt hatte, daß er den Hafen von Dünkirchen bombardieren und damit den Abzug über See verhindern werde. In jedem Fall war die Gefahr groß, daß bei einem Vorstoß von Panzern in dem sumpfigen flämischen Gelände größere Verluste dieser Waffengattung drohten, die für die weiteren Operationen noch dringend benötigt wur-

Absprung deutscher Fallschirmjäger über dem Gebiet zwischen Moerdijk und Den Haag im Mai 1940. – Me-110-Zerstörer von Messerschmitt über dem zerbombten Dünkirchen im Mai 1940

Die Hakenkreuzflagge auf dem Arc de Triomphe nach dem Einmarsch deutscher Truppen in Paris am 14. Juni 1940. – Mussolini und Hitler auf ihrer Fahrt durch München am 18. Juni 1940

de. Als der Haltebefehl am 26. Mai rückgängig gemacht wurde, war es zu spät, um das britische Expeditionskorps noch aufzuhalten.

Inzwischen hatten sich die Heeresgruppen A und B für den weiteren Vorstoß nach Frankreich umformiert, und mit dem Übergang an Somme und Aisne zwischen dem 5. und 9. Juni begann die zweite Phase des Feldzugs. Die Panzerverbände Kleists und Guderians erreichten jetzt Mittelfrankreich, während die Heeresgruppe C im südlichen Abschnitt gegen die Maginot-Linie vorging. Am 14. Juni rückten die deutschen Truppen in das unverteidigte Paris ein, am 17. standen Guderians Panzer an der Grenze zur Schweiz, und am 22. des Monats kapitulierten auch die französischen Truppen, die sich bis dahin noch im Elsaß gehalten hatten. Der Plan Reynauds, Frankreich von Nordafrika und den Kolonien aus weiter zu verteidigen, fand im Parlament keine Unterstützung, und die Nationalversammlung beauftragte den greisen »Sieger von Verdun«, Marschall Philippe Pétain, mit der Übernahme der Staatsführung, der sogleich das Reich um Waffenstillstand bat.

Gegen den Willen Hitlers, der nur zu Beginn des Westfeldzugs an einer Mitwirkung italienischer Truppen bei einer Operation am Oberrhein interessiert gewesen war, trat zu diesem Zeitpunkt auch Italien in den Krieg ein. Schon bei seinem Treffen mit Mussolini auf dem Brenner am 18. März 1940 war deutlich geworden, daß sich das Machtverhältnis zwischen den beiden Diktatoren verändert hatte. Mussolini sank immer mehr auf den Status des Juniorpartners herab. Es war denn auch in erster Linie seine Befürchtung, wie im Fall Polens zu spät zu kommen und erleben zu müssen, daß das Reich die ganze Beute für sich behalten werde, die ihn dazu bewog, die »nonbelligeranza« aufzugeben und am 10. Juni Frankreich und England den Krieg zu erklären. Der Angriff auf die französischen Befestigungsanlagen in den Alpen blieb allerdings erfolglos. Erst nachdem deutsche Einheiten im Rücken der Verteidiger in Stellung gegangen waren, gelang die Eroberung der Pässe, und italienische Truppen rückten in Südfrankreich ein. Mussolini wollte bei einem zukünftigen Friedensschluß mit Frankreich nicht nur die Herausgabe von – ursprünglich italienischen, mindestens aber italienischsprachigen – Gebieten wie Nizza und Korsika verlangen, sondern auch das »impero« arrondieren durch die Annexion von Tunesien und Dschibuti. Ferner erhob er Ansprüche auf Syrien, Stützpunkte in Algerien, eine italienische Besetzung Südfrankreichs bis zur Rhône, Auslieferung der französischen Flotte sowie für später die britischen Besitzungen Malta, Ägypten und Sudan.

Hitler machte seinem unerwünschten Verbündeten sehr rasch deutlich, daß er Frankreich versöhnlich stimmen wolle und kein Interesse daran habe, daß eine allzu große Demütigung des Landes die Fortsetzung des Kampfes mit Hilfe der hochmodernen französischen Flotte, die in nordafrikanischen Häfen lag, heraufbeschwor. Am 21. Juni 1940 begannen die Waffenstillstandsverhandlungen. Hitler ließ sie an demselben Ort, dem Wäldchen von Compiègne, und in demselben Eisenbahnwaggon – der eigens aus dem Museum geholt worden war – stattfinden, in dem 1918 die deutsche Delegation empfangen worden war. Er selbst nahm auf dem Sessel Platz, den damals der französische Marschall Foch eingenommen hatte. Die Bedingungen waren gemessen an den Erwartungen Frankreichs milde. Elsaß-Lothringen, Luxemburg und Eupen-Malmédy wurden dem Reich einverleibt, Kolonialfragen blieben ausgespart. Frankreich selbst sollte bis zum Abschluß eines Friedensvertrags in einen unbesetzten südlichen und einen von der Wehrmacht kontrollierten nördlichen Bereich geteilt werden. Während die wichtigsten Industriegebiete sowie die Kanalküste durch den deutschen »Militärbefehlshaber in Frankreich« (Paris) und den »Militärbefehlshaber in Belgien und Nordfrankreich« (Brüssel) direkt kontrolliert wurden, vollzog sich im unbesetzten Rest eine »Révolution Nationale«, die der Errichtung eines autoritären Regimes diente. Pétain trat als »Chef« an die Spitze des neu geschaffenen »État Français«, in dem man das Wort »Republik« mied und an die Stelle des revolutionären »Liberté – Égalité – Fraternité« die konservative Trias »Famille – Patrie – Travaille«, »Familie – Vaterland – Arbeit«, setzte. Dem Staat blieben eine Freiwilligenarmee von hunderttausend Mann sowie die begrenzte Verfügungsgewalt über Luftwaffe und Marine.

Der nach seiner »Hauptstadt« als Regime von Vichy bezeichnete Staat konnte durchaus auf die Loyalität der meisten Franzosen rechnen. Der Aufruf des Generals Charles de Gaulle, der vom englischen Exil aus die Fortsetzung des Kampfes gelobte, fand anfangs kaum Widerhall. Nicht wenige Franzosen sahen im Kollaps der Dritten Republik nicht nur das Ergebnis der militärischen Niederlage, sondern auch die Konsequenz der nationalen Dekadenz. Der ehemalige Oberbefehlshaber der französischen Armee, Gamelin, nannte schon im Mai 1940 als entscheidende Ursache für das militärische Debakel: »Schließlich und vor allem ist der deutsche Erfolg das Ergebnis körperlicher Ausbildung und einer moralischen Hochstimmung der Volksmassen. Der französische Soldat, der Staatsbürger von gestern, glaubte nicht, daß es Krieg geben könne. Sein Interesse ging oft nicht über seine Werkstatt, sein Büro oder seinen Acker hinaus. Geneigt, unaufhörlich jeden zu kritisieren, der über etwas Autorität verfügt, und angereizt, unter dem Vorwand der Zivilisation von einem Tag zum andern ein leichtes Leben zu genießen, hatte der Wehrpflichtige zwischen den beiden Kriegen nicht die moralische und die vaterländische Erziehung erhalten, die ihn auf das Drama vorbereitet hätte, in dem es um das Schicksal des Landes gehen würde.«

Revanche, Restitution oder »Neue Ordnung«?

Die von Gamelin erwähnte »Hochstimmung der Volksmassen« in Deutschland war allerdings keine Konstante. Die Vorstellung, das deutsche Volk habe kriegswillig oder kriegslüstern dem Ausbruch des Kampfes entgegengefiebert, ist abwegig. Selbst Henderson, der ehemalige englische Botschafter in Berlin, meinte, im Sommer 1939 sei »die Masse des deutschen Volkes, dieses andere Deutschland, vom Entsetzen gepackt [gewesen] über die Idee dieses Krieges, der ihm aufgedrängt worden war. Ich kann nur sagen, daß die allgemeine Stimmung in Berlin von äußerster Düsterheit und Depression war.« Das änderte sich nach dem Sieg über Polen, zumal die Bevölkerung einen Ausgleich mit dem Westen und baldigen Friedensschluß erhoffte. Als sich diese Erwartungen nicht erfüllten, kam es zwischen Weihnachten 1939 und Neujahr 1940 zu ersten Zusammenrottungen Unzufriedener in Berlin, gegen die die Polizei vorgehen mußte.

Hitler selbst wußte um die schwankende Stimmung in der Bevölkerung, und das Trauma des deutschen Zusammenbruchs vom November 1918 ließ ihn schon vor Kriegsbeginn Überlegungen anstellen, auf welche Weise sich die Massenloyalität in der Ausnahmesituation des Krieges sichern ließ. In seiner erwähnten Geheimrede vom 10. November 1938 hatte er darauf hingewiesen, daß die »jahrzehntelang betriebene Friedenspropaganda auch ihre bedenklichen Seiten« gehabt habe, weshalb man das Volk »psychologisch umstellen« müsse. Diese »Umstellung« konnte bis zum Kriegsausbruch nur noch bedingt erfolgreich sein. Schließlich existierten unter der totalitären Oberfläche des Regimes immer verschiedene »Meinungstrends« (Marlis G. Steinert) nebeneinander, die die Gesamtpolitik sehr unterschiedlich bewerteten. In bezug auf eine zukünftige militärische Auseinandersetzung entwickelte sich schon in den ersten Jahren nach der »Machtergreifung« eine ebenso pluralistische »Friedens-« wie eine »Kriegspartei«. Während die erste, wahrscheinlich stärkere Gruppe bereits durch den Austritt aus dem Völkerbund, die sichtbare Steigerung der Rüstungsanstrengungen, die Saarabstimmung und die Besetzung des Rheinlandes in einer latenten Kriegspsychose lebte, gab es die zweite, zu der nicht nur die überzeugten Nationalsozialisten gehörten, sondern auch ein Teil der Jugend, die keinen Krieg erlebt hatte, Arbeitslose, die darauf hofften, von künftigen Beute- und Eroberungszügen zu profitieren, aber auch die Opposition, in der man glaubte, daß nur ein Angriff von außen das System zusammenbrechen lassen würde.

Seit der Wiedereinführung der Wehrpflicht entstand in dieser Gruppe eine Stimmungslage, bei der sich die Furcht vor dem Krieg mit der fatalistischen Anschauung verband, daß der Konflikt kaum noch zu verhindern sei. Eine Auffassung, die sich angesichts der erhöhten außenpolitischen Aktivität in den Jahren 1937/38 fast allgemein durchsetzte. In einem der »Deutschlandberichte« der SOPADE vom Juli 1938 hieß es: »1. Die große Masse des Volkes fürchtet den

Krieg, niemand glaubt, daß Deutschland siegen könne. 2. Ein großer Teil der Jugend ist durch die Propaganda des Regimes für den Krieg gewonnen. 3. Erhebliche Teile der entschiedenen Gegner des Regimes sehnen den Krieg herbei, weil ihrer Überzeugung nach durch einen Krieg die Diktatur gestürzt werden kann und sie ein Ende mit Schrecken einem Schrecken ohne Ende vorziehen.« Aufschlußreich auch die Bemerkung, daß das relative Desinteresse am Schicksal der Juden mit der Fixierung auf einen möglichen Kriegsausbruch, der Sorge um die eigene Existenz und die der Angehörigen zusammenhänge.

Im Jahr 1938 durfte weder ein Krieg zum Zweck der Angliederung Österreichs noch zur »Befreiung« der Sudetendeutschen auf massenhafte Zustimmung rechnen. Wesentlich uneinheitlicher zeigte sich dagegen das Meinungsklima angesichts des deutsch-polnischen Konflikts im Frühjahr und Sommer 1939. Der Nichtangriffspakt von 1934 war in Deutschland niemals populär gewesen, der Korridor und der Sonderstatus Danzigs galten als »unnatürlich«, die Forderungen Hitlers als »gemäßigt« und vertretbar. »Mit den Polen glauben wir rasch fertig zu werden, und wir freuen uns offen gestanden darauf. Die Sache muß bereinigt werden«, schrieb am 31. August 1939 der Chef des Stabes des Generalquartiermeisters des Heeres, General Eduard Wagner, in einem Brief an seine Frau. Wagner war keineswegs ein Anhänger Hitlers, sondern einer jener Frondeure, die die Sudetenkrise zum Umsturz hatten nutzen wollen. Der »Volkstumskampf« in Polen und auch die Propaganda, die mit dem Motiv der »Einkreisung« arbeitete, nachdem die Westmächte die Garantieerklärung für Polen abgegeben und Gespräche mit der Sowjetunion aufgenommen hatten, überzeugten ihn aber wie so viele andere von der Berechtigung eines Krieges gegen den östlichen Nachbarn.

Als es schließlich wirklich zum Kriegsausbruch kam, herrschte eine gedrückte, wenn auch gefaßte Stimmung vor. Zeitgenossen haben immer wieder auf den Unterschied zu den Augusttagen von 1914 hingewiesen: keine spontane Begeisterung, kein Ansturm der Freiwilligen, keine Soldaten, die singend ins Feld zogen, kaum ein Prediger, der den »Schlachtengott« anrief, eher »widerwillige Loyalität« (Helmuth Krausnick) in der Bevölkerung, viele skeptische Stimmen und die Bitte um Schutz für das eigene Volk, zu Hitlers Verärgerung in den Kirchen auch Aufforderungen, Buße zu tun. Martin Niemöller, der sich aus der KZ-Haft freiwillig zur Marine meldete und Admiral Raeder mitteilte, daß er – der hochdekorierte U-Boot-Kommandant des Ersten Weltkrieges – sogar bereit sei, seinem Vaterland als einfacher Matrose zu dienen, erscheint nur als exzentrisches Beispiel für die normalbürgerliche Auffassung von nationaler Pflichterfüllung. Ähnlich wie Niemöller verhielt sich auch sein Amtsbruder Fritz Müller, der in Dahlem zu den Mitbegründern des »Pfarrernotbundes« und dann der Bekenntnisbewegung gehört hatte; während der Sudetenkrise äußerte er in einer Predigt, daß ein Krieg die »Strafe Gottes« für die Hybris der deutschen Führung sein werde, und trat dennoch 1939 freiwillig in die Wehrmacht ein. Bereitschaft zur Fahnenflucht gab es praktisch nirgends, auch nicht in proletarischen Kreisen, und nach dem Abschluß des Polenfeldzugs hob sich die anfangs gedrückte Stimmung schon wegen der geringen Verluste; die Zahl der Freiwilligen – die sich finanziell besser standen als die »U. K.« (»unabkömmlich«) gestellten – ging erst nach den Niederlagen im Rußlandfeldzug zurück.

Bereits am 30. September ließ Goebbels das Tanzverbot aufheben; die Erleichterung über den scheinbar kurzen Krieg kam in überschwenglicher Lebenslust zum Ausdruck. In den Großstädten trug die »Spinnstoffknappheit«, in deren Folge die Röcke kürzer wurden, nicht wenig zur Erotisierung der Atmosphäre bei. Nackt- und »Schönheitstänze« gehörten in Berlin sowieso weiter zum Repertoire der Varietés; das am 8. April 1941 ausgesprochene Verbot von Aktfoto-Büchern bezog sich nicht auf Magazine, und pornographische Fotos konnten praktisch ungehindert weiterverkauft werden. Der Kampf gegen den Jazz, der immer nur bedingten Erfolg gehabt hatte, schien jetzt völlig aussichtslos, weil die Kapellen aus den neu besetzten Gebieten – Belgien, die Niederlande und Frankreich – um so mehr gefeiert wurden – so eine SD-Meldung –, »je wilder, verjazzter und verhotteter« sie spielten.

Von vielen Deutschen wurden die »Blitzkriege« als »etwas Unwirkliches« empfunden: »Man las davon wie von einem Ereignis auf einem anderen Stern« und nahm die Erfolge der Wehrmacht zur Kenntnis »so wie Schuljungen Fußballerfolge aufnehmen« (Howard K. Smith). Dazu trug nicht zuletzt bei, daß es bis 1941 scheinbar normale Beziehungen zu den USA und der Sowjetunion gab. In den Kinos liefen erfolgreich »Südsee-Nächte« mit Eleonore Powell und Robert Young, »Micky-Maus« und »Dick und Doof«, denn die amerikanischen Produktionen wurden erst im Februar 1941 verboten. Noch im Frühjahr des Jahres gab es Werbung für Ingenieursreisen nach Kiew oder zu den Moskauer Bühnenfestspielen durch das staatliche sowjetische Reisebüro »Intourist«, im Februar erhielt der Berliner Zoo vom Moskauer Zoo einen Waschbären geschenkt. Erst nach den schweren militärischen Rückschlägen im Winter 1941/42 wurde überhaupt die Reklame für Vergnügungsreisen verboten, die man bis dahin als probates Mittel zur Wiederherstellung der Arbeitskraft propagierte.

Hatte es schon bei der Rückkehr der Truppen aus dem Polenfeldzug Ausbrüche hemmungsloser Begeisterung gegeben, so erst recht, nachdem sich das Gerücht verbreitete, daß England zum Friedensschluß bereit sei; am 10. Oktober 1939 kam es in Berlin zu spontanen Freudenkundgebungen. Die Euphorie schwand, als klar wurde, daß mit einem Ende des Krieges nicht zu rechnen war, und kehrte erst wieder bei der Nachricht vom rasch beendeten Feldzug gegen Frankreich. Nach der Besetzung von Paris am 15. Juni 1940 meldete der SD einen »bisher nicht gekannten Integrationsgrad aller Bevölkerungsschichten«, selbst bei ehemaligen Mitgliedern von KPD und SPD beobachte man eine »einwandfreie vaterländische Gesinnung, sie stünden rückhaltlos zum Führer«.

Dazu bildete einen auffälligen Kontrast, daß es anders als 1914 keinen »freiwilligen geistigen Kriegsdienst« (Hans Maier) der Intellektuellen, der Dichter, der Philosophen und Historiker, daß es eigentlich keine »Ideen von 1939« gab. Der »Kriegseinsatz der deutschen Wissenschaft« kam erst später und auf dem Verordnungswege zustande. Hitler selbst legte auf Hilfe dieser Art auch nur begrenzten Wert. Er hatte im internen Kreis offen zugegeben, daß der Konflikt nichts mit »geklügelte[r] Gescheitheit« zu tun habe: »Die Kämpfe sind anders geworden als vor 100 Jahren. Heute können wir von einem Rassenkampf sprechen.« Dieser Begriff war mit dem Krieg gegen die skandinavischen und die westeuropäischen Länder selbst bei großzügiger Interpretation kaum zur Deckung zu bringen. Deshalb schloß Hitler auch gleich an, daß der Kampf gegen Frankreich mehr als nur eine Revanche für 1918, vielmehr eine Abrechnung mit der französischen Politik seit 1648 sein solle. Wenigstens dieser Gedanke konnte angesichts der traditionellen Vorstellungen von »Erbfeindschaft« auf eine gewisse Akzeptanz in der Bevölkerung rechnen. Nach dem Sieg über Frankreich erschien ein offiziöser Band mit dem Titel »Der Westfälische Friede« in Rosenbergs Hausverlag, dem »Hoheneichen-Verlag«. In einem Vorwort für das Buch schrieb Alfred Baeumler, mit dem Westfälischen Frieden habe sich 1648 »zum ersten Male der ›Westen‹ deutlich als politische Wirklichkeit« abgezeichnet. Jetzt habe aber mit dem Triumph der deutschen Waffen zugleich die »Idee des Reiches« gesiegt: Es »gibt keinen Westen mehr«. Das Reich werde wieder, wie in den Zeiten der Hohenstaufen, die Hegemonialmacht des Kontinents sein.

Die Vorstellung von einer »Neuordnung Europas aus Rasse und Raum«, wie sie Hitler in seiner Rede vor dem Reichstag vom 6. Oktober 1939 angedeutet hatte, gewann im Umkreis Rosenbergs, aber auch bei einigen Historikern eine gewisse Bedeutung. Dagegen wurde die Idee von einer deutschen oder europäischen »Monroe-Doktrin«, wie sie Carl Schmitt bereits 1937/38 entwickelt und seit 1939 publiziert hatte, nur allmählich zur Kenntnis genommen. Am 1. April 1939 hielt Schmitt, der sich, seitdem er von der SS-Führung angegriffen worden war, aus der Öffentlichkeit zurückgezogen hatte, an der Universität Kiel einen Vortrag über »Völkerrechtliche Großraumordnungen«, der im gleichen Jahr auch gedruckt wurde unter dem Titel »Völkerrechtliche Großraumordnung mit Interventionsverbot für raumfremde Mächte. Ein Beitrag zum Reichsbegriff«. Schmitt betrachtete die Außenpolitik Roosevelts als Beleg für den imperialistischen Charakter der amerikanischen »Monroe-Doktrin«, der nun Japan mit seiner Vorstellung von der »Ostasiatischen Wohlstandssphäre« und zukünftig das Reich als Ordnungsmacht in Europa entgegentreten würden.

Die Ausführungen Schmitts fanden zum Zeitpunkt ihrer Veröffentlichung ein eher zwiespältiges Echo; in Deutschland reagierten selbst überzeugte Nationalsozialisten irritiert, während von seiten der angelsächsischen Presse vermutet wurde, daß Schmitt als eine Art intellektueller Minenhund für die verborgenen

Pläne Hitlers benutzt werde. Tatsächlich hat Hitler, ohne Bezugnahme auf Schmitt, am 28. April 1939 eine Ansprache gehalten, in der er unter Hinweis auf die Monroe-Doktrin der USA erklärte, die Deutschen verträten genau »die gleiche Doktrin ... für Europa, auf alle Fälle aber für den Bereich und die Belange des Großdeutschen Reiches«. Er wiederholte die Vorstellung in einem Gespräch, das er am 15. Juni 1940 mit dem Journalisten Karl von Wiegand führte – »Amerika den Amerikanern, Europa den Europäern!« –, aber ihre eigentliche Brisanz erhielt sie erst seit dem Jahresende 1941, als tatsächlich die Umrisse eines deutschen, eines amerikanischen, eines sowjetischen und eines japanischen »Großraums« erkennbar wurden. Von größerer Popularität blieb sie in Deutschland trotzdem weit entfernt. In einem Stimmungsbericht des SD vom Frühjahr 1941 hieß es ausdrücklich, es sei »die zum Teil in der Propaganda angedeutete künftige Rolle Deutschlands als führender Staat Europas und die unmittelbare Einverleibung von Ostgebieten ... den Vorstellungen eines größeren Volksteils noch kaum zugänglich«.

Ähnlich wie in Deutschland differierten auch im besetzten wie im neutralen Europa die Stimmungslagen und Einschätzungen in bezug auf Hitler, den Krieg und die sich daraus ergebenden Perspektiven. Während der Kampf in Polen von vornherein mit außerordentlicher Erbitterung und Grausamkeit geführt worden war und unmittelbar in eine drakonische Besatzungszeit überging, wies der Kampf im Westen eher alle Merkmale eines europäischen »Normalkrieges« auf. Die Verletzung der kriegsvölkerrechtlichen Regeln bildete die Ausnahme, schlimme Erwartungen der Zivilbevölkerung erfüllten sich nicht. Geflohene niederländische Politiker kehrten nach kurzer Zeit in ihre Heimat zurück, ähnliches galt für Belgien, wo der Sozialist Hendrik de Man in einem Manifest an das Proletariat seines Landes erklärte: »Der Krieg hat zum Zusammenbruch des parlamentarischen Systems und der kapitalistischen Plutokratie der sogenannten Demokratien geführt. Für die Arbeiterklasse ist dieser Zusammenbruch einer maroden Ordnung nicht etwa ein Unglück, er bedeutet Befreiung.«

In den ärmeren Vororten von Paris waren die deutschen Soldaten freundlicher aufgenommen worden als in den bürgerlichen Vierteln, nicht zu vergessen, daß die Kommunisten jeden französischen Widerstandsversuch im Namen der Solidarität mit der Sowjetunion sabotierten und Hitler als den Verbündeten Stalins mit einem wenn auch äußerst skeptischen Wohlwollen betrachteten. Daneben gab es aber auch die große Zahl derer, die als Faschisten oder National-Sozialisten den deutschen Sieg begrüßten. Führer kleinerer (Mussert in den Niederlanden, Staf de Clercq in Flandern, Doriot und Déat in Frankreich) und größerer (Leon Degrelle in Wallonien) Parteien, Intellektuelle wie die Schriftsteller Pierre Drieu La Rochelle, Henry de Montherlant, Louis-Ferdinand Céline, Robert Brasillach oder der in Italien lebende amerikanische Dichter Ezra Pound glaubten daran, daß Hitler eine neue Ordnung für Europa schaffen könnte – eine Überzeugung, die sie mit einzelgängerischen Naturen wie dem holländischen Musiker und Dirigenten Willem Mengelberg oder dem rumänischen Religionswissenschaftler Mircea Eliade teilten. Sogar der katholische Philosoph Teilhard de Chardin schrieb in einem Brief aus Peking: »Ich persönlich halte an meiner Überzeugung fest, daß wir heute nicht den Untergang, sondern die Geburt einer Welt erleben ... Frieden kann nichts anderes bedeuten als einen höheren Prozeß der Eroberung. Die Welt muß denen gehören, die die aktivsten Elemente darin sind ... Im Augenblick verdienen die Deutschen den Sieg, denn – wie verworren oder böse ihre geistige Triebkraft auch sein mag – sie haben mehr davon als der Rest der Welt.«

England kapituliert nicht

Anfang Juli 1940 zog Hitler als Triumphator in seiner Hauptstadt ein. Ihm war in wenigen Wochen gelungen, was die militärische Führung des kaiserlichen Deutschland in vier Jahren nicht vermocht hatte. Den siebenundzwanzigtausend deutschen Gefallenen während des Westfeldzuges standen hundertfünfunddreißigtausend Tote auf alliierter Seite gegenüber, ein – wie nicht nur Hitler meinte – tragbarer Preis für die Wiederherstellung der deutschen Großmachtposition. Der »Führer« durfte sich auf dem Höhepunkt seiner Macht sehen, im unbestrittenen Besitz der Souveränität, mehr als nur nomineller Oberbefehlshaber der Wehrmacht, anerkannt nicht bloß durch das Volk, sondern auch durch die traditionellen Eliten, die irritiert oder resigniert die Grundlosigkeit ihrer Befürchtungen zur Kenntnis nahmen. Das Auswärtige Amt begann schon mit dem Entwurf von Plänen für ein deutsches Mitteleuropa und einen mittelafrikanischen Ergänzungsraum. Die übrigen europäischen Staaten sollten durch eine Zollunion mit dem Reich verbunden werden, die außerdem die weitgehende Autarkie der kontinentalen Wirtschaft sichern würde.

Gleichzeitig gab es Vorbereitungen für detaillierte Friedensverträge mit den besiegten Gegnern. Unter Leitung des Reichswirtschaftsministers Funk fand am 22. Juli 1940 eine Besprechung über die »wirtschaftliche Neuordnung Europas« statt, als deren Ergebnis formuliert wurde: »1. Einbau der in das Reich eingegliederten und der besetzten Gebiete in die großdeutsche Wirtschaft; 2. wirtschaftliche Auseinandersetzung mit den Feindstaaten; 3. Neuaufbau der von Deutschland geführten kontinentalen Wirtschaft und ihrer Beziehung zur Weltwirtschaft.« Alle Planungen Görings in dieser Phase deuten darauf hin, daß er nicht nur an die Wiederaufnahme intensiverer Außenwirtschaftskontakte dachte, sondern auch die Zwangsmaßnahmen im Wirtschaftsbereich reduzieren wollte, um einerseits dem Mittelstand und dem Bauerntum zu helfen, andererseits dem »freien Spiel der

Kräfte« wieder mehr Raum zu geben, das infolge der staatlichen Vorgaben aus der unmittelbaren Vorkriegszeit fast zum Erliegen gekommen war.

Aber die Lage konsolidierte sich nicht in dem erwarteten Sinn. Obwohl es in Großbritannien Stimmen gab, die die Fortsetzung des Kampfes für aussichtslos hielten und einen Ausgleich anstrebten, setzten sich die »Falken« um Churchill schließlich durch. Zwar hatte der Außenminister Lord Halifax in einer Sitzung des Kabinetts vom 26. Mai erklärt, England müsse »der Tatsache ins Auge sehen, daß nicht mehr die Niederringung Deutschlands zur Debatte stehe, sondern die Absicherung der Unabhängigkeit unseres Reiches«, und verlangt, auf die Sondierungen Hitlers zu reagieren, aber Churchill gelang es, die Kontroverse, die sich daraufhin in der Regierung ergab, auf den engsten Kreis zu beschränken und keine öffentliche Diskussion über einen Sonderfrieden mit Deutschland zuzulassen. Vielmehr ging der englische Premier mit außerordentlicher Energie daran, den Widerstand gegen Deutschland zu organisieren. Nachdem sich die französische Regierung geweigert hatte, ihre Flotte an den ehemaligen Verbündeten England auszuliefern oder selbst zu versenken, griff ein britischer Verband am 3. Juli die im Hafen von Oran (Mers-el-Kebir) ankernden französischen Schiffe an. Dabei sank ein Schlachtschiff, zwei weitere wurden schwer beschädigt, während ein viertes zusammen mit drei Großzerstörern und fünf Torpedobooten den Angreifern entkam. Es fanden 1.147 französische Seeleute den Tod, und die Verluste erhöhten sich noch, als die Briten am 6. Juli erneut angriffen, um auch die schwer beschädigten Schlachtschiffe zu versenken, was ihnen allerdings nicht gelang.

Trotz der offensichtlichen Bereitschaft Englands, den Kampf fortzusetzen, glaubte Hitler immer noch, durch einige verlockende Angebote die britische öffentliche Meinung für sich einnehmen zu können. Vor der Entscheidung von Dünkirchen hatte er erklärt, man suche »Fühlung mit England auf der Basis der Teilung der Welt«, und jetzt äußerte er gegenüber der militärischen Führung, die Zerstörung des Empire bedeute für »Deutschland keinen Nutzen. Wir würden mit deutschem Blut etwas erreichen, dessen Nutznießer nur Japan, Amerika und andere sind«. Hitler erwartete von England die Anerkennung seiner Eroberungen und die Rückgabe der früheren deutschen Kolonien, bei gleichzeitiger deutscher Bereitschaft, den Bestand des britischen Reiches zu garantieren. Es ist tatsächlich nicht erkennbar, daß Hitler zu diesem Zeitpunkt an die Zerstörung des Empire gedacht hat.

In seiner Rede vor dem Reichstag am 19. Juli machte er noch einmal ein »großzügiges Angebot«, aber die von ihm erwartete Regierungsumbildung zugunsten der verständigungsbereiten Kräfte in London blieb aus. Churchill, der praktisch mit der Macht eines Diktators ausgestattet war, erlaubte nur zum Schein vorsichtige Sondierungen, hielt ansonsten aber an seiner intransigenten Haltung fest. Die Ursachen dafür lagen einmal in seinem starken Mißtrauen gegenüber der Person Hitlers, zum anderen in seiner Hoffnung auf die Unterstützung der USA begründet. Bis zum Juni 1940 hatten die Vereinigten Staaten strikt an ihrer Neutralität festgehalten, und Churchill war der auch von Hitler geäußerte Gedanke nicht fremd, daß Washington darauf spekulieren könnte, nach der britischen Niederlage das Erbe des Vereinigten Königreichs als Vormacht in Afrika und Asien anzutreten; mahnend äußerte er gegenüber Lord Lothian, dem englischen Botschafter in den USA, er solle Roosevelt darauf hinweisen, daß es kurzsichtig sei, die »Trümmer des Britischen Reiches« aufsammeln zu wollen: »Wenn wir untergehen, hat Hitler eine sehr gute Chance, die Welt zu erobern.«

Am 4. Juni appellierte Churchill in einer großen Rede an die USA, die englische Demokratie in ihrem Kampf nicht allein zu lassen. Aber die Neutralitätsgesetze erlaubten Roosevelt äußerstenfalls die Freigabe von zivilen Gütern, nicht die Bereitstellung der von Churchill gewünschten Kriegsschiffe. Erst am 10. Juni, nach der Kriegserklärung Mussolinis an England und Frankreich, machte sich ein Umschwung in Washington bemerkbar. In einer Ansprache sagte Roosevelt: »Als Nation ... sind wir unerschütterlich davon überzeugt, daß ein Land- und Seesieg für die Götter des Hasses alle demokratischen Institutionen der westlichen Welt gefährden würde und daß daher unser ganzes Mitgefühl jenen Nationen gelten muß, die ihr Lebensblut im Kampf gegen diese Mächte opfern.«

Zu diesem Zeitpunkt waren die militärischen Berater Roosevelts allerdings noch von der Sinnlosigkeit jeder direkten Unterstützung Englands überzeugt; erst Ende Juli änderte sich ihre Einschätzung. Zu diesem Zeitpunkt war die Nominierung Roosevelts für eine dritte Amtsperiode als Präsident sichergestellt. Am 14. August 1940 faßte das Kabinett den Entschluß, fünfzig ältere Zerstörer aus dem Ersten Weltkrieg an England zu »verleihen«, gegen die »Verpachtung« von Stützpunkten auf Neufundland und einigen Inseln der Karibik; eine Woche später gab auch die Marineleitung ihren Widerstand gegen die Aushändigung der Schiffe auf. Das war de facto das Ende der amerikanischen Neutralität.

Zu diesem Zeitpunkt hat Hitler möglicherweise noch ernsthaft an eine Invasion in Großbritannien gedacht. Aber die Planungen für die »Operation Seelöwe«, die am 2. Juli begannen und nach Hitlers Weisung vom 16. des Monats bis Mitte August abgeschlossen sein sollten, kamen kaum voran. Das hat zweifellos zu den langwierigen Auseinandersetzungen zwischen Heer und Marine um die Konzeption des Landungsunternehmens beigetragen. Am 22. und 23. August kam es schließlich zu einem Kompromiß der Waffengattungen, den wenige Tage später auch Halder widerwillig akzeptierte, demzufolge die Invasion auf einer Breite von hundertfünfzig Kilometern zwischen Brighton Bay und Folkestone vorgetragen werden sollte. Den dabei einzusetzenden fünfundzwanzig Divisionen des Heeres hätten nur sechsundzwanzig englische, die sich zum Teil noch in der Aufstellung befanden, entgegentreten können. Angesichts der Schwäche der deutschen Seekriegsstreitkräfte bestand aber in der Wehrmachtführung Einigkeit, daß ohne die Erringung der Luftherrschaft jede Invasion zum Scheitern verurteilt sei.

Am 13. August begann das Unternehmen »Adlertag« mit deutschen Angriffen auf Flugplätze und Radarstationen, Industrieanlagen, Häfen und Verkehrsverbindungen in Großbritannien. Von Norwegen, Nordfrankreich und Belgien aus starteten die 875 Bomber, 316 Sturzbomber, 45 Fernaufklärer, 702 Jäger und 227 Zerstörer. Bis zum Ende des Monats fanden 4.779 Einsätze statt, wobei die deutsche Luftwaffe 215 Bomber und 252 Jäger verlor, während ihr englischer Gegner lediglich 359 Jäger einbüßte. Anders als in den vorangegangenen »Blitzkriegen« gelang es der Luftwaffe nicht, die feindlichen Flugzeuge gleich am Boden zu zerstören. Die von der Air Force eingesetzten 700 Jagdflugzeuge, die meistens zum Typ Spitfire oder Hurricane gehörten, erreichten zwar nicht die Geschwindigkeit der deutschen Me 109, waren aber beweglicher und besser bewaffnet.

Die offensichtliche Unmöglichkeit, die britische Verteidigung zu brechen, führte dazu, daß vom 7. September an Bombardierungen des Stadtgebiets von London stattfanden. Im September flog die deutsche Luftwaffe noch einmal 7.260 Angriffe, mußte aber wegen der hohen Verluste, die nicht zuletzt auf die flächendeckende Radarüberwachung zurückzuführen waren, zu Nachtangriffen übergehen. Die richteten sich vor allem gegen einzelne Industriezentren, um die englische Rüstungsproduktion zu zerstören. Die Wirkung dieser Angriffe wurde von der deutschen Seite überschätzt, während die britische Führung die Attacken propagandistisch nutzen konnte, zumal sie die erhoffte demoralisierende Wirkung auf die eigene Zivilbevölkerung nicht hatten. Der bekannteste Fall dieser Art war der Angriff auf die südöstlich von Birmingham liegende Stadt Coventry. In der Nacht vom 14. auf den 15. November wurde sie von mehr als achthundert deutschen Bombern angegriffen. Dabei fanden 568 Menschen den Tod, dazu kamen 865 Verletzte. Die Spreng- und Brandbomben konnten zwar keinen dauerhaften Schaden in diesem Rüstungszentrum anrichten, sie zerstörten jedoch die Altstadt Coventrys mit der gotischen Kathedrale.

Am 16. September brach die Luftwaffe infolge des schlechten Wetters die Operation ab. Die Pläne für eine Invasion Englands wurden zwar noch nicht aufgegeben, sondern bis zum Frühjahr 1941 fortgesetzt, aber faktisch resignierte die Wehrmachtführung nach dem fehlgeschlagenen Versuch, die Lufthoheit über Südengland und dem Kanal zu gewinnen. Eine wesentliche Ursache für die Unmöglichkeit, die britischen Inseln zu erobern, lag außerdem in der Schwäche der deutschen Marine. Ursprünglich sollte der bei Kriegsbeginn ausgesetzte Z-Plan nach dem Sieg über Frankreich wieder aufgenommen werden, und in einem Gespräch mit Raeder gab Hitler am 11. Juli 1940 seine Zustimmung für einen weiteren Ausbau der Seestreitkräfte, die nach der Besetzung von Norwegen und Dänemark sowie durch die Kontrolle der französisch-belgischen Kanalküste über eine völlig veränderte Operationsbasis verfügten. Jedoch kamen die Pläne kaum zur Ausführung, da der Rüstungsrückstand so rasch nicht aufzuholen war.

Nach der Selbstversenkung des Panzerschiffs »Admiral Graf Spee« vor der La-Plata-Mündung am 17. Dezember 1939 und dem Verlust des Schlachtschiffs »Bismarck« am 27. Mai 1941 waren größere Operationen der deutschen Überwasserflotte außerordentlich problematisch. Die »Dickschiffe« hatten sich als äußerst luftgefährdet erwiesen, sie waren beim Kampf gegen die Nachschublinien des Gegners eher ineffizient, und jeder Verlust ließ sich von diesem Gegner als erheblicher Propagandaerfolg auswerten. Außerdem konnten die Briten – seitdem es ihnen gelungen war, den deutschen Funkcode zu »knacken« – das Netz der deutschen Versorgungs- und Troßschiffe vollständig aufrollen. Die Seeschlacht im Atlantik mußte deshalb allein von der U-Boot-Waffe getragen werden. Dabei hatte die deutsche Produktion von Unterseebooten bei Kriegsausbruch nicht einmal den Stand erreicht, der durch das deutsch-britische Abkommen von 1935 bewilligt worden war. Die von Admiral Karl Dönitz entwickelte »Rudeltaktik« ließ sich mangels Masse kaum realisieren. Obwohl deutsche Schiffe bis zum Jahresende 1941 beinahe zehn Millionen Bruttoregistertonnen englischer und amerikanischer Handelstonnage vernichtet hatten, bedeutete das keinen dauerhaften Erfolg. Aus diesem Grund schlug Raeder als Oberbefehlshaber der Kriegsmarine Hitler vor, den Mittelmeerraum zum Operationsgebiet der deutschen Flotte zu machen, Gibraltar, Malta und Suez zu besetzen und England – das man nicht direkt treffen konnte – auf diese Weise von seinen Versorgungsgebieten im Nahen und Fernen Osten abzuschneiden.

Der Plan fand auch die Unterstützung Brauchitschs und Halders, und er schien mit Vorstellungen von der Einbeziehung Francos und Pétains in ein gegen England gerichtetes Bündnis zu korrespondieren. Während des Westfeldzuges hatte Madrid, wo man bis dahin vorsichtig abwartete, die Neutralität aufgegeben und war – wie vorher Italien – zur »Nichtkriegführung« übergegangen. Franco interessierte der mögliche Erwerb Marokkos, und für eine von deutscher Seite gewünschte Eroberung Gibraltars hatte er schon um die Überstellung von Geschützen gebeten. Am 23. Oktober trafen Franco und Hitler in Hendaye an der französisch-spanischen Grenze zusammen. Zu diesem Zeitpunkt hatte sich allerdings die Gesamtlage infolge der gescheiterten »Luftschlacht um England« wieder geändert. Franco zögerte wegen der maritimen Abhängigkeit seines Landes von Großbritannien, während sich Hitler dadurch in einer Zwangslage befand, daß er die Geneigtheit Pétains erhalten wollte und keine Zusagen in bezug auf die Übertragung von französischem Kolonialgebiet an Spanien machen konnte.

In Frankreich hatte die Beschießung von Mers-el-Kebir eine latente antienglische Stimmung noch weiter verstärkt, und zur Vergeltung für den Überfall der britischen Marine griffen französische Flugzeuge Gibraltar an. Aber die Regierung in Vichy war trotzdem weit davon entfernt, an deutscher Seite in den Krieg gegen England einzutreten. Als Hitler einen Tag nach dem Treffen von Hendaye mit Pétain und seinem Ministerpräsidenten Laval in Montoire zusammenkam, blieb es beim Austausch unverbindlicher Höflichkeiten. Frankreich erhielt keine Zusicherungen bezüglich seiner Ostgrenze und seines künftigen Status als Kolonialmacht nach Abschluß des immer noch ausstehenden Friedensvertrags. Dazu kamen die innerfranzösischen Spannungen: Ein Teil der Überseebesitzungen – Äquatorialafrika, der Tschad und Kamerun – war auf die Seite de Gaulles übergegangen. Während Laval für die »collaboration«, die engere Zusammenarbeit mit dem früheren Gegner, eintrat, suchte Pétain mit seinem »attentisme« Zeit zu gewinnen und gleichzeitig einen Ausgleich mit England zu erreichen. Als Pétain Laval am 13. Dezember entließ, wurde das in Berlin zu Recht als Signal für eine Aufrechterhaltung der gegenseitigen Distanz verstanden.

Die Lage im Mittelmeerraum komplizierte sich weiter dadurch, daß nicht nur Spanien, sondern auch Italien auf eine Ausdehnung seines Machtbereichs und seines kolonialen Besitzstandes aus war. Obwohl die italienischen Streitkräfte bereits verschiedene empfindliche Niederlagen erlitten hatten – der Versuch, die Seestraße zwischen Tunis und Sizilien zu sperren, war gescheitert, in der Seeschlacht bei Matapan am 28. März 1941 wurden Teile der italienischen Flotte von den Briten so vernichtend geschlagen, daß sich die Marineleitung zukünftig nicht mehr getraute, größere Operationen durchzuführen –, glaubte Mussolini doch an die Möglichkeit, den Traum vom Mittelmeer als »mare nostro« verwirklichen zu können. Sein Ehrgeiz bestand darin, mit Hitler endlich gleichzuziehen und scheinbar unabhängig einen »Parallelkrieg« zu führen, »nicht mit Deutschland, nicht für Deutschland, sondern für Italien an der Seite Deutschlands«.

Währenddessen hatte die italienische Armee – entgegen dem Wunsch Hitlers, der keine weitere Front in Südosteuropa eröffnet wissen wollte – bereits im Oktober 1940 die Grenze zu Griechenland überschritten. Wider Erwarten gelang es den schwachen griechischen Streitkräften aber, die Invasion abzuschlagen und die italienischen Truppen bis nach Albanien zurückzuwerfen. Gleichzeitig kamen ihnen englische Verbände zu Hilfe, die aus Großbritannien und Ägypten herangeführt wurden. Auf der griechischen Insel Kreta errichteten die Engländer einen Luftwaffenstützpunkt, von dem aus künftig die rumänischen Ölfelder von Ploesti bedroht werden konnten. Die italienische Armee versagte nicht nur bei dem Vorstoß nach Griechenland, gleichzeitig scheiterte auch eine Operation in Nordafrika. Nachdem es italienischen Verbänden noch gelungen war, von Abessinien aus Britisch-Somaliland zu erobern, endete der Angriff auf Ägypten mit einem Desaster. Den Engländern fielen hundertdreißigtausend Gefangene in die Hände, die Cyrenaika und für kurze Zeit auch Somalia sowie Eritrea kamen unter englische Kontrolle.

Daraufhin sah sich Mussolini zu einem Hilfeersuchen an Hitler veranlaßt, der eine Fliegereinheit nach Sizilien und einige Divisionen – das »Afrikakorps« unter dem Kommando von Generalleutnant Erwin Rommel – nach Nordafrika verlegen ließ. Eigentlich sollte Rommel nur die Lage stabilisieren, aber es gelang ihm, nicht zuletzt wegen des Teilabzugs der Briten nach Griechenland, während des Frühjahrs 1941 weit nach Ägypten hinein vorzurücken. Doch bis zum Herbst hatte der britische Gegner so starke Verbände ins Land gebracht, daß seit dem 18. November im Zuge der Operation »Crusader« ein massiver Gegenstoß erfolgen konnte. Der englischen Luftüberlegenheit und der doppelt so großen Anzahl von Panzern hatte das Afrikakorps nichts Entsprechendes entgegenzusetzen, die von deutschen und italienischen Truppen eingeschlossene Festung Tobruk mußte freigegeben werden.

Zu diesem Zeitpunkt hatte sich Mussolinis Wunschvorstellung vom »Parallelkrieg« bereits erledigt. Auf ein weiteres italienisches Hilfeersuchen erteilte Hitler am 13. Dezember 1940 die Weisung, von Bulgarien aus einen Angriff vorzubereiten zum Zweck der »Besitznahme der Ägäischen Nordküste und – sollte es erforderlich sein – des ganzen griechischen Festlandes«. Am 1. März 1941 trat Bulgarien dem Dreimächtepakt bei, unmittelbar gefolgt von Jugoslawien. In Belgrad löste diese weitere Annäherung an die Achsenmächte allerdings Proteste aus. Durch einen Putsch nationalistischer serbischer Offiziere wurde Prinzregent Paul gestürzt und an seine Stelle der noch minderjährige König Peter I. gesetzt. Dessen Regierung erklärte zwar, daß sie die freundschaftlichen Beziehungen zu Deutschland aufrecht erhalten wolle, aber offenkundig ging es dem neuen Regime darum, eine Art Äquidistanz zwischen Deutschland und seinen Verbündeten auf der einen, England auf der anderen Seite zu wahren. Am 27. März faßte Hitler daraufhin den Entschluß, »ohne mögliche Loyalitätserklärungen abzuwarten ... Jugoslawien militärisch und als Staatsgebilde zu zerschlagen«.

Daß die neue jugoslawische Führung tatsächlich versuchte, einen unabhängigen Kurs zu steuern, um anders als die Nachbarn Rumänien und Bulgarien nicht völlig unter den Einfluß Deutschlands zu geraten, zeigte sich, als Belgrad am 5. April einen Freundschafts- und Nichtangriffspakt mit der Sowjetunion schloß. Einen Tag später begann der deutsche Angriff auf Jugoslawien, auch in diesem Fall ohne Kriegserklärung. Bereits am 17. April mußte die Armee des Königreichs kapitulieren. Ähnlich wie im Fall des anderen Vielvölkerstaates, der Tschechoslowakei, setzte Hitler hier auf eine Mischung aus Separation und Annexion. Neben dem militärisch besetzten Restserbien förderte Deutschland die Entstehung eines selbständigen Staates Kroatien, während die Untersteiermark sowie die Krain an Deutschland fielen; Teile Restjugoslawiens wurden außerdem Italien, Bulgarien und Ungarn zugeschlagen.

Gleichzeitig mit dem Angriff auf Jugoslawien hatte der Angriff auf Griechenland begonnen. Am 23. April kapitulierte auch dieser Gegner, nachdem die Engländer bereits eine Woche zuvor mit dem Rückzug ihres Expeditionskorps begonnen hatten. Im Zusammenhang mit dem Griechenlandfeldzug stand die Einnahme Kretas durch ein bis dahin einmaliges Luftlandeunternehmen. Durch die Entschlüsselung des deutschen Funkcodes (»Ultra«) waren die englischen Verteidiger der Insel allerdings über das geplante Vorgehen genau im Bilde und brachten den deutschen Fallschirmjägereinheiten so hohe Verluste bei – 2.071 Tote, 2.594 Verwundete und 1.880 Vermißte, mehr als im ganzen Balkanfeldzug –, daß Hitler trotz des schließlich errungenen Sieges zukünftig von derartigen Operationen absah.

Das »Madagaskar«-Projekt und die Pläne für eine »territoriale Endlösung der Judenfrage«

Noch am 10. Mai 1940, beim Beginn der deutschen Invasion in Belgien, den Niederlanden und Frankreich, hatte Himmler erklärt, daß er an dem Plan festhalte, das »Generalgouvernement als Sammelbecken der für Deutschland rassisch nicht Brauchbaren« zu verwenden. Einige Tage später beharrte er in der erwähnten Denkschrift »Über die Behandlung der Fremdvölkischen im Osten« nur noch darauf, die polnische Bevölkerung in diesen Bereich zu deportieren, während jetzt in bezug auf die Juden eine andere Vorstellung auftauchte: »Den Begriff Juden hoffe ich, durch die Möglichkeit einer großen Auswanderung sämtlicher Juden nach Afrika oder sonst einer Kolonie völlig auslöschen zu sehen.« Kurz vor der militärischen Niederlage Frankreichs, die die französischen Überseegebiete in deutsche Verfügungsgewalt zu bringen schien, wurde ein ähnliches Konzept, allerdings beschränkt auf die in Deutschland und in Westeuropa lebenden Juden, vom Auswärtigen Amt in Vorschlag gebracht. In dem Zusammenhang fiel schon der Name Madagaskar. Den Gedanken griffen auch Ribbentrop und Hitler selbst in verschiedenen Gesprächen nach der Kapitulation Frankreichs im Juni 1940 auf.

Das Projekt muß im Zusammenhang mit anderen großräumigen Entwürfen zur »Neuordnung« Europas verstanden werden, die zu diesem Zeitpunkt in der euphorischen Stimmung, die die deutsche Führung nach den unerwartet leicht errungenen Erfolgen erfaßt hatte, diskutiert wurden. Dabei ging es nicht nur um eine weitere »Arrondierung« des Reichsgebietes durch die faktische Annexion Elsaß-Lothringens und Luxemburgs, sondern auch um den Plan, Burgund zur Heimat für die von Italien auszusiedelnden Südtiroler zu machen und wenigstens in Ostafrika alsbald eine deutsche Kolonialverwaltung einzusetzen (Bouhler hatte sich bereits um die Position des Gouverneurs beworben). Da immer deutlicher zu erkennen war, daß Frank seinen Widerstand gegen die Austreibung der Juden ins Generalgouvernement nicht aufgeben würde, traten Pläne für eine andere »territoriale Endlösung« der Judenfrage – so Heydrich in einem Brief an Ribbentrop vom 24. Juni 1940 – in den Vordergrund, weil das Problem der rund 3,25 Millionen Juden im deutschen Herrschaftsbereich »nicht mehr durch Auswanderung gelöst werden« könne. Währenddessen erstellte das Auswärtige Amt seit dem 2. Juli einen konkreteren »Plan zur Lösung der Judenfrage«, der wiederum die Deportation nach Madagaskar vorsah, wobei jetzt alle europäischen Juden von der Austreibung erfaßt werden sollten. Vor allem Frank, der sich schon geweigert hatte, über die Kontingente des »2. Nahplans« hinaus weitere Juden im Generalgouvernement aufzunehmen, bemühte sich um die Einbeziehung der Ostjuden.

In dieser Zeit, in der er noch mit einer baldigen Beendigung des Krieges rechnete, dachte Hitler offensichtlich daran, »für ganz Europa eine Totallösung« der »Judenfrage« durch die Verbringung auf die ostafrikanische Insel herbeizuführen. In dem am 15. August 1940 vom Referat Eichmanns vorgelegten Madagaskar-Plan war die Deportation von 743.000 Juden aus dem Großdeutschen Reich, 2,3 Millionen aus dem Generalgouvernement, 77.000 aus dem Protektorat Böhmen und Mähren, 95.000 aus der Slowakei, 80.000 aus Belgien, 160.000 aus den Niederlanden, 2.500 aus Luxemburg, 7.000 aus Dänemark, 1.500 aus Norwegen und 270.000 aus Frankreich vorgesehen. Der Plan rückte aber wieder in den Hintergrund, als klar wurde, daß infolge der britischen Hartnäckigkeit kein Friedensschluß zu erwarten war, der entsprechend umfangreiche Maßnahmen erlauben würde. Das unkoordinierte Nebeneinander verschiedener Planungsebenen führte auch dazu, daß Eichmann im Dezember 1940 eine Zahl von 5,8 Millionen Juden berechnete, die »aus dem europäischen Wirtschaftsraum des deutschen Volkes in ein noch zu bestimmendes Territorium umzusiedeln« seien. Kurz darauf begann er mit den Vorbereitungen für den »3. Nahplan«, der weitere 771.000 Juden aus den Ostprovinzen und – auf Wunsch des Wiener Gauleiters Baldur von Schirach – 60.000 Juden aus der ehemaligen österreichischen Hauptstadt sowie 202.000 Polen erfassen sollte. Dieser »3. Nahplan« blieb – wie schon der zweite und der »Zwischenplan« – Fiktion, zumal man daran festhielt, daß die Verbringung ins Generalgouvernement nur eine »Vorstufe« für die endgültige Deportation nach Madagaskar sei.

Die Vertreibungen im Rahmen des »3. Nahplans« begannen am 5. Februar 1941. Die Versuche Franks, die Absichten von Himmler, Heydrich und Eichmann zu durchkreuzen, hatten keinen Erfolg; dafür wuchsen die Probleme mit den Transportkapazitäten. Tatsächlich mußten die Zielvorgaben des »3. Nahplans« schließlich auf die Deportation von 250.000 Menschen reduziert werden, und de facto kam es bis zum 1. Mai nur zur Verbringung von 25.000 Polen und Juden ins Generalgouvernement.

Hitler legte jetzt in Richtlinien zur »Verwertung des eingezogenen Vermögens von Reichsfeinden« fest, daß das nach der Deportation anfallende Vermögen der Juden den Städten und Kommunen »unentgeltlich übertragen« werden müsse.

Generalfeldmarschall Keitel, daneben der Oberbefehlshaber des Heeres von Brauchitsch, Hitler und Generaloberst Halder im Hauptquartier »Felsennest« im August 1941. – Winston Churchill bei der Besichtigung des in der Luftschlacht um England zerstörten Parlamentsgebäudes im Mai 1941

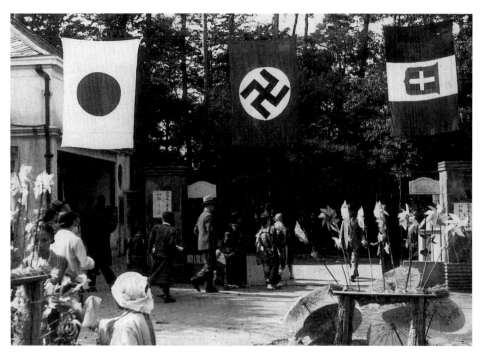

Die Flaggen der Partner des Dreimächtepaktes zwischen Deutschland, Italien und Japan über einem Parkeingang in Tokio im Herbst 1940. – Molotow nach seiner Ankunft in Berlin am 12. November 1940 im Geleit der Herren Keitel, von Ribbentrop und Otto Meißner

Nach der »Entjudung« der Wirtschaft und der Entrechtung der Juden in allen ökonomischen Bereichen folgte damit ihre völlige Enteignung, verbunden mit der zynischen Begründung, daß die solchermaßen am Erwerb ihres Unterhalts Gehinderten zur Zwangsarbeit herangezogen werden konnten. Bereits im Februar 1941 wurden die Juden in Oberschlesien zu diesem Zweck kaserniert. Kurz darauf, im März/April des Jahres richtete Frank auch im Generalgouvernement Zwangsarbeitslager für die Juden ein, die er allerdings wegen mangelnder Effizienz im Juni wieder auflösen ließ. Zu diesem Zeitpunkt wurden die Deportationen nach Osten fast völlig eingestellt, da die Transportkapazitäten für die Vorbereitungen des Angriffs auf die Sowjetunion benötigt wurden.

Die Wendung nach Osten

Am 27. Juni 1940 hatte Churchill an Jan Smuts, den Ministerpräsidenten der Südafrikanischen Union, geschrieben: »Als nächstes stellt sich uns offenbar die Aufgabe, jeden deutschen Invasionsversuch zu vereiteln und den Nachweis zu leisten, daß wir imstande sind, unsere Luftwaffe immer weiter auszubauen. Die Zukunft allein wird zeigen, ob unsere Kräfte dazu ausreichen. Wenn es Hitler nicht gelingt, uns zu schlagen, dann wird er sich wahrscheinlich gegen den Osten wenden. Natürlich kann er das auch tun, ohne vorher den Versuch einer Invasion zu unternehmen.« Hitler befürchtete wirklich, daß England in Gestalt der Sowjetunion ein letzter »Festlandsdegen« verblieben war, auch wenn alle Hinweise dagegen zu sprechen schienen. Am 1. Juli 1940 hatte Stalin mit dem britischen Sondergesandten Stafford Cripps Gespräche über einen vor allem von Churchill gewünschten Bündniswechsel geführt. London erwartete für den Fall eines Vertragsabschlusses die Wiederherstellung des Status quo ante in Ost- und Ostmitteleuropa, war aber bereit, der UdSSR eine führende Rolle auf dem Balkan einzuräumen. Stalin ging auf diese Vorschläge nicht ein, teilte vielmehr seinem deutschen Alliierten mit, daß die Sondierungen stattgefunden hatten.

Hitler war im Sommer 1940 zu dem Schluß gekommen, daß eine längere Dauer des Kampfes gegen England zu einer problematischen Abhängigkeit von sowjetischen Lieferungen und damit vom Wohlwollen Stalins führen werde. Stalin machte außerdem durch sein Verhalten deutlich, daß er um die Stärke seiner Position wußte. Nachdem bereits im Juni 1940 die baltischen Republiken der Sowjetunion einverleibt worden waren (was den im Sommer und Herbst 1939 mit Deutschland getroffenen Abkommen entsprach), erging am 26. Juni ein Ultimatum an Rumänien, in dem nicht nur – wie im Hitler-Stalin-Pakt vorgesehen – die Abtretung Bessarabiens, sondern auch die Überantwortung der Nordbukowina verlangt wurde. Die Regierung in Bukarest wandte sich um Hilfe an

Deutschland, aber vergeblich. Also gab Rumänien nach, während das Reich und die Sowjetunion am 5. September einen Vertrag über die Umsiedlung der Volksdeutschen aus Bessarabien und der Nordbukowina schlossen.

Zu diesem Zeitpunkt hatte Hitler schon den Entschluß gefaßt, »das russische Problem in Angriff zu nehmen«, so die Anweisung an die militärische Führung vom 21. Juli 1940. Wahrscheinlich hatte er bereits Anfang und dann noch einmal Ende Juni 1940 von der Notwendigkeit eines Feldzuges gegen die Sowjetunion gesprochen. Dabei spielten nicht nur die Siegesgewißheit nach dem Triumph über Frankreich eine Rolle und die Hoffnung, nun endlich »freie Hand« im Osten zu bekommen, sondern auch der Eindruck von den schlechten Leistungen der Roten Armee während des Winterkrieges gegen Finnland; die Vorstellung, daß das sowjetische Offizierskorps durch die Säuberungen während der Tuchatschewski-Affäre stark geschwächt worden sei, war auch unter englischen, französischen und amerikanischen Militärexperten verbreitet, die im Fall eines deutsch-sowjetischen Konfliktes mit einer Kriegsdauer von wenigen Monaten kalkulierten. Hitler rechnete mit bestenfalls fünfzig bis fünfundsiebzig verwendbaren Divisionen auf der sowjetischen Seite, wesentlich weniger als der Wehrmacht im Westfeldzug gegenübergestanden hatten, und entsprechend euphorisch äußerte er zum Chef des OKW: »Jetzt haben wir gezeigt, wozu wir fähig sind. Glauben Sie mir, Keitel, ein Feldzug gegen Rußland wäre dagegen nur ein Sandkastenspiel.« Allerdings schwankte Hitler zu diesem Zeitpunkt noch, gesprächsweise äußerte er auch, man könne die »Raumfrage« im Osten vielleicht erst »in zehn Jahren in Angriff nehmen, vielleicht muß ich sie auch meinem Nachfolger überlassen. Jetzt haben wir auf Jahre hinaus alle Hände voll zu tun, das in Europa Erreichte zu verdauen und zu konsolidieren.«

Die seit dem Juli 1940 entwickelte Vorstellung von einem Herbstfeldzug gegen die Sowjetunion stand weiter unter dem Vorbehalt des möglichen Friedensschlusses mit England. Erst als definitiv klar war, daß sich kein Ende der Kampfhandlungen im Westen erreichen ließ, und der deutsche Botschafter in Washington, Hans Dieckhoff, signalisierte, daß der Kriegseintritt der Vereinigten Staaten bevorstehe, legte sich Hitler ganz darauf fest, in Rußland das Empire tödlich zu treffen und durch die Schaffung eines blockadefesten »Großraums« die immer wahrscheinlicher werdende Auseinandersetzung mit den USA vorzubereiten. Halder notierte über die Ausführungen Hitlers vor den Wehrmachtspitzen am 31. Juli 1940: »Englands Hoffnung ist Rußland und Amerika. Wenn Hoffnung auf Rußland wegfällt, fällt auch Amerika weg, weil Wegfall Rußlands eine Aufwertung Japans in Ostasien in ungeheurem Maß erfolgt. Rußland Faktor, auf den England am meisten setzt. Irgend etwas ist in London geschehen! Die Engländer waren schon ganz ›down‹, nun sind sie wieder aufgerichtet … Ist aber Rußland zerschlagen, dann ist Englands letzte Hoffnung getilgt … Entschluß: Im Zuge dieser Auseinandersetzung muß Rußland erledigt werden. Frühjahr 1941. Je schneller wir Rußland zerschlagen, um so besser. Operation hat nur Sinn, wenn wir Staat in einem Zug zerschlagen. Gewisser Raumgewinn allein genügt nicht. Stillstehen im Winter bedenklich. Daher besser warten, aber bestimmter Entschluß, Rußland zu erledigen ... Ziel: Vernichtung der Lebenskraft Rußlands.« Trotz der von seiten der wehrwirtschaftlichen Stellen erhobenen Einwände gegen einen Rußlandfeldzug, für den es keine ausreichende Reserven gebe, und der Skepsis des Stabchefs im OKW, Alfred Jodl, ließ Hitler die Rüstung auf einen Krieg gegen die Sowjetunion umstellen und begann gleichzeitig mit der Annäherung an Finnland.

Die von Hitler getroffenen Maßnahmen standen im deutlichen Widerspruch zu dem Konzept seines Außenministers Ribbentrop, der sich immer noch um die Schaffung eines antibritischen Kontinentalblocks bemühte, als dessen Ausgangspunkt er das Abkommen vom August 1939 und den (entsprechend umgedeuteten) »Antikomintern-Pakt« ansah. Daß seine Vorstellungen letztlich keine Aussicht auf Erfolg hatten, zeigte sich schon, als weder Franco noch Pétain auf sein Werben um eine militärische Allianz eingingen. Schließlich kam am 27. September 1940 nur ein Dreimächtepakt zwischen dem Reich, Italien und Japan zustande, dem dann die europäischen Satelliten Deutschlands, also Ungarn, Rumänien, die Slowakei, Bulgarien und Kroatien, beitraten.

Dem propagandistisch groß herausgestellten Abschluß des Bündnisses entsprach kaum die politische Realität. Vor allem Japan beharrte auf der Selbständigkeit seines diplomatischen und militärischen Vorgehens. Unmittelbar nach dem Beginn des Polenfeldzugs hatten sich die deutsch-japanischen Beziehungen wegen des Hitler-Stalin-Pakts so weit verschlechtert, daß man im Auswärtigen Amt schon fürchtete, Japan, das in der Mongolei in einen eskalierenden Konflikt mit der Sowjetunion verwickelt war, könne wie im Ersten Weltkrieg auf die Seite der Gegner übertreten. Aus Sorge vor einer deutschen Machtstellung, die ein Ausgreifen nach Ostasien ermöglichen würde, suchte man in Tokio dann doch wieder die Annäherung, und angesichts der eindrucksvollen Siege der Wehrmacht in Europa gab es immer Stimmen in der Armeeführung, die für ein Militärbündnis mit dem Reich plädierten. Aber die Staatsspitze scheute vor einer solchen engen Bindung zurück, die Japan zwangsläufig in einen Konflikt mit den Westmächten verwickelt hätte, ohne den China-Konflikt zu seinen Gunsten beenden zu können.

Die japanische Vorstellung, man werde in Ostasien eine »Sphäre der Ko-Existenz und Ko-Prosperität« errichten, verband sich im Grunde nur bei dem japanischen Außenminister Yosuke Matsuoka mit einem Konzept, das dem Ribbentrops von einem eurasischen Kontinentalblock sehr nahekam. Matsuoka ging es in erster Linie darum, daß Berlin helfen sollte, die japanischen Beziehungen zur Sowjetunion zu entspannen, während Tokio seinerseits im Februar 1941 einen Vermittlungsversuch zwischen Deutschland und Großbritannien unternahm.

Währenddessen scheiterte Hitlers Kalkül, Japan als »starken Statisten« (Bernd Martin) zu benutzen, um die USA zu neutralisieren, da die japanische Marineführung, die sich für einen Kampf gegen die amerikanische Flotte nicht gerüstet wußte, gegen jeden Kurs opponierte, der zum Zusammenprall mit den angelsächsischen Seemächten führen würde. Im März 1941 schloß Japan mit der Sowjetunion einen Nichtangriffspakt, nachdem es Ribbentrop unmöglich gewesen war, das russische Interesse auf den Indischen Ozean umzulenken, was zur Folge hatte, daß Tokio in eine klare Abgrenzung der Interessensphären bezüglich der Mongolei und der Mandschurei einwilligen mußte. Einen deutschen Einmarsch in die Sowjetunion hielt man in Japan zu diesem Zeitpunkt für einen Fehler, und erst unter den veränderten Umständen, nachdem das Projekt des eurasischen Kontinentalblocks endgültig gescheitert war, eröffnete Japan mit seinem Einmarsch in Indochina die bewußte Konfrontation mit den Westmächten.

Es war aber nicht so sehr das Verhalten Japans als vielmehr die Politik der Sowjetunion, die Ribbentrops Konzeption scheitern ließ. Am 12. und 13. November 1940 kam Molotow zu Gesprächen mit Ribbentrop und Hitler nach Berlin. Das Ziel des deutschen Außenministers war es, die UdSSR zu einem Abkommen mit den Mächten des Dreierpaktes zu bringen, dem er einen Zusatz über die künftige Aufteilung der Welt in Interessensphären beifügen wollte. Danach beanspruchte das Reich neben seiner Machtstellung in Mittel- und Westeuropa lediglich einige mittelafrikanische Territorien, Italien sollte Nord- und Nordostafrika erhalten, Japan den ostasiatischen Bereich südlich seines Hoheitsgebiets, während der UdSSR »territoriale Aspirationen im Süden des Staatsgebiets der Sowjetunion in Richtung Indischer Ozean« zugestanden wurden. Molotow zeigte indes wenig Bereitschaft, auf diesen Vorschlag einzugehen. Vielmehr forderte er für Moskau die Kontrolle über Finnland, Rumänien, Bulgarien und die türkischen Meerengen, für später noch einen bestimmenden Einfluß auf Ungarn, Jugoslawien, den westlichen Teil Polens und die Ostseeausgänge.

Am 26. November ließ Stalin noch einmal schriftlich mitteilen, daß er bereit sei, einem Viererpakt – Deutschland, Sowjetunion, Japan, Italien – beizutreten, wenn folgende Bedingungen erfüllt seien: Rückzug der deutschen Truppen aus Finnland, wofür die UdSSR auf eine Annexion des Staates verzichte, Einbeziehung Bulgariens in die sowjetische Sicherheitszone, Überlassung von Stützpunkten an Bosporus und Dardanellen, notfalls gemeinsame militärische Aktionen, um die Türkei zur Herausgabe zu zwingen. Ribbentrop versuchte Hitler mehrfach zur Annahme dieser Bedingungen zu bewegen. Die Opfer müßten gebracht werden, um einer außerordentlich günstigen geopolitischen und geostrategischen Position willen: » ... eine solche Konstellation würde die USA neutralisieren sowie England isolieren und es im Nahen Osten bedrohen. Durch ein derartig starkes Bündnissystem – jedenfalls nicht ohne ein solches – könnte noch eine schnelle diplomatische Beendigung des Krieges mit England ermöglicht werden.

Ein neues Friedensangebot an England, zu dem wir dann noch freie Hand hätten, wäre in einem solchen Falle aussichtsreicher als nach Dünkirchen.«

Ribbentrop blieb weit davon entfernt, Stalin zu unterschätzen, aber sein Antikommunismus war – im Gegensatz zu dem Hitlers –, eher »defensiv« (Wolfgang Michalka). Ob Hitler selbst zu irgendeinem Zeitpunkt bereit war, das Bündnis vom August 1939 anders als taktisch zu verstehen, ist unwahrscheinlich. Fast alles spricht dafür, daß er den Pakt mit der Sowjetunion immer nur als Aushilfe betrachtete und vermutete, daß auch Stalin darin nur ein »taktisches Manöver« sah. Deshalb konnte Hitler in Stalins Vorgehen auf dem Balkan und in seinen weit ausgreifenden Gebietsforderungen nur Hinweise erkennen, daß in Moskau kurz- oder mittelfristig an einen Konflikt mit dem Reich gedacht wurde. Zu Bormann äußerte er noch kurz vor Kriegsende über seinen Entschluß zum Rußlandkrieg: »Warum 1941? Weil man so wenig wie möglich zögern durfte, zumal unsere Feinde im Westen unablässig ihre Kampfkraft vergrößerten. Überdies blieb Stalin selbst nicht untätig. Auf beiden Fronten arbeitete folglich die Zeit gegen uns. Die Frage lautet daher nicht: ›Warum schon am 22. Juni 1941?‹, sondern ›Warum nicht früher?‹ ... Meine Zwangsvorstellung im Lauf der letzten Wochen war, daß Stalin mir zuvor kommen könnte.«

Die Aussage Hitlers enthielt ein erhebliches Maß an nachträglicher Rationalisierung, war aber von der Realität nicht sehr weit entfernt. Es gibt zahlreiche Indizien dafür, daß Stalin spätestens seit dem Frühjahr 1941 aktiv Maßnahmen zur Vorbereitung eines Krieges gegen Deutschland traf. Ein Befehl der militärischen Führung an die sowjetischen Streitkräfte vom März lautete dahingehend, daß bis zum Juni volle Mobilmachungsbereitschaft erreicht werden müsse. Bei der Vorbereitung der Kampfhandlungen brauche man nur eine kurze defensive Phase von wenigen Tagen einzukalkulieren. Am 15. Mai legten der Volkskommissar für Verteidigung, Semjon K. Timoschenko, und der Chef des Generalstabes der Roten Armee, General Georgij K. Schukow, Stalin eine Denkschrift vor, mit der die Notwendigkeit eines Angriffs auf Deutschland begründet wurde. Die Reaktion Stalins auf dieses Memorandum ist nicht bekannt, aber tatsächlich wurden bis zum Juni 1941 insgesamt einhundertvierzehn Divisionen einer »Ersten Strategischen Staffel« in den vorspringenden Bögen des deutsch-sowjetischen Grenzverlaufs vor Lemberg und Bialystok in Angriffspositionen massiert, weitere neunundsechzig Divisionen für die »Zweite Strategische Staffel« waren auf dem Weg. Offensive Absichten deuteten nicht nur die Konzentration und Binnengliederung von Panzer- und Artillerieverbänden in diesem Raum an, sondern auch die Verlegung von Depots und Luftwaffeneinheiten nach Westen. Bei später gefangengenommenen sowjetischen Offizieren wurden außerdem Landkarten von Ostpreußen und den westpolnischen Gebieten gefunden; zahlreiche Vernehmungsprotokolle ließen erkennen, daß die militärischen Führer mit einem baldigen Krieg gegen Deutschland rechneten.

Daß Stalin im Juni 1941 von einer deutschen Angriffsabsicht nicht überrascht gewesen sein konnte, da ihn britische Stellen, einzelne deutsche Agenten und der in Tokio arbeitende »Meisterspion« Richard Sorge seit längerem mit entsprechenden Nachrichten versorgt hatten, ist unbezweifelbar. Die Fortsetzung der Materiallieferungen an das Reich und die strikte Zurückhaltung bei deutschen Vorstößen über die Demarkationslinie lassen sich sehr wohl als kalkuliertes Täuschungsmanöver interpretieren. Wahrscheinlich wurde Stalin bei seinen Entscheidungen wesentlich durch die Folgerungen beeinflußt, die er aus dem Kriegsverlauf – der sich anders entwickelt hatte als von ihm ursprünglich erwartet – ziehen mußte. Er hatte mit dem Eingreifen der Westmächte bei Ausbruch des deutsch-polnischen Konfliktes und dann mit einem langen Abnutzungskampf nach dem Muster des Ersten Weltkrieges gerechnet. Daß die Wehrmacht ihre Gegner im Westen im Frühjahr 1940 so rasch besiegte, entsprach nicht seinem Kalkül, erst nach gegenseitiger Ermattung der Kriegsparteien auf den Plan zu treten und seinen Teil der Beute von dieser oder jener Seite zu fordern.

In der politischen Doktrin der Sowjetunion spielte die schon von Lenin entwickelte These vom »2. imperialistischen Krieg«, den Sieger und Verlierer des Ersten Weltkrieges – des »1. imperialistischen Krieges« – zwangsläufig gegeneinander führen würden, seit den zwanziger Jahren eine Rolle. Die Vorstellung, daß die UdSSR nach der Schwächung der »imperialistischen« Großmächte Deutschland, England, Frankreich, Italien, Japan und USA ihr Gewicht in die Waagschale werfen könnte, um ihren Einflußbereich entscheidend auszudehnen, war auch für die Überlegungen Stalins wichtig gewesen. Darauf deuten nicht nur die Äußerungen in der »Kastanien«-Rede vom 10. März 1939, sondern auch spätere Bemerkungen hin. In einem Telegramm vom 22. Juni 1940 wurde der sowjetische Botschafter in Tokio darauf hingewiesen, daß die Sowjetunion einen Konflikt mit Japan vermeiden und statt dessen den Ausgleich an der mandschurischen Grenze fördern müsse: »Wir sollten allen Verträgen zustimmen, die einen Zusammenstoß zwischen Japan und den Vereinigten Staaten herbeiführen könnten ... Wir müssen Japan das Gefühl geben, im Norden sicher zu sein, und so seinen Willen stimulieren, nach Süden vorzudringen.« Und in einem Kabel vom 12. Juli 1940 hieß es mit Bezug auf den Hitler-Stalin-Pakt: »Der Abschluß unseres Vertrages mit Deutschland war diktiert von dem Bedürfnis nach Krieg in Europa.«

Wenn man alle erwähnten Hinweise in Betracht zieht, so ist es nicht unwahrscheinlich, daß Hitler »einem Angriff Stalins durch seinen Angriff am 22. Juni 1941 zuvorgekommen ist« (Joachim Hoffmann). Von einem »Präventivkrieg« kann allerdings nicht gesprochen werden, da an keiner Stelle erkennbar wird, daß Hitler sich in seinem Handeln wesentlich von der Überlegung hat beeinflussen lassen, einem erwarteten sowjetischen Angriff durch den eigenen Schlag zu begegnen. Für ihn standen andere und selbständige Überlegungen im Vordergrund. Schon am 23. November 1939, nach dem siegreichen Kampf gegen Polen, hatte er vor den Oberbefehlshabern der Teilstreitkräfte noch einmal sein altes Credo wiederholt: »Man wird mir vorwerfen: Kampf und wieder Kampf. Ich sehe im Kampf das Schicksal aller Wesen. Niemand kann dem Kampf entgehen, falls er nicht unterliegen will. Die steigende Volkszahl erforderte größeren Lebensraum. Mein Ziel war, ein vernünftiges Verhältnis zwischen Volkszahl und Volksraum herbeizuführen. Hier muß der Kampf einsetzen. Um die Lösung dieser Aufgabe kommt kein Volk herum, oder es muß verzichten und allmählich untergehen. Das lehrt die Geschichte.«

Das darwinistische Politikkonzept verband sich bei Hitler zum einen mit der Idee des »blockadefesten«, rohstoffreichen »Lebensraums« im eurasischen Zentralgebiet, den es langfristig für Deutschland zu sichern gelte, andererseits mit ganz aktuellen Befürchtungen, daß eine Versorgungskrise drohe, die Deutschland endgültig in die Abhängigkeit von der Sowjetunion bringen mußte. Das betraf nicht nur die militärische Rüstung, sondern auch die Versorgung der Bevölkerung mit Lebensmitteln. In einer Denkschrift von General Thomas, Chef des Wehrwirtschaftsamtes im OKW, wurde ausdrücklich darauf hingewiesen, daß nur die Verfügung über die sowjetischen Erzvorkommen und Industrieanlagen das militärische Potential Deutschlands für die Dauer des Krieges sichern könnte und daß erst – so der Staatssekretär im Reichsernährungsministerium, Herbert Backe – »der Besitz der Ukraine ... von jeder wirtschaftlichen Sorge befreien würde«. Daß der Krieg gegen die UdSSR von vornherein den Charakter eines gigantischen Raubzuges hatte, wurde an verschiedenen Äußerungen Hitlers erkennbar, und auch Goebbels notierte sich am 6. Mai 1941, man wolle sich »im Osten gesundstoßen«. Zur geplanten wirtschaftlichen Ausbeutung der Sowjetunion vermerkte die Wirtschaftsorganisation Ost/Gruppe Landwirtschaft in ihren Richtlinien vom 23. Mai 1941: »Viele zehn Millionen Menschen werden in diesem Gebiet überflüssig und werden sterben oder nach Sibirien auswandern müssen.«

Bereits zum Zeitpunkt der Gespräche mit Molotow im November 1940 hielt Hitler einen dauerhaften Ausgleich mit der Sowjetunion für ausgeschlossen; noch während der Zusammenkunft erklärte er: »Gleichgültig, welches Ergebnis diese Besprechungen haben werden, sind die mündlich befohlenen Vorbereitungen für den Osten fortzuführen.« Am 18. Dezember 1940 erging dann die »Weisung Nr. 21 für den ›Fall Barbarossa‹«: »Die deutsche Wehrmacht muß darauf vorbereitet sein, auch vor Beendigung des Krieges gegen England Sowjetrußland in einem schnellen Feldzug niederzuwerfen.« Gegenüber Jodl, dem Chef des Wehrmachtführungsstabes, hatte Hitler schon am Vortag gesagt, »daß wir 1941 alle kontinentaleuropäischen Probleme lösen müßten, da ab 1942 USA in der Lage wären einzugreifen«.

Am 9. Januar 1941 erläuterte Hitler in einer Ansprache vor den Spitzen des

Reiches seine Pläne für das russische Territorium nach Beendigung des Feldzugs: Rußland solle wirtschaftlich ausgebeutet, aber nicht dem Reich angegliedert werden, die Niederlage der Sowjetunion ermögliche es Japan, die USA im Pazifik zu binden, und ein »Ostwall« an der Linie Archangelsk – Astrachan werde die deutsche Einflußzone schützen. Der als Oberbefehlshaber der Heeresgruppe Mitte vorgesehene Generalfeldmarschall Fedor von Bock erklärte Hitler im Februar 1941, daß er einen Sieg über die Rote Armee für wahrscheinlich halte, aber nicht erkennen könne, auf welchem Wege die Sowjetunion zum Frieden gezwungen werden solle; woraufhin Hitler antwortete, daß »nach der Eroberung der Ukraine, Moskaus und Leningrads ... die Sowjets sicher in einen Vergleich einwilligen« würden; außerdem seien ein Vorstoß über den Ural, ein weiterer über den Kaukasus in Richtung Iran und Irak sowie ein Vorstoß durch Nordafrika nach Afghanistan und Indien denkbar, um auf diese Weise England weiter zu schwächen.

Dabei ließ Hitler sehr rasch erkennen, daß der Krieg im Osten einen wesentlich anderen Charakter haben würde als die Kämpfe im Westen. Dort hatte sich der militärische Konflikt noch nach den tradierten kriegsvölkerrechtlichen Regeln abgespielt. Das änderte sich angesichts einer Auseinandersetzung, die Hitler nicht nur als strategischen Schlag gegen England und Ausschaltung eines potentiellen Gegners, nicht nur als Kampf um Rohstoffe und um »Lebensraum«, sondern auch als »Weltanschauungs-« und »Rassenkrieg« verstand. Selbst wenn nicht davon ausgegangen werden darf, daß der »›jüdisch-bolschewistische‹ Charakter Rußlands ... der eigentliche Grund für Hitlers programmatische Zielsetzung eines Krieges gegen Rußland« (Rainer Zitelmann) war, so konnten die älteren ideologischen Topoi doch als zusätzliche Argumente für die Notwendigkeit des Angriffs und für die Ausnahmeregelungen in der Kriegführung dienen.

In einer Versammlung von zweihundert hohen Offizieren, die im Ostfeldzug eingesetzt werden sollten, sprach Hitler am 30. März 1941 über den kommenden Konflikt; Halder notierte zu den Ausführungen, es handele sich um den »Kampf zweier Weltanschauungen gegeneinander. Vernichtendes Urteil über Bolschewismus, ist gleich asoziales Verbrechertum. Kommunismus ungeheure Gefahr für die Zukunft. Wir müssen von dem Standpunkt des soldatischen Kameradentums abrücken. Der Kommunist ist vorher kein Kamerad und nachher kein Kamerad. Es handelt sich um einen Vernichtungskampf ... Kampf gegen Rußland: Vernichtung der bolschewistischen Kommissare und der kommunistischen Intelligenz ... Der Kampf muß geführt werden gegen das Gift der Zersetzung. Das ist keine Frage der Kriegsgerichte ... Der Kampf wird sich sehr unterscheiden vom Kampf im Westen. Im Osten ist Härte mild für die Zukunft.«

Die Reaktion der Anwesenden war teilweise reserviert, teilweise zustimmend. Möglicherweise kam es auch zu einigen Protesten, aber das Oberkommando des Heeres und das Oberkommando der Wehrmacht arbeiteten ohne erkennbaren

Widerstand die Operationspläne für den Rußlandfeldzug aus. Bereits am 13. März 1941 ergingen die Richtlinien des OKW, mit denen Hitlers Vorstellung vom besonderen Charakter des Krieges gegen die Sowjetunion umgesetzt werden sollten: »Im Operationsgebiet des Heeres erhält der Reichsführer SS zur Vorbereitung der politischen Verwaltung Sonderaufgaben im Auftrage des Führers, die sich aus dem endgültig auszutragenden Kampf zweier entgegengesetzter politischer Systeme ergeben. Im Rahmen dieser Aufgaben handelt der Reichsführer SS selbständig und in eigener Verantwortung.« Den Richtlinien war weiter zu entnehmen, daß geplant wurde, der Wehrmacht von Anfang an keinen Einfluß auf die Verwaltung der eroberten Gebiete einzuräumen. Vielmehr sollten den vorgesehenen »Reichskommissariaten« Ukraine und Ostland die Masse der Polizeikräfte unterstellt werden.

Am 13. Mai folgte der Erlaß über die Ausübung der Kriegsgerichtsbarkeit im Gebiet »Barbarossa«. Demzufolge durften Vergehen von Wehrmachtsangehörigen an sowjetischen Zivilpersonen nicht verfolgt werden, was mit dem Hinweis gerechtfertigt wurde, »daß der Zusammenbruch im Jahre 1918, die spätere Leidenszeit des deutschen Volkes und der Kampf gegen den Nationalsozialismus mit den zahllosen Blutopfern der Bewegung entscheidend auf bolschewistischen Einfluß zurückzuführen war und daß kein Deutscher dies vergessen hat«. Eine ganz ähnliche Argumentation wies der »Kommissarbefehl« vom 6. Juni auf, der festlegte, daß die Politoffiziere der Roten Armee sofort nach der Gefangennahme zu erschießen seien.

Hitlers Absicht, »die bisher nur in außereuropäischen Kolonialkriegen angewandten Methoden einer barbarischen Kriegführung« (Andreas Hillgruber) auf die Sowjetunion zu übertragen, wurde damit gerechtfertigt, daß der künftige Gegner selbst weder die Haager Landkriegsordnung von 1907 noch das Genfer Abkommen über die Behandlung von Kriegsgefangenen von 1929 ratifiziert hatte und von seiner Seite – angesichts des Verhaltens der Roten Armee im Winterkrieg gegen Finnland – keine am Kriegsvölkerrecht orientierte Handlungsweise zu erwarten sei. Abgesehen von der Durchschaubarkeit dieser Argumentation ist aber auch darauf zu verweisen, daß präventive Repressalien keinesfalls durch das Kriegsvölkerrecht gedeckt werden. Hitlers eigentliche Intention war es wohl, durch die Tötung der Kommissare »weltanschauliche Bande« zu zerstören und innerhalb der sowjetischen Truppen den »Zusammenhalt mit dem Beseitigen der Funktionäre« zu vernichten. Wie sich rasch zeigen sollte, ging diese Kalkulation nicht auf. Selbst wenn man von den unmenschlichen Aspekten absieht, waren die entsprechenden Maßnahmen wirkungslos, was die ursprüngliche Zielsetzung anbetraf, und schlugen massiv auf die Wehrmacht zurück. Ähnliches gilt auch für die Befehle Heydrichs an die für den Rußlandfeldzug aufgestellten Einsatzgruppen. Ihnen wurde nicht nur aufgetragen, alle »verdächtigen« Kriegsgefangenen auszusondern und zu liquidieren, am 17. Juni 1941 wies Heydrich seine

Männer außerdem an, Pogrome in den russischen Gebieten anzustiften und alle Juden in Partei- oder Staatsfunktion zusammen mit allen anderen »radikalen Elementen« zu töten, womit jeder potentiellen Kollaborationsbereitschaft der Boden entzogen wurde.

Während es im Heer von Anfang an Widerstände gegen die Durchbrechung der Kriegsgerichtsbarkeit gab, von der man die schlimmsten Auswirkungen auf die Disziplin der Truppe befürchtete, blieben die Proteste gegen den »Kommissarbefehl« verhalten. Im OKW, dessen Chef, Generalfeldmarschall Keitel, mit gewohntem Übereifer die Absichten Hitlers in die Tat umzusetzen suchte, war solche Opposition von vornherein ausgeschlossen, aber auch Eugen Müller, General z. b. V. beim Oberbefehlshaber des Heeres, erklärte in einer Ansprache vor Generalstabsoffizieren in Warschau am 11. Juni 1941, angesichts der Schärfe des bevorstehenden Kampfes müsse das »Rechtsempfinden unter Umständen hinter Kriegsnotwendigkeit« zurückstehen, man habe sich dem »alten Kriegsrecht« zuzuwenden, demzufolge von zwei Feinden einer »auf der Strecke bleiben« müsse.

Die Ausweitung zum Weltkrieg

Der Krieg gegen die Sowjetunion war wie die vorangegangenen als »Blitzkrieg« geplant. Von deutscher Seite wurde drei Millionen Mann in 153 Divisionen, drei Viertel des Heeres und zwei Drittel der Luftwaffe, aufgeboten. Für die 600000 motorisierten Fahrzeuge, 3600 Panzer und 2700 Flugzeuge gab es nur Treibstoff für drei Monate und Munitionsreserven für vier Monate. Zum Transport standen vor allem Fahrzeuge bereit, die als Beutestücke aus den Feldzügen im Westen stammten, und die schlecht ausgebauten russischen Straßen stellten für Personen- wie Lastkraftwagen eine besondere Belastung dar. Ein Ausweichen auf das sowjetische Eisenbahnnetz kam nicht in Frage, da seine breitere Spur von deutschen Zügen nicht ohne das aufwendige Umnageln der Schienen zu befahren war. Trotz dieser schlechten Ausgangsbedingungen haben das Überraschungsmoment, der relative technische Vorsprung der Wehrmacht gegenüber der Roten Armee und die überlegene Führung ganz entscheidend zu den Anfangserfolgen beigetragen.

Der Operationsplan für den »Fall Barbarossa« sah vor, die Masse der gegnerischen Truppen im westlichen Teil der UdSSR zu stellen und zu vernichten, um dann die Linie Wolga–Archangelsk zu erreichen, was Vergeltungsschläge der sowjetischen Luftwaffe gegen das Reichsgebiet unmöglich gemacht hätte, während Deutschland in der Lage gewesen wäre, durch Bombardierungen das letzte verbliebene Industriegebiet der UdSSR im Ural zu zerstören. Angesichts des Scheiterns aller früheren Eroberungsversuche an der Tiefe des russischen Raumes gab es von seiten der militärischen Fachleute zwar gewisse Vorbehalte, aber keine prinzipiellen Einwände. Der schon von Schlieffen, dem Altmeister der Umfassungsschlacht, angemeldeten Skepsis gegenüber der Durchführbarkeit einer solchen Einschließung im Fall Rußland begegnete man mit dem Hinweis auf die Schnelligkeit der Panzerkeile, mit deren Hilfe gelingen werde, woran Napoleon gescheitert sei.

Während die Vorbereitungen für den Rußlandfeldzug anliefen, schien die Entwicklung noch einmal momentweise von einem grotesken Vorgang unterbrochen zu werden. Am 10. Mai 1941 startete Rudolf Heß, der »Stellvertreter des Führers«, mit einer eigens umgerüsteten Me 110 allein zum Flug nach Großbritannien, in der Hoffnung, durch ein persönliches Gespräch mit führenden Politikern aus dem Kreis der Churchill-Gegner doch noch einen Kompromiß mit dem Inselreich zu bewirken. Der schon für die Zeitgenossen absurd wirkende Plan scheiterte selbstverständlich. Heß gelang es zwar, durch eine fliegerische Meisterleistung bis nach Schottland zu kommen und dort mit dem Fallschirm abzuspringen, aber die britische Regierung verhaftete ihn sofort. Nach einer – bis heute zu zahlreichen Spekulationen Anlaß gebenden – Phase des Zögerns ließ Hitler Heß für geistesgestört erklären und löste die Dienststelle des »Stellvertreters des Führers« auf.

Wie schon im Fall des Polenfeldzugs machte Hitler seinen Verbündeten keine offizielle Mitteilung über den geplanten Angriff auf die Sowjetunion. Aus Geheimhaltungsgründen wurden weder Italien noch Japan informiert, obwohl sich Hitler und Ribbentrop im privaten Gespräch gegenüber Oshima keine Zurückhaltung auferlegten. Auf deutscher Seite kämpften von Anfang an nur Rumänien und Finnland, die sich mit ihren Gebietsverlusten an die Sowjetunion nicht abgefunden hatten, außerdem beteiligten sich die Slowakei und Ungarn, um ihren Status im zukünftig von Deutschland geführten Europa zu verbessern. Am 22. Juni 1941, zwischen 3.00 und 3.30 Uhr, überschritten die Truppen des Heeres zusammen mit rumänischen Verbänden die deutsch-sowjetische Demarkationslinie, gleichzeitig begann die Luftwaffe mit ihren Angriffen auf die sowjetischen Stellungen. Ein großer Teil der feindlichen Flugzeuge konnte am Boden zerstört werden, die sowjetischen Truppen, die über keinerlei rückwärtige Verbindungen verfügten, wurden in vollständiger Auflösung angegriffen.

Schon Anfang Juli erreichten die fächerartig angreifenden Heeresgruppen Nord (Leeb), Mitte (Bock) und Süd (Rundstedt) die Befestigungen der »Stalin-Linie« und hielten eine Front von Riga über das südliche Ende des Peipus-Sees, Polozk, Rogatschew bis zu den Pripjet-Sümpfen, weiter entlang der Flüsse Slutsch und Zbrutsch zum Dnjestr. Zwar war es bis dahin nur der Heeresgruppe Mitte gelungen, bei Bialystok und Minsk größere sowjetische Verbände (insgesamt 324.000 Mann mit 330 Panzern und 1.800 Geschützen) einzukesseln, aber Halder notierte zu diesem Zeitpunkt schon siegesgewiß, man habe den Feldzug »innerhalb 14 Tagen gewonnen«.

Der Optimismus kannte keine Grenzen mehr, nachdem die Heeresgruppe Süd die »Stalin-Linie« überwunden hatte. Infolge einer Umfassungsschlacht bei Uman konnte sie 100.000 Gefangene mit 300 Panzern und 850 Geschützen einbringen, bis zum 26. August besetzte sie den Dnjeprbogen von Tscherkassy bis zum Schwarzen Meer. Zu diesem Zeitpunkt war auch der Heeresgruppe Mitte der Durchbruch durch die »Stalin-Linie« gelungen. Die Truppen Bocks kesselten bei Smolensk und Roslawl noch einmal größere sowjetische Verbände ein, so daß 350.000 Mann mit 3.200 Panzern und einer gleichen Zahl von Geschützen zur Aufgabe gezwungen waren. Kurz darauf konnten die Heeresgruppen Mitte und Süd den zwischen ihnen liegenden sowjetischen Keil beseitigen und eine gemeinsame Front bilden. Währenddessen drang die Heeresgruppe Nord ins Baltikum vor und rückte auf Leningrad zu, während sich von der karelischen Landenge aus finnische Truppen dem Verteidigungsring der Stadt näherten.

Bereits in dieser Phase des Kampfes mußte die deutsche Führung erkennen, daß der Feldzug nicht nach dem Muster der vorhergehenden »Blitzkriege« verlaufen würde, denn Stalin, der den Vorsitz des am 30. Juni geschaffenen Staatlichen Verteidigungskomitees übernommen hatte, ging daran, durch die Aufstellung neuer militärischer Einheiten, die zwar schlecht ausgebildet und ausgerüstet waren, aber zusammen mit Partisaneneinheiten den Vormarsch der Wehrmacht mindestens zu verzögern wußten, den »Vaterländischen Volkskrieg« zu organisieren. Da der Feind nicht zur Entscheidung zu stellen war, sondern in die Tiefen des russischen Raumes auswich, ließ sich kein rasches Ende des Kampfes absehen.

Während Brauchitsch und Halder im August für einen weiteren Vorstoß gegen Moskau plädierten, wollte Hitler aus kriegswirtschaftlichen Gründen zuerst Leningrad und im Süden die Halbinsel Krim erobern, von wo aus die sowjetische Luftwaffe noch die rumänischen Erdölfelder bedrohen konnte, während man selbst die Ukraine kontrollieren, den schwerindustriellen Bereich des Donez-Bekkens nutzen und die Rote Armee von der Erdölversorgung aus dem Kaukasus abschneiden würde. Folgerichtig verlangte Hitler mit Weisung vom 21. August, daß die Heeresgruppe Mitte vor Moskau zum etappenweisen Vormarsch überzugehen habe, während ihre schnellen Verbände die Heeresgruppe Süd beim Übergang über den Dnjepr und bei der Einkesselung der dahinter stehenden Feindverbände unterstützen sollten. Tatsächlich konnten Truppen der Heeresgruppen Mitte und Süd kurz darauf östlich von Kiew starke sowjetische Verbände vernichten, so daß noch einmal 665.000 Mann, 880 Panzer und 3.700 Geschütze in deutsche Hand fielen.

Beim anschließenden Vorstoß auf Moskau kamen weitere 670.000 Mann, 1.240 Panzer und 5.400 Geschütze hinzu, so daß sich bis zu diesem Zeitpunkt mehr als drei Millionen Rotarmisten in deutscher Gefangenschaft befanden. Ihre Versorgung konnte kaum sichergestellt werden, zumal Hitler verboten hatte, sie nach Westen oder gar ins Reichsgebiet zu verbringen. Neben der katastrophalen

Versorgungslage wirkte sich auch die durch die Sonderbefehle begründete »Dezimierungspolitik« (Lothar Gruchmann) aus, die den gefangenen sowjetischen Soldaten eine menschenwürdige Behandlung verweigerte. Wer außerdem eine kommunistische Gesinnung erkennen ließ oder dieser verdächtigt wurde, wer als Jude (oder – wegen der Beschneidung häufig verwechselt – als Moslem) oder aufgrund seines fremdartigen Aussehens als »rassisch minderwertig« identifiziert wurde und den Einsatzgruppen in die Hände fiel, wurde getötet oder in Konzentrationslager im Generalgouvernement verbracht. Von 5,245 Millionen sowjetischen Kriegsgefangenen starben bis zum Kriegsende mindestens zwei Millionen – vor allem unter den katastrophalen Bedingungen des ersten Winters – an Hunger und Seuchen, mehrere hunderttausend fielen den Massenerschießungen zum Opfer (zum Vergleich: Von den zwischen 1943 und 1945 in sowjetische Kriegsgefangenschaft geratenen 3,15 Millionen Deutschen kamen 1,2 Millionen in sowjetischen Lagern ums Leben).

Die unmenschliche und unsinnige Behandlung der sowjetischen Kriegsgefangenen fand Kritik nicht nur in der Wehrmacht – sehr frühzeitig wurde der Chef des Amtes Abwehr, Admiral Wilhelm Canaris, vorstellig –, sondern auch in der Parteiführung. Rosenberg, der seit dem 17. November 1941 den (allerdings machtlosen) Posten eines »Reichsministers für die besetzten Ostgebiete« bekleidete, forderte in einem Brief an das OKW, daß gegenüber den sowjetischen Kriegsgefangenen die Gesetze der Humanität zur Anwendung zu bringen seien: »Man könne wohl ohne Übertreibung sagen, daß die Fehler in der Kriegsgefangenenbehandlung zu einem großen Teil die Ursachen für den sich vertiefenden Widerstand der Roten Armee seien und damit auch für den Tod Tausender deutscher Soldaten.«

Auch in bezug auf die Anwendung des Kommissarbefehls, den die kämpfende Truppe selbst vollziehen sollte, mehrten sich sehr rasch die kritischen Stimmen. Zwar führten die meisten Einheiten die entsprechenden Anordnungen ohne Vorbehalt aus, aber viele Kommandeure erkannten rasch, daß sich durch diese Repressalien der Verteidigungswille der sowjetischen Einheiten eher verstärkte, und die Propaganda der sowjetischen Führung, daß Rotarmisten, die sich – gegen das sowjetische Gesetz – gefangengaben, von der Wehrmacht gefoltert und ermordet würden, Glaubwürdigkeit erhielt. Seit dem August 1941 mehrten sich die Forderungen, den Befehl wieder aufzuheben, wozu es aber erst am 6. Mai 1942 kam. Hitler hat verschiedentlich wütend auf die Obstruktionsversuche reagiert und seine Verachtung für das OKH geäußert, das aus »dem Soldatenberuf möglichst einen Pastorenstand« machen wolle; allein auf die SS sei Verlaß.

Das weitere militärische Vorgehen der Wehrmacht wurde seit Anfang Oktober 1941 durch die überraschend einsetzende Schlammperiode erschwert. Es kam zu so starken Ausfällen des technischen Gerätes, daß bei einigen Panzerdivisionen nur noch ein Drittel der Kampffahrzeuge funktionstüchtig war. Nachdem der

Europa:
1 Dänemark
2 Niederlande
3 Belgien
4 Luxemburg
5 Schweiz
6 »Großdeutsches Reich«
7 Slowakei
8 Ungarn   Afrika:
9 Jugoslawien   D. Dahome
10 Albanien   G. Ghana
11 Griechenland T. Togo

»Großdeutsches Reich«, Italien und Japan

Verbündete des »Großdeutschen Reiches«, Italiens und Japans

Kolonie bzw. abhängiges Gebiet Italiens und Japans

Durch die »Achsenmächte« und Japan eroberte und besetzte Gebiete (1942)

▲▲▲▲▲▲▲ Weitester militärischer Machtbereich der »Achsenmächte« und Japans (1942)

Mit den »Achsenmächten« und Japan im Krieg befindlicher Staat

Kolonie bzw. abhängiges Gebiet eines mit den »Achsenmächten« und Japan im Krieg befindlichen Staates

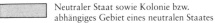 Neutraler Staat sowie Kolonie bzw. abhängiges Gebiet eines neutralen Staates

Geplante Expansion des »Großdeutschen Reiches« und Japans

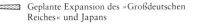 Der geplante »Koloniale Ergänzungsraum« des »Großdeutschen Reiches«

Von der »Anti-Hitler-Koalition« besetzte Gebiete

Vorstoß auf Moskau im Morast steckengeblieben war, wollte Generalfeldmarschall von Bock, der Oberbefehlshaber der Heeresgruppe Mitte, den ersten Frost abwarten, aber auch im November vermochten sich die deutschen Truppen der sowjetischen Hauptstadt nur bis auf dreißig Kilometer zu nähern. Dann folgte ein unerwartet plötzlicher Wintereinbruch mit einem Temperatursturz auf minus dreißig Grad. Motoren und automatische Waffen versagten infolge der Kälte, die Zahl der durch Erfrierungen ausgefallenen Soldaten lag höher als die der im Kampf verwundeten oder getöteten. Die erst jetzt befohlene Konzentration auf den Vormarsch gegen Moskau schwächte außerdem die Stoßkraft der Heeresgruppen Nord und Süd. So gelang zwar noch die Eroberung der Krim, aber der unerwartete Gegenangriff von frisch herangeführten sowjetischen Truppen aus dem Kaukasus machte alle weiteren Operationen zunichte. Rundstedt nahm daraufhin befehlswidrig seine Frontlinie an den Mius zurück, was zu seiner Absetzung führte; an seine Stelle trat Generalfeldmarschall von Reichenau. Am 16. Dezember erging dann der »Halte-Befehl« Hitlers, der, anders als seine militärischen Berater, die vorgeschobenen Positionen halten wollte, um im Sommer 1942 erneut vorzustoßen.

Bis Ende 1941 hatte die Wehrmacht im Rußlandfeldzug 173.722 Mann verloren, dazu kamen 621.308 Verwundete und 35.875 Vermißte. Ein Drittel des Rüstungsbestandes vom 22. Juni 1941 war bereits zerstört, die Ostverbände waren zermürbt und dezimiert und konnten nur noch unter Schwierigkeiten ersetzt werden. Im Grunde war bereits zu diesem Zeitpunkt das Unternehmen »Barbarossa« gescheitert; Erich von Manstein hat nach dem Krieg darauf hingewiesen, daß die für den Rußlandfeldzug festgelegte »allgemeine Absicht« im Grunde nur ein »operatives oder gar nur taktisches ›Rezept‹« gewesen sei: »Dieses ›Rezept‹ konnte aber niemals einen Operationsplan ersetzen, über dessen Anlage und Durchführung man sich im Bereich der obersten Führung völlig einig hätte sein müssen. Ein Operationsplan, der angesichts des Kräfteverhältnisses und der Weite des Kriegstheaters wohl von vornherein die Möglichkeit hätte ins Auge fassen sollen, die Vernichtung der sowjetischen Wehrmacht gegebenenfalls in zwei Feldzügen anzustreben.«

Tatsächlich äußerte Hitler Ende des Jahres 1941 im kleinsten Kreise, daß er es selbst mittlerweile für ausgeschlossen halte, seine Kriegsgegner Großbritannien und Sowjetunion »vernichtend zu schlagen oder entscheidend niederzuringen«, daher müsse man doch versuchen, mit England »zum Verhandlungsfrieden« zu kommen. Am 29. November verlangte auch Fritz Todt, mittlerweile Reichsminister für Bewaffnung und Munition, von Hitler, den Krieg »politisch« zu beenden, da er unter dem Gesichtspunkt der Rüstungswirtschaft bereits verloren sei. Hitler zeigte sich aber zu keinem Schritt in Richtung auf einen Kompromißfrieden bereit. Dabei mochte die Einsicht mitgewirkt haben, daß er selbst längst jeden politischen Kredit verspielt hatte und nicht mehr als Verhandlungspartner in

Eine Kolonne des deutschen Afrika-Korps bei Tobruk im April 1941. – Vorstoß deutscher
Truppen in Rußland am 24. Juni 1941

Die Zerstörung des amerikanischen Flottenstützpunktes Pearl Harbour durch den Angriff der
Japaner am 7. Dezember 1941

Frage kam. Aber er handelte auch seiner eigenen Grundanschauung gemäß. Am 27. November 1941 äußerte er im Gespräch mit ausländischen Besuchern: »Wenn das deutsche Volk einmal nicht mehr stark und opferbereit genug sei, sein eigenes Blut für seine Existenz einzusetzen, so soll es vergehen und von einer anderen stärkeren Macht vernichtet werden.« Später am Abend fügte er noch hinzu: »Er würde dann dem deutschen Volke keine Träne nachweinen.«

Ende des Jahres 1941 kehrte die von Hitler immer gefürchtete Konstellation des Zweifrontenkrieges wieder. Darüber hinaus wurde eine Variante der Lage von 1917 in dem Maße wahrscheinlich, in dem sich die Situation in Ostasien zuspitzte. Nachdem Ribbentrop der japanischen Regierung vergeblich vorgeschlagen hatte, vom pazifischen Raum aus gegen die Sowjetunion vorzugehen, beschloß der Kronrat in Tokio am 2. Juli 1941, den Moskauer Vertrag vom 13. April einzuhalten und Neutralität im deutsch-sowjetischen Konflikt zu wahren. Ribbentrop hatte mit seinen Avancen auch die Absicht verfolgt, Japan wieder fester an das Reich zu binden, nachdem bekannt geworden war, daß es seit längerer Zeit Geheimverhandlungen zwischen Tokio und Washington mit dem Ziel eines wechselseitigen Interessenausgleichs gab.

Jedoch wurde zu diesem Zeitpunkt deutlich, daß der Konflikt zwischen Japan und den USA kaum noch zu vermeiden war. Im März 1941 hatte Tokio Vichy-Frankreich gezwungen, einer Besetzung Nord-Indochinas zuzustimmen, und jetzt drangen japanische Truppen außerdem in den Süden des Landes ein. Daraufhin verfügte die amerikanische Regierung das Einfrieren der japanischen Guthaben in den Vereinigten Staaten, was einem faktischen Embargo gleichkam. Besonders die japanische Erdölversorgung sowie die Einfuhr von Zinn und Kautschuk waren von dieser Maßnahme betroffen. Nachdem der auf Ausgleich mit den USA setzende Regierungschef Fürst Konoye am 16. Oktober 1941 zurücktreten mußte, beschloß das neue Kabinett unter General Hideki Tojo am 5. November, daß man zum Angriff auf die Vereinigten Staaten übergehen werde, falls nicht bis zum 25. des Monats eine Einigung zustande gekommen sei.

Da der amerikanische Geheimdienst den japanischen Code für die Übermittlung diplomatischer Nachrichten entschlüsselt hatte und alle Depeschen der Japaner mitlas, war sich Washington völlig darüber im klaren, daß ein Konflikt drohte. Die Regierung Roosevelt wollte aber angesichts der weiterhin starken isolationistischen Stimmung im Land die Japaner »in die Lage bringen ..., daß sie den ersten Schuß abgaben, ohne uns selbst zu großem Schaden auszusetzen« – so der Kriegsminister Henry L. Stimson. Diesen »ersten Schuß« feuerte Japan mit dem Angriff auf den amerikanischen Flottenstützpunkt Pearl Harbour am 7. Dezember 1941 ab. Für die Achsenmächte kam der japanische Überfall auf Honolulu unvorbereitet, auch wenn der »unerklärte Krieg« zwischen den Vereinigten Staaten auf der einen, Deutschland, Italien und Japan auf der anderen Seite schon länger im Gang war.

Die formelle Neutralität Washingtons war von Roosevelt längst zu einer Nichtkriegführung mit Präferenz für Großbritannien aufgeweicht worden. So hatte der Kongreß schon am 15. September 1940 zum ersten Mal in Friedenszeiten die Einführung der Allgemeinen Wehrpflicht beschlossen, und im Januar 1941 begannen gemeinsame Stabsbesprechungen der englischen und amerikanischen militärischen Spitzen, die sich auf die »Germany first«-Strategie, also die vorrangige Niederwerfung Deutschlands, einigten. Am 11. März 1941 wurde der »Lend-Lease-Act«, das »Leih- und Pachtgesetz«, verabschiedet, das die geltenden »Cash-and-carry«-Vorschriften vermied und es erlaubte, jedem Staat Waffen »leihweise« zu überlassen, »dessen Verteidigung der Präsident für die Verteidigung der Vereinigten Staaten für lebenswichtig erachtet«. Im Juni 1941 wurden alle Guthaben der Achsenmächte eingefroren, ihre Konsulate in den USA geschlossen.

Am 14. August 1941 folgte die »Atlantik-Charta«, Ergebnis einer denkwürdigen Konferenz von Roosevelt und Churchill an Bord zweier Kriegsschiffe vor der Küste von Neufundland. Obwohl sich die USA immer noch nicht im Kriegszustand mit Deutschland befanden, erklärten sie hier eindeutig, daß sie die Niederwerfung des nationalsozialistischen Regimes und die Errichtung einer neuen Weltordnung wünschten. Die in dem Text proklamierten Grundsätze entsprachen dem traditionellen politisch-moralischen Konzept der Wilsonianer (Selbstbestimmungsrecht der Völker, keine Annexionen, friedliche Lösung aller Konflikte, allgemeine Demokratisierung), das sich mit ebenso traditionellen außenpolitischen Wunschvorstellungen der Vereinigten Staaten (Pax Americana im Sinne einer weltweiten »open door policy«, das hieß Beseitigung der deutschen und japanischen »Großräume« sowie der britischen »Präferenzzölle« für das Empire) verband. Die Sowjetunion fand in der Charta an keiner Stelle Erwähnung, da London und Washington zu diesem Zeitpunkt davon ausgingen, daß sie nach dem Kriegsende kaum noch existieren würde.

Der eigentliche Kriegseintritt der USA wurde vorbereitet mit dem Schießbefehl vom 11. September 1941, der anordnete, daß auf deutsche, italienische und japanische Schiffe ohne Vorwarnung zu feuern sei, auch wenn sie außerhalb der amerikanischen Hoheitszone in Gewässern angetroffen wurden, »die wir als für unsere eigene Sicherheit erforderlich ansehen«. Hitler seinerseits befahl der Kriegsmarine ausdrücklich, die Provokationen zu übersehen und nur dann auf amerikanische Schiffe zu schießen, wenn sie sich in der Operationszone um England aufhielten. Erst am 8. Dezember, nach dem japanischen Angriff auf Pearl Harbour, gab Hitler Weisung, daß deutsche Schiffe sofort den Kampf gegen amerikanische eröffnen dürften. Am 11. Dezember erklärte Deutschland den Vereinigten Staaten den Krieg, um – wie Hitler glaubte – einer bevorstehenden Kriegserklärung der USA an Deutschland zuvorzukommen.

Damit hatte der Krieg endgültig den Charakter eines »Weltkrieges« angenommen. Die »Achsenmächte« Deutschland, Italien und Japan samt ihren Satelliten beherrschten zu diesem Zeitpunkt nicht nur den ganzen west-, mittel-, ost- und nordeuropäischen Raum, sondern auch einen Teil Nordafrikas, außerdem Teile des chinesischen sowie des indochinesischen Festlandes und die meisten bedeutenden ostasiatischen Inseln. Aber von einer koordinierten Kriegführung konnte zu keinem Zeitpunkt gesprochen werden. Selbst wenn man von der relativen militärischen Bedeutungslosigkeit Italiens absieht, fiel erheblich ins Gewicht, daß Deutschland und Japan im Grunde genommen nur an ihren jeweils eigenen Kriegen interessiert waren.

Diese Situation war im Lager der »Anti-Hitler-Koalition« erkennbar anders. Bereits am 12. Juli 1941 wurde zwischen Großbritannien und der Sowjetunion ein Vertrag über Waffenlieferungen und gegenseitige Unterstützung im Kampf gegen Deutschland abgeschlossen, am 7. November bezogen die Vereinigten Staaten die UdSSR in das Leih- und Pachtprogramm ein. Bereits die erste Kriegskonferenz der angelsächsischen Mächte in Washington vom 22. Dezember 1941 bis 14. Januar 1942 endete mit der Errichtung des »Combined Chiefs of Staff Committee«. England und die Vereinigten Staaten einigten sich darauf, einen gemeinsamen Oberbefehlshaber für jedes Operationsgebiet zu ernennen. Selbstverständlich verfolgten die USA, Großbritannien und die Sowjetunion bei ihrem Kampf gegen das Reich auch jeweils eigene nationale Interessen. Aber sie traten im Moment zurück hinter dem gemeinsamen Ziel, den Sieg über Hitler zu erringen. Insofern täuschten sich die Beteiligten kaum über den unnatürlichen Charakter dieses Paktes zwischen den Demokratien des Westens und dem totalitären System des Ostens hinweg, und es gab immer wieder Hinweisen auf die künftige Auseinandersetzung zwischen den Verbündeten.

Vom 16. bis 20. Dezember 1941 fanden in Moskau Gespräche zwischen dem englischen Außenminister Anthony Eden und der sowjetischen Führung statt. Dabei machte Stalin unmißverständlich deutlich, daß er an der bis 1941 gewonnenen Kriegsbeute festhalten werde und darüber hinaus auch die Gebiete verlange, die Ribbentrop im November 1940 Molotow verweigert hatte. Zudem forderte Stalin die Aufteilung Deutschlands in einen West- und einen Südstaat, nach Abtrennung Ostpreußens, das Polen übergeben werde, während das Memelland und Tilsit direkt an die Sowjetunion fallen sollten. Eden nahm die Forderungen Stalins kommentarlos zur Kenntnis. Die faktische militärisch-politische Entwicklung in den beiden folgenden Jahren sollte Stalin in die Lage versetzen, die von ihm verfolgten Ziele und weit mehr zu erreichen.

Die Bilanz des europäischen Krieges, der zwischen September 1939 und Ende 1941 stattfand, kann gewiß nicht ohne Blick auf die weitere Entwicklung gezogen werden. Aber die Perspektive wird auch verkürzt, wenn man sich nicht vergegenwärtigt, mit welchen Vorstellungen und Empfindungen die Menschen in Kontinentaleuropa spätestens seit der Niederlage Frankreichs und vor dem deutschen Angriff auf die Sowjetunion lebten. Die Wahrnehmung des Zeitklimas blieb disparat, auch für die, die im Sieg des nationalsozialistischen Deutschland den Entschluß des Weltgeistes verwirklicht sahen. Die einen feierten den Erfolg des modernen, effizienten und autoritären Systems über die Anachronismen der bürgerlichen Epoche. Drieu la Rochelle mag für einen Teil der europäischen Jugend gesprochen haben, wenn er im Januar 1941 schrieb: »Wie kann man glauben, der Sieger dieses Krieges könnte ein Reich sein, das aus lauter Anachronismen aus der Vergangenheit besteht? Wer heute an den Sieg Englands glaubt, ist wie jemand, der im Jahre 1900 den Sieg Chinas mit seinen Mandarinen mit Zöpfen und Jadeknöpfen über die europäischen Reiche mit ihren Autos und Kanonen prophezeit hätte.« Andere haben eher vermutet, daß ein »neues Mittelalter« bevorstehe, eine Epoche, in der sich archaische Bewußtseinslagen mit vollendeter Beherrschung der Technik verbinden würden, ein »deutsch-spanisches Europa« (John Lukacs), aber vor allem getragen von den Festlandsgermanen, deren Imperium die Grenzen des Heiligen Römischen Reiches nach Osten überschreiten würde, während Italien in Abhängigkeit fortbestand, Frankreich zurückgedrängt auf seine Gebiete im 15. Jahrhundert und England isoliert vom Kontinent; die innere Ordnung geprägt von Zwangskörperschaften und der Entrechtung der Juden.

Die Entwicklung ist weder in der einen noch in der anderen Richtung über Ansätze hinausgekommen, weil es auf deutscher Seite zu keinem Zeitpunkt eine tragfähige und konstruktive Vorstellung von der Reorganisation des Kontinents gab, obwohl mit dem Beginn des Rußlandfeldzugs die Möglichkeit bestanden hätte, eine kontinentaleuropäische, antikommunistische Bewegung – eine »weiße Internationale« – zu mobilisieren. Seit dem Sommer 1940 waren ausländische »germanische« Freiwillige für die Waffen-SS angeworben worden, die in den Standarten »Nordland« (Norweger und Dänen) und »Westland« (Niederländer und Flamen), seit dem Dezember 1940 in der Division »Wiking« (außerdem Schweden und Esten) dienen sollten. Diese Einheiten, die unmittelbar nach dem Angriff auf die Sowjetunion um ein selbständiges dänisches Kontingent (»Frikorps Danmark«) erweitert wurden, erreichten Ende 1941 einen Umfang von zwölftausend Freiwilligen, hinzu kamen 6.200 freiwillige Volksdeutsche aus West- und Südosteuropa. Das waren Abenteurer und Söldner, aber auch irregeleitete Idealisten, die glaubten, daß sie für ein »Neues Europa« kämpften, in dem ihre Heimatländer Autonomie erhalten würden. In Madrid, Barcelona und anderen spanischen Großstädten kam es nach dem deutschen Angriff auf die Sowjetunion zu spontanen Kundgebungen, und zweihunderttausend Spanier meldeten sich freiwillig zur »Blauen Division«, die an der Seite der Wehrmacht an einem neuen »Kreuzzug« teilnehmen sollte; der »Erbfeind« Frankreich stellte dreitausend Soldaten, die in der »Légion des Volontaires Françaises contre le Bolchévisme« kämpften.

Hitler hatte nur Geringschätzigkeit für diese Verbündeten und ihre Vorstellungen übrig. Er wandte sich ausdrücklich gegen die Formel vom »Krieg Europas gegen den Bolschewismus« und verachtete die Kollaborateure, die er durch die Zusammenarbeit mit dem Reich kompromittieren wollte, damit »die so stark gesündigt haben, daß sie mit uns durch Dick und Dünn gehen«. Sowenig er bereit war, den Nationen im sowjetischen »Völkergefängnis«, die die deutschen Truppen anfangs oft als Befreier begrüßt hatten, eine lebenswerte Zukunft zu versprechen, sowenig konnte er sich ein Europa vorstellen, in dem die anderen Völker ein eigenes Lebensrecht haben würden. Den Vorschlag Ribbentrops, als Antwort auf die Atlantik-Charta eine eigene Proklamation zur Vereinigung Europas unter deutscher Vormacht zu erlassen, quittierte er mit den Worten: »Wenn ich ein freies Land unterwerfe, nur um ihm die Freiheit wiederzugeben, wozu das? Wer Blut vergossen hat, hat auch das Recht, die Herrschaft auszuüben ... Gemeinschaft lasse sich eben nur durch Gewalt schaffen und erhalten.«

Der »Realismus« der nationalsozialistischen Führung, der sich von allen Illusionen frei glaubte, indem er die politischen Lebensgesetze auf den nackten »Kampf ums Dasein« reduzierte, mußte auf sie zurückschlagen, weil er blind machte für die uneigennützigen Faktoren, die zu den Antrieben der Menschen gehören und die Hitler in der Vergangenheit so geschickt für sich auszunutzen verstanden hatte. Insofern war es nur entlarvend, was Goebbels am 5. April 1940 vor Vertretern der Presse über die deutschen »Kriegsziele« sagte: »Wir führen heute in Europa die gleiche Revolution durch, die wir in kleinerem Maßstab in Deutschland durchgeführt haben. Sie hat sich nur in den Dimensionen geändert. Die Grundsätze, Erfahrungen und Methoden von damals sind auch heute geltend. Sie haben auch zwischen Völkern Gültigkeit ... Wenn uns einer fragte, wie wir uns denn die Lösung dieser oder jener Frage dächten, so haben wir geantwortet, das wüßten wir noch nicht. Wir hatten schon unsere Pläne, aber wir unterbreiteten sie nicht der öffentlichen Kritik. Wenn heute einer fragt, wie denkt ihr euch das neue Europa, so müssen wir sagen, wir wissen es nicht. Gewiß haben wir eine Vorstellung. Aber wenn wir sie in Worte kleiden, bringt uns das sofort Feinde und vermehrt die Widerstände. Haben wir erst die Macht, so wird man schon sehen, und auch wir werden schon sehen, was wir daraus machen können ...« Sie haben nichts daraus gemacht.

Weltkrieg und Zusammenbruch

Hitler hielt den Krieg nicht nur für notwendig, um die äußeren Gegner Deutschlands niederzuwerfen und die Hegemonialstellung des Reiches auszubauen und zu festigen, er sah im Krieg auch eine Chance zur Vollendung der gesellschaftlichen Transformation, die er mit der »Machtergreifung« eingeleitet hatte. Insofern begann 1939, wie er sagte, die »zweite Etappe der nationalsozialistischen Revolution«. Das Regime radikalisierte sich also nicht wegen des Krieges – die Beschränkung von Bürgerrechten blieb keinem der beteiligten Länder erspart –, es ließ vielmehr unter den besonderen Bedingungen des Ausnahmezustandes ihm wesenseigene Züge stärker hervortreten – ein Vorgang, der vor allem an der sukzessiven Auflösung der verbliebenen »Staatlichkeit« erkennbar wurde.

Gerade der Bedeutungsverlust der traditionellen Eliten in Verwaltung, Diplomatie und Armee ermöglichte Hitler und dem engsten Umkreis seiner Paladine ein immer neues, mobilisierendes Durchgreifen bis auf die unteren Ebenen der Gesellschaft ohne Einhaltung formaler Regeln. Taktische Rücksichten auf die konservativen Bündnispartner erschienen kaum mehr erforderlich, und immer wieder betonte Hitler, daß das Regime nach dem »Endsieg« mit demjenigen der Friedensjahre nur noch wenig Ähnlichkeit aufweisen werde. Der exilierte Jurist Franz Neumann schrieb 1941 über die Entwicklungstendenz des nationalsozialistischen Systems: »Ich wage zu behaupten, daß wir es mit einer Gesellschaftsform zu tun haben, in der die herrschenden Gruppen die übrige Bevölkerung direkt kontrollieren, ohne die Vermittlung durch den wenigstens rationalen, bisher als Staat bekannten Zwangsapparat. Noch ist diese neue soziale Form nicht voll verwirklicht, aber die Tendenz ist vorhanden, und sie bestimmt das eigentliche Wesen des Regimes.« Etwa zum selben Zeitpunkt erklärte Carl Schmitt in einem Vortrag vor deutschen Historikern, daß das Zeitalter des »Staates«, der als eine »durchaus zeitgebundene, geschichtlich bedingte, konkrete und spezifische Organisationsform der politischen Einheit« verstanden werden müsse, beendet sei. Die Zukunft gehöre anderen Ordnungsmodellen, die an die Stelle des »klassischen Staates« treten würden.

Der Umbau des Regimes während des Krieges führte allerdings zu Problemen bei der Bewältigung der militärischen Erfordernisse. Vor allem infolge von sich widersprechenden Ad-hoc-Entscheidungen Hitlers kam es zu erheblichen Schwierigkeiten, und ein Teil der kriegsbedingten Maßnahmen kollidierte mit dem Bemühen, die Bevölkerung durch Wahrung einer gewissen Normalität ruhig zu halten. Aber Hitler blieb in bezug auf seine längerfristige Zielsetzung unbeirrbar. In einer Ansprache am 8. Mai 1943 vor Gau- und Reichsleitern erklärte er, daß der gegenwärtige Krieg sich zwischen »bürgerlichen« und »revolutionären« Staaten abspiele. Die Niederwerfung der »bürgerlichen« – gemeint waren Polen, Frankreich und England – sei kein Problem gewesen, dagegen müsse man den Kampf gegen den anderen »Weltanschauungsstaat«, die Sowjetunion, sehr ernst nehmen, da er »erziehungs- und einstellungsmäßig« Deutschland ebenbürtig, in mancher Hinsicht sogar überlegen sei. Denn Stalin habe nicht nur die Kirche und das alte System, sondern auch die bürgerliche Klasse ausgerottet, deshalb könne die UdSSR jetzt anders als Deutschland ihre »ganze Kraft gegen den Feind richten«. Wolle man das gesteckte Ziel noch erreichen – die Errichtung der deutschen Hegemonie auf dem europäischen Kontinent –, dann müßten alle Zweifel und ethischen Bedenken zum Schweigen gebracht werden: »In diesem Zusammenhang können wir natürlich Fragen von Recht und Unrecht überhaupt nicht zur Diskussion akzeptieren. Der Verlust dieses Krieges würde für das deutsche Volk das größte Unrecht darstellen, der Sieg gibt uns das größte Recht.«

Der Führerstaat im Krieg

Schon seit 1937 war das Reichskabinett nicht mehr zusammengetreten, und am 30. August 1939, also unmittelbar vor Kriegsbeginn, wurde ersatzweise ein »Ministerrat für die Reichsverteidigung« gebildet, der unter dem Vorsitz von Hitlers präsumtivem Nachfolger Göring für die Zeit des Krieges die Leitung der Staatsgeschäfte übernehmen sollte. Neben Göring gehörten dem Gremium Frick als »Generalbevollmächtigter für die Reichsverwaltung«, Funk als »Generalbevollmächtigter für die Wirtschaft« (dem allerdings Göring als Beauftragter für den Vierjahresplan vorgeordnet blieb) sowie Keitel als Chef des OKW, Heß als Stellvertreter des Führers der NSDAP und Lammers als Chef der Reichskanzlei an. Theoretisch hätte Frick zudem als »Generalbevollmächtigter für die Verwaltung« die Leitung eines aus ihm selbst, Funk und Keitel bestehenden »Dreierkollegiums« übernehmen sollen, aber dieses Gremium erwies sich als ebensowenig funktionstüchtig wie der Ministerrat für Reichsverteidigung selbst, der nur zu sechs Sitzungen zusammenkam. Das Gremium sank rasch zu einer Institution unter vielen herab, das ungeordnete Neben- und Gegeneinander der Ressorts, die um ihre Einflußbereiche kämpften, setzte sich immer weiter fort, die Auseinandersetzungen verschärften sich sogar noch wegen der besonderen Umstände der Kriegsentwicklung.

Dieser Prozeß des Zerfalls staatlicher Ordnung hing vor allem auch damit zusammen, daß sich Hitler seit Kriegsbeginn sporadisch, seit 1941 dauernd, in wechselnden »Führerhauptquartieren« aufhielt und schon räumlich von der Zentrale getrennt war, was es Lammers als Chef der Reichskanzlei immer schwerer machte, die Arbeit der einzelnen Ministerien und Obersten Reichsbehörden

▬▬▬▬▬ Grenze des Großdeutschen Reiches	—·—·—·— Grenze des Protektorats Böhmen und Mähren
—··—··—··· Grenze des Generalgouvernements	▬▬▬▬▬ Grenze der Gaue der NSDAP

zu koordinieren. Himmler und Ribbentrop zogen aus der Lage die Konsequenz, indem sie eigene Feldquartiere in unmittelbarer Nachbarschaft zum jeweiligen Führerhauptquartier aufschlugen, um von Fall zu Fall eine unmittelbare Entscheidung Hitlers zu ihren Gunsten herbeiführen zu können.

Hitler selbst behielt sich seit 1939 die Außen- und Militärpolitik weitgehend selbst vor. Dazu wurden ihm die annektierten Gebiete, das Generalgouvernement und die neuen Reichskommissariate direkt unterstellt. Schon bei der Einsetzung von Josef Bürckel als »Reichskommissar für die Wiedervereinigung Österreichs« hatte es in der Ministerialbürokratie Widerstände gegen die Verwendung eines Parteifunktionärs für diese Aufgabe gegeben. Aber Hitler war offensichtlich entschlossen, die ihm verhaßten Juristen und Beamten von jeder zukünftigen Neuordnung des Reiches auszuschließen. Als dann im April 1939 die »Ostmark« in sieben Gaue eingeteilt wurde, fielen – wie schon im 1938 neugeschaffenen Gau Groß-Hamburg – zum ersten Mal Verwaltungs- und Gaugrenzen zusammen; an der Spitze stand jeweils ein Gauleiter, der in Personalunion die Aufgabe des Reichsstatthalters versah, ohne daß ihm eine Landesregierung nebengeordnet gewesen wäre. Dasselbe Verfahren wurde bei der Eingliederung des Sudetenlandes, des Warthegaus und des Gaus Danzig-Westpreußen angewendet und zeichnete sich auch bei den »Zivilverwaltungen« für Elsaß, Lothringen und Luxemburg ab, die von den Gauleitern der benachbarten Reichsgebiete geführt wurden; diese hatten die Weisung zur raschen »Eindeutschung« dieser Territorien durch Hitler persönlich erhalten. Ihm unterstanden auch die »Reichskommissare« direkt, die für die Niederlande und die ehemals jugoslawische Untersteiermark sowie die Krain zuständig waren. Die Generalkommissariate Estland, Lettland und Litauen wurden am 17. November 1941 mit Weißruthenien zum »Reichskommissariat Ostland« unter dem schleswig-holsteinischen Gauleiter Hinrich Lohse zusammengefaßt, das aus sechs Generalkommissariaten bestehende »Reichskommissariat Ukraine« kam unter den Befehl des ostpreußischen Gauleiters Koch.

Daß die neuen Institutionen Modellcharakter für eine zukünftige »Reichsreform« haben sollten, war ebenso unverkennbar wie die Tatsache, daß Hitler sich dabei besonders auf das Korps der Gauleiter stützen wollte. Schon die Einrichtung der »Reichsverteidigungskommissariate« für die zivile Verteidigungsverwaltung am 1. September 1939 hatte in diese Richtung gewiesen, obwohl deren Zuständigkeitsgebiete erst am 16. November 1942 grundsätzlich den Gauen angepaßt und die Gauleiter als Reichsverteidigungskommissare eingesetzt wurden. Hatte diese Maßnahme einmal mehr den Vorrang der Partei vor dem Staat deutlich gemacht, so wurde der Dualismus doch keineswegs gänzlich aufgehoben. Er bestand tatsächlich bis zum Untergang des Regimes fort; noch in der letzten Kriegsphase, im September 1944, erging eine geheime Mitteilung an die Partei-Organisation, in der es bezüglich der Errichtung von Befestigungsanlagen hieß: »Die Aufgabe des Stellungsbaus wurde den Gauleitern und nicht den Reichsverteidigungskommissaren übertragen, d. h. dem Mann der Partei und nicht dem Mann des Staates.«

Die unübersichtliche Lage an der Basis des Systems entsprach ganz dem Bild, das auch seine Führungsspitze bot. Am 16. März 1943 notierte Goebbels in seinem Tagebuch: »Wir leben in einem Staatswesen, in dem die Kompetenzen sehr unklar verteilt sind. Daraus entwickeln sich die meisten Zwistigkeiten unter den führenden Personen wie unter den führenden Behörden.« Das Nebeneinander von Einflußgewinnern und -verlierern, das es schon seit der »Machtergreifung« gab, hatte sich unter den Bedingungen des Krieges noch deutlich verstärkt. Während Ribbentrops Stern nach den gescheiterten Kontinentalblock-Planungen unaufhaltsam sank und eine Außenpolitik im eigentlichen Sinn gar nicht mehr stattfand, zeigte sich Himmler beim Wettbewerb um den Einfluß auf Hitlers Entscheidungen immer erfolgreicher.

Bei Kriegsbeginn war die Allgemeine SS endgültig in den Hintergrund getreten und auf einen Status reduziert worden, der dem der SA ähnlich war. Sie wurde ganz in den Schatten gestellt von den Sonderformationen der SS, vor allem von den Teilorganisationen des RSHA. Die »beklemmende Erfolgsgeschichte« (Heinz Höhne) der SS begann schon im September 1939, nachdem ihr von Hitler grundsätzlich die »innere Staatssicherung« übertragen worden war. Heydrich erklärte daraufhin in einem Durchführungserlaß, daß jeder, dessen Handlungsweise schädlich für die Volksgemeinschaft sei oder »propagandistische Auswirkungen« habe, »ohne Ansehen der Person durch rücksichtsloses Vorgehen ausgemerzt« werden müsse. Seit September 1939 fanden in den Konzentrationslagern erstmals Hinrichtungen ohne Gerichtsurteil durch die Sicherheitspolizei statt. Auf die Einwände des Reichsjustizministers Gürtner reagierte Hitler am 13. Oktober 1939, indem er das Vorgehen der Sipo grundsätzlich rechtfertigte: Er habe zwar keine »allgemeine Anweisung« für Erschießungen durch die Sicherheitspolizei gegeben, aber man könne darauf in Einzelfällen »nicht verzichten, weil die Gerichte (Militär und Civil) den besonderen Verhältnissen des Krieges sich nicht gewachsen zeigten«. In einer Vereinbarung mit dem Präsidenten des Volksgerichtshofs, Otto Thierack, erreichte Heydrich, daß dieser bei Unterstützung seines Aufstiegs durch den »Reichsführer-SS« diesem für den Fall »seiner Ernennung zum Reichsjustizminister die Staatsanwaltschaften ... abtreten« werde. Nach dem Tod Gürtners, der am 29. Januar 1941 verstarb, und dem folgenden Interregnum des von Hitler wenig geliebten Staatssekretärs Franz Schlegelberger erhielt Thierack am 20. August 1942 dann doch noch seine Berufung zum Justizminister. Er lehnte sich in der Zukunft eng an Himmler an, mußte allerdings wegen der Opposition in den Reihen der Juristen auf die versprochene Auslieferung der Staatsanwaltschaften verzichten.

Trotzdem erfüllten die vom Reichsjustizministerium so genannten »Soldaten der inneren Front«, Richter und Staatsanwälte, ihre Aufgabe wie erwartet. Der Bereich der Sondergerichtsbarkeit wurde während des Krieges erheblich erweitert (von 27 Gerichten im Jahr 1939 auf 74 im Jahr 1942) und die Strafgesetzgebung drastisch verschärft. Während es 1933 nur drei Tatbestände gab, die die Verhängung der Todesstrafe rechtfertigten, waren es 1943/44 insgesamt sechsundvierzig. Der am 26. August 1939 eingeführte Paragraph 5 der Kriegssonderstrafrechtsverordnung gegen Wehrkraftzersetzung sah grundsätzlich vor, daß jeder, der »öffentlich den Willen des deutschen oder verbündeten Volkes zur wehrhaften Selbstbehauptung zu lähmen oder zu zersetzen sucht«, hingerichtet werden könne. Das Abhören von Feindsendern konnte als Akt »geistiger Selbstverstümmelung« mit Zuchthaus bestraft werden, »defaitistische« Äußerungen oder Zweifel am »Endsieg« reichten ebenfalls zur Verurteilung aus, Sondergerichte verurteilten in der letzten Kriegsphase Plünderer wegen kleiner Diebstähle, etwa von Bilderrahmen oder Rasierspiegeln, zum Tode, wodurch die Zahl der Todesurteile überhaupt dramatisch anstieg: von 178 im Jahr 1939 auf 4.264 im Jahr 1944. Dazu kamen noch insgesamt dreißigtausend Todesurteile, die von Wehrmachtsgerichten ausgesprochen wurden. Auch die Zahl der in den Gefängnissen und Zuchthäusern Inhaftierten wuchs: von 108.000 bei Kriegsbeginn auf 190.000 im Sommer 1944, ohne daß die Kriminalitätsrate wesentlich reduziert werden konnte.

Wirkliche oder vermeintliche Gegnergruppen hat das Regime mit Hilfe der Justiz unter Aufhebung aller rechtsstaatlichen Bedingungen verfolgt, unter Kontrolle gebracht oder getötet. Zu den Maßnahmen, die schon bei Kriegsbeginn eingeleitet wurden, gehörten die Wiederinhaftierung entlassener Schutzhäftlinge, aber auch die Festsetzung von Staatsbürgern polnischer Herkunft, von Zigeunern, »Arbeitsbummlern« und »Psychopathen«. Ein Runderlaß für die Sicherheitspolizei vom 24. Oktober 1939 stellte lapidar fest: »Entlassungen aus der Schutzhaft finden während des Krieges im allgemeinen nicht statt.« Von den Verhaftungswellen wurden jetzt auch Bevölkerungsgruppen erreicht, die vor Kriegsausbruch aus taktischen Gründen geschont worden waren. So befand sich 1940/41 die größte Zahl von Geistlichen in Lagern, die überhaupt während des Dritten Reiches verhaftet worden war; allein im Oktober 1941 nahm die Gestapo 15.160 Personen fest, zehnmal soviel wie im Durchschnitt der Jahre 1935/36. Seit dem Herbst 1941 wurden in den KZs außerdem besondere Abteilungen für russische Kriegsgefangene (»SS-Kriegsgefangenen-Arbeitslager«) eingerichtet, und neben den älteren Lagern auf dem Reichsgebiet entstanden jetzt neue; zudem wurde das KZ-System auch auf die annektierten Gebiete – im Osten stärker als im Westen – ausgedehnt. Politische Häftlinge aus den besetzten Ländern kamen bevorzugt nach Neuengamme bei Hamburg, weitere Lager entstanden in Bergen-Belsen, im niederschlesischen Groß-Rosen, in Stutthof bei Danzig und im elsässischen Natzweiler.

Zwischen 1939 und März 1942 stiegen die Häftlingszahlen in den KZs von fünfundzwanzigtausend auf hunderttausend an. Währenddessen hatte Rudolf Höß, einer der »Schüler« des Dachauer KZ-Kommandanten Eicke, beim oberschlesischen Auschwitz mit dem Neubau einer gigantischen Haftanlage auf vierzig Quadratkilometern begonnen, die zukünftig allein hunderttausend Häftlinge aufnehmen sollte. Der Komplex war verbunden mit Versuchs- und Produktionseinrichtungen der SS, aber auch mit dem Buna-Werk der I.G. Farben.

Außerdem gab es Pläne für den Einsatz von KZ-Häftlingen im oberschlesischen Industriegebiet. Im Auschwitz benachbarten Birkenau wurden dann noch einmal 175 Hektar mit Elektrozäunen umgeben und primitive Behausungen errichtet, in denen die SS Häftlinge unterbrachte, die sie gleichfalls der Zwangsarbeit zuführte.

Die Lebensumstände für die Insassen waren katastrophal. In der zweiten Jahreshälfte 1942 lag die Sterblichkeit bei sechzig Prozent. Sie wurde erst durch die Intervention des Wirtschafts- und Verwaltungs-Hauptamtes (WVHA) der SS gesenkt, das auf die Notwendigkeit der Erhaltung der Lebensfähigkeit hinwies, um die Einsetzbarkeit der Zwangsarbeiter zu gewährleisten. Das WVHA verschaffte sich vor allem Zugang zu den Unternehmen der annektierten Gebiete, um weitere Grundlagen für eine SS-eigene Industrie zu schaffen, die deutlich über den Rahmen der schon bestehenden »Deutschen Wirtschaftsbetriebe« hinausgehen und insbesondere die KZs als Produktionsstätten nutzen sollte. Auch Himmlers Plan, im Osten eine Art »Musterstaat« der SS zu errichten, nahm Konturen an, nachdem der Sicherheitspolizei und dem SD in den besetzten polnischen und sowjetischen Gebieten die Ausübung des Strafrechts direkt übergeben worden war; eine ähnliche Befugnis erhielten sie auch für die Jurisdiktion über alle »Ostarbeiter« und für die Strafverfolgung der Juden im Reich.

Parallel zu diesem Ausbau der Polizeimacht vollzog sich der Aufstieg der Waffen-SS. 1940 legte Hitler fest, daß die Waffen-SS künftig die Aufgaben einer »Staatstruppenpolizei« haben werde, die »in jeder Situation befähigt ist, die Autorität im Inneren zu vertreten und durchzusetzen«. Gleichzeitig mit der Gründung einer eigenen Division der Waffen-SS (»Reich«) im Oktober 1939 wurde die »Totenkopfdivision« gebildet, die die Bewachung der KZs durch voll ausgebildete und felddiensttaugliche Reservisten der Allgemeinen SS zu gewährleisten hatte. Bis 1942 umfaßten die SS-Truppen 187.638 Mann, und bis Kriegsende diente fast eine Million Soldaten in der Waffen-SS. Die Verwaltungsspitze der SS sollte dann insgesamt elf Hauptämter umfassen, die ein Imperium verwalteten, das man nicht zu Unrecht als »SS-Staat« bezeichnet hat. Die wichtigste Mittelinstanz in diesem »SS-Staat« waren die ab 1938 eingesetzten Höheren SS- und Polizeiführer, die jede neue Weisung Himmlers exekutierten, von den Umsiedlungen über die rassische Bewertung der Volksdeutschen und der unterworfenen Bevölkerungen bis zu den Deportationen und der Vorbereitung der »Endlösung«.

Himmler stand auf dem Höhepunkt seiner Laufbahn, als es ihm 1943 gelang, Fricks Nachfolge im Innenministerium anzutreten. Hitler, dessen Affekt gegen die Juristen schon vor Kriegsbeginn immer heftiger geworden war, hatte bereits gezögert, den ihm lästig fallenden Frick mit der Funktion des Generalbevollmächtigten für die Reichsverwaltung zu betrauen, sich dann aber doch zu diesem Schritt entschlossen, allerdings dafür Sorge getragen, daß Himmler Fricks Stell-

vertretung übernahm. Die von Frick unter den Kriegsbedingungen geforderte
»Einheit der Führung, Konzentration, autoritäre Leitung, klare Befehlsgewalt
und Erfassung jedes Volksgenossen für die Zwecke der Gemeinschaft« mit Hilfe
der Administration blieb angesichts seines schwindenden Einflusses illusorisch.
Er war zwar am 25. September 1939 formell mit der Neuordnung der Ostgebiete
betraut worden, aber praktisch endeten seine Kompetenzen immer dort, wo der
Einfluß Himmlers begann. Vor einem kleinen Kreis, dem auch Frick angehörte,
hatte Hitler bereits am 17. Oktober 1939 erklärt, daß der in den polnischen
Gebieten durchzuführende »Volkstumskampf ... keine gesetzlichen Bindungen«
erlaube.

Fricks Vorstellung, die im Osten angegliederten Gebiete zu »Modell-Reichs-
gauen« zu entwickeln, wurde zwar in die Tat umgesetzt, aber dabei spielte er
in seiner Funktion als Reichsinnenminister schon keine Rolle mehr. Am 5. Mai
1942 hielt der bayerische Ministerpräsident Siebert in einem Aktenvermerk fest,
daß geplant sei, Frick durch Himmler zu ersetzen. Wenige Tage zuvor, am 26.
April, hatte Hitler durch den Reichstag eine »Generalermächtigung« erhalten,
die endgültig klarstellte, daß fortan jede reguläre, an Gesetzen und administra-
tiven Vorschriften orientierte Verfahrensweise zugunsten des absoluten Führer-
willens beseitigt sei: »Es kann keinem Zweifel unterliegen, daß der Führer in
der gegenwärtigen Zeit des Krieges, in der das deutsche Volk in einem Kampf
um Sein oder Nichtsein steht, das von ihm beanspruchte Recht besitzen muß,
alles zu tun, was zur Erringung des Sieges dient oder dazu beiträgt. Der Führer
muß daher – ohne an bestehende Rechtsvorschriften gebunden zu sein – in
seiner Eigenschaft als Führer der Nation, als Oberster Befehlshaber der Wehrmacht, als Regierungschef und Oberster Inhaber der vollziehenden Gewalt, als
Oberster Gerichtsherr und als Führer der Partei jederzeit in der Lage sein, nötigenfalls jeden Deutschen – sei er einfacher Soldat oder Offizier, niedriger oder
hoher Beamter oder Richter, leitender oder dienender Funktionär der Partei,
Arbeiter oder Angestellter – mit allen ihm geeignet erscheinenden Mitteln zur
Erfüllung seiner Pflicht anzuhalten und bei Verletzung dieser Pflichten nach
gewissenhafter Prüfung ohne Rücksicht auf sog. wohlerworbene Rechte mit der
ihm gebührenden Sühne zu belegen, ihn im besonderen ohne Einleitung vorge-
schriebener Verfahren aus seinem Amte, aus seinem Rang und seiner Stellung
zu entfernen.«

Angesichts der von ihm selbst gewünschten Abschottung und der räumlichen
Distanz, die zwischen Hitler und den zentralen Behörden des Reiches lag, kam
es ganz entscheidend darauf an, wer den Zugang zum »Führer« kontrollierte und
seinen Willen interpretierte. Frick und Lammers erlitten auch deshalb einen so
außerordentlichen Machtverlust, weil sie keine Audienzen mehr erhielten, umgekehrt ging Himmlers Aufstieg nicht zuletzt darauf zurück, daß er immer bei
Hitler Gehör fand. Das gleiche gilt für Martin Bormann. Er hatte in den zwan-

ziger Jahren verschiedenen nationalistischen Gruppen angehört und war wegen Beihilfe zu einem Fememord zu einem Jahr Gefängnis verurteilt worden, um dann nach seiner Freilassung 1927 in die NSDAP einzutreten. Von Franz von Pfeffer 1928 in den Stab der SA geholt, übernahm der organisatorisch und in Gelddingen begabte Bormann die »Hilfskasse« für verletzte SA-Mitglieder, und durch seine Heirat mit der Tochter des Parteirichters Walter Buch verband er sich auch familiär mit den Kreisen der Reichsleitung. Von Heß 1933 in seine Organisation geholt, machte sich Bormann bald unentbehrlich und übernahm praktisch ab 1938 die Leitung der Dienststelle Heß. Nach Kriegsbeginn verband er seine Funktion als Stabsleiter des Stellvertreters des »Führers« mit der ständigen persönlichen Begleitung Hitlers.

Bormanns eigentlicher Aufstieg begann aber mit dem Englandflug von Heß. Hitler hob am 12. Mai 1941 die Dienststelle Heß auf und benannte sie in »Parteikanzlei« um. Ihre Leitung wurde Bormann übertragen, der daranging, fanatisch und nicht ohne intrigantes Geschick seine bisherige Tätigkeit in dem Sinne fortzusetzen, daß er die innere Geschlossenheit der »Bewegung« förderte und sie von der Verbindung mit dem Staat zu lösen trachtete, um ihren Absolutheitsanspruch zu stärken. Zur Kontrolle der Gauleiter führte er die Position des »Gaustabsleiters« ein und ergriff Maßnahmen, um die allzu große Selbstherrlichkeit einzelner zu beschneiden. Dabei ging er ähnlich rigoros vor wie schon im Februar 1940 gegenüber Streicher, der bis dahin trotz zahlreicher Skandale seine Stellung hatte wahren können, auf Intervention Bormanns aber die Position (nicht den Rang) des »Frankenführers« verlor und ins Privatleben abgeschoben wurde.

Bormann, der sämtliche völkischen Vorurteile kultivierte, war nicht nur ein radikaler Antisemit, sondern auch ein fanatischer Hasser des Christentums. In einem Geheimerlaß von Ende 1940 bestimmte Hitler, daß Bormann zusammen mit dem Reichsstatthalter des Warthegaus, Arthur Greiser, die Erlaubnis habe, vom Reichskirchenrecht abweichende Bestimmungen für das neu eingegliederte Gebiet zu treffen. Daraufhin setzte Bormann eine Regelung durch, die die Kirchen auf den Status von privatrechtlichen Vereinen herabdrückte und allen möglichen Schikanen aussetzte. Die härtesten Maßnahmen trafen den polnisch-katholischen Bevölkerungsteil, dessen Gotteshäuser zumeist (274 von 300) geschlossen wurden; von 660 Priestern verhaftete die Gestapo 400, die Hälfte starb in den Lagern. Außerdem verfügte der Reichsstatthalter, daß konfessionelle Zusammenschlüsse und der Religionsunterricht an den Schulen zu verbieten seien; die Geistlichen sollten gezwungen werden, neben ihrer Tätigkeit einen weltlichen Beruf auszuüben.

Bormanns Aufstieg wurde schließlich dadurch gekrönt, daß er als Vertrauter Hitlers eine Funktion übernahm, die durch die Ernennung zum »Sekretär des Führers« am 12. April 1943 lediglich offiziell gemacht wurde. Kurz darauf, im

Juni des Jahres, brachte Bormann Lammers als Chef der Reichskanzlei dazu, alle für Hitler bestimmten Vorlagen zuerst ihm zu übergeben, wodurch Lammers de facto von jeder Vortragsmöglichkeit ausgeschlossen wurde und Bormann endgültig die Rolle der allmächtigen grauen Eminenz übernahm.

Mit dem Aufstieg Himmlers und Bormanns konvergierte nicht nur der Machtverfall Fricks und Ribbentrops, sondern auch der Abstieg Görings, der für sein offenkundiges Versagen beim Einsatz der Luftwaffe und in der Kriegswirtschaft büßen mußte. Noch im November 1939 hatte Hitler erklärt, er betrachte Göring »als zur Zeit unersetzlich, da niemand in Deutschland die gleiche Autorität besitze wie er«. Kurze Zeit später zeigte sich aber, daß der am 19. Juli 1940 zum »Reichsmarschall« beförderte Göring weder in der Lage war, England mit einer Luftoffensive zum Friedensschluß zu zwingen, noch die projektierte »europäische Großraumwirtschaft« zu realisieren. Hitler mißbilligte außerdem, daß Göring sich nicht seinem eigenen spartanischen Lebensstil anschloß, sondern es vorzog, fern von der Truppe inmitten geraubter Kunstschätze auf seinem Landsitz Karinhall zu residieren, sich seiner Morphiumsucht, der Völlerei und der Verkleidungslust hingebend, dabei spätestens seit 1942 von der Einsicht verfolgt, daß Deutschland den Krieg verlieren werde.

Während Göring kaum noch an Besprechungen teilnahm, gehörte der Propagandaminister Goebbels zu den dauernden Gästen Hitlers. Der Kriegsbeginn hatte die langersehnte Erweiterung seiner Aufgabenfelder gebracht. Endlich konnte er wieder ohne allzu große Rücksichten einen ernst zu nehmenden Feind attackieren. Dabei achtete er allerdings darauf, daß neben der Agitation die Unterhaltung und Ablenkung des Volkes nicht zu kurz kam. Noch bis Kriegsende wurden Streifen abgedreht, die man zu Recht als Klassiker des Unterhaltungsfilms bezeichnen kann: »Quax, der Bruchpilot« (1941), »Wiener Blut« (1942), »Münchhausen« (1943), »Die Feuerzangenbowle« und »Große Freiheit Nr. 7« (beide 1944).

Nachdem sich die militärische Lage im Herbst 1941 zu verschlechtern begann, fühlte sich Goebbels erst wirklich in seinem Element. Schon in einem Leitartikel vom 9. November des Jahres verlangte er den »sozialistisch geführten« Krieg, in dem alle Glieder der Volksgemeinschaft gleich behandelt und vor allem die »oberen Zehntausend« zu Sonderopfern herangezogen werden müßten. Seine immer neuen Vorstöße zur Proklamation der »levée en masse« fanden allerdings bei Hitler anfangs kein Gehör. Erst als die Situation des Reiches problematischer wurde, konnte er sich mit seinem Verlangen stärker durchsetzen. Immerhin begegneten sich seine Intentionen mit denjenigen Hitlers, der auch in die alten Schemata der »Kampfzeit« zurückfiel und je länger je mehr seinen Ressentiments gegen die adligen und bürgerlichen Oberschichten nachgab.

Eine »Immediatstellung« (Martin Broszat) wie Goebbels sollte sonst nur noch Albert Speer erreichen, der mit dem ihm völlig wesensverschiedenen Propagandaminister nicht nur die Auffassung teilte, daß allein ein »totaler Krieg« Deutschland den Sieg bringen würde, sondern auch wie jener in der zweiten Hälfte des Krieges eine besondere Vertrauensstellung bei Hitler einnahm. Am 8. Februar 1942 wurde Speer an Stelle des tödlich verunglückten Todt »Reichsminister für Bewaffnung und Munition«, seit dem September 1943 führte er den Titel »Reichsminister für Rüstung und Kriegsproduktion«. Ihm kam zugute, daß er seit den dreißiger Jahren Hitlers Lieblingsarchitekt war und schon bei der Vorbereitung der Umbauten in Berlin sein organisatorisches Talent unter Beweis gestellt hatte, und er entwickelte ein außergewöhnliches Geschick im persönlichen Umgang mit Hitler, dem er immer neue Entscheidungen zu seinen Gunsten entlockte, die er dann – ganz Technokrat – ebenso effizient in sachgerechte Anweisungen umsetzte.

Erste militärische Krise und letzte Stabilisierung

Im Sommer 1942 erreichte das Deutsche Reich seine größte Machtausdehnung: Die Truppen der Wehrmacht standen vom Nordkap entlang der Küsten Norwegens, Jütlands und des Atlantiks bis zu den Pyrenäen, in Finnland, auf dem Balkan, in Nordafrika und weit in den Tiefen Rußlands; am 21. August hißten Gebirgsjäger die Reichskriegsflagge auf dem Elbrus, dem höchsten Berg des Kaukasus. Aber zu diesem Zeitpunkt zeichnete sich auch schon die krisenhafte Entwicklung ab, die schließlich zu einer bis dahin für unmöglich gehaltenen militärisch-politischen Katastrophe führen sollte. Seit 1942 gewann die gegen Deutschland kämpfende Allianz allmählich die Überlegenheit zu Wasser und in der Luft und schuf so die Voraussetzungen, um ihren Sturm auf die »Festung Europa« erfolgreich durchführen zu können.

Zu Beginn des Jahres schien die Kriegsentwicklung der militärischen Führung Deutschlands noch einige Möglichkeiten zu eröffnen. Im Januar begann die Offensive deutscher U-Boote gegen die USA, und bis Juli 1942 gingen zwar zweiundzwanzig Boote der Kriegsmarine verloren, aber es gelang auch, drei Millionen Bruttoregistertonnen zu versenken. Ihren Höhepunkt erreichte diese Phase der Atlantikschlacht im November 1942, als es beinahe möglich schien, das strategische Ziel – die Unterbrechung der Versorgung Englands über See – zu erreichen. Nach der größten Geleitzugschlacht des ganzen Krieges im März 1943 mußten die Operationen im Mai aber wegen der außerordentlichen Verlustzahlen (insgesamt hundertdreiundzwanzig Boote in zehn Monaten) abgebrochen werden. Vor allem die Möglichkeit der Engländer, den deutschen Funkcode zu dechiffrieren (»Aktion Ultra«) – wobei auch ein Computer (»Colossus«) eingesetzt wurde –, das neue Radar-Ortungssystem des Gegners und seine wachsende

Der Invasionsbeschluß

Teheran, 30. November 1943
Hyde Park, New York, Franklin D. Roosevelt Library

In der Zeit vom 28. November bis 1. Dezember 1943 fand in Teheran, der Hauptstadt von Iran, zwischen Präsident Franklin D. Roosevelt, Premierminister Winston Churchill und Jossif Stalin eine Dreierkonferenz statt. Vorausgegangen war im Oktober eine Außenministerkonferenz in Moskau, an der die USA, England, die Sowjetunion und China teilnahmen. In Teheran erfolgte auf Drängen Stalins der endgültige Beschluß über den Zeitpunkt der angloamerikanischen Invasion (Overlord) in der Normandie und die Ernennung General Eisenhowers zum Oberkommandierenden. Gleichzeitig wurde eine unterstützende Invasion (Anvil) in Südfrankreich vereinbart. Die Invasion in der Normandie begann am 6. Juni 1944, die Landung in Südfrankreich folgte im August 1944.
Die mit Bleistift vorgenommenen Korrekturen stammen von Admiral Leahy, dem Stabschef des Präsidenten.

Agreed:—   during the month of May
To inform Stalin that we will launch OVERLORD by June 1st and will simultaneously make the biggest attack on Southern France that is permitted by the landing craft available at that time.

Von Admiral Leahy geändert in:
and (together) in conjunction with a supporting operation in Southern France of the largest scale that is permitted by the landing craft available at that time.

Rückseite:
Tuesday a.m. Nov. 30th 1943
This is the original

Übersetzung

Korrektur Präsident Roosevelts mit Rotstift
Beschlossen: *Im Laufe des Monats Mai*
Stalin informieren, daß wir OVERLORD am 1. Juni starten und gleichzeitig den größten Angriff auf Südfrankreich machen werden, wie ihn die dann verfügbaren Landungsstreitkräfte zulassen.

Geändert in:
und in Verbindung mit einer Unterstützungsoperation größten Ausmaßes in Südfrankreich, wie sie die dann verfügbaren Landungsstreitkräfte zulassen.

Rückseite:
Dienstag, den 30. November 1943 vormittags
Dies ist das Original

Die Ernennung General Eisenhowers zum Oberbefehlshaber

Teheran, 30. November, und Kairo, 1. Dezember 1943
Washington, The White House

Die flüchtige Niederschrift verfaßte General George Catlett Marshall, Präsident Roosevelt unterzeichnete sie. Auf dem Rückflug fügte General Marshall einen Tag später in Kairo die Schlußzeilen an General Eisenhower hinzu, mit denen er ihm das historische Blatt zusandte.

From the President to Marshal Stalin
The immediate appointment of General Eisenhower to command of Overlord operation has been decided upon.

Roosevelt

Cairo, Dec. 1. 43
Dear Eisenhower, I thought you might like to have this as a memento. It was written very hurriedly by me as the final meeting broke up yesterday, the President signing it immediately.

G. C. M.

Übersetzung

Vom Präsidenten an Marschall Stalin
Die sofortige Ernennung General Eisenhowers zum Oberbefehlshaber der Operation Overlord wurde beschlossen.

Roosevelt

Kairo, 1. Dez. 43
Lieber Eisenhower, ich habe mir gedacht, Sie könnten dies ganz gern als Erinnerungsstück haben wollen. Es wurde von mir in Eile niedergeschrieben, als gestern die Schlußsitzung auseinanderging. Der Präsident hat es unverzüglich unterschrieben.

G. C. M.

Luftüberlegenheit führten ab August 1943 zu immer größeren Problemen für die U-Boot-Flotte. Ende des Jahres waren nur noch achtundsechzig Schiffe dauernd im Dienst, die Zahl sank bis Kriegsende weiter kontinuierlich ab. Von den insgesamt 1.170 Booten sollten bis zur Kapitulation 753 verlorengehen, wobei 27.143 Tote zu beklagen waren.

Anders als die U-Boot-Waffe standen die Einsätze der Überwasserflotte nach einigen Anfangserfolgen unter keinem guten Stern mehr. Schon im Januar 1943 hatte der Oberbefehlshaber der Kriegsmarine, Admiral Raeder, seinen Rücktritt eingereicht, weil Hitler überhaupt die Stillegung der Überwasserflotte verlangte, deren Besatzungen er mangelnde Einsatzbereitschaft vorwarf; sie sollte nur noch zur Küstenverteidigung eingesetzt werden. Raeder wurde durch den zum Großadmiral ernannten Karl Dönitz ersetzt. Dieser wandte sich zwar auch gegen die Stillegung der Hochseeflotte, die er – bei Aussicht auf Erfolg – weiterhin zum Einsatz bringen wollte. Ihren endgültigen Niedergang konnte er aber nicht aufhalten: Am 26. Dezember 1943 wurde die »Scharnhorst« bei einer Geleitzugoperation versenkt, die »Tirpitz« fiel am 12. November 1944 einem Angriff durch britische Klein-U-Boote und Bomber im norwegischen Tromsö-Fjord zum Opfer. Die meisten Kreuzer erlitten in dieser Endphase des Krieges ein ähnliches Schicksal.

Nach dem Abzug deutscher Luftverbände nach Osten zur Unterstützung des Angriffs auf die Sowjetunion hatte die Royal Air Force ihre anfangs noch ziemlich regellosen Angriffe auf das Reichsgebiet eröffnet. Anders als die deutschen Angriffe auf Warschau und Rotterdam, die Teil der eigentlichen Kampfhandlungen waren, und auch anders als die Bombardierung von Coventry, die ein wichtiges Rüstungszentrum zerstören sollte, oder die Propaganda-Angriffe auf die City von London beziehungsweise das Regierungszentrum in Whitehall, diente dieser »unterschiedslose Bomberkrieg« (Horst Boog) ausdrücklich der Dezimierung und Demoralisierung der gegnerischen Zivilbevölkerung. Die englische Regierung sah sich dazu im Sinne ihrer Vorstellung vom »gerechten Krieg« gegen ein »schuldiges Land« bevollmächtigt, während Hitler – trotz seiner brutalen Rede vom 4. September 1940, in der er davon gesprochen hatte, die englischen Städte »auszuradieren« – unter taktischen Gesichtspunkten Terrorangriffe als letztes Druckmittel aufsparen wollte und schließlich keine technische Möglichkeit mehr besaß, »Vergeltung« durch den Bombenkrieg zu üben.

Am 14. Februar 1942 faßte das britische Kabinett den ersten Beschluß über eine Bomberoffensive gegen deutsche Wohnviertel. Von diesem – völkerrechtswidrigen – Vorgehen versprach sich Churchill die Zermürbung der Deutschen, die entweder zu einer Rebellion nach dem Muster von 1918 oder zur baldigen Kapitulationsbereitschaft führen sollte. Das vom Bomberkommando unter Luftmarschall Arthur Harris erarbeitete Konzept des »Target Area Bombing« sah den wechselweisen Einsatz von Spreng- und Brandbomben vor, womit nicht nur

die Zerstörung großer Flächen erreicht, sondern auch die Rettungs- und Lösch-
arbeiten unmöglich gemacht wurden. Das erste Ziel dieser Bombardements war
Essen am 8. März 1942, es folgten – wesentlich wirkungsvoller – Lübeck am 29.
März, dann Rostock und Köln. Die daraufhin von Hitler zwischen April und
Oktober angeordneten »Baedeker-Angriffe« auf Exeter, Bath, Norwich, Canter-
bury und York waren eine mehr oder weniger wirkungslose Vergeltung.

Während die Masse der deutschen Bomber in Nordafrika und an der Ostfront
gebunden blieb, hatte der Kriegseintritt der USA zur Folge, daß sich die alliierten
Luftstreitkräfte schon rein zahlenmäßig sehr stark vergrößerten: Allein 1942
produzierten die Vereinigten Staaten 48.000 neue Maschinen, darunter 10.000
Bomber und 2.600 viermotorige »Fliegende Festungen«. Auf der Konferenz von
Casablanca im Januar 1943 kam es daraufhin zu einem Beschluß über das
»round-the-clock-bombing«, das die britische und die amerikanische Luftwaffe
gemeinsam durchführen sollten, trotz gewisser Vorbehalte der USA in bezug auf
die Schläge gegen die Zivilbevölkerung. Von März bis Juni 1943 fanden Angriffe
auf die Städte des Ruhrgebietes statt, und im Rahmen der »Operation Gomorr-
ha« kam es zwischen dem 25. Juli und dem 3. August des Jahres zu einer vernichtenden Bombardierung Hamburgs, der allein 45.000 Menschen zum Opfer
fielen. Daneben wurden auch nächtliche Präzisionsangriffe wie die auf die Eder-
und Möhnetalsperren am 17. Mai durchgeführt, um die Energieversorgung des
Ruhrgebietes lahmzulegen. Am Ende des Jahres faßten die Alliierten den Entschluß, die »Schlacht um Berlin« einzuleiten, um mit der Zerstörung der Reichshauptstadt einen wichtigen psychologischen Erfolg zu erringen. Tatsächlich kamen bei den ersten Angriffen sechstausend Menschen ums Leben, und die Stadt
mit ihrem Umland wurde auf einer fast zehn Quadratkilometer großen Fläche
zerstört, aber die Moral der Bevölkerung blieb entgegen den Erwartungen der
Alliierten ungebrochen.

Bis zu den letzten großen Terrorangriffen vom Winter/Frühjahr 1945 waren
vier Fünftel aller deutschen Städte mit mehr als hunderttausend Einwohnern
zerstört, ohne daß das entscheidende Ziel der gegnerischen Luftwaffenführung
erreicht werden konnte. Unter rein militärischen Gesichtspunkten blieben auch
die Angriffe auf Produktionsanlagen bis zur »Big Week« vom 20. bis 25. Februar
1944 weitgehend erfolglos. Erst mit diesem Schlag gelangen die Zerstörung der
Flugzeug- und Motorenwerke in Mittel- und Süddeutschland und in Österreich
sowie die massive Beeinträchtigung der Treibstoffproduktion; Benzinmangel
sollte in der letzten Kriegsphase zur massiven Behinderung aller deutschen Operationen führen.

In dem Maß, in dem die Alliierten die Luftüberlegenheit gewannen, zeigte sich
die Unzulänglichkeit der deutschen Luftwaffenrüstung und -führung: Der Selbstmord von Generaloberst Ernst Udet am 18. November 1941, der als General-
luftzeugmeister seiner Aufgabe ganz offensichtlich nicht gewachsen war, wurde

auch in der Bevölkerung wie ein Menetekel angesehen. Eine wesentliche Verantwortung für die Situation lag allerdings bei Hitler, dessen Fixierung auf die traditionellen Waffengattungen zu dem Verbot geführt hatte, technische Entwicklungen, die nicht bis Ende 1941 verwendbar waren, weiterzuverfolgen. Von den gerade in der Herstellung befindlichen viermotorigen Fernbombern He 177 gelangten deshalb seit Juli 1941 nur 1.146 Stück zum Einsatz, im Frühjahr 1942 wurde außerdem die gerade begonnene Produktion des Jägers Me 210 aufgrund von Konstruktionsfehlern abgebrochen.

Am 18. August 1943 nahm sich mit Generaloberst Jeschonnek, dem Generalstabschef der Luftwaffe, ein zweiter hoher Offizier dieser Waffengattung das Leben. Jeschonnek reagierte auf die Vorwürfe, die gegen ihn erhoben worden waren, nachdem er darauf hingewiesen hatte, daß die ausschließlich offensive Anlage des deutschen Luftkrieges ein entscheidender Fehler gewesen sei. Hitler lehnte auch weiter jede Umstellung auf die Defensive ab. Diese starre Haltung erklärte sich in einem gewissen Maß aus den Erfolgen des neuen, mit Raketengeschossen ausgestatteten Jägers Me 262, der allerdings erst in den letzten Kriegsmonaten zum Einsatz kam. Die übermäßige Jägerproduktion (noch von den 1944 fertiggestellten vierzigtausend Flugzeugen waren nur fünfzehntausend Bomber) mußte aber angesichts der gewandelten Kriegslage fatale Folgen haben. Die kurz vor Kriegsende abgeschlossene Entwicklung von einsatzfähigen Raketen in Gestalt der »Vergeltungswaffen« V1 und V2 führte zwar dazu, daß in London und Umgebung sowie in Antwerpen, Brüssel und Lüttich noch einmal erhebliche Schäden angerichtet wurden – in England wurden mindestens neuntausend Menschen getötet –, aber von den 32.600 produzierten V1 konnten nur 68 abgeschossen werden, eine Zahl, die weit davon entfernt blieb, eine kriegsentscheidende Bedeutung zu erlangen.

Wenn es für die Achsenmächte im ersten Halbjahr 1942 noch Anlaß zum Optimismus gab, dann aufgrund der militärischen Erfolge der deutsch-italienischen Streitkräfte in Nordafrika. Rommel trat am 21. Januar zum Gegenangriff gegen die weit vorgestoßenen britischen Truppen an und eroberte innerhalb von zwei Wochen die Cyrenaika zurück; Ende Mai eröffnete er eine Offensive gegen Tobruk, das am 21. Juni fiel, wodurch 33.000 Engländer in deutsche Gefangenschaft gerieten. Am 22. Juni begann das »Afrikakorps« zusammen mit den italienischen Einheiten den Vormarsch auf Kairo, der aber am 2. beziehungsweise 3. Juli durch den heftigen britischen Widerstand bei El Alamein gestoppt wurde.

Infolge der vom britisch besetzten Malta ausgehenden Störungen der deutschen Versorgung stellte sich rasch ein gravierender Mangel an Nachschub und Waffen ein, und so blieb der Ende August unternommene Versuch Rommels erfolglos, den Gegner durch eine Frontalschlacht aus seiner Stellung zu werfen. Statt dessen erfolgte eine Gegenoffensive der mittlerweile deutlich verstärkten

Truppen Montgomerys, die am 23. Oktober begann und zum Wendepunkt des Krieges in Nordafrika wurde – die zweite Schlacht von El Alamein. Aufgrund des drohenden britischen Durchbruchs ordnete Rommel den Rückzug an, als ihn Hitlers Befehl zum absoluten Halten der Stellung erreichte. Diese Anordnung trug wesentlich zum Untergang des Afrikakorps bei, obwohl Rommel sich zuletzt doch entschloß, gegen Hitlers Weisung zurückzugehen. Dabei mußte er seine gesamte Infanterie sowie einen großen Teil der Fahrzeuge und Geschütze dem Feind überlassen. Am 13. November 1942 konnten die britischen Verfolger in das geräumte Tobruk einziehen, am 23. Januar 1943 erreichten die Truppen Montgomerys schließlich Tripolis, womit Italien den letzten Teil seines nordafrikanischen Kolonialreichs einbüßte.

Währenddessen mußte Rommel befürchten, auch im Rücken bedroht zu werden. Am 7. und 8. November 1942 fand die Landung umfangreicher alliierter Truppen unter dem Kommando von General Dwight D. Eisenhower in Marokko und Algerien statt. Pétains Statthalter in Nordafrika, Admiral François Darlan, bekam aus Vichy Handlungsfreiheit und stellte den Kampf gegen die Alliierten ein. Als Reaktion darauf besetzten deutsche Truppen Restfrankreich. Rommels anschließender Versuch, die Tunesienfront gegen einen Angriff aus Algerien zu halten, mißlang. Am 13. März 1943 wurde er wegen seines angeblich zerrütteten Gesundheitszustands durch Generaloberst Hans-Jürgen von Arnim ersetzt, dem aber auch nichts anderes übrigblieb, als – nachdem die Häfen von Tunis und Bizerta aufgegeben werden mußten – am 13. Mai mit 250.000 Deutschen und Italienern zu kapitulieren.

Auf der Washingtoner Konferenz vom 12. bis 25. Mai faßten Amerikaner und Engländer den Beschluß, die Hauptinvasion auf dem europäischen Kontinent im Mai 1944 in Frankreich durchzuführen. Die von Churchill außerdem vorgeschlagene rasche Landung auf Sizilien weckte zwar das Mißtrauen Roosevelts, der befürchtete, daß dabei imperiale Interessen Londons im Mittelmeer eine Rolle spielen könnten, aber trotzdem begannen die Alliierten noch im Mai 1943 mit der Bombardierung der Insel, und am 10. Juli landete eine englische Armee unter Montgomery an der Südostküste, eine amerikanische unter General Patton weiter westlich am Golf von Gela. Die amerikanischen Truppen erreichten bereits am 22. Juli Palermo, und nachdem schon am 17. des Monats Messina gefallen war, befand sich Sizilien fest in alliierter Hand.

Zu diesem Zeitpunkt war die eklatante militärische Schwäche Italiens längst offenbar geworden. Schon nach dem Scheitern des Afrikafeldzuges hatte Mussolini Hitler dazu zu bewegen versucht, einem Kriegsaustritt Italiens zuzustimmen. Hitler weigerte sich aber hartnäckig, und am 24. Mai 1943 wurden die Ereignisse durch einen Beschluß des Großen Faschistischen Rates überholt. Unter dem Eindruck der alliierten Invasion auf Sizilien verlangte der Gran Consiglio gegen den Willen Mussolinis die Rückkehr zu einer verfassungsmäßigen Regierungsweise und ein sofortiges Ersuchen um Waffenstillstand mit den Alliierten. Bereits einen Tag später wurde Mussolini nach einer Audienz beim König verhaftet. Der neue Ministerpräsident, Marschall Pietro Badoglio, der als Generalstabschef 1939 gegen den Kriegseintritt Italiens plädiert hatte, verhängte den Ausnahmezustand und verbot die Faschistische Partei. Wegen der schwachen Präsenz italienischer Truppen im Lande vollzog Badoglio aber keinen offenen Frontwechsel, sondern leitete geheime Sondierungen über das neutrale Lissabon ein.

Am 3. September 1943 kam es dann zum Abschluß eines Waffenstillstandes zwischen Italien, England und den Vereinigten Staaten. Bereits vorher hatte Hitler aus Mißtrauen gegen den Verbündeten zusätzliche deutsche Truppen nach Italien einrücken lassen, am 8. September wurde im Rahmen des »Fall Achse« Rom von der Wehrmacht besetzt und am 12. September der gefangengehaltene Mussolini durch ein deutsches Fallschirmjägerkommando befreit. Unter der Führung Mussolinis entstand in einem schmalen norditalienischen Gebietsstreifen eine faschistische »Sozialrepublik«, nach ihrem »Regierungssitz« am Gardasee auch die »Republik von Salò« genannt. Hier konnte Mussolini wieder zu seinen national-sozialistischen Anfängen zurückkehren, aber die republikanische Verfassung zusammen mit den umfangreichen Sozialisierungsprojekten, die auch und gerade die katholische Kirche nicht geschont hätten, blieben auf dem Papier, eine Massenbasis in der Bevölkerung besaß der Faschismus nicht mehr.

Die eigentliche Macht im nördlichen Italien übten die deutschen Truppen aus, während der Süden allmählich unter die Kontrolle der Alliierten kam, die bereits am 9. September ihre Hauptlandung in der Bucht von Salerno vollzogen hatten. Die Wehrmacht bezog Anfang November 1943 die vorbereitete »Gustav-Stellung«, die sich von der Mündung des Garigliano am Tyrrhenischen Meer bis zur Sangro-Mündung an der Adria entlangzog; Sardinien und Korsika wurden geräumt. Vorübergehend entspannte sich die Situation für die deutsche Seite noch einmal, da die Amerikaner im Herbst 1943 kaum noch bereit waren, zusätzliche Truppen nach Italien zu schicken, weil die Vorbereitungen für die Offensive in Frankreich angelaufen waren. Eisenhower und Montgomery hatte man bereits als alliierte Oberbefehlshaber nach London zurückgerufen. Am 4. Juni 1944 wurde zwar Rom von den Alliierten besetzt, aber das Reich sollte den tödlichen Stoß nicht von Süden her empfangen.

Stalingrad und die Wendung im Osten

Die Frühjahrs- und Sommeroffensive, die die Wehrmacht 1942 in Rußland führte, hatte anfangs den gewünschten Verlauf genommen. Im Mai des Jahres konnte Generaloberst Manstein die verlorene Halbinsel Kertsch auf der Krim zurückerobern, und am 1. Juli gelang die Einnahme der Festung Sewastopol. Noch einmal fielen den deutschen Truppen 250.000 Mann, 1.750 Geschütze und 280 Panzer in die Hände. Ein Gegenangriff der Sowjets bei Charkow wurde abgeschlagen. Am 28. Juni begann die Heeresgruppe Süd, zu deren Gunsten die Heeresgruppen Mitte und Nord fast alle Motorfahrzeuge abgeben mußten, zwischen Kursk und Taganrog auf einer Breite von achthundert Kilometern mit ihrem neuerlichen Vorstoß nach Osten. Nach ersten Erfolgen wurde die Heeresgruppe Süd in die Heeresgruppe B unter Generaloberst Maximilian von Weichs und die Heeresgruppe A unter Generalfeldmarschall Wilhelm List aufgespalten, die sich in einer Zangenbewegung auf Stalingrad zubewegen, den Vormarsch auf den Kaukasus antreten und die sowjetischen Truppen westlich des Don aufreiben sollten.

Dann änderte Hitler am 23. Juli die Planung dahingehend, daß die Heeresgruppe B allein gegen Stalingrad vorrücken sollte, während die Heeresgruppe A nach Süden schwenken würde, um die Schwarzmeerküste zu nehmen und schließlich auf Baku vorzustoßen. Ärgerlich notierte Halder in seinem Tagebuch, die bei Hitler »immer schon vorhandene Unterschätzung der feindlichen Möglichkeiten nehme allmählich groteske Formen« an und beginne »gefährlich« zu werden. Tatsächlich widersprach die in der Weisung Nr. 41 vom April gemachte Feststellung, daß der Feind nach den vergangenen Kämpfen »die Masse seiner für spätere Operationen bestimmten Reserven in diesem Winter weitgehend verbraucht« habe, völlig den Tatsachen. Stalin hatte trotz der immensen Verluste der sowjetischen Streitkräfte insgesamt zehn Armeen mit jeweils sechs Infanteriedivisionen, zwei Panzerarmeen, drei selbständig operierende Panzerkorps, zwei Infanteriekorps, ein Kavalleriekorps und zahlreiche zusätzliche Einheiten mit einem Gesamtumfang von achtzig bis neunzig Divisionen neu aufgestellt.

Als Konsequenz der Erfahrungen aus dem vergangenen Jahr nutzten die sowjetischen Verbände vor allem die Weite des Landes für sich aus, so daß es dem deutschen Angreifer nicht noch einmal gelang, einen großen Kessel zu bilden. Der Vorstoß der Heeresgruppe A scheiterte schon am Kaukasus, der an keiner Stelle überschritten werden konnte. Daraufhin wurde List seines Amtes enthoben, und es folgte eine bis dahin für unmöglich gehaltene Vertrauenskrise zwischen Hitler und seiner militärischen Führung. Selbst das Verhältnis zu Keitel und Jodl war so beeinträchtigt, daß Hitler erwogen haben soll, beide zu entlassen. Zuletzt blieb das OKW aber unangetastet, nur der dauernde Konflikt zwischen Hitler und Halder endete damit, daß der Generalstabschef des Heeres am 24. September durch General Kurt Zeitzler ersetzt wurde.

Nachdem es der Heeresgruppe B gelungen war, den Don zu überwinden und die Wolga nördlich und südlich Stalingrads zu erreichen, hatte die 6. Armee unter General Friedrich Paulus Anfang September begonnen, in aufreibenden Häuserkämpfen Teile der Stadt zu besetzen. Die Einnahme Stalingrads gehörte ursprünglich nicht zu den Zielen der deutschen Sommeroffensive. Die Stadt sollte lediglich als Rüstungs- und Verkehrszentrum ausgeschaltet werden und die 6. Armee den Flankenschutz für die Kaukasusfront übernehmen. Insofern war die Entwicklung, die dazu führte, daß Stalingrad zu einer der entscheidenden Schlachten des Zweiten Weltkriegs wurde, ganz unplanmäßig, nur zu erklären aus dem verbissenen Wunsch Hitlers, nicht nur ein wichtiges Industriegebiet, sondern das »Heiligtum des Kommunismus« in seine Hand zu bekommen.

Nachdem Stalingrad weitgehend von der Wehrmacht besetzt worden war, eröffnete die Rote Armee am 19. November 1942 ihre Gegenoffensive, die sich von Nordwesten und Süden her gegen Stalingrad richtete und am 22. November zur Einschließung der 6. Armee führte. Paulus' Verlangen nach Handlungsfreiheit wurde von Hitler abgelehnt, der sich zunächst von Manstein, vor allem aber von Göring unterstützt sah, der behauptete, daß die Luftwaffe den Kessel versorgen könne. Selbst wenn dieser Plan zu realisieren gewesen wäre, was keiner der kommandierenden Offiziere vor Ort glaubte, scheiterte er doch an den außergewöhnlich schlechten Wetterbedingungen, die jeden Ab- oder Anflug enorm erschwerten. Auch der von der neugebildeten Heeresgruppe Don unter Manstein am 12. Dezember durchgeführte Entlastungsangriff hatte kaum mehr als eine Alibifunktion und scheiterte fünfzig Kilometer vor der Stadtgrenze Stalingrads. Die 6. Armee, der eine Versorgung mit dreihundertfünfzig Tonnen Material pro Tag zugesagt worden war, mußte jetzt mit weniger als hundert Tonnen auskommen. Hunger, Kälte und bald auch Munitionsmangel brachten die Soldaten in eine verzweifelte Lage. Am 16. Dezember gingen die sowjetischen Divisionen zum Angriff über. Zu diesem Zeitpunkt gab es im Grunde schon keine Rettung mehr für den Kessel.

Paulus, seit 1940 Oberquartiermeister I, also Stellvertreter des Generalstabschefs des Heeres, war ein typischer Stabsoffizier ohne Erfahrung mit dem Kommando über größere Feldverbände, hatte allerdings die 6. Armee ein Jahr lang mit glänzendem Erfolg geführt. Hitler beförderte ihn wenige Tage vor dem Ende noch zum Generalfeldmarschall und einhundertsiebzehn weitere Offiziere in den nächsthöheren Dienstgrad. Aber Paulus akzeptierte nicht das ihm zugedachte Schicksal des heroischen Untergangs; am 31. Januar 1943 begab er sich in Gefangenschaft, nachdem sein Gefechtsstand gefallen war, weigerte sich aber, dem Nordkessel die Kapitulation zu befehlen. Wahrscheinlich waren seit dem Dezember des Vorjahres etwa 250.000 Mann in Stalingrad eingeschlossen worden, darunter 20.300 russische Hilfswillige, 10.000 Rumänen, ein kroatisches Infanterieregiment und dreißig Italiener, die eine Wetterstation betreuten. Nachdem die Luftwaffe 25.000 Verwundete und 7.000 Spezialisten ausgeflogen hatte, ging der überlebende Rest in Gefangenschaft. Die offizielle Angabe von 91.000 Mann, die in sowjetische Gefangenschaft gerieten, ist wahrscheinlich zu niedrig geschätzt, möglicherweise handelte es sich um bis zu einhundertzwanzigtausend Soldaten, von denen nur sechstausend die sowjetischen Lager überleben sollten.

Nach dem Fall von Stalingrad sah sich die Wehrmacht im Osten endgültig in die Defensive gedrängt. Die Heeresgruppe A, die jetzt unter dem Befehl von Generaloberst von Kleist stand, zog sich wieder an die Kuban-Mündung zurück, von wo aus Hitler im kommenden Sommer den Vorstoß auf den Kaukasus erneuern wollte, und im März 1943 standen die deutschen Truppen ungefähr auf der Linie, von der sie im Sommer 1942 aufgebrochen waren. Zu diesem Zeitpunkt betrug die Kampfkraft der deutschen Infanteriedivisionen aber nur noch die Hälfte, zum Teil nur noch ein Drittel ihres ursprünglichen Potentials; den 8.400 feindlichen Panzern, häufig von außerordentlicher Kampfkraft, konnten nur noch 2.300 deutsche entgegengestellt werden. Zwar stiegen die Produktionszahlen in der Rüstung, aber der Bedarf für alle Fronten war längst nicht mehr zu decken.

Hitler zeigte sich trotz der offenbar immer schlechter werdenden militärischen Lage zu keinem Ausgleich mit der Sowjetunion bereit. Als Stalin 1943, aus Mißtrauen gegen seine westlichen Verbündeten, über Stockholm Sondierungen unternahm, lehnte Hitler ab, obwohl man von sowjetischer Seite zu verstehen gab, daß die Grenzen vom September 1939 als Verhandlungsgrundlage dienen könnten. Statt dessen ließ Hitler für den Mai 1943 einen Zangenangriff auf den sowjetischen Frontbogen vor Kursk planen, bei dem erstmals die neuen schweren und mittleren Panzer vom Typ »Tiger« und »Panther« zum Einsatz kommen sollten. Die »Operation Zitadelle« scheiterte aber wie die vorangegangenen Offensiven. Durch mehrere Angriffe konnten die sowjetischen Streitkräfte die Wehrmacht bis September auf die »Panther-Stellung« (Witebsk – Gomel – Dnjepr – Melitopol – Asowsches Meer) zurückwerfen und zur Räumung des Kuban-Brückenkopfes zwingen. Am 24. Dezember 1943 begann die Offensive der Roten Armee gegen die Heeresgruppe Süd (vormals »Don« unter Manstein), die durch einen Keil südlich der Pripjet-Sümpfe von der Verbindung zur Heeresgruppe Mitte abgetrennt wurde. Sowjetische Verbände drohten jetzt auch in den Rücken der deutschen Truppen zu gelangen, aber Hitler verbot jedes Zurückgehen, das zur Verkürzung der Frontlinie hätte führen können.

Ich klage Hitler an!

Ich klage an!

Ich bin die Stimme der toten Millionen!
Ich schreie weit in das Land hinein!
Auch das Gedröhn der Kanonen
Kann meine Stimme nicht überschrein!

Im Namen all meiner Todesgenossen:
Für alles Blut, das Deutschland vergossen!
Für alle Tränen, die Deutschland weint!
Ich klage an unsern schlimmsten Feind:
HITLER!

Ich klage ihn an des Hochverrats!
Ich klage ihn an des Attentats
Auf Freiheit und Recht!
Ich klage ihn an des gebrochenen Worts!
Ich klage ihn an des Betrugs und Mords
An einem ganzen Geschlecht!

Der seine Herrschaft mit Blut begann,
Der eine entmenschte Unterwelt
Zu Henkern an unserem Volk bestellt,
IHN KLAGE ICH AN!

Ich klage ihn an vor aller Welt,
Der uns statt Frieden, Freiheit und Brot
Nichts brachte als Krieg und Schande und Not!

Ich klage an!
DER SPRUCH IST GEFÄLLT!
Er heißt:
DEN TOD!

IM NAMEN DEUTSCHLANDS! RICHTET IHN!
IHR SEID DIE VOLLSTRECKER! VERNICHTET IHN!

Erich Weinert

GATEWAY TO STALINGRAD

Sowjetisches Flugblatt vom Juli 1942 mit einem Gedicht von Erich Weinert auf der Rückseite. Berlin, Staatsbibliothek Preußischer Kulturbesitz, Handschriftenabteilung. – Stalingrad: das Tor in den Tod. Cartoon von Daniel R. Fitzpatrick für »St. Louis Post-Dispatch« vom 25. November 1942

Die Großen während der Konferenz von Casablanca im Januar 1943: Versöhnung der französischen Generale de Gaulle und Giraud durch Vermittlung Roosevelts und Churchills; Entschließung zum Angriff auf die »Festung Europa«, zum Bombenkrieg gegen Deutschland; Einigung auf die Forderung nach bedingungsloser Kapitulation des Reiches. – Stalin, Roosevelt und Churchill während der Konferenz von Teheran Ende November 1943: Übereinkunft hinsichtlich der künftigen Aufteilung Deutschlands und der neuen Grenzen Polens

Start einer Versuchsrakete »V 2« vom Prüfstand der Heeresversuchsanstalt in Peenemünde im Jahr 1943

Warnung vor Spionage. Plakat nach einem Entwurf von W. Hauk. Berlin, Archiv für Kunst und Geschichte. – Eine der in Südfrankreich seit 1943 erschienenen illegalen Zeitungen für die Bewegung »Freies Deutschland« mit dem Titelholzschnitt von Hanns Kralik. Privatsammlung. – Psychologische Kriegführung der Sowjets und der Amerikaner gegen das »Großdeutsche Reich« im Jahr 1943. Farblithographie aus Moskau/Leningrad und Plakat des Office of War Information, Washington, DC. Moskau, Staatliches Historisches Museum, und Berlin, Archiv der Akademie der Künste

Wirtschaft und »totaler Krieg«

Man hat mit einer gewissen Berechtigung die deutsche Wirtschaft in der ersten Kriegsphase als eine »Friedenswirtschaft im Kriege« bezeichnet. Der Anstieg der Verbrauchsgüterproduktion wurde durch den Ausbruch der Kriegshandlungen zwar gehemmt, aber doch nicht rückgängig gemacht. Hatte der Produktionsindex für Konsumgüter 1936 den Stand von 1928 erreicht, so stieg er bis zum Kriegsbeginn noch einmal um zehn Prozent, sank bis 1942 allmählich wieder auf die Höhe von 1936 ab und wurde bis zum Sommer 1944 noch einmal um achtzehn Prozent reduziert. Demgegenüber stieg der Index der Produktionsmittelindustrie (1928 = 100) infolge der vermehrten Rüstungsanstrengungen bis 1939 um zwanzig Prozent und bis Mitte 1944 um weitere fünfzig Prozent an.

Index der Produktion in Deutschland 1939 bis 1945 (nach Laschitza und Vietze, Geschichte Deutschlands und der deutschen Arbeiterbewegung 1933–1945, Berlin 1964, S.234)
1940=100

	Produktionsmittel	Kriegsproduktion	Konsumtionsmittel
1939	etwa 150	–	etwa 110
1940	155–165	100	100–110
1941	175–190	etwa 100	100–110
1942	185–200	etwa 150	90–100
1943	215–230	etwa 230	85– 95
1944	220–240	etwa 285	80– 90
1945	40– 60	–	20– 30

Ein erhebliches Problem war von Anfang an die Versorgung der Wirtschaft mit Rohstoffen. Trotz der guten Ernten von 1938 und 1939 und trotz der Autarkie, die in bezug auf die Versorgung mit Brotgetreide, Kartoffeln, Zucker und Fleisch erreicht worden war, bestand weiter Einfuhrabhängigkeit bei Fett (zu vierzig Prozent) und Futtermitteln (zu dreißig Prozent). Deshalb wurde unmittelbar nach Kriegsbeginn die seit längerem vorbereitete Zwangszuteilung von Fleisch, Fett, Butter, Käse, Vollmilch, Zucker und Marmelade eingeführt, am 25. September 1939 folgte außerdem die Rationierung von Brot und Eiern. Unter dem Aspekt der militärischen Entwicklung war noch entscheidender, daß das Reich bei rüstungswichtigen Rohstoffen höchstens Vorräte für ein Jahr besaß und im übrigen eine Auslandsabhängigkeit von fünfundvierzig Prozent bei Eisenerz, fünfundzwanzig Prozent bei Zink, fünfzig Prozent bei Blei, siebzig Prozent bei Kupfer, neunzig Prozent bei Zinn, fünfundneunzig Prozent bei Nickel, neunundneunzig Prozent bei Bauxit, sechsundsechzig Prozent bei Mineralöl und achtzig Prozent bei Kautschuk bestand. Durch die Handelsverträge mit den südosteuropäischen Staaten konnte immerhin ein großer Teil des Bedarfs an Chromerz, Bauxit, Öl und Textilrohstoffen sowie Mais, Weizen, Roggen, Gerste und Ölsamen aus dieser Region gedeckt werden, und auch das mit der Sowjetunion getroffene Wirtschaftsabkommen trug bis zum Sommer 1941 noch wesentlich dazu bei, daß Futtergetreide, Hülsenfrüchte, Erdöl, Baumwolle und verschiedene Erze in ausreichendem Maße nach Deutschland gelangten.

Nach den ersten militärischen Erfolgen ging das Reich außerdem daran, die Ressourcen der besiegten Feindstaaten zu beschlagnahmen und abzutransportieren. Durch die in Polen und Frankreich erbeuteten 275.000 Tonnen Eisenerz und die ungestört weiterlaufenden Importe aus Schweden gelang es beispielsweise, die Stahlproduktion zwischen 1939 und 1940 um sechsundzwanzig Prozent zu erhöhen, ohne daß sich irgendwelche gravierenden Auswirkungen auf den zivilen Sektor ergaben. Durch die Niederwerfung von Holland, Belgien, Luxemburg, Frankreich, Norwegen, Dänemark und Polen, dann von Jugoslawien und Griechenland, zwang das Reich die Handelspartner, die es durch den Krieg verloren hatte, in außenwirtschaftliche Beziehungen zurück, wobei die Kontraktbedingungen jetzt einseitig zugunsten Deutschlands ausgestaltet wurden. Dänemark, die Niederlande und Frankreich sahen sich genötigt, ihre Exporte ins Reich erheblich zu steigern, so daß ihr Anteil an der Gesamteinfuhr von fünf auf beinahe dreißig Prozent wuchs. Daneben spielten bis 1942 noch Südosteuropa mit etwa dreißig und Italien mit siebzehn Prozent eine wichtige Rolle, während die Ausbeutung der okkupierten sowjetischen Gebiete nicht gleich die Erwartungen erfüllte. Erst im Dezember 1942 gelang es, mit verstärkten Lieferungen aus Weißrußland und der Ukraine die akuten Versorgungsprobleme zu bewältigen und die gekürzten Rationen (2.000 statt 2.250 Gramm Brot, 300 statt 400 Gramm Fleisch, 206 statt 269 Gramm Fett pro Woche) wieder auf den ursprünglichen Stand zu bringen.

Noch im Sommer 1940 war die Kriegsgüterproduktion insgesamt etwas zurückgegangen, weil keine Klarheit über die weitere militärisch-politische Entwicklung bestand, und auch sonst tat das Regime alles, um den Anschein eines ungestört weiterlaufenden täglichen Lebens zu bewahren. Die Belastung des einzelnen »Volksgenossen« sollte sich in einem erträglichen Rahmen halten. Kriegszuschläge wurden lediglich auf Bier, Tabak- und Branntweinerzeugnisse sowie Schaumweine erhoben, außerdem gab es eine Erhöhung von fünfzig Prozent für die Einkommensteuer, falls ein Freibetrag von 234 Reichsmark überschritten wurde. Pläne für einen Lohnabbau kamen nicht zur Durchführung, statt dessen beschränkte sich die Reichsregierung darauf, die Löhne einzufrieren und Sonderzahlungen aufzuheben. Bereits im Oktober und November 1939 wurden auch diese Regelungen wieder beseitigt.

Die Kriegsausgaben von 685 bis 850 Milliarden Reichsmark konnten letztlich nur zu einem Viertel durch die Erhebung von Steuern im Reich gedeckt werden. Die Kreditbeschaffung fand durch Ausbeutung der unterworfenen Länder oder Schuldenaufnahme statt, nicht durch Kriegsanleihen wie im Ersten Weltkrieg. Die eigentlich erst für die Zeit nach Kriegsende geplante europäische »Großraumwirtschaft« nahm diesbezüglich schon vorher Gestalt an, und der bedeutendste Faktor war dabei Frankreich, dem eine Kontribution von täglich zwanzig Millionen Reichsmark zur Deckung der »Besatzungskosten« auferlegt worden war.

Die gesamtwirtschaftliche Situation änderte sich gravierend nach den Rückschlägen an der Ostfront und dem Kriegseintritt der Vereinigten Staaten. Der Materialkrieg, den Hitler mit seiner »Blitzkrieg«-Strategie hatte vermeiden wollen, war jetzt unabwendbar geworden. Am 10. Januar 1942 erging in Reaktion auf die erschwerte militärische Lage der »Führerbefehl Rüstung«. Demzufolge sollten die Panzer- und die U-Boot-Produktion zugleich vorangetrieben werden, um einerseits den Kampf gegen die Sowjetunion fortsetzen, andererseits die Blokkade Englands trotz der jetzt aktiven militärischen Unterstützung von seiten der USA aufrechterhalten zu können. Neuinvestitionen in der Rüstungsindustrie sollten die Vorbereitung auf den nun doch länger dauernden Kampf ermöglichen. Im Februar 1942 wurde Speer als Rüstungsminister mit der Durchführung dieser Pläne betraut. Er übernahm von seinem Vorgänger die 1938 gegründete, aus dem Autobahn- und Westwallbau hervorgegangene »Organisation Todt« (OT). Diese, nach militärischem Vorbild aufgebaut, führte in den besetzten Gebieten nicht nur den Wiederaufbau von Eisenbahnlinien und kriegszerstörten Straßen durch, sondern übernahm nach der Ernennung Todts zum Minister für Bewaffnung und Munition am 17. März 1940 auch die Kontrolle von Industrieunternehmen in den besetzten Gebieten und überwachte die Kriegsgefangenen und zur Zwangsarbeit herangezogenen Juden bei ihrem Einsatz für die deutsche Kriegswirtschaft.

Todt hatte bereits mit besonderen Planungsstäben die einzelnen Teile der Rüstungsindustrie erfaßt und die jeweiligen Fertigungsvorgaben festgelegt. Ende 1941 setzte er »Hauptausschüsse« für Munition, Panzer und Zugmaschinen, Waffen, allgemeines Wehrmachtsgerät und Maschinen ein und gab Rationalisierungskommissionen den Auftrag, ineffiziente Betriebe stillzulegen und die Bedingungen für Produktionssteigerungen zu verbessern. Allerdings gelang es ihm nicht, die Konflikte mit der weiterhin selbständigen Luftwaffen- und Marinerüstung ganz auszuräumen. Als Speer nach dem Flugzeugabsturz, bei dem Todt am 8. Februar 1942 ums Leben gekommen war, die Funktionen des Rüstungsministers übernahm, setzte er die technokratische Linie seines Vorgängers fort und verstärkte sie noch. An die Spitze der »Hauptausschüsse« wurden im allgemeinen Industrielle berufen, die mit den jeweiligen Produktionsbedingungen vertraut waren; so konnte beispielsweise der Autokonstrukteur Ferdinand Porsche die Leitung der Panzerkommission übernehmen.

Das Prinzip der »Selbstverantwortung der Industrie« sollte dazu dienen, mit Hilfe von finanziellen Anreizen die Betriebe zu einer Produktionssteigerung zu bewegen. Man ließ ihre Leitungen selbst über die Art des Verfahrens entscheiden und hob »Bestbetriebe« aus der breiten Masse der Unternehmen heraus, um dort die Fertigung zu konzentrieren. Während die »Hauptausschüsse« für die Endprodukte zuständig waren, führte Speer außerdem »Ringe« ein, die die Zulieferbetriebe für besonders wichtige Sektoren der Fertigung überwachten (beispielsweise Kurbelwellen oder Kugellager), und ernannte »Kommissionen«, die den wirksamsten Einsatz von Rohstoffen, Energie und Arbeitskräften planten und Vorschläge für Rationalisierung, Typisierung, Spezialisierung sowie Einschränkung des zivilen Bedarfs machten.

Erfolgversprechend waren Speers Bemühen um Kooperation mit den Selbstverwaltungsorganen der Wirtschaft und sein Versuch, die Beamten durch unabhängige Fachleute zu ersetzen. Sein wichtigstes Leitungsgremium wurde die »Zentrale Planung«, die seit dem 22. April 1942 alle zwei Wochen unter dem Vorsitz des Ministers Rohstoffe, Energieträger und Arbeitskräfte für den gesamten Rüstungsbereich verteilte. Sie diente als überministerielles Gremium und sollte Speer dazu verhelfen, allmählich alle Kompetenzen in Rüstungsfragen zu monopolisieren. Nachdem es ihm bereits gelungen war, sich das Wehrwirtschafts- und Rüstungsamt des OKW zu unterstellen, konnte er am 26. Juni 1943 auch die Luftwaffenproduktion unter seine Kontrolle bringen; im September 1943 erhielt er außerdem die Verfügung über den zivilen Bereich und hatte damit die Konkurrenz Görings endgültig ausgeschaltet, dessen Funktion als »Wirtschaftsdiktator« längst fragwürdig geworden war.

Speers Übergang zur totalen Kriegswirtschaft erbrachte eine verblüffende Steigerung der Produktionszahlen, wobei allerdings eine außerordentliche Typenvielfalt und veraltete Modelle beibehalten wurden, was den Wert des »Rüstungswunders« deutlich minderte. Immerhin wurde schon zwischen Februar und Juli 1942 für die Rüstungsproduktion eine Steigerung um fünfundfünfzig Prozent verzeichnet. Bis zum Sommer 1944 konnte das Reich dreieinhalbmal soviel Munition und Flugzeuge und sechsmal so viele Panzer wie 1941 herstellen. Im Schnitt stieg die Waffenproduktion fast um das Dreifache an, und trotz der heftiger werdenden Luftangriffe und der seit 1943 einsetzenden Gebietsverluste, die immer auch mit einer Einbuße an Ressourcen verbunden waren, gelang es auf einigen Sektoren, die Produktion bis zum Frühjahr 1945 auf diesem hohen Niveau zu halten. Der Anteil der Kriegsmittelproduktion am gesamten Ausstoß stieg zwischen 1941 und 1944 von sechzehn auf über vierzig Prozent an. Da Speer in den besetzten Gebieten die Konsumgüterproduktion fortsetzen ließ, fiel der Anteil der Verbrauchswaren gleichzeitig nur von achtundzwanzig auf zweiundzwanzig Prozent.

*Indexziffern der Rüstungsendfertigung 1939 bis 1945 (nach Jacobsen, Der Weg
zur Teilung der Welt, Politik und Strategie von 1933 bis 1945, Koblenz und Bonn
1977, S. 508)*
Januar/Februar 1942=100

	Ge-samt	Muni-tion	Waffen	Panzer	Kraft-fahr-zeuge	Flug-zeuge	Schiff-bau
1939 Sept./Dez.	63	113	63	5	–	–	11
1940 mtl. Durchschnitt	97	163	79	36	–	–	40
1941 mtl. Durchschnitt	98	102	106	81	–	97	110
1942 mtl. Durchschnitt	142	166	137	130	120	133	142
1943 mtl. Durchschnitt	222	247	234	330	138	216	182
1944 I. Quartal	247	299	286	465	132	227	154
April	274	302	320	527	121	285	127
Mai	285	301	337	567	126	295	152
Juni	297	–	361	580	133	321	107
Juli	322	319	384	589	117	367	139
August	297	323	382	558	116	308	141
September	301	335	377	527	84	310	184
Oktober	273	321	372	516	79	255	217
November	268	307	375	571	78	274	124
Dezember	263	263	408	598	63	224	233
1945 Januar	227	226	284	557	60	231	164

Speers Maßnahmen trugen weiter zur Zerstörung des traditionellen Sozialgefü-
ges bei und beschleunigten den gesellschaftlichen Modernisierungsprozeß, der in
den dreißiger Jahren begonnen hatte, aber innerhalb des Regimes durchaus auf
Widerspruch stieß. Göring hatte schon im Sommer 1940 Maßnahmen ergriffen,
um allmählich die Planungselemente in der Wirtschaftspolitik wieder zurückzudrängen und Voraussetzungen für eine Friedenswirtschaft zu schaffen, die mehr
Rücksichten auf eine traditionelle Klientel der NSDAP, den Mittelstand, nehmen
sollte. Darin traf er sich mit der – unter ganz anderen Umständen – entworfenen
Konzeption Otto Ohlendorfs. Dieser, Chef des Inland-SD im Reichssicherheitshauptamt, mühte sich nach seiner Ablösung als Führer einer »Einsatzgruppe« im
Osten darum, eine ideologisch orthodoxe Wirtschaftspolitik aus Sicht der SS zu
formulieren. Seit 1942 versuchte er mit Denkschriften Himmler dafür zu gewinnen, nach dem Ende des Krieges zu den kapitalismuskritischen Anfängen der
»Bewegung« zurückzukehren.

Solche Vorstellungen standen im Widerspruch zu den Plänen jener Männer, die
die Revolutionierung der Gesellschaft durch den Krieg begrüßten. Vor allem der
DAF-Chef Ley sah die Möglichkeit, unter den veränderten Rahmenbedingungen
seine ehrgeizigen politischen Ziele zu erreichen. In verschiedenen Memoranden

legte er die Absichten einer zukünftigen deutschen Sozialpolitik dar: vom Staat garantierte Vollbeschäftigung, Einführung eines gerechten Lohnsystems, das den Unterschied zwischen Arbeitern und Angestellten beseitigen und auch für Frauen den Grundsatz des »gleichen Lohns für gleiche Arbeit« verwirklichen würde, Steigerung des Systems der Sozialleistungen (Präventivmedizin, Freizeitgestaltung, Wohnraumbeschaffung) und Aufbau einer umfassenden Sozialversicherung, durch die jeder »Volksgenosse« ohne Sorge vor Verelendung würde leben können.

Schon im September 1940 hatte Ley erklärt: »Für die Opfer des Krieges soll das deutsche Volk mit sorgenfreiem Alter belohnt werden. In 10 Jahren wird Deutschland nicht wiederzuerkennen sein. Aus einem Proletariervolk wird dann ein Herrenvolk geworden sein. Der deutsche Arbeiter wird in 10 Jahren besser aussehen als heute ein englischer Lord.« Die Planungen der DAF für das »Sozialwerk des deutschen Volkes« sahen noch in der zweiten Hälfte des Krieges, nachdem es zu den ersten massiven Rückschlägen gekommen war, eine grundlegende Verbesserung der Wohnungssituation vor. Als Ley 1942 zum »Reichskommissar für den sozialen Wohnungsbau« ernannt worden war, plante er für die Zeit nach dem »Endsieg« ein gigantisches Bauprogramm: Achtzig Prozent des dann errichteten Wohnraums sollten Vier-Zimmer-Einheiten mit vierundsiebzig Quadratmeter Grundfläche sein, zehn Prozent würden auf Drei-Zimmer- (zweiundsechzig Quadratmeter) und zehn Prozent auf Fünf-Zimmer-Wohnungen (sechsundachtzig Quadratmeter) entfallen. Nach der Zerstörung der deutschen Städte durch die alliierte Bombardierung dachte Ley an einen Wiederaufbau, bei dem die Hälfte der Wohnhäuser aus Wohnblöcken bestehen sollte. Mit Hilfe von normierten Bauteilen würde man in kurzer Zeit die Bedingungen für eine gesunde Lebensweise schaffen. Solche Vorstellungen von einem »Sozialismus des guten Blutes« (Himmler) blieben aber unerfüllbare Utopie angesichts der weiteren militärischen Entwicklung. Der länger dauernde Kampf erlaubte keine sozialstaatlichen Experimente, die alle auf die Zeit nach dem »Endsieg« verschoben werden mußten, während der »Kriegseinsatz« der Wirtschaft sämtliche Energien aufsog.

1942 dienten dreizehn Millionen Deutsche in der Wehrmacht, und auch die Facharbeiterschaft wurde längst nicht mehr geschont. Das ließ den Bedarf an Arbeitskräften weiter wachsen, weshalb Hitler am 21. März 1942 den thüringischen Gauleiter Fritz Sauckel zum »Generalbevollmächtigten für den Arbeitseinsatz« ernannte. Sein Auftrag war es, die zweihundertfünfzig Millionen Menschen, die sich im deutschen Machtbereich befanden, so rücksichtslos wie nötig für den industriellen Kriegseinsatz zu mobilisieren. In sogenannten Sauckel-Aktionen fand die Auskämmung von Behörden und Betrieben statt; ab Januar 1943 wurden in diesem Rahmen von einem »Dreierausschuß«, dem Bormann, Keitel und Lammers angehörten, unabkömmlich gestellte Arbeiter sukzessive »ausgesiebt«, nicht kriegswichtige Behörden und Betriebe stillgelegt und in wachsendem Maß Frauen in der Rüstungsindustrie eingesetzt.

Die Meldepflichtaktion hatte allerdings zuletzt nur sehr begrenzten Erfolg. Von den erfaßten 544.000 Männern und drei Millionen Frauen waren nur 26,4 beziehungsweise 54,1 Prozent einsetzbar. Vor allem die Versuche zur Mobilisierung der Frauen erwiesen sich als wenig aussichtsreich. Bei Beginn des Krieges waren ungefähr 14,6 Millionen deutsche Frauen berufstätig, die Zahl fiel dann auf 14,4 Millionen (1940) und auf 14,1 Millionen (1941). Während sich in Großbritannien und dann in den USA viele Ehefrauen von Soldaten gezwungen sahen, eine Arbeit anzunehmen, um die Familie zu ernähren, war die Unterstützungszahlung für Soldatenfrauen in Deutschland so großzügig bemessen worden, daß viele Frauen 1939/40 ihre einmal aufgenommene Tätigkeit wieder aufgegeben hatten. Erst 1943 wurden wieder 14,3 Millionen weibliche Beschäftigte erreicht, und bis 1944 stieg die Zahl noch einmal auf 14,9 Millionen an. Den 2,6 Millionen zusätzlichen weiblichen Arbeitskräften, die das Arbeitsministerium für den Mobilmachungsfall errechnet hatte, kam man zu keinem Zeitpunkt nahe, zumal Hitler sich entschieden gegen jede Dienstpflicht für Frauen wehrte. Es galt hier wie für viele andere Felder, daß der »totale Krieg ... vor allem von den militärischen Gegnern Deutschlands geführt« (Ludolf Herbst) wurde, die weniger Rücksichten auf die eigene Bevölkerung nahmen als das vom »November-Syndrom« geplagte NS-System.

Sauckels Zugriff beschränkte sich aber keineswegs auf die deutsche Bevölkerung. Er überwand die rassenideologischen Bedenken, die gegen den Einsatz von Zwangsarbeitern aus dem Osten im Reich erhoben wurden, und einigte sich im Gegenzug mit der SS-Führung darauf, daß diese freie Hand bei der Organisation der »Arbeitserziehungslager« haben würde, in denen er die »Ostarbeiter« unterbringen wollte. Im März 1944 gab es im Deutschen Reich fünf Millionen »Fremdarbeiter«, von denen nur etwa zweihunderttausend freiwillig gekommen waren; bis Ende des Jahres stieg die Zahl auf 7,5 Millionen. Unter diesen waren vier Millionen Zwangsarbeiter aus der UdSSR, eine Million aus Polen, die übrigen waren »Dienstverpflichtete« aus Frankreich, Belgien, Italien oder den Niederlanden, die – vornehmlich aus »rassischen« Gründen – wesentlich besser behandelt wurden als ihre Leidensgenossen aus dem Osten. 1944 stellten »Fremdarbeiter« oder Kriegsgefangene zwanzig Prozent der Arbeitskräfte im Reich; in der Landwirtschaft lag der Anteil sogar bei vierundvierzig Prozent.

Erst im Januar 1943 verschärfte das NS-Regime noch einmal den Zugriff auf die Arbeitskraft der eigenen Bevölkerung. Die seit 1938 bestehende und 1939 wesentlich erweiterte Möglichkeit zur »Dienstverpflichtung« für Aufgaben von »besonderer staatspolitischer Bedeutung« wurde auf alle Männer vom sechzehnten bis fünfundsechzigsten und alle Frauen vom siebzehnten bis zum fünfundvierzigsten Lebensjahr ausgedehnt. Diese Maßnahme ging auf einen Geheimerlaß Hitlers vom 13. des Monats zurück, mit dem er die Vorbereitung des »totalen Krieges« anordnete – ein Begriff, den Goebbels sofort propagandistisch auswertete. Der Propagandaminister, der ja seit längerem die vollständige Mobilmachung der »Volksgemeinschaft« verlangte und wie Hitler selbst respektvoll die Leistung der sowjetischen Kriegführung und Kriegswirtschaft beobachtete, trat am 18. Februar 1943 mit einer Rede im Berliner Sportpalast vor ein ausgewähltes Publikum. Unter dem frenetischen Beifall der Masse verkündete er: »Die Frage ist also nicht die, ob die Methoden, die wir anwenden, gut oder schlecht sind, sondern ob sie zum Erfolg führen. Jedenfalls sind wir als Nationalsozialistische Volksführung jetzt zu allem entschlossen. Wir packen zu, ohne Rücksicht auf die Einsprüche des einen oder des anderen.«

Die »Volksgemeinschaft« im Krieg

Die Rede im Sportpalast war als Appell gedacht. Goebbels stellte den Anwesenden – »Ihr also, meine Zuhörer, repräsentiert in diesem Augenblick die Nation« – zehn Fragen, die sie per Akklamation bejahten; die zuletzt gestellte Frage »Wollt ihr den totalen Krieg?« ging fast im ohrenbetäubenden Jubel unter. Ob die ausgewählten Teilnehmer der Kundgebung tatsächlich das Volk »repräsentierten«, wird man in Zweifel ziehen dürfen. Selbst vorausgesetzt, daß die Mehrheit der Deutschen unter den Bedingungen der verschärften Kriegslage dem vollständigen Einsatz aller Kräfte zustimmte, gab es doch weiter ein starkes Bedürfnis nach einer möglichst unbeeinträchtigten privaten Existenz, auf das das Regime trotz der Proklamation des »totalen Krieges« Rücksicht zu nehmen suchte.

Seit den letzten großen militärischen Erfolgen auf dem Balkan und in der Sowjetunion wurde die Stimmungslage der Bevölkerung skeptischer. Eine Atempause verschafften noch einmal die Siege Rommels in Nordafrika, was Goebbels dazu nutzte, den populären Truppenführer als nationalsozialistischen »Volksgeneral« herauszustellen. Dann wirkten sich die alliierten Flächenbombardements und die Nachrichten von der zurückweichenden Front allmählich stärker aus. Viele begriffen schon die Kapitulation der 6. Armee im Januar 1943 als Fanal. In einem SD-Bericht hieß es: »Allgemein ist die Überzeugung vorhanden, daß Stalingrad einen Wendepunkt des Krieges bedeute ... Die labilen Volksgenossen [sind] geneigt, im Fall von Stalingrad den Anfang vom Ende zu sehen.«

In einer weiteren Meldung des Sicherheitsdienstes vom 18. November 1943 über die Stimmungslage der weiblichen Bevölkerung stand zu lesen, daß das »Zurückgehen unserer Truppen ... von vielen Frauen mit als Zeichen einer allgemeinen Schwächung unserer Widerstandskraft gewertet« werde, es zeigten sich alle Merkmale einer »Kriegsmüdigkeit«, man meide Radiosendungen und Wochenschauaufnahmen, in denen über militärische Aktionen berichtet werde, der politische Teil der Tageszeitungen bleibe ungelesen. Zu der Sorge um die im

Felde stehenden Ehemänner, Väter oder Brüder geselle sich die Wahrnehmung, daß die familiäre Beziehung durch den langen Fronteinsatz und die kurzen Urlaubszeiten leide und vor allem das Verhältnis der Gatten untereinander Schaden nehme. »Die meisten Frauen richteten jedoch ihre Gedanken vorwiegend auf ihre gegenwärtigen praktischen Aufgaben. Von den drängenden Tagesanforderungen bereiten derzeit die Kartoffelnot und der Gemüsemangel den Frauen große Sorge. Viele Mütter von heranwachsenden Kindern hätten schlaflose Nächte, denn ›sie wüßten oft nicht, was sie auf den Tisch bringen sollten‹. Als starke Erschwerung der Wirtschaftsführung empfänden die Frauen auch die unterschiedlichen Einkaufszeiten für Lebensmittel und Bedarfsartikel.« Weil Bäcker, Fleischer und Gemüsehändler an verschiedenen Werktagen geschlossen hätten, sei es notwendig, Tabellen mit den Öffnungszeiten anzulegen. Der Bericht schloß mit dem Vermerk: »Die politischen und wirtschaftlichen Vorgänge sowie das gesamte Kriegsgeschehen werden jedoch überschattet von den Evakuierungsmaßnahmen und ihren Auswirkungen ...«

Die seit dem Herbst 1940 entwickelten Pläne der NSV für die erweiterte »Kinderlandverschickung« (KLV) trafen sofort auf Opposition in der Bevölkerung. Die KLV war seit 1933 in Zusammenarbeit von HJ und Volkswohlfahrt als Maßnahme zur Erholung von Kindern und Jugendlichen aus Stadtgebieten entwickelt worden. Selbstverständlich handelte es sich nicht nur um eine karitative Maßnahme, sondern um einen weiteren Eingriff in die »staatsfreie« Sphäre. Dementsprechend mißtrauisch waren viele Eltern gegen eine halbjährige Verbringung ihrer Kinder in ein KLV-Lager, und Hitler mußte nach anfänglichen Protesten klarstellen, daß ohne Einwilligung der Erziehungsberechtigten keine Kinderlandverschickung durchgeführt werden könne. Allein in Berlin verweigerten – trotz der veränderten Bedingungen in der Kriegszeit – am 30. August 1943 62.000, am 15. Oktober 1943 noch einmal 85.000 Eltern ihre Zustimmung.

Angesichts der stärker werdenden Bombardierung und der sukzessiven Einstellung des Schulunterrichts wurde aber der staatliche Druck auf die Mütter immer größer, einer Evakuierung zuzustimmen. Da ab 1943 die höheren Schulen grundsätzlich in KLV-Lager verlegt wurden, gab es zumindest für diejenigen einen faktischen Zwang, einzuwilligen, die ihren Kindern eine solide Bildung vermitteln wollten. Die Zahl der KLV-Einrichtungen wuchs zwischen 1943 und dem Kriegsende von fünf- auf neuntausend an. Die Lager wurden meistens von älteren Lehrern geleitet, denen »Lagermannschaftsführer« aus Jungvolk und Jungmädel unterstanden, die für die Durchführung der »Lagererziehung« zuständig waren. Bis 1945 dürften mehr als dreißig Prozent aller schulpflichtigen Kinder die Kinderlandverschickung durchlaufen haben. Da der Osten des Reichsgebietes (Ostpreußen, Warthegau, Oberschlesien) und die angrenzende Slowakei als militärisch ungefährdet galten, befanden sich beim Vormarsch der Roten Armee über die Reichsgrenze mehr als eine halbe Million Kinder in diesem Gebiet; sie wurden in den Strudel des Untergangs hineingezogen.

Die erweiterte KLV war im Grunde genommen eine Improvisation, die notwendig geworden war, da man es versäumt hatte, ausreichende Vorkehrungen für den Schutz der Zivilbevölkerung im Krieg zu treffen. Trotz der intensiven Propaganda für den Luftschutz in der Friedenszeit begann man in Berlin beispielsweise erst nach den Angriffen vom 26. August 1942 mit dem Bau von Großbunkern. Für die Stadt mit vier Millionen Einwohnern standen aber auch bei Kriegsende nur bombensichere Bunkeranlagen für 65.000 Personen zur Verfügung. Die Tunnelanlagen der Berliner Untergrundbahn konnten nur bedingt als Ersatz gelten, da es sich – anders als bei der Londoner »Subway« – lediglich um eine Unterpflasterbahn handelte. Noch schlechter als in der Reichshauptstadt stand es naturgemäß um den Schutz für die Zivilbevölkerung in der Provinz.

Die 1942 mit den Angriffen auf Lübeck (28./29. März), Rostock (23. bis 27. April) und Köln (30./31. Mai) beginnende Flächenbombardierung übertraf bei weitem die Befürchtungen der deutschen Fachleute. Insgesamt wurden von den Alliierten 1,35 Millionen Tonnen Bombenlast über dem Reichsgebiet abgeworfen, achtunddreißig Prozent davon trafen die deutschen Städte. Dreieinhalb bis vier Millionen Wohnungen wurden zerstört, das waren mehr als zwanzig Prozent des Wohnraums überhaupt. Es gab mindestens fünfhunderttausend Tote und sechshundertfünfzigtausend Verletzte. Köln, Dortmund, Duisburg, Hamm wurden bis zu siebzig Prozent zerstört, Essen, Düsseldorf, Bremen, Hannover, Gelsenkirchen, Bochum, Kiel bis zu sechzig Prozent, Hamburg zu etwa fünfzig Prozent. Dazu kam der Ausfall der Strom-, Gas- und Wasserversorgung. Die bis dahin einigermaßen stabile Stimmungslage brach in den großen Städten spätestens 1944 zusammen. Ausweichmöglichkeiten für die Zivilbevölkerung gab es kaum, zumal die Produktion in den Rüstungszentren aufrechterhalten werden sollte, und Evakuierungen durften bei den abkömmlichen Erwachsenen nur in Richtung Osten durchgeführt werden, was zwischen März 1943 und August 1944 zum Transport von fünfhunderttausend Menschen in diese Gebiete führte.

Am 3. November 1943 erklärte der britische Luftmarschall Harris, daß man nach der Zerstörung von neunzehn deutschen Großstädten und der Verwüstung von neunzehn anderen nun darangehen werde, die Reichshauptstadt zu vernichten. Die Angriffe vom 22. und 26. November kosteten allein 3.758 Menschen das Leben, 454.056 Berliner wurden obdachlos, dann folgten zwölf weitere schwere Bombardierungen. Sie führten zwar zu kollektiven Angstzuständen, aber anders als im Ersten Weltkrieg löste der konzentrierte Einsatz neuer Vernichtungswaffen keine Massenpanik aus, eher kam es zu einer Art von gemeinschaftlicher »Emotionslähmung« (Edmund Baelz). Die Journalistin Margret Boveri berichtete, daß sich im Bunker unmittelbar nach dem Beginn des Angriffs der Spannungszustand in Hysterie aufgelöst habe, und dann ging »wie auf Kommando fiebriges Schwatzen los. Alle lachten, überschrien einander, rissen Witze.«

Die gemeinsame Bedrohung konnte im Einzelfall auch dazu beitragen, den Zusammenhalt der »Volksgemeinschaft« zu stärken. Fritz-Dietlof von der Schulenburg berichtete noch im März 1944 in seinem Tagebuch von einer Bahnfahrt quer durch Deutschland: »Für unterwegs hatte ich keine Verpflegung und keinen Tabak mitgenommen, weil ich nicht dazu gekommen war. Ein hübsches oberschlesisches Mädchen gab mir ein großes Stück Kuchen, ohne daß ich irgend etwas angedeutet hatte. Eine Metzgersfrau aus Bocholt zwang mir ihren ganzen Wurstvorrat auf, als sie herauskriegte, daß ich noch nichts gegessen hatte. Ein Werkmeister aus einer Flugzeugfabrik nötigte mir seinen Pfeifentabak auf und erzählte mir im breiten Baß von seiner Tätigkeit.«

Aber im übrigen waren vorwiegend Symptome sozialen Zerfalls zu registrieren. Empfindungen der Solidarität bezogen sich in der letzten Phase des Krieges fast nur noch auf die eigene Familie, Schamgrenzen fielen, und in der »Untergangsgesellschaft« (Hans Dieter Schäfer) wuchs die Promiskuität. Aus den Lageberichten des Regimes geht hervor, daß Kasernen und Lazarette zu bevorzugten Treffpunkten für Paare wurden, die sich ebenso rasch wieder trennten, wie sie sich gefunden hatten. Auch die seit dem Februar 1943 als »Flakhelfer« eingezogenen fünfzehn- bis siebzehnjährigen Jungen, meistens weit weg von zu Hause und ohne elterliche Aufsicht, sammelten früher sexuelle Erfahrungen als ihre Altersgenossen sonst. Trotz dieser Erosionserscheinungen stellte sich der von den Alliierten erwartete Erfolg der Bombardements nicht ein. Die Bevölkerung reagierte eher mit Apathie als mit Demoralisierung, die in Aktion hätte umschlagen können. Vorsorglich aufgestellte SA-Stürme, die »Stoßtrupps z. b. V.«, die Unruhen in den Betrieben niederkämpfen sollten, erwiesen sich als überflüssig. Goebbels setzte mit Erfolg auf Ablenkung und ließ Kinos wie Varietés nach dem Ende der Luftangriffe sofort wieder öffnen; in seinem Tagebuch notierte er über die Stimmung in Berlin: »Ich kann es kaum glauben, daß diese Stadt im November 1918 eine Revolte gemacht hat.«

Die Flächenbombardements hatten nicht nur auf das Zusammenleben der Deutschen Auswirkungen, sondern auch auf das Zusammenleben mit den »Fremdarbeitern«. Deren anfangs häufig berichtete Schadenfreude wandelte sich zu einer seltsamen Solidarität angesichts des Ausmaßes der Zerstörungen. Den Freudentänzen vor brennenden Lagerbaracken in der Reichshauptstadt kontrastierte die Äußerung eines französischen Gefangenen: »Das ist kein Krieg mehr, das ist Mord!« Anders als die Russen und Polen wurden die übrigen »Fremdvölkischen« nicht in Lagern festgehalten und waren lediglich an Sperrstunden gebunden. Im März 1943 lebten von 250.000 Ausländern in Berlin 120.000 in Privatunterkünften; sie waren beliebte Untermieter, da sie häufig aus ihrer Heimat Pakete mit selten gewordenen Lebensmitteln erhielten. Infolge der wachsenden Personalprobleme bei der Bewachung und wegen der durch Bomben zerstörten Lagerbaracken waren auch die »Ostarbeiter« in den großen Städten nur noch schwer zu kontrollieren. Seit der Jahreswende 1943/44 übernahmen sie mit Erfolg einen Teil des grauen und schwarzen Marktes, der sich angesichts der Versorgungsengpässe gebildet hatte.

Die aus rassenpolitischen Gründen gewünschte Distanz zwischen Deutschen und »Fremdarbeitern« wurde unter diesen Umständen immer schwerer durchsetzbar. So kam der SD zu dem Ergebnis, daß Liebesbeziehungen und Geschlechtsverkehr zwischen deutschen Frauen und Kriegsgefangenen oder »Fremdarbeitern« trotz der teilweise drakonischen Strafandrohungen zu keinem Zeitpunkt zu unterbinden waren. Die Einstellung zwischen den beiden Bevölkerungsgruppen pendelte zwischen Gleichgültigkeit und Wohlwollen, die Vorstellung, daß es sich bei den »Fremdarbeitern« um »Sklaven« handelte, die die »Herrenmenschen« zu Recht ausbeuten dürften, trat nur selten auf. So teilten bei der Berliner Firma Graubschat die Arbeiter ihr Frühstück mit den ukrainischen Zwangsarbeiterinnen, was die Firmenleitung dazu bewog, die Rationen zu vergrößern. Seit 1943 ging das Regime dazu über, die Zwangsarbeiter besser zu ernähren und eine gewisse kulturelle Betreuung, zum Beispiel durch die Herausgabe von »Lagerzeitungen«, einzuführen. Eine grundlegende Besserung fand allerdings für die »Ostarbeiter« nicht statt, und nur teilweise kam es zur Angleichung an die relativ erträglichen Lebensumstände der seit 1941 in der Landwirtschaft eingesetzten Polen, Russen und Ukrainer. Immerhin nahm man in ihren Reihen die Nachrichten vom Vorrücken der Roten Armee – wie es in einem zeitgenössischen Bericht heißt – »ausgesprochen bedrückt« zur Kenntnis.

Während das Verhalten der Deutschen zu den »Fremdarbeitern« immer uneinheitlich war, dominierte in bezug auf die jüdische Bevölkerung völlige Gleichgültigkeit. Darin kann weniger ein Erfolg der nationalsozialistischen Rassenpropaganda als vielmehr eine weitere Konsequenz der Kriegsentwicklung gesehen werden. War der einzelne ganz auf sich und seine soziale Kleingruppe zurückgeworfen, dann brachte er weder Interesse noch Energie auf, um sich mit dem Schicksal derjenigen zu befassen, die ihm fernstanden. Zwar haben Berliner Betriebsleiter, nachdem im März 1941 zwanzigtausend Berliner Juden zur Zwangsarbeit verpflichtet worden waren und am 30. Mai 1942 eine Weisung erging, diese durch »Fremdarbeiter« zu ersetzen, versucht, ihre qualifizierten jüdischen Kräfte wieder aus den Sammellagern herauszuholen, aber ohne Erfolg. Ganz ähnlich verhielt es sich, als bei der Deportation der Berliner Juden in Arbeitervierteln gelegentlich Proteste gegen den Abtransport laut wurden; mit dem Ruf »Geht doch endlich an die Front, wo ihr hingehört« machte eine Ansammlung von Frauen ihrem Unmut gegen die SS Luft, wurde dann aber gewaltsam auseinandergejagt. Symptomatischer dürfte eine Haltung wie die folgende gewesen sein: »Was interessieren mich die Juden, ich denke nur an meinen Bruder bei Rshew, alles andere ist mir völlig gleichgültig.«

Gegen die Deportation der fünfzigtausend Berliner Juden nach Auschwitz und Theresienstadt zwischen dem 18. Oktober 1941 und dem Juni 1943 wurde auch von den Betroffenen selten Widerstand geleistet. Daß im März 1943 deutsche Frauen in der Rosenstraße die Wiederfreilassung ihrer jüdischen Männer erzwingen konnten, war eine krasse Ausnahme. Vor allem die Verbringung nach Theresienstadt als »Vorzugslager«, das als eine Art »Altenheim« für prominente Juden dargestellt wurde, diente dazu, die wachsende Unruhe zu dämpfen. Seit dem Sommer 1942 gab es keine Vorwarnung mehr vor Deportationen, um alle Fluchtmöglichkeiten zu verschließen. Trotzdem kann man für Mitte 1943 noch von fünftausend »Untergetauchten« in Berlin ausgehen, die sich mit wechselndem Erfolg dem Zugriff der Polizei entzogen.

Seitdem 1942/43 durch Urlauber von der Ostfront Gerüchte über »Massenerschießungen und Hungertod, von Folterung und Vergasung« mitgebracht worden waren, stieg die Zahl der Selbstmorde unter der jüdischen Bevölkerung. Wer seinen Abtransport befürchten mußte, nahm Veronal oder Zyankali, mancher stürzte sich aus dem Fenster oder provozierte einen Autounfall. Wem es gelang, unterzutauchen, der konnte im Sommer im Tegeler Forst oder im Grunewald schlafen, mischte sich unter die »Kunsthungrigen«, die an der Staatsoper eine Nacht vor Öffnung der Kassen kampierten, tarnte sich mit Aktentasche und Brotbüchse als Angestellter und fuhr mit der Straßenbahn von Endstation zu Endstation. Gefahr drohte den Untergetauchten vor allem bei Ausweiskontrollen oder durch die jüdischen »Greifer«, die für die deutschen Polizeidienststellen arbeiteten.

Auch wenn die Mehrheit der Deutschen nicht präzise wußte, was im Osten mit den Juden geschah, verbreitete sich die »Vorstellung von etwas Unheimlichem«, die sich in Witzen über RIF-Seife (RIF für »Ruhe in Frieden«) oder in Gerüchten über U-Boot-Dichtungen aus jüdischem Frauenhaar bemerkbar machte. Als 1943 Truppen der Wehrmacht die Massengräber von Katyn entdeckten und Goebbels den Fund propagandistisch groß herausstellte, meldeten die Stimmungsberichte des SD, »ein großer Teil der Bevölkerung« finde die Empörung über den sowjetischen Massenmord an polnischen Offizieren »merkwürdig« oder »heuchlerisch«, »weil deutscherseits in viel größerem Umfang Polen und Juden beseitigt worden sind«.

Die »Endlösung«

Zwischen September 1939 und März 1941 waren vier immer weiter ausgreifende Pläne für die Deportation der jüdischen Bevölkerung entwickelt worden. Hatte Heydrich im Winter 1939/40 eine wenn auch noch sehr unklare Konzeption für das »Judenreservat Lublin« im Generalgouvernement, in das zuerst die Juden aus den annektierten westpolnischen Gebieten verbracht werden sollten, so wurde dieser Plan im Juni 1940 abgelöst von der auch nicht präzise definierten Idee einer »territorialen Endlösung« für die deutschen, österreichischen, tschechischen und polnischen Juden. Im Juli/August des Jahres, nach dem Sieg über Frankreich, folgte der Madagaskar-Plan; unter Einbeziehung von Vichy-Frankreich und der Slowakei war dieses Mal an die zwangsweise Verbringung von vier Millionen Juden auf die afrikanische Insel gedacht. Im Spätherbst 1940 sprach man im RSHA sogar von 5,8 Millionen, womit wohl alle Juden westlich der deutsch-sowjetischen Demarkationslinie gemeint waren, also die, die im »Wirtschaftsraum des deutschen Volkes« anzutreffen waren. Seit dem Winter 1940/41 entstand, parallel zu den gegen die Sowjetunion anlaufenden Kriegsvorbereitungen, die Vorstellung von einer Abschiebung aller elf Millionen europäischen Juden in einen irgendwo im Osten liegenden Raum, möglicherweise unter Ausnutzung der sowjetischen Lagereinrichtungen, des Gulag-Systems in Sibirien. Zeitgleich mit diesen Planungen setzte sich bei Hitler und in der Führung der SS die Vorstellung durch, daß alle wehrfähigen jüdischen Männer auf dem ehemals sowjetischen Territorium durch die Einsatzgruppen exekutiert werden müßten.

Von entscheidender Bedeutung waren aber die Neuordnungspläne für den osteuropäischen Raum, denn am 21. Juni 1941 erging der förmliche Auftrag Himmlers an das Planungsamt des RSHA zur Erstellung des »Generalplans Ost«, der im April 1942 fertig war. Währenddessen erhielt die von Konrad Meyer-Hetling geleitete Planungsabteilung des Reichskommissars für die Festigung des deutschen Volkstums am 2. Februar 1942 den Befehl, ein detailliertes Konzept für die neue Besiedlung Osteuropas zu entwerfen, das dem »Reichsführer-SS« am 2. Juni vorgelegt werden konnte. Die Planungsabteilung hatte schon im November 1940 darauf hingewiesen, daß die von Polen annektierten Gebiete und das Generalgouvernement nicht ausreichen würden, um dort alle Volksdeutschen anzusiedeln, die aus dem Baltikum, dem übrigen Osteuropa und Südtirol »heimgeholt« werden sollten. Am 15. Juli legte Meyer-Hetling deshalb den »Generalplan Ost« vor.

In den anschließenden Diskussionen ergab sich, daß das RSHA von der Umsiedlung von einunddreißig Millionen Menschen ausging, um durch eine gigantische »völkische Flurbereinigung« die Voraussetzungen für das deutsche Ostimperium zu schaffen. Im Juni 1942 äußerte Himmler dann: »Der Krieg hätte keinen Sinn, wenn nicht nach dem Kriege ... Böhmen-Mähren, die deutschen Ostgaue, Südostpreußen, Danzig-Westpreußen, Warthegau, Oberschlesien, das

Generalgouvernement, Ostland [Baltikum], die Krim, Ingermanland [Gebiet um Leningrad] nach 20 Jahren total deutsch besiedelt würden … Wenn wir nicht die Ziegelsteine hier schaffen, wenn wir nicht unsere Lager mit Sklaven vollfüllen – in diesem Raum sage ich die Dinge sehr deutlich und sehr klar –, mit Arbeitssklaven, die ohne Rücksicht auf irgendeinen Verlust unsere Städte, unsere Dörfer, unsere Bauernhöfe bauen, dann werden wir auch nach einem jahrelangen Krieg das Geld nicht haben, um die Siedlungen so auszustatten, daß wirklich germanische Menschen dort wohnen und in der ersten Generation verwurzeln können.«

Zu diesem Zeitpunkt hatten sich die Realisierungschancen für den »Generalplan« allerdings schon drastisch verschlechtert, und die neuerliche Änderung der Lage blieb nicht ohne Rückwirkung auf die Vorstellungen von der »Endlösung der Judenfrage«. Bereits am 17. Juli 1941 hatte Frank noch einmal deutlich gemacht, daß er eine weitere Ghettobildung im Generalgouvernement nicht wünsche und die bereits bestehenden Lager keine Kapazitäten mehr für die Aufnahme von Deportierten besäßen. Am 31. Juli kam es zwischen dem Chef des Wehrwirtschaftsamtes Thomas und Görings Staatssekretär Paul Körner aus der Vierjahresplan-Behörde zu einer Besprechung über die Einsetzbarkeit von jüdischen Zwangsarbeitern im zukünftig von Deutschland beherrschten Rußland; sie einigten sich darauf, daß man die »Juden kasernieren und in Form geschlossener Arbeitskolonnen einsetzen« würde. Zum gleichen Zeitpunkt beauftragte Göring Heydrich damit, »eine Gesamtlösung der Judenfrage im deutschen Einflußgebiet in Europa« vorzubereiten und sie »in Form der Auswanderung oder Evakuierung einer den Zeitverhältnissen entsprechend möglichst günstigen Lösung zuzuführen«.

Wie eine »den Zeitverhältnissen entsprechend möglichst günstige Lösung« aussehen sollte, war damit nicht einmal angedeutet. Die militärische Entwicklung im Osten ließ eine Deportation zum Zweck der Zwangsarbeit immer weniger aussichtsreich erscheinen, und die wachsende Brutalisierung durch die Mordaktionen der Einsatzgruppen (denen schließlich die Hälfte der sowjetischen Juden, etwa 1,4 Millionen Menschen, zum Opfer fielen) führte dazu, daß die SS-Führung für denkbar zu halten begann, was Himmler noch im Mai 1940 als »bolschewistisch« und »ungermanisch« bezeichnet hatte: die »Methode der physischen Ausrottung eines Volkes«.

Mit den Erwägungen an der Spitze konvergierte der Eifer der SS-Stellen vor Ort. Dort begann man sich eher pragmatische Gedanken zu machen, wie der anstehenden Probleme Herr zu werden sei. Der stellvertretende Inspekteur der Sicherheitspolizei und des SD in Posen, Rolf-Heinz Höppner, machte schon am 16. Juli 1941 in einem Brief an Eichmann einen konkreten Vorschlag bezüglich der »Lösung der Judenfrage im Reichsgau Wartheland«: »Es besteht in diesem Winter die Gefahr, daß die Juden nicht mehr sämtlich ernährt werden können. Es ist ernsthaft zu erwägen, ob es nicht die humanste Lösung ist, die Juden, soweit sie nicht arbeitseinsatzfähig sind, durch irgendein schnellwirkendes Mittel zu erledigen. Auf jeden Fall wäre dies angenehmer, als sie verhungern zu lassen.« Höppner beurteilte die Möglichkeit zur Deportation der Juden insgesamt skeptisch. Sein Vorschlag zielte zwar nicht darauf ab, *alle* Juden auch nur seines Bereichs zu töten (er befaßte sich gleichzeitig mit Plänen zur Sterilisierung von Jüdinnen im gebärfähigen Alter), aber seine Vorstellungen von einer »humanen Lösung« zeigten, wie niedrig die Schwelle zum Massenmord war. Höppner hatte als »Sachbearbeiter für Umwanderungsangelegenheiten« in Posen schon im Winter 1939/40 an der Tötung von mindestens tausend psychisch Kranken im Warthegau mitgewirkt, und hier wie auch sonst sollte sich zeigen, daß die aus den »Euthanasie«-Maßnahmen gewonnenen Erfahrungen nutzbar gemacht wurden, um die physische Vernichtung des Judentums vorzubereiten.

Die »Aktion T4« – so benannt nach dem Sitz der zuständigen Stelle der Reichskanzlei in der Berliner Tiergartenstraße 4 – war im Sommer 1941 in eine Krise geraten, da das ausgeklügelte System zur umfassenden Tarnung der Absichten, die das Regime mit der »Gewährung des Gnadentodes« verband, nicht die Erwartungen erfüllt hatte. Hinter ebenso harmlosen wie wohlklingenden Bezeichnungen hielt sich seit 1939 eine mörderische Apparatur verborgen. So diente die Gründung einer »Reichsarbeitsgemeinschaft für Heil- und Pflegeanstalten« dazu, mit Hilfe von ausgewählten Ärzten, Psychiatern, Helfern und Schwestern die Opfer zu begutachten und auszuwählen, eine »Gemeinnützige Stiftung für Anstaltspflege« stellte das Personal, und die »Gemeinnützige Kranken-Transport GmbH« sorgte für die Verbringung der Kranken. Zunächst waren von der »Aktion T4« nur Kinder betroffen, dann wurden auch Erwachsene einbezogen. In den Erlassen des Reichsinnenministeriums wurde immer nur von »planwirtschaftlichen Verlegungen« gesprochen, wenn die »nutzbringenden Insassen« von den »übrigen Patienten« getrennt und letztere in eine der sechs zentralen Tötungsanstalten abtransportiert wurden.

In den Heilanstalten Grafeneck in Württemberg, später in Hadamar bei Limburg, in Brandenburg/Havel, auf Schloß Hartheim bei Linz, in Sonnenstein bei Dresden und Bernburg in Thüringen wurden etwa achtzigtausend Menschen vergast, vergiftet, erschossen. Ohne jede Rücksicht ging man in den annektierten westpolnischen Gebieten vor, wo die Kranken vielfach getötet wurden, weil die Heilanstalten der Unterbringung von Volksdeutschen dienen sollten, unter denen ebenfalls die »Ballastexistenzen« selektiert wurden. Aber am 24. August 1941 ordnete Hitler formlos in einer mündlichen Weisung an seinen Begleitarzt Brandt an, daß die Aktion T4 zu beenden sei. Unter dem Tarnnamen »14f13« (nach dem Aktenzeichen der »Aktion«) wurde die »Euthanasie« allerdings in Osteuropa fortgesetzt, eine verdeckte Kinder-Euthanasie gab es auch in Deutschland bis zum Ende des Krieges.

Die Ursache für diesen Rückzug waren zahlreiche Proteste, die selbst aus nationalsozialistischen Kreisen kamen, aber vor allem von den Kirchen getragen wurden. Bereits am 19. Juli 1940 hatte sich der württembergische Landesbischof Theophil Wurm in einem Schreiben an den Innenminister Frick gewandt und gewarnt, die Tötung von »lebensunwertem Leben« bedeute einen »Sittenverfall, der auch den Verfall des Staates nach sich ziehen würde«. Weitere Proteste dieser Art kamen von anderen Geistlichen, und schließlich wurde Friedrich von Bodelschwingh als Leiter der Bethelschen Anstalten, in denen zahlreiche schwerst geistig und körperlich behinderte Menschen untergebracht waren, persönlich in Berlin vorstellig. Den Ausschlag dürften allerdings die Predigten des katholischen Bischofs von Münster, Clemens Graf von Galen, im Juli und August 1941 gegeben haben. Galen beließ es nicht bei Mahnungen: Er erstattete am 28. Juli Anzeige wegen Mordes gemäß Paragraph 211 des Strafgesetzbuches bei der Staatsanwaltschaft Münster.

Die öffentliche Opposition verfehlte ihre Wirkung nicht. Am 15. August notierte Goebbels in seinem Tagebuch, daß er gegen eine weitere Erörterung der »Euthanasie«-Maßnahmen sei: »Mit einer solchen Debatte würde man nur die Gemüter aufs neue erhitzen. Das ist in einer kritischen Periode des Krieges außerordentlich unzweckmäßig. Man soll alle Zündstoffe aus dem Volke im Augenblick fernhalten.« Möglicherweise bezog sich dieser Kommentar auf die Meldung über massive Stimmungseinbrüche im westlichen, das heißt vornehmlich katholischen Reichsteil, der seit einiger Zeit unter verstärkten englischen Bomberangriffen zu leiden hatte. Jedenfalls verzichtete Hitler auf die Verabschiedung eines schon vorbereiteten Gesetzes zur »Euthanasie« und verschob die Klärung der Frage auf die Zeit nach dem Ende des Krieges.

Bereits im Januar 1941 hatte Himmler den Chef der Kanzlei des Führers, Philipp Bouhler, der an der »Aktion T4« maßgeblich beteiligt war, um Erfahrungsaustausch und Zusammenarbeit bei der Beseitigung von »Ballastexistenzen« in den Konzentrationslagern gebeten. Vom April bis zum Sommer 1941 liquidierten T4-Ärzte im Rahmen der »Aktion 14f13« zweitausendfünfhundert Häftlinge in Mauthausen, Buchenwald, Auschwitz und Sachsenhausen. Bezogen sich diese Tötungsaktionen immer auch und gerade auf jüdische Häftlinge, so blieben sie doch selektiv. Daß selbst Himmler noch nicht an eine vollständige Ausrottung der Juden dachte, erhellt daraus, daß er parallel zu den Mordtaten Untersuchungen anstellen ließ, ob sich mit Hilfe von Röntgenstrahlen operationslose Massensterilisierungen jüdischer Frauen durchführen ließen. An anderem Ort waren allerdings alle Hemmungen gefallen: Nach Himmlers Aufenthalt an der Ostfront am 15. und 16. August 1941 wurden – wahrscheinlich auf seine ausdrückliche Weisung hin – nun auch Frauen und Kinder durch die Einsatzgruppen ermordet.

Seit dem Sommer 1941, noch unter dem Eindruck der großen militärischen Erfolge im Osten, hatten nachgeordnete Stellen des RSHA auf eine Klärung der Deportationsfrage gedrängt, die infolge des deutschen Aufmarsches gegen die

Sowjetunion bisher zurückgestellt worden war. So erkundigte sich Höppner in einem weiteren Schreiben an Eichmann vom 3. September 1941, welche Pläne jetzt für die Umsiedlung der Juden an »Endaufnahmeplätze« bestünden: »Wesentlich ist dabei im übrigen, daß von Anfang an völlige Klarheit darüber herrscht, was nun mit diesen ausgesiedelten, für die großdeutschen Siedlungsräume unerwünschten Volksteilen endgültig geschehen soll, ob das Ziel darin besteht, ihnen ein gewisses Leben für dauernd zu sichern, oder ob sie völlig ausgemerzt werden sollen.« Am 18. September erklärte Himmler dann seinerseits, Hitler wünsche, »daß möglichst bald das Altreich und das Protektorat von Westen nach dem Osten von Juden geleert und befreit« würden. Die Abtransporte aus dem Reichsgebiet begannen am 15. Oktober 1941. Bis zum 13. November wurden zwanzigtausend Juden aus Berlin, Hamburg, Hannover, Münster, Dortmund, Düsseldorf, Köln, Frankfurt/Main, Kassel, Stuttgart, Nürnberg, München und Breslau deportiert und nach Lodz ins Ghetto verbracht. Eine zweite Deportationswelle, die rund vierzigtausend Juden erfaßte, fand zwischen dem 14. November 1941 und dem Februar 1942 statt; diese Gruppen wurden weiter nach Osten, nach Riga, Minsk und Kowno, transportiert und in größerer Zahl sofort nach der Ankunft von den Einsatzkommandos der Sicherheitspolizei und des SD erschossen.

Ein erster Massenmord, der eindeutig systematischen Charakter hatte, war an Juden des Warthegaus schon Ende September/Anfang Oktober 1941 durchgeführt worden, und im November des Jahres leitete Frank die Deportation der Juden des Generalgouvernements ein, deren Tötung im Zuge der »Aktion Reinhard« stattfand. Seit dem Herbst 1941 hatte Rudolf Höß, der Kommandant des Konzentrationslagers Auschwitz, zu diesem Zweck mit der Vorbereitung des Lagers Auschwitz II-Birkenau begonnen (im Mai 1942 kam noch Auschwitz III-Monowitz als Zwangsarbeitslager für die I.G.-Farben hinzu), und seit dem 3. September fanden im Stammlager Experimente mit dem Blausäurepräparat Zyklon B statt. Einsetzbare Vergasungsmöglichkeiten gab es dann seit dem September im Lager Majdanek in der Nähe von Lublin und seit dem Dezember in Chelmno.

Mit einem Leitartikel im »Reich« vom 16. November 1941 kommentierte Goebbels die zwangsweise Verbringung nach Osten unter der Überschrift: »Die Juden sind schuld!« Dort hieß es unter Verweis auf die Vernichtungsdrohung, die Hitler am 30. Januar 1939 gegen die Juden gerichtet hatte: »Wir erleben eben den Vollzug dieser Prophezeiung, und es erfüllt sich damit am Judentum ein Schicksal, das zwar hart, aber mehr als verdient ist. Mitleid oder Bedauern ist da gänzlich unangebracht ... Die Juden sind eine parasitäre Rasse, die sich wie ein faulender Schimmel auf die Kulturen gesunder ... Völker legt. Dagegen gibt es nur ein Mittel: einen Schnitt machen und abstoßen.« Zwei Tage später erklärte Rosenberg in einer Pressekonferenz, die »Judenfrage« werde durch »die biologische Ausmerzung aller Juden in Europa« geklärt. Alle Indizien sprechen dafür, daß der zeitliche Abstand zwischen dem politischen Entschluß zur Vernichtung der Juden und dem Beginn der Durchführung extrem kurz war. Am 11. November 1941 wurde die Arbeitsbeschaffung für Juden im Warschauer Ghetto gestoppt, am 21. und 22. des Monats kam es zu ersten Erörterungen über den Bau von Groß-Krematorien mit fünfzehn Einäscherungskammern in Auschwitz, die theoretisch je 1440 Leichen in vierundzwanzig Stunden verbrennen sollten, und im Dezember fanden in Auschwitz probeweise erste Vergasungen mit Zyklon B statt.

Schon für den 9. Dezember 1941 war von Heydrich eine »Besprechung der Staatssekretäre« im Gebäude der Internationalen Kriminalpolizeilichen Kommission am Großen Wannsee geplant, die er aber – wahrscheinlich wegen der sowjetischen Gegenoffensive, die am 5. Dezember begann, und der sich zuspitzenden Lage im Pazifik – auf den 20. Januar 1942 verschoben hatte. An der Zusammenkunft nahmen außer Heydrich, Eichmann und Heinrich Müller, dem Chef des Amtes IV der Gestapo, Vertreter des Rasse- und Siedlungshauptamtes, des Befehlshabers der Sicherheitspolizei und des SD im Generalkommissariat Ostland, der Partei- und der Reichskanzlei, von Rosenbergs Ostministerium, des Innen- und Justizministeriums, des Auswärtigen Amtes, der Vierjahresplan-Behörde und des Generalgouvernements teil. Heydrich präsentierte seine »Bestallung« durch Göring vom 31. Juli 1941 zum »Beauftragten für die Vorbereitung der Endlösung der europäischen Judenfrage« und erläuterte, wie diese »Endlösung« aussehen solle: »Anstelle der Auswanderung ist nunmehr als weitere Lösungsmöglichkeit nach entsprechender vorheriger Genehmigung durch den Führer die Evakuierung der Juden nach dem Osten getreten ... Unter entsprechender Leitung sollen im Zuge der Endlösung die Juden in geeigneter Weise im Osten zum Arbeitseinsatz kommen. In großen Arbeitskolonnen, unter Trennung der Geschlechter, werden die arbeitsfähigen Juden straßenbauend in diese Gebiete geführt, wobei zweifellos ein Großteil durch natürliche Verminderung ausfallen wird. Der allfällig endlich verbleibende Restbestand wird, da es sich bei diesem zweifellos um den widerstandsfähigsten Teil handelt, entsprechend behandelt werden müssen.«

Heydrich führte weiter aus, daß als Bedingung für die »Endlösung« die genaue Erfassung der Juden notwendig sei, eine Voraussetzung, die schon mit dem im September 1941 auch für die Juden im Reichsgebiet verordneten Tragen des »Judensterns« und dem Verbot, sich ohne polizeiliche Genehmigung vom Wohnort zu entfernen, in einem gewissen Umfang erfüllt war. Ein Beschluß wurde im übrigen auf der »Wannsee-Konferenz« nicht gefaßt, aber trotz der Tarnsprache war den Beteiligten klar, daß »Evakuierung« wie Zwangsarbeit unter den gegebenen Umständen nur die billigende Inkaufnahme eines Massensterbens bedeuten konnte und daß die Formulierung, der »allfällig endlich verbleibende Restbestand« der europäischen Juden müsse »entsprechend behandelt« werden, nur als Tötungsentschluß zu verstehen war. Daß die Teilnehmer verstanden hatten, was mit »Endlösung« gemeint war, ließ sich nicht zuletzt an einer Äußerung ablesen, die Frank bereits am 16. Dezember 1941 vor den Mitgliedern seines Kabinetts im Generalgouvernement gemacht hatte: »Ich muß auch als alter Nationalsozialist sagen: Wenn die Judensippschaft den Krieg überleben würde, wir aber unser bestes Blut für die Erhaltung Europas geopfert hätten, dann würde dieser Krieg doch nur einen Teilerfolg darstellen. Ich werde daher den Juden gegenüber grundsätzlich nur von der Erwartung ausgehen, daß sie verschwinden. Sie müssen weg ... Aber was soll mit den Juden geschehen? Glauben Sie, man wird sie im Ostland in Siedlungsdörfern unterbringen? Man hat uns in Berlin gesagt: Weshalb macht man diese Scherereien; wir können im Ostland oder im Reichskommissariat auch nichts mit ihnen anfangen, liquidiert sie selber!«

In seiner Reichstagsrede vom 30. Januar 1942 erklärte Hitler dann öffentlich, wie es zuvor schon Goebbels getan hatte, daß seine Prophezeiung vom 30. Januar 1939 in bezug auf »die Vernichtung des Judentums« nun in Erfüllung gehe. Schritt für Schritt wurden den noch nicht deportierten Juden in Deutschland die letzten Lebensmöglichkeiten beschnitten: Seit dem Februar 1942 durften sie keine Haustiere mehr besitzen, dann wurde ihnen das Halten von Zeitungen und Zeitschriften verboten, seit dem 13. März waren jüdische Wohnungen zu kennzeichnen, im Juni hatten Juden alle elektrischen und optischen Geräte, Fahrräder und Schreibmaschinen aus ihrem Besitz abzuliefern, seit dem 1. Juli 1942 erhielten jüdische Schüler keinen Unterricht mehr. Gleichzeitig verschlechterte sich ihre Ernährungsgrundlage. Nachdem ihnen schon im Juni der Bezug von Tabak und Eiern verboten worden war, erhielten sie seit dem 19. September auch keine Karten mehr für Fleisch- und Milchprodukte. Am 30. April 1943 wurde dann allen Juden im Reich die deutsche Staatsbürgerschaft entzogen und ihr Besitz beschlagnahmt.

Daß Hitler entschlossen war, die »Judenfrage« unter allen Umständen zu lösen, zeigte sich auch an der fehlenden Rücksichtnahme auf die Erfordernisse des Krieges. So zwang er im Herbst 1942 Göring, die Verfügung aufzuheben, derzufolge für die Rüstungserzeugung wichtige jüdische Arbeitskräfte nicht deportiert werden durften. Selbst in Kreisen der nationalsozialistischen Elite, wo man sonst keine Bedenken hatte, gab es Kritik an diesem Rigorismus; derselbe Hans Frank, der schon so brutal die Liquidierung der jüdischen Bevölkerung einkalkuliert hatte, äußerte an anderer Stelle, in einer Ansprache vom 9. Dezember 1942: »Nicht unwichtige Arbeitskräfte hat man uns in unseren altbewährten Judenschaften genommen. Es ist klar, daß der Arbeitsprozeß erschwert wird, wenn mitten in dieses Arbeitsprogramm des Krieges der Befehl kommt, alle Juden sind der Vernichtung anheim zu stellen. Die Verantwortung hierfür trifft nicht die Regierung des Generalgouvernements. Die Weisung der Judenvernichtung kommt von höherer Stelle.« Nachdem Heydrich, eine der treibenden Kräfte der »Endlösung«, am 4. Juni 1942 einem Attentat zum Opfer gefallen war, kam es tatsächlich zu einem vorübergehenden Stop der Deportations- und Vernichtungsmaßnahmen, der vor allem darauf zurückzuführen war, daß die Rüstungs-wirtschaft ihre Bedürfnisse angemeldet hatte. Aber der Prozeß der »Endlösung« wurde dadurch nicht aufgehalten, nur daß ausgesprochene Vernichtungslager und »normale« Konzentrationslager, in denen Juden für die Fabrikation von Waffen oder kriegswichtigen Gütern eingesetzt wurden, weiter nebeneinander bestanden.

Da die deutschen Stellen die »Judenfrage« seit 1941 ausdrücklich als »euro-päische Judenfrage« begriffen, wurde alles unternommen, um auch der Juden in den von Deutschland besetzten oder abhängigen Gebieten habhaft zu werden. Dabei zeigten sich im einzelnen ganz unterschiedliche Formen von Widerstand und Kooperationsbereitschaft. In Belgien beispielsweise verhinderten die Behör-den mit einigem Erfolg den Abtransport des weitgehend assimilierten Judentums, so daß von den 65.000 einheimischen Juden vierzigtausend überleben konnten; in den Niederlanden kam es sogar zu Streiks, um die Deportation zu verhindern, was aber letztlich ohne Wirkung blieb, so daß von den 125.000 holländischen Juden 100.000 in den Lagern starben; in Dänemark konnten – unter der Dek-kung des deutschen Reichsbevollmächtigten Best – siebentausend Juden nach Schweden in Sicherheit gebracht werden. Eine widerstrebende Haltung zeichnete sich auch in den Satellitenstaaten ab, obwohl diese teilweise selbst eine lange antisemitische Tradition hatten. Nachdem unübersehbar geworden war, daß die SS die Juden nicht einfach in Lager brachte, sondern liquidieren wollte, schwand die Bereitschaft zur Auslieferung in der Slowakei und in Rumänien. Frankreich überantwortete den deutschen Stellen zwar neunzigtausend Juden, aber es waren vor allem Emigranten, die dieses Schicksal erlitten, während Laval gleichzeitig versuchte, die einheimischen Juden zu schützen (ihr Anteil an der Gesamtzahl der Ausgelieferten betrug weniger als zehn Prozent). In Ungarn sollte erst das mit deutscher Hilfe etablierte Pfeilkreuzler-Regime die von Horthy ursprünglich ver-tretene Linie aufgeben, so daß noch zwischen dem 15. Mai und dem 8. Juli 1944 in Auschwitz 430.000 ungarische Juden ums Leben gebracht wurden.

Einen wirklich wirksamen Widerstand gegen alle diese Maßnahmen gab es nicht, auch nicht von jüdischer Seite. Den meisten Opfern war kaum vorstellbar, was mit ihnen geschehen würde, und die als Organe jüdischer Selbstverwaltung eingesetzten »Judenräte« glaubten durch ihre Bereitschaft zur Zusammenarbeit noch »Schlimmeres« verhindern zu können. Zwar existierten im Reich wie in Polen und den besetzten sowjetischen Gebieten einige wenige jüdische Partisa-nengruppen, aber zu Aufständen in den Lagern kam es nur ganz zum Schluß, am 7. Oktober 1944 in Auschwitz, im Januar 1945 in Chelmno. Die große Ausnah-me bildete die Erhebung des Warschauer Ghettos vom 19. April bis Mitte Mai 1943. Nachdem bereits dreihunderttausend Insassen in das Lager Treblinka de-portiert worden waren, hatten sich die verbliebenen sechzigtausend provisorisch bewaffnet und versuchten nun, die endgültige Räumung des Ghettos gewaltsam zu verhindern. Nach der Niederwerfung des Aufstandes wurden von den 56.000 festgesetzten Juden siebentausend sofort erschossen, und der die deutschen Polizeieinheiten kommandierende SS-Brigadeführer Jürgen Stroop konnte am 16. Mai 1943 mit sichtlicher Genugtuung melden: »Es gibt keinen jüdischen Wohnbezirk in Warschau mehr!«

Ohne daß sich letzte Sicherheit über den Umfang der Vernichtung des europäischen Judentums gewinnen läßt, stellt sich die Schreckensbilanz der »Endlösung« in etwa so dar: In Chelmno wurden vom Dezember 1941 bis zum Juli 1944 insgesamt 152.000 Juden aus dem Warthegau und dem Ghetto Lodz getötet, in Belzec starben vom März 1942 bis zum Januar 1943 mindestens 600.000 Menschen aus dem Generalgouvernement, in Sobibor vom Mai 1942 bis August 1943 etwa 250.000 aus dem Distrikt Lublin, der Slowakei, dem Reichsgebiet, den Niederlanden, Frankreich und der Sowjetunion, in Treblinka vom Juli 1942 bis zum Herbst 1943 etwa 900.000 aus Polen, Griechenland, außerdem deutsche und tschechische Juden aus dem Lager Theresienstadt, in Auschwitz-Birkenau vom Dezember 1941 bis zum November 1944 zwischen 800.000 und eine Million Menschen aus Deutschland, der Slowakei und den von Deutschland besetzten Staaten, etwa Ungarn, in Majdanek vom Sommer 1942 bis zum Juli 1944 etwa 200.000, darunter 60.000 aus dem Distrikt Lublin, aus dem Warschauer Ghetto und aus der Slowakei. Neben den Juden waren es Hunderttausende von Zigeunern, sowjetischen Kriegsgefangenen und kranken Häftlingen, die in den Lagern umkamen.

Alle Versuche, die Barbarei des millionenfachen Mordes an den Juden begreifen zu wollen, stoßen an Grenzen. Die traditionelle Anschauung, daß hier im »Vollzug einer Weltanschauung« (Eberhard Jäckel) gehandelt wurde und die »Endlösung« als Hitlers »Intentionenkern« (Joachim C. Fest) zu betrachten sei, ist immer weniger überzeugend, je klarer das Ungeplante und Chaotische der Entwicklung zwischen September 1939 und Herbst 1941 hervortritt. Trotz des radikalen Antisemitismus, den Hitler und dann vor allem Goebbels propagierten, und trotz der häufig ausgestoßenen Drohungen gegen die Juden wird man den Entschluß zur »Endlösung« eher als Niederschlag jener »kumulativen Radikalisierung« (Hans Mommsen) betrachten müssen, die auch sonst für das Regime kennzeichnend war. Wahrscheinlich trugen die enttäuschten Hoffnungen vom Frühsommer 1941 auf einen raschen und leichten Sieg über die Sowjetunion mit zu dem Entschluß bei, aber noch entscheidender dürfte gewesen sein, daß zu diesem Zeitpunkt der »Massenmord als einfachste Art der Realisierung jener Nah- und Fernpläne« erschien, die führende Funktionäre des Systems »seit bald zwei Jahren immer neu entwickelt hatten und nicht verwirklichen konnten« (Götz Aly). Die »Endlösung« war insofern das Ergebnis von selbst geschaffenen »Sachzwängen« und einem Erwartungsdruck, der durch die antisemitische Rassenideologie immer neu aufgebaut und verstärkt wurde.

Nationalsozialistische Konzentrations- und Vernichtungslager (nach Broszat und Frei, Ploetz, Das Dritte Reich, Freiburg und Würzburg 1983, S. 118f.)

Konzentrationslager (KL)[1]	errichtet	Konzentrations- und Vernichtungslager geschlossen[2]	Außenlager[3]	Besonderheiten
Dachau	22. März 1933	29. April 1945 (b)	169	Experimentierfeld und Ausbildungsstätte für Organisation und Methoden des gesamten KL-Systems
Sachsenhausen	Aug. 1936	22. April 1945 (b)	61	
Buchenwald	15. Juli 1937	11. April 1945 (b)	134	
Flossenbürg	3. Mai 1938	23. April 1945 (b)	92	
Mauthausen	Juni 1938	5. Mai 1945 (b)	56	Besonders schwere Haftbedingungen (»Stufe III«)
Neuengamme	Herbst 1938	29./30. April 1945 (e)	73	Zunächst Kommando von KL Sachsenhausen, ab 4. Juni 1940 selbständig
Ravensbrück	15. Mai 1939	30. April 1945 (e)	42	Frauen-KL (Vorläufer: KL Moringen bzw. Lichtenburg)
Stutthof (Danzig)	1. Sept. 1939	ab 27. Jan. 1945 (e)	107	erst »Zivilgefangenenlager«, dann »SS-Sonderlager«
Auschwitz (I)	20. Mai 1940	27. Jan. 1945 (b)	38	Hauptlager u. Zentrale des dreiteiligen Komplexes
Groß-Rosen	2. Aug. 1940	Febr. 1945 (e)	99	Zunächst Kommando von KL Sachsenhausen, ab 1. Mai 1941 selbständig
Natzweiler-Struthof	1. Mai 1941	ab Sept. 1944 (v)	49	Häftlinge nach Süddeutschland verlegt
Lublin-Majdanek	Okt. 1941	22./24. Juli 1944 (b)	10	ab Sommer 1942 Vernichtungslager
Auschwitz II (Birkenau)	26. Nov. 1941	27. Jan. 1945 (b)		ab Jan. 1942 Vernichtungslager
Auschwitz III (Monowitz)	31. Mai 1942	27. Jan. 1945 (b)		Arbeitslager Buna-Werk (IG-Farben), Zentrale der Außenkommandos Auschwitz (I)
Herzogenbusch-Vught	5. Jan. 1943	5./6. Sept. 1944	13	auch Judendurchgangslager; Häftlinge im Sept. 1944 nach Sachsenhausen überstellt
Riga (Lettland)	15. März 1943	ab 6. Aug. 1944 (e)	17	Evakuierung über Stutthof nach Buchenwald und Dachau
Bergen-Belsen	April 1943	15. April 1945 (e)	–	Erst Aufenthaltslager für Juden, ab März 1944 für Arbeitsunfähige aus anderen KL
Dora-Mittelbau	27. Aug. 1943	9. April 1945 (b)	29	Unterirdische Rüstungsproduktion (V 2)
Warschau	15. Aug. 1943	ab 24. Juli 1944 (e)	–	Errichtet zu Aufräumungsarbeiten im ehemaligen Ghetto
Kauen (Litauen)	15. Sept. 1943	ab 14. Juli 1944 (e)	8	Evakuierung über Stutthof nach Dachau
Vaivara (Estland)	15. Sept. 1943	3. Okt. 1944 (l. e.)	10	
Klooga (Estland)	Sept. 1943	19. Sept. 1944 (l. e.)	3	offizielle Bezeichnung »SS-Arbeitslager«
Krakau-Plaszow	11. Jan. 1944	15. Jan. 1945 (b)		

Vernichtungslager[4]	Vernichtungsaktionen	Todesopfer (Mindestzahlen)
Kulmhof/Chelmno	8. Dez. 1941 – März 1943, Sommer 1944	152.000
Auschwitz-Birkenau	Jan. 1942 – Nov. 1944	über 1.000.000
Belzec	17. März 1942 – Frühjahr 1943	über 600.000
Sobitor	7. Mai 1942 – Herbst 1943	250.000
Treblinka	23. Juli 1942 – Okt. 1943	700.000–900.000
Lublin-Majdanek	Sommer 1942 – Juli 1944	200.000[5], darunter 60.000 Juden

[1] Nicht aufgeführt sind die KL, die zwischen 1933 und etwa 1937 unter verschiedener Zuständigkeit (Staat, SA, lokale Instanzen) bestanden, wie z. B. Kemna, Oranienburg, Sachsenhausen, Heuberg, Hohnstein, Fuhlsbüttel. Nicht erwähnt sind außerdem Zwangsarbeitslager für Juden, Arbeitserziehungslager, Polizeihaftlager in den besetzten Gebieten, Ghettos, »Sonderlager«, Strafgefangenenlager (Emsland), Jugendschutzlager u. a. Haftstätten, die nicht als KL galten, obwohl ähnliche Haftbedingungen herrschten. Zum KL-System gehörten aber die mobilen Häftlingseinsätze bei SS-Bau- bzw. Eisenbahnbaueinheiten und zwei kleinere selbständige Lager (Arbeitsdorf bei Fallersleben und Niederhagen in Wewelsburg) von geringer Dauer bzw. Bedeutung.

[2] b = befreit durch alliierte Truppen, e = von der SS evakuiert, v = verlegt nach anderen Lagern, l. e. = letztmals erwähnt. Evakuierungsversuche (Todesmärsche) gab es bei allen Lagern.

[3] Dem Hauptlager unterstehende Außen- und Unterkommandos, die teilweise weit entfernt zur Versorgung von SS- oder Rüstungsbetrieben bzw. anderen Einrichtungen mit Arbeitskräften eingerichtet wurden. Die Sollstärke betrug mindestens 500 Häftlinge, die Iststärken lagen zwischen einem und vielen Tausend Häftlingen.

[4] Weitere lagermäßig organisierte Vernichtungsaktionen fanden in Jungfernhof (Jumpravmuiza, Lettland) Ende 1941 bis Ende 1942 und in Maly Trostinec (Weißrußland) Herbst 1942 bis Juni 1944 statt. Den Massenmorden in eigens eingerichteten Lagern gingen die Massenerschießungen von Juden, sowjetischen Kriegsgefangenen u. a. durch die mobilen »Einsatzgruppen« der SS voraus oder verliefen parallel dazu (etwa 1 Million Todesopfer).

[5] Die Gesamtzahl der Todesopfer gilt für die Zeit ab Errichtung des KL. In der Vernichtungslager-Phase bis Herbst 1943 Vergasungen, dann vor allem Erschießungen (am 3. Nov. 1943 Ermordung von 18.000 Juden [»Erntedankfest«]).

Niemand weiß, ob Hitler sich jemals ausführlich über die Massentötungen berichten ließ oder Fotos von den Exekutionen der Einsatzgruppen kannte; ähnliches gilt von Himmler. Die Tarnsprache, in der von »Evakuierungen«, allenfalls von »Sonderbehandlung« die Rede war, diente nicht zuletzt der Entlastung der Täter. Vor allem aber sollte – so hatte es im Protokoll der Wannsee-Konferenz geheißen – jede »Beunruhigung der Bevölkerung« vermieden werden. Selbst die radikalsten Antisemiten in der nationalsozialistischen Bewegung waren sich darüber im klaren, daß man in der Bevölkerung keine Gefolgschaft für diese Untaten finden würde. Schon die Verbringung der Juden nach Osten, in Gebiete, die nicht zum Altreich beziehungsweise zu den bis März 1939 hinzugewonnenen Territorien gehörten, diente dazu, ihr Schicksal zu verbergen.

Im April 1943 soll Himmler erklärt haben, daß sich der Kreis der für die »Endlösung« unmittelbar Verantwortlichen auf zweihundert Personen beschränke, und in einer Rede vor hohen SS-Führern in Posen am 4. Oktober des Jahres erläuterte er, daß überhaupt nur eine Minderheit berufen sei, dem neuen Ehrenkodex der »Herrenrasse« zu folgen: »Ich will hier vor Ihnen in aller Offenheit auch ein ganz schweres Kapitel erwähnen ... Ich meine jetzt die Judenevakuierung, die Ausrottung des jüdischen Volkes. Es gehört zu den Dingen, die man leicht ausspricht. – ›Das jüdische Volk wird ausgerottet‹, sagt ein jeder Parteigenosse, ›ganz klar, steht in unserem Programm, Ausschaltung der Juden, Ausrottung machen wir.‹ Und dann kommen sie alle an, die braven 80 Millionen Deutschen, und jeder hat seinen anständigen Juden. Es ist klar, die anderen sind Schweine, aber dieser eine ist ein prima Jude. Von allen, die so reden, hat keiner zugesehen, keiner hat es durchgestanden. Von euch werden die meisten wissen, was es heißt, wenn 100 Leichen beisammen liegen, wenn 500 daliegen oder wenn 1000 daliegen. Dies durchgehalten zu haben, und dabei – abgesehen von Ausnahmen menschlicher Schwäche – anständig geblieben zu sein, das hat uns hart gemacht.«

Die »Festung Europa« und der Widerstand in den besetzten Ländern

Noch im März 1944 teilte Lammers dem Minister für die besetzten Ostgebiete Rosenberg auf eine Anfrage mit, »daß der Führer auf eine gleichmäßige Konstruktion der Behörden- und Verwaltungsorganisation in den verschiedenen Gebieten des deutschen Machtbereichs nicht das geringste Gewicht legt. Es kommt ihm einzig und allein darauf an, ob die in diesen Gebieten getroffene Regelung, und sei sie auch noch so verschieden von den Regelungen in anderen Gebieten, für sich betrachtet zweckmäßig und erfolgversprechend erscheint.« Aufgrund der dauernden Improvisation standen so nebeneinander Territorien, die direkt

Briefmarken der Post des »Großdeutschen Reiches« vom März 1944 als Werbeträger für die deutschen Waffengattungen. Berlin, Museum für Post und Kommunikation, Philatelistische Sammlung

Leichen der in Bergen-Belsen Ermordeten nach der Befreiung des Konzentrationslagers durch
britische Truppen am 15. April 1945

der Reichsverwaltung unterstellt waren (Danzig-Westpreußen, Wartheland, Süd-ostpreußen, Ostoberschlesien) oder zunehmend so behandelt wurden (Elsaß, Lothringen, Luxemburg, Untersteiermark, die okkupierten Teile Kärntens und der Krain, Bialystok), und solche, die einer Zivilverwaltung (Dänemark, Norwegen und die Niederlande, das Protektorat und das Generalgouvernement sowie die Reichskommissariate Ostland und Ukraine) oder einer Militärverwaltung (Frankreich, Belgien und die ehemals jugoslawischen und griechischen Gebiete, außerdem die Operationsgebiete der Wehrmacht in der Sowjetunion) unterstanden. Dazu kamen noch die im Rahmen der »Bündnisverwaltung« (Werner Best) angeschlossene Slowakei und Kroatien sowie die deutschen Alliierten Ungarn, Rumänien und Bulgarien, bis 1943 auch Italien.

Hitlers Desinteresse an einer kohärenten Struktur für sein kontinentales Imperium hing nicht nur damit zusammen, daß er die Neuordnung auf die Zeit nach dem »Endsieg« verschieben wollte; wichtiger noch waren die Auswirkungen seiner darwinistischen Deutung aller Politik, die ihn blind dafür machte, daß ein ausschließlich an Macht und Machtgewinn orientiertes Verhalten keinen Machterhalt auf Dauer erlaubt. Selbst in seiner unmittelbaren Umgebung wuchsen seit 1942 die Zweifel daran, ob die zynischen Kalkulationen des »Führers« politisch klug seien. Goebbels war ursprünglich ganz der Linie Hitlers gefolgt und hatte scharf gegen das »Gerede vom ›Neuen Europa‹« polemisiert: »Von dem Deutschen allgemein würde man es noch glauben, daß er nur für eine Idee kämpfe, aber von den Nazis wisse man, daß sie einen Kampf um Öl und Getreide und eine materielle Besserstellung unseres Volkes führen würden und nicht einem Phantom nachrennen.« Seine Auffassung änderte sich aber unter dem Eindruck der immer weiter verschlechterten militärischen Lage, so daß er im März 1943 der einflußreichen dänischen Zeitung »Berlinske Tidende« ein Interview gab, in dem es unter anderem hieß: »Deutschland wünsche, das individuelle Gepräge der europäischen Nationen aufrechtzuerhalten. Die künftige staatliche Struktur Europas könne nicht von heute auf morgen geregelt werden. Der Nationalsozialismus sei keine Exportware. Jeder Staat könne seine eigene Verfassung aufrechterhalten.«

Goebbels stand nicht allein mit seinem Meinungswandel; im Auswärtigen Amt hatte es schon seit dem Sieg über Frankreich verschiedene Vorschläge gegeben, um endlich zu einer konstruktiven Lösung für die von Deutschland beherrschten oder abhängigen Teile Europas zu kommen. Im Frühjahr 1943 legte Ribbentrop Hitler ein Memorandum zur Gründung eines »Europäischen Staatenbundes« vor. Darin hieß es ausdrücklich, das Reich müsse »unseren Freunden und Bundesgenossen die Sorge nehmen, daß sofort bei Friedensschluß bei allen ein deutscher Gauleiter eingesetzt« werde, außerdem würde man, die Einwilligung des »Führers« vorausgesetzt, aus »bestimmten besetzten Gebieten noch eine Anzahl mehr oder weniger selbständiger Staaten ... machen, die dann trotzdem restlos in unserem Machtbereich« eingefügt wären, für die Bevölkerung dieser Länder träte nach einem Zeichen des guten Willens von deutscher Seite »eine starke Beruhigung und Anspannung der Kräfte für unseren Krieg« ein.

Hitler ist keinem dieser Vorschläge nachgekommen, hat auch entsprechende Vorstellungen seiner Verbündeten Italien, Rumänien und Finnland immer abgelehnt – eine Haltung, die insofern konsequent war, als er kein Präjudiz über die zukünftige Gestalt des Kontinents erlauben wollte und sein Konzept des Großraums jede Selbständigkeit anderer Völker ausschloß. Indes hatten derartige Vorstellungen immer absurdere und nachteiligere Folgen für das Reich, je ferner der »Endsieg« rückte. Das betraf naturgemäß zuerst die militärische Kollaboration. Seit dem Beginn des Feldzugs gegen die Sowjetunion hatten sich die Reihen der Waffen-SS mit immer mehr ausländischen Freiwilligen gefüllt. Solange es sich um im weitesten Sinne »germanische« Freiwillige handelte, mußte sich daraus kein Konflikt mit der nationalsozialistischen Ideologie ergeben. Die Aufstellung von wallonischen (»Légion Wallonie« am 8. August 1941) und estnischen (Oktober 1942) Einheiten paßte insofern noch ins Bild, aber bereits die Bildung einer SS-Division »Handschar« aus bosnischen Soldaten im Februar 1943 hatte nichts mehr mit dem Rassenkonzept zu tun, das Hitler und Himmler sonst vertraten. Unter den schließlich über 950.000 Soldaten der Waffen-SS waren 231.000 nichtdeutscher Herkunft, neben Westeuropäern und Balten 18.000 Bosniaken, 16.000 Albaner, 8.000 Kroaten, 4.000 Serben, 40.000 Ungarn, 15.000 Kaukasier, 10.000 Tataren, 8.000 Turkestaner, 2.000 Usbeken und 3.000 Armenier. Besonders starke Kontingente stellten bei Kriegsende aber auch die 35.000 Kosaken und 20.000 Russen, die der Truppe Himmlers eingegliedert worden waren. Zu diesem Zeitpunkt hatten die Bedürfnisse der Kriegführung und Himmlers Interesse daran, seine Einheiten immer weiter zu vergrößern, längst alle weltanschaulichen Bedenken hinweggespült.

Dabei zeigte sich der sonst so ideologiebesessene »Reichsführer« wesentlich pragmatischer als Hitler selbst, der keine der Möglichkeiten ergriff, die sich ihm anboten. Als im Juli 1942 der sowjetische Generalleutnant Andrej Wlassow in deutsche Kriegsgefangenschaft geriet und nach Gesprächen mit Wehrmachtsoffizieren seine Kooperationsbereitschaft anbot, erlaubte man ihm zwar die Zusammenarbeit mit dem im September 1941 gegründeten, aber nur phantomhaften »Smolensker Komitee«, das die Völker Rußlands zum Freiheitskampf gegen Stalin aufrief, aber die von Wlassow vorgeschlagene Aufstellung einer Armee aus Kriegsgefangenen und Überläufern, die an deutscher Seite für ein nichtkommunistisches Rußland kämpfen würde, kam nicht zustande. Hitlers Grundsatz, daß keinem Slawen mehr erlaubt sein sollte, eine Waffe zu tragen, war um so absurder, als die deutschen Divisionen seit 1942 schon nominell einen Bestand von fünfzehn Prozent russischen »Hilfswilligen« haben durften (ein Anteil, der in einzelnen Fällen auf bis zu fünfzig Prozent anwuchs) und die Zahl der russischen

Freiwilligen immer weiter stieg: von 250.000 im Frühjahr 1942 auf 800.000 Anfang 1943 und 1,4 Millionen bis zum Kriegsende.

Nachdem die ersten Flugblätter Wlassows über den sowjetischen Linien abgeworfen worden waren, kam es – trotz der drakonischen Strafandrohungen Stalins für jeden Rotarmisten, der sich ergab – noch einmal zu einer großen Zahl von Desertionen aus der Roten Armee, und allein die Heeresgruppe Mitte registrierte zwischen Juni und August 1943 insgesamt 4.856 Überläufer. Die Aufstellung der zu diesem Zeitpunkt wenigstens auf dem Papier vorhandenen »Russischen Befreiungsarmee« wurde von Hitler aber nicht gestattet. Erst als es endgültig zu spät war, im November 1944, erlaubte er die Bildung von zwei Divisionen. Goebbels diktierte am 1. März 1945 für sein Tagebuch: »Es wäre in unserer Ostpolitik sehr viel zu erreichen gewesen, wenn wir nach den Grundsätzen, die ... von Wlassow verfochten werden, schon im Jahre 1941 und 42 verfahren hätten. Aber unsere Versäumnisse in dieser Beziehung lassen sich nur sehr schwer wieder einholen.«

Goebbels hatte zu diesem Zeitpunkt auch begriffen, welche außerordentlichen Möglichkeiten in der Propaganda des Europa-Gedankens gelegen hätten. In Kreisen der SS entstanden zeitgleich Pläne für ein Nachkriegseuropa auf föderativer Grundlage ohne Unterwerfung des Ostraums; sogar an die Einbeziehung Englands war gedacht, das eventuell den ersten Präsidenten der künftigen europäischen »Eidgenossenschaft« stellen sollte. Das alles blieben aber Sandkastenspiele. Der Zweite Weltkrieg konnte nicht zum europäischen »Einigungskrieg« (Giselher Wirsing) werden, auch wenn die letzten Verteidiger des »Führerbunkers« französische Soldaten aus der Waffen-SS-Division »Charlemagne« sein sollten.

Sowenig es eine europäische Neuordnung durch die Nationalsozialisten gab, sowenig gab es einen »europäischen Widerstand« gegen das NS-Regime. Die Ausprägungen des Widerstandes waren nicht nur abhängig von je einzelnen politischen, weltanschaulichen, ethischen oder religiösen Motiven, sie standen auch im Zusammenhang mit den konkreten Rahmenbedingungen, dem Status eines Gebietes in Hitlers Europa – ob es noch umkämpft war, ob es unmittelbar in den deutschen Machtbereich eingegliedert wurde oder als Satellitenstaat in mehr oder weniger starker Abhängigkeit von Berlin stand. Eine nennenswerte »Résistance« in den okkupierten Ländern entwickelte sich erst seit dem Sommer 1941, nachdem der Angriff auf die Sowjetunion begonnen hatte und die in Konspiration und Untergrundtätigkeit geübten Kommunisten zur treibenden Kraft in vielen Widerstandsbewegungen wurden. Das gilt, trotz der Erklärung Churchills schon bei seiner Regierungsübernahme im Mai 1940, daß er den Krieg nicht nur auf konventionellem Weg zu führen gedenke, sondern »Europa in Brand stecken« wolle, um Hitler niederzuwerfen. Gegen Vorbehalte des Foreign Office wurde seit Ende Juli 1940 die »Special Operations Executive« (SOE) im Rahmen des Ministeriums für Wirtschaftliche Kriegführung aufgebaut. Sie diente der Unterstützung von Partisanen auf dem Festland, versorgte sie mit Spezialisten und dem notwendigen Material, um den Untergrundkrieg zu beginnen.

Massiven Widerstand gab es von Anfang an in den okkupierten Gebieten der Sowjetunion. Nach Stalins Aufruf zum Volkskrieg vom 3. Juli 1941 und angesichts der Brutalität, mit der vor allem die Einsatzgruppen gegen die Bevölkerung vorgingen, entstand eine Guerillabewegung, die mit allen Mitteln, das heißt vor allem durch Terror, gegen die Invasoren kämpfte. In einem Aufruf der Kommunistischen Partei Weißrußlands hieß es schon am 1. Juli 1941 über die Aufgaben des Partisanen: »Jede Verbindung im Hinterland des Gegners zu vernichten, Brücken und Straßen zu sprengen oder zu beschädigen, Treibstoff- und Lebensmittellager, Kraftfahrzeuge und Flugzeuge anzuzünden, Eisenbahnkatastrophen zu arrangieren, Feinde zu vernichten, ihnen weder Tag noch Nacht Ruhe gebend, sie überall zu vernichten, wo man sie erwischt, sie mit allem zu töten, was man zur Hand hat: Beil, Sense, Brecheisen, Heugabeln, Messern ... Bei der Vernichtung der Feinde schreckt nicht davor zurück, beliebige Mittel anzuwenden: Erwürgt, zerhackt, verbrennt, vergiftet den faschistischen Auswurf.«

Die Wehrmacht verlor in der Sowjetunion etwa eine halbe Million Soldaten durch die Partisanen. Selbst wenn den Wehrmachtsangehörigen nicht von vornherein Straffreiheit bei Vergehen gegen Zivilpersonen zugesichert worden wäre, hätte die Höhe der Verluste – nach allen Erfahrungen der Kriegsgeschichte – zu Repressionsexzessen geführt, denn grundsätzlich steht »die Kriminalität der Kriegsmittel in Verbindung zur kriegerischen Aufgabe. Das Kriegsverbrechen sucht eine Kriegslage zu bewältigen, eine mißliche zumeist. Seltener ist die Selbstentäußerung verbrecherischer Gemüter. Die Täter sind die durchschnittlichsten Naturen. Unter bequemeren Umständen lassen sie sich weniger zuschulden kommen« (Jörg Friedrich).

Die Beteiligung der Wehrmacht an Kriegsverbrechen in der Sowjetunion stand insofern im Zusammenhang mit der außerordentlich schwierigen militärischen Situation, in der sie sich angesichts der Ausdehnung des Gebietes und der Feindseligkeit der Bevölkerung befand. Selbst die berüchtigten Anweisungen von Reichenau als Chef der 6. und Manstein als Chef der 11. Armee gehören in diesen Zusammenhang und waren nicht Ausfluß der nationalsozialistischen Indoktrination. Nachdem die 6. Armee im Oktober 1941 Kiew eingenommen hatte, begannen Polizeieinheiten damit, die Stadt »judenrein« zu machen. Wahrscheinlich wurden zwischen zwanzig- und dreißigtausend Juden in der nahegelegenen Schlucht von Babi Jar getötet, ohne daß das Heer gegen dieses Massaker eingeschritten wäre. Im Gegenteil, Reichenau vermißte bei seinen Soldaten »volles Verständnis« für die »Notwendigkeit der harten, aber gerechten Sühne am jüdischen Untermenschentum«. In einem Befehl an die Truppe wurde den Soldaten eingeschärft, daß sie sich als »Träger einer unerbittlichen völkischen Idee und

Rächer« zu begreifen hätten; die Juden seien als kollektiv schuldig zu verstehen und nur einer gerechten Strafe zugeführt worden, wegen der früheren »Bestialitäten, die dem deutschen Volkstum zugefügt wurden«, und weil gewiß sei, daß sie »Erhebungen im Rücken der deutschen Wehrmacht« anzettelten.

Der Aufforderung des OKH, Reichenaus Weisungen für alle Truppenteile im Ostkrieg zu übernehmen, folgte Manstein mit seinem Befehl vom 20. November 1941. Der Chef der 11. Armee milderte zwar die Bestimmungen, die die Behandlung von Kriegsgefangenen und Verhörmethoden betrafen, hielt aber daran fest, daß das »Judentum« insgesamt »den Mittelsmann zwischen dem Feind im Rücken und den noch kämpfenden Resten der Roten Wehrmacht und der Roten Führung« bilde und seine Kontrolle, notfalls seine Ausmerzung geboten sei. Angesichts des Verhaltens, das Manstein bei der Einführung des Arierparagraphen in der Wehrmacht – Protest gegen die Ausstoßung der jüdischen Offiziere unter grundsätzlicher Anerkennung des »Rassenstandpunktes« – an den Tag gelegt hatte, müssen diese Äußerungen als Niederschlag einer ebenso rücksichtslosen wie pragmatischen Betrachtungsweise des Militärs verstanden werden, die nicht erst des Vorbilds der Einsatzgruppen bedurften.

In vergleichbarer Situation hatte sich diese Tendenz zum vorbeugenden Terror bereits abgezeichnet, als die Heeresführung unmittelbar nach dem Einmarsch in Jugoslawien Juden und Kommunisten als Geiseln festnehmen ließ, die im Falle von Widersetzlichkeit der Zivilbevölkerung liquidiert werden sollten. Offenbar stand hier wie bei Reichenau und Manstein die Erwägung im Vordergrund, daß die Beseitigung dieser beiden Paria-Gruppen am ehesten hinnehmbar sei.

Die Lage der deutschen Besatzer in Jugoslawien war wie in der Sowjetunion von Anfang an durch die Unübersichtlichkeit der militärisch-politischen Lage gekennzeichnet. In Serbien und Montenegro wurde seit 1942 von ehemaligen Armeeoffizieren die Partisanengruppe der »Cetniks« aufgebaut. Diese bekämpfte allerdings nicht nur die Wehrmacht und die kroatische »Ustascha«, sondern auch die konkurrierende Guerilla. Das führte 1943 zu einer Art Waffenstillstand mit den Besatzern, da im selben Jahr der kroatische Generalsekretär der KP Jugoslawiens, Josip Broz, der unter dem Kriegsnamen Tito bekannt wurde, an die Aufstellung einer eigenen Partisanenarmee gegangen war, die wesentlich erfolgreicher kämpfte als alle anderen Formationen und deshalb schließlich von den Alliierten allein anerkannt werden sollte; am 29. November 1943 konnte Tito in Jajce schon eine provisorische Gegenregierung gründen. Eine ähnliche Konfliktlage wie in Jugoslawien gab es auch in Griechenland, wo sich die Untergrundkämpfer des »National-Republikanischen Bundes« und der kommunistischen »Nationalen Befreiungsarmee« anfangs gegenseitig bekämpften, bis sie 1944 einen Waffenstillstand schlossen; im Herbst des Jahres kontrollierten sie bereits zwei Drittel des Landes, das allmählich von den Truppen der Wehrmacht geräumt wurde.

In Polen, dem ersten von der Wehrmacht militärisch niedergeworfenen Land, entstand unmittelbar nach dem Zusammenbruch von 1939 ein regelrechter Schattenstaat, der auch die Verbindung mit der Exilregierung in London aufrechterhielt. Die zivile Leitung des Widerstandes hatte das »Politische Koordinations-Komitee«, dem auch die »Armia Krajowa«, die »Heimatarmee«, mit 350.000 Mann unterstand. Hier wie in den meisten anderen besetzten Staaten bauten die Kommunisten eine eigene Organisationsstruktur auf, die mit der »Volksarmee« über einen selbständigen bewaffneten Arm verfügte. Am 1. August 1944, als die Spitzen der Roten Armee bereits polnisches Gebiet erreicht hatten, machte die »Armia Krajowa« in Warschau einen Aufstandsversuch, der aber Ende September von Einheiten der deutschen Polizei und der Waffen-SS unter dem Befehl des SS-Obergruppenführers Erich von dem Bach-Zelewski mit äußerster Härte niedergeschlagen wurde. Die Kapitulation war unumgänglich geworden, weil Stalin seine Truppen an der Weichsel halten ließ. Maßgeblich für seine Überlegung dürfte gewesen sein, daß er nach der bevorstehenden Besetzung Polens keine »bürgerliche« Konkurrenz dulden wollte.

Ganz im Gegensatz dazu gab es im »Protektorat Böhmen und Mähren« zu Anfang praktisch keinerlei Widerstandsaktivitäten, bis Heydrich am 27. Mai 1942 durch zwei tschechische, in England ausgebildete Fallschirmagenten getötet wurde. Die Aktion war vom tschechischen Exil-Nachrichtendienst in London ausdrücklich geplant worden, um die deutsche Besatzungsmacht zu scharfen Repressalien zu bringen. Diese Kalkulation ging auf, als SS-Einheiten das Dörfchen Lidice, in dem sich die Agenten angeblich verborgen gehalten hatten, zerstörten und die 192 männlichen Einwohner töteten. Zu bewaffneten Auseinandersetzungen mit der Wehrmacht kam es aber erst kurz vor Kriegsende, als der »Tschechische Nationalrat«, dem auch die KPC angehörte, von Prag aus die »Nationale Abwehr« aufbot. Anders als im tschechischen Teil der ehemaligen CSR war die Situation in der Slowakei. Dort gab es von Kriegsbeginn an neben der offiziellen Regierung einen »Slowakischen Nationalrat«, der Kontakt zur emigrierten Regierung Beneš in London hielt. Im August 1944 kam es angesichts des Vormarschs der Roten Armee zu einem Aufstand in der Hohen Tatra, an dem sich auch Einheiten der slowakischen Armee beteiligten, der aber von der Wehrmacht noch einmal niedergeworfen werden konnte.

Unter den westeuropäischen Ländern, die Deutschland besetzt hatte, stachen die Niederlande besonders hervor, weil hier einerseits die Kollaborationsbereitschaft am größten war, andererseits von Anfang an besonders hartnäckige Opposition gegen die deutsche Okkupation bestand. Bereits im Februar 1941 fanden die erwähnten Streiks gegen die Judendeportation statt, im April 1943 kam es zu ähnlichen Aktionen, die gegen eine erneute Internierung entlassener Kriegsgefangener gerichtet waren; der Eisenbahnerstreik von 1944/45, der in Absprache mit den Alliierten durchgeführt wurde, um den deutschen Aufmarsch gegen die Invasionsfront zu stören, hatte allerdings eine Hungerkatastrophe im Land selbst zur Folge, die vor allem die Zivilbevölkerung traf.

Ein ähnliches Bild wie die Niederlande boten auch die beiden von Deutschland besetzten skandinavischen Staaten. In Norwegen wurde 1943 die Massenflucht von Zwangsverpflichteten nach Schweden organisiert, und in den unwegsamen Gebieten des Landes entstand nach der Okkupation eine Untergrundarmee, die »Milorg«, die bei Kriegsende nicht nur an Sabotage und Einzelaktionen beteiligt war, sondern auch operativ in den Kampf eingriff. Eine besondere Lage bestand in Dänemark, da sich der Widerstand dort immer auch gegen die von den Deutschen im Amt belassene »legale« Regierung richten mußte. Trotzdem kam es seit 1942/43 vermehrt zu Sabotageakten gegen deutsche Einrichtungen. Nachdem die Besatzungsmacht die vollziehende Gewalt übernommen hatte, bildete sich fast gleichzeitig am 29. August 1943 der »Frihedsraad«, der die Aktionen des Widerstandes koordinierte.

In Belgien entstand Anfang 1943 die »Armée Secrète«, die zusammen mit der kommunistischen »Front de l'Indépendence« am 4. September 1944 den Hafen von Antwerpen besetzte. Die »Geheimarmee« hatte sich allerdings nicht nur zum Ziel gesetzt, das Land von den Deutschen zu befreien, sondern auch, einen Linksputsch zu verhindern; ihre Gruppen, die ohne stärkeren kommunistischen Einfluß blieben, handelten meistens in Übereinstimmung mit der Exilregierung. Im Nachbarland Frankreich war der Widerstand wohl am vielfältigsten. Erst nach Beginn des Rußlandfeldzuges hatten die Kommunisten die erste militante Untergrundbewegung »Franc-Tireurs et Partisans« (F.T.P.) gebildet, dann entstanden daneben rasch die von Christdemokraten geleitete Gruppe »Combat« und die sozialistische »Libération«. Alle Gruppen schlossen sich im Mai 1943 unter dem Beauftragten de Gaulles zum »Conseil National de la Résistance« zusammen. Seit dem Frühjahr 1944 begann die »Résistance« ihre Offensive im unwegsamen »Maquis« des Zentralmassivs und schloß sich mit den »freifranzösischen« Streitkräften zusammen, die an der Seite der Alliierten in Frankreich gelandet waren.

Die Invasion im Westen und der Vormarsch der Roten Armee

Seit Beginn des Rußlandfeldzugs lebte Hitler in einer düsteren und spartanischen Einsamkeit. Sein Hauptquartier hatte er nach der Rückkehr aus Winniza Mitte März 1943 wieder in die ostpreußischen Wälder hinter Rastenburg verlegt. Er unternahm kaum noch Reisen an die Front, und trotz der inständigen Bitten von Goebbels war er zu keinem Auftritt in der Öffentlichkeit zu bewegen. Am 9. November 1943 sprach er zum letzten Mal vor den »Alten Kämpfern«, ein Jahr später wagte er sich nicht einmal mehr vor diesen engsten Kreis seiner Anhängerschaft. Seinen Vertrauten gegenüber äußerte er, daß er sich überhaupt nicht mehr in der Lage sehe, vor einer größeren Menschengruppe zu reden.

Seine Umgebung konnte in der zweiten Kriegsphase einen zunehmenden körperlichen und geistigen Verfall an Hitler beobachten. Seine linke Hand zitterte dauernd, das Gesicht wirkte eingefallen und deutlich gealtert, das Haar war grau geworden. Er litt unter Schlafstörungen, und sein immer schon sehr ausgeprägter Rededrang nahm unerträgliche Formen an. Während er sich strenge Disziplin bei der Bewältigung der Arbeit aufzuerlegen suchte, stand er gleichzeitig unter einem unsinnigen Kontrollzwang. Sein krankhaftes Mißtrauen zerstörte das Verhältnis zu jedermann. Während des Krieges hat Hitler den Oberbefehlshaber und sämtliche Stabschefs des Heeres, elf von achtzehn Feldmarschällen, einundzwanzig von fast vierzig Generalobersten und praktisch alle Oberbefehlshaber der Ostfront von ihren Posten abgelöst, teilweise, um sie später ohne ein Wort der Erklärung oder Rechtfertigung wieder zurückzuholen.

Hitlers auffällige Persönlichkeitsveränderung hing möglicherweise mit einem Kollaps seines Nervensystems zusammen, den er unter den besonderen Belastungen des Jahres 1942 erlitten hatte. Seine Medikamentenabhängigkeit, die schon in den dreißiger Jahren groteske Formen annahm, führte jetzt dazu, daß ihm sein Leibarzt Morell tägliche Injektionen von Sulfonamiden, Drüsenstoffen, Traubenzucker oder Hormonen für die Darmflora verabreichte. Manchmal nahm Hitler bis zu achtundzwanzig verschiedene Medikamente am Tag, wobei seit der Niederlage von Stalingrad Antidepressiva eine besonders wichtige Rolle spielten. Angesichts der Bedeutung, die er für das Funktionieren des politischen und militärischen Gesamtsystems hatte, mußte diese Entwicklung zusammen mit den Kompetenzkämpfen unter den einzelnen Institutionen gravierende Folgen haben, die Goebbels 1943 dazu veranlaßten, von einer »Führerkrise« zu sprechen. Er versuchte Hitlers Abschottung gegenüber der Front und der Realität der Menschen in Deutschland zu durchbrechen, scheiterte aber an der beharrlichen Weigerung des von ihm weiter abgöttisch verehrten »Führers«, seine vertraute Umgebung zu verlassen, während die militärische Situation des Reiches immer bedrohlicher wurde.

Bereits im Januar 1944 begann der Vorstoß von drei sowjetischen »Fronten« gegen die Heeresgruppe Nord, die zusammenbrach und bis auf die »Panther-Stellung« zurückgehen mußte. Seit dem 4. März kam dann die Frühjahrsoffensive der Roten Armee in Bewegung und drängte weiter gegen die deutschen Stellungen. Nachdem Kleist und Manstein von Hitler ein Zurücknehmen der Front verlangt hatten, wurden sie am 30. März wegen Widersetzlichkeit ihrer Posten enthoben und durch Generalfeldmarschall Walter Model (Heeresgruppe A, jetzt »Südukraine«) und General Ferdinand Schörner ersetzt. Erst Ende April 1944 kam die südliche Ostfront wieder zum Stehen – auf einer Linie, die sich vom Dnjestr über Jassy, die Karpatenausläufer bis nach Kowel zog. Hitlers Befehl vom

März, »feste Plätze« einzurichten, die sich als »Wellenbrecher« von der Roten Armee einschließen lassen sollten, zeigte keine positiven Ergebnisse, und die sowjetische Frühjahrsoffensive endete mit der Rückeroberung der Krim, wo am 12. Mai sechzigtausend deutsche und rumänische Soldaten kapitulierten.

Schon mit der »Führer-Weisung« Nr. 51 vom 3. November 1943 hatte Hitler befohlen, den Schwerpunkt der militärischen Anstrengungen vom Osten in den Westen zu verlegen: » ... im Osten läßt die Größe des Raumes äußerstenfalls einen Bodenverlust auch größeren Ausmaßes zu, ohne den deutschen Lebensnerv tödlich zu treffen. Anders im Westen!« An dieser Orientierung der deutschen Verteidigungsversuche hielt Hitler trotz der wachsenden Bedrohung im Osten bis Kriegsende fest, zumal seit dem Frühjahr 1944 die »Festung Europa« direkt durch die Invasionspläne der Engländer und Amerikaner bedroht war.

Die Vorstellungen vom Sinn einer Invasion waren bei den Alliierten bis dahin unterschiedlich gewesen. Während die Sowjetunion vor allem nach Eröffnung einer wirkungsvollen »zweiten Front« verlangte, sahen die Briten in einem Landungsunternehmen den notwendigen letzten Fangstoß, den man dem Reich nach entsprechender Vorbereitung geben müsse, und die Amerikaner betrachteten die Invasion als den eigentlichen Hauptschlag gegen den Feind. Auf deutscher Seite bestand bis zum Beginn der Invasion im Juni 1944 keine Klarheit darüber, an welcher Stelle der Atlantikküste der Angriff zu erwarten sei. Lediglich an der Straße von Dover gab es Befestigungen, auch wenn die Anlage des »Atlantikwalls« noch nicht ganz fertiggestellt war. Die Engländer und Amerikaner entschlossen sich aber, die Landung an dem normannischen Küstenstreifen zwischen der Halbinsel Cotentin und der Mündung der Orne zu versuchen. Im Frühjahr 1944 standen dem »Supreme Headquarters Allied Expeditionary Forces« (SHAEF) neununddreißig Divisionen für die Invasion in Frankreich zur Verfügung, weitere vierzig sollten aus den USA herangeführt werden. Der erste Angriff erfolgte am 6. Juni durch 3.100 Landungsfahrzeuge, gedeckt von 1.200 Kriegsschiffen sowie durch die alliierte Luftüberlegenheit. Auf deutscher Seite standen kaum Kräfte zur Verfügung, die den Angreifern hätten entgegengesetzt werden können, auch Reserven waren in Küstennähe nicht vorhanden.

Bis zum 12. Juni gelang es den Alliierten, 326.000 Soldaten mit 54.000 Fahrzeugen und 104.000 Tonnen Material an Land zu bringen. Die Absicht Rundstedts, die Front hinter die Orne zurückzunehmen, bezahlte er mit seiner Ablösung. Dann wurde Rommel am 17. Juli bei einem Tieffliegerangriff schwer verwundet und fiel für die Organisation der Abwehrmaßnahmen aus; kurz darauf setzte Hitler den Militärbefehlshaber in Frankreich, General Karl Heinrich von Stülpnagel, wegen seiner Beteiligung am Staatsstreichversuch vom 20. Juli ab. Am 30. Juli durchbrachen die Amerikaner bei Arranches schließlich die deutsche Front, so daß Generalfeldmarschall Hans Günther von Kluge Mitte August angesichts der tödlichen Bedrohung der Truppen im Raum Falaise deren Rückzug an die Seine empfahl, was Hitler wiederholt verweigerte. Als Kluge daraufhin Handlungsfreiheit verlangte, um die Armeen wenigstens hinter die Orne zurückzuführen, ersetzte ihn Hitler durch Generalfeldmarschall Model, der jetzt zum Oberbefehlshaber der Westfront ernannt wurde. Aber auch Model konnte nicht verhindern, daß der Wehrmacht durch den Kessel von Falaise mehr als 45.000 Mann verlorengingen. Die ausgebrochenen deutschen Truppen wurden von den Engländern verfolgt, während die Amerikaner über Chartres nach Süden vorstießen. Bereits am 25. August rückte eine französische Panzerdivision aus der Armee Pattons in Paris ein.

Zehn Tage zuvor, am 15. August, waren außerdem amerikanische und französische Einheiten zwischen Toulon und Cannes an der südfranzösischen Küste gelandet. Am 1. September 1944 konnte Eisenhower den Oberbefehl über die Bodentruppen auf dem Festland übernehmen, und Mitte des Monats wurde mit Aachen die erste große deutsche Stadt von den Alliierten besetzt. In der zweiten Hälfte des Monats schlug allerdings Montgomerys Plan fehl, durch Fallschirmjäger bei Arnheim einen Brückenkopf auf ostrheinischem Gebiet zu errichten. An der südlichen Front gelang aber der weitere Vormarsch nach Elsaß-Lothringen, obwohl die Deutschen am Fuß der Vogesen noch einen Brückenkopf am Westufer des Oberrheins hielten.

Am 4. September erhielt Rundstedt seine Position als Oberbefehlshaber West zurück. Zusammen mit Model, der jetzt die Heeresgruppe B kommandierte, sprach er sich für eine deutsche Gegenoffensive bis zur Maas aus, aber Hitler hatte bereits mit den Planungen für eine Offensive durch die Ardennen beginnen lassen. Dieser gewagte Vorstoß sollte eigentlich schon im November durchgeführt werden, kam aber erst am 16. Dezember in Gang; der angestrebte Durchbruch gelang nur der im Zentrum angesetzten 5. Panzerarmee unter Führung von General von Manteuffel. Daraufhin verlangten Rundstedt, Model und Manteuffel den rechtzeitigen Rückzug der deutschen Truppen, Hitler blieb aber uneinsichtig. Trotz der großen Anfangserfolge – es gerieten noch einmal zahlreiche alliierte Soldaten in deutsche Gefangenschaft – konnte der Vormarsch der Alliierten durch die Ardennenoffensive lediglich verzögert werden, während die Konzentration von Einheiten des Heeres im Westen die Ostfront empfindlich schwächte.

Am 22. Juni 1944, dem dritten Jahrestag des Unternehmens »Barbarossa«, begann dort die sowjetische Sommeroffensive mit einem Angriff auf die Heeresgruppe Mitte, die für die Verteidigung von über tausend Kilometern Front nur zweiundfünfzig Divisionen zur Verfügung hatte. Sofort gelangen den sowjetischen Truppen tiefe Einbrüche. Nachdem die 3. deutsche Panzerarmee, die kaum noch über intakte Kampffahrzeuge verfügte, bei Witebsk zerschlagen worden war, kam es zur Trennung der Heeresgruppe Nord vom Hauptteil der deutschen Streitkräfte. Die dadurch südöstlich von Minsk eingeschlossenen Truppen wurden bis zum 8. Juli vollständig aufgerieben, was zum Verlust von achtundzwanzig Divisionen mit 350000 Mann führte, mehr als das Heer bei Stalingrad zu beklagen gehabt hatte. Die deutsche Front wurde auf einer Länge von dreihundert Kilometern aufgerissen, und der Zusammenbruch der Heeresgruppe Mitte bedeutete im Grunde »bereits die entscheidende Niederlage des deutschen Heeres im Ostkrieg« (Andreas Hillgruber).

In dieser verzweifelten Lage ersetzte Hitler am 21. Juli den bisherigen Heeres-Generalstabschef Zeitzler durch Guderian. Aber der militärische Kollaps war längst nicht mehr aufzuhalten. Am 29. Juli schnitt die 1. Baltische Front der Roten Armee die Heeresgruppe Nord im Baltikum ab. Schon am 13. Juli hatte der Angriff gegen die Heeresgruppe Nordukraine begonnen. Die 1. Weißrussische Front überschritt den Bug, nahm am 24. Juli Lublin und rückte auf Warschau vor. Durch einen Gegenstoß konnte sie nur vorübergehend aufgehalten werden. Kurz darauf begann der Aufstand der polnischen »Heimatarmee«, der die Wehrmacht zusätzlich in Bedrängnis brachte, auch wenn er am 2. Oktober mit der Kapitulation der polnischen Streitkräfte endete.

Am 20. August fanden weitere Vorstöße der 2. und 3. Ukrainischen Front auf die Herresgruppe Südukraine unter Generaloberst Johannes Frießner statt. Der Erfolg dieser Offensive führte zum Abfall von Bulgarien und Rumänien, die jetzt versuchten, durch die Lösung von Hitler zu einem Kompromißfrieden mit Stalin in letzter Stunde zu kommen. Am 30. August konnten sowjetische Truppen das rumänische Erdölgebiet von Ploesti besetzen, was der deutschen Versorgung einen schweren Schlag versetzte. Außerdem sah sich die Wehrmachtführung gezwungen, die Räumung Griechenlands (mit Ausnahme der »Festungen« Kreta und Rhodos) durch die Heeresgruppe E unter Generaloberst Löhr zu befehlen. Die Truppen Löhrs gingen in Richtung Norden zurück, um das kroatische Gebiet noch bis zum Frühjahr 1945 zu verteidigen.

Am 4. September verließ Finnland das Bündnis mit dem Reich und schloß einen Waffenstillstand mit der UdSSR. Währenddessen hatte der Einmarsch der Roten Armee auch in Ungarn zu Verhandlungen über einen Waffenstillstand geführt, den Horthy mit Stalin vereinbaren wollte. Doch durch ein SS-Kommando unter Otto Skorzeny wurde der »Reichsverweser« am 16. Oktober verhaftet und eine neue Regierung unter dem »Pfeilkreuzler« Ferenc Szálasi gebildet. Trotzdem konnten Ende des Monats die sowjetischen Streitkräfte die deutsch-ungarische Front durchbrechen, und am 24. Dezember war Budapest in der Hand der Roten Armee.

Am 20. August hatte Guderian noch einen Versuch unternommen, Hitler zur Rücknahme der Front aus Kurland zu bewegen. Doch der war nur noch auf das Halten der Fronten um jeden Preis fixiert. Schörners sechsundzwanzig Divisionen wurden in Kurland eingeschlossen und lieferten der Roten Armee in den folgenden Monaten sechs große Schlachten, so daß sie sich bis Kriegsende behaupten konnten. Währenddessen wurden die Reichsgrenzen von der Roten Armee überschritten, und am 16. Oktober begann die 3. Weißrussische Front ihren Angriff auf Königsberg.

Der deutsche Widerstand und die Erhebung vom 20. Juli

Anders als in den besetzten Ländern gab es in Deutschland keine »Résistance«, die sich auf breitere Schichten der Bevölkerung hätte stützen können. Dem Regime blieb fast bis zum Schluß die Loyalität der Massen erhalten. Noch kurz vor Ende des Krieges berichteten britische Vernehmungsoffiziere über deutsche Gefangene, daß unter diesen nur neun Prozent Gegner des Regimes seien und fünfzehn Prozent »passive Anti-Nazis«, alle übrigen hätten ihre Treue zum »Führer« bekräftigt, dem man die Überwindung der Arbeitslosigkeit und den Wiederaufstieg des Reiches verdanke. Als sich die Bindung schließlich aufzulösen begann, nahm der Krieg alle Kräfte in Anspruch; es war längst keine Energie mehr vorhanden, die dazu hätte genutzt werden können, Widerstand zu leisten.

Als Träger einer Volksopposition wären – wenn überhaupt – nur die großen Konfessionen in Frage gekommen, aber für den Widerstand der Kirchenleitungen gab es nur einzelne Ansätze. Nach dem Wechsel im Pontifikat – 1939 war Pius XII. auf Pius XI. gefolgt – hatte der neue Papst zwar mehrfach ausdrücklich klargestellt, daß er einen schärferen Kurs gegen das NS-Regime befürworte, aber die Fuldaer Bischofskonferenz als oberstes Leitungsgremium der deutschen Katholiken blieb in der Frage gespalten, ob man den offenen Konflikt mit dem Staat wagen solle. In einem Hirtenbrief vom Juni 1941 wurde angesichts neuer Angriffe als Hauptsorge formuliert, daß es um »Sein oder Nicht-Sein der Kirche in Deutschland« gehe.

Eine neu gebildete Kommission der Bischofskonferenz arbeitete zwar zwischen August und November 1941 den Text eines Hirtenbriefs aus, der feststellen sollte, daß »auch in der Heimat ... ein Kampf« stattfinde, bei dem nicht allein die Kirche unterdrückt, sondern elementare Menschenrechte außer Kraft gesetzt würden; es gebe keine »persönliche Freiheit« mehr, die Gestapo könne durch ihre »Gewaltmaßnahmen« immer häufiger »nach Belieben über Tod und Leben« entscheiden. Aber der Text blieb Entwurf, nur zwei Drittel des Episkopats sprachen sich für seine Veröffentlichung aus, und eine Spaltung des deutschen Katholizismus wollte man angesichts der prekären Situation nicht riskieren. Erst im Frühjahr 1942 kam es dann zur Publikation eines modifizierten Textes, der nur von den westdeutschen Diözesen getragen wurde; in dem Hirtenwort der Bischöfe von Köln und Paderborn hieß es jetzt: »Jeder Mensch hat das natürliche Recht auf persönliche Freiheit ... Deshalb verlangen wir gerichtliche Nachprüfung aller

Strafmaßnahmen und Freilassung für alle Volksgenossen, die ohne den Nachweis einer mit Freiheitsentziehung bedrohten Straftat ihrer Freiheit beraubt sind. Jeder Mensch hat das natürliche Recht auf Leben … Wir Bischöfe werden nicht unterlassen, gegen die Tötung Unschuldiger Verwahrung einzulegen.« Im sogenannten Dekalog-Hirtenbrief der Fuldaer Bischofskonferenz von 1943 wurden dann endlich dieselben Aussagen für alle deutschen Diözesen wiederholt.

Zum Sturz des Regimes haben die katholischen Kirchenführer damit sowenig aufgerufen wie die evangelischen, wobei für die Protestanten die dreifache Spaltung in deutschchristliche, moderate und bekennende Landeskirchen von vornherein jeden gemeinsamen Vorstoß unmöglich machte. Als etwa die 2. Vorläufige Kirchenleitung, also die Repräsentation der »Dahlemiten«, in der Sudetenkrise vom Herbst 1938 eine Gebetsliturgie veröffentlichte, in der auch »unseres Volkes Sünden« und – mit deutlichem Bezug auf einen drohenden Krieg – Gottes Strafe angesprochen wurden, distanzierten sich die Bischöfe Marahrens, Meiser und Wurm unter Druck des Reichskirchenministers »aus religiösen und vaterländischen Gründen«. Andererseits protestierte der württembergische Landesbischof Wurm im Dezember 1941 mit scharfen Worten gegen die Euthanasiemaßnahmen und die Judenverfolgung, und er wiederholte seinen Protest mit einer Eingabe vom 16. Juli 1943. Wenige Wochen später, am 9. August des Jahres, schrieb er an die Stuttgarter Pfarrerschaft: »Unser deutsches Volk … hat auch große Schuld auf sich geladen durch die Art, wie der Kampf gegen Angehörige anderer Rassen und Völker vor dem Krieg und im Krieg geführt worden ist. Wie viele persönlich Unschuldige haben für die Sünde und das Unrecht ihrer Volksgenossen büßen müssen. Können wir uns nun wundern, wenn wir das nun auch zu spüren bekommen! Und wenn wir es nicht gebilligt haben, so haben wir doch oft geschwiegen, wo wir hätten reden müssen und sollen!« Angesichts der Bombardierungen erinnerte Wurm an die Zerstörung der Synagogen am 9. November 1938: »Haben wir die Gotteshäuser der anderen in Flammen aufgehen sehen, und müssen wir es jetzt nicht erleben, daß unsere eigenen Gotteshäuser niedergebrannt werden?«

Das Eintreten für die Verfolgten hat bei einigen Christen wie Dietrich Bonhoeffer zum Schritt in den politischen Widerstand geführt. Das blieb jedoch die Ausnahme. Was die Kirchen insgesamt von einer totalen Konfrontation mit dem Regime abhielt, war nicht allein persönliche Unzulänglichkeit, wie sie bei allen Menschen auftritt, sondern auch die berechtigte Sorge vor der Zerstörung des institutionellen Zusammenhalts. Dabei hatte man eine durchaus realistische Einschätzung der wachsenden Feindseligkeit Hitlers, der im Februar 1942 gesprächsweise äußerte: »Der größte Volksschaden sind unsere Pfarrer beider Konfessionen. Ich kann ihnen jetzt die Antwort nicht geben, aber das kommt in mein großes Notizbuch. Es wird der Augenblick kommen, da ich mit ihnen abrechne, ohne langes Federlesen … Denn um die grundsätzliche Lösung kommen wir nicht herum. Glaubt man, daß es notwendig ist, die menschliche Gesellschaft auf einer Sache aufzubauen, die man als Unwahrheit erkannt hat, so ist die Gesellschaft gar nicht erhaltenswert. Glaubt man, daß die Wahrheit genügend Fundament sein kann, dann verpflichtet einen das Gewissen, für die Wahrheit einzutreten und die Unwahrheit auszurotten.«

Wenn es schon keinen breiten Widerstand in der Bevölkerung gab, so doch unter bestimmten Umständen ein kollektives abweichendes Verhalten, das vom Regime durchaus als oppositionell wahrgenommen wurde. Die Unmutsäußerungen in den katholisch-ländlichen Gebieten Bayerns, Westfalens oder der niedersächsischen Diaspora über die Beeinträchtigung der Wallfahrten oder der Fronleichnamsprozessionen zum Beispiel bezogen sich zwar auf bestimmte Maßnahmen des Regimes, mochten aber latent gegen das System als solches oder zumindest gegen seine Weltanschauung gerichtet sein. Ähnliches gilt für den Fortbestand abweichenden Verhaltens in anderen, relativ homogenen Milieus, wobei vor allem das aristokratische und das proletarische bemerkenswert sind. Das berühmte Potsdamer Infanterieregiment 9, die Traditionseinheit der vormals preußischen Garde zu Fuß, wegen seines hohen Anteils adeliger Offiziere spöttisch »Graf Neun« genannt, blieb von nationalsozialistischer Beeinflussung so weitgehend frei, daß bei Tisch Gespräche möglich waren, die für gewöhnlich als Hochverrat betrachtet worden wären.

In den Vorstädten der großen Industriestandorte, wo sich die Erinnerung an ältere Traditionen der Arbeiterbewegung erhalten hatte, konnten Äußerungen und Gesten registriert werden, die ohne weiteres als oppositionell identifizierbar waren, ohne daß es zur direkten Konfrontation mit dem Staat oder der Ideologie kommen mußte. Die wiederholte Zerschlagung der kommunistischen Zellen und die wirtschaftlichen Anreize infolge der 1935/36 erreichten Vollbeschäftigung (jetzt wurden auch ehemalige KZ-Häftlinge wieder eingestellt) hatten wesentlich zu einer Austrocknung des linken Widerstandes beigetragen. Die nach dem Beginn des Krieges gegen die Sowjetunion sich bildenden kommunistischen Widerstandsgruppen waren ganz anders strukturiert als die unmittelbar nach der »Machtübernahme« entstandenen. Auffällig blieb die Fluktuation ihrer Mitglieder; der Zusammenhalt der oft ohne Kontakt mit Moskau Operierenden war instabil, die Zahl der Verräter in den eigenen Reihen groß.

Eine Sonderrolle in der kommunistischen Opposition spielte die von der Abwehr so genannte »Rote Kapelle«. Seit 1939/40 hatte sich diese Organisation um den Regierungsrat im Reichswirtschaftsministerium, Arvid Harnack, und den Luftwaffenoffizier Harro Schulze-Boysen gebildet. Während Harnack aus den philokommunistischen liberalen Zirkeln der Weimarer Republik kam, gehörte Schulze-Boysen vor 1933 zu einer kleinen nationalbolschewistischen Absplitterung um die Zeitschrift »Der Gegner«. Vor Kriegsbeginn hielt man nur losen Kontakt zueinander und besprach Fragen einer zukünftigen Neuordnung

Deutschlands. Ab 1940 intensivierte die Gruppe die Herstellung von Propagandamaterial. Durch Flugschriften und Klebezettel, später auch mit einer hektographierten Zeitschrift »Die innere Front«, wurde auf die Ausschreitungen der SS in den besetzten Gebieten und die drohende militärische Katastrophe hingewiesen. Im Frühjahr 1941 vermittelte Harnack den Kontakt zwischen Schulze-Boysen und einem Mitarbeiter der sowjetischen Botschaft in Berlin, dem NKWD-Offizier Alexander Korotow, Deckname »Erdberg«. Seit dem Herbst 1940 wurden Hinweise auf die deutschen Angriffsvorbereitungen an Moskau weitergegeben, wie man auch später noch über Brüssel und zeitweilig mit Hilfe eigener Funkgeräte von Berlin aus kriegswichtige Nachrichten an die Sowjetunion meldete.

Trotz der Zusammenarbeit mit der von Leopold Trepper via Brüssel, Amsterdam und Paris gelenkten sowjetischen Nachrichtenorganisation verstanden sich die Mitglieder der »Roten Kapelle« nur zum Teil als »Kundschafter« der UdSSR; viele litten unter der Spionagetätigkeit, die sie gleichwohl für notwendig hielten. Die Bereitschaft zum Landesverrat beruhte einerseits auf einer deutlichen Fehleinschätzung des sowjetischen Systems, andererseits auf der Annahme, daß es für das Reich eher die Möglichkeit zum Ausgleich mit dem Osten als mit dem Westen gebe. Insofern bestand durchaus eine Kontinuität in der Fortsetzung der »nationalbolschewistischen« Programmatik. Nachdem die Gruppe im Sommer 1942 aufgedeckt und insgesamt einhundertsiebzehn Mitglieder verhaftet worden waren, erging gegen die führenden Köpfe im Dezember des Jahres das Todesurteil. In einem letzten Brief an seinen Vater schrieb Harro Schulze-Boysen: »Im übrigen habe ich alles, was ich tat, getan aus der Annahme, daß die Situation sich von 1918 wiederholen könnte. Damals mußten wir das Diktat unterzeichnen, weil es unserer Außenpolitik an Rückendeck[un]g. gegenüber den Westmächten fehlte. Es fehlte an den personellen und techn.[ischen] Voraussetzungen einer Drohung. Diese Voraussetzung wollten wir diesmal schaffen, und diesem Ziel haben wir alles untergeordnet, und auf diesem Wege sind wir mit den Vorschriften u.[nd] Gesetzen in Konflikt gekommen.«

Die Boysen-Harnack-Gruppe hatte auch Kontakt zu anderen Teilen der Opposition. So bereitete man gemeinsam mit den kommunistischen Widerstandskämpfern um den jüdischen Funktionär Herbert Baum am 18. Mai 1942 einen Anschlag auf die Propagandaschau »Das Sowjetparadies« im Berliner Zeughaus vor, und im Winter des Jahres nahm man Kontakt zu den Mitgliedern der »Weißen Rose« in München auf. Diese Gruppe des studentischen Widerstands um die Geschwister Hans und Sophie Scholl, Willy Graf, Christoph Probst, Alexander Schmorell und den Psychologieprofessor Kurt Huber war anders als die »Rote Kapelle« eher unpolitisch, stärker ethisch und religiös motiviert. Die Herkunft aus dem Bildungsbürgertum spielte eine wichtige Rolle, führende Mitglieder wie Hans Scholl und Willy Graf hatten schon in den dreißiger Jahren illegalen Gruppen der Bündischen Jugend (»autonome deutsche jungenschaft« und »Grauer Orden«) angehört. Der Widerstand der »Weißen Rose« hat deshalb niemals ganz den jugendbewegten Idealismus verloren; wie selbstverständlich berief man sich in den Flugblättern auf Theodor Körner und verwendete das Freiheitspathos der frühen Nationalbewegung vom Beginn des 19. Jahrhunderts. Bei einer nur als selbstmörderisch zu bezeichnenden Aktion, dem Verteilen eines Aufrufs in der Münchener Universität am 18. Februar 1943, wurden Hans und Sophie Scholl verhaftet. Kurze Zeit später waren alle Mitglieder des engeren Kreises festgenommen. Sie wurden noch im Lauf des Frühjahrs abgeurteilt und hingerichtet. Huber schloß seine Verteidigungsrede vor dem Volksgerichtshof mit einem Zitat aus Fichtes »Reden an die deutsche Nation«: »Und handeln sollst du so, / Als hinge von dir und deinem Tun allein / Das Schicksal ab der deutschen Dinge, / Und die Verantwortung wär' dein.«

Keine der genannten Gruppen des Widerstands hatte nennenswerten Rückhalt in der Bevölkerung, keine konnte den Zentren der Macht nahe genug kommen, um einen wirklich entscheidenden Schlag gegen das Regime zu führen. Es gab aber auch keine Hoffnung auf ein mehr oder weniger schmerzloses Ende des Regimes durch das Aufbegehren von Teilen der herrschenden Elite. Anders als in Italien hatte der »Führerstaat« in Deutschland keine Institution neben sich belassen, die zum Ausgangspunkt einer legalen Entmachtung Hitlers hätte werden können. Es gab weder einen Monarchen noch einen Faschistischen Großrat, um Hitler aus seinem Amt zu entfernen. Nach Lage der Dinge hatte nur ein Putsch Aussicht auf Erfolg, der von denen ausgehen mußte, die zumindest über Teile der bewaffneten Macht verfügten.

Durch den Rücktritt Becks und die frühe Resignation Halders fehlte einer vom Militär getragenen Erhebung aber seit 1940 die Spitze, und zu keinem Zeitpunkt stand einer der Oberbefehlshaber des Heeres sicher auf der Seite der Verschwörer. Dazu kam, daß ein Umsturz in der siegreichen Phase des Krieges völlig ausgeschlossen war und auch im Falle des Erfolgs keinerlei Unterstützung gefunden hätte. Auf andere Weise wurde die Situation nach dem Beginn des Ostfeldzuges erschwert. Viele der putschbereiten Offiziere und die nationalkonservative Opposition insgesamt waren grundsätzlich antikommunistisch orientiert und scheuten vor jedem Schritt zum Sturz des Regimes zurück, solange der Krieg gegen die Sowjetunion nicht beendet war; man tröstete sich damit, daß man nach dem Sieg über Stalin die vom Bolschewismus befreiten slawischen Völker in die Unabhängigkeit entlassen könne und dann auch zu Haus »aufräumen« werde.

In dieser Phase des Abwartens bestanden zwar oppositionelle Zirkel fort, die auch die Kontinuität zu den Gruppen von 1938/39 wahrten, aber zu irgendwelchen größeren Aktionen kam es nicht. Für die konservativ orientierten Teile des Widerstands blieb der Berliner Kreis um Beck, Goerdeler und den preußischen Finanzminister Popitz maßgebend, dessen Mitglieder sich teilweise in der »Mitt-

Landungsfahrzeuge für das am 6. Juni 1944 begonnene Unternehmen »Overlord« vor der
Küste der Normandie und an Land gehende amerikanische Truppen

Hitler im Führerhauptquartier »Wolfsschanze« am 15. Juli 1944, fünf Tage vor dem Attentat auf ihn: Begrüßung des Generals Karl Bodenschatz, links davon Oberst Claus Graf Schenk von Stauffenberg, Vizeadmiral Karl Jesco von Puttkamer, rechts stehend Generalfeldmarschall Wilhelm Keitel

Ein Treck mit Flüchtlingen aus Ostpreußen im Januar 1945. – Ausbildung von Jugendlichen
zum »Volkssturm« gemäß dem Erlaß vom 25. September 1944

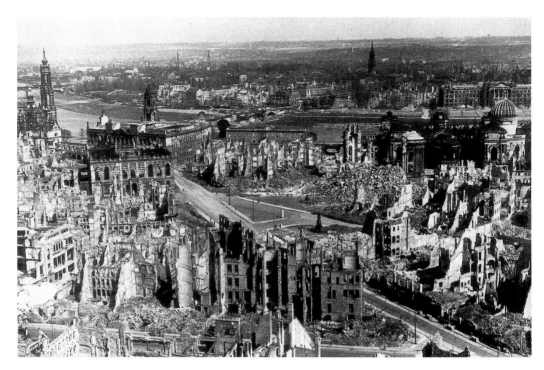

Dresden vier Jahre nach der Bombennacht vom 13./14. Februar 1945. Blick vom Rathausturm auf die zerstörte Stadt nach Norden. – Potsdam nach der Operation »Crayfish« vom 14. April 1945. Blick durch die Humboldtstraße, vorbei an der Havelkolonnade und dem Stadtschloß zum Alten Markt

wochsgesellschaft« trafen, einer Gruppe, die vor allem die alten Eliten repräsentierte. In ihren Überlegungen ging sie vom Fortbestand des preußisch-deutschen Nationalstaats aus und vertrat noch längere Zeit die Auffassung, daß ein gewisser Hegemonialanspruch, zumindest die 1938 gewonnene Stellung des Reiches, gewahrt werden müsse. Innenpolitisch orientierte sie sich an den Präsidialregierungen der frühen dreißiger Jahre oder der britischen Monarchie; eine Rückkehr zur Weimarer Republik wurde nicht in Erwägung gezogen. Erst ab 1942, nicht zuletzt wegen der deutlich verschlechterten militärischen Lage, öffnete sich die Gruppe um Beck und Goerdeler stärker der Vorstellung von einer künftigen europäischen Einigung.

Dieser Gesinnungswandel war auch auf den Einfluß des Kreisauer Kreises zurückzuführen. Seit dem Herbst 1940 sammelte Helmuth James Graf von Moltke auf seinem schlesischen Gut Kreisau einen sehr heterogenen Kreis von persönlichen Freunden und Oppositionellen. Dazu gehörten zahlreiche Standesgenossen Moltkes wie Peter Graf Yorck von Wartenburg, Diplomaten wie Hans Bernd von Haeften und Adam von Trott zu Solz, Geistliche beider Konfessionen wie Pater Alfred Delp und der Berliner Gefängnispfarrer Harald Poelchau, Gewerkschafter wie Adolf Reichwein und Sozialisten wie Julius Leber, Carlo Mierendorff und Theodor Haubach. Was die »Kreisauer« verband, war die gemeinsame Überzeugung, daß erst nach einer vollständigen militärischen Niederlage der Wiederaufbau Deutschlands möglich sei. Ihre Ideale waren nicht frei von romantischer Zivilisationskritik und Träumen von einer Reagrarisierung Deutschlands. Auf mehreren großen Tagungen, die im Juli 1941, im Mai und Oktober 1942 sowie im Juni 1943 stattfanden, wurden aber vor allem umfangreiche Planungen für eine föderale Neuordnung und eine Wirtschaftspolitik des »Dritten Weges« zwischen Kapitalismus und Sozialismus entwickelt. Obwohl Moltke durch seine Arbeit in der Abwehr Kontakte zum militärischen Widerstand hatte, blieb er aus ethischen Gründen bei seiner Ablehnung, Hitler zu töten. Da er, nachdem der Widerstandskreis in der Abwehr um Hans Oster, Hans von Dohnanyi und Josef Müller bereits im April 1943 ausgehoben worden war, am 19. Januar 1944 selbst verhaftet wurde, hätte der Kreisauer Kreis auch dann nicht unmittelbar an den Vorbereitungen für den Umsturzversuch vom 20. Juli teilnehmen können, wenn es dazu eine größere Bereitschaft gegeben hätte.

Die Erhebung vom 20. Juli 1944 wurde im wesentlichen von einer Gruppe jüngerer Offiziere getragen, deren treibende Kraft Claus Graf Schenk von Stauffenberg war. Stauffenberg wurde am 15. November 1907 als Sohn einer Familie des württembergischen Dienstadels geboren. Nach dem Abitur trat er 1926 in das 17. (Bayerische) Reiterregiment in Bamberg ein. Hitlers »Machtergreifung« beobachtete er mit einer gewissen Ambivalenz. Er begrüßte die Beseitigung der liberalen Demokratie und eine Außenpolitik, die dem Wiederaufstieg Deutschlands zur Großmacht dienen sollte, aber gleichzeitig fühlte er sich von der Roheit des Regimes abgestoßen. Stauffenberg besaß eine große musische Begabung und war früh in den Kreis des Dichters Stefan George eingetreten; von seinem »Meister« übernahm er die Vorstellung, daß das zukünftige, das »geheime Deutschland« von einer erst noch zu formenden Elite geführt werden sollte. Er betrachtete sich selbst als Teil dieses »neuen Adels« und hielt den Nationalsozialismus bestenfalls für eine Vorstufe des Kommenden.

Während der dreißiger Jahre durchlief Stauffenberg eine Ausbildung als Generalstabsoffizier, nahm dann an den Feldzügen gegen Polen und Frankreich teil, ließ sich für einen Moment von der Euphorie über die leichten Siege von 1939/40 mitreißen, fand sich aber sofort ernüchtert, als er sah, daß Hitler außerstande war, die militärischen Erfolge in tragfähige Politik umzusetzen. Einen Umsturz hielt er jedoch für aussichtslos; gesprächsweise äußerte er über Hitler: »Noch siegt er zu sehr.« Nach dem Beginn des Rußlandfeldzuges setzte Stauffenberg dann wie die meisten oppositionellen Offiziere darauf, daß man zuerst den Krieg erfolgreich beenden müsse, bevor man an die Beseitigung des »Führers« und seines Systems denken könne. Immerhin stand für ihn seit 1942 fest, daß die Tötung Hitlers unvermeidbar sei. Ausschlaggebend für den Entschluß, früher zu handeln als geplant, war die Nachricht von den Massenmorden, die sich hinter der Ostfront vollzogen. Insbesondere die Ermordung der Juden empörte Stauffenberg. Seit dem Sommer 1942 versuchte er bei seinen Reisen Mitverschwörer zu finden, sah sich allerdings rasch in der Erwartung getäuscht, daß irgendeiner der kommandierenden Generäle bereit sein würde, eine Erhebung durchzuführen. In einem Gespräch vom September des Jahres erklärte er daraufhin, daß er selbst Hitler töten wolle.

Es gab seit dem Frühjahr 1943 mehrere vergebliche Attentatsversuche von Hitler-Gegnern, zum Teil unter bewußter Inkaufnahme des Selbstopfers, die aber alle an unglücklichen Umständen scheiterten. Nachdem Stauffenberg am 3. Februar 1943 als Führungsoffizier (Ia) der 10. Panzer-Division zum Afrikakorps versetzt worden war, fiel er vorübergehend für die weiteren Planungen aus. Dann führte eine schwere Verwundung durch Tieffliegerangriff – Stauffenberg verlor ein Auge, die rechte Hand und zwei Finger der linken – dazu, daß er nach Deutschland zurückkehren mußte. Die lange Genesungszeit, die er im Münchener Lazarett und dann im heimatlichen Lautlingen verbrachte, nutzte er, um mit seinem Freund Generalmajor Henning von Tresckow, Generalstabschef der 2. Armee an der Ostfront, sowie mit seinem Bruder Berthold und dem Germanisten Rudolf Fahrner nicht nur über die Möglichkeiten eines Umsturzes, sondern auch über die Zukunft Deutschlands zu sprechen.

Stauffenbergs Vision war deutlich von den Ideen der »Konservativen Revolution«, aber vor allem von den Vorstellungen des George-Kreises geprägt. In einer Art »Schwur«, den er zusammen mit seinem Bruder und Fahrner formulierte, wurden die Leitgedanken festgehalten:

»Wir glauben an die Zukunft der Deutschen. Wir wissen im Deutschen die Kräfte, die ihn berufen, die Gemeinschaft der abendländischen Völker zu schönerem Leben zu führen. Wir bekennen uns im Geist und in der Tat zu den grossen Überlieferungen unseres Volkes, das durch die Verschmelzung hellenischer und christlicher Ursprünge in germanischem Wesen das abendländische Menschentum schuf. Wir wollen eine Neue Ordnung, die alle Deutschen zu Trägern des Staates macht und ihnen Recht und Gerechtigkeit verbürgt, verachten aber die Gleichheitslüge und beugen uns vor den naturgegebenen Rängen. Wir wollen ein Volk, das in der Erde der Heimat verwurzelt den natürlichen Mächten nahebleibt, das im Wirken in den gegebenen Lebenskreisen sein Glück und sein Genüge findet und in freiem Stolze die niederen Triebe des Neides und der Missgunst überwindet. Wir wollen Führende, die aus allen Schichten des Volkes wachsend, verbunden den göttlichen Mächten, durch grossen Sinn, Zucht und Opfer den anderen vorangehen. Wir verbinden uns zu einer untrennbaren Gemeinschaft, die durch Haltung und Tun der Neuen Ordnung dient und den künftigen Führern die Kämpfer bildet, derer sie bedürfen. Wir geloben untadelig zu leben, in Gehorsam zu dienen, unverbrüchlich zu schweigen und füreinander einzustehen.«

Noch während seiner Rekonvaleszenz hatte Stauffenberg dem Chef des Allgemeinen Heeresamtes, General Friedrich Olbricht, die Zusage gegeben, als Chef des Stabes zu ihm zu kommen. Damit hatte er nicht nur Aussicht, in die unmittelbare Nähe Hitlers zu gelangen, sondern auch die Möglichkeit, einen älteren Operationsplan (»Walküre«) auszunutzen, der die Übernahme der vollziehenden Gewalt durch die Wehrmacht für den Fall innerer Unruhen vorsah. Stauffenberg mußte seine Vorbereitungen für den Umsturz darauf abstellen, daß dem Volk nicht sofort die volle Wahrheit gesagt wurde – die Verschwörer wollten sich nach dem Gelingen, also nach dem Tod Hitlers, als dessen legitime Erben ausgeben –, und er mußte mit den Plänen in einer Phase der Kriegsentwicklung beginnen, in der es kaum noch Aussicht auf einen Sieg oder einen Kompromiß mit den Gegnern gab.

Die während der Konferenz von Casablanca getroffene Entscheidung der Alliierten, die »bedingungslose Kapitulation« Deutschlands zu verlangen, und ihre Weigerung, mit der postfaschistischen Regierung Badoglio nach dem Sturz Mussolinis zu verhandeln, ließen es mehr als fraglich erscheinen, ob es überhaupt möglich sein werde, einen Putsch mit Aussicht auf Erfolg – das hieß zum Zweck der Vermeidung einer völligen Niederlage und Besetzung des Reiches – durchzuführen. Im Oktober 1943 war außerdem mit Generalfeldmarschall Kluge, der bei einem Autounfall schwer verletzt worden war, der einzige Heeresgruppenoberbefehlshaber, auf den man ein gewisses Vertrauen setzen konnte, vorübergehend ausgefallen. Der Verhaftung Moltkes im Januar 1944 folgte auch noch die

Entmachtung von Canaris, dessen Amt Abwehr zum größten Teil vom RSHA übernommen wurde. Nach einem Kontakt mit den beiden kommunistischen Widerstandskämpfern Anton Saefkow und Franz Jakob am 4. Juli 1944 wurden außerdem Reichwein und der Stauffenberg befreundete Julius Leber verhaftet. Auch diese Ereignisse trieben die Vorbereitungen für den Umsturz weiter voran.

Seit dem Juni 1944 hatte Stauffenberg den Posten des Chefs des Generalstabes beim Befehlshaber des Ersatzheeres übernommen. Er plante, bei einer Führerbesprechung am 11. Juli auf Hitlers Berghof einen Anschlag mittels einer Bombe durchzuführen. Doch er ließ diese Absicht fallen, weil Himmler und Göring nicht anwesend waren, die zusammen mit Hitler getötet werden sollten. Ein zweiter Versuch, diesmal im Führerhauptquartier »Wolfsschanze«, folgte am 15. Juli, aber auch der wurde aufgrund technischer Schwierigkeiten nicht ausgeführt. Nun war keine weitere Verzögerung mehr zu riskieren, zumal die Verhaftung Goerdelers drohte, von dem man befürchten mußte, daß er Einzelheiten über den Umsturz preisgeben würde.

Am 20. Juli flog Stauffenberg erneut nach Ostpreußen. Die Lagebesprechung war unvorhergesehenerweise in eine Baracke verlegt worden. Unter dauernder Gefahr, entdeckt zu werden, betätigte Stauffenberg im Vorraum den Zeitzünder mit Hilfe einer speziell für seine verbliebenen Finger gefertigten Zange. Dann plazierte er eine Aktentasche mit dem Sprengstoff unter den schweren Kartentisch in der Nähe Hitlers. Zusammen mit seinem Adjutanten, Werner von Haeften, hörte er bei ihrer rasenden Fahrt durch den Sperrbezirk des Führerhauptquartiers noch die Explosion, dann trat er – in der sicheren Erwartung, daß Hitler tot sei – den Rückflug nach Berlin an.

Von den fünfundzwanzig in der Baracke anwesenden Personen wurden vier so schwer verletzt, daß sie an den Folgen starben. Hitler erlitt aber nur leichte Blessuren, der schwere Tisch, auf dem das Kartenmaterial ausgebreitet war, hatte die Explosion abgefangen. Der Chef des Nachrichtenverbindungswesens im OKW, General Erich Fellgiebel, ein Mitverschworener, gab daraufhin nach Berlin durch, daß das Attentat mißglückt sei. Die Nachrichtensperre, die er über das Führerhauptquartier verhängt hatte, konnte er nicht länger aufrechterhalten. In der Berliner Bendlerstraße, im Gebäude des OKW, wo die Verschwörer ihre Zentrale eingerichtet hatten, beschloß man, auf das Eintreffen Stauffenbergs zu warten. Nach zweieinhalbstündigem Flug traf Stauffenberg ein und löste sofort den Plan »Walküre« aus. Olbricht gab die vorbereiteten Befehle an die Einheiten. Aber der Befehlshaber des Ersatzheeres, Friedrich Fromm, zögerte mit seiner Zustimmung zu den Aktionen, weil er nicht vom Tod Hitlers überzeugt war.

Die Verschwörer ließen die Befehle trotzdem herausgehen, denen zufolge die Dienststellen der Partei und der SS der Kontrolle der Wehrmacht unterstellt werden sollten. Nachdem Fromm erkannte, daß hier ein Staatsstreich vollzogen wurde, versuchte er – nach anfänglichem Schwanken – Stauffenberg und seine Mitverschwörer zu verhaften, die ihn daraufhin ihrerseits festsetzten. Währenddessen wurde das Berliner Regierungsviertel befehlsgemäß durch das Wachregiment unter dem nicht eingeweihten Major Otto-Ernst Remer abgeriegelt. In Paris ließ der mitverschworene Militärbefehlshaber General von Stülpnagel die etwa eintausendzweihundert Mitarbeiter der Gestapo, der SS und des SD inhaftieren. Da es die Putschisten versäumt hatten, die Rundfunksender unter ihre Kontrolle zu bringen, konnte aber bereits um 18.30 Uhr der Deutschland-Sender die Meldung über das gescheiterte Attentat bringen. Die Verunsicherung bei den Befehlshabern war jetzt schon zu groß, als daß noch Truppen auf die Seite der Erhebung übergelaufen wären. Gegen 21 Uhr kam die Rundfunkmeldung, daß Hitler am Abend zum Volk sprechen werde und Himmler anstelle von Fromm zum Befehlshaber des Ersatzheeres ernannt worden sei.

Währenddessen wartete man im Bendlerblock ratlos ab. Gegen 22 Uhr erklärte Fromm die Verschwörer für verhaftet. Generalfeldmarschall Kluge, der wieder genesen war und seit Anfang Juli den Oberbefehl über das Westheer führte, nutzte die günstige Situation in Paris nicht aus, obwohl ihn Stülpnagel bestürmte, direkte Verhandlungen mit den Westmächten aufzunehmen. In Berlin versuchte Beck, noch geschwächt von einer schweren Krebsoperation, zweimal vergeblich, sich zu erschießen, dann befahl Fromm einem Feldwebel, den General zu töten. Olbricht, Stauffenberg, Haeften und ihr Mitverschwörer Albrecht Mertz von Quirnheim wurden auf Fromms Geheiß, der zugleich die Mitwisser seiner Unsicherheit beseitigen wollte, um Mitternacht im Hof des Bendlerblocks hingerichtet. Die Verurteilten exekutierte das Peloton nacheinander; als die Reihe an Stauffenberg kam, warf sich Haeften vor ihn, so daß er erst von der nächsten Salve getötet wurde. Stauffenberg fiel mit dem Ruf: »Es lebe das heilige Deutschland!«

Die deutsche Katastrophe

Nach dem Scheitern des Aufstandsversuchs erzwang Hitler die Bildung eines »Ehrenhofs«, der unter Vorsitz von Rundstedt die beteiligten oder hinreichend verdächtigen Offiziere zur Ausstoßung aus der Wehrmacht vorschlagen mußte, damit sie dem Volksgerichtshof überstellt werden konnten. Die Familien Stauffenbergs, Goerdelers, Tresckows und anderer aus dem Kreis der Verschwörer wurden in »Sippenhaft« genommen, die Kinder sollten von regimetreuen Paaren adoptiert und ihrer Herkunft vollständig entfremdet werden, um so jede Erinnerung an die Widerstandskämpfer auszulöschen.

Die Verfolgung und Verhaftung der an der Erhebung vom 20. Juli Beteiligten hatte wesentliche Folgen für die Funktionstüchtigkeit des Heeres. Die Zahl der Denunziationen blieb zwar gering – in einzelnen Fällen versuchten sogar Generäle der Waffen-SS wie Sepp Dietrich und Felix Steiner Verdächtige zu schützen –, aber das Klima war vergiftet. Während Luftwaffe und Kriegsmarine der Erhebung ferngestanden hatten, fühlte sich Hitler in seinem Mißtrauen gegen »das reaktionäre Heer« und insbesondere den Generalstab bestätigt. Die Untersuchungen der Gestapo führten denn auch rasch zu der Erkenntnis, daß Hitlers anfängliche Äußerung, nur eine »ganz kleine Clique« habe sich gegen ihn gewendet, falsch war. Als das ganze Ausmaß der Verschwörung aufgedeckt wurde, ließ Hitler seinen Rachephantasien freien Lauf. Von den etwa siebentausend Verhafteten wurden zweihundert zum Tode verurteilt, die prominentesten unter ihnen ließ Hitler qualvoll an den »Fleischerhaken« in der Strafanstalt Berlin-Plötzensee sterben.

Wie sehr er sich durch das Attentat in seinen Ressentiments gegen die alten Führungsschichten bestätigt fühlte, geht aus einer Äußerung hervor, die er einige Wochen später gegenüber General Adolf Heusinger machte: »Ich habe schon oft bitter bereut, mein Offizierskorps nicht so gesäubert zu haben, wie es Stalin tat. Aber ich muß und werde das nachholen.« Ganz in diesem Sinne erklärte er auch in einer Ansprache vor Gauleitern am 24. Februar 1945, sein entscheidender Fehler sei es gewesen, nur die organisierte Arbeiterbewegung zu zerstören, aber keinen »Schlag gegen rechts« geführt zu haben. Damit fand Hitler nicht nur Anklang bei Goebbels, sondern auch bei Ley, der in unflätigster Weise über die »blaublütigen Schweine« redete. Mit solchen Ausfällen konnte man durchaus auf Widerhall in Teilen der Bevölkerung rechnen, wo sich unter dem Druck der Kriegsentwicklung und angesichts der Versorgungsschwierigkeiten alte Affekte gegen die frühere Oberschicht bemerkbar machten. Hitlers Popularität erreichte, nachdem es infolge der Niederlage vor Stalingrad einen massiven Einbruch gegeben hatte, nach dem 20. Juli 1944 noch einmal einen letzten Höhepunkt. Am Abend des Attentates hatte er schon im Gespräch mit Bauarbeitern vertrauensvoll geäußert: »Ich habe von Anfang an gewußt, daß ihr das nicht gewesen seid.« Eine Spezialabteilung für psychologische Kriegführung der amerikanischen Streitkräfte, die seit dem Beginn der Invasion deutsche Kriegsgefangene vernahm, registrierte, daß die Zustimmung zu Hitler, die kontinuierlich gesunken und schließlich bei 57 Prozent angelangt war, im August 1944 erneut auf 68 Prozent anstieg.

Die Reaktion an der Front auf die Erhebung war zwiespältig, die Ablehnung überwog. In vielen Fällen betrachteten Soldaten und Offiziere die Aktion als sinnlos, weil die Verwirrung in einzelnen Truppenkommandos zu Einbrüchen des Gegners geführt hatte. Eine Aussicht auf Erfolg schien kaum jemandem gegeben, dafür die Gefahr eines Bürgerkrieges zwischen Partei und Wehrmacht groß. In einer Ansprache vor seinem Offizierskorps faßte ein Divisionskommandeur, Generalleutnant Eccard von Gablenz, die weitverbreitete und eher ambivalente Einschätzung des 20. Juli zusammen. Er begann seine Ausführungen mit dem Hinweis, daß die Tötung des Staatsoberhauptes im Krieg unentschuldbar sei, »aber ebenso sei es völlig unberechtigt, diese Männer, wie es Goebbels tut, als ›gemeine Ehrgeizlinge‹ zu beschimpfen. Im Gegenteil, diese Männer hätten die Lage in jeder Hinsicht als katastrophal angesehen und geglaubt, durch die Ermordung Hitlers mit den Feindmächten noch einen leidlichen Friedensschluß zu erreichen«. Nach Auffassung des Generals »eine Illusion. Denn der Krieg gelte nicht der Person Hitlers, sondern Deutschland.«

Die Plausibilität dieser Einschätzung war in der gegebenen Lage schwer zu bestreiten: Churchill hatte im britischen Unterhaus nach dem gescheiterten Anschlag eine triumphierende Rede gehalten, in der er den Widerstand der Offiziere als durchsichtigen Versuch charakterisierte, sich im letzten Augenblick aus der Komplizenschaft mit Hitler herauszumogeln. Ein amerikanischer Geheimdienstbericht vom 30. Juli kam zu ähnlichen Ergebnissen: Das Überleben des »Führers« – das »Hitlerwunder« – sei zu begrüßen, denn nun werde deutlich, daß »die Nazis ... fest im Sattel sitzen und der Mythos vom ›edleren Deutschen‹ täglich unglaubwürdiger wird«; deshalb bekämpfe man von nun an ohne jede Unterscheidung »die Nazis, die Deutsche sind, und die Deutschen, die Nazis sind«.

Hatte nach der Konferenz von Casablanca das Bewußtsein, daß die Alliierten keinen Kompromißfrieden schließen würden, dazu beigetragen, wenn schon keine nationale Solidarität, so doch kollektiven Trotz und Verteidigungswillen zu erzeugen, so begann sich in den letzten Monaten des Krieges dieses Empfinden zu verflüchtigen. Der noch einmal gesteigerte Bombenkrieg – bei der Zerstörung Dresdens im Februar 1945 waren mindestens 35.000 Tote registriert worden, ungezählt blieben Tausende von Namenlosen, die ums Leben kamen – führte zur Vernichtung der verbliebenen Lebensgrundlagen, und die Besetzung von immer größeren Teilen des Reiches machte jede Hoffnung auf ein glimpfliches Ende zunichte. Zwar gab es noch Zeugnisse eines merkwürdigen Wunderglaubens – so stellte ein SD-Bericht vom Januar 1945 fest, daß in Berlin allgemein mit einem Sieg Deutschlands gerechnet werde –, aber das blieben kurzlebige Illusionen.

Die Menschen waren abgestumpft und simulierten bestenfalls ein »normales« Leben. Während der kurzen Pause zwischen der ersten und zweiten Belagerung Königsbergs durch sowjetische Truppen, in der Zeit vom 21. Februar bis zum 1. April 1945, öffneten in der »Festung« noch einmal die Geschäfte, Restaurants und Kinos. Man schlachtete einen Teil des Viehs, das die Flüchtlinge in die Stadt getrieben hatten, und konnte auch die Versorgung mit Milch aufrechterhalten. Ein ungewöhnlich milder Frühling lockte zum Promenieren, während sich die Katastrophe anbahnte. Das war aber ein schon den Zeitgenossen ganz unwirklich erscheinendes Szenario. Ende 1944 hatte der Schriftsteller Horst Lange in seinem Tagebuch notiert: »Die Entscheidungen sind längst gefallen, die Ereignisse versuchen nur aufzuholen und das Aktuelle sozusagen verspätet darzustellen. Wir wissen alle genau, wohin es führen wird. Die Überraschungsmomente, von denen her den Ereignissen eine neue Wendung gegeben werden könnte, sind immer seltener geworden. Die Bahn, auf der alles läuft, hat sich immer mehr verengt.«

Diese »Verengung« war es, die die letzten Monate des »Dritten Reiches« bestimmte, eine Zwangsläufigkeit des Untergangs, die im Grunde jedem deutlich sein mußte, auch wenn das Regime von seinen verbissenen Bemühungen um Fortsetzung des Kampfes nicht abließ. Bis zum Sommer 1944 erhöhte Speer weiter die Produktion von Rüstungsgütern und konnte durch die Einrichtung von unterirdischen Fertigungsstätten einen weitgehenden Schutz vor den Bombardierungen gewährleisten. So erreichte im September des Jahres der Ausstoß an Jagdflugzeugen mit 3.375 Maschinen pro Monat (die meisten gehörten allerdings dem veralteten Typ der Me 109 an) überhaupt den höchsten Stand während des Krieges, das gleiche galt für die 1.854 Panzer, Sturmgeschütze und Geschütze auf Selbstfahrlafetten. Jedoch entstanden gleichzeitig gravierende neue Probleme bei der Versorgung mit Rohstoffen. Durch den Verlust der rumänischen Erdölfelder im August 1944 hatte es schon erhebliche Einbußen gegeben. Dann vernichteten britische Bomberangriffe die Anlagen zur Gewinnung von Benzin durch Kohlehydrierung. Die Erzeugung von Flugbenzin brach wegen der dauernden Angriffe im Februar 1945 zusammen, während die Produktion von Kraftfahrzeugbenzin und Diesel bis Kriegsende zu vierzig beziehungsweise sechzig Prozent aufrechterhalten werden konnte.

Die Luftangriffe machten sich außerdem bei den Transportmitteln bemerkbar. Der Waggonbestand der Reichsbahn verringerte sich zwischen Juli und Dezember 1944 von 136.000 auf 87.000, im Februar 1945 waren nur noch 28.000 Waggons vorhanden, die bei Dauereinsatz gerade in der Lage gewesen wären, die Hälfte des Personen- und ein Fünftel des Güterverkehrs zu bewältigen. Die Lage der Zivilisten war mittlerweile unerträglich geworden. Die Versorgung mit Strom, Gas und Heizmaterial in den Städten brach endgültig zusammen. Das gleiche galt für das System der Privatwirtschaft, nachdem die Kriegsfinanzierung, die teilweise über den staatlichen Zugriff auf die privaten Sparguthaben lief, im November 1944 kollabierte. Das Mißtrauen gegenüber den Aussichten auf einen »Endsieg« hatte sich längst so weit verbreitet, daß die Bürger ihr Geld nicht mehr auf die Banken brachten. Daraufhin erhöhte die Regierung den Geldumlauf von 29 Milliarden Reichsmark im August 1943 auf 67 Milliarden bei Kriegsende. Da der größeren Geldmenge kein entsprechendes Warenangebot mehr gegenüberstand – die Konsumgüterproduktion betrug zuletzt nur noch zehn bis fünfzehn Prozent des Friedensstandes –, entwickelte sich rasch ein Schwarzmarkt, auf dem seit dem Herbst 1944 Zigaretten als Ersatzwährung dienten. Ihr Wert stieg von zwei (3. November 1944) auf sechs Reichsmark (9. März 1945) an. Gemäß den Gesetzen des Schwarzmarktes wuchs der Preis für alle lebenswichtigen Produkte vor allem in den Städten, während es auf dem Land noch immer Möglichkeiten gab, die Selbstversorgung zu organisieren. Im April 1945 mußten in den großen

Städten für ein Kilogramm Brot hundert Reichsmark bezahlt werden. Größere Beträge wurden für falsche Papiere bezahlt, Reisepaß, Wehrpaß und Arbeitsbuch brachten achtzigtausend Reichsmark.

Mit der desolaten Lage verband sich auch das Anwachsen der Kriminalität. Die Zunahme der Feldpostdelikte oder die Berliner S-Bahn-Morde auf der Strecke Rummelsburg-Erkner im Jahr 1940/41 waren eher Ausnahmeerscheinungen gewesen, jetzt aber nahm die Zahl der Diebstähle und Plünderungen, auch der Gewaltverbrechen trotz der drakonischen Strafandrohungen rapide zu. Die Evakuierungen, die Abwesenheit der Männer im Kriege, die Berufstätigkeit der Frauen und der Zerfall der HJ-Strukturen trugen außerdem dazu bei, daß sich die Jugendlichen in »Cliquen« zusammenschlossen, die ihren Unmut über den Krieg und das Regime ziemlich unverhohlen zum Ausdruck brachten. In den Berliner Laubenkolonien trafen sich Arbeiterjugendliche, die ihren Gruppen Namen wie C.D.U. (»Club der Unheimlichen«) und »Knietief« gaben, während sich die »Swingjugend« aus der Mittelschicht in den verbliebenen Cafés und Restaurants mit englisch-lässiger Kleidung und möglichst langem Facon-Haarschnitt, dunklem Mantel und weißem Seidenschal zeigte.

In dem Maße, in dem Teile Deutschlands von den Alliierten besetzt wurden, zersplitterte auch die Reichseinheit. Die Gauleiter als Verteidigungskommissare versuchten in ihren Gebieten die Bevölkerung zum äußersten Widerstand anzustacheln, nicht zuletzt, weil sie wußten, daß mit dem Untergang des Regimes ihr eigenes Schicksal besiegelt sein würde. Einheiten der Feldgendarmerie und der SS fahndeten ununterbrochen nach »Defätisten« und »Deserteuren«, knüpften vor allem an der Westfront jeden auf, der unter dem Verdacht stand, die Truppe verlassen zu wollen; an den Gehenkten wurden Schilder befestigt, auf denen ihr Vergehen zu lesen stand.

Dabei bewegten sich die Erwartungen und Vorstellungen der Partei- und Staatsführung, der Soldaten und Truppenführer sowie der durchschnittlichen »Volksgenossen« immer weiter auseinander. Während Hitler, Bormann und Goebbels auf ein Wunder warteten, das sie retten würde, hatten andere wie Göring schon resigniert, und ausgerechnet Himmler, der »getreue Heinrich«, der seinen Männern so gern heroische Untergänge ausmalte, war es, der seit dem Sommer 1944 fieberhaft nach einem Weg suchte, um der bevorstehenden Katastrophe zu entkommen. Es spricht nicht nur manches für die Annahme, daß er von den Plänen der Verschwörer des 20. Juli wußte und sie gewähren ließ – vielleicht um in einem Deutschland nach Hitler eine entscheidende Rolle zu spielen –, es kann vor allem als sicher angenommen werden, daß er selbst im Oktober 1944 den Befehl gab, die »Endlösung« zu stoppen. Mehrfach versuchte er nach der Landung der Alliierten in Frankreich, Sondierungen mit Eisenhower, amerikanischen oder englischen Regierungsstellen aufzunehmen und dabei die Juden als Faustpfand zu benutzen. Zwar wurden die Todesmärsche der KZ-Häftlinge nicht verhindert, die die SS vor der anrückenden Roten Armee nach Westen trieb, aber einige hunderttausend Juden, die Eichmann noch deportieren wollte, blieben am Leben.

Himmlers Vorstellung von der Gesamtlage war, verglichen mit derjenigen Hitlers, erstaunlich realistisch. Er richtete sich auf auf die »Zeit danach« ein, wie die Masse der Bevölkerung auch. Während das Bürgertum vor allem auf die rasche Ankunft der Westmächte hoffte, fanden sich in Teilen der Arbeiterschaft manchmal ältere prosowjetische Sympathien wiederbelebt, in Berlin kursierten Gerüchte, der »Iwan« behandele die einfachen Leute in Ostpreußen gut. Solche Erwartungen waren allerdings völlig illusorisch. Seitdem die Rote Armee die Grenze des Reiches überschritten hatte, verbreitete sie panisches Entsetzen, und der Name »Nemmersdorf« wurde zum Symbol des Schreckens. Diese ostpreußische Ortschaft südlich von Gumbinnen hatten am 20. Oktober 1944 sowjetische Truppen besetzt, sie wurde aber wenige Tage später von der Wehrmacht zurückgewonnen. Die Zivilbevölkerung, zweiundsiebzig Frauen und Kinder und ein alter Mann, fand man ermordet, die Frauen oft vergewaltigt und bestialisch zu Tode gequält, außerdem traf man auf die Leichen von fünfzig französischen Kriegsgefangenen, die als Landarbeiter eingesetzt gewesen und von den Rotarmisten erschossen worden waren. General Friedrich Hoßbach, jetzt Oberbefehlshaber der 4. Armee in Ostpreußen, hatte bereits im August des Jahres die vorsorgliche Evakuierung des bedrohten Gebietes gefordert, was aber von Gauleiter Koch als »Defätismus« verboten worden war. Als es zu spät war für eine geordnete Räumung, begann die regellose Flucht aus den Ostprovinzen.

Ende Januar 1945 befanden sich nach Schätzungen der Wehrmacht 3,5 Millionen Menschen auf der Flucht; bis zum Mai sollte sich diese Zahl fast verdoppeln, während sich die Nachrichten von den Ausschreitungen wie ein Lauffeuer verbreiteten. Immer wieder schossen sowjetische Einheiten mit Geschützen auf Flüchtlingszüge, fuhren Panzer in Trecks hinein, wurden Menschen und Tiere mit Maschinenwaffen erschossen. In den besetzten Ortschaften wurden nicht nur summarisch Kriegsgefangene getötet und jeder, der als »Klassenfeind« oder »Faschist« galt, es fanden auch bereits in großem Maßstab Deportationen zur Zwangsarbeit in das Innere der Sowjetunion statt – man geht von etwa 500.000 Verschleppten aus –, und es wiederholte sich die massenhafte Vergewaltigung von Mädchen, Frauen und Greisinnen. Nach neueren Untersuchungen waren davon fast eineinhalb Millionen Frauen betroffen, mehr als zehntausend überlebten die Gewalttat nicht. In einzelnen Ortschaften kam es zu kollektiven Selbstmorden; so nahmen sich im pommerschen Demmin nach dem Einmarsch der Roten Armee am 30. April etwa eintausend Menschen das Leben.

Man hat diese Exzesse damit erklären wollen, daß sie aus einem verständlichen Bedürfnis nach Vergeltung für die deutschen Untaten während des Rußlandfeldzuges verübt wurden. So sollen in einem sowjetischen Schützenregiment von dreitausend Mann 158 nahe Verwandte durch die Deutschen verloren haben, aus den Familien von 56 weiteren gab es Verschleppungen, und 445 Soldaten hatten Haus und Besitz durch die deutschen Invasoren verloren. Möglicherweise hat auch die Entdeckung der Konzentrationslager – am 24. Juli 1944 hatte die Rote Armee das Lager Majdanek erreicht, dessen Einrichtungen von der SS nicht mehr rechtzeitig zerstört werden konnten – den Wunsch nach Vergeltung geweckt, aber das alles kann kaum die Orgie der Gewalt erklären, die sich außerdem nicht nur in Mittel- und Ostdeutschland, sondern auch in den von der Roten Armee »befreiten« Ländern vollzog.

Zur Erklärung muß in die Betrachtung einbezogen werden, daß die sowjetische Führung ihre Soldaten seit langem systematisch aufgeputscht hatte; in einem Flugblatt mit einem Text des Schriftstellers Ilja Ehrenburg, das man zum ersten Mal während der Oktober-Offensive von 1944 verteilte, wurde nicht nur an die blutgetränkte Erde Rußlands und die zahllosen Opfer des deutschen Angriffs erinnert, sondern ganz ausdrücklich gefordert: »Tötet. Es gibt nichts, was an den Deutschen unschuldig ist, die Lebenden nicht und die Ungeborenen nicht! Folgt der Weisung des Genossen Stalin und zerstampft für immer das faschistische Tier in seiner Höhle. Brecht mit Gewalt den Rassenhochmut der germanischen Frauen! Nehmt sie als rechtmäßige Beute! Tötet, ihr tapferen Soldaten der siegreichen sowjetischen Armee!«

Das Auftreten der Roten Armee führte dazu, daß es sogar viele »Fremdarbeiter« vorzogen, die deutschen Trecks nach Westen zu begleiten; teilweise führten sie – die einzigen erwachsenen Männer in den Dörfern oder auf den Höfen – die Flüchtlingszüge sogar an. Mit welch gemischten Gefühlen man die sowjetischen Soldaten erwartete, zeigte sich auch an einer Gruppe von englischen Offizieren, die in einem Lager bei Schloßberg inhaftiert war, das dann von sowjetischen Truppen erreicht wurde. Die Briten schlugen sich auf eigene Faust bis zu den deutschen Linien durch und erreichten noch das zur 4. Panzerdivision gehörende 35. Panzerregiment; einer der deutschen Beteiligten berichtete, die Gruppe hätte »betont höflich und korrekt gebeten …, wieder zu uns kommen und bei uns bleiben zu dürfen. Notfalls, beteuerten sie unaufgefordert, wären sie sogar bereit, auf deutscher Seite zu kämpfen.«

Finis Germaniae

Am 30. Januar 1945 wandte sich Hitler zum letzten Mal mit einer Rundfunkrede direkt an das Volk. Von seiner Rhetorik war nichts mehr geblieben, die Rede war eine Mischung aus Weinerlichkeit und alten Tiraden. So berief er sich noch einmal auf seine guten Absichten und die kurze Zeit des Friedens, die ihm vergönnt gewesen sei, auf den Willen des »Allmächtigen«, der ihn beauftragt habe, das deutsche Volk zu führen, um dann auf den Undank der Welt und die »plutokratisch-bolschewistische Verschwörung« abzuheben, die nicht nur das Reich, sondern auch Europa zerstören werde. Seine Ausbrüche gegen die »bürgerlichen Schafe«, die »verbohrten Bürger, die nicht erkennen wollen, daß das Zeitalter einer bürgerlichen Welt eben beendet ist und niemals wiederkehren wird«, erinnerten nicht zufällig an die frühen Jahre der »Kampfzeit«. Auch an anderen Passagen wurde erkennbar, daß Hitler an seine früheren und radikaleren Vorstellungen von »Nationalsozialismus« anknüpfte, an die apokalyptischen Vorstellungen der ersten Zeit. Seit dem fehlgeschlagenen Attentat zeigte er sich den Veteranen der »Bewegung« wieder verbunden, die ihm in der Zeit seines Glanzes eher peinlich gewesen waren, zu denen er Distanz aufgebaut hatte und die man wie die antisemitischen Agitatoren Julius Streicher und Hermann Esser aus Sorge vor der Peinlichkeit ihrer Auftritte lange vor dem Licht der Öffentlichkeit verbarg.

Anfang 1945 setzte Hitler seine Hoffnung noch immer auf den Zerfall der gegnerischen Koalition, und er nahm an, daß die Ostfront durchaus gehalten werden könne; den sowjetischen Aufmarsch hielt er angeblich für »den größten Bluff seit Dschingis Khan«. Das Groteske dieser Fehleinschätzung – das Kräfteverhältnis zwischen der Wehrmacht und der Roten Armee betrug bei der Infanterie elf zu eins, bei den Panzern sieben zu eins und bei der Artillerie zwanzig zu eins – sollte sich schnell erweisen, als am 12. Januar 1945 die sowjetische Winteroffensive mit dem Angriff der 1. Ukrainischen und der 1. Weißrussischen Front über die Weichsel hinweg begann. Die 1. Ukrainische Front nahm am 17. Januar das polnische Tschenstochau und stieß dann auf das Reichsgebiet vor. Am 18. Januar hatte die Rote Armee Warschau genommen und am 27. Posen erreicht, wodurch Berlin bereits unmittelbar bedroht war.

Der Schock der russischen Vorstöße führte dazu, daß sich Guderian endlich gegenüber Hitler und Jodl mit der Forderung durchsetzen konnte, Truppen aus der Westfront herauszuziehen und im Osten in Stellung zu bringen. Aber alle seine Bemühungen, eine sinnvolle Verteidigung zu organisieren, scheiterten immer wieder an den Eingriffen Hitlers in die Operationen und an der wahllosen Absetzung von Truppenführern, die nicht bedingungslos seinen Befehlen gehorchten. Die Räumung Warschaus durch deutsche Truppen am 17. Januar 1945 führte zur Inhaftierung des verantwortlichen Obersten Bogislaw von Bonin in einem Konzentrationslager, ein Vorgang, der das Verhältnis zwischen Hitler und Guderian ebenso belastete wie der Konflikt um die Betrauung des militärisch unerfahrenen Himmler mit einem Feldkommando. Die von den sowjetischen Angriffsverbänden zwischen den Heeresgruppen Mitte und Nord geschlagene Bresche sollte durch eine neu aufgestellte »Heeresgruppe Weichsel« verteidigt werden. Gegen alle Vorstellungen Guderians war Hitler entschlossen, den

»Reichsführer-SS« mit dieser Aufgabe zu betrauen, weil er direkt auf das Ersatz-heer zurückgreifen konnte. Himmler scheiterte, wie kaum anders zu erwarten war, und trug mit seinen unsinnigen Entscheidungen wesentlich zum raschen Verlust Westpreußens bei, aber Hitler hielt an ihm so lange fest, bis es Guderian gelang, Himmler im direkten Gespräch zum Rücktritt zu bewegen. Am 20. März stimmte Hitler fast gleichgültig der Ernennung des Generalobersten Gotthard Heinrici zum neuen Oberbefehlshaber der »Heeresgruppe Weichsel« zu.

Zu diesem Zeitpunkt hatte die Rote Armee längst den größten Teil Ost-deutschlands besetzt. Am 22. Januar war Allenstein von der 2. Weißrussischen Front erobert worden, vier Tage später erreichte sie das Frische Haff, womit die Landverbindung zwischen Ostpreußen und dem Reich unterbrochen war. Der Hafen von Gdingen konnte zwar mit Hilfe der Geschütze des schweren Kreuzers »Prinz Eugen« vorerst gehalten werden, aber am 28. März war auch hier die Kapitulation unumgänglich. Zwei Tage später mußte Danzig, am 9. April Kö-nigsberg und am 25. des Monats Pillau den Kampf aufgeben. Wegen des aufop-ferungsvollen Einsatzes der deutschen Truppen konnten aber noch 1,5 Millionen Flüchtlinge sowie eine halbe Million Soldaten und Verwundete von der Kriegs-marine aus den Häfen Kurlands, Ostpreußens, der Danziger Bucht und Pom-merns gerettet werden.

Die sowjetische Winteroffensive führte dazu, daß die Rote Armee in der Schlußphase dieses Vorstoßes eine Linie von Stettin über Görlitz bis zu den Su-deten hielt. Währenddessen kam es an der Westfront zu einer kurzen Unterbre-chung des Vormarsches infolge einer Kontroverse zwischen der englischen und der amerikanischen Führung. Die Engländer wollten durch die norddeutsche Tiefebene rasch bis zur Elbe vorstoßen, um möglichst große Gebietsanteile vor den Sowjets zu erreichen, deren politischen Absichten Churchill mißtraute, konnten sich aber nicht gegen Eisenhower durchsetzen, der darauf bestand, daß man zunächst die Rheinlinie gewinnen müsse. Am 8. März brachten die Alliier-ten bei Remagen zum ersten Mal eine unzerstörte Rheinbrücke in ihren Besitz; damit war das letzte Hindernis auf dem Weg nach Osten beseitigt.

Die Deutschen hatten dem Druck der alliierten Fronten kaum noch etwas entgegenzusetzen. Die ausgebluteten Einheiten der Wehrmacht wurden nur sehr unzulänglich durch den neu aufgestellten »Volkssturm« ergänzt. Am 25. Septem-ber 1944, dem Jahrestag der Völkerschlacht bei Leipzig, war durch Führererlaß festgelegt worden, daß zur Verteidigung des »Heimatbodens« alle Männer zwi-schen sechzehn und sechzig Jahren eingezogen werden sollten, um in einer letzten Mobilisierung – nach dem Vorbild der Freikorps und des preußischen »Land-sturms« der napoleonischen Kriege – den Vormarsch des Feindes aufzuhalten. Die Gauleiter als Reichsverteidigungskommissare wurden damit beauftragt, die Einheiten des Volkssturms aufzustellen, während Himmler in seiner Funktion als Oberbefehlshaber des Ersatzheeres die militärische und Bormann die politischideologische Führung erhielten. Der Volkssturm erfaßte in drei Aufgeboten alle Männer der Jahrgänge von 1884 bis 1924, die bisher vom Dienst befreit worden waren, dann alle »unabkömmlich« gestellten Wehrpflichtigen und die Jahrgänge 1925 bis 1928, die man in Wehrertüchtigungslagern der HJ auf ihren militärischen Einsatz vorbereitete. Allerdings war die Ausbildung des Volkssturms von erheblichen Problemen gekennzeichnet, weil die Arbeitszeit der meisten Männer mittlerweile auf siebzig Stunden pro Woche angestiegen war und kaum Energie für das Exerzieren und die Waffenschulung übrigließ.

Der geringe Kampfwert der Volkssturmeinheiten lag aber vor allem an der mangelhaften Ausrüstung und Bewaffnung: Im wesentlichen standen nur Beutewaffen, die »Panzerfaust« und das vereinfachte »Volkssturmgewehr« zur Verfügung; vielfach gab es gar keine Waffen, so daß die Formationen lediglich zum Bau von Sperren und für Schanzarbeiten eingesetzt werden konnten. »Die einzige effiziente Seite des Deutschen Volkssturms blieb die bürokratische Organisation« (Franz W. Seidler), die von Bormann auf dem Papier durchgreifend von der Spitze bis zur Basis entwickelt worden war. Die vorhandenen Kräfte, die möglicherweise ausgereicht hätten, um die unmittelbar an den Grenzen liegenden Gaue zu schützen, wurden über das ganze Reich verteilt. Bormann bestand auf einer reichseinheitlichen Organisation, was zumindest den Nebeneffekt hatte, daß alle »Defätisten« und »Nörgler« in dieser »Parteiarmee« erfaßt und kontrolliert wurden.

Bormanns Dilettantismus und sein Affekt gegen die Wehrmacht hatten aber fatale Wirkungen, weil er jede Beratung, jede Mitarbeit und jede Information militärischer Stellen während der Aufstellung des Volkssturms ablehnte, obwohl im Ernstfall der Volkssturm von Unteroffizieren und Offizieren der Armee geführt werden sollte. Die in feldgrau umgefärbter Zivilkleidung oder in Parteiuniformen eingesetzten Männer schlugen sich vor allem im Osten mit außergewöhnlicher Zähigkeit, aber ihr Einsatz war von Anfang an verantwortungs- und sinnlos. Die Idee, man könne durch dieses Zerrbild der revolutionären »levée en masse« das Schicksal noch einmal wenden, mußte scheitern. 175.000 Volkssturmangehörige sind noch in den letzten Monaten des Krieges gefallen, fast 25.000 wurden als vermißt gemeldet.

Am 16. Januar 1945 war Hitler endgültig nach Berlin zurückgekehrt. Nachdem er am 11. Dezember die »Wolfsschanze« verlassen hatte, um bei Ziegenberg in der Nähe von Bad Nauheim sein Hauptquartier »Adlerhorst« zu beziehen, von dem aus er die Ardennenoffensive leiten wollte, hatte er sich schließlich – als der Angriff im Westen lange gescheitert war – dazu entschlossen, sein Quartier in der Reichskanzlei beziehungsweise in dem acht Meter tief unter dem angrenzenden Garten liegenden Luftschutzkeller zu nehmen. Er sollte den »Führerbunker« nur noch einmal, zu einem Frontbesuch an der Oder am 11. März 1945, verlassen. Nach der Beschreibung eines Generalstabsoffiziers war Hitler in einem

Die militärische Lage am 24. März 1945 und die Vormarschrichtungen der alliierten Truppen

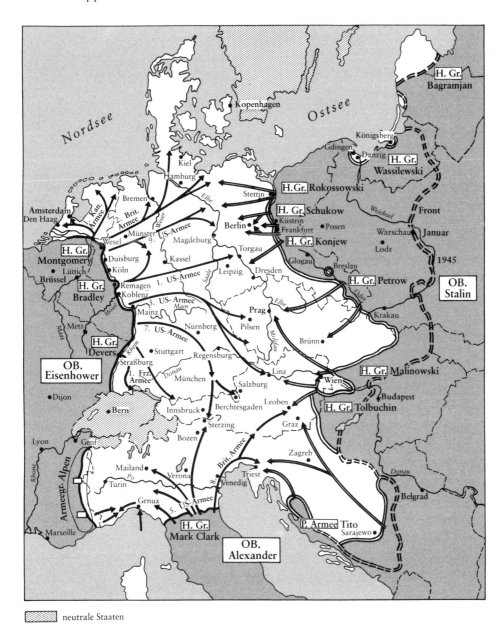

neutrale Staaten

erbarmungswürdigen Zustand: »Er bot körperlich ein furchtbares Bild. Er schleppte sich mühsam und schwerfällig, den Oberkörper vorwärts werfend, die Beine nachziehend, von seinem Wohnraum in den Besprechungsraum des Bunkers. Ihm fehlte das Gleichgewichtsgefühl; wurde er auf dem kurzen Weg (zwanzig bis dreißig Meter) aufgehalten, mußte er sich auf eine der hierfür an beiden Wänden bereitstehenden Bänke setzen oder sich an seinem Gesprächspartner festhalten … Die Augen waren blutunterlaufen … Aus den Mundwinkeln troff häufig der Speichel.« Hitlers körperlicher und geistiger Verfall äußerte sich auch in seiner Konzentrationsschwäche, aber immer noch zeigte er keine Bereitschaft, die Führung der Operationen aus der Hand zu geben. Der Wirklichkeitsverlust war längst vollständig. Als man ihm im März eine Lagekarte nicht in dem gewohnten Maßstab von 1 : 300.000, sondern eine im Maßstab von 1 : 1.000.000 vorlegte, die den Verlauf von Ost- und Westfront auf einen Blick erfassen ließ, geriet er völlig außer sich.

Zu diesem Zeitpunkt war das Verhältnis zwischen Hitler und seinem wichtigsten militärischen Mitarbeiter Guderian bereits völlig zerrüttet. Am 28. März erfolgte der definitive Bruch, und der Generaloberst wurde unter dem Vorwand eines krankheitsbedingten Urlaubs entlassen. In dieser Schlußphase des Krieges hatte Guderian mehrfach versucht, Hitler von der Sinnlosigkeit der Fortsetzung des Kampfes zu überzeugen. Aber seine Bemühungen blieben ohne Erfolg, obwohl er in der Beurteilung der Lage mit dem von Hitler geschätzten Rüstungsminister Speer übereinstimmte, der diesem bereits Ende Januar eine Denkschrift zur wirtschaftlichen Lage überreicht hatte, die mit den Worten begann: »Der Krieg ist verloren«. Hitler hatte diesen Satz gelesen und das Memorandum ohne weitere Kenntnisnahme in einen Panzerschrank gelegt. Speer konnte auch später mit seinen Vorstellungen, die eine Kapitulation aus militärischen und ökonomischen Gründen empfahlen, nicht durchdringen. Am 18. März legte er erneut dar, daß die Kampfhandlungen unbedingt beendet werden müßten, um die Vernichtung der Lebensgrundlagen für das deutsche Volk zu verhindern. Hitler reagierte darauf mit dem ersten »Nero-Befehl«, demzufolge alle Industrie-, Verkehrs- und Versorgungseinrichtungen zerstört werden sollten. Die Ausführung oblag den Gauleitern und Reichsverteidigungskommissaren, und tatsächlich kam es im Ruhrgebiet zur Zerstörung von Schächten und Förderanlagen; Schiffe wurden in Fahrtrinnen versenkt, die Bevölkerung ins Landesinnere, nach Thüringen evakuiert, um Städte wie Düsseldorf in Brand zu setzen.

Die Ausführung dieses Plans konnte von Speer verhindert werden, aber in einer Auseinandersetzung mit Hitler wurde ihm deutlich gemacht, daß es bei diesen Maßnahmen weniger um die Nachahmung von Stalins Konzept der »verbrannten Erde« ging als um eine Bestrafung des deutschen Volkes für sein »Versagen«. »Wenn der Krieg verlorengeht«, sagte Hitler zu seinem Rüstungsminister, »wird auch das Volk verloren sein. Es ist nicht notwendig, auf die Grundlagen, die das deutsche Volk zu seinem primitivsten Weiterleben braucht, Rücksicht zu nehmen. Im Gegenteil sei es besser, selbst diese Dinge zu zerstören. Denn das Volk hat sich als das schwächere erwiesen, und dem stärkeren Ostvolk

Only this text in English is authoritative

ACT OF MILITARY SURRENDER

1. We the undersigned, acting by authority of the German High Command, hereby surrender unconditionally to the Supreme Commander, Allied Expeditionary Force and simultaneously to the Soviet High Command all forces on land, sea, and in the air who are at this date under German control.

2. The German High Command will at once issue orders to all German military, naval and air authorities and to all forces under German control to cease active operations at 2301 hours Central European time on 8 May and to remain in the positions occupied at that time. No ship, vessel, or aircraft is to be scuttled, or any damage done to their hull, machinery or equipment.

3. The German High Command will at once issue to the appropriate commanders, and ensure the carrying out of any further orders issued by the Supreme Commander, Allied Expeditionary Force and by the Soviet High Command.

4. This act of military surrender is without prejudice to, and will be superseded by any general instrument of surrender imposed by, or on behalf of the United Nations and applicable to GERMANY and the German armed forces as a whole.

- 1 -

5. In the event of the German High Command or any of the forces under their control failing to act in accordance with this Act of Surrender, the Supreme Commander, Allied Expeditionary Force and the Soviet High Command will take such punitive or other action as they deem appropriate.

Signed at Rheims at 0241 on the 7th day of May, 1945.
France

On behalf of the German High Command.

Jodl

IN THE PRESENCE OF

On behalf of the Supreme Commander, Allied Expeditionary Force.

On behalf of the Soviet High Command.

Major General, French Army.
(Witness)

- 2 -

Bedingungslose Kapitulation der deutschen Wehrmacht im Hauptquartier Eisenhowers zu Reims am 7. Mai 1945, einen Tag vor dem feierlich wiederholten Akt im sowjetischen Hauptquartier zu Berlin-Karlshorst. Die beiden Seiten des autorisierten Dokuments. Washington, DC, National Archives

»Aus Deutschlands letzter Vergangenheit«. Federzeichnung von Otto Griebel, 1945. Frankfurt
an der Oder, Museum für Junge Kunst

gehöre dann ausschließlich die Zukunft. Was nach diesem Kampf übrigbleibe, seien ohnehin nur die Minderwertigen, denn die Guten seien gefallen.«

In der zunehmenden Verdüsterung traute Hitler nur noch einigen Militärs – etwa Dönitz und Schörner, dessen unnachgiebige Härte er schätzte – sowie Bormann und Goebbels. Der Propagandaminister las ihm zum Trost aus Thomas Carlyles »Geschichte Friedrichs des Großen« vor, und gemeinsam erbaute man sich daran, daß auch der preußische König in aussichtsloser Lage durch ein »Mirakel« gerettet worden sei. Als dann tatsächlich am 12. April 1945 der amerikanische Präsident Roosevelt starb, war Hitler ganz außer sich vor Freude, glaubte, es wiederhole sich, was Friedrich mit dem Tod der Zarin Elisabeth von Rußland widerfahren war, aber die Hoffnungen erloschen rasch. Am 20. April wurde zum letzten Mal »Führers Geburtstag« gefeiert. Es war nichts geblieben von der früheren Pracht. Die Spitzen des untergehenden Regimes kamen in einer trostlosen Atmosphäre zusammen: Göring, Goebbels, Ley, Speer, Himmler, Bormann, Ribbentrop sowie die Wehrmachtführung trafen sich noch einmal zur Gratulationscour im »Führerbunker«. Vier Tage zuvor hatte die Rote Armee mit einem Großangriff auf die Oderlinie begonnen; die aus dem ganzen Reich hier zusammengezogene Flak, die für den Erdkampf eingesetzt wurde, konnte bis zum 19. mit einem undurchdringlichen Geschoßhagel das weitere Vorrücken der sowjetischen Truppen verhindern, aber dann erlahmte die Kraft der Verteidiger, und nach dem Fall der deutschen Oderbrückenköpfe südlich Wriezen und östlich Müncheberg zerriß die letzte intakte Front der Wehrmacht. Der Weg nach Berlin war frei.

Zu diesem Zeitpunkt dachte Hitler noch an einen Umzug in die »Alpenfestung« – eine umfassend gesicherte Endkampfstellung, von der aus er auf den Zerfall der Allianz seiner Gegner warten wollte –, aber er schwankte, ob es nicht besser sei, den Tod in Berlin zu finden und damit wenigstens zum Mythos zu werden. Gegenüber Bormann äußerte er: »Ein verzweifelter Kampf behält seinen ewigen Wert als Beispiel. Man denke an Leonidas und seine dreihundert Spartaner. Es paßt auf jeden Fall nicht zu unserem Stil, uns wie Schafe schlachten zu lassen. Man mag uns vielleicht ausrotten, aber man wird uns nicht zur Schlachtbank führen können.« Am Abend des 20. verließen dann Himmler, Ribbentrop und Speer sowie die Führungsspitze der Luftwaffe Berlin, um den Kampf auch nach dem absehbaren Fall der Reichshauptstadt fortzusetzen.

Models Heeresgruppe B, die im Ruhrgebiet eingeschlossen worden war, hatte unterdessen bereits am 18. April den Kampf aufgeben müssen und war mit 325.000 Mann in Gefangenschaft gegangen. Das weitere Vorgehen Eisenhowers blieb von der Sorge bestimmt, daß noch ein abschließender Kampf um die vermeintliche »Alpenfestung« notwendig sei. Durch den Ausfall der Heeresgruppe B gelang den alliierten Truppen aber ein rascher Vorstoß nach Osten, und am 13. April wurde die Elbe zwischen Wittenberg und Barby erreicht und die Saale zwischen Halle und Jena. Dort stieß man auf den überraschend starken Widerstand der Armee Wenck, die allerdings am 23. April den undurchführbaren Befehl erhielt, ihre Stellungen zu verlassen, kehrtzumachen und Berlin zu entsetzen. Am 28. April erreichten die Amerikaner Augsburg. Einen Tag später erfolgte die erste selbständige Teilkapitulation, als die deutsche Heeresgruppe in Italien unter Generaloberst Heinrich-Gottfried von Vietinghoff den Kampf aufgab. Währenddessen war der Vormarsch der Sowjets in Österreich durch einen deutschen Gegenangriff noch einmal aufgehalten worden, dann fiel am 13. April auch Wien in die Hände der Roten Armee. Drei Tage später begann der Umfassungsangriff gegen Berlin, während die 1. Ukrainische Front die deutschen Linien durchbrach und bei Torgau an der Elbe mit den Amerikanern zusammentraf.

Nachdem sich in der Reichshauptstadt letzte Hoffnungen auf Entsatz zerschlagen hatten und am 22. April die Nachricht eintraf, daß der General der Waffen-SS Felix Steiner einen Entlastungsangriff mit seiner »Armeegruppe« aus zehntausend zermürbten Soldaten verweigerte, weil ihm eine zehnfache Übermacht gegenüberstand, brach Hitler zusammen. Er tobte und schrie, daß ihn die Wehrmacht und nun auch die SS verraten hätten, daß die nationalsozialistische Weltanschauung verloren sei und er in Berlin bleiben wolle, um zu sterben. Weinkrämpfe schüttelten seinen Körper, dann sackte er in sich zusammen. Ein letztes Mal raffte er sich auf, um Dönitz zum Oberbefehlshaber für das verbliebene nördliche Reichsgebiet zu ernennen, während er den Süden Kesselring unterstellte; zu Dönitz, der seinen Sitz im holsteinischen Plön genommen hatte, begab sich Keitel mit dem OKW. Dann blieb Hitler nur noch, zwei »Verräter« aus seinem engsten Umfeld – Göring und Himmler – zu bestrafen.

Am 23. April erhielt Hitler ein Telegramm Görings. Der Reichsmarschall setzte voraus, daß Hitler im eingeschlossenen Berlin nicht mehr handlungsfähig sei und er deshalb – wie seit 1939 vorgesehen – die Nachfolge antreten müsse. Durch Bormanns Einrede deutete Hitler Görings Anfrage aber als Treuebruch und ließ ihn auf dem Obersalzberg festnehmen. In dieser Situation hielt sich nun Himmler aufgrund seiner faktischen Machtposition – als »Reichsführer-SS« und Reichsinnenminister – für den gegebenen Anwärter auf die Nachfolge Hitlers. Am 24. April bot er den Westmächten einen Separatfrieden und das Öffnen der Front an, damit sie rasch gegen die Sowjets marschieren könnten, und er plante die Bildung einer neuen Regierung unter seinem Vorsitz. Nach Bekanntwerden der Fühlungnahme mit den Amerikanern und Engländern enthob Hitler Himmler aller Ämter, konnte seiner allerdings nicht mehr habhaft werden.

In Hitlers politischem Testament, das er am 29. April Bormann diktierte, hieß es dementsprechend: »Ich stoße vor meinem Tode den früheren Reichsführer-SS und Reichsminister des Inneren, Heinrich Himmler, aus der Partei sowie aus allen Staatsämtern aus ... Göring und Himmler haben durch geheime Verhandlungen mit dem Feinde, die sie ohne mein Wissen und gegen meinen Willen abhielten, sowie durch den Versuch, entgegen dem Gesetz die Macht im Staate an sich zu reißen, dem Lande und dem gesamten Volk unabsehbaren Schaden zugefügt, gänzlich abgesehen von der Treulosigkeit gegen meine Person.« Er ermahnte seine Nachfolger, strikt an der Rassengesetzgebung und an dem Ziel, »Lebensraum« im Osten zu gewinnen, festzuhalten, und er ließ die in seiner Person vereinigten Ämter wieder trennen, indem er Goebbels zum Reichskanzler und Dönitz zum Reichspräsidenten und Oberbefehlshaber der Wehrmacht ernannte. Am 30. April, nachdem er in einer merkwürdigen Geste seine langjährige Geliebte Eva Braun geheiratet hatte, beging Hitler zusammen mit seiner Ehefrau Selbstmord, indem sie Gift nahm und er sich mit einer Pistole erschoß. Die Leichen wurden im Hof der zerstörten Reichskanzlei verbrannt, was allerdings nicht vollständig gelang. Die sowjetischen Truppen, die die Gebäudereste kurz darauf besetzten, fanden die verkohlten Leichen und transportierten sie unter schärfster Geheimhaltung ab.

Zwei Tage zuvor war Mussolini zusammen mit seiner Geliebten Clara Petacci von kommunistischen Partisanen im norditalienischen Dongo erschossen worden. Die »Neue Zürcher Zeitung« kommentierte den Tod des »Führers« und des »Duce« mit den Worten: »Es ist der Höllensturz der Diktatoren und ihrer Geschöpfe, mit dem dieser Krieg zu Ende geht – dieser Krieg, den Hitler zu gewinnen hoffte, indem er mit einer in der neueren Geschichte Europas beispiellosen Ruchlosigkeit alle Mittel der Vernichtung anwandte und sich und seine Werkzeuge von jedem Sittengesetz zu entbinden suchte.«

Epilog

Die Geschichte des nationalsozialistischen Regimes war trotz der Verfügungen, die Hitler bezüglich seiner Nachfolge getroffen hatte, mit seinem Tod beendet. Was nun folgte, war nur noch Nachspiel. In Mürwik bei Flensburg hatte der Finanzminister Schwerin-Krosigk auf Weisung des neuen Staatsoberhauptes, Großadmiral Dönitz, die Leitung einer geschäftsführenden Reichsregierung aus Fachministern übernommen; die als ausgesprochene Vertreter der Partei betrachteten ehemaligen Kabinettsmitglieder Ribbentrop, Himmler und Rosenberg wurden nicht in sie aufgenommen; Dönitz empfahl ihnen, sich den Alliierten zu stellen. Was die übrigen hohen Funktionäre der NSDAP anging, so hatte Goebbels am 1. Mai seine Kinder getötet und dann zusammen mit seiner Frau Selbstmord begangen, Bormann war beim Fluchtversuch aus Berlin erschossen worden, und Göring geriet in Süddeutschland in amerikanische Gefangenschaft. Irgendwelchen Widerstand gegen die faktische Auflösung der Partei gab es nicht, auch wenn Himmler noch der phantastischen Vorstellung anhing, daß seine SS als »Ordnungsfaktor« für die Amerikaner in Mitteleuropa unentbehrlich sei, und sich vergeblich durch Tarnung und Flucht der Inhaftierung zu entziehen suchte. Insofern wurde vor allem ein Faktum konstatiert, als es in der ersten Erklärung der neuen Reichsregierung hieß: »Die Einheit von Partei und Staat besteht nicht mehr. Die Partei ist vom Schauplatz ihrer Wirksamkeit abgetreten.«

An eine Fortsetzung des Kampfes dachte Dönitz nicht. Bereits am 4. Mai befahl er die Einstellung des U-Boot-Krieges, am 5. folgte das Verbot des »Werwolfs«, der Partisanenorganisation, deren Aufstellung Goebbels noch am 1. April über einen »Sender Werwolf« bekanntgegeben hatte. Dönitz letztes militärisches Ziel war es, durch Teilkapitulationen der Streitkräfte den Widerstand im Osten solange als möglich aufrechtzuerhalten, um den weiteren Abzug der Flüchtlinge zu decken und einer größeren Zahl von Wehrmachtsangehörigen die Chance zu bieten, in westliche Kriegsgefangenschaft zu kommen. Durch dieses Konzept gelang es immerhin der Heeresgruppe Süd in Österreich, der Armee Wenck und der Heeresgruppe Weichsel, die Masse ihrer Kräfte zu retten und insgesamt 2,5 bis 3 Millionen Deutsche vor der Roten Armee in Sicherheit zu bringen. Der am 6. Mai 1945 zu Verhandlungen mit Eisenhower nach Reims entsandte Jodl sah sich allerdings mit der prinzipiell ablehnenden Haltung des amerikanischen Oberkommandierenden gegenüber der durchschaubaren Taktik konfrontiert. Eisenhower verlangte die vollständige Kapitulation der Wehrmacht, die am 7. Mai in Reims unterzeichnet wurde und am 8. Mai um 23.01 Uhr in Kraft trat. Am 9. Mai um 0.16 Uhr mußte die Kapitulation im sowjetischen Hauptquartier in Berlin-Karlshorst im Beisein von Marschall Schukow von Keitel, Admiral von Friedeburg als Oberbefehlshaber der Marine und Generaloberst Stumpff in Vertretung des verwundeten Oberbefehlshabers der Luftwaffe (diesen Posten bekleidete seit dem 25. April Generalfeldmarschall Robert Ritter von Greim) wiederholt werden.

Angesichts der prekärer werdenden Beziehungen zwischen der Sowjetunion und ihren westlichen Verbündeten hatten die beiden entstehenden Lager – Amerikaner und Engländer auf der einen, die Sowjets auf der anderen Seite – eine Zeitlang geschwankt, wie mit der Regierung Dönitz zu verfahren sei, da nicht auszuschließen war, daß eine deutsche Zentralinstanz noch von Nutzen sein konnte. Erst am 23. Mai wurde die Situation durch die Inhaftierung von Dönitz und seinem Kabinett geklärt. Am 5. Juni 1945 verabschiedeten die Regierungen Großbritanniens, der USA, der Sowjetunion und Frankreichs gemeinsam die »Berliner Deklaration«; in diesem Text hieß es, daß »in Anbetracht der Niederlage Deutschlands« die Alliierten zur »Übernahme der obersten Regierungsgewalt hinsichtlich Deutschlands« genötigt seien: »Die deutschen Streitkräfte zu Lande, zu Wasser und in der Luft sind vollständig geschlagen und haben bedingungslos kapituliert, und Deutschland, das für den Krieg verantwortlich ist, ist nicht mehr fähig, sich dem Willen der siegreichen Mächte zu widersetzen. Dadurch ist die bedingungslose Kapitulation Deutschlands erfolgt, und Deutschland unterwirft sich allen Forderungen, die ihm jetzt oder später auferlegt werden. Es gibt in Deutschland keine zentrale Regierung oder Behörde, die fähig wäre, die Verantwortung für die Aufrechterhaltung der Ordnung, für die Verwaltung des Landes und für die Ausführung der Forderungen der siegreichen Mächte zu übernehmen.«

Die Niederlage von 1945 unterschied sich sehr deutlich von der, die Deutschland 1918 erlitten hatte. Für eine »Dolchstoßlegende« gab es keinen Raum: Das Desaster war vollständig und unbezweifelbar. Die Alliierten hatten das Reich militärisch besiegt und besetzt. Sie waren, wie es ausdrücklich hieß, nicht zum »Zweck der Befreiung« gekommen, sondern um einen »Feindstaat« niederzuwerfen und das deutsche Machtpotential zu zerstören. Jede der verbündeten Mächte hatte eigene Vorstellungen davon, wie dieses Ziel am besten verwirklicht werden könnte. Schon seit dem September-Feldzug von 1939 entwickelte die britische Führung im Austausch mit der polnischen und der tschechischen Exilregierung Pläne für eine ethnische Säuberung Ostmitteleuropas von deutschen Siedlungsgruppen; darüber hinaus strebte man von polnischer Seite weiter das Ziel eines Großstaates an, dem die Reichsgebiete östlich der Oder einverleibt werden sollten, während der tschechische Staatspräsident Beneš vor allem die Aufhebung des Münchener Abkommens und die Austreibung der Sudetendeutschen, denen er die Schuld am Zusammenbruch der alten ČSR gab, erreichen wollte.

Pläne für eine dauerhafte Teilung Deutschlands wurden zwischen Stalin und dem britischen Außenminister Eden bereits im Dezember 1941 diskutiert, sie gingen aber nicht in die Nachkriegsplanungen ein; die schließlich errichteten Besatzungszonen sollten ursprünglich kein Präjudiz für die Spaltung des Landes schaffen, sondern nur dessen unmittelbarer Kontrolle durch die Siegermächte USA, Sowjetunion, Großbritannien und Frankreich dienen. Darüber hinaus stand seit 1944 fest, daß Ostdeutschland infolge der von Stalin verlangten »Westverschiebung« Polens – dessen frühere Ostprovinzen er nicht wieder herauszugeben bereit war – abgetrennt und zwischen der UdSSR und Polen geteilt werden würde.

Erst in der letzten Kriegsphase, als die Ausdehnung des sowjetischen Imperiums erkennbar wurde, begann man auf englischer Seite mit Überlegungen zur Teilung Rest-Deutschlands in einen westlichen und einen östlichen Sektor. Allerdings nun nicht mehr in erster Linie, um das deutsche Potential niederzuhalten, sondern um sich ein Glacis für möglicherweise notwendige Operationen gegen die Rote Armee zu verschaffen – eine Konzeption, die nach dem Beginn des »Kalten Krieges« Wirklichkeit wurde, so daß die deutsche Teilung bis zum Untergang des sowjetischen Systems aufrechterhalten blieb.

Die Entwicklung in der Nachkriegszeit ließ ganz deutlich werden, daß der

Zweite Weltkrieg nichts mehr mit den klassischen Nationalkriegen der Vergangenheit zu tun gehabt hatte. Bereits seit 1941 war der Konflikt der europäischen Staaten von der ideologischen Auseinandersetzung zwischen Nationalsozialismus und Faschismus einerseits, der liberalen Demokratie und dem Kommunismus andererseits überlagert worden – eine spannungsreiche Konstellation, die in sich schon den Keim der künftigen Auseinandersetzung zwischen den Siegermächten barg. Diese hatte nur der Kampf gegen Hitler vereinigt. Nach seiner Niederlage traten sie sofort gegeneinander an, und Deutschland war in dem neuen Konflikt nicht mehr handelndes Subjekt, sondern nur noch Objekt, besiegt nach den darwinistischen Regeln, die seine Führung proklamiert und so häufig angewendet hatte.

Deutschland verlor nach dem Krieg mehr als ein Drittel seines Territoriums, das verbliebene Reichsgebiet wurde besetzt und für mehr als vierzig Jahre geteilt. Die Nation hatte zwischen drei und vier Millionen Gefallene und eine halbe Million Ziviltote zu beklagen, etwa eineinhalb Millionen Menschen kamen bei der Vertreibung um. Das war nur ein Bruchteil der etwa sechzig Millionen Menschen, die dem Zweiten Weltkrieg insgesamt zum Opfer fielen, getötet auf den Schlachtfeldern, in den Bunkern, in den Kellern der bombardierten Städte, auf offener Straße, in den Lagern – Soldaten und Zivilisten, Partisanen und Geiseln, Männer, Frauen und Kinder. Aber niemals zuvor hat ein Volk so hart für die Untaten gebüßt, die es beging oder die doch in seinem Namen begangen wurden.

1943 schrieb Rudolf Borchardt im italienischen Exil einen Essay mit dem Titel »Der Untergang der deutschen Nation«. Der Text blieb bis zum Tod des Schriftstellers am 10. Januar 1945 unveröffentlicht und war wohl auch erst für den Zeitpunkt der deutschen Niederlage gedacht, nach erfolgter »Generalexekution gegen die mitschuldige, halbschuldige und unschuldige Nation«. Borchardt versuchte auf wenigen Seiten Größe und Versagen der Deutschen in ihrer Geschichte darzustellen; aber er verstand sich nicht nur als Ankläger, sondern auch als Verteidiger seines Volkes: »Ich verlange aber auch von unseren Richtern Gehör für den Rest von uns, dessen ewiger Wert den Untergang überlebt, weil ich diesen Rest, viel oder wenig wie er sei, an seiner Stelle im europäischen Zusammenhang für die Zukunft erhalte und anmelde.«

Bibliographie

Personen- und Ortsregister

Quellennachweise der Abbildungen

Abkürzungen

GG	=	Geschichte und Gesellschaft
GWU	=	Geschichte in Wissenschaft und Unterricht
HZ	=	Historische Zeitschrift
MGM	=	Militärgeschichtliche Mitteilungen
VfZ	=	Vierteljahrshefte für Zeitgeschichte
VSWG	=	Vierteljahresschrift für Sozial- und Wirtschaftsgeschichte
ZRGG	=	Zeitschrift für Religions- und Geistesgeschichte

Bibliographische Hilfsmittel

BIBLIOGRAPHIE ZUR ZEITGESCHICHTE, bearbeitet von T. Vogelsang und H. Auerbach unter Mitarbeit von U. van Laak, Bd 2: Geschichte des 20. Jahrhunderts bis 1945, München 1982; Bd 4: Bibliographie zur Zeitgeschichte 1953–1989, Supplement 1981–1989, München 1991; H. BOBERACH, Inventar archivalischer Quellen des NS-Staates, Die Überlieferung von Behörden und Einrichtungen des Reichs, der Länder und der NSDAP, Teil 1: Reichszentralbehörden, regionale Behörden und wissenschaftliche Hochschulen für die zehn westdeutschen Länder sowie Berlin, München 1991; K. D. BRACHER, H.-A. JACOBSEN und A. TYRELL (Hg.), Bibliographie zur Politik in Theorie und Praxis, Düsseldorf ²1982; U. CARTARIUS, Bibliographie »Widerstand«, München 1984; P. HÜTTENBERGER, Bibliographie zum Nationalsozialismus (Arbeitsbücher zur modernen Geschichte, 8), Göttingen 1980; H. KEHR und J. LANGMAID (Hg.), The Nazi era 1919–1945, A select bibliography of published works from the early roots to 1980, London 1982.

Aktenwerke und Dokumentationen

AKTEN ZUR DEUTSCHEN AUSWÄRTIGEN POLITIK 1918–1945, Serie C 1933–1937, Bd 1–6, Göttingen 1971–1981; Serie D 1937–1941, Bd 1–13, Baden-Baden und Frankfurt/M. 1950–1970; Serie E 1941–1945, Bd 1–8, Göttingen 1969–1979; AKTEN DEUTSCHER BISCHÖFE über die Lage der Kirche 1933–1945, 6 Bde, bearbeitet von B. Stasiewski (Bd 1–3) und L. Volk (Bd 4–6), Mainz 1968–1985; AKTEN DER PARTEIKANZLEI DER NSDAP, Rekonstruktion eines verlorengegangenen Bestandes, Sammlung der in anderen Provenienzen überlieferten Korrespondenzen, Niederschriften von Bespre-

chungen usw. mit dem Stellvertreter des Führers und seinem Stab bezüglich der Partei-Kanzlei, ihren Ämtern, Referaten und Unterabteilungen sowie mit Heß und Bormann persönlich, hg. vom Institut für Zeitgeschichte, bearbeitet von H. Heiber, Teil 1, 3 Bde, Regesten und Register, Teil 2, 2 Bde, Microfiches, Wien und München 1983–1985; AKTEN DER REICHSKANZLEI, Regierung Hitler 1933–1938, hg. von K. Repgen und H. Booms, Teil 1: 1933 und 1934, Bd 1: 30.Januar bis 31. August 1933, Bd 2: 12. September 1933 bis 27. August 1934, bearb. von K.-H. Minuth, Boppard am Rhein 1983; ARBEITEN ZUR GESCHICHTE DES KIRCHENKAMPFES, Im Auftrage der »Kommission der Evangelischen Kirche in Deutschland für die Geschichte des Kirchenkampfes« in Verbindung mit H. Brunotte und W. Wolf hg. von K. D. Schmidt, Bd 1–30, 13 Ergänzungsbände, Göttingen 1958–1986; DER NOTENWECHSEL ZWISCHEN DEM HEILIGEN STUHL UND DER DEUTSCHEN REICHSREGIERUNG, bearbeitet von D. Albrecht, 3 Bde, Mainz ²1974, 1980; H. BOBERACH (Hg.), Meldungen aus dem Reich, Die geheimen Lageberichte des Sicherheitsdienstes der SS 1938–1945, 18 Bde, Herrsching 1984/85; W. A. BOELCKE (Hg.), Kriegspropaganda 1939–1941, Geheime Ministerkonferenzen im Reichspropagandaministerium, Stuttgart 1966; DERS. (Hg.), »Wollt Ihr den totalen Krieg?«, Die geheimen Goebbels-Konferenzen 1939–1943, Stuttgart 1967; DERS. (Hg.), Deutschlands Rüstung im Zweiten Weltkrieg, Hitlers Konferenzen mit Albert Speer 1942–1945, Frankfurt/M. 1969; H. HEIBER (Hg.), Hitlers Lagebesprechungen, Die Protokollfragmente seiner militärischen Konferenzen 1942–1945, Stuttgart 1962; A. HILLGRUBER (Hg.), Staatsmänner und Diplomaten bei Hitler, Vertrauliche Aufzeichnungen über Unterredungen mit Vertretern des Auslandes 1939–1944, 2 Bde, Frankfurt/M. 1967–1970; W. HOFER (Hg.), Der Nationalsozialismus, Dokumente 1933–1945, Frankfurt/M. ³⁷1985; J. u. K. HOHLFELD (Hg.), Dokumente der deutschen Politik und Geschichte von 1848 bis zur Gegenwart, Bde 4 und 5, München 1953; W. HUBATSCH (Hg.), Hitlers Weisungen für die Kriegführung 1939–1945, Dokumente des Oberkommandos der Wehrmacht, Frankfurt/M. 1962; H.-A. JACOBSEN und W. JOCHMANN (Hg.), Ausgewählte Dokumente zur Geschichte des Nationalsozialismus 1933–1945, 8 Lieferungen, Loseblatt-Sammlung, Bielefeld 1961–1963, Kommentar 1966; H.-A. Jacobsen, Der Weg zur Teilung der Welt, Politik und Strategie 1939–1945, Koblenz und Bonn 1977; KRIEGSTAGEBUCH DES OBERKOMMANDOS DER WEHRMACHT (Wehrmachtführungsstab) 1940–1945, hg. von P. E. Schramm, 4 Bde, Frankfurt/M. 1961–1965, Studienausgabe in 8 Bänden, Herrsching 1982; J. VON LANG, Das Eichmann-Protokoll, Tonbandaufzeichnungen der israelischen Verhöre, Berlin 1982; H. MICHAELIS und E. SCHRAEPLER (Hg.), Ursachen und Folgen, Vom deutschen Zusammenbruch 1918 und 1945 bis zur staatlichen Neuordnung Deutschlands in der Gegenwart, Eine Urkunden- und Dokumentensammlung zur Zeitgeschichte, Bde 9–23, Berlin 1964–1975; W. MICHALKA (Hg.), Deutsche Geschichte 1933–1945, Dokumente zur Innen- und Außenpolitik, Frankfurt/M. ²1993; NÜRNBERGER PROZESSE, Der Prozeß gegen die Hauptkriegsverbrecher vor dem Internationalen Militärgerichtshof Nürnberg, 14.11.1945 – 1.10.1946, 42 Bde, Nürnberg 1947–1949, Studienausgabe der Verhandlungsniederschriften, Unveränderter Nachdruck der 23bändigen Originalausgabe in 13 Bänden, München und Zürich 1984; W. RUGE und W. SCHUMANN (Hg.), Dokumente zur deutschen Geschichte 1933–1945, 4 Bde, Berlin-Ost 1977; K. SCHOLDER (Hg.), Die Mittwochs-Gesellschaft, Protokolle aus dem geistigen Deutschland 1932 bis 1944, Berlin 1982.

Memoiren, Tagebücher und biographische Darstellungen

J. ACKERMANN, Himmler als Ideologe, Göttingen, Zürich und Frankfurt/M. 1970; N. VON BELOW, Als Hitlers Adjutant 1937–1945, Wiesbaden 1980; P. BLACK, Ernst Kaltenbrunner, Vasall Himmlers: Eine SS-Karriere, Paderborn 1991; M. BLOCH, Ribbentrop, London 1992; C. J. BURCKHARDT, Meine Danziger Mission 1937–1939, München 1969; G. DESCHNER, Reinhard Heydrich, Statthalter der totalen Macht, München 1988; R. DIELS, Lucifer ante portas, Es spricht der erste Chef der Gestapo, Stuttgart 1950; H. FRANK, Im Angesicht des Galgens, Deutung Hitlers und seiner Zeit auf Grund eigener Erlebnisse und Erkenntnisse, München-Gräfeling 1953; E. FRÖHLICH (Hg.), Die Tagebücher von Joseph Goebbels, Sämtliche Fragmente, Teil I, Aufzeichnungen 1924–1941, 4 Bde, München und New York 1987; J. GOEBBELS, Tagebücher 1924–1945, hg. von R. G. Reuth, 5 Bde, München und Zürich ²1992; H. GROSCURTH, Tagebücher eines Abwehroffiziers 1938–1940, Mit weiteren Dokumenten zur Militäropposition gegen Hitler, hg. von H. Krausnick und H. C. Deutsch, Stuttgart 1970; E. HANFSTAENGL, Zwischen Weißem und Braunem

Haus, Erinnerungen eines politischen Außenseiters, München 1970; CH. HARTMANN, Halder, Generalstabschef Hitlers 1938–1942, Paderborn 1991; U. VON HASSELL, Vom anderen Deutschland, Tagebuchaufzeichnungen 1938–1944, Nach der Handschrift revidierte und erweiterte Ausgabe, hg. von F. Frh. Hiller von Gaertringen, Berlin 1986; U. HEINEMANN, Ein konservativer Rebell, Fritz-Dietlof Graf von der Schulenburg und der 20. Juli, Berlin 1990; L. E. HILL (Hg.), Die Weizsäcker-Papiere 1933–1950, Frankfurt/M. und Berlin 1982; H. HÖHNE, Canaris, Patriot im Zwielicht, München 1976; R. HÖSS, Kommandant in Auschwitz, Autobiographische Aufzeichnungen, hg. von M. Broszat, Stuttgart ⁴1978; U. HÖVER, Joseph Goebbels, Ein nationaler Sozialist, Bonn und Berlin 1992; F. HOSSBACH, Zwischen Wehrmacht und Hitler, Wolfenbüttel ²1965; U. KISSENKOETTER, Gregor Straßer und die NSDAP, Stuttgart 1978; H. VON KOTZE (Hg.), Heeresadjutant bei Hitler, 1938–1943, Aufzeichnungen des Major Engel, Stuttgart 1974; A. KUBE, Pour le Mérite und Hakenkreuz, Hermann Göring im Dritten Reich, München ²1987; J. VON LANG, Der Sekretär, Martin Bormann: Der Mann, der Hitler beherrschte, Stuttgart 1977; J. LEBER, Schriften, Reden, Briefe, Hg. von D. Beck und W. F. Schoeller, München 1976; S. MARTENS, Hermann Göring, »Erster Paladin des Führers« und »Zweiter Mann im Dritten Reich«, Paderborn 1985; M. MASCHMANN, Fazit, Mein Weg in der Hitler-Jugend, München 1979; O. MEISSNER, Ebert – Hindenburg – Hitler, Erinnerungen eines Staatssekretärs 1918–1945, Esslingen und München 1991; G. NELIBA, Wilhelm Frick, Der Legalist des Unrechtsstaates, Eine politische Biographie, Paderborn 1992; H. PÜNDER, Politik in der Reichskanzlei, Aufzeichnungen aus den Jahren 1929–1932, hg. von T. Vogelsang, Stuttgart 1961; R. G. REUTH, Goebbels, München 1990; H. SCHACHT, 76 Jahre meines Lebens, Bad Wörishofen 1953; G. SCHÖLLGEN, Ulrich von Hassell 1881–1944, Ein Konservativer in der Opposition, München 1990; L. GRAF SCHWERIN VON KROSIGK, Memoiren, Stuttgart 1977; F. W. SEIDLER, Fritz Todt, Baumeister des Dritten Reiches, München 1986; H.-G. SERAPHIM (Hg.), Das politische Tagebuch Alfred Rosenbergs aus den Jahren 1934/35 und 1939/40, Göttingen, Berlin und Frankfurt/M. 1956; R. SMELSER, Robert Ley, Hitlers Mann an der »Arbeitsfront«, Eine Biographie, Paderborn 1989; A. SPEER, Erinnerungen, Berlin und Frankfurt/M. ⁷1969 (und weitere Auflagen); A. STAHLBERG, Die verdammte Pflicht, Erinnerungen 1932 bis 1945, Berlin und Frankfurt/M.

[2]1994; O. Wagener, Hitler aus nächster Nähe, Aufzeichnungen eines Vertrauten 1929–1932, Hg. von H. A. Turner, Kiel [2]1987; M. Wortmann, Baldur von Schirach, Hitlers Jugendführer, Köln 1982.

Hitler

R. Binion, »... daß ihr mich gefunden habt«, Hitler und die Deutschen, Eine Psychohistorie, Stuttgart 1978; A. Bullock, Hitler, Eine Studie über Tyrannei, vollständig überarbeitete Neuausgabe, Kronberg im Taunus 1977; Ders., Hitler und Stalin, Parallele Leben, Berlin 1991; E. Deuerlein, Hitler, Eine politische Biographie, München 1969; H.-J. Eitner, »Der Führer«, Hitlers Persönlichkeit und Charakter, München und Wien 1981; J. C. Fest, Hitler, Eine Biographie, Berlin und Frankfurt/M. 1973 (und weitere Auflagen); M. Funke, Starker oder schwacher Diktator?, Hitlers Herrschaft und die Deutschen, Düsseldorf 1989; E. Gibbels, Hitlers Nervenkrankheit, Eine neurologisch-psychiatrische Studie, in: VfZ 42, 1994, S. 156–220; S. Haffner, Anmerkungen zu Hitler, München 1978 (und weitere Auflagen); K. Heiden, Adolf Hitler, Eine Biographie, Bd 1: Das Zeitalter der Verantwortungslosigkeit, Zürich 1936, unveränderter Nachdruck München 1980, Bd 2: Ein Mann gegen Europa, Zürich 1937, unveränderter Nachdruck München 1980; T. Heuss, Hitlers Weg, Eine Schrift aus dem Jahre 1932, neu hg. und eingeleitet von E. Jäckel, Stuttgart 1968; D. Irving, Hitler und seine Feldherren, Frankfurt/M. 1975; Ders., Hitlers Weg zum Krieg, München und Berlin 1979; E. Jäckel, Hitlers Weltanschauung, Entwurf einer Herrschaft, Stuttgart [2]1981; Ders., Der Machtantritt Hitlers – Versuch einer geschichtlichen Erklärung, in: D. Rittberger (Hg.), 1933, Wie die Republik der Diktatur erlag, Stuttgart und Berlin 1983, S. 123–139; Ders., Hitlers Herrschaft, Vollzug einer Weltanschauung, Stuttgart 1986; A. Joachimsthaler, Hitler in München 1908–1920, Frankfurt/M. und Berlin [2]1992; W. Maser, Adolf Hitler, Legende – Mythos – Wirklichkeit, München [13]1993; Ders., Adolf Hitler, Das Ende der Führerlegende, Düsseldorf 1980; W. Mlchalka, Wege der Hitler-Forschung: Problemkreise, Methoden und Ergebnisse, Eine Zwischenbilanz, in: Quaderni di storia 8, 1978, S. 157–190, und 10, 1979, 123–151; G. Schreiber, Hitler, Interpretationen 1923–1983, Ergebnisse, Methoden und Probleme der Forschung, Darmstadt [2]1988; J. P. Stern, Hitler, Der Führer und das Volk, München 1981; E. Sy-ring, Hitler, Seine politische Utopie, Berlin 1994; J. Toland, Adolf Hitler, Bergisch Gladbach 1977; R. Zitelmann, Hitler, Selbstverständnis eines Revolutionärs, Stuttgart [3]1991; Ders., Adolf Hitler, Eine politische Biographie (Persönlichkeit und Geschichte, Bd 21/22), Göttingen und Zürich 1989.

Allgemeine Darstellungen

K. D. Bracher, Die deutsche Diktatur, Entstehung, Struktur, Folgen des Nationalsozialismus, Köln und Berlin [6]1980; Ders., Die Krise Europas 1917–1975, (Propyläen Geschichte Europas, Bd 6), Frankfurt/M. und Berlin 1982; Ders., Europa in der Krise, Innengeschichte und Weltpolitik seit 1917, Frankfurt/M. und Berlin 1979; Ders., Geschichte und Gewalt, Zur Politik im 20. Jahrhundert, Berlin 1981; H. Buchheim, Das Dritte Reich, Grundlagen und politische Entwicklung, München 1955; J. Dülffer, Deutsche Geschichte 1933–1945, Führerglaube und Vernichtungskrieg, Stuttgart und Berlin 1992; K. D. Erdmann, Deutschland unter der Herrschaft des Nationalsozialismus und der Zweite Weltkrieg, in: Ders., Die Zeit der Weltkriege, Gebhardt, Handbuch der Deutschen Geschichte, hg. von H. Grundmann, Bd 4, Stuttgart [9]1976; J. C. Fest, Das Gesicht des Dritten Reiches, Profile einer totalitären Herrschaft, München [7]1980; N. Frei, Der Führerstaat, Nationalsozialistische Herrschaft 1933 bis 1945 (Deutsche Geschichte der neuesten Zeit, Bd 17), München [3]1993; H. Grebing, Der Nationalsozialismus, Ursprung und Wesen, [18]München und Wien o.J.; K. Hildebrand, Das Dritte Reich (Oldenbourg Grundriß der Geschichte, Bd 17), München [4]1991; A. Hillgruber, Endlich genug über Nationalsozialismus und Zweiten Weltkrieg?, Forschungsstand und Literatur, Düsseldorf 1982; G. Hirschfeld und L. Kettenacker (Hg.), Der »Führerstaat«, Mythos und Realität, Studien zur Struktur und Politik des Dritten Reiches, Stuttgart 1981; I. Kershaw, Der NS-Staat, Geschichtsinterpretationen und Kontroversen im Überblick, Reinbek 1991; Ders., Hitlers Macht, Das Profil der NS-Herrschaft, München 1992; H. Mau und H. Krausnick, Deutsche Geschichte der jüngsten Vergangenheit 1933 bis 1945, Tübingen [5]1961; G. L. Mosse, Die Nationalisierung der Massen, Politische Symbolik und Massenbewegungen in Deutschland von den Napoleonischen Kriegen bis zum Dritten Reich, Frankfurt/M. 1976; M. Overesch, Das Dritte Reich, Bd 1: 1933–1939; Bd 2:

1939–1945, Düsseldorf 1983; T. Schieder, Europa im Zeitalter der Weltmächte, in: Ders. (Hg.), Handbuch der europäischen Geschichte, Bd 7.1, Stuttgart 1979; G. Schulz, Deutschland seit dem Ersten Weltkrieg 1918–1945, Göttingen ²1982; Ders. (Hg.), Die Große Krise der dreißiger Jahre, Vom Niedergang der Weltwirtschaft zum Zweiten Weltkrieg, Göttingen 1985; H.-U. Thamer, Verführung und Gewalt, Deutschland 1933–1945 (Die Deutschen und ihre Nation, Bd 5), Berlin 1986; T. Vogelsang, Die nationalsozialistische Zeit, Deutschland 1933 bis 1939, Frankfurt/M. und Berlin ⁵1980; C. Zentner und F. Bedürftig (Hg.), Das große Lexikon des Dritten Reiches, München 1985.

Aufsatzsammlungen und statistische Überblicke

W. Abelshauser, A. Faust und D. Petzina (Hg.), Deutsche Sozialgeschichte 1914–1945, München 1985; U. Backes, E. Jesse und R. Zitelmann (Hg.), Die Schatten der Vergangenheit, Impulse zur Historisierung des Nationalsozialismus, Berlin 1990; K. D. Bracher, M. Funke und H.-A. Jacobsen (Hg.), Nationalsozialistische Diktatur 1933–1945, Eine Bilanz, Bonn und Düsseldorf 1983; Dies., Deutschland 1933–1945, Neue Studien zur nationalsozialistischen Herrschaft, Düsseldorf 1992; M. Broszat, Nach Hitler, Der schwierige Umgang mit unserer Geschichte, Beiträge von Martin Broszat, hg. von H. Graml und K.-D. Henke, München 1986; Ders. und H. Möller (Hg.), Das Dritte Reich, Herrschaftsstruktur und Geschichte, Vorträge aus dem Institut für Zeitgeschichte, München 1983; Ders. und N. Frei (Hg.), Das Dritte Reich im Überblick, Chronik, Ereignisse, Zusammenhänge, München ³1992; H. Mommsen, Der Nationalsozialismus und die deutsche Gesellschaft, Ausgewählte Aufsätze zum 60. Geburtstag, hg. von L. Niethammer und B. Weisbrod, Reinbek 1991; M. Prinz und R. Zitelmann (Hg.), Nationalsozialismus und Modernisierung, Darmstadt 1991; R. Smelser und R. Zitelmann (Hg.), Die braune Elite, 22 biographische Skizzen, Darmstadt ³1994; Dies. und E. Syring (Hg.), Die braune Elite II, 21 weitere biographische Skizzen, Darmstadt 1993; Statistisches Handbuch von Deutschland 1928–1944, München 1949.

Nationalismus, Sozialimperialismus, National-Sozialismus

A. Bauerkämper, Die »radikale Rechte« in Großbritannien, Nationalistische, antisemitische und faschistische Bewegungen vom späten 19. Jahrhundert bis 1945, Göttingen 1991; B.-M. Baumunk und J. Riess (Hg.), Darwin und Darwinismus, Eine Publikation des Deutschen Hygiene-Museums, Berlin 1994; F. Bolle, Darwinismus und Zeitgeist, in: ZRGG 14, 1962, S. 143–178; R. Brandstötter, Dr. Walter Riehl und die Geschichte der nationalsozialistischen Bewegung in Österreich, Diss. phil., Wien 1969; F. L. Carsten, Faschismus in Österreich, Von Schönerer zu Hitler, München 1978; A. Ciller, Deutscher Sozialismus in den Sudetenländern und der Ostmark (Schriften zur Geschichte der nationalsozialistischen Bewegung, Bd 1), Hamburg 1939; L. L. Clark, Social Darwinism in France, Alabama 1984; G. Eley, Wilhelminismus, Nationalismus, Faschismus, Zur historischen Kontinuität in Deutschland, Münster 1991; J. Freund, Georges Sorel, München 1975; J. Hermand, Der alte Traum vom neuen Reich, Völkische Utopien und Nationalsozialismus, Frankfurt/M. 1988; D. J. Kevles, In the name of eugenics, Genetics and the uses of human heredity, New York 1985; H. Knirsch, Aus der Geschichte der deutschen nationalsozialistischen Arbeiterbewegung Alt-Österreichs und der Tschechoslowakei, Dux in Böhmen 1931; H. W. Koch, Der Sozialdarwinismus, Seine Genese und sein Einfluß auf das imperialistische Denken, München 1973; G. Nagel, Georges Vacher de Lapouge (1854–1936), Ein Beitrag zur Geschichte des Sozialdarwinismus in Frankreich, Freiburg im Breisgau 1975; L. Poliakov, Der arische Mythos, Zu den Quellen von Rassismus und Nationalismus, Wien 1977; M. Schwartz, »Proletarier« und »Lumpen«, Sozialistische Ursprünge eugenischen Denkens, in: VfZ 42, 1994, S. 537–570; K. Schwedhelm (Hg.), Propheten des Nationalismus, München 1969; E. Silberner, Sozialisten zur Judenfrage, Ein Beitrag zur Geschichte des Sozialismus vom Anfang des 19. Jahrhunderts bis 1914, Berlin 1962; U. Stark: Die nationalrevolutionäre Herausforderung der Dritten Republik 1880–1900, Auflösung und Erneuerung des Rechts-Links-Schemas in Frankreich (Beiträge zur Politischen Wissenschaft, Bd 59), Berlin 1990; Z. Sternhell, La droite révolutionnaire 1885–1914, Les origines françaises du fascisme, Paris 1978; Ders., Maurice Barrès et le Nationalisme Français, Brüssel ²1985; Ders., Ni droite, ni gauche, L'idéologie fasciste en France, Brüssel ²1985; DERS., M. SZNAJDER und MAIA AHRERI, Naissance de l'idéologie fasciste, Paris 1989; H. A. STRAUSS und N. KAMPE (Hg.), Antisemitismus, Von der Judenfeindschaft zum Holocaust, Bonn 1985; J.-P. THOMAS, Les fondements de leugénisme, Paris 1995; P. WEINGART, J. KROLL und K. BAYERTZ, Rasse, Blut und Gene, Geschichte der Eugenik und Rassenhygiene in Deutschland, Frankfurt/M. 1988; A. G. WHITESIDE, Nationaler Sozialismus in Österreich vor 1918, in: VfZ 9, 1961, S. 333–359.

Faschismus – Totalitarismus

H. ARENDT, Elemente und Ursprünge totaler Herrschaft, Frankfurt/M. 1955; K. D. BRACHER, Zeitgeschichtliche Kontroversen – Um Faschismus, Totalitarismus, Demokratie, München ⁵1984; H. BUCHHEIM, Totalitäre Herrschaft, Wesen und Merkmale, München 1962; B. FAULENBACH und M. STADELMAIER (Hg.), Diktatur und Emanzipation, Zur russischen und deutschen Entwicklung 1917–1991, Essen 1993; R. DE FELICE, Der Faschismus, Ein Interview von M. A. Ledeen, Stuttgart 1975; DERS., Die Deutungen des Faschismus, Göttingen und Zürich 1980; F. FURET, Le passé d'une illusion, Essai sur l'idée communiste au 20e siècle, Paris 1995; R. GRIMM und J. HERMAND (Hg.), Faschismus und Avantgarde, Königstein im Taunus 1980; K. HORNUNG, Das totalitäre Zeitalter, Bilanz des 20. Jahrhunderts, Berlin und Frankfurt/M. 1993; W. LAQUEUR und G. L. MOSSE (Hg.), Internationaler Faschismus 1920–1945, München 1966; H. W. NEULEN, Eurofaschismus und der Zweite Weltkrieg, München 1980; E. NOLTE, Der Faschismus in seiner Epoche, Action française, italienischer Faschismus, Nationalsozialismus, München 1963; DERS., Die faschistischen Bewegungen, München 1969; DERS., Der Europäische Bürgerkrieg 1917–1945, Nationalsozialismus und Bolschewismus, Berlin und Frankfurt/M. 1987; DERS., Streitpunkte, Heutige und künftige Kontroversen um den Nationalsozialismus, Berlin und Frankfurt/M. 1993; G. SCHEUER, Genosse Mussolini, Wurzeln und Wege des Ur-Fascismus, Wien 1985; W. SCHIEDER (Hg.), Faschismus als soziale Bewegung, Deutschland und Italien im Vergleich, Göttingen ²1983; J. TALMON, Die Ursprünge der totalitären Demokratie, Köln und Opladen 1961; H. U. THAMER, Faschismus und Nationalsozialismus, Ein Vergleich, in: Quaderni di storia 13, 1981, S. 79–115; DERS. und W. WIPPERMANN, Faschistische und neofaschistische Bewegungen, Probleme empirischer Faschismusforschung, Darmstadt 1977; TOTALITARISMUS UND FASCHISMUS, Eine wissenschaftliche und politische Begriffskontroverse, Kolloquium im Institut für Zeitgeschichte am 24. November 1978, München und Wien 1980; H. A. TURNER, Faschismus und Kapitalismus in Deutschland, Studien zum Verhältnis zwischen Nationalsozialismus und Wirtschaft, Göttingen 1972.

Das Dritte Reich

Allgemeine Geschichte

K. D. BRACHER, Die Auflösung der Weimarer Republik, Eine Studie zum Problem des Machtverfalls in der Demokratie, Düsseldorf und Kronberg im Taunus ⁷1995; DERS., W. SAUER und G. SCHULZ, Die nationalsozialistische Machtergreifung, Studien zur Errichtung des totalitären Herrschaftssystems in Deutschland 1933 und 34, 3 Bde, Frankfurt/M. und Berlin 1973; M. BROSZAT, Der Staat Hitlers, Grundlegung und Entwicklung seiner inneren Verfassung, München ¹³1992; DEUTSCHE VERWALTUNGSGESCHICHTE, hg. von K. G. A. Jeserich, H. Pohl und H. von Unruh, Bd 4: Das Reich als Republik und in der Zeit des Nationalsozialismus, Stuttgart 1985; P. DIEHL-THIELE, Partei und Staat im Dritten Reich, Untersuchungen zum Verhältnis von NSDAP und allgemeiner innerer Staatsverwaltung 1933–1945, München 1969; E. FRAENKEL, Der Doppelstaat, Frankfurt/M. 1984; N. FREI, »Machtergreifung«, Anmerkungen zu einem historischen Begriff, in: VfZ 31, 1983, S. 136–145; K.-H. JANSSEN, Der 30. Januar, Ein Tag, der die Welt veränderte, Frankfurt/M. 1983; E. MATTHIAS und R. MORSEY (Hg.), Das Ende der Parteien 1933, Königstein im Taunus und Düsseldorf ²1979; W. MICHALKA (Hg.), Die nationalsozialistische Machtergreifung, Paderborn und München 1984; F. NEUMANN, Behemoth, Struktur und Praxis des Nationalsozialismus 1933–1944, hg. und mit einem Nachwort von G. Schäfer, Frankfurt/M. 1984; G. A. RITTER, K. D. BRACHER, H. BUCHHEIM und M. MESSERSCHMIDT, Totalitäre Verführung im Dritten Reich, Arbeiterschaft, Intelligenz, Beamtenschaft, Militär, München 1983; G. SCHULZ, Aufstieg des Nationalsozialismus, Krise und Revolution in Deutschland, Berlin und Frankfurt/M. 1975; W. TREUE und J. SCHMÄDEKE (Hg.), Deutschland 1933, Machtzerfall der Demokratie und nationalsozialistische »Machtergreifung«, Berlin 1984; H. A. WINKLER,

Extremismus der Mitte? Sozialgeschichtliche Aspekte der nationalsozialistischen Machtergreifung, in: VfZ 20, 1972, S. 175–191; DERS., Wie konnte es zum 30. Januar 1933 kommen?, in: Aus Politik und Zeitgeschichte, Beilage zu »Das Parlament«, B 5/83 vom 29. Januar 1983, S. 3–15.

Geschichte der NSDAP

J. W. FALTER, Hitlers Wähler, Die Anhänger der NSDAP 1928–1933, München 1991; DERS., Die parteistatistische Erhebung der NSDAP 1939, Einige Ergebnisse aus dem Gau Groß-Berlin, in: T. Nipperdey, A. Doering-Manteuffel und H.-U. Thamer (Hg.), Weltbürgerkrieg der Ideologien, Antworten an Ernst Nolte, Festschrift zum 70. Geburtstag, Berlin 1993, S. 175–205; DERS. und M. H. KATER, Wähler und Mitglieder der NSDAP, Neue Forschungsergebnisse zur Soziographie des Nationalsozialismus 1925 bis 1933, in: GG 19, 1993, S. 155–177; DERS., Wer wurde Nationalsozialist?, Eine Überprüfung von Theorien über die Massenbasis des Nationalsozialismus anhand neuer Datensätze zur NSDAP-Mitgliedschaft 1925–1932, in: Helge Grabitz (Hg.), Die Normalität des Verbrechens, Bilanz und Perspektiven der Forschung zu den nationalsozialistischen Gewaltverbrechen, Festschrift für Wolfgang Scheffler, Berlin 1994, S. 20–41; G. FRANZ-WILLING, Ursprung der Hitler-Bewegung 1919–1922, Preußisch Oldendorf [2]1974; DERS., Krisenjahr der Hitlerbewegung 1923, Preußisch Oldendorf 1975; DERS., Putsch und Verbotszeit der Hitlerbewegung, November 1923-Februar 1925, Preußisch Oldendorf 1977; W. HORN, Führerideologie und Parteiorganisation in der NSDAP (1919–1933), Düsseldorf 1972; P. HÜTTENBERGER, Die Gauleiter, Studie zum Wandel des Machtgefüges in der NSDAP, Stuttgart 1969; M. JAMIN, Zwischen den Klassen, Zur Sozialstruktur der SA-Führerschaft, Wuppertal 1984; M. H. KATER, Generationskonflikt als Entwicklungsfaktor in der NS-Bewegung vor 1933, in: GG 11, 1985, S. 217–243; P. MANSTEIN, Die Mitglieder und Wähler der NSDAP 1919–1933, Untersuchungen zu ihrer schichtmäßigen Zusammensetzung, Frankfurt/M. 1988; W. MASER, Der Sturm auf die Republik, Frühgeschichte der NSDAP, Stuttgart 1973; P. MOREAU, Nationalsozialismus von links, Die »Kampfgemeinschaft Revolutionärer Nationalsozialisten« und die »Schwarze Front« Otto Straßers 1930–1935, Stuttgart 1984; D. ORLOW, The history of the Nazi Party, 2 Bde, Pittsburgh 1969, 1973; K. R. RÖHL, Nähe zum Gegner, Kommunisten und Nationalsozialisten im Berliner BVG-Streik von 1932, Frankfurt/M. und New York 1994; W. SCHÄFER, NSDAP, Entwicklung und Struktur der Staatspartei des Dritten Reiches, Hannover 1956; W. SCHIEDER, Die NSDAP vor 1933, Profil einer faschistischen Partei, in: GG 19, 1993, S. 141–154; CH. STRIEFLER, Kampf um die Macht, Kommunisten und Nationalsozialisten am Ende der Weimarer Republik, Berlin 1993; A. TYRELL, Vom Trommler zum Führer, Der Wandel von Hitlers Selbstverständnis zwischen 1919 und 1924 und die Entwicklung der NSDAP, München 1975; H. F. ZIEGLER, Nazi Germany's new aristocracy, The SS leadership, 1925–1939, Princeton 1989.

Errichtung und Ausgestaltung des Herrschaftssystems

U. BACKES, K.-H. JANSSEN, H. KÖHLER, H. MOMMSEN und F. TOBIAS, Reichstagsbrand – Aufklärung einer historischen Legende, München und Zürich 1986; H. BENECKE, Hitler und die SA, München und Wien 1962; R. B. BIRN, Die höheren SS- und Polizeiführer, Himmlers Stellvertreter im Dritten Reich und in den besetzten Gebieten, Düsseldorf 1986; R. BOLLMUS, Das Amt Rosenberg und seine Gegner, Studien zum Machtkampf im nationalsozialistischen Herrschaftssystem, Stuttgart 1970; M. BROSZAT, Die Machtergreifung, Der Aufstieg der NSDAP und die Zerstörung der Weimarer Republik (Deutsche Geschichte der neuesten Zeit, Bd 16), München [4]1993; DERS., H. BUCHHEIM, H.-A. JACOBSEN und H. KRAUSNICK, Anatomie des SS-Staates, 2 Bde, Freiburg 1965; J. HENKE, Verführung durch Normalität – Verfolgung durch Terror, Gedanken zur Vielfalt nationalsozialistischer Herrschaftsmittel, in: Aus Politik und Zeitgeschichte, Beilage zu »Das Parlament«, B 7/84 vom 18. Februar 1984, S. 21–31; H. HÖHNE, Der Orden unter dem Totenkopf, Die Geschichte der SS, München [3]1981; DERS., Die Machtergreifung, Reinbek 1983; DERS., Mordsache Röhm, Reinbek 1984; DERS., Die Zeit der Illusionen, Hitler und die Anfänge des 3. Reiches, 1933 bis 1936, Düsseldorf und Wien 1991; P. HUBERT, Uniformierter Reichstag, Die Geschichte der Pseudo-Volksvertretung 1933–1945 (Beiträge zur Geschichte des Parlamentarismus und der politischen Parteien, Bd 97), Düsseldorf 1992; I. KERSHAW, Der Hitler-Mythos, Volksmeinung und Propaganda im Dritten Reich, Stuttgart 1980; P. LONGERICH, Die braunen Bataillone, Die Geschichte der SA, München 1989; DERS., Hitlers Stellvertreter, Führung der Partei und Kontrolle des Staatsapparates durch den Stab Hess und die Parteikanzlei Bormann, München 1992; R. MORSEY (Hg.), Das »Ermächtigungsgesetz« vom 24. März 1933, Quellen zur Geschichte und Interpretation des »Gesetzes zur Behebung der Not von Volk und Reich«, Düsseldorf 1992; L. POLIAKOV und J. WULF (Hg.), Das Dritte Reich und seine Diener, Dokumente, Berlin ³1978; F. TOBIAS, Der Reichstagsbrand, Legende und Wirklichkeit, Rastatt 1962; M. WEINMANN (Hg.), Das nationalsozialistische Lagersystem, Frankfurt/M. 1990.

Gesellschaft

W. BENZ, Herrschaft und Gesellschaft im nationalsozialistischen Staat, Frankfurt/M. 1990; H. Ch. BRANDENBURG, Die Geschichte der HJ, Wege und Irrwege einer Generation, Köln ²1982; M. BROSZAT, K.-D. HENKE und H. WOLLER (Hg.), Von Stalingrad zur Währungsreform, Zur Sozialgeschichte des Umbruchs in Deutschland, München 1988; W. BUCHHOLZ, Die nationalsozialistische Gemeinschaft »Kraft durch Freude«, Freizeitgestaltung und Arbeiterschaft im Dritten Reich, Diss. phil., München 1976; H. EICHBERG, Thing-, Fest- und Weihespiele im Nationalsozialismus, Arbeiterkultur und Olympismus, in: Ders., M. Dultz, G. Gadberry und G. Rühle, Massenspiele, NS-Thingspiel, Arbeiterweihespiel und olympisches Zeremoniell, Stuttgart und Bad Cannstatt 1977, S. 21–180; H.-J. EITNER, Hitlers Deutsche, Das Ende eines Tabus, Gernsbach ²1991; H.-J. GAMM, Führung und Verführung, Die Pädagogik des Nationalsozialismus, München 1964; U. HERRMANN (Hg.), »Die Formung des Volksgenossen«, Der »Erziehungsstaat« des Dritten Reiches, Weinheim und Basel 1985; M. H. KATER, Frauen in der NS-Bewegung, in: VfZ 31, 1983, S. 202–241; D. KLINKSIEK, Die Frau im NS-Staat, Stuttgart 1982; A. KLÖNNE, Hitlerjugend, Die Jugend und ihre Organisation im Dritten Reich, Hannover 1955; DERS., Jugend im Dritten Reich, Die Hitler-Jugend und ihre Gegner, Dokumente und Analysen, Düsseldorf und Köln 1982; H. W. KOCH, Geschichte der Hitlerjugend, Ihre Ursprünge und ihre Entwicklung 1922–1945, Percha 1975; D. KRATZENBERG, Die Nationalsozialistische Betriebszellen-Organisation, Ihre Entstehung, ihre Programmatik, ihr Scheitern 1927–1934, Frankfurt/M. und Bern 1986; R. MANDELL, Hitlers Olympiade: Berlin 1936, München 1980; T. W. MASON, Arbeiterklasse und Volksgemeinschaft, Dokumente und Materialien zur deutschen Arbeiterpolitik 1936–1939, Opladen 1975; H. MOMMSEN, Beamtentum im Dritten Reich, Mit ausgewählten Quellen zur nationalsozialistischen Beamtenpolitik, Stuttgart 1966; D. ORLOW, Die Adolf-Hitler-Schulen, in: VfZ 13, 1965, S. 272–284; H.-U. OTTO und H. SÜNKER (Hg.), Soziale Arbeit und Faschismus, Frankfurt/M. 1989; D. PEUKERT, Volksgenossen und Gemeinschaftsfremde, Anpassung, Ausmerze und Aufbegehren unter dem Nationalsozialismus, Köln 1982; M. PRINZ, Vom neuen Mittelstand zum Volksgenossen, Die Entwicklung des sozialen Status der Angestellten von der Weimarer Republik bis zum Ende der NS-Zeit, München 1986; M.-L. RECKER, Nationalsozialistische Sozialpolitik im Zweiten Weltkrieg, München 1985; D. SCHOENBAUM, Die braune Revolution, Eine Sozialgeschichte des Dritten Reiches, Köln ²1980; H. SCHOLTZ, Die »NS-Ordensburgen«, in: VfZ 15, 1967, S. 269–298; DERS., Nationalsozialistische Ausleseschulen, Internatsschulen als Herrschaftsmittel des Führerstaates, Göttingen 1973; M. G. STEINERT, Hitlers Krieg und die Deutschen, Stimmung und Haltung der deutschen Bevölkerung im Zweiten Weltkrieg, Düsseldorf und Wien 1970; J. STEPHENSON, Women in Nazi Society, London 1975; R. STOMMER, Die inszenierte Volksgemeinschaft, Die »Thing-Bewegung« im Dritten Reich, Marburg 1985; H. UEBERHORST (Hg.), Elite für die Diktatur, Die Nationalpolitischen Erziehungsanstalten 1933–1945, Ein Dokumentarbericht, Königstein im Taunus und Düsseldorf ²1980; H. A. WINKLER, Mittelstandsbewegung oder Volkspartei? Zur sozialen Basis der NSDAP, in: W. Schieder (Hg.), Faschismus als soziale Bewegung, Hamburg 1976, S. 97–118.

Alltags- und Regionalgeschichte

W. S. ALLEN, »Das haben wir nicht gewollt!«, Die nationalsozialistische Machtergreifung in einer Kleinstadt 1930–1935, Gütersloh 1966; F. BAJOHR (Hg.), Norddeutschland im Nationalsozialismus, Hamburg 1993; BAYERN IN DER NS-ZEIT, hg. von M. Broszat und E. Fröhlich, 6 Bde, München und Wien 1977–1983; W. MASER, Das Regime, Alltag in Deutschland 1933–1945, München 1983; H. MOMMSEN (Hg.), Herrschaftsalltag im Dritten Reich, Studien und Texte, Düsseldorf 1988; G. L. MOSSE, Der nationalsozialistische Alltag, So lebte man unter Hitler, Königstein im Taunus 1978; L.

NIETHAMMER (Hg.), »Die Jahre weiß man nicht, wo man die heute hinsetzen soll«, Faschismuserfahrungen im Ruhrgebiet, Berlin und Bonn 1983; DERS. (Hg.), »Hinterher merkt man, daß es richtig war, daß es schiefgegangen ist«, Nachkriegserfahrungen im Ruhrgebiet, Berlin und Bonn 1983; D. PEUKERT und J. REULECKE (Hg.), Die Reihen fast geschlossen, Beiträge zur Geschichte des Alltags unterm Nationalsozialismus, Wuppertal 1981; L. STEINBACH (Hg.), Ein Volk, Ein Reich, Ein Glaube?, Ehemalige Zeitgenossen und Zeitzeugen berichten über ihr Leben im Dritten Reich, Berlin und Bonn 1984; B. STÖVER, Volksgemeinschaft im Dritten Reich, Die Konsensbereitschaft der Deutschen aus der Sicht sozialistischer Exilberichte, Düsseldorf 1993.

Propaganda

K.-D. ABEL, Presselenkung im NS-Staat, Eine Studie zur Publizistik in der nationalsozialistischen Zeit, Berlin 1968; D. AIGNER, Die Indizierung »schädlichen und unerwünschten Schrifttums« im Dritten Reich, Frankfurt/M. 1971; G. ALBRECHT, Nationalsozialistische Filmpolitik, Eine soziologische Untersuchung über die Spielfilme des Dritten Reiches, Stuttgart 1969; J. BOHSE, Inszenierte Kriegsbegeisterung und ohnmächtiger Friedenswille, Meinungslenkung und Propaganda im Nationalsozialismus, Stuttgart 1988; E. K. BRAMSTED, Goebbels und die nationalsozialistische Propaganda 1925-1945, Frankfurt/M. 1971; A. DILLER, Rundfunkpolitik im Dritten Reich, München 1980; N. FREI, Nationalsozialistische Eroberung der Provinzpresse, Gleichschaltung, Selbstanpassung und Resistenz in Bayern, Stuttgart 1980; DERS. und J. SCHMITZ, Journalismus im Dritten Reich, München 1989; J. HAGEMANN, Die Presselenkung im Dritten Reich, Bonn 1970; F. SÄNGER, Politik der Täuschungen, Mißbrauch der Presse im Dritten Reich, Weisungen, Informationen, Notizen 1933-1939, Wien 1975; K. SCHMEER, Die Regie des öffentlichen Lebens im Dritten Reich, München 1956; W. WETTE, Die schwierige Überredung zum Krieg, Zur psychologischen Mobilmachung der deutschen Bevölkerung 1933-1939, in: Aus Politik und Zeitgeschichte, Beilage zu »Das Parlament«, B 32-33/89 vom 4. August 1989, S. 3-17.

Kirchen und Religionspolitik

C.-E. BÄRSCH, Antijudaismus, Apokalyptik und Satanologie, Die religiösen Elemente des nationalsozialistischen Antisemitismus, in: ZRGG 40, 1988, S. 112-133; R. BAUMGARTNER, Weltanschauungskampf im Dritten Reich, Die Auseinandersetzung der Kirchen mit Alfred Rosenberg, Mainz 1977; R. BUCHER, Hitler, die Moderne und die Theologie, in: ZRGG 44, 1992, S. 157-176; H. BUCHHEIM, Glaubenskrise im Dritten Reich, Drei Kapitel nationalsozialistischer Religionspolitik, Stuttgart 1953; W. BUSSMANN, Der deutsche Katholizismus im Jahre 1933, in: Festschrift für H. Heimpel zum 70. Geburtstag, hg. von den Mitarbeitern des Max-Planck-Institutes für Geschichte, Bd 1, Göttingen 1971, S. 180-205; G. DENZLER und V. FABRICIUS; Die Kirchen im Dritten Reich, Christen und Nazis Hand in Hand?, 2 Bde, Frankfurt/M. 1988; J. S. DONWAY, Die nationalsozialistische Kirchenpolitik 1933-1945, Ihre Ziele, Widersprüche und Fehlschläge, München 1969; R. P. ERICKSEN, Theologen unter Hitler, Das Bündnis von evangelischer Dogmatik und Nationalsozialismus, München 1986; G. LEASE, Nationalsozialismus und Religion, Eine Mythologie unserer Zeit, in: ZRGG 40/1988, S. 97-111; A. LINDT, Das Zeitalter des Totalitarismus (Christentum und Gesellschaft, Bd 13), Stuttgart und Berlin 1981; K. MEIER, Die Deutschen Christen, Das Bild einer Bewegung im Kirchenkampf des Dritten Reiches, Halle an der Saale 1965; DERS., Der evangelische Kirchenkampf, 3 Bde, Göttingen ²1984; R. MORSEY, Der Untergang des politischen Katholizismus, Die Zentrumspartei zwischen christlichem Selbstverständnis und »Nationaler Erhebung«, Stuttgart und Zürich 1977; G. VAN NORDEN, Der deutsche Protestantismus im Jahr der nationalsozialistischen Machtergreifung, Gütersloh 1979; DERS. und V. WITTMÜTZ (Hg.), Evangelische Kirche im Zweiten Weltkrieg, Köln 1991; A. REICHHOLD, Die deutsche katholische Kirche zur Zeit des Nationalsozialismus (1933-1945) unter besonderer Berücksichtigung der Hirtenbriefe, Predigten und sonstigen Kundgebungen der deutschen katholischen Bischöfe, St. Ottilien 1992; J. SCHMIDT, Martin Niemöller im Kirchenkampf, Hamburg 1971; K. SCHOLDER, Die Kirchen und das Dritte Reich, Bd 1: Vorgeschichte und Zeit der Illusionen 1918-1934, Frankfurt/M. und Berlin 1977; Bd 2: Das Jahr der Ernüchterung, 1934, Barmen und Rom, Berlin 1985; DERS., Die Krise der dreißiger Jahre als Fragen an Christentum und Kirchen, in: G. Schulz (Hg.), Die Große Krise der dreißiger Jahre, Vom Niedergang der Weltwirtschaft zum Zweiten Weltkrieg, Göttingen 1985, S. 101–119.

Recht

K. ANDERBRÜGGE, Völkisches Rechtsdenken, Zur Rechtslehre in der Zeit des Nationalsozialismus, Berlin 1978; E.-W. BÖCKENFÖRDE (Hg.), Staatsrecht und Staatsrechtslehre im Dritten Reich, Heidelberg 1985; G. BUCHHEIT, Richter in roter Robe, Freisler – Präsident des Volksgerichtshofes, München 1968; G. FIEBERG, Justiz im nationalsozialistischen Deutschland, Köln 1984; D. MAJER, »Fremdvölkische« im Dritten Reich, Ein Beitrag zur nationalsozialistischen Rechtssetzung und Rechtspraxis in Verwaltung und Justiz unter besonderer Berücksichtigung der eingegliederten Ostgebiete und des Generalgouvernements, Boppard am Rhein 1981; NS-RECHT IN HISTORISCHER PERSPEKTIVE, Kolloquium des Instituts für Zeitgeschichte, München und Wien 1981; B. RÜTHERS, Carl Schmitt im Dritten Reich, München 1989; DERS., Entartetes Recht, Rechtslehren und Kronjuristen im Dritten Reich, München ²1989; F.-J. SÄCKER (Hg.), Recht und Rechtslehre im Nationalsozialismus, Baden-Baden 1992; M. STOLLEIS, Gemeinwohlformeln im nationalsozialistischen Recht, Berlin 1974; DERS., Recht im Unrecht, Studien zur Rechtsgeschichte des Nationalsozialismus, Frankfurt/M. 1995.

Kunst und Kultur

P. BERTAUX, Nationalsozialistische Kulturpolitik und ihre Folgen, in: G. Schulz (Hg.), Die Große Krise der dreißiger Jahre, Vom Niedergang der Weltwirtschaft zum Zweiten Weltkrieg, Göttingen 1985, S. 120–136; F. BORSI, Die monumentale Ordnung, Architektur in Europa 1929–1939, Stuttgart 1987; K. CORINO, Intellektuelle im Bann des Nationalsozialismus, Hamburg 1980; M. DAMUS, Sozialistischer Realismus und Kunst im Nationalsozialismus, Frankfurt/M. 1981; B. DREWNIAK, Das Theater im NS-Staat, Szenarium deutscher Zeitgeschichte, Düsseldorf 1983; J. DÜLFFER, J. THIES und J. HENKE, Hitlers Städte, Baupolitik im Dritten Reich, Köln und Wien 1978; E. LOEWY, Literatur unterm Hakenkreuz, Das Dritte Reich und seine Dichtung, Eine Dokumentation, Frankfurt/M. ⁴1983; R. MERKER, Die bildenden Künste im Nationalsozialismus. Kulturideologie, Kulturpolitik, Kulturpro-
duktion, Köln 1983; H. MÖLLER, Exodus der Kultur, Schriftsteller, Wissenschaftler und Künstler in der Emigration nach 1933, München 1984; W. NERDINGER, Bauhaus-Moderne und Nationalsozialismus, München 1993; L. POLIAKOV und J. WULF (Hg.), Das Dritte Reich und seine Denker, Berlin ²1983; F. K. PRIEBERG, Musik im NS-Staat, Frankfurt/M. 1982; H. J. REICHHARDT und W. SCHÄCHE, Von Berlin nach Germania, Über die Zerstörungen der Reichshauptstadt durch Albert Speers Neugestaltungsplanungen, Berlin 1985; H. D. SCHÄFER, Das gespaltene Bewußtsein, Deutsche Kultur und Lebenswirklichkeit 1933–1945, München und Wien 1981; D. STROTHMANN, Nationalsozialistische Literaturpolitik, Ein Beitrag zur Publizistik im Dritten Reich, Bonn 1963; J. WULF (Hg.), Literatur und Dichtung im Dritten Reich, Eine Dokumentation, Frankfurt/M., Berlin und Wien ²1983; DERS. (Hg.), Die bildenden Künste im Dritten Reich, Eine Dokumentation, Frankfurt/M. und Berlin ²1983; DERS. (Hg.), Musik im Dritten Reich, Eine Dokumentation, Frankfurt/M. und Berlin ²1983; DERS. (Hg.), Theater und Film im Dritten Reich, Eine Dokumentation, Frankfurt/M. und Berlin ²1983.

Wissenschaft und Universität

A. D. BEYERCHEN, Wissenschaftler unter Hitler, Physiker im Dritten Reich, Köln 1980; DIE DEUTSCHE UNIVERSITÄT IM DRITTEN REICH, Eine Vortragsreihe der Universität München, 8 Beiträge, München 1966; R. EISFELD, Ausgebürgert und doch angebräunt, Deutsche Politikwissenschaft 1920–1945, Baden-Baden 1991; M. FUNKE, Universität und Zeitgeist im Dritten Reich, Eine Betrachtung zum politischen Verhalten von Gelehrten, in: Aus Politik und Zeitgeschichte, Beilage zu »Das Parlament«, B 12/86 vom 22. März 1986, S. 3–14; U. GEUTER, Die Professionalisierung der deutschen Psychologie im Nationalsozialismus, Frankfurt/M. 1988; H. GIESECKE, Hitlers Pädagogen, Theorie und Praxis nationalsozialistischer Erziehung, Weinheim und München 1993; H. HEIBER, Walter Frank und sein Reichsinstitut für Geschichte des neuen Deutschlands, Stuttgart 1966; DERS., Universität unterm Hakenkreuz, Teil 1: Der Professor im Dritten Reich, Bilder aus der Akademischen Provinz, München 1991; J. HERF, Reactionary Modernism, Technology, Culture, and Politics in Weimar and the Third Reich, Cambridge und London 1984; P. LUNDGREEN (Hg.), Wissen-

schaft im Dritten Reich, Frankfurt/M. 1985; J. Z.
MULLER, Enttäuschung und Zweideutigkeit, Zur
Geschichte rechter Sozialwissenschaftler im »Drit-
ten Reich«, in: GG, 12, 1986, S.289–316; DERS.,
The other god thad failed, Hans Freyer and the de-
radicalization of German conservatism, Princeton
1987; E. NOLTE, Zur Typologie des Verhaltens der
Hochschullehrer im Dritten Reich, in: Ders., Marxismus, Faschismus, Kalter Krieg, Vorträge und
Aufsätze 1964–1976, Stuttgart 1977, S.136–152;
DERS., Philosophie und Nationalsozialismus, in: A.
Gethmann-Siefert und O. Pöggeler (Hg.), Heidegger und die praktische Philosophie, Frankfurt/M.
1988, S.338–356; W. OBERKROME, Volksgeschich-
te, Methodische Innovation und völkische Ideologisierung in der deutschen Geschichtswissenschaft
1918–1945, Göttingen 1993; O. RAMMSTEDT,
Deutsche Soziologie 1933–1945, Die Normalität
einer Anpassung, Frankfurt/M. 1986; K. SCHÖN-
WÄLDER, Historiker und Politik, Geschichtswissen-
schaft im Nationalsozialismus, Frankfurt/M. und
New York 1992; H. SEIER, Universität und Hoch-
schulpolitik im nationalsozialistischen Staat, in: K.
Malettke (Hg.), Der Nationalsozialismus an der
Macht, Aspekte nationalsozialistischer Politik und
Herrschaft, Göttingen 1984, S.143–165; J. TRÖGER
(Hg.), Hochschule und Wissenschaft im Dritten
Reich, Frankfurt/M. 1984; K. F. WERNER, Das NS-
Geschichtsbild und die deutsche Geschichtswissen-
schaft, Stuttgart 1967.

Wirtschaft und Aufrüstung

A. BARKAI, Das Wirtschaftssystem des Nationalsozialismus, Der historische und ideologische Hintergrund 1933–1936, Frankfurt/M. ²1988; DERS.,
Vom Boykott zur »Entjudung«, Der wirtschaftliche
Existenzkampf der Juden im Dritten Reich 1933–
1943, Frankfurt/M. 1988; W. BIRKENFELD, Der
synthetische Treibstoff 1933–1945, Ein Beitrag zur
nationalsozialistischen Wirtschafts- und Rüstungs-
politik, Göttingen 1964; F. BLAICH, Wirtschaft und
Rüstung im »Dritten Reich«, Düsseldorf 1987; W.
A. BOELCKE, Die deutsche Wirtschaft 1930–1945,
Interna des Reichswirtschaftsministeriums, Düssel-
dorf 1983; DERS., Die Kosten von Hitlers Krieg,
Kriegsfinanzierung und finanzielles Kriegserbe in
Deutschland 1933–1948, Paderborn 1985; J. E.
FARQUHARSON, The Plough and the Swastika, The
NSDAP and agriculture in Germany 1928–1945,
London und Beverly Hills 1976; F. FORSTMEIER
und H.-E. VOLKMANN (Hg.), Wirtschaft und Rü-

stung am Vorabend des Zweiten Weltkrieges, Düsseldorf 1975; DIES. (Hg.), Kriegswirtschaft und
Rüstung 1939–1945, Düsseldorf 1977; M. FRESE,
Betriebspolitik im »Dritten Reich«, Deutsche Arbeitsfront, Unternehmer und Staatsbürokratie in
der westdeutschen Großindustrie 1933–1939, Paderborn 1991; E. GEORG, Die wirtschaftlichen Un-
ternehmungen der SS, Stuttgart 1963; F. GRUND-
MANN, Agrarpolitik im »Dritten Reich«, Anspruch
und Wirklichkeit des Reichserbhofgesetzes, Hamburg 1979; R. HACHTMANN, Industriearbeit im
»Dritten Reich«, Untersuchungen zu den Lohn-
und Arbeitsbedingungen in Deutschland 1933–
1945, Göttingen 1989; E. HANSEN, Wohlfahrtspo-
litik im NS-Staat, Motivationen, Konflikte und
Machtstrukturen im »Sozialismus der Tat« des
Dritten Reiches, Augsburg 1990; F.-W. HENNING
(Hg.), Probleme der nationalsozialistischen Wirtschaftspolitik, Berlin 1976; H. HENNING, Kraft-
fahrzeugindustrie und Autobahnbau in der Wirtschaftspolitik des Nationalsozialismus 1933 bis
1936, in: VSWG 65, 1978, S.217–242; U. HER-
BERT, Fremdarbeiter, Politik und Praxis des »Aus-
länder-Einsatzes« in der Kriegswirtschaft des Dritten Reiches, Berlin und Bonn 1985; L. HERBST, Der
Totale Krieg und die Ordnung der Wirtschaft, Die
Kriegswirtschaft im Spannungsfeld von Politik,
Ideologie und Propaganda 1939–1945, Stuttgart
1982; P. KRÜGER, Zu Hitlers »nationalsozialistischen Wirtschaftserkenntnissen«, in: GG 6, 1980,
S.263–282; A. S. MILWARD, Die deutsche Kriegswirtschaft 1939–1945, Stuttgart 1966; D. PETZINA,
Autarkiepolitik im Dritten Reich, Der nationalsozialistische Vierjahresplan, Stuttgart 1968; DERS.,
Die deutsche Wirtschaft in der Zwischenkriegszeit,
Wiesbaden 1977; G. PLUMPE, Die I.G. Farbenindu-
strie, Wirtschaft, Technik und Politik 1904–1945,
Berlin 1990; H.-J. SCHERPENBERG, Deutsche Rü-
stungspolitik vom Beginn der Genfer Abrüstungs-
konferenz bis zur Wiedereinführung der allgemeinen Wehrpflicht 1932–1935, Bonn 1973; T. SIE-
GEL, Leistung und Lohn in der nationalsozialistischen »Ordnung der Arbeit«, Opladen 1989; G.
THOMAS, Geschichte der deutschen Wehr- und Rüstungswirtschaft (1918–1943/45), hg. von W. Birkenfeld, Boppard am Rhein 1966; W. TREUE, Die
Einstellung einiger deutscher Großindustrieller zu
Hitlers Außenpolitik, in: GWU 17, 1966, S.491–
507; H. A. TURNER, Faschismus und Kapitalismus
in Deutschland, Studien zum Verhältnis zwischen
Nationalsozialismus und Wirtschaft, Göttingen
1972; DERS., Die Großunternehmer und der Aufstieg Hitlers, Berlin 1985; M. WOLFFSOHN, Indu-

strie und Handwerk im Konflikt mit staatlicher Wirtschaftspolitik?, Studien zur Politik der Arbeitsbeschaffung in Deutschland 1930–1934, Berlin 1977; W. Zollitsch, Arbeiter zwischen Weltwirtschaftskrise und Nationalsozialismus, Ein Beitrag zur Sozialgeschichte der Jahre 1928 bis 1936, Göttingen 1990.

Streitkräfte

K.-H. Janssen und F. Tobias, Der Sturz der Generäle, Hitler und die Blomberg-Fritsch-Krise 1938, München 1994; M. Messerschmidt, Die Wehrmacht im NS-Staat, Zeit der Indoktrination, Hamburg 1969; Ders., Die Wehrmacht in der Endphase, Realität und Perzeption, in: Aus Politik und Zeitgeschichte, Beilage zu »Das Parlament«, B 32–33/89 vom 4. August 1989, S. 33–46; K.-J. Müller, Das Heer und Hitler, Armee und nationalsozialistisches Regime 1933–1940, Stuttgart 1969; Ders., Armee, Politik und Gesellschaft in Deutschland 1933–1945, Studien zum Verhältnis von Armee und NS-System, Paderborn ⁴1986; M. Salewski, Die deutsche Seekriegsleitung 1935–1945, 3 Bde, Frankfurt/M. und München 1970–1975; R. Stumpf, Die Wehrmacht-Elite, Rang- und Herkunftsstruktur der deutschen Generale und Admirale 1933–1945, Boppard am Rhein 1982; B. Wegner, Hitlers politische Soldaten, Die Waffen-SS 1933–1945, Studien zu Leitbild, Struktur und Funktion einer nationalsozialistischen Elite, Paderborn ²1983.

Außenpolitik

Allgemeine Darstellungen

D. Aigner, Hitler und die Weltherrschaft, in: W. Michalka (Hg.), Nationalsozialistische Außenpolitik, Darmstadt 1978, S. 49–69; C. Bloch, Das Dritte Reich und die Welt, Paderborn 1992; H.-J. Döscher, Das Auswärtige Amt im Dritten Reich, Diplomatie im Schatten der »Endlösung«, Berlin 1987; J. Dülffer, Zum »decision-making process« in der deutschen Außenpolitik 1933–1939, in: M. Funke (Hg.), Hitler, Deutschland und die Mächte, Materialien zur Außenpolitik des Dritten Reiches, Düsseldorf ²1977, S. 186–204; M. Funke (Hg.), Hitler, Deutschland und die Mächte. Materialien zur Außenpolitik des Dritten Reiches, Düsseldorf ²1977; O. Hauser (Hg.), Weltpolitik I, 1933–1939, 13 Vorträge, Göttingen und Zürich 1973; Ders.

(Hg.), Weltpolitik II, 1939–1945, 14 Vorträge, Göttingen und Zürich 1975; K. Hildebrand, Deutsche Außenpolitik 1933–1945, Kalkül oder Dogma?, Stuttgart und Wien ⁵1990; Ders., Das vergangene Reich, Deutsche Außenpolitik von Bismarck bis Hitler 1871–1945, Stuttgart 1995; A. Hillgruber, Deutschlands Rolle in der Vorgeschichte der beiden Weltkriege, Göttingen ²1979; Ders., Der Faktor Amerika in Hitlers Strategie 1938–1941, in: Ders., Deutsche Großmacht- und Weltpolitik im 19. und 20. Jahrhundert, Düsseldorf ²1979, S. 197–222; Ders., England in Hitlers außenpolitischer Konzeption, in: Ders., Deutsche Großmacht- und Weltpolitik im 19. und 20. Jahrhundert, Düsseldorf ²1979, S. 180–197; Ders., Der Zweite Weltkrieg, Kriegsziele und Strategie der großen Mächte, Stuttgart und Berlin ⁴1985; H.-A. Jacobsen, Nationalsozialistische Außenpolitik 1933–1938, Frankfurt/M. 1968; G. Jasper, Über die Ursachen des Zweiten Weltkrieges, Zu den Büchern von A. J. P. Taylor und David L. Hoggan, in: VfZ 10, 1962, S. 311–340; A. Kuhn, Hitlers außenpolitisches Programm, Entstehung und Entwicklung 1919–1939, Stuttgart 1970; K. Lange, Der Terminus »Lebensraum« in Hitlers »Mein Kampf«, in: VfZ 13, 1965, S. 426–437; Ders., Hitlers unbeachtete Maximen, »Mein Kampf« und die Öffentlichkeit, Stuttgart 1968; W. Michalka, Die nationalsozialistische Außenpolitik im Zeichen eines »Konzeptionen-Pluralismus«, Fragestellungen und Forschungsaufgaben, in: M. Funke (Hg.), Hitler, Deutschland und die Mächte, Materialien zur Außenpolitik des Dritten Reiches, Düsseldorf ²1977, S. 46–62; Ders. (Hg.), Nationalsozialistische Außenpolitik, Darmstadt 1978; G. Moltmann, Weltherrschaftsideen Hitlers, in: Europa und Übersee, Festschrift für E. Zechlin, hg. von O. Brunner und D. Gerhard, Hamburg 1961, S. 197–240; M.-L. Recker, Die Außenpolitik des Dritten Reiches (Enzyklopädie Deutscher Geschichte 8), München 1990; W. Schieder, Spanischer Bürgerkrieg und Vierjahresplan, Zur Struktur nationalsozialistischer Außenpolitik, in: W. Schieder und Ch. Dipper (Hg.), Der Spanische Bürgerkrieg in der internationalen Politik (1936–1939), München 1976, S. 162–190; G. Schöllgen, Die Macht in der Mitte Europas, Stationen deutscher Außenpolitik von Friedrich dem Großen bis zur Gegenwart, München 1991; G. Stourzh und B. Zaar (Hg.), Österreich, Deutschland und die Mächte, Internationale und österreichische Aspekte des »Anschlusses« vom März 1938, Wien 1991; J. Thies, Architekt der Weltherrschaft, Die »Endziele« Hitlers,

Düsseldorf und Königstein ³1980; DERS., Hitlers »Endziele«: Zielloser Aktionismus, Kontinentalimperium oder Weltherrschaft?, in: W. Michalka (Hg.), Nationalsozialistische Außenpolitik, Darmstadt 1978, S. 70–91.

1933–1939

H. H. ABENDROTH, Hitler in der spanischen Arena, Die deutsch-spanischen Beziehungen im Spannungsfeld der europäischen Interessenpolitik vom Ausbruch des Bürgerkrieges bis zum Ausbruch des Weltkrieges (1936–1939), Paderborn 1973; DERS., Deutschlands Rolle im Spanischen Bürgerkrieg, in: M. Funke (Hg.), Hitler, Deutschland und die Mächte, Materialien zur Außenpolitik des Dritten Reiches, Düsseldorf ²1977, S. 471–488; D. AIGNER, Das Ringen um England, Das deutsch-britische Verhältnis, Die öffentliche Meinung 1933–1939, München-Esslingen 1969; R. A. BLASIUS, Für Großdeutschland – gegen den großen Krieg, Staatssekretär Ernst Freiherr von Weizsäcker in den Krisen um die Tschechoslowakei und Polen 1938/39, Köln und Wien 1981; M. BRAUBACH, Der Einmarsch deutscher Truppen in die entmilitarisierte Zone am Rhein im März 1936, Ein Beitrag zur Vorgeschichte des Zweiten Weltkrieges, Köln und Opladen 1956; S. DENGG, Deutschlands Austritt aus dem Völkerbund und Schachts »Neuer Plan«, Zum Verhältnis von Außen- und Außenwirtschaftspolitik in der Übergangsphase von der Weimarer Republik zum Dritten Reich (1929–1934), Frankfurt/M. und Bern 1986; J. DÜLFFER, Weimar, Hitler und die Marine, Reichspolitik und Flottenbau 1920–1939, Düsseldorf 1973, DERS., Der Beginn des Krieges 1939, Hitler, die innere Krise und das Mächtesystem, in: GG 2, 1976, S. 443–470; M. FUNKE, Sanktionen und Kanonen. Hitler, Mussolini und der internationale Abessinienkonflikt 1934–1936, Düsseldorf ²1971; DERS. (Hg.), Hitler, Deutschland und die Mächte, Materialien zur Außenpolitik des Dritten Reiches, Düsseldorf ²1977; J. HENKE, England in Hitlers politischem Kalkül, Vom Scheitern der Bündniskonzeption bis zum Kriegsbeginn (1935–1938), Boppard am Rhein 1973; K. HILDEBRAND, Vom Reich zum Weltreich, Hitler, NSDAP und koloniale Frage 1919–1945, München 1969; A. HILLGRUBER, Der Hitler-Stalin-Pakt und die Entfesselung des Zweiten Weltkrieges, Situationsanalyse und Machtkalkül der beiden Pakt-Partner, in: HZ 230, 1980, S. 339–361; DERS., Zur Entstehung des Zweiten Weltkrieges, Forschungsstand

und Literatur. Mit einer Chronik der Ereignisse September-Dezember 1939, Düsseldorf 1980; W. HOFER, Die Entfesselung des Zweiten Weltkrieges, Darstellung und Dokumente, Mit dem Essay »Gibt es eine Kriegsschuldfrage 1939?«, Düsseldorf 1984; G.-K. KINDERMANN, Hitlers Niederlage in Österreich, Bewaffneter NS-Putsch, Kanzlermord und Österreichs Abwehrsieg von 1934, Hamburg 1984; F. KNIPPING und K.-J. MÜLLER (Hg.), Machtbewußtsein in Deutschland am Vorabend des Zweiten Weltkrieges, Paderborn 1984; W. MICHALKA, Ribbentrop und die deutsche Weltpolitik 1933–1940, Außenpolitische Konzeptionen und Entscheidungsprozesse im Dritten Reich, München 1980; G. NIEDHART (Hg.), Kriegsausbruch 1939, Entfesselung oder Ausbruch des Zweiten Weltkrieges?, Darmstadt 1976; J. PETERSEN, Hitler – Mussolini, Die Entstehung der Achse Berlin – Rom 1933–1936, Tübingen 1973; H. K. G. RÖNNEFARTH, Die Sudetenkrise in der internationalen Politik, Entstehung, Verlauf, Auswirkung, 2 Bde, Wiesbaden 1961; K. ROHE (Hg.), Die Westmächte und das Dritte Reich 1933–1939, Klassische Großmachtrivalität oder Kampf zwischen Demokratie und Diktatur?, Paderborn 1982; G. SCHREIBER, Revisionismus und Weltmachtstreben, Marineführung und deutsch-italienische Beziehungen 1919 bis 1944, Stuttgart 1978; H.-J. SCHRÖDER, Deutschland und die Vereinigten Staaten 1933–1939, Wirtschaft und Politik in der Entwicklung des deutsch-amerikanischen Gegensatzes, Wiesbaden 1970; DERS., Deutsche Südosteuropapolitik 1929–1936, Zur Kontinuität deutscher Außenpolitik in der Weltwirtschaftskrise, in: GG, 2, 1976, S. 5–32; R. SMELSER, Das Sudetenproblem und das Dritte Reich 1933–1938, Von der Volkstumspolitik zur nationalsozialistischen Außenpolitik, München und Wien 1980; T. SOMMER, Deutschland und Japan zwischen den Mächten 1935–1940, Vom Antikominternpakt zum Dreimächtepakt, Eine Studie zur diplomatischen Vorgeschichte des Zweiten Weltkrieges, Tübingen 1962; R. STEININGER, Der Anschluß Österreichs – Stationen auf dem Weg zum März 1938, in: Aus Politik und Zeitgeschichte, Beilage zu »Das Parlament«, B 9/88 vom 26. Februar 1988, S. 20–33; G. T. WADDINGTON, Hitler, Ribbentrop, die NSDAP und der Niedergang des britischen Empire 1935–1938, in: VfZ 40, 1990, S. 273–306; B.-J. WENDT, Großdeutschland, Außenpolitik und Kriegsvorbereitung des Hitler-Regimes (Deutsche Geschichte der neuesten Zeit, Bd 18), München 1993; M. WIGGERSHAUS, Der deutsch-englische Flottenvertrag vom 18. Juni

1935, Diss. phil. Bonn 1972; G. WOLLSTEIN, Vom Weimarer Revisionismus zu Hitler, Das Deutsche Reich und die Großmächte in der Anfangsphase der nationalsozialistischen Herrschaft in Deutschland, Bonn 1973.

1939–1945

W. BENZ und H. GRAML (Hg.), Sommer 1939, Die Großmächte und der Europäische Krieg, Stuttgart 1979; U. BITZEL, Die Konzeption des Blitzkrieges bei der deutschen Wehrmacht, Frankfurt/M. 1991; H. BOOG, Der globale Krieg, Stuttgart 1990; DERS. (Hg.), Luftkriegführung im Zweiten Weltkrieg, Ein internationaler Vergleich, Herford und Bonn 1993; D. BRANDES, Die Tschechen unter deutschem Protektorat 1939–1945, 2 Bde, München 1969–1975; M. BROSZAT, Nationalsozialistische Polenpolitik 1939–1945, Stuttgart 1961; A. DALLIN, Deutsche Herrschaft in Rußland 1941–1945, Eine Studie über Besatzungspolitik, Düsseldorf 1981; W. DANILOW, Hat der Generalstab der Roten Armee einen Präventivschlag gegen Deutschland vorbereitet?, in: Österreichische Militärische Zeitschrift, 31, 1993, S. 41–51; DAS DEUTSCHE REICH UND DER ZWEITE WELTKRIEG, hg. vom Militärgeschichtlichen Forschungsamt, bisher 6 Bde, Stuttgart 1979–1990; CH. DUFFY, Der Sturm auf das Reich, Der Vormarsch der Roten Armee 1945, München 1994; P. W. FABRY, Iran, die Sowjetunion und das kriegführende Deutschland im Sommer und Herbst 1940, Göttingen 1980; N. FREI und H. KLING (Hg.), Der nationalsozialistische Krieg, Frankfurt/M. 1990; J. FRIEDRICH, Das Gesetz des Krieges, Das deutsche Heer in Rußland 1941 bis 1945, Der Prozeß gegen das Oberkommando der Wehrmacht, München und Zürich 1993; M. GILBERT, Der Zweite Weltkrieg, Eine chronologische Darstellung, München 1991; L. GRUCHMANN, Nationalsozialistische Großraumordnung, Die Konstruktion einer »deutschen Monroe-Doktrin«, Stuttgart 1962; DERS., Totaler Krieg, Vom Blitzkrieg zur bedingungslosen Kapitulation (Deutsche Geschichte der neuesten Zeit, Bd. 21), München 1991; P. HERDE, Italien, Deutschland und der Weg in den Krieg im Pazifik 1941, Wiesbaden 1983; V. D. HEYDORN, Der sowjetische Aufmarsch im Bialystoker Balkon bis zum 22. Juni 1941 und der Kessel von Wolkowysk, München 1989; K. HILDEBRAND, J. SCHMÄDEKE und K. ZERNACK (Hg.), 1939, An der Schwelle zum Weltkrieg, Die Entfesselung des Zweiten Weltkrieges und das Internationale System, Berlin 1990; A. HILLGRUBER, Hitler, König Carol und Marschall Antonescu, Die deutsch-rumänischen Beziehungen 1938–1944, Wiesbaden ²1965; DERS., Hitlers Strategie, Politik und Kriegführung 1940–1941, München ²1982; DERS., Noch einmal: Hitlers Wendung gegen die Sowjetunion; Nicht (Militär-) »Strategie oder Ideologie«, sondern »Programm« und »Weltkriegsstrategie«, in: GWU 33, 1982, S. 214–226; DERS., Der 2. Weltkrieg, Kriegsziele und Strategie der großen Mächte, Stuttgart und Berlin ³1983; J. HOFFMANN, Die Geschichte der Wlassow-Armee, Freiburg ²1986; DERS., Stalins Vernichtungskrieg 1941–1945, München 1995; W. HUBATSCH, »Weserübung«, Die deutsche Besetzung von Dänemark und Norwegen 1940, Göttingen ²1960; H.-A. JACOBSEN, Fall Gelb, Der Kampf um den deutschen Operationsplan zur Westoffensive, Wiesbaden 1957; DERS., Der Zweite Weltkrieg, Eine historische Bilanz, in: Aus Politik und Zeitgeschichte, Beilage zu »Das Parlament«, B 7–8/95 vom 10. Februar 1995, S. 3–12; E. JÄCKEL, Frankreich in Hitlers Europa, Die deutsche Frankreichpolitik im Zweiten Weltkrieg, Stuttgart 1966; M. KEHRIG, Stalingrad, Analyse und Dokumentation einer Schlacht, Stuttgart 1974; L. KETTENACKER, Nationalsozialistische Volkstumspolitik im Elsaß, Stuttgart 1973; CH. KLESSMANN (Hg.), Nicht nur Hitlers Krieg, Der Zweite Weltkrieg und die Deutschen, Düsseldorf 1989; H. KRAUSNICK, Kommissarbefehl und »Gerichtsbarkeitserlaß Barbarossa« in neuer Sicht, in: VfZ 25, 1977, S. 682–738; J. LUKACS, Die Entmachtung Europas, Stuttgart 1978; DERS., Churchill und Hitler, Der Zweikampf 10. Mai–31. Juli 1940, Stuttgart ²1994; H. MAGENHEIMER, Neue Erkenntnisse zum »Unternehmen Barbarossa«, in: Österreichische Militärische Zeitschrift, 29, 1991, S. 441–445; DERS., Zum deutsch-sowjetischen Krieg 1941, Neue Quellen und Erkenntnisse, in: Österreichische Militärische Zeitschrift, 32, 1994, S. 51–60; H. MAIER, Ideen von 1914 – Ideen von 1939?, Zweierlei Kriegsanfänge, in: VfZ 38, 1990, S. 525–542; B. MARTIN, Deutschland und Japan im Zweiten Weltkrieg, Vom Angriff auf Pearl Harbor bis zur deutschen Kapitulation, Göttingen 1969; DERS., Friedensinitiativen und Machtpolitik im Zweiten Weltkrieg 1939–1942, Düsseldorf ²1976; A. MAYER, Der Krieg als Kreuzzug, Das Deutsche Reich, Hitlers Wehrmacht und die »Endlösung«, Reinbek 1988; W. MICHALKA (Hg.), Der Zweite Weltkrieg, Analysen, Grundzüge, Forschungsbilanz, München 1989; H. MÖLLER, Die Relativität historischer Epochen, Das Jahr 1945 in der Perspektive des Jahres 1989, in: Aus Politik und Zeitgeschichte, Beilage zu »Das Parlament« B 18–19/95 vom 28. April 1995, S.3–9; R.-D. MÜLLER, Hitlers Ostkrieg und die deutsche Siedlungspolitik, Frankfurt/M. 1991; H. W. NEULEN, An deutscher Seite, Internationale Freiwillige von Wehrmacht und Waffen-SS, München 1985; DERS., Europa und das Dritte Reich, Einigungsbestrebungen im deutschen Machtbereich 1939–1945, München 1987; R. POMMERIN, Das Dritte Reich und Lateinamerika, Die deutsche Politik gegenüber Süd- und Mittelamerika 1939–1942, Düsseldorf 1977; M. RAUH, Geschichte des Zweiten Weltkriegs, Bd 1: Die Voraussetzungen, Berlin 1991; D. REBENTISCH, Führerstaat und Verwaltung im Zweiten Weltkrieg, Verfassungsentwicklung und Verwaltungspolitik 1939–1945, Stuttgart 1989; K. REINHARDT, Die Wende vor Moskau, Das Scheitern der Strategie Hitlers im Winter 1941 und 1942, Stuttgart 1972; J. ROHWER und E. JÄCKEL (Hg.), Kriegswende Dezember 1941, Referate und Diskussionsbeiträge des internationalen historischen Symposiums in Stuttgart vom 17.–19. September 1981, Koblenz 1984; DERS. und H. MÜLLER (Hg.), Neue Forschungen zum Zweiten Weltkrieg, Koblenz 1990; K.-J. RUHL, Spanien im Zweiten Weltkrieg, Franco, die Falange und das »Dritte Reich«, Hamburg 1975; H. D. SCHÄFER, Berlin im Zweiten Weltkrieg, Der Untergang der Reichshauptstadt in Augenzeugenberichten, München 1985; U. SCHLIE, Kein Friede mit Deutschland, Die geheimen Gespräche im Zweiten Weltkrieg 1939–1941, München und Berlin 1994; R. F. SCHMIDT, Der Hess-Flug und das Kabinett Churchill, Hitlers Stellvertreter im Kalkül der britischen Kriegsdiplomatie Mai-Juni 1941, in: VfZ 42, 1994, S.1–38; J. SCHRÖDER, Italiens Kriegsaustritt 1943, Die deutschen Gegenmaßnahmen im italienischen Raum: Fall »Alarich« und »Achse«, Göttingen 1969; F. W. SEIDLER, »Deutscher Volkssturm«, Das letzte Aufgebot 1944/45, München und Berlin 1989; B. STEGEMANN, Hitlers Ziele im ersten Kriegsjahr 1939 und 1940, Ein Beitrag zur Quellenkritik, in : MGM 27, 1980, S.93–105; DERS., Der Entschluß zum Unternehmen Barbarossa, Strategie oder Ideologie?, in: GWU 33, 1982, S.205–213; H. STEHLE, Deutsche Friedensfühler bei den Westmächten im Februar und März 1945, in: VfZ 30, 1982, S.538–555; CH. STREIT, Keine Kameraden, Die Wehrmacht und die sowjetischen Kriegsgefangenen 1941–1945, Berlin ²1995; E. THOMSEN, Deutsche Besatzungspolitik in Dänemark 1940–1945, Düsseldorf 1971; G. UEBERSCHÄR und W. WETTE (Hg.), »Unternehmen Barbarossa«, Der deutsche Überfall auf die Sowjetunion 1941, Berichte, Analysen, Dokumente, Paderborn 1984; DIES. (Hg.), Der deutsche Überfall auf die Sowjetunion, »Unternehmen Barbarossa«, Frankfurt/M. 1991; B. WEGNER (Hg.), Zwei Wege nach Moskau, Vom Hitler-Stalin-Pakt zum »Unternehmen Barbarossa«, München 1991; G. L. WEINBERG, Eine Welt in Waffen, Die globale Geschichte des Zweiten Weltkriegs, Stuttgart 1995; D. WOLFANGER, Die nationalsozialistische Politik in Lothringen (1940–1945), Saarbrücken 1977.

Rassenpolitik und »Endlösung«

U. D. ADAM, Judenpolitik im Dritten Reich, Königstein im Taunus ²1979; DERS., Der Aspekt der »Planung« in der NS-Judenpolitik, in: T. Klein, V. Lohsemann und G. Mai (Hg.), Judentum und Antisemitismus von der Antike bis zur Gegenwart, Düsseldorf 1984, S.161–178; G. ALY (Hg.), Aktion T4 1939–1945, Die »Euthanasie«-Zentrale in der Tiergartenstraße 4, Berlin ²1989; DERS., Medizin gegen Unbrauchbare, in: Aussonderung und Tod, Die klinische Hinrichtung der Unbrauchbaren, Berlin 1985, S.9–74; DERS., »Endlösung«, Völkerverschiebung und der Mord an den europäischen Juden, Frankfurt/M. 1995; DERS. und S. HEIM, Vordenker der Vernichtung, Auschwitz und die Pläne für eine neue europäische Ordnung, Frankfurt/M. ²1994; H. ARENDT, Eichmann in Jerusalem, Ein Bericht von der Banalität des Bösen, München 1986; S. ARONSON, Die dreifache Falle, Hitlers Judenpolitik, die Alliierten und die Juden, in: VfZ 32, 1984, S.29–65; W. BENZ, Die Juden in Deutschland 1933–1945, Leben unter nationalsozialistischer Herrschaft, München ²1989; DERS. (Hg.), Dimension des Völkermords, Die Zahl der jüdischen Opfer des Nationalsozialismus, München 1991; G. BOCK, Zwangssterilisation im Nationalsozialismus, Studien zur Rassenpolitik und Frauenpolitik, Opladen 1985; C. R. BROWNING, Zur Genesis der »Endlösung«, Eine Antwort an Martin Broszat, in: VfZ 29, 1981, S.97–109; P. BURRIN, Hitler und die Juden, Die Entscheidung für den Völkermord, Frankfurt/M. 1993; D. CZECH (Hg.), Kalendarium der Ereignisse im Konzentrationslager Auschwitz-Birkenau 1939–1945, Reinbek 1989; K. DÖRNER, Nationalsozialismus und Lebensvernichtung, in: VfZ 15, 1967, S.121–152; K. D. ERDMANN, »Lebensunwertes Leben«, in: GWU 26, 1975, S.215–225; G. FLEMING, Hitler und die Endlösung, »Es ist des Führers Wunsch...«, Wiesbaden und München

1982; M. GILBERT, Auschwitz und die Alliierten, München 1982; S. GORDON, Hitler, Germans and the »Jewish Question«, Princeton, NY 1984; H. GRAML, Reichskristallnacht, Antisemitismus und Judenverfolgung im Dritten Reich (Deutsche Geschichte der neuesten Zeit, Bd 19), München 1988; A. GROSSER, Ermordung der Menschheit, Der Genozid im Gedächtnis der Völker, München 1990; L. GRUCHMANN, Euthanasie und Justiz im Dritten Reich, in: VfZ 20, 1972, S. 235–279; DERS., »Blutschutzgesetz« und Justiz, Zu Entstehung und Auswirkung des Nürnberger Gesetzes vom 15. September 1935, in: VfZ 31, 1983, S. 418–442; R. HILBERG, Die Vernichtung der europäischen Juden, Die Gesamtgeschichte des Holocaust, Berlin 1982; DERS., Täter, Opfer, Zuschauer, Die Vernichtung der Juden 1933–1945, Frankfurt/M. ³1992; A. HILLGRUBER, Die »Endlösung« und das deutsche Ostimperium als Kernstück des rassenideologischen Programms des Nationalsozialismus, in: Ders., Deutsche Großmacht- und Weltpolitik im 19. und 20. Jahrhundert, Düsseldorf ²1979, S. 252–275; J. S. HOHMANN, Geschichte der Zigeunerverfolgung in Deutschland, Frankfurt/M. und New York 1981; E. JÄCKEL und J. ROHWER (Hg.), Der Mord an den Juden im Zweiten Weltkrieg, Entschlußbildung und Verwirklichung, Stuttgart 1985; E. KLEE, »Euthanasie« im NS-Staat, Die »Vernichtung lebensunwerten Lebens«, Frankfurt/M. 1983; H. KRAUSNICK und H.-H. WILHELM, Die Truppe des Weltanschauungskrieges, Die Einsatzgruppen der Sicherheitspolizei und des SD 1938–1942, Stuttgart 1981; W. LAQUEUR, Was niemand wissen wollte, Die Unterdrückung der Nachrichten über Hitlers »Endlösung«, Frankfurt/M., Berlin und Wien 1981; G. LILIENTHAL, Rassenhygiene im Dritten Reich, Krise und Wende, in: Medizinhistorisches Journal 14, 1979, S. 114–134; DERS., Der »Lebensborn e. V.«, Ein Instrument nationalsozialistischer Rassenpolitik, Stuttgart und New York 1985; M. LIMBERG und H. RÜBSAAT (Hg.), Sie durften nicht mehr Deutsche sein, Jüdischer Alltag in Selbstzeugnissen 1933–1938, Frankfurt/M. 1990; P. LONGERICH (Hg.), Die Ermordung der europäischen Juden, München ²1990; H. LUTZHÖFT, Der nordische Gedanke in Deutschland 1920–1940, Stuttgart 1971; F. R. NICOSIA, Hitler und der Zionismus, Das 3. Reich und die Palästina-Frage 1933–1939, Leoni am Starnberger See 1989; DERS., Ein nützlicher Feind, Zionismus im nationalsozialistischen Deutschland 1933–1939, in: VfZ 37, 1989, S. 367–400; L. POLIAKOV und J. WULF (Hg.), Das Dritte Reich und die Juden, Frankfurt/M., Berlin und Wien 1983; M. POLLAK, Rassenwahn und Wissenschaft, Anthropologie, Biologie, Justiz und die nationalsozialistische Bevölkerungswissenschaft, Frankfurt/M. 1990; J.-C. PRESSAC, Die Krematorien von Auschwitz, Die Technik des Massenmordes, München und Zürich ²1995; M. RÖSSLER und S. SCHLEIERMACHER (Hg.), Der »Generalplan Ost«, Hauptlinien der nationalsozialistischen Planungs- und Vernichtungspolitik, Berlin 1993; W. SOFSKY, Die Ordnung des Terrors, Das Konzentrationslager, Frankfurt/M. 1993; H.-W. SCHMUHL, Rassenhygiene, Nationalsozialismus, Euthanasie, Göttingen 1987; H.-W. WILHELM, Rassenpolitik und Kriegführung, Sicherheitspolizei und Wehrmacht in Polen und der Sowjetunion, Passau 1991.

Widerstand

AUFSTAND DES GEWISSENS, Militärischer Widerstand gegen Hitler und das NS-Regime, hg. vom Militärgeschichtlichen Forschungsamt, Herford und Bonn ²1985; D. BECK, Julius Leber, Sozialdemokrat zwischen Reform und Widerstand, Berlin 1983; G. BEIER, Die illegale Reichsleitung der Gewerkschaften 1933–1945, Köln 1981; K. D. BRACHER, Das Gewissen steht auf, Lebensbilder aus dem deutschen Widerstand 1933–1945, Mainz 1984; M. BROSZAT, Zur Sozialgeschichte des deutschen Widerstandes, in: VfZ, 34, 1986, S. 293–309; E. CHOWANIEC, Der »Fall Dohnanyi« 1933–1945, Widerstand, Militärjustiz, SS-Willkür, München 1991; H. C. DEUTSCH, Verschwörung gegen den Krieg, Der Widerstand in den Jahren 1939–1940, München 1969; C. DIPPER, Der deutsche Widerstand und die Juden, in: GG 9, 1983, S. 349–380; J. C. FEST, Der zwanzigste Juli 1944, Berlin 1994; B. FREI, Der Kleine Widerstand, Wien 1978; H. GRAML (Hg.), Widerstand im Dritten Reich, Probleme, Ereignisse, Gestalten, Frankfurt/M. 1984; P. GRASMANN, Sozialdemokraten gegen Hitler 1933–1945, München und Wien 1976; A. HOCH und L. GRUCHMANN, Georg Elser: Der Attentäter aus dem Volke, Der Anschlag auf Hitler im Bürgerbräu 1939, Frankfurt/M. ²1980; P. HOFFMANN, Widerstand, Staatsstreich, Attentat, Der Kampf der Opposition gegen Hitler, München und Zürich ⁴1985; DERS., Claus Schenk Graf von Stauffenberg und seine Brüder, Das Geheime Deutschland, Stuttgart 1992; L. KETTENACKER (Hg.), Das »Andere Deutschland« im Zweiten Weltkrieg, Emigration und Widerstand in internationaler Perspektive,

Stuttgart 1977; K. VON KLEMPERER, The German resistance against Hitler, The search for allies abroad 1938–1945, Oxford 1992; DERS., E. SYRING und R. ZITELMANN (Hg.), »Für Deutschland«, Die Männer des 20. Juli, Frankfurt/M. und Berlin 1994; R. LILL und H. OBERREUTER (Hg.), 20. Juli, Portraits des Widerstandes, Düsseldorf und Wien 1984; R. LUZA, Der Widerstand in Österreich 1938–1945, Wien 1985; H. O. MALONE, Adam von Trott zu Solz, Werdegang eines Verschwörers 1909–1938, Berlin 1986; H. MOMMSEN, Fritz-Dietlof Graf von der Schulenburg und die preußische Tradition, in: VfZ 32, 1984, S. 213–239; DERS., Der Widerstand gegen Hitler und die deutsche Gesellschaft, in: HZ 241, 1985, S. 81–104; CH. MÜLLER, Oberst i. G. Stauffenberg, Eine Biographie, Düsseldorf ²1971; K.-J. MÜLLER, Staat und Politik im Denken Ludwig Becks, Ein Beitrag zur politischen Ideenwelt des deutschen Widerstandes, in: HZ 215, 1972, S. 607–631; DERS., General Ludwig Beck, Studien und Dokumente zur politisch-militärischen Vorstellungswelt und Tätigkeit des Generalstabschefs des deutschen Heeres 1933–1938, Boppard am Rhein 1980; DERS. (Hg.), Der deutsche Widerstand 1933–1945, Paderborn und München ²1986; D. PEUKERT, Der deutsche Arbeiterwiderstand 1933–1945, in: Aus Politik und Zeitgeschichte, Beilage zu »Das Parlament«, B 28–29/79 vom 14. Juli 1979, S. 22–36; DERS., Die Edelweißpiraten, Protestbewegungen jugendlicher Arbeiter im Dritten Reich, Eine Dokumentation, Köln 1980; G. RITTER, Carl Goerdeler und die deutsche Widerstandsbewegung, Stuttgart 1984; G. VAN ROON, Neuordnung im Widerstand, Der Kreisauer Kreis innerhalb der deutschen Widerstandsbewegung, München 1967; DERS., Widerstand im Dritten Reich, Ein Überblick, München ⁵1986; DERS. (Hg.), Helmuth James Graf von Moltke, Völkerrecht im Dienste der Menschen, Dokumente, Berlin 1986; H. ROTHFELS, Die deutsche Opposition gegen Hitler, Eine Würdigung, Frankfurt/M. ⁸1977; B. SCHEURIG (Hg.), Deutscher Widerstand 1938–

1944, Fortschritt oder Reaktion?, München ²1984; DERS., Ewald von Kleist-Schmenzin, Ein Konservativer gegen Hitler, Berlin ²1994; DERS., Henning von Tresckow, Eine Biographie, Berlin ⁴1994; DERS., Freies Deutschland, Das Nationalkomitee und der Bund Deutscher Offiziere in der Sowjetunion 1943–1945, Köln ²1984; J. SCHMÄDEKE und P. STEINBACH (Hg.), Der Widerstand gegen den Nationalsozialismus, Die deutsche Gesellschaft und der Widerstand gegen Hitler, München und Zürich 1985; G. SCHULZ (Hg.), Geheimdienste und Widerstandsbewegungen im Zweiten Weltkrieg, Göttingen 1982; DERS., Nationalpatriotismus im Widerstand, Ein Problem der europäischen Krise und des Zweiten Weltkriegs – nach vier Jahrzehnten Widerstandsgeschichte, in: VfZ 32, 1984, S. 331–372; P. STEINBACH, Der Widerstand als Thema der politischen Zeitgeschichte, Ordnungsversuche vergangener Wirklichkeit und politischer Reflexionen, in: G. Besier und G. Ringshausen (Hg.), Bekenntnis, Widerstand, Martyrium, Von Barmen 1934 bis Plötzensee 1944, Göttingen 1986, S. 11–74; DERS., Widerstand, ein Problem zwischen Theorie und Geschichte, Köln 1987; C. SYKES, Adam von Trott, Eine deutsche Tragödie, Düsseldorf 1969; M. THIELENHAUS, Zwischen Anpassung und Widerstand: Deutsche Diplomaten 1938–1941, Die politischen Aktivitäten der Beamtengruppe um Ernst von Weizsäcker im Auswärtigen Amt, Paderborn 1984; R. G. GRAF VON THUN-HOHENSTEIN, Der Verschwörer, General Oster und die Militäropposition, Berlin 1982; R. WERNER, Der Jungdeutsche Orden im Widerstand 1933–1945, München 1980; WIDERSTAND 1933–1945, Sozialdemokraten und Gewerkschafter gegen Hitler, hg. vom Archiv der sozialen Demokratie der Friedrich-Ebert-Stiftung, Bonn und Bad Godesberg ²1983; A. P. YOUNG, Die X-Dokumente, Die geheimen Kontakte Carl Goerdelers mit der britischen Regierung 1938/39, München und Zürich 1989; E. ZELLER, Geist der Freiheit, Der 20. Juli, München ⁴1963.

Personen- und Ortsregister

Gelsenkirchen 418
Genf 98, 101
Genschel, Helmut 309
George, Heinrich 191
George, Stefan 91, 245, 450
Gereke, Günter 82
Gerson, Hermann 192
Gerwin, Franz 201
Geuter, Ulfried 212
Gibraltar 364
Gigli, Benjamin 196
Glaeser, Ernst 89, 244
Glagau, Otto 31
Glaise-Horstenau, Edmund 295
Gleiwitz 330
Globocnik, Odilo 343
Gobineau, Arthur de 19
Goebbels, Joseph 50, 52, 54, 58, 63, 68, 70f., 74, 79, 84, 89f., 97, 102, 105, 108, 116ff., 122, 125f., 135f., 138, 142, 172, 180, 185 bis 191, 193, 196, 199, 205f., 209, 243, 264, 276f., 290f., 309–312, 315, 317, 344, 357, 375, 389, 393, 399, 415f., 419, 421, 425f., 428, 430, 433, 435, 439f., 454f., 457, 465, 467f.
Goerdeler, Carl 156, 167, 331, 346, 448f., 452f.
Goethe, Johann Wolfgang 221
Gogarten, Friedrich 86
Gogh, Vincent van 205
Goldmann, Nahum 94
Golf von Aden 261
Golf von Gela 404
Gomel 408
Göring, Hermann 59–62, 67ff., 75, 78f., 86, 109f., 119f., 129, 131f., 134, 136, 138, 140–143, 159f., 165, 192, 197, 228, 230, 236, 238, 264, 266, 271 bis 278, 282, 285, 289ff., 295, 298ff., 304, 306, 308ff., 312, 318, 325, 329, 332, 335, 341f., 352, 360, 391, 399, 407f., 412f., 423, 427f., 452, 457, 465ff.

Göring, Matthias Heinrich 212
Görlitz 461
Gort, Lord 351
Göttingen 89
Graf, Oskar Maria 88, 245
Graf, Willy 447
Grafeneck 424
Graml, Hermann 96
Gramsch, Friedrich 132
Grandi, Dino 261
Granzow, Walter 78
Greim, Robert Ritter von 468
Greiser, Arthur 338, 398
Grenzmark-Posen 342
Griechenland 272, 299, 321, 365f., 410, 430, 437, 443
Groener, Wilhelm 54
Gropius, Walter 92, 204, 245
Grosz, George 245
Groß, Walter 208, 211
Groß-Rosen 395
Großbritannien 16, 23, 45, 100, 154, 162, 179, 186, 250, 253, 255f., 259, 261ff., 265f., 277–280, 282ff., 286f., 300, 306ff., 313, 317, 320ff., 324, 328, 330f., 345ff., 351f., 361 bis 365, 371, 379, 384, 386f., 415, 468f.
Grotjahn, Alfred 21
Grüber, Heinrich 243
Gruchmann, Lothar 381
Gruhn, Margarethe 288f.
Gründgens, Gustaf 91, 197
Grundmann, Walter 227
Grünspan, Herschel 310
Guderian, Heinz 336, 352f., 443, 460f., 464
Gulbranssen, Trygve 197
Gumbinnen 458
Günther, Dorothee 194
Günther, Hans F. K. 209
Günther, Joachim 200
Gürtner, Franz 63, 128, 152, 235, 394

Haber, Fritz 89
Habermas, Jürgen 10
Habicht, Theo 102
Hácha, Emil 319f.
Hack, Friedrich Wilhelm 278

Hadamar 424
Hadamovsky, Eugen 187
Haeckel, Ernst 20
Haeften, Hans Bernd von 449, 453
Haeften, Werner von 452
Haffner, Sebastian 90
Halder, Franz 305, 329, 331, 336, 346, 362, 364, 370, 376, 379f., 406f., 448
Halévy, Elie 14
Halifax, Lord Edward 279, 320, 361
Halle 199, 466
Hamburg 49, 72, 129, 167, 202, 393, 395, 402, 418, 426
Hamburg-Fuhlsbüttel 145
Hameln 124
Hamm 418
Hammerstein-Equord, Kurt von 62, 98
Hamsun, Knut 197
Hangö 348
Hannover 227f., 418, 426
Harnack, Arvid 446f.
Harris, Arthur 401, 418
Hartheim 424
Hartmann, Nicolai 217
Hasenclever, Walter 246
Hassell, Ulrich von 243, 269, 346
Haubach, Theodor 240, 449
Hauer, Jakob Wilhelm 220f.
Hausenstein, Wilhelm 189
Hayn 110
Heartfield, John 245
Heberer, Gerhard 209
Heiber, Helmut 42
Heidegger, Martin 90ff., 217
Heine, Heinrich 89
Heines, Edmund 73, 110
Heinrich I. 222
Heinrici, Gotthard 461
Heinz, Friedrich Wilhelm 242, 305f.
Heisenberg, Werner 243
Helboek, Adolf 217
Held, Heinrich 72
Helldorf, Wolf Graf von 289
Heller, Hermann 52, 96
Helsinki 204
Hemingway, Ernest 89, 197

Leonidas 465
Lersch, Heinrich 199
Lessing, Theodor 245
Lettland 327, 337, 393
Leuschner, Wilhelm 240
Lewald, Theodor 193 f.
Lewis, Sinclair 197
Ley, Robert 53, 59, 80, 117,
119, 136, 141 f., 147, 156,
159, 168–172, 177, 203 f.,
413 f., 454, 465
Libyen 16, 28 f.
Lichtenburg 145
Lidice 438
Liebermann von Sonnenberg,
Max 36
Lienhard, Friedrich 198
Limburg 424
Lingen, Theo 191
Linz 296, 424
Lippe 60, 129
Lippert, Michael 111
Lipski, Józef 318, 321
Lissabon 405
List, Wilhelm 406
Litauen 217, 252, 284, 319,
327, 337, 393
Litwinow, Maxim M. 257,
325, 328
Löbe, Paul 73, 84
Locarno 260, 267, 269 f., 279
Loccum 87
Lodz 344, 426, 430
Löhr, General 443
Lohse, Hinrich 393
London 22, 83, 100, 204,
253, 259, 267, 279 f., 303,
305–308, 317, 320 ff., 324,
328 ff., 344, 346 ff., 352,
361, 363, 369 f., 386, 401,
403 ff., 438
London, Jack 89
Löns, Hermann 198
Lothian, Lord 362
Lothringen 23, 337, 393, 433
Lubbe, Marinus van der 69,
150 f.
Lübeck 72, 129, 228, 402,
418
Lublin 336 f., 342 f., 422,
426, 430, 443
Ludendorff, Erich 220
Lueger, Karl 115

Lukacs, John 48, 388
Luther, Hans 82
Luther, Martin 89, 218
Lüttich 403
Luxemburg 250, 258, 330,
354, 367 f., 393, 410, 433

Maas 351, 442
MacDonald, Ramsay 99, 260
Macke, August 205 f.
Mackensen, August von 230
Madagaskar 367 f., 422
Madeira 175
Madrid 276, 347, 364, 388
Maginot-Linie 259, 308,
350 f., 353
Mahler, Gustav 197
Mähren 34, 422, 438
Maier, Hans 358
Mailand 277, 322
Majdanek 426, 430, 459
Malta 353, 364, 403
Man, Hendrik de 48, 359
Mandschurei 254 f., 257,
263, 372
Mann, Golo 89
Mann, Heinrich 88 f., 197,
244 f.
Mann, Klaus 245
Mann, Thomas 50, 197, 245
Manstein, Erich von 109,
308, 350, 384, 406 ff.,
436 f., 440
Manteuffel, Hasso von 442
Manuilski, Dimitri 257
Marahrens, August 445
Marburg 65
Marby, Friedrich-Wilhelm
220
Marc, Franz 205
Marienbad 245
Marokko 364, 404
Marr, Wilhelm 31
Martin, Bernd 372
Marx, Karl 20, 89
Mason, Timothy W. 166
Matapan 365
Matisse, Henri 205
Matsuoka, Yosuke 371
Matthäus 229
Maulnier, Thierry 252
Maurras, Charles 15 f., 27
Mauthausen 145, 425

Mayer, Helene 194
Mayer, Rupert 243
Mechelen 350
Mecklenburg 228
Mecklenburg-Schwerin 67,
78, 129
Mecklenburg-Vorpommern
129
Medicus, Franz 119
Meier, Kurt 226
Meinecke, Friedrich 9, 215
Meiser, Ludwig 228, 445
Meissner, Otto 60, 133
Melitopol 408
Memelland 387
Mendelssohn Bartholdy, Felix
197
Mengelberg, Willem 360
Merk, Wilhelm 148
Mers-el-Kebir 361, 364
Mertz von Quirnheim, Al-
brecht 453
Messerschmidt, Manfred
109, 264
Messina 404
Meyer-Hetling, Konrad 422
Michalka, Wolfgang 264,
332, 373
Michels, Robert 115, 213
Miegel, Agnes 198
Mierendorff, Carlo 240, 449
Mies van der Rohe, Ludwig
204, 245
Miklas, Wilhelm 295
Milch, Erhard 273
Milner, Lord Alfred 15 f.
Minsk 379, 426, 442
Mirbach-Sorquitten, Julius
Graf von 33
Mitchell, Margaret 197
Mitteldeutschland 402, 459
Mitteleuropa 98, 164, 262,
265, 271, 279, 285, 304,
315, 330, 360, 372, 468
Mittelfrankreich 353
Mittelmeer 262, 276 ff.,
286 f., 364 f., 404
Mius 384
Mlawa 336
Model, Walter 440, 442, 465
Moeller van den Bruck, Ar-
thur 41, 51
Moerdijk 351

Schorske, Carl E. 14, 115
Schottland 379
Schreiber, Otto Andreas 206
Schrimpf, Georg 206
Schröder, Kurt von 60
Schukow, Georgij K. 373, 468
Schulenburg, Friedrich Werner Graf von der 325 f.
Schulenburg, Fritz-Dietlof Graf von der 128, 290, 419
Schultze-Naumburg, Paul 203
Schulz, Paul 53
Schulze-Boysen, Harro 446 f.
Schuschnigg, Kurt von 294 f., 297 f.
Schwaben 71
Schwaner, Wilhelm 33
Schwartz, Manfred 21
Schwarz van Berk, Hans 136
Schwarz, Hermann 219
Schwarzes Meer 380
Schweden 272, 347 ff., 410, 429, 439
Schweiz 205, 250, 252, 330, 353
Schwerin-Krosigk, Johann Ludwig Graf 63, 82, 101, 128, 467
Schwitters, Kurt 245
Seeckt, Hans von 288
Seghers, Anna 88, 197, 245
Seidler, Franz W. 462
Seine 442
Seldte, Franz 60, 63, 80, 82, 85, 128, 139, 170, 180
Serbien 437
Sethe, Paul 189
Severing, Carl 67
Sewastopol 406
Seyß-Inquart, Arthur 295 f.
Shaw, George Bernard 23
Shirer, William 316
Sibirien 247, 375, 422
Siebert 397
Sieburg, Friedrich 189
Sieferle, Rolf 21
Siegel, Tilla 170
Sighele, Scipio 114
Silverberg, Paul 78
Sima, Horia 48

Simon, John Allsebrook 266 f.
Sitwell, Sir Osbert 261
Six, Franz Alfred 214
Sizilien 365, 404
Skandinavien 348
Sklarek, Gebrüder 31
Skorzeny, Otto 443
Slowakei 319, 335, 368, 371, 379, 417, 422, 429 f., 433, 438
Slutsch 379
Sluyterman van Langeweyde, Georg 201
Smelser, Ronald 171
Smend, Rudolf 152 f.
Smith, Howard K. 357
Smolensk 380
Smuts, Jan 369
Sobibor 430
Somalia 365
Sombart, Nicolaus 197
Sombart, Werner 34, 51
Somme 351, 353
Sonnenstein 424
Sorel, Georges 26–30
Sorge, Richard 374
Sotelo, Calvo 276
Sowjetrußland 41, 278
Sowjetunion 40, 99, 246 f., 249 f., 253, 256–259, 263, 269, 271, 274, 276 ff., 304, 319, 322, 324 f., 327 ff., 337, 339 f., 346 f., 356 f., 359, 366, 369–378, 384 bis 388, 391, 401, 408, 410 f., 416, 422, 426, 430, 433 bis 437, 441, 446, 448, 458, 468 f.
Spanien 175, 179, 276 f., 347, 365
Spanisch-Marokko 276
Spann, Othmar 156
Speer, Albert 97, 126, 136, 176, 195, 202–205, 399 f., 411 ff., 456, 464 f.
Spengler, Oswald 41, 51, 91
Spranger, Eduard 89, 217
Spreti-Weilbach, Hans Joachim Graf von 110
Srbik, Heinrich von 216 f.
Staeger, Friedrich 201
Stalin, Jossif Wissariono-

witsch 98, 128, 256 ff., 263 f., 278, 324–328, 337 ff., 347, 359, 369, 371 bis 374, 379 f., 387, 391, 406, 408, 434 ff., 438, 443, 448, 454, 459, 464, 469
Stalingrad 406 ff., 416, 440, 443, 454
Stampfer, Friedrich 88
Stapel, Wilhelm 51
Starcke 175
Stauffer, Teddy 196
Stavanger 348
Steding, Christoph 216
Steiermark 294
Stein, Franz 35
Stein, Johanna 231
Steinacker, Harold 217
Steinbach, Franz 217
Steiner, Felix 454, 466
Steinert, Marlies G. 355
Stempfle, Bernhard 111
Stengel-Rutkowski, Lothar von 209
Stern, Fritz 17
Stern, Joseph P. 116
Sternberger, Dolf 189
Sternhell, Zeev 26
Stettin 461
Stimson, Henry L. 255
Stockholm 197, 204, 408
Stoecker, Adolf 31 ff.
Stolleis, Michael 139
Strasser, Gregor 52, 54 f., 58 f., 61, 80 f., 111, 121, 136, 241 f.
Strasser, Otto 241 f.
Straße von Dover 441
Strauss, Richard 91, 197
Strauß und Torney, Lulu von 198
Strawinsky, Igor 92
Streicher, Julius 95, 237, 398, 460
Stresa 260, 267
Stresemann, Gustav 294
Stroop, Jürgen 430
Stuckart, Wilhelm 139, 176
Stülpnagel, Karl Heinrich von 441, 453
Stumpff, Hans Joachim 468
Sturm, Karl Friedrich 113
Stuttgart 426

Quellennachweise der Abbildungen

Auf dem Schutzumschlag:
»Das Tausendjährige Reich«. Mittelteil des Triptychons von Hans Grundig, 1936. Dresden, Staatliche Kunstsammlungen, Gemäldegalerie Neue Meister.

Die Vorlagen für die Bilddokumente stammen von: Aldus Books Ltd., London 49 unten links; Archiv für Kunst und Geschichte, Berlin 145 unten, 353 links, 408 innen unten, 433, 449 innen unten; Archiv Gerstenberg, Wietze 369 unten; Bayerische Staatsbibliothek, Zeitgeschichtliches Bildarchiv, Presseillustrationen Heinrich R. Hoffmann, München 113, 128, 225 oben, 257, 305 oben, 353 rechts; Manfred Beck, Berlin 193; Bibliothek für Zeitgeschichte, Presseillustrationen Heinrich R. Hoffmann, Stuttgart 129, 368 oben; Bilderdienst Süddeutscher Verlag, München 81, 160 innen, 176, 313 innen, 313; Bildstelle und Fotoarchiv der Stadt Nürnberg 225 unten; Bundesarchiv, Koblenz 337 unten; Bundesarchiv, ehemals Berlin, US Document Center 32; Deutsches Museum, München 409 innen; Foto nach der Reproduktion in: Der Holz- und Stein-Bildhauer, Nürnberg 1943 224 oben; Fox Photos Ltd., London 408 innen oben; Mario Ga-stinger, München 208 innen unten rechts, 224 unten; Peter Hahlbrock, Berlin 49 oben; Reinhard Hentze, Halle 289; Landesbildstelle, Berlin 209; L. E. A., Thomson Newspapers, London 368 unten; MBB-Foto 288; Karl H. Paulmann, Berlin 64 oben; Photo A. F. P., Paris 272 oben; Potsdam-Museum, Foto Max Baur 449 unten; Spaarnestad Fotoarchief, Haarlem 352 oben; Stadtmuseum Dresden, Foto Erich Andres 449 oben; Ullstein Bilderdienst, Berlin 145 oben, 192, 208, 272 unten, 305 unten, 337 oben, 352 unten, 369 oben, 384, 448, 448 innen, 449 innen oben; US Navy Photo, Washington, DC 385; Verlagsarchiv 96 unten rechts, 241, 273, 288 innen, 408; Hermann Wille 80. – Alle übrigen Aufnahmen lieferten die in den Bildunterschriften und auf dem Deckblatt erwähnten Archive, Bibliotheken, Museen und Sammlungen.

Die Erlaubnis zur Wiedergabe von Originalen erteilten freundlicherweise die in den Bildunterschriften, auf dem Deckblatt und in den Fotonachweisen genannten Institutionen, Eigentümer, Künstler und Erben der Künstler oder die mit der Wahrnehmung ihrer Rechte Beauftragten.

Die Deutsche Bibliothek – CIP-Einheitsaufnahme

Propyläen Geschichte Deutschlands
hrsg. von Dieter Groh unter Mitw. von Johannes Fried . . .
Berlin : Propyläen Verl. NE: Groh, Dieter [Hrsg.]
Bd. 9 → Weissmann, Karlheinz:
Der Weg in den Abgrund. – 1995

Weissmann, Karlheinz:
Der Weg in den Abgrund : Deutschland unter Hitler 1933 bis 1945 /
Karlheinz Weissmann. – Berlin : Propyläen-Verl., 1995
(Propyläen Geschichte Deutschlands ; Bd. 9)
Lizenz des Ullstein-Verl., Frankfurt am Main, Berlin
ISBN 3-549-05819-5